Internationale Bibliothek
Band 127

Willy Brandt
...auf der Zinne der Partei...
Parteitagsreden 1960 bis 1983

Herausgegeben und
erläutert von Werner Krause
und Wolfgang Gröf

Verlag J.H.W. Dietz Nachf.
Berlin/Bonn

CIP–Kurztitelaufnahme der Deutschen Bibliothek

Brandt, Willy:
. . . Auf der Zinne der Partei . . . : Parteitagsreden 1960–1983 / Willy Brandt. Hrsg. u. erl. von Werner Krause u. Wolfgang Gröf. [Das Personenreg. wurde von Holger Feldmann-Marth erstellt]. – Berlin; Bonn: Dietz, 1984.
(Internationale Bibliothek; Bd. 127)
ISBN 3–8012–1127–4

NE: GT

Über die Herausgeber

Werner Krause, geb. 1934 im Ruhrgebiet, Leiter des Archivs der sozialen Demokratie (Friedrich-Ebert-Stiftung).

Wolfgang Gröf, geb. 1946 im Ruhrgebiet, wiss. Mitarbeiter des Archivs der sozialen Demokratie (Friedrich-Ebert-Stiftung).

Die Herausgeber danken Holger Feldmann-Marth und Wolfgang Stärcke für ihre Arbeiten bei der Erstellung des Personenregisters und bei Recherchen.

Berlin · Bonn
Godesberger Allee 143, D–5300 Bonn 2
Umschlag: Karl Debus, Bonn
Umschlagfoto: Copyright by Klaus P. Siebahn, Bonn
Satz: elco–satz Riemel, Bonn
Druck und Verarbeitung: SDV Saarbrücker Druckerei und Verlag GmbH

Printed in Germany 1984

Inhalt

Vorwort

„Auf den Zinnen der Partei“* stehe ich mittlerweile erheblich länger als die Zeit, aus der in diesem Buch Reden zusammengefaßt wurden. Der Zeitpunkt hat, was ich zu würdigen weiß, damit zu tun, daß im Februar 1984 zwanzig Jahre vergangen waren, seit ich zum Vorsitzenden der deutschen Sozialdemokraten gewählt wurde. Es handelt sich hier also vor allem um Parteitagsreden seit 1964. Doch haben die Herausgeber – vernünftigerweise, wie ich meine – vorangestellt, was ich 1960 in Hannover sagte, als meine Partei mich als Kandidaten für das Amt des Bundeskanzlers benannte; auch hinzu kommt das, womit ich mich 1962 in Köln, vor meiner Wahl zum stellvertretenden Vorsitzenden, zu Wort meldete.

Um den Band nicht noch umfangreicher werden zu lassen, sind die Reden auf außerordentlichen Parteitagen – einige davon hatten Gewicht – nicht berücksichtigt worden. Zwei Ausnahmen: Februar 1964, als ich, nach dem Tod Erich Ollenhauers, zum Parteivorsitzenden gewählt wurde, und November 1983, da die SPD sich nicht nur zur Raketen-Rüstung äußerte, sondern sich erneut, wovon mein Beitrag zeugt, als „Partei Europas“ präsentierte.

Wie es nicht anders sein kann, ist vieles in den hier gesammelten Reden situationsbedingt; sie sind unredigiert geblieben und auch nicht durch Kürzungen geändert worden. Nachträglich wäre manches zu korrigieren. Ich freue mich, hier einige Erläuterungen geben zu können. Vor allem bin ich Werner Krause und Wolfgang Gröf vom Archiv der sozialen Demokratie dankbar dafür, daß sie diesen Redenband durch ihre klärenden Anmerkungen wesentlich wertvoller gemacht haben.

Bevor ich nun einige erläuternde und relativierende Hinweise gebe, möchte ich auch denen Dank sagen, die mir über die Jahre bei der Vorbereitung von Texten geholfen haben; deren Spuren sind jedenfalls mir gut erkennbar. Im übrigen hat sich herumgesprochen, daß ich von sogenannten Redenschreibern nicht abhängig bin und, wo es die Gelegenheit zuläßt oder erfordert,

* Aus jenem zornig-polemischen Gedicht, das Georg Herwegh 1842 aus Paris an die Adresse Ferdinand Freiligraths richtete; der hatte als Dichter zu sehr das Recht auf Überparteilichkeit in Anspruch genommen.

auch ohne Texte auskomme. Auf Parteitagen ist das in aller Regel nicht möglich.

I.

Der hier behandelte Zeitabschnitt hat in nicht geringem Maße damit zu tun, daß die Sozialdemokraten um die Führung der Regierungsgeschäfte in der Bundesrepublik rangen und sie – nach drei Jahren Großer Koalition – auch erreichten. Weiter damit, wie diese 16 Jahre bundespolitisch ausgefüllt waren. Und wie wir uns gemüht haben, uns die Regierungsverantwortung nicht entwinden zu lassen. Meine eigene Arbeit, gerade auch nach dem Ausscheiden aus dem Amt des Bundeskanzlers (Mai 1974) hat sich in erheblichem Umfang hierauf, also häufig auf nicht sonderlich Stimulierendes bezogen.

Vielerorts beginnt sich mittlerweile eine Legende zu verbreiten: Als hätten wir kaum anderes als Außenpolitik im Kopf gehabt. Und als ob wir demzufolge reformpolitisch über kümmerliche Ansätze nicht hinausgelangt wären. Außenpolitische Kurskorrekturen waren überfällig, und friedenspolitische Initiativen waren gewiß dringend geboten. Aber die Jahre, in denen wir uns auf die nationale Regierungsverantwortung vorbereiteten, handelten doch entscheidend von dem, was ich die vernachlässigten Gemeinschaftsaufgaben nannte: von der Volksgesundheit über die Volksbildung bis zur Erneuerung unserer Städte und Gemeinden. Und wer wollte guten Gewissens behaupten, daß wir auf den erwähnten Gebieten – und auf anderen, die zur „gesellschaftlichen Komponente des Lebensstandards" zählen – nicht Wesentliches auf den Weg gebracht oder mindestens angestoßen hätten! Gewiß läßt sich einwenden, daß der freidemokratische Koalitionspartner nach einer kurzen Übergangsphase auf wichtigen Feldern, besonders der Gesellschaftspolitik, jeglichen *sozial*liberalen Elan vermissen ließ; daß es der Sache, also den Menschen, gut getan hätte, wenn wir selbst konzeptionell noch besser gerüstet gewesen wären; und vor allem, daß wir, wie fast jedermann sonst auf der Welt, von einer zu günstigen wirtschaftlichen Entwicklung und Ertragslage ausgegangen waren.

Trotzdem: Jede reformerisch-sozialistische, also sozialdemokratische, Politik wird auch in Zukunft davon zu handeln haben, wie neben den individuellen Existenzbedürfnissen jene befriedigt werden, die sich nur gemeinschaftlich oder gesellschaftlich verwirklichen lassen. Und wie die Vermeidung „öffentlicher Armut“ mit der großen, sich über Generationen erstreckenden Aufgabe verbunden werden kann, die von umfassender Demokratisierung der Gesellschaft handelt. Wer meine Texte durchgeht – nicht nur die aus Anlaß von Parteitagen, zumal auch die aus früheren Jahren – wird immer wieder auf den Gedanken stoßen, daß demokratischer Sozialismus und, in den relevanten Bereichen, konsequent verwirklichte Demokratie als dasselbe zu begreifen sind. Nicht ganz so hoch angesetzt, aber durchaus im Sinne der Väter des Grundgesetzes von 1949 läßt sich vertreten: Die Bundesrepublik Deutschland hat, gestützt auf bittere geschichtliche Erfahrung, Demokratie nicht allein als *politischen* Auftrag, sondern zugleich als *soziale* Aufgabe zu verstehen. Für uns Sozialdemokraten hat dieses Verständnis auch in der Auseinandersetzung mit den Kommunisten eine wichtige Rolle gespielt. Modernes sozialdemokratisches Denken gerät zwangsläufig in Konflikt mit obrigkeitsstaatlichen Neigungen und bürokratischem Übermut. Es lehnt sich auf gegen Mißbrauch staatlicher Macht, aber auch dagegen, daß notwendiger Dienst am Mitbürger vernachlässigt oder gar diffamiert wird.

Jüngere Leser, die die frühen sechziger Jahre nicht bewußt miterlebten, werden sich vielleicht darüber wundern, wieviel Wesens ich vom „neuen Stil“ und von der „Politik der Gemeinsamkeit“ gemacht habe. Wenn man von Beiwerk und gelegentlichen Übertreibungen absieht, ging es zum einen um moderne Formen des Auftretens in der Öffentlichkeit und um den Versuch, eine gewisse parteiliche Enge zu überwinden – zum anderen ging es darum, die übersteigerten Machtansprüche der Unionsparteien unter Berufung auf sachliche Notwendigkeiten zurückzudrängen. Ich bleibe auch unter veränderten Bedingungen dabei, daß es nicht zum Wesen sozialdemokratischer Politik gehört, parteipolitische Gegensätze zu kultivieren, sondern Bereiche möglicher Zusammenarbeit deutlich zu machen; zumal nicht zu vermuten ist, daß es an Gegenständen und Themen der Auseinandersetzung fehlen wird, ganz im Gegenteil.

Auf dem Weg zu neuer Regierungsverantwortung wird es auch sonst nicht ausreichen, sich die Erfahrungen von vor zwanzig oder dreißig Jahren zueigen zu machen. Dreierlei wird jedoch wieder und weiter gelten:

Erstens darf man sich als Sozialdemokrat nicht darauf verlassen, daß sich die besseren Prinzipien und die stärkeren Grundüberzeugungen von allein durchsetzen werden. Es kommt sehr darauf an, ob wir das, was wir zu konkreten Inhalten vorzuschlagen haben, mehrheitsfähig machen können.

Zweitens muß man wissen, daß die Partei als lebendige Organisation mit ei-

ner wachsenden Zahl aktiver Mitglieder eine der Voraussetzungen bildet, um bei Wahlen die Mehrheit der Mitbürgerinnen und Mitbürger zu gewinnen. Die sechziger Jahre bleiben auch insoweit lehrreich.
Drittens kann kein Zweifel daran sein, daß sich nationale Regierungsführung auf die Dauer nicht halten läßt, wenn regionale und zumal kommunale Positionen wegbrechen. Positiv formuliert: Ausgehend von den Städten und Landgemeinden sowie in den Ländern muß neu aufgebaut werden, und ich freue mich feststellen zu können, daß dieser Prozeß in Gang gekommen ist.
Ich möchte hinzufügen: Die SPD wäre ganz schlecht beraten, wenn sie das zuweilen bis in ihre Reihen reichende Gewäsch vom „Reformrausch" im nachhinein wieder aufleben ließe. Wir hatten die richtigen Themen erkannt. Wir hatten uns versichert, daß sie zu finanzieren seien. Wir brauchten und brauchen es nicht als unser Manko durchgehen zu lassen, daß sich die (welt)wirtschaftlichen Bedingungen so sehr verschlechterten. (Für mich bleibt es ein Schlüsselerlebnis für das Auslaugen sozial- und freidemokratischer Gemeinsamkeiten, daß es schon im Frühjahr 1974 nicht mehr möglich war, sich auf die Grundsätze einer längst fälligen Bodenreform zu verständigen. Die Bescheidenheit der Fortschritte auf eine Wirtschaftsdemokratie hin – Mitbestimmung und Vermögensbildung – würde ich freilich nicht allein dem seinerzeitigen Koalitionspartner anlasten).

II.

Jüngere Leser mehr noch als andere mögen es erstaunlich finden, daß die SPD so stark auf wirtschaftliches Wachstum setzte, für das es prinzipiell keine Grenzen zu geben schien und von dem man meinte, daß es durch moderne Mittel der Konjunkturpolitik gegen tiefe Krisen zu sichern sein werde; aus der EG wollten wir den „sozial fortschrittlichsten Großraum der Welt" machen. Wir setzten die Möglichkeiten des technischen Fortschritts sehr hoch an, wovon man sich auch in meinen Reden überzeugen kann. Wir setzten auf die *friedliche* Nutzung der Kernenergie und fühlten uns erst in den siebziger Jahren ernsthafter herausgefordert, als es um die ungelösten Fragen von Sicherheit und Entsorgung ging. Der Sorge um die natürliche Umwelt waren wir früher als andere auf der Spur, doch schafften wir es nicht,

konsequent und überzeugend genug an dem neuen, übergreifenden Thema zu bleiben.
Anders als frühere sozialistische Programmatik hatten sich die deutschen Sozialdemokraten in ihrem Godesberger Programm von 1959 für das *markt*-wirtschaftliche Prinzip (bei sozialer Steuerung und mit gemeinwirtschaftlicher Ergänzung) ausgesprochen; dessen Überlegenheit hatte sich weltweit erwiesen. „Godesberg“ setzte auf stetiges, optimales Wachstum der Wirtschaft, sowie logischerweise auf fortlaufende Modernisierung. Von liberalistischen Illusionen hielten wir uns frei. Während wir bürokratisches Hineinregieren in die Unternehmen ablehnten, hingen wir nicht dem Glauben an, man könne die Wirtschaft einfach sich selbst überlassen, die durch unorganisches Wachstum entstehenden Spannungen in der Gesellschaft vernachlässigen, vor den Gefahren des blinden Konsumwettkampfes die Augen schließen. Mit anderen Worten: Nicht erst unter dem Eindruck des sogenannten Ölschocks und der Krise des internationalen Finanzsystems, sondern schon in den Jahren zuvor vertraten wir, daß es notwendig sei, das wirtschaftliche Wachstum zu kontrollieren, für Vollbeschäftigung und sozialen Ausgleich zu sorgen, Gefährdungen der Umwelt abzuwenden, einen sinnvollen Umgang mit Rohstoffen und Energie zu sichern. Die Orientierung an der *Qualität* des Wachstums (und des Lebens) war 1972 Teil unseres Wahlprogramms geworden. (Die entsprechenden Texte vom 72er außerordentlichen Parteitag, sowie – zu Umweltfragen – die vom Wahlkongreß 1961 würden insoweit weitere Aufschlüsse geben).
Wir huldigten also keinem Wachstumsfetischismus. Doch die Ehrlichkeit gebietet festzuhalten, daß wir es uns mit der Voraussage zu einfach machten, die Leistungskraft der Wirtschaft sei stark genug, um die Lebensbedingungen „permanent“ zu verbessern. Auch überschätzten wir – wie ich selbst z.B. in der Saarbrücker Rede 1970 – erheblich die praktischen Möglichkeiten quantifizierter Vorausschau. Vor allem aber bleibt festzuhalten, daß die *welt*wirtschaftlichen Zusammenhänge in der „Godesberger“ Programmatik kaum vorkamen, geschweige denn hinreichend klargelegt wurden.
Es ist also kein Wunder, daß die wirtschaftspolitische Diskussion in der SPD nicht erst, aber verstärkt seit dem Ausscheiden aus der Bundesregierung eine besonders wichtige Rolle spielt. Dabei läßt sich mit Vorteil an das anknüpfen, was Sozialdemokraten leisteten, als sie Regierungstätigkeit im Bund zu verantworten hatten und dafür sorgten, daß sich die Bundesrepublik in einer ernsten internationalen Krise besser als die meisten anderen Staaten behaup-

tete. Es lohnt auch, die fünfjährigen Erörterungen zum „Orientierungsrahmen '85" wieder aufzugreifen. Die Modernisierung der Wirtschaft spielt darin eine wichtige Rolle, und im Anschluß haben wir uns verstärkt mit den Fragen des wirtschaftlichen Strukturwandels und einer vorausschauenden Strukturpolitik befaßt.
Die Umweltbelastungen – für die Luft, im Wasser, durch den Lärm – und die mit ihnen verbundenen, auch finanziellen Kosten habe ich 1961 als gesundheitspolitisches Thema in die deutsche Politik eingeführt und in Kauf genommen, wegen des „blauen Himmels über der Ruhr" – das war als einzige griffige Formulierung hängen geblieben – verhöhnt zu werden. Wir waren anderen voraus, sind aber nicht hartnäckig genug am Thema geblieben. Tatsache ist, daß die von mir im Herbst 69 gebildete Bundesregierung die erste war, die bessere Umweltbedingungen zu einem wichtigen Feld der Politik machte. Trotzdem: Wir waren gewiß zu zögerlich und „nicht sehend genug", um den ausbeuterischen Machtansprüchen gegen Mensch *und* Natur energisch zu begegnen – auch, um die Erfordernisse von Ökonomie und Ökologie auf einen vernünftigen gemeinsamen Nenner zu bringen. Ob es möglich gewesen wäre, mehr von dem, was der Grünen Partei – zeitweilig, wie ich vermute – den Weg in die Parlamente verschaffte, bei der Sozialdemokratie anzusiedeln, bleibt offen. Es ist jedenfalls vernünftig, sich der legitimen, „zugrundeliegenden Interessen" so anzunehmen, daß zur Sozialdemokratie gehören kann, was dem Grunde nach zu ihr gehört.

III.

Ins Auge fällt auch für denjenigen, der seine alten Texte wieder liest, wie sehr sich die Akzente verschoben haben, wo es sich darum handelt, die „deutsche Frage" – im Sinne dessen, was uns der Hitlerkrieg hinterließ – zu kennzeichnen und nach Möglichkeit zu beantworten. Dabei lohnt es dann, andere und sich selbst daran zu erinnern, wie sehr sich seit 1949 (dem Jahr der deutschen Zweistaatlichkeit) oder seit 1961 die objektiven Bedingungen geändert haben. Von der Verantwortung der Vier Mächte für „Deutschland als Ganzes" oder für einen Friedensvertrag war kaum noch die Rede. Während die großen Mächte in West und Ost trotz aller Belastungen des Kalten Krieges nach Möglichkeiten eines modus vivendi suchten, wurde

der mitten durch Deutschland verlaufende Graben immer tiefer, mindestens seit dem Bau der Berliner Mauer 1961.
Wir deutschen Sozialdemokraten haben uns nicht zu neutralistischen Illusionen verleiten lassen. Doch wir haben es national- *und* friedenspolitisch für wichtig gehalten, unser Volk unter dem Druck der von außen gekommenen Teilung nicht vollends auseinandergleiten zu lassen. Dazu gehörten unsere zunächst hart umstrittenen, gegen viel Widerstand durchgesetzten Initiativen – wie vor über 20 Jahren die Passierscheine und anderes, was den geteilten Familien zugute kam –, um den besonders unmenschlichen Wirkungen der Spaltung zu begegnen. Uns fehlte die Legitimation, von der Macht abgesehen, über Themen zu entscheiden, die in früheren Zeiten durch einen Friedensvertrag entschieden wurden. Doch ohne zu legitimieren, was die Mächte der Anti-Hitler-Koalition zu entscheiden (oder bloß laufen zu lassen) für richtig gehalten hatten, fanden wir es richtig, uns für die Zukunft des deutschen Volkes dort, wo es lebt, zu engagieren und diese Zukunft nicht mit blutenden Grenzen zu verbinden. Gleichfalls wurde in den 60er Jahren noch klarer, als es zuvor gewesen war, daß es an Europa vorbei keinen Weg nach Deutschland geben werde. Eine isolierte Lösung der deutschen Frage (oder Fragen) lag ohnehin außerhalb allen verständigen Denkens.
Ich sage wiederum nicht, daß wir gut genug waren. Aber realistischer als andere waren wir allemal, wenn wir – noch vor der Mauer! – sagten, daß es einen einfachen und raschen Weg zur deutschen Einheit nicht gebe. Und daß die „Wiedervereinigung", die damals in keinem amtlichen Text fehlen durfte, von der Sowjetunion nicht zu erpressen sein werde. Das Ziel der nationalen – europäisch eingebetteten – Einheit haben wir nie aufgegeben; ihm mußten neue Voraussetzungen geschaffen werden. Unsere Energie hatten wir zunächst darauf zu verwenden, wie (vgl. meine Hannover-Rede 1960) Immobilismus und ideologischer Grabenkrieg überwunden werden könnten. Und welche deutschen Beiträge in eine neue weltpolitische Konstellation einzubringen seien: Entspannung war Teil unserer Konzeption, Jahre bevor einer von uns erst Außenminister und dann Bundeskanzler wurde.
Es mag sein, nein, es ist ziemlich sicher, daß die Formel vom „Gleichgewicht des Schreckens" zu oberflächlich war oder zu zeitbegrenzt. Die Aufgabe war gleichwohl zutreffend beschrieben: den status quo militärisch zu fixieren, um politisch Bewegung in die erstarrten Fronten zu bringen. Zu dieser Konzeption gehörte das offene Bekenntnis, den Frieden (sogar) noch höher zu setzen als alle (anderen) nationalen Ziele. Anders ausgedrückt: Ge-

messen am Frieden sei die Nation nicht mehr das höchste aller Güter.
Nicht als Widerspruch zu dieser Grundhaltung empfanden wir unsere strikte Ablehnung des kommunistischen Regimes in der DDR, die wir lange „Zone“ und „sowjetisches Kolonialgebiet“ nannten. Seit Ende der 50er Jahre wurde immer deutlicher, daß sich – auch nur geringe – Fortschritte für Deutschland und den Zusammenhalt unseres Volkes nicht aus den Viermächte-Vereinbarungen, auch nicht aus den Zusagen der drei Westmächte ergeben würden. Überwiegend weil es schwierig war, eine illusionslose und ehrliche Politik in den Fragen der Grenzen und der Einheit verständlich zu machen, ließen wir uns Zeit mit der Konkretisierung einer – im Westen verankerten – realistischen Ostpolitik. Und als die Große Koalition wegen der ihr aufgezwungenen Übervorsicht an der Aufgabe scheiterte, das Verhältnis zur Sowjetunion und ihren Partnern einschließlich der DDR auf eine neue Grundlage zu stellen, trug dies wesentlich dazu bei, daß sich die SPD mit der damaligen FDP zu einer neuen, wenn auch sehr knappen Mehrheit zusammenfand. Der Kurs war vorher festgelegt: ein vertraglich geregeltes Nebeneinander zustandezubringen, damit dies den Frieden sicherer machen und jedenfalls dazu beitragen könnte, daß von deutschem Boden nicht wieder Krieg ausgehen werde.
Mit einem Paktieren mit dem Kommunismus, wie es die Rechte unterschiedlicher Couleur unterstellte, hatte dies nichts zu tun. Auch nicht mit *ideologischer* Koexistenz, zu der uns außerdem niemand eingeladen hatte. Freilich gab es Grund genug, einerseits auch mit den Führungen der kommunistisch regierten Staaten im allseitigen Interesse gedeihliche Zusammenarbeit anzustreben, andererseits die erheblichen Differenzierungen im Bereich dessen zur Kenntnis zu nehmen, was man „Weltkommunismus“ nannte (und was manche immer noch so nennen). Hinzu kam das Bemühen, durch die Ostpolitik keine innenpolitisch offene Flanke entstehen zu lassen.
Dies gehörte zum Hintergrund des sogenannten Radikalen- bzw. Extremisten-Erlasses. Es mag nicht leicht sein, sich in die 1972 gegebenen Bedingungen neu oder wieder hineinzudenken. Ich will in aller Offenheit bekennen, daß ich das, was mir 1972 vorgetragen wurde, als kleineres Übel betrachtete, nicht zuletzt verglichen mit der Möglichkeit, die Bundesrepublik noch einmal zu einem der wenigen westlich-demokratischen Staaten (inzwischen dem einzigen) gemacht zu sehen, die sich nicht zutrauen, mit einer legal tätigen KP zu leben. Was uns stattdessen vorgeschlagen wurde, bedeutete *nicht* neues Recht, sondern sollte dazu führen, daß bestehende Vorschriften

einheitlich gehandhabt würden. Es waren die Länderchefs in ihrer Gesamtheit, ob „schwarz" oder „rot" und gleichermaßen durch ihre z.T. zur FDP zählenden Innenminister vorbereitet, die in Bonn erschienen, um jenen Erlaß zur Mitverantwortung durch den Bundeskanzler vorzuschlagen, mit dem dann in einigen Ländern und Verwaltungen noch idiotischer umgegangen wurde als in anderen. Ich habe nicht gezögert, wenngleich nicht entschieden genug, den offenkundigen Mißbrauch – mit Schnüffelei und Einschüchterung – anzuprangern. Der Leser kann sich überzeugen, daß ich schon 1973 von dem berüchtigten Erlaß als einem Fehler sprach, der dazu beigetragen habe, daß ein Klima von Mißtrauen und Furcht um sich griff. Aus dem Ministerpräsidenten-Beschluß war etwas anderes geworden, als man verharmlosend mit ihm verbunden hatte.

Allerdings konnte ich mich auch mit jener Kampagne nicht befreunden, die unter dem irreführenden Titel „Berufsverbote" außerhalb unserer Grenzen noch lebhafter als bei uns in der Bundesrepublik betrieben wurde. Mancherorts, nicht nur im Osten, war eine gute Portion Heuchelei mit im Spiel. Es gibt, von den vielen anderen abgesehen, keinen demokratisch verfaßten Staat, der nicht Vorkehrungen trifft, damit bestimmte, „heikle" öffentliche Aufgaben an Personen übertragen werden, die von der Regierung oder ihren Beauftragten für im engeren Sinne zuverlässig gehalten werden. Im übrigen hat man davon auszugehen, daß die – an internationalen Maßstäben gemessen Sonderheiten des deutschen Beamtenstatus (und deren verfassungsrechtliche Verankerung) zu Folgerungen führten, die viele ausländische Nachbarn ebenso wenig verstanden wie kritische junge Leute im eigenen Land.

Im ganzen hatten die Auseinandersetzungen um Verfassungstreue im Öffentlichen Dienst (wie dann auch die strikte Beachtung rechtsstaatlicher Grundsätze bei der Verfolgung von Terroristen) den Rang einer Bewährungsprobe für die SPD. Sie bewährte sich neu als Garant für Gedankenfreiheit und Liberalität. Dies war und bleibt ein unverzichtbares sozialdemokratisches Erbe.

IV.

Anders als es politische Gegner (und nicht selten: Ignoranten) immer wieder darzustellen versuchen, ist die Außen- und Sicherheitspolitik der deutschen Sozialdemokraten in besonders hohem Maße durch Kontinuität gekennzeichnet. Wir konnten und können uns auf eine starke friedenspolitische Tradition stützen. Wir haben uns auf diese Tradition gestützt, als wir uns gegen die verbrecherische Politik stellten, die in den Zweiten Weltkrieg führte. Ebenso, als – zusätzlich zu Zerstörung und Teilung – der Kalte Krieg über uns kam. Wir hatten uns als eine Partei des Westens zu bewähren, das europapolitische Erbe unserer Gründergeneration – wie der Weimarer SPD – wiederaufzunehmen, die Fähigkeit zu vertrauensvoller Zusammenarbeit mit den Amerikanern zu beweisen, ein unverkrampftes Verhältnis zum Westlichen Bündnis zu finden (nachdem der Streit um die Chancen einer „Wiedervereinigung" durch die tatsächliche Entwicklung überholt war), dabei auch die Reform des Bündnisses ins Auge zu fassen, und nicht zuletzt: auf dem Gebiet der Landesverteidigung und gegenüber der Bundeswehr die Konsequenzen aus dem zu ziehen, was das Godesberger Programm grundsätzlich festgelegt hatte.

Dem aufmerksamen Leser wird nicht entgehen, daß wir seit langem gefordert haben: Erstens, gestützt auf unsere Verankerung im Westen, eine selbstbewußte Ostpolitik zu entwickeln. Zweitens, Europa – und eine europäische Friedensordnung – zu begreifen nicht nur in seiner bzw. ihrer wirtschaftlichen und kulturellen Dimension, sondern perspektivisch auch als ebenbürtigen Partner der USA bzw. der nuklearen Weltmächte. Drittens, eine Politik des Ausgleichs (Schumacher) und eine Strategie des Friedens (Kennedy) zu entwickeln, um das Überleben zu sichern. Die Unzulänglichkeit mancher unserer Äußerungen in den 60er und 70er Jahren tritt vor allem dort zu Tage, wo wir zu wenig differenziert die gängigen Formeln von Gleichgewicht und Abschreckung übernommen hatten. Dabei fehlte es uns nicht an der Einsicht, daß man nicht zum Gefangenen beschränkt-militärischen Denkens werden darf. Und an nuklearem Ehrgeiz litten wir gewiß nicht.

Erst im Verlauf des Wettrüstens ist vielen von uns dessen (objektiver) Widersinn aufgegangen. Mancher hat erkannt, daß wir es zunehmend mit einer Spirale (der Rüstung und des Schreckens) zu tun haben, wo von Gleichgewicht gesprochen wird. Auf der anderen Seite ist es keine Schande festzustellen, daß wir seinerzeit – Ende der 60er, ganz zu Beginn der 70er Jahre – gewisse reale Fortschritte auf dem Weg zur Begrenzung von Rüstung für möglich gehalten hatten. Anders gesagt: Ich habe die Fähigkeit der Führungen beider Weltmächte, ihr (und unser) gemeinsames Interesse zu erkennen, überschätzt; auch habe ich es kaum für möglich gehalten, daß die europäische und deutsche Politik in dieser so kritischen Zeit durch so viel Provinzialität und Kurzsichtigkeit gekennzeichnet sein würden.

Dies ist nicht der Ort, die Auseinandersetzungen zu kommentieren, die den NATO-Doppelbeschluß vom Dezember 1979 begleiteten. Die Entscheidung des Kölner Parteitages vom November 1983 war eindeutig. Die Gefahren für die Zukunft der Menschheit sind – durch die Verkrampfung beider nuklearer Weltmächte und die Vielfalt internationaler Konfliktentfaltung – gewaltig gestiegen. Die Chancen für eine neue, ernstere Phase des Abbaus von Ost-West-Spannungen sind zum Zeitpunkt, da dies niedergeschrieben wird, leider nicht hoch zu veranschlagen. Die Notwendigkeit, überkommenes strategisches Denken zu überprüfen und neue Perspektiven europäischer Sicherheit herauszuarbeiten, wird die SPD in der vor uns liegenden Zeit verantwortungsbewußt und intensiv in Anspruch nehmen – ohne daß die Fragen der wirtschaftlichen und sozialen Entwicklung zu kurz kommen dürfen.

Die Nord-Süd-Problematik ist ein Beispiel dafür, daß wir deutschen Sozialdemokraten anderen voraus waren, wo es um die gedankliche Durchdringung ging. Wir sagten früh, daß es dabei auch um *unsere* Interessen, unsere Zukunft gehen werde. Daß sich aus dem Elend in den armen Regionen der Welt neue große Gefahren für den Frieden ergeben würden. Daß längst nicht mehr nur davon die Rede sein könne, Hilfe zu leisten, sondern daß es immer wichtiger werde, die weltwirtschaftlichen Beziehungen (einschließlich des internationalen Währungs- und Finanzsystems) gründlich umzugestalten.

Fortschrittliche Einsichten und vernünftige Beschlüsse sind allerdings noch keine Gewähr dafür, daß eine Partei – auch wenn es sich um die SPD handelt – daraus regelmäßig die angemessenen Konsequenzen zieht.

V.

Dies wirft die Frage auf, weshalb die Partei der deutschen Sozialdemokraten sich der neuen Aufgaben nicht noch klarsichtiger anzunehmen wußte, konzeptionelle Vorteile – wie auf den Gebieten Umweltbelastung, Rüstungswahn, Zukunft der Arbeit und der sozialen Dienste – nicht besser zu nutzen, im ganzen nicht effektiver, mit weniger Zeit- und Reibungsverlusten, zu wirken vermochte. Aber die SPD ist natürlich kein Sachverständigenrat oder wissenschaftliches Institut. Sie ist kein elitärer Diskussionsklub, sondern eine demokratisch-sozialistische Massenpartei, und Demokratie hat ihren Preis.

Fragen der Parteiorganisation haben mich im Laufe der Jahre ständig begleitet; sie werden wieder besonders wichtig in einer Phase, da die SPD von unten aufbauen muß, bevor sie im Bund erneut nationale Gesamtverantwortung tragen kann. Im Laufe der Jahre habe ich viele Male dafür geworben, lebendige Diskussion im Innern mit geschlossenem Handeln nach außen zu verbinden. Ja, ich war und bin der Überzeugung, daß die äußere Stärke und Wirksamkeit einer Partei, zumal einer sozialdemokratischen, mit ihrer geistigen Regsamkeit zusammenhängt. Freilich kann kein Zweifel daran sein, daß mangelnde Einordnung und ein Ausufern innerparteilichen Streits zu erheblicher Schwächung führen können. Ich halte weiterhin dafür, gute Traditionen wachzuhalten und die Geschichte der Arbeiterbewegung, der Freiheitsbewegungen überhaupt, sorgsam zu pflegen, um sie fortführen zu können.

In meinen Reden klingt verständlicherweise an, wie sehr uns in den letzten zwei Jahrzehnten der soziale Wandel erfaßt hat: Das neue Selbstbewußtsein der Frauen; die Herausforderungen durch (mittlerweile mehr als) eine kritische junge Generation; weitreichende Umschichtungen unter den Arbeitnehmern. Und bei allen Veränderungen die bestätigte Einsicht darin, wo die Sozialdemokratie ihre entscheidende Basis findet. Es liegt in der Natur der Sache, daß ich mich im Kontakt mit meinen Kollegen und Genossen in führenden Positionen der Gewerkschaftsbewegung wiederholt im Geiste freundschaftlich-kritischer Verbundenheit geäußert habe. Ebenso wie meine Offenheit gegenüber Impulsen aus der Jugend mich nicht dazu verleitet hat, ihr nach dem Munde zu reden, womit Integration zu etwas Verlogenem würde. Das wäre ja auch eine ganz und gar unwahrhaftige Basis für das Bemühen, kritische junge Leute einzubeziehen, ihnen zuzuhören, gelegentlich sogar immer mal wieder von ihnen zu lernen.

Bei den hier veröffentlichten Reden war manches davon abhängig, ob der Drang oder der Zwang bestand, daß ich mich eher an die eigene Partei oder an die Gesamtheit wendete. Mehrfach klingt auch an, daß es für richtig gehalten wurde, die Grundsätze des Godesberger Programms zu unterstreichen – es insoweit „nicht zur Disposition" zu stellen, oder darauf hinzuweisen, daß es nach gründlicher Diskussion zu ergänzen sein wird. Der Ansatz, den ich 1970 in Saarbrücken anregte – ein quantifiziertes „Langzeit"-Programm – hat sich nicht als sonderlich fruchtbar erwiesen; der (in Mannheim 1975 verabschiedete) „Orientierungsrahmen '85" hat gleichwohl für die innerparteiliche Klärung eine wichtige Rolle gespielt. Und die meisten stimmten zu, wenn ich sagte: Godesberg gilt, eine Pflicht zum Weiterdenken gibt es auch.

Und dies immer in der Hoffnung, daß die Zukunft eine Chance behält. Und daß wir ein wenig dazu beitragen können, sie lebenswert zu machen.

Bonn, im März 1984 Willy Brandt

Politik für Deutschland

Rede vom 25. November 1960

Werte Anwesende! Genossinnen und Genossen! Liebe Freunde! Zunächst möchte ich ein Wort aufrichtigen Dankes an die Delegierten dieses Parteitages sagen, ein Wort des Dankes auch all den Freunden, die mir in den vergangenen Monaten und in diesen Tagen aus allen Teilen Deutschlands so viele Zeichen der Verbundenheit übermittelt haben.

Einen besonderen Dank schulde ich Carlo Schmid. Ich habe mich darüber gefreut, was dieser Meister des Wortes zur Sache und über mich gesagt hat, und ich darf stolz darauf sein, daß er es als guter Freund übernommen hat, in diesem Kampf an meiner Seite zu stehen und mich als Vormann unserer Mannschaft zu vertreten.

Ich empfinde die hohe Ehre und die schwere Bürde, die sich mit dem mir ausgesprochenen Vertrauen für diese Aufgabe verbinden. Ich werde meine Pflicht tun, wie es unsere politische Gemeinschaft und weite Kreise unseres Volkes von mir erwarten, und mehr. Von dieser Stelle aus verspreche ich, daß ich alles tun werde, was in meinen Kräften liegt, um im nächsten Jahr den Wahlsieg zu erringen, um eine neue Bundesregierung zu bilden, um für unser Volk eine Politik neuen Stils zu gestalten, eine Politik des sachlichen Ausgleichs und der ehrlichen Zusammenarbeit.

Ich werde nicht verleugnen und nicht vergessen, daß es diese unsere, meine Partei ist, die mir die Aufgabe gestellt hat, aber ich sage ebenso offen, daß die Richtschnur meines Handelns das Gewissen sein wird, das nur dem Ganzen verpflichtet sein kann. Ich bin der Kandidat dieser Partei für ein Amt, dessen Inhaber die Richtlinien der Politik bestimmt und dem ganzen Parlament und damit dem Volk verantwortlich ist.

Es ist vielleicht nicht populär, wenn ich hier erkläre, daß ich nicht einfach nur Willensvollstrecker der Partei sein kann, sondern daß ich nach ernsthafter Überlegung in eigener Verantwortung jene Entscheidungen werde treffen müssen, die im Interesse unseres Volkes erforderlich sind. Aber ich weiß, daß die Sozialdemokratische Partei, deren Vertrauen ich habe, mir die Freiheit der Entscheidungen gewähren wird, die dieses Amt nach dem Grundgesetz braucht.

Liebe Freunde! Ich verbürge mich dafür, daß es in der vor uns liegenden schweren Auseinandersetzung weder am Willen zur Führung noch an der Bereitschaft zur Zusammenarbeit fehlen wird. Entschlossenheit und sachliche Härte sind nicht Eigenschaften, die ich irgend jemandem zum Vorwurf mache. Wir haben einen schweren Kampf vor uns; dazu brauche ich euer aller

Hilfe. Ohne die Mitarbeit jedes einzelnen werden wir es nicht schaffen. Der Erfolg kommt nicht von selbst.
Die führenden Repräsentanten unserer Politik in der Bundes- und in der Landespolitik, in den Städten und Gemeinden, alle, die sich auf Vertrauen stützen und über Sachverstand verfügen, alle sind aufgerufen, ihren maßgeblichen Beistand zu leisten. Was heute hier eben bestätigt wurde, kann gewiß nicht den Sinn haben, daß sich irgend jemand von seiner Verpflichtung und Verantwortung entbunden fühlt. Ich bitte um diese Mitarbeit, aber ich erwarte auch, daß jeder mit der Hingabe seine Pflicht tut, wie ich das für die Mannschaft und für mich verspreche, und ich fürchte, ich werde zuweilen von uns allen noch mehr als die Pflicht verlangen müssen. Es ist noch nie etwas Großes erreicht worden ohne die Bereitschaft, auch Opfer zu bringen. Wir werden manchen Wunsch aufgeben, manche Forderung zurückstellen und manche Vorstellung einmotten müssen. Wir haben weder alles aufzuarbeiten, was seit den Tagen August Bebels ansteht, noch können wir vorwegnehmen wollen, was in kommenden Jahrzehnten auf uns zukommen mag. Bei den Wahlen zum Bundestag geht es allein darum, wer in den kommenden vier Jahren die Regierungsverantwortung trägt und sich dann erneut dem Votum der Wähler stellt.
Die Partei hat heute nicht die Aufgabe, zu philosophieren, sondern klar und hart und realistisch zu sagen, was sie für unser Volk in der Welt von heute tun wird. Dabei werden uns unsere Grundüberzeugungen leiten, aber jetzt geht es um die unmittelbar vor uns liegende Aufgabe. Für diese Aufgabe haben wir zu wirken, nur für diese Aufgabe haben wir um das Vertrauen des Volkes zu bitten.
Es gibt keine Partei, in der offener als bei uns um Wege und Meinungen gerungen werden kann; aber es wird in diesen vor uns liegenden Monaten auch keine Partei geben, die geschlossener und einmütiger sein kann als wir! Mehr denn je gilt der Satz Kurt Schumachers, daß es gleichgültig sei, ob jemand aus der Welt des wissenschaftlichen Sozialismus, aus der Welt des Humanismus oder aus dem Geist der Bergpredigt zu uns kommt, und ich füge hinzu: die Freiheit des Geistes, die Unabhängigkeit des Denkens sind heute nirgendwo besser aufgehoben als bei uns! Die moderne deutsche Sozialdemokratie ist in der Lage, Unterschiedlichkeiten und Gegensätze in unserem Volk in sich selbst auszugleichen. Wir wissen aber auch noch besser als früher, daß „die Freiheit wovon“ ergänzt werden muß durch „die Freiheit wofür“.
Wir werden alle unsere Kräfte zusammenfassen und alle unsere Energien ausschöpfen. Wir werden jeden unnötigen Reibungsverlust vermeiden; und ich sage nach manchen Presseerörterungen dieser Tage [1], daß ich mich darin einig weiß mit dem Vorsitzenden unserer Partei, Erich Ollenhauer, und mit Herbert Wehner und mit Waldemar von Knoeringen. Wir dürfen keiner

Verantwortung entsagen und werden zu führen haben, wo geführt werden muß. Wir müssen eine Sprache sprechen und dürfen uns von den durch uns bestimmten Themen nicht abbringen lassen, auch wenn sich unsere Widersacher noch so sehr darum bemühen, uns auf ihnen genehme Nebengleise abzudrängen. Die Offenheit unseres Denkens verbindet sich mit der Geschlossenheit unseres Handelns. Wir werden einen Wahlkampf aus einem Guß führen und werden uns das Gesetz des Handelns nicht aufdrängen lassen.
Jedes zu seiner Zeit. Heute zeichnen wir die Konturen, im Frühjahr werden wir ein Regierungsprogramm vorlegen, das es keiner demokratischen Partei möglich machen wird, zu erklären, mit der deutschen Sozialdemokratie könne man auf keinen Fall zusammenarbeiten. Wer die Regierungsgeschäfte übernehmen will, muß sagen, wie er die Dinge gestalten und welche Aufgaben er in den Vordergrund rücken will. Dazu werde ich mich heute äußern. Im Regierungsprogramm werden wir positiv und detailliert sagen, wie wir es machen – und besser machen – wollen.
Ich appelliere an die Partei, das Äußerste zu tun, und ich bitte unsere Mitbürger, mir zu helfen, denn ich habe die Sorge, daß unser Volk stehenbleiben könnte und damit den Zug nicht erreichen würde, der in eine gute Zukunft führt. Unserer Kinder wegen dürfen wir nicht stehenbleiben, dürfen wir den Anschluß nicht verpassen.
Liebe Freunde! Der Kanzlerkandidat der deutschen Sozialdemokraten wird sich auf mancherlei Anfeindungen gefaßt machen müssen. Ich habe bereits einen kräftigen Vorgeschmack von der schmutzigen Brühe bekommen, die man zusammenbraut. Aber ich sage: Die persönlichen Angriffe sind kein Zeichen von Stärke, sie zeugen von Nervosität![2]
Zunächst ist die Frage aufgeworfen worden, ob ich es in der kritischen Zeit auf mich nehmen könne, neben meiner Berliner Aufgabe für das Amt des Bundeskanzlers zu kandidieren.
Ich denke nicht im Traum daran, mich von Berlin trennen zu lassen. Auch in Zukunft werde ich, wann immer es die Situation erfordert, in Berlin sein. Meine Berliner Mitbürger wissen das auch. Ich werde die Verantwortung für mein Amt während des Wahlkampfes mindestens ebenso gewissenschaft erfüllen, wie der gegenwärtige Bundeskanzler[3] seine Pflichten mit den Erfordernissen des Wahlkampfes verbindet!
Am wenigsten habe ich es nötig, mich etwa deswegen zu rechtfertigen, daß ich schon in jungen Jahren ein konsequenter Gegner jenes Regimes gewesen bin, das uns den Terror und den Krieg brachte und das den schlimmsten nationalen Verrat bedeutete.
Ich schäme mich für jenen Ministerpräsidenten im deutschen Norden, der diesen Tatbestand verwirren möchte.[4]
Ich bin stolz auf meine Lehr- und Wanderjahre im skandinavischen Norden,

die mir Erfahrungen brachten, von denen ich wenig ahnte, als ich mit 19 Jahren die Heimat verlassen mußte. Von dort habe ich nicht nur bewährte Freundschaften mitgebracht, sondern auch Einsichten, wie man einen Rechtsstaat umgestaltet in eine wahre Heimstätte des Volkes.
In einer gesteuerten Flüsterpropaganda wird daran herumgeheimnist, daß ich nicht als Willy Brandt geboren wurde und wohl etwas zu verbergen habe. Nun, es stimmt, daß ich „erst" seit 28 Jahren Willy Brandt heiße. Ich habe daraus keinen Hehl gemacht. Ich habe meinen Namen beibehalten, weil ich mich ausdrücklich zu dem bekennen wollte, was ich getan, gesagt und geschrieben habe, seit ich erwachsen bin. Als Journalist und Schriftsteller habe ich mir in all diesen Jahren meinen Namen erworben, und ich wollte davon nicht weglaufen. Ich habe nichts zu verbergen. Mit meinem Geburtsnamen und dem Namen meiner damals unverheirateten Mutter[5] verband mich, als ich nach Deutschland zurückkehrte, wenig mehr als die Erinnerung an eine nicht ganz leichte Kindheit. Das mag vielen ungewöhnlich erscheinen und ist es wohl auch. Aber es hat niemand das Recht, mir meine Ehre streitig zu machen.
Liebe Freunde! Ich habe kein einfaches Leben hinter mir. Meinen Weg habe ich mir durchweg selbst ebnen und ich habe viel lernen müssen. Ich glaube, daß wir alle noch immer hinzulernen müssen. Bewahren wir uns die Fähigkeit, keiner sollte zu alt dazu sein.
Was die übrige Flüsterpropaganda angeht, so handelt es sich durchweg um Verleumdungen, die, welch ein Zufall, im Jahr bevor ich Regierender Bürgermeister wurde, schon einmal kolportiert wurden und den Giftmischern damals auch nichts geholfen haben. Damals begann die Kampagne bei den Kommunisten. Damals sind die Verleumder gerichtlich belangt worden. Das sollte reichen, zumal den Herren inzwischen nichts Neues eingefallen ist.[6]
Jedermann kann sich davon überzeugen, was ich in den vergangenen schweren Jahren, noch vor der Blockade Berlins, an diesem gefährdeten Punkt des freien Deutschlands getan habe. Und ich bin stolz darauf, daß ich mich einen Schüler und Freund unseres unvergessenen Ernst Reuter nennen darf. – Wenn Schmutz das einzige Argument ist, mit dem man uns beizukommen hofft, dann bin ich beruhigt; denn es gibt Anstand in unserem Volk, und ich weiß, wie die Antwort aussehen wird.
Wer im übrigen glaubt, ich würde mich in den Vorgefechten oder auch im eigentlichen Wahlkampf durch Antworten auf unsachliche oder heimtückische Angriffe ablenken oder verschleißen lassen, irrt absolut. Diese Sorte von „Strategen" wird zur Kenntnis nehmen müssen, daß ich starke Nerven habe und ein gutes Gewissen! Damit ist dieses Thema für mich abgeschlossen.
Werte Anwesende! Der „Appell von Hannover", den uns Carlo hier vorge-

tragen hat, zeigt, auf welchem Wege wir vorangehen wollen. Er konnte im Geist unseres Godesberger Progamms erarbeitet werden.
Wenn es draußen den einen oder anderen gibt, der glaubt, nicht auf der Grundlage des Godesberger Programms mit uns zusammenwirken zu können, dann möchte ich herzlich bitten, daraus die Konsequenz zu ziehen und uns in der vor uns liegenden Auseinandersetzung nicht unnötig zu belasten. Es ist besser, wenn wir auf des einen oder anderen aktive Unterstützung zeitweilig verzichten, als daß man uns Widersprüchlichkeit oder gar Doppelzüngigkeit vorwerfen kann.
Nachdem nun der „Appell von Hannover“ die Zustimmung des Parteitages gefunden hat, wird es darauf ankommen, ihn zum „Gemeineigentum“ aller unserer mehr als 650 000 Mitglieder und der vielen Freunde unserer Partei zu machen. Aber damit dürfen wir es nicht genug sein lassen. Die große Gemeinschaft der deutschen Sozialdemokraten muß sich in den nächsten Wochen darauf vorbereiten, den „Appell“ im ganzen Volk bekanntzumachen, ihn in jedes Haus, an jeden Arbeitsplatz und in jede Familie zu tragen. Das müssen wir einander hier versprechen. Dabei wird es sich um eine Generalprobe handeln für das, wozu wir die Vertrauensleute, die Mitglieder und Freunde der Sozialdemokratischen Partei im kommenden Jahr mehrfach werden aufrufen müssen. Es wird uns gelingen, die freiwillige Mitarbeit Hunderttausender zu mobilisieren und auch weit über die eigenen Reihen hinaus Spenden für einen erfolgreichen Wahlkampf zu erhalten.
Es gibt keinen Grund zur Selbstzufriedenheit. Wir wissen alle um die Gefahren, die uns umlauern. Wir wissen um die tödliche Bedrohung, der die gesamte Menschheit ausgesetzt ist. Wir wissen um harte Belastungen, denen unser Volk erst noch entgegengeht.
Aber wir kennen den Weg nach vorn. Wir wissen um die Kraft und Überlegenheit eines demokratischen Staatswesens, einer freiheitlichen Wirtschaftsordnung, einer vom Vertrauen getragenen Zusammenarbeit der Völker.
Darum fürchten wir uns nicht vor der Herausforderung dieser Zeit. Wir sind jeden Tag bereit, sie zu bestehen. Wir unterscheiden uns von anderen nicht dadurch, daß wir weniger entschieden sind, sondern dadurch, daß wir weniger furchtsam sind.
Unser „Appell“ unterstreicht die Tatsache, daß wir fest in der westlichen Gemeinschaft stehen und am werdenden Europa mitarbeiten. Deutsche Politik heute und in den vor uns liegenden Jahren kann nur von dieser Grundlage aus gestaltet werden. Wir sind keine Wanderer zwischen den Fronten. Wir wissen, wohin wir gehören.
Der „Appell“ bedeutet weiter, daß wir uns mit Stolz zu dem bekennen, was in den hinter uns liegenden Jahren als Ergebnis gemeinsamer fleißiger Arbeit in der Bundesrepublik aufgebaut und geleistet worden ist.

Aber wir sollten uns nicht so viel darauf einbilden, daß wir die Mängel übersähen oder daß wir träge würden. Denn wir dürfen nicht müde und bequem werden, sondern wir müssen springlebendig bleiben. Es gilt nicht nur, das Erreichte zu sichern; vieles muß besser gemacht, muß solider und ausgeglichener und gerechter gestaltet werden als bisher.
Der „Appell von Hannover" ist ein Dokument der Zuversicht, ein Bekenntnis des Vertrauens und der Bereitschaft zum Handeln.
Liebe Freunde! Genossinnen und Genossen! Von uns aus wird es einige sehr betonte innenpolitische Schwerpunkte im Wahlkampf des nächsten Jahres geben.
Es gibt mehr oder weniger wohlmeinende Ratgeber, die uns sagen, in der Innenpolitik „stecke doch nichts drin", und die Wähler seien an den in Frage kommenden „kleinen Fragen" gar nicht interessiert.
Nun, es handelt sich in Wirklichkeit durchaus nicht um „kleine" Fragen, sondern um solche, die für das Leben unserer Menschen von ganz großer Bedeutung sind.
Wir werden es uns nicht so billig machen, allein dem privaten Wohlleben das Wort zu reden und uns einem egoistischen Materialismus zu unterwerfen. Uns geht es besonders um die Erfüllung wichtiger Gemeinschaftsaufgaben. Ich nenne drei Schwerpunkte:

- Das nationale Gut der Volksgesundheit muß geschützt und erhalten werden,
- unsere Städte müssen erneuert, das Verkehrswesen muß auf die Erfordernisse von morgen zugeschnitten werden,
- die Fähigkeiten und Begabungen, unser wertvollstes Volksvermögen, müssen entsprechend den Anlagen jedes einzelnen entdeckt und gefördert werden.

Zu diesen drei Schwerpunkten ein paar Worte: Wir wissen alle, wie sehr Technik und Zivilisation die Gesundheit der Menschen bedrohen. Deshalb werden wir ein zusammenhängendes Programm vorlegen, nicht allein für medizinische Forschung und moderne Krankenhäuser, sondern vor allem auch für ausreichenden Urlaub, Erholung und Sport, Reinhaltung von Luft und Wasser.
Bei der Erwähnung des letzten Punktes mögen einige sagen, das sei nicht so wichtig. Sie irren sich. Es stört mich gar nicht, daß neuerdings auch der gegenwärtige Bundeskanzler davon spricht. Man darf aber nicht nur sprechen. Man muß mehr tun. Und man muß wissen, daß hier Milliardenlasten auf uns zukommen.
In der Zukunft werden – und das weiß der Präsident des Deutschen Städtetages[7] und der Bürgermeister der größten deutschen Stadt – Fragen der Erneuerung unserer Städte, der Ausnutzung unseres Landes und des Verkehrs-

wesens eine ähnliche Rolle spielen wie in der Vergangenheit der Kampf gegen die Arbeitslosigkeit. Eine solche Riesenaufgabe kann nicht ohne vorausschauendes Planen gelöst werden. Großer Opfer bedarf es, um die geistigen Reserven in unserem Volk zu mobilisieren und um unsere Bildungseinrichtungen zu sanieren und auszubauen. Nur so wird unser Volk eine führende Industrienation bleiben und den Anschluß an die geistige Entwicklung in der Welt bewahren können.

Wir stehen an mehr als einem Punkt vor der Wahl zwischen öffentlichen, gemeinschaftlichen Interessen auf der einen Seite und engem Gruppendenken oder privater Bequemlichkeit auf der anderen Seite. Mit anderen Worten: private Interessen müssen den Erfordernissen der Gemeinschaft, der wir alle zugehören, untergeordnet werden. Statt der stickigen Atmosphäre vermeintlicher „Normalität" wählen wir die frische Luft des Fortschritts. Wir sind nicht nur ein Land der Beamten und der Kaufleute; wir sind auch ein Volk geistiger Menschen. Unsere Demokratie sollte sich nicht durch ihre Außenseiter bedroht fühlen und nicht alles zum Konformismus zwingen wollen. Meiner Überzeugung nach muß mehr freiheitlicher Geist bei uns einziehen. Allen Tendenzen bürokratischen Übermuts und obrigkeitsstaatlichen Denkens werden wir energisch entgegentreten.

In der Wirtschaftspolitik wird die Parole des gerechten Wohlstandes nicht mehr von der Tagesordnung verschwinden. Wir sagen im „Appell", daß der Lebensstandard in den nächsten zwei Jahrzehnten – vielleicht drei Jahrzehnten, wir wollen nicht darüber streiten, was eine Generation ist – verdoppelt werden kann. Das erfordert wirtschaftliches Wachstum und gesteigerte Produktivität, und dafür werden wir sorgen. Wir wollen den Verbraucher gegen überhöhte Preise schützen. Wir wollen dem Mißbrauch wirtschaftlicher Macht begegnen. Wir wissen, daß eine funktionierende Wirtschaft die Basis jeden Fortschritts ist.

Der Frage einer gerechten Eigentumsbildung für alle – und das hat dieser Parteitag gezeigt – werden wir unsere besondere Aufmerksamkeit zuwenden. Hierzu haben wir Vorschläge gemacht. In Übereinstimmung mit unseren freiheitlichen Grundsätzen werden wir die vielfältigen Mittel der Finanz-, Wirtschafts- und Sozialpolitik für die Eigentumsbildung breiter Schichten einsetzen.

Die stabile D-Mark, ein gesundes Preisgefüge und Maßnahmen gegen die schleichende Inflation werden Grundpfeiler unserer Wirtschaftspolitik sein; denn wir sind keine Krisenpartei, sondern eine Krisenverhütungs-Partei.

Bei dieser Gelegenheit möchte ich erklären, daß wir auch keine Gewerkschaftspartei sind. Die Gewerkschaften haben unbestreitbare Verdienste um den wirtschaftlichen Aufbau und um den sozialen Status der arbeitenden

Menschen. Wir werden immer bemüht bleiben, mit den Vertretungen der Arbeitnehmer loyal und freundschaftlich zusammenzuarbeiten.
Aber die Wirtschaftspolitik wird eine sozialdemokratisch geführte Regierung nach ihren Gesichtspunkten als Zusammenfassung aller in Betracht kommenden Faktoren bestimmen müssen.
Aus dem Munde mancher Bundesminister sind neuerdings Warnungen zu hören, den wirtschaftlichen Erfolg nicht zum Maß aller Dinge werden zu lassen. Das bedeutet die Aufforderung an die Menschen, nicht mehr an das zu glauben, was man ihnen bis gestern gesagt hat.[8] Wer vom „Maßhalten" spricht, soll sich nicht an die falsche Adresse wenden und soll nicht diejenigen schulmeistern, die es auch heute noch schwer genug haben, mit ihren Familien anständig durchzukommen und für ihre Kinder zu sorgen. Man sollte sich auch daran erinnern, daß eine egoistisch-materialistische Gleichung nicht zu moralischen Musterergebnissen führen kann.

Die Bundesrepublik hat die Demokratie nicht allein – meiner Überzeugung nach – als politischen Auftrag zu verstehen, sondern im gleichen Maße auch als eine soziale Aufgabe. Die Bundesrepublik muß zum Modellstaat entwickelt werden. Sie muß sozial unverletzlich und unangreifbar sein. Sie muß Maßstäbe setzen. Durch ihre vorbildliche soziale Wirklichkeit und die Solidität der Grundlagen muß sie einen entscheidenden Beitrag liefern zum erfolgreichen Wettbewerb mit dem Kommunismus.
Eine von mir geführte Regierung wird keinen selbstgenügsamen Wohlfahrtsstaat anstreben, aber wohl einen Staat, der die soziale Demokratie nicht bloß in der guten Stube seßhaft macht. Denn noch längst nicht ist jede Not gebannt. Auf zwei Parteitagen der Unionsparteien wurde das Wort von den Grenzen des Sozialstaates geprägt.[9] Wir erklären: wirtschaftlicher Aufstieg und sozialpolitische Aktivität sind keine Gegensätze. Die wirtschaftliche und technische Entwicklung erfordert vielmehr die stete Anpassung der Sozialpolitik an die wachsenden Lebensbedürfnisse der Menschen.
Was wir nicht wollen, ist ein schläfriger Versorgungsstaat, der den Menschen kurzerhand von der Eigenverantwortung und von der eigenen Initiative befreien möchte. Es geht darum, die durch schnelles und unorganisches Wachstum entstandenen Spannungen in unserer Gesellschaft zu überwinden.
Der Kritiker wird mir vielleicht vorhalten, die Sozialdemokraten wollen neue Aufgaben anpacken, aber sie sagen nicht, woher die Mittel dazu kommen sollen. Man wird behaupten, unsere Politik werde mehr Steuern erfordern und die finanzielle Verantwortung sei bei uns nicht gewährleistet.
Lassen Sie mich hierzu drei Feststellungen machen:
Erstens ist es einfach nicht wahr, daß die Finanzmasse des Staates ein für allemal festgelegt und daß keine Mittelverlagerung von einem Gebiet auf ein

anderes möglich ist. Das kann auch der schärfste Widersacher nicht guten Gewissens behaupten.
Zweitens werden wir den geringer verdienenden Gruppen unserer Bevölkerung keine vermeidbare zusätzliche Belastung zumuten. Aber ich denke nicht daran, eine Politik des billigen Jakob zu betreiben. Wenn es des Gemeinwohls und der Erfüllung großer gemeinschaftlicher Aufgaben wegen erforderlich ist, werde ich nicht zögern, offen darüber zu sprechen, welche Mittel erforderlich sind und wie sie aufgebracht werden können.
Drittens erkläre ich in aller Form, daß wir jeder Aufblähung des Staatsapparates mit kritischer Wachsamkeit begegnen werden, daß wir eine verantwortungsbewußte Haushaltswirtschaft führen werden, daß wir die Stabilität unserer Währung mit allen uns zur Verfügung stehenden Mitteln verteidigen werden.
Es wird zu dem neuen Stil unserer Regierung gehören, die Politik als Einheit zu betrachten. Das möchte ich vorausschicken, bevor ich mich jetzt der Außenpolitik zuwende.
Die Wandlung in unserer Welt vollzieht sich in einem immer schnelleren Tempo. Die außenpolitischen Probleme der 60er Jahre werden viel schwieriger sein als die der hinter uns liegenden Zeit.
Die beiden Faktoren, die der Weltpolitik in den letzten Jahren entscheidende Impulse gegeben haben, sind die Idee der Selbstbestimmung und die explosive Entwicklung der Technik. Selbst der elementare Gegensatz zwischen Ost und West mußte sich bis zu einem gewissen Grade der Macht anpassen, mit der Naturwissenschaften und das Ende des überkommenen Kolonialismus die Welt umzuformen begannen.
Wir werden uns daran gewöhnen müssen, im Gleichgewicht des Schreckens zu leben, in einem Zustand, der weder Krieg noch Frieden ist im klassischen Sinne. Die Welt ist dabei, für diesen unheimlichen und ihr neuen Zustand auch neue politische Spielregeln zu finden. Es gibt keine Alternative, da es den Krieg nicht geben soll.
Es ist das Problem, den Status quo militärisch zu fixieren, um die notwendige Bewegungsfreiheit zu bekommen für die politische Überwindung des Status quo. Wir brauchen, ohne daß es unsere Sicherheit gefährdet, Raum, um die politischen Kräfte zur Wirkung zu bringen, um den Immobilismus und den ideologischen Grabenkrieg zu überwinden. Ich weiß mich hier in Übereinstimmung mit dem neugewählten amerikanischen Präsidenten John F. Kennedy.
Wir haben uns militärisch zu sichern. Wir haben uns gegen einseitige Machtveränderungen durch den Ostblock zu wehren, aber wir haben zugleich die Voraussetzungen zu schaffen für jede Auseinandersetzung außer der des Krieges. Die Bundesrepublik muß auch auf diesem Gebiet mit der Zeit ge-

hen. Sie darf nicht stehenbleiben; unsere Verbündeten erwarten für die neue weltpolitische Phase einen deutschen Beitrag. Wir werden ihn leisten.

Dabei haben wir in Berlin etwas gelernt, was der Bundesrepublik und dem Westen meiner Überzeugung nach nutzbar gemacht werden muß: Wir haben gelernt, daß wir keine Furcht mehr zu haben brauchen vor dem Kommunismus als Ideologie. Es ist wahr, seine staatliche Macht ist stark, aber ideologisch hat er nichts mehr, was es rechtfertigte, ihm in der Haltung eines hypnotisierten Kaninchens gegenüberzutreten.

Der Kreml hat aus der Tatsache des militärischen Gleichgewichts seine Folgerungen gezogen und den friedlichen Wettkampf beider Systeme verkündet. Wir werden diese Politik der „friedlichen Koexistenz" nur begreifen, wenn wir wissen, daß sie Druck, Erpressung, Sprengung aller üblichen diplomatischen und politischen Formen einschließt.

Wir müssen uns klarmachen, worauf sich die Sowjets einlassen, wenn sie den Wettkampf beider Systeme in der ganzen Welt führen wollen:

1. Der Kreml propagiert Ziele, die am Westen orientiert sind. Er hat den Unterschied im Zivilisationsgrad als Maßstab der Leistung eines Staates akzeptiert.
2. Chruschtschow hat sich damit selbst bis zu einem hohen Grade festgelegt.
3. Er hat sich mit dieser Parole – der Parole des Ein- und Überholens – auf das Gebiet begeben, auf dem der Westen am stärksten ist und die Kommunisten am schwächsten sind.

Es ist im Westen zu einem gern geübten Spiel geworden, über unsere Sattheit zu spotten. Wohlstand ist jedoch keine Schande, sofern es sich um anständig erworbenen und einigermaßen gerecht verteilten Wohlstand handelt. Wohlstand ist an sich auch keine Schwäche. Wir haben es nicht nötig, die ideologische Geschlossenheit des Ostens zu fürchten. Wir brauchen keine Gegenideologie. Wir erleben, daß westlicher Wohlstand vom Osten zum Maßstab und teilweise zum Vorbild proklamiert wird. Wer heute Ost und West an den Maßstäben von Wohlstand und Freiheit mißt, kommt zu dem Ergebnis: Der Kommunismus propagiert und verspricht den Wohlstand, die Freiheit verspricht er nicht einmal.

Ich bin überzeugt, wir können die Herausforderung des Kommunismus annehmen. Wir müssen den Frieden sichern und die Spielregeln finden, um wirtschaftlich, politisch und geistig frei zu sein für das Ringen mit der anderen Welt, das man „friedliche Koexistenz" nennt. Diesen Kampf werden wir gewinnen!

Wir können uns eine selbstbewußte Ostpolitik leisten. Wir müssen endlich unsere Passivität überwinden und geistig und politisch stärker auf die Zone einwirken. Nicht einmal Ulbricht kann sich erlauben, die Wiedervereinigung, die er nicht will, öffentlich abzuschreiben. Was immer die Zonenmachthaber tun, sie können nicht ignorieren, daß es das andere, eigentliche Deutschland gibt. Alles, was die Bundesrepublik versteinern läßt, dient Ulbricht. Wir haben keine Politik der Chinesischen Mauer nötig. Polizeiverordnungen sind kein Ersatz für fehlende Politik.

So gefährlich es wäre, an der Verantwortung der vier Mächte für die Lösung der deutschen Frage auch nur leise zu rühren, so klar ist doch, daß es um unsere eigene Sache geht. Und selbst wenn wir es wollten, wird man uns nicht gestatten, die Hände in den Schloß zu legen und auf ein Wunder zu warten.

Deutsche Außenpolitik darf nicht zur bloßen Akklamation der Politik anderer werden. Der beste Verbündete ist nicht der Ja-Sager, sondern derjenige, der in voller Verantwortung auch seine Gesichtspunkte zum Tragen bringt. Der volle Beitrag der Bundesrepublik für den Westen kann erst fruchtbar werden, wenn wir uns nicht vor eigenen Ideen scheuen. Wir werden das Vertrauen unserer Freunde nur bewahren und neu gewinnen, wenn wir mit ihnen unsere selbständig erarbeiteten Vorschläge und Einwände besprechen, um dann unser Gewicht ohne Vorbehalt in die Waagschale werfen zu können.

Diese Einstellung wird auch unsere Verteidigungspolitik bestimmen, für die unsere Bündnistreue oberste Richtschnur ist. Im übrigen werden wir organisatorisch der Tatsache Rechnung tragen, daß Bewaffnung und Abrüstung nur zwei Seiten des einen Themas, der unteilbaren Sicherheit, sind. Auch damit befinden wir uns in Übereinstimmung mit unseren Verbündeten.

Die explosive Zunahme der Bevölkerung, die eine Verdoppelung der Menschheit in 40 Jahren bis zur Jahrtausendwende erwarten läßt, und das Ende des klassischen Kolonialismus erfordern eine deutsche Politik gegenüber den Entwicklungsländern, die zwei Gesichtspunkten Rechnung trägt: Keiner von uns ist reich, solange es Kinder gibt auf dieser Welt, die eine Mahlzeit als Luxus empfinden. Das ist widernatürlich, genauso widernatürlich wie die Tatsache, daß die Zonenpropaganda die Bundesrepublik in vielen Entwicklungsländern überrundet hat. In Wahrheit aber sind die Völker, die ihr Selbstbestimmungsrecht errungen haben oder dabei sind, es zu erringen, unsere natürlichen Freunde.

Und zum anderen: Wir haben unsere Hilfe und unsere Modelle anzubieten, damit jedes dieser Völker sie schöpferisch entsprechend der eigenen Tradition umformt. Ich bin auch hier mit Kennedy der Meinung, daß es einer dynamischen Außenpolitik in der Schlacht um die Seelen Asiens und Afrikas bedarf. Dabei verbietet der Respekt vor der Selbstbestimmung dieser Völker, ihren eigenen Weg durch uns abstecken zu wollen. Wir haben hierzu konstruktive Vorschläge unterbreitet.

Um die Europapolitik steht es nicht gut. Eine enge wirtschaftliche und politische Zusammenarbeit bleibt dringend erforderlich. Nachdem Frankreich bzw. seine Staatsführung nicht zu glauben scheint, auf die klassischen Attribute der souveränen Nation verzichten zu können, erscheint eine umfassende Integrationspolitik nicht sehr aussichtsreich.[35] Das europäische Schiff liegt in einem seichten Wasser und in einer Flaute. Neue Initiativen sind nötig, um Europa über die traditionelle bloße Zusammenarbeit hinauszubringen. Das gilt für ganz Europa.

Der allgemeine Kurs unserer Außenpolitik liegt fest. Es geht darum, neue Schwerpunkte zu bilden, manche Akzente anders zu setzen, frische Impulse einzubringen und die Methodik zu überprüfen. Im übrigen weiß jeder, daß ich meine Berliner Erfahrung nie vergessen werde: Wir wissen, was es bedeutet, von dem als richtig erkannten Weg nicht abzuirren und gute Freunde zu haben.

Es würde – fassen Sie das bitte nicht als Unbescheidenheit auf, wenn ich es sage – der bundesdeutschen Politik überhaupt gut bekommen, wenn ihr stärkere Berliner Impulse zugeführt würden. Wir haben erkannt, daß in kritischen Zeiten die demokratischen Kräfte eng zusammenwirken müssen. Man muß fähig sein, sich auf das Wesentliche und das Verbindende zu besinnen. Diesen Geist möchte ich in die künftige Bundespolitik einbringen.

Liebe Freunde! Wenn wir die Forderung nach mehr Gemeinsamkeit in den Lebensfragen unseres Volkes erheben, so hat das nichts mit taktischen Erwägungen zu tun. Gerade auf dem Gebiet der Außenpolitik kommen wir mit Rechthaberei und mit dem Monopolanspruch auf Sachverstand nicht weiter.

Hier hat niemand Grund zum Triumph. Die Unionspartei hat nicht erreichen können, was sie versprach: daß die Westintegration und die Wiederbewaffnung mit einer gewissen Automatik zur Wiedervereinigung führen würde. Die Sozialdemokratische Partei hat nicht erproben können, ob mit anderen Methoden bessere Ergebnisse zu erlangen waren. Es steht nicht gut um die gesamtdeutsche Sache. Tatsache ist sogar, daß nicht einmal das deutsche Ansehen so gefestigt ist, wie es zeitweilig scheinen mochte.

In einer solchen Situation gilt auch für uns das Wort, das Winston Churchill, als er in überaus kritischer Zeit die Regierung seines Landes übernehmen mußte, gesagt hat. Er sagte: Wenn wir einen Streit zwischen der Gegenwart und der Vergangenheit anfangen, dann geraten wir in Gefahr, die Zukunft zu verlieren. In einer solchen Situation müssen alle guten Kräfte und alle brauchbaren Ideen in den Dienst der gemeinsamen Sache gestellt werden. Ich bin in einer Hansestadt aufgewachsen, an deren Holstentor die Worte stehen: „Concordia domi foris pax“. Es ist immer noch so. Die Eintracht im Innern fördert auch den Frieden nach außen.

Das Bemühen um mehr Gemeinsamkeit entspricht einer staatspolitischen

Notwendigkeit. Wenn die jetzige Regierung die gemeinsame Politik in den Existenzfragen unseres Volkes nicht erreicht, dann werden wir sie erreichen. Die Frage der Gemeinsamkeit wird – unabhängig vom Wahlkampf – nicht mehr von der Tagesordnung der deutschen Politik verschwinden.
Wir können es uns nämlich einfach nicht leisten, durch ein Freund-Feind-Verhältnis uns auch noch in der Bundesrepublik spalten zu lassen. Wir können Gegner sein, die hart in der Sache miteinander ringen; aber das darf nicht den Blick dafür trüben, daß alle verantwortlichen Kräfte dem Gebot der Partnerschaft zu gehorchen haben.
Das Bemühen um mehr Gemeinsamkeit hat auch seine innenpolitische Bedeutung. Alle Parteien stehen unter der Verantwortung, die ihnen das Grundgesetz auferlegt. Man kann und soll um die jeweilige Entscheidung ringen, aber Gesetz ist Gesetz, und Vertrag bleibt Vertrag.
Man mag fragen: Wird nicht die Entscheidung des Volkes erschwert, wenn die Parteien einander näherkommen, wenn mehr Gemeinsamkeit praktiziert werden sollte?
Lassen Sie mich antworten: In einer gesunden und sich fortentwickelnden Demokratie ist es nichts Ungewöhnliches, sondern dort ist es das Normale, daß die Parteien auf einer Reihe von Gebieten ähnliche, sogar inhaltsgleiche Forderungen vertreten. Die Frage der Prioritäten, der Rangordnung der zu lösenden Aufgaben, die Methoden und Akzente, das wird immer mehr zum Inhalt der politischen Meinungsbildung.
Ich werde nicht nur um redliche Zusammenarbeit und sachlichen Ausgleich bemüht sein, ich werde mich um die Unterstützung von Fachleuten, vor allem jüngeren Kräften, bemühen, auch wenn sie keiner Partei angehören.
Der bisherige politische Stil in der Bundesrepublik – und dafür trägt die Unionspartei ein gerüttelt Maß Verantwortung –, der bisherige politische Stil ist gekennzeichnet durch sehr viel Selbstgerechtigkeit, Rechthaberei, kleinliche Schmähsucht, Überheblichkeit, Anmaßung und Machtgier. Allzuoft ist es von dort bis zur Verdächtigung, Verleumdung und Verketzerung nur ein kurzer Abstand gewesen.

Was wir aber brauchen, wenn die Demokratie in unserem Volk Wurzel schlagen soll und wenn wir mit den vor uns liegenden schwierigen Problemen fertig werden wollen, sind Bescheidenheit, Redlichkeit, Offenheit, sind Duldsamkeit und Achtung vor der Meinung und dem Wert des anderen, ist Sinn für die gemeinsame Verantwortung. Gerade das ist es, was wir mit einer deutschen Politik neuen Stils meinen.
Unsere junge Generation hat nichts übrig für Gezänk. Sie ist skeptisch gegenüber Dogmen. Sie will wissen, was ist, wohin die Reise geht, welche Aufgaben vor uns liegen und wie sie gelöst werden sollen. Die junge Generation in

Deutschland will die Gemeinsamkeit und die Anständigkeit, diese beiden Grundpfeiler der Politik neuen Stils.
Wir werden uns das Gesetz des Handelns nicht von anderen vorschreiben lassen. Wir brauchen keinen sachlichen Wahlkampf vorzuschlagen, wir werden einen sachlichen Wahlkampf führen! Und ich darf hinzufügen: einen wirksamen Wahlkampf und – wenn es nach uns geht – einen kurzen Wahlkampf.
Lassen Sie mich dieses Angebot hier vor aller Öffentlichkeit aussprechen. Ich werde von mir aus alles tun, um den gegenwärtigen Bundeskanzler für einen fairen, sachlichen Wahlkampf zu gewinnen. Bis dahin werden wir ehrlich bemüht sein, einige Grundsätze gemeinsamer Außenpolitik erarbeiten zu helfen. Hierzu sollte gehören, daß das Thema Berlin nicht in die Mühle überflüssiger Polemik gerät. Niemand könnte das verantworten.
Und zum Schluß, werte Anwesende, liebe Freunde, wenn wir den Weg überblicken, den unser Volk in der Bundesrepublik in den anderthalb Jahrzehnten seit dem Zusammenbruch zurückgelegt hat, den Weg hinaus aus den Trümmern, dem Kummer und der Verzweiflung, dann empfinden wir alle miteinander ein Gefühl des Stolzes. Wir dürfen stolz sein, daß in so kurzer Zeit so viel geleistet werden konnte. Dazu bekennen sich auch diejenigen, die im einzelnen andere Methoden bevorzugt haben würden, um für unser Volk noch mehr zu erreichen.
Aber niemand, keine Person, keine Gruppe, keine Partei hat das Recht, für sich allein in Anspruch zu nehmen, was das Ergebnis harter Arbeit eines ganzen Volkes ist, was Angehörige aller Schichten in den Städten und auf dem Lande, in den Fabriken, Laboratorien und Büros geleistet haben.
Es ging in diesen Nachkriegsjahren nicht nur um das Überleben. Wir wollten auch der Welt zeigen, daß unser Volk zwar in den Abgrund der nationalen Katastrophe geblickt hatte, daß es sich aber nicht aufgegeben hat. Äußere Umstände sind uns zugute gekommen. Der Marshall-Plan spielte die Rolle einer häufig schon vergessenen Initialzündung.[10] Der Zwang zur Modernisierung unseres Produktionsapparates war stark. Die Millionen von Heimatvertriebenen und Flüchtlingen bedeuteten nicht nur scheinbar unlösbare Probleme. Sie brachten eine kräftige Zufuhr von Energien – auch das muß einmal gesagt werden –, ohne die wir es nicht so gut geschafft hätten. Es läuft letzten Endes alles doch darauf hinaus, daß die Arbeitskraft und der Behauptungswille unserer Menschen, das technische und organisatorische Vermögen unseres Volkes das unmöglich Erscheinende möglich gemacht haben.
Wir brauchen uns nicht eines Lebensstandards zu schämen, der das Ergebnis fleißiger Arbeit ist. Wir haben ihn uns ehrlich erarbeitet. Der Aufbau wird selbstverständlich weitergehen.

Was in der letzten Woche der Parteivorsitzende der CDU an vielen Einzelheiten versprochen hat, Schulen und Krankenhäuser, ein Programm „von der NATO bis zur Schwiegermutter", wie es eine Zeitung überschrieb, das ist nicht aufregend.[11] Diese Ansammlung von Zufälligkeiten ließ jede Gesamtschau vermissen. Unser Programm, den Lebensstandard noch in dieser Generation zu verdoppeln, verlangt keine Wunder. Wir haben theoretisch und praktisch die Voraussetzungen dafür.

Der Lebensstandard allein macht es aber nicht. Unser Volk wird nicht bestehen können, wenn es zugunsten eines egoistischen Materialismus seine geistigen und ethischen Werte verkümmern läßt. Es muß vor einer Staatsmoral gewarnt werden, die über dem Gewinnstreben die Gemeinschaftsaufgaben ignoriert. Um es mit aller Deutlichkeit zu sagen: Mit der denkfaulen Parole „Weiter wie bisher" kommen wir nicht voran. Man muß den Mut haben, von den großen gemeinschaftlichen Aufgaben zu sprechen, die vor uns liegen. Das erfordert Anstrengungen, die uns allen abverlangt werden. Ich habe schon gesagt, wir wollen nicht alles ändern, sondern vieles besser machen. Ich füge hinzu, wir wollen und wir werden nicht allen alles versprechen, sondern wir werden offen sagen, daß neue Kraftanstrengungen nötig sind, weil wir sonst einen Krebsgang antreten werden und in der Welt von morgen nicht bestehen können.

Von keiner Regierung darf man das Unmögliche erwarten, aber man darf erwarten, daß sie dem Volke ein wahrhaftiges Bild vermittelt von der Lage, in der sich dieses Volk befindet. Wie sieht es denn wirklich aus?

Wir müssen erkennen, daß es weithin nicht gut steht mit unserem Ansehen in der Welt. Ich habe mich davon auf mancher meiner Auslandsreisen, auch bei dem Besuch in der vorigen Woche in Griechenland, in Israel und in Italien, überzeugen können.[12] Ich habe dabei feststellen müssen, daß es immer wieder nötig ist, Mißtrauen abzubauen, Vertrauen zu gewinnen. Ich habe mich bemüht, freundschaftliche Bande zu knüpfen, unsere Stellung in der Welt stärken zu helfen. Ich habe beispielsweise die Stellung unserer Vertriebenen erklärt und hatte mich mit den negativen Nachwirkungen mancher Sonntagsrede auseinanderzusetzen. Es ist dann peinlich, wenn einem bei solchen Gelegenheiten ausgerechnet Mitglieder der Bundesregierung in den Rücken fallen.[13]

Vieles, was schon gewonnen schien, muß erst wirklich gewonnen werden. Das hängt auch damit zusammen, daß der gegenwärtige Bundeskanzler es leider nicht vermocht hat, das Vertrauen des Auslandes zu seiner Person auf das deutsche Volk zu übertragen. Es hängt auch damit zusammen, daß man sich nicht ohne Schaden an der Vergangenheit vorbeidrücken kann.

Dieses unser Volk hat in den letzten Jahrzehnten eine tragische Geschichte durchgemacht. Es ist immer wieder hin und her gerissen worden. Es hat für

Verirrungen schrecklich bezahlen müssen. Wir waren nahe jener Katastrophe, die das Ende als Nation bedeutet hätte, und heute, da unser Volk gespalten ist, gibt es Kräfte, die die Gegensätze im freien Teil Deutschlands noch weiter aufreißen wollen.
Wir sollten uns zusammenfinden zum Beispiel in dem positiven Bekenntnis, daß es sittlich und politisch eine Pflicht ist, die Unmenschlichkeit zu bekämpfen, in welcher Form auch immer sie auftritt. Wir verlangen heute den Widerstand gegen jede Form der Gewaltherrschaft. Wir setzen bei der Bevölkerung der Zone die Bereitschaft zum geistigen und moralischen Widerstand gegen ein von Deutschen ausgeübtes Diktaturregime voraus. Wir betrachten es als ein Unterpfand künftiger Einheit und Freiheit unsers Vaterlandes, daß in der Zone deutsche Patrioten Widerstand leisten und dafür in die Kerker wandern oder ihre engere Heimat verlassen. Ist aber der Kampf gegen kommunistische Unmenschlichkeit patriotische Pflicht, so darf der Kampf gegen die braune Unmenschlichkeit nicht nachträglich mit anderen Maßen gemessen werden.
Wer die Emigration an sich verdächtigt, beschimpft gleichzeitig die Flüchtlinge aus der Zone, die innerhalb ihres eigenen Vaterlandes emigrieren. Wer unter der Hand Emigrantenhetze betreibt, wird zum Bazillenträger einer bösen Geschichtslegende und belastet in frevelhafter Weise unser Verhältnis zum befreundeten Ausland.
Unser Volk muß sich mit sich selbst aussöhnen. Wir müssen gewiß unterscheiden zwischen Schuld und Irrtum. Jeder von uns weiß um die schrecklichen Verbrechen der Vergangenheit. Wir wissen aber auch, wieviel Idealismus mißbraucht worden ist, und es gibt niemanden, der frei ist von Fehlern, und jeder sollte nach seiner Schuld oder seinem Versagen suchen, bevor er auf den anderen mit dem Finger zeigt.
In diesem Geist müssen wir uns mit der Vergangenheit auseinandersetzen, indem wir sie anerkennen mit allem, was sie ausmacht. Das Gras wachsen lassen ist keine brauchbare Therapie. Wir müssen mit unserer Geschichte ins reine kommen, und diese Geschichte fängt nicht erst 1949 an. Sie fängt auch nicht in Bonn am Rhein an.
Unser Volk hat an seiner Geschichte, zu der wir uns bekennen müssen, nicht leicht zu tragen. Viel wäre uns in den letzten 60 oder 80 Jahren erspart geblieben, wenn nicht immer wieder Eiserne Vorhänge mitten durch die Nation gezogen worden wären.
Wir hier sind stolz auf die fast hundertjährige Geschichte dieser Partei. Sie hat Glanz und Elend unseres Vaterlandes miterlebt, aber auch wir sind nur ein Teil der deutschen Geschichte. Das, was heute Deutschland ausmacht, stammt aus vielen Quellen. Otto von Bismarck und August Bebel, Friedrich Ebert und Gustav Stresemann, Julius Leber und Graf Stauffen-

berg, Ernst Reuter und Theodor Heuss, sie alle gehören zu diesem Volk. Kein Schweigen aber kann das Schreckliche vergessen machen, das sich an den Namen Hitlers knüpft. Das alles gehört zu unserer Geschichte. Wir müssen sie als Einheit sehen.

Für das Gesindel um den Verführer reichten die strengsten Normen der Strafgesetze nicht aus. Aber die millionenfache Opferbereitschaft der Bevölkerung kann nicht verachtet werden, nur weil sie schändlich und verbrecherisch mißbraucht wurde. Viele, die einem Irrglauben nachhingen und dafür mit dem Opfer der besten Jahre ihres Lebens bestraft wurden, hatten mit den Verbrechern gewiß keine Gemeinsamkeiten.

Bemühen wir uns alle, dazu beizutragen, daß die innere Spaltung überwunden wird, damit wir die äußere Spaltung unseres Vaterlandes meistern können. Wir alle sollten uns nicht von Quertreibern in die ausgetretenen Pfade böser Irrtümer drücken lassen. Wir können aus unserer Geschichte ohnehin nicht austreten.

Abraham Lincoln hat in einer tödlichen Krise für die Einheit seines Volkes das Bibelwort aufgegriffen, daß ein in sich gespaltenes Haus nicht bestehen kann. Das gilt für die Vergangenheit, das gilt auch für die Gegenwart unseres gespaltenen Volkes. Wir dürfen der jungen Generation kein unwürdiges Bild bieten, und wir dürfen ihr nicht aufbürden oder hinterlassen, was sie nicht zu verantworten hat und was sie mit Recht nicht zu tragen bereit ist. Wir sind alle *eine* Familie. Deshalb muß unser Volk endlich den Frieden mit sich selbst machen. Daran möchte ich nach besten Kräften mitwirken.

Auch das gehört zum neuen Stil, den wir in die deutsche Politik einführen wollen. Man wird uns das nicht leichtmachen. Wir stehen vor harten Auseinandersetzungen. Aber wir haben gute Chancen, sie erfolgreich zu bestehen.

Es wird im nächsten Jahr um mehr gehen als um eine Partei. Es wird um eine Entscheidung für eine gesunde Weiterentwicklung unseres Volkes gerungen werden.

Wir möchten keinem unserer Mitbürger mehr abverlangen, als er zu geben bereit und in der Lage ist. Wir müssen Respekt haben vor denen, die das vorige Mal meinten, es sollte alles beim alten bleiben. Aber wir werden um die Einsicht unserer Mitbürger ringen, daß diesmal eine kontinuierliche und positive Weiterentwicklung eingeleitet werden muß. Es darf auf dem Wege dahin nicht zuviel Porzellan zerschlagen werden.

Wir appellieren nicht an Denkfaulheit und Anspruchslosigkeit. Wir erwarten einiges von unseren Mitbürgern, und wir dürfen es wohl tun.

Ich verbürge mich dafür, daß wir unseren Weg als Regierungspartei besonnen, beharrlich und mit Festigkeit gehen werden. Unsere Sache ist gut. Ich bitte um Vertrauen, um Vertrauen in die Zukunft unseres Volkes.

Der Inhaber des Amtes, für das ich nominiert worden bin, steht unter dem im Grundgesetz vorgeschriebenen Eid, er werde seine

Kraft dem Wohle des deutschen Volkes widmen,
seinen Nutzen mehren,
Schaden von ihm wenden,
das Grundgesetz und die Gesetze des Bundes wahren und verteidigen,
seine Pflichten gewissenhaft erfüllen
und Gerechtigkeit gegen jedermann üben.

Daran werde ich mich halten! So wahr mir Gott helfe!

Aus: *Vorstand der SPD (Hrsg.): Protokoll der Verhandlungen und Anträge vom Parteitag der Sozialdemokratischen Partei Deutschlands in Hannover, 21. bis 25. November 1960, Hannover/Bonn o. J. [1961], S. 658–680*

Wer rastet, der rostet — Dynamische Politik als deutsche Gemeinschaftsaufgabe

Rede vom 27. Mai 1962

Verehrte Anwesende! Liebe Freunde und Genossen! In der Politik ist es wichtiger, das Richtige und das Notwendige zu tun, als Recht zu behalten. Deshalb stellt sich die deutsche Sozialdemokratie die Frage: Was tut sich in den sechziger Jahren unseres Jahrhunderts?

Wissenschaft und Technik rammen die Pfeiler der Gesellschaft von morgen in den Boden, kühn, sachlich, nüchtern und folgerichtig. Der Verstand feiert Triumphe. Wir haben dafür zu sorgen, daß die Vernunft nicht zu kurz kommt. Der Mensch muß der Mittelpunkt bleiben. Die vor uns liegenden zehn Jahre werden größere Veränderungen bringen als die hinter uns liegenden. Wer diese Zukunft verhindern will, wird sie verlieren. Wer nicht fähig ist, die Welt von morgen zu ahnen, wird sie nicht mitgestalten können.

Weder in der Außenpolitik noch in der Innenpolitik wird es so bleiben, wie es ist. Die letzten Monate haben das nachdrücklich bestätigt. Sie haben es immer deutlicher werden lassen, daß es eine aufgeschlossene, positive, dynamische Politik ist, die unser Volk braucht.

Überall in der Welt sehen wir neue Kräfte heraufkommen, Kräfte, die auf Zauberformeln und Vorurteile verzichten und die Herausforderung der Zukunft annehmen.

Die Wissenschaft wird noch in dieser Generation unser Leben von Grund auf verändern. Mehr Menschen werden länger und gesünder auf dieser Erde leben können. Die Vermenschlichung des Lebens ist das Feld, auf dem unser Volk einen großen Beitrag leisten kann. Auf diesem Feld vor allem sollte die deutsche Aufgabe liegen.

Die nahe Zukunft kann uns in die Lage versetzen, die Träume früherer Generationen zu verwirklichen. Wir haben die Mittel für eine Welt, in der der Mensch sein kann, wofür er geschaffen ist: Frei von Hunger, frei von Armut, frei von Angst.

Das ist ein weltumfassender Prozeß. Seit dem Ende des zweiten Weltkrieges sind nahezu eine Milliarde Mitmenschen aus abhängigen kolonialen Untertanen Bürger unabhängiger Staaten geworden. In den jungen Völkern, die sich überwiegend selbst befreit haben, steckt eine ungeheure Dynamik. Sie können Energien freisetzen, von denen wir kaum zu träumen wagen. Aber wohin werden sich diese Nationen wenden? Sicher kann man sie nicht durch die Formel beeindrucken: keine Experimente.

Wir Deutsche, wir Europäer, wir in der westlichen Gemeinschaft müssen diesen Nationen helfen. Wir müssen ihnen helfen, sich selbst zu helfen. Damit

nicht Hunger, Armut und Seuchen die Geißeln einer neuen Abhängigkeit werden, einer Abhängigkeit der Verzweifelten von den Verführern.
Ich weiß: Die Entwicklungshilfe ist durch Fehlentscheidungen nicht populärer geworden. Aber es gibt Maßstäbe, mit denen die Geschichte nicht nur das Handeln des Staatsmannes mißt, sondern das Tun und Lassen ganzer Nationen, ja ganzer Kulturkreise. In Wirklichkeit handelt es sich auch um unser *eigenes* Interesse, um unsere eigene Zukunft, wenn wir anderen helfen.
Die Bundesregierung hat sich eine Reihe sozialdemokratischer Gesichtspunkte für die Entwicklungspolitik zu eigen gemacht.[14] Das ist gut. Aber Geld allein ist noch keine Politik. Freundschaft kann man nicht kaufen. Niemand zwingt uns, die Fehler anderer nachzumachen. Wir haben nicht nur geographische, sondern auch methodische Schwerpunkte zu bilden. Ausbildung und Gesundheitswesen sollten wir besonders betonen.
Ich hoffe, die junge Generation wird in steigendem Maße erkennen, daß es hier nicht nur um Lasten geht, sondern auch um Chancen.
Wir müssen uns vor einer doppelten Moral hüten. Flüchtlinge bleiben Flüchtlinge, auch wenn sie mit gelber Haut geboren wurden. Niemand kann die schwierige Lage Hongkongs übersehen. Aber die Freie Welt brauchte Hongkong nicht in dieser Lage zu lassen. Ich meine, es müßte unverzüglich eine internationale Hilfskommission gebildet werden. Sie kann Lebensmittel organisieren und transportieren lassen. Sie sollte die Hilfe zur Umsiedlung von chinesischen Flüchtlingen koordinieren und durchführen.[15] Wir Deutsche haben viel Hilfe aus aller Welt erfahren. Die Bundesrepublik kann durch die Tat zeigen, daß sie, wenn andere Menschen in Not sind, selbst bereit ist, nach besten Kräften zu helfen.
Für uns in Deutschland steht jedoch immer noch im Vordergrund die Herausforderung durch den kommunistischen Block, durch die sowjetische Kolonialherrschaft in dem einen Teil unseres Vaterlandes.
Wir deutschen Sozialdemokraten haben erklärt, daß wir die kommunistische Herausforderung annehmen und uns vor ihr nicht fürchten. Wir haben jene Notwendigkeiten bejaht, die sich im Interesse der militärischen Sicherheit ergeben. Aber wir haben auch gesagt, daß diese Auseinandersetzungen an vielen Fronten geführt werden. Jeder soziale Fortschritt und jede geistige Leistung im Zeichen der Freiheit sind Niederlagen des Totalitarismus.
Aber auch im kommunistisch regierten Teil der Welt steht die Entwicklung nicht still. Wir haben die politische und ideologische Entwicklung innerhalb des Blocks und innerhalb der einzelnen kommunistischen Staaten genau zu beobachten.
Was wir als Ostblock bezeichnen, ist heute schon keine volle politische und ideologische Einheit mehr. Es gibt Tendenzen, die von der monolithischen

Staats- und Gesellschaftsstruktur wegführen. Damit haben wir uns – freilich ohne Illusionen – vertraut zu machen.
Der weltweite Austausch von Nachrichten, Meinungen und Erfahrungen bleibt eine Forderung, die wir unterstützen. Wir wollen so viele und gute Beziehungen wie möglich zwischen den Menschen verschiedener Herkunft und unterschiedlicher staatlicher Ordnungen. Das ist besser als manche gutgemeinte Ideologie.
Wir überschätzen nicht die Bedeutung des einen oder anderen gegenseitig abgedruckten Interviews.[16] Aber immerhin wurde ein Anfang gemacht. Er kennzeichnet den Willen der beiden Weltmächte, den Gesprächsfaden nicht abreißen zu lassen – trotz aller nach wie vor bestehenden Gegensätze.
In diesem Zusammenhang liegt auch die Rolle der Vereinten Nationen. Ihnen wird, so müssen wir hoffen, trotz allem die Zukunft gehören.
Präsident Kennedy nannte sie „unsere letzte, beste Hoffnung in einer Zeit, in der die Werkzeuge des Krieges die des Friedens bei weitem übertroffen haben".[17] Wir werden nicht, wie das zuweilen beliebt ist, auf die UN herabsehen. Die Vereinten Nationen haben wiederholt eine Weltmeinung mobil gemacht. Sie haben Konflikte lokalisiert. Das ist nicht wenig. Wir können von den Vereinten Nationen keine Wunder erwarten, aber wir hoffen, daß sie weltumfassende Gespräche führen und das waffenklirrende Schweigen überwinden helfen.
Aufgeschlossenheit, Geduld, aktive Toleranz und die Gabe, zuhören zu können, sind heute erforderlich, um die Zeichen der Zeit zu deuten.
Der Zukunft zugewandte Staatsmänner in der Welt haben uns gezeigt, daß es auf planvolle Maßnahmen ankommt und nicht auf deklamatorische Bekenntnisse zu alten Rezepten. Also auf das genaue Gegenteil dessen, was man sich hierzulande hat patentieren lassen unter dem Werbeslogan „Nur keine Experimente".
Das Markenzeichen „Keine Experimente" darf nicht identisch werden mit dem Ausdruck „Made in Germany"; denn dann geht es abwärts mit Deutschland.
Wir erleben mit Beklommenheit und Sorge peinliche Zeichen der Hilflosigkeit derer, die für Deutschland die höchste politische Verantwortung tragen. Weit über unsere Grenzen hinaus ist sichtbar geworden, daß die Ära Adenauer einer Ära des großen Schweigens – oder sagen wir: des wenig nuancierten Gemurmels – gewichen ist. Aber die Geschichte macht keine Pause.
Die jetzt zu Ende gehende Ära wurde seinerzeit durch das große Versprechen eingeleitet, die Bundesrepublik so stark zu machen, daß die Sowjets die Zone eines Tages fallenlassen würden wie eine heiße Kartoffel. Diese Konzeption mußte zu Grabe getragen werden. Das ist für keinen Deutschen An-

laß zum Triumph. Inzwischen hat sich herumgesprochen, daß es keinen raschen und keinen einfachen Weg zur Wiederherstellung unserer staatlichen Einheit gibt. In dieser ungewöhnlich schwierigen Lage kann es zu Spannungen führen, und es hat zu Spannungen geführt. Ich denke an eine persönliche Erfahrung. Als es nach dem 13. August des vergangenen Jahres nötig war, habe ich an den Präsidenten der Vereinigten Staaten einen kritischen Brief geschrieben. In Bonn ist dieser Brief der Öffentlichkeit zugespielt worden, und man hat sich dann über meine Offenheit in vertraulichem Briefwechsel entrüstet. Kürzlich war es genau umgekehrt. Man griff die amerikanische Politik in der Öffentlichkeit an, nachdem man ihr intern zugestimmt hatte. Das hat mit Außenpolitik nichts zu tun.
Die Formel „Lieber einen Spatz in der Hand als die Taube auf dem Dach" bringt uns nicht weiter. Selbstverständlich darf unsere Rolle in der westlichen Gemeinschaft nicht die von bloßen Jasagern sein. Wir haben schon in Hannover gesagt, daß wir das Vertrauen unserer Freunde nur dann bewahren und neu gewinnen werden, wenn wir mit ihnen unsere selbständig erarbeiteten Vorschläge und Einwände besprechen, um dann unser Gewicht ohne Vorbehalt in die Waagschale werfen zu können.
Aber wofür wirft heute die Bundesregierung unser Gewicht in die Waagschale? Doch hoffentlich nicht dafür, diejenigen, die ein äußerstes Risiko tragen, am Nachdenken zu hindern? Doch hoffentlich nicht dafür, daß Großbritannien und anderen Staaten der Weg in die Europäische Wirtschaftsgemeinschaft erschwert wird? Doch hoffentlich nicht dafür, eine Minderung des amerikanischen Interesses an Europa vorbereiten zu helfen? [18]
Wir sagen: die Bundesrepublik muß das Vertrauensverhältnis zu den Vereinigten Staaten pflegen und weiterentwickeln. Dazu gibt es keine Alternative.
Wir sagen: die Bundesrepublik muß in der westlichen Gemeinschaft die verbindenden und nicht die auseinanderstrebenden Kräfte stützen.
Die Freundschaft mit Frankreich ist so sehr zu einer Sache der beiden Völker geworden, daß sie nicht mehr an Regierungen oder Personen hängt. [19] Wir begrüßen das aus vollem Herzen. General de Gaulle hat die Unbeugsamkeit großer Männer. Wir verstehen seine Ziele. Wir achten seine Politik der Aussöhnung mit dem algerischen Volk. Wir würdigen seine Haltung gerade auch zu wesentlichen Aspekten der deutschen Frage. Ich hoffe, daß er auch unsere Haltung versteht.
Wir waren und sind der Meinung, daß England zum freien Europa gehört. Diese Gemeinschaft soll alle einschließen, die dazugehören wollen und können.
Wir freuen uns über die Bereitschaft der Dänen und der Norweger und der

Iren. Und wir meinen, daß man es Österreich, Schweden und der Schweiz nicht schwer, sondern leicht machen soll, ihre Interessen mit denen der EWG auf einen Nenner zu bringen.
In der europäischen Gemeinschaft kommt es uns jetzt konkret auf dreierlei an:
1. Demokratisierung nach innen,
2. Liberalisierung nach außen,
3. zügiger Abbau der Zollkontrollen und damit sichtbarer Fortschritt im Interesse der europäischen Bürger.

Die grünen Mützen passen vielfach schon heute nicht mehr in die Landschaft des neuen Europa.
Wir haben unseren Freunden in der Welt positive und konstruktive Vorschläge zu machen. Wir müssen verhindern, daß sich das Unbehagen an nur noch schwer kalkulierbaren Reaktionen des offiziellen Bonn auf das deutsche Volk und die deutsche Sache überträgt.
Ich habe unangenehme Wahrheiten gesagt und noch zu sagen. Das geschieht ganz gewiß nicht, um Sündenböcke zu suchen. Es ist lediglich Sache der Ehrlichkeit, die richtige Bilanz zu ziehen, eine Bilanz, die leider nicht gut ist.
Lassen Sie mich feststellen: Es ist den Bundesregierungen der letzten 13 Jahre – sicherlich auch zu deren eigenem Leidwesen – nicht gelungen, auf dem Wege zur Einheit Deutschlands voranzukommen. Es ist ihnen nicht gelungen, das Verhältnis zum Osten zu entlasten. Statt dessen ist neuerdings sogar das Verhältnis zum Westen belastet worden. Und es droht die Gefahr, die zu verstärken eine bösartige Propaganda des Ostens unermüdlich am Werke ist, daß die Bundesrepublik von manchen in der Welt als der Störenfried und der Neinsager Europas betrachtet wird.
Diese Bilanz, verehrte Anwesende, müßte alle verantwortungsbewußten Kräfte, *alle* Parteien in der Bundesrepublik zu Überlegungen zwingen, wie man über den gegenwärtigen Stand der Dinge hinwegkommen kann. Wir Sozialdemokraten hatten dazu im Herbst vergangenen Jahres einen praktischen Vorschlag gemacht. Wir hatten vorgeschlagen, die vierte Bundesregierung auf der Basis aller drei im Bundestag vertretenen Parteien zu bilden, um mit dem, „was auf uns zukommt“, so gut wie möglich fertig zu werden.
Man hat die Chance nicht genutzt. Mancher wird heute einsehen: die Sozialdemokraten hätten noch stärker sein müssen, um das Notwendige durchzusetzen. Wo die SPD stark ist, dort gibt es einen guten Boden für Zusammenarbeit auf breiter Basis. Das zeigt unsere Arbeit in den Ländern und Gemeinden. Das zeigt Berlin. Dort haben wir in gefährlicher Lage nicht nur vom Zusammenstehen gesprochen, sondern wir haben die Kräfte zusammengeführt.[20]
Die deutschen Sozialdemokraten vertreten in Wirklichkeit die größte politi-

sche Gemeinschaft innerhalb der Bundesrepublik und im Bundestag. Das ist durch den Erfolg der Partei im Wahlkampf des letzten Jahres unterstrichen worden. Und das ist unser aller Erfolg.
Ich habe versucht, das Vertrauen der deutschen Sozialdemokraten nach besten Kräften zu rechtfertigen. Das Mandat, das mir in Hannover anvertraut wurde, war eine Bürde; aber ich habe diese Bürde gern getragen. Wir haben ein Teilziel erreichen können: zwei Millionen neuer Stimmen, die Verdoppelung der Zahl unserer Direktmandate, annähernd 40 vH der Sitze im 4. Bundestag.[21] Das ist weniger als viele hofften; das ist mehr als viele glaubten.
Wir haben eine Legende zerstört, die Legende, als seien Bonn und die Führung der Bundesrepublik ein Privileg der Unionspartei. Wir haben bewiesen, daß wir auch im Bund siegen können. Und wir müssen beweisen, daß wir erst recht die vor uns liegenden Landtagswahlen gut bestehen werden.[22]
Ich möchte hier ein persönliches Wort sagen dürfen. Es ist seinerzeit viel darüber geredet und geschrieben worden, ob es nicht die logische Konsequenz des Wahlkampfes sei, daß ich in den Bundestag gehe. Ich habe in diesem Punkt niemals mit mir zu ringen gehabt. Wir haben eine Berlinkrise. So, wie die Dinge liegen, kann ich in Berlin mehr für Berlin tun.[23] Jedermann hat dort seine Pflicht zu erfüllen, wo er sie am besten erfüllen kann. Es gibt für mich auch heute keinerlei andere Erwägungen. Dabei habe ich freilich Berlin niemals als Insel gesehen, sondern immer als Teil des freien Deutschland.
In gemeinsamer kameradschaftlicher Diskussion haben wir begonnen, uns darüber klar zu werden, warum unser Erfolg bei den Bundestagswahlen nicht noch größer war. Die wichtigste Erkenntnis ist, daß wir langfristige Entwicklungen nicht im Laufe von ein paar Monaten verändern können. Aber wir sind fähig, sie umzubestimmen. Und daran wollen wir hier, auf dem Kölner Parteitag, gemeinsam wirken.
Wir sind die führende Partei in den Städten und in vielen Landgemeinden. Wir sind eine maßgebende Kraft in der Politik der deutschen Länder. Wir sind ein ordnender Faktor in der Bundesrepublik und gestalten sie mit. Und vor allem: Wir sind diejenige politische Kraft, die sich nicht in Sonderinteressen verzettelt, sondern die sich immer wieder bemüht, das Wohl der Gesamtheit zur Richtschnur ihrer Entscheidungen zu machen.
Wer sich heute auf wirklichen oder eingebildeten Lorbeeren ausruht, der kann morgen schon den Anschluß an die Entwicklung verloren haben. Und dann steht er der Zukunft im Wege. Das gilt nicht nur für unseren politischen Gegner. Carlo Schmid sagte auf dem Parteitag in Hannover: „Auch eine Partei steigt nicht zweimal in denselben Fluß."
Der neue Stil der deutschen Sozialdemokratie ist eine notwendige Konse-

quenz dieser Erkenntnis. Der neue Stil, den wir in die deutsche Politik eingeführt haben, hat mit kurzatmigen taktischen Schachzügen nichts zu tun. Selbstverständlich benutzen wir die Erkenntnis der modernen Sozialforschung und der modernen Werbung, um das besser, klarer und verständlicher zu sagen, was wir glauben sagen zu müssen. Aber Sozialwissenschaft und die Werbung können niemals ein Ersatz sein für gute Politik. Gute Werbung kann uns zeigen, *wie* wir eine Sache wirkungsvoll sagen können. *Was* wir sagen wollen, müssen wir immer wieder selbst an den Notwendigkeiten der Zeit erarbeiten.

Der neue Stil ist keine Methode, sondern er ist eine Haltung. Er bedeutet Achtung des anderen, ganz gleich, woher er kommt, was er denkt und wo er steht. Der neue Stil bedeutet Fairneß in der Auseinandersetzung und Aussöhnung der Generationen. Wir Deutsche sind trotz allem eine Schicksalsgemeinschaft.

Niemand wird uns davon abbringen können, uns danach zu verhalten. Die Achtung vor dem Andersdenkenden, der Wunsch nach redlichem Ausgleich und sachlicher Zusammenarbeit sind für uns Fragen nicht der Zweckmäßigkeit, sondern der Überzeugung.

Merkmale unseres neuen Stiles sind

1. ein richtiges Verhältnis in unserer Partei zu unseren weitgesteckten Zielen und zu unseren konkreten Forderungen,
2. ein richtiges Verhältnis zu den anderen Parteien in der Bundesrepublik,
3. ein richtiges Verhältnis zu dem Staat, in dem wir leben, und
4. ein richtiges Verhältnis zu den Menschen in unserem Land.

Über das Verhältnis zu unseren Zielen und zu unseren tagespolitischen Forderungen habe ich in Godesberg gesprochen, als wir uns Ende November trafen.[24] Es kommt nicht allein darauf an, an welchen Grundüberzeugungen wir uns orientieren, sondern *was* wir in überschaubarer Zeit *wie* verwirklichen wollen. Das heißt: wir dürfen nicht darauf verzichten, in der Gegenwart jede nur mögliche und vertretbare Verantwortung zu übernehmen.

Wir würden unseren Anspruch auf die Zukunft verlieren, wenn wir freiwillig und resignierend auf die Gegenwart verzichten. So sicher es ist, daß unsere politische Arbeit eine Arbeit für kommende Generationen ist, so sicher ist es auch, daß wir mit der gegenwärtigen Generation politisch arbeiten müssen, hier und heute, ganz gleich, ob die Situation günstig scheint oder nicht.

Unsere traditionsreiche Partei, deren hundertjähriges Jubiläum wir im nächsten Jahr begehen, ist entstanden als Antithese gegen die unwürdigen Zustände eines emporwuchernden Kapitalismus und eines bedrückenden Obrigkeitsstaates. Antithese heißt Widerspruch. Widerspruch ist eine Form des Reagierens.

Die Geschichte hat uns gelehrt, auf Aktionen unserer politischen Gegner zu antworten. Wir haben lernen müssen, von uns aus zu handeln. Heute müssen wir uns stärker an unseren eigenen souveränen Maßstäben orientieren als an dem Gesetz, das uns unsere Gegner aufzwingen wollen. Und dabei dürfen wir nicht darauf starren, was im Augenblick möglich scheint. Wir müssen uns dem zuwenden, was objektiv notwendig ist.

Die deutschen Sozialdemokraten waren niemals eine Antithese zum Staat überhaupt. Es ist deshalb gar nicht möglich, die deutschen Sozialdemokraten anders als mit den Mitteln totalitärer Gewalt aus dem Staat herauszudrängen, wie wir es 1933 und wie wir es nach 1945 in der Sowjetzone wieder erlebt haben. Die SPD ist mit letzter Leidenschaft gegen die Perversion des Staates zu einem kalten, menschenfeindlichen Moloch. Aber gerade weil sich die deutschen Sozialdemokraten mit dem Gesamtinteresse des Volkes identifizieren, kontrollieren sie den Staat und verhindern damit den Mißbrauch der Macht.

Die deutschen Sozialdemokraten sind kein exklusiver Klub von Politikern, die glauben, auf alle Fragen der Gegenwart und der Zukunft sofort die einzige Antwort zu haben. Wir glauben, daß wir den engen Kontakt zu den unzähligen klugen und weitblickenden Männern und Frauen unseres Volkes brauchen. Aus dem großen Gespräch, das nie abreißen darf, wollen wir die Sorgen hören und die Vorschläge entgegennehmen, damit wir uns nie von der Wirklichkeit des Lebens unserer Menschen entfernen.

Die deutsche Sozialdemokratie war in ihrer Vergangenheit oftmals ein Lehrmeister des Volkes. Aber sie war niemals des Volkes Schulmeister. Eine Partei ist nicht zuständig für alle Probleme des Lebens und der Welt. Aber wir fühlen uns wohl zuständig für alle, die aus dem Geist wohlverstandener Tradition eine moderne Antwort auf die Probleme der 60er Jahre finden wollen.

Ein fairer, partnerschaftlicher Dialog um das, was notwendig ist: das ist Gemeinsamkeit, meine Freunde. Und in diese Gemeinsamkeit kann man sich nicht hineinschimpfen. Was wir sagen, sagen wir verantwortlich und willens zur Zusammenarbeit. Wenn unsere Worte unangenehm in den Ohren von Vertretern der CDU oder der CSU oder der FDP oder von Mitgliedern der Bundesregierung klingen, dann ist das nicht unsere Schuld. Wir wollen nicht verletzen. Wir wollen leidenschaftslos feststellen, was ist.

Und wenn unsere Feststellungen doch einmal leidenschaftlich klingen, dann muß ich unsere politischen Kontrahenten um Verständnis bitten. Denn wie kann man ganz frei von Leidenschaften sein, wenn es um die Zukunft unseres Landes geht? Wie kann man frei sein von Leidenschaft, wenn man tagtäglich Erscheinungen der Abnutzung und sogar des Zerfalls einer regieren-

den Gruppe mit ansehen muß, deren Rechthaberei und Anmaßung wir noch bis in die jüngste Vergangenheit in peinlicher Weise erlebt haben?
Die Führung der Unionsparteien hat niemals richtig gelernt, mit anderen Verantwortung zu teilen. Ein politischer Schriftsteller, der seine Partei kennen muß, geht sogar noch einen Schritt weiter, wenn er schreibt: „Die CDU muß wieder denken lernen, und es ist keine Entschuldigung, zu sagen, sie habe es bei der Ausübung der Macht verlernt.“[25]
Dies war eine meiner großen Erfahrungen der Deutschlandreise im vorigen Jahr: Unsere Menschen wollen ein neues, ein besseres, ein menschliches Verhältnis zwischen den Regierenden und den Regierten.[26] Und das haben sie auch verdient. Die Bevölkerung ist nicht so dumm, wie manche das zu wünschen scheinen. Jawohl, zu wünschen scheinen, denn die Hoffnung auf die Begehrlichkeit und den Egoismus ist zu einer der wichtigsten Triebfedern gemacht worden, die unsere gegenwärtige Ordnung in Gang halten.
Aber wenn die Bewegung stockt, wenn am Horizont Zeichen einer möglichen Stagnation sichtbar werden, dann häufen sich die Appelle der gleichen Leute, die vorher das Wasser des Konsumwettkampfes am Kochen hielten. Dann beginnt das Wechselbad der Appelle an den kleinen Mann, er solle doch maßhalten und bescheiden werden. Seelenmassage garantiert jedoch noch lange nicht den Sieg über Interessengruppen.[27]
Die Unionsparteien wurden hier zum Gefangenen der eigenen Propaganda. Hauptleidtragender ist Professor Erhard, den allzu clevere Leute zum Symbol der Maßlosigkeit machten und dessen Wirksamkeit in einer veränderten Situation sie damit zerstörten.
Gegenwärtig noch einflußreiche Kräfte scheinen von der altmodischen Vorstellung auszugehen, die Güter dieser Welt seien vor langer Zeit und für alle Zeit verteilt worden. Sie gehen von der angestaubten Vorstellung aus, daß es nun einmal Besitzende und Besitzlose gebe und geben müsse; und daß jede soziale Leistung ein im Grunde unverdientes Geschenk ist, das man zurückfordern kann, wenn es die wirtschaftliche Lage notwendig zu machen scheint.
Das Bild, das wir deutschen Sozialdemokraten vom Menschen unserer Zeit haben, ist nicht an altertümlichen Modellen orientiert. Für uns kann sich der Mensch entwickeln und entfalten. Hier treffen wir uns mit den Wahrheiten der Sozialenzyklika „Mater et magistra“, in der es heißt, oberster Grundsatz der Soziallehre sei die Auffassung, „daß der Mensch Träger, Schöpfer und das Ziel aller gesellschaftlichen Einrichtungen sein muß.“
Deshalb, so folgern wir, ist eine gerechte gesellschaftliche Ordnung kein unverdientes Geschenk, keine milde Gabe; eine solche gesellschaftliche Ordnung ist vielmehr das gute, wohlerworbene Recht des Menschen.
Man muß nur endlich erkennen, daß gewordene gesellschaftliche und wirt-

schaftliche Ordnungen nicht unbedingt und für alle Zeiten richtig bleiben müssen. Oder, mit Papst Johannes XXIII.: „Es ist unmöglich“, – so steht es in der Enzyklika – „ein für allemal die Art des Wirtschaftens zu bestimmen, die am besten der Menschenwürde entspricht.“

Wir können einfach nicht glauben, daß eine Gesellschaft, die in den letzten fünfzehn Jahren zehntausend neuer Millionenvermögen hervorgebracht hat, zugrunde geht, wenn sie vor die Aufgabe eines gerechteren Wohlstandes gestellt wird. Denn Wohlstand ist für alle da!

Unsere Vorstellungen von den Möglichkeiten unserer Wirtschaft und unsere Vorstellungen von den Möglichkeiten des Menschen in dieser Zeit sind optimistisch, expansiv und dynamisch.

Unser Volk hat ein Recht auf Wohlstand; er ist das Werk seiner Hände. Und wir haben die Pflicht, dafür zu sorgen, daß er für alle andauert. Wir haben es nicht nötig, mit schlechtem Gewissen besser zu leben als früher.

Ich sprach damals, Ende 1960 in Hannover, von der Sorge, daß unser Volk stehenbleiben könnte. Und ich fügte hinzu, es gelte nicht nur, das Erreichte zu sichern. Mit der denkfaulen Parole „Weiter wie bisher“ komme unser Volk nicht voran.

Wenn wir zurückblicken, so wird klar: Die SPD hat ein neues Selbstbewußtsein gewonnen. Wir sind mit uns selbst ins reine gekommen und mit der großen Vergangenheit unserer Partei. Wir haben neue Kraft gewonnen für die neuen Aufgaben.

„Sozialist sein, heißt keineswegs bloß, den Triumph einer bestimmten Partei vorbereiten, es heißt arbeiten für eine Gesellschaftsordnung, in der alle aktiven Kräfte harmonisch verbunden werden und zu aller Nutzen zusammenwirken sollen. Das gilt für die Kinder eines Landes sowohl als auch für die verschiedenen Nationen.“

Dieses Wort stammt von August Bebel, einem der großen Söhne dieser Stadt Köln. Dieses Wort gilt heute wie damals. Wir können stolz darauf sein, einer Partei anzugehören, die aus solchen Quellen schöpft.

Die SPD hat ihr Verantwortungsbewußtsein häufig genug bewiesen. Wenn wir aus parteipolitischen Gründen uns an die Spitze mancher Fronde gesetzt hätten, wenn wir Opposition um der Opposition halber gemacht hätten, dann würde es in der Bundesrepublik heute wahrlich anders, und zwar schlechter, aussehen.

Diese Haltung wird uns nicht daran hindern, im Gegenteil, sie verlangt von uns, unser Gewicht voll einzusetzen. Im nächsten Jahr werden wir einen neuen Bundeskanzler haben, das heißt: Es wird nicht eine Regierungsumbildung, sondern eine Regierungsneubildung in der Bundesrepublik geben.[28]

Wir machen uns dabei nichts vor. Aber andere sollten sich auch nichts vormachen. Man könnte ja auch so rechnen: Wir brauchen zu unseren Mandaten eine Zahl von 65 Abgeordneten, um die Mehrheit für einen neuen Bundeskanzler, der nicht Sozialdemokrat zu sein braucht, zu erreichen. Wir werden die Dinge jedenfalls nicht einfach auf uns zukommen lassen. Das möchte ich in aller Nüchternheit feststellen.

Im Appell von Hannover haben wir gesagt: Unser Volk braucht nicht in Furcht zu leben. Es ist möglich, dauernde Sicherheit und allgemeinen Wohlstand zu schaffen. Aber bei dem bisher Erreichten dürfen wir nicht stehenbleiben.

In unserem Entwurf eines Regierungsprogramms vom April vorigen Jahres haben wir dargelegt, daß große Gemeinschaftsaufgaben unseres Volkes bisher, zum Teil geradezu sträflich, vernachlässigt worden sind. Wir haben jene Gemeinschaftsaufgaben umrissen, die wir bereit sind, gemeinsam mit allen Kräften guten Willens anzupacken.

Ich weiß, es hat hier und da in unserer Partei ein gewisses Unbehagen gegeben, als wir 1960 mit Nachdruck von „Gemeinsamkeit" in außenpolitischen und gesamtdeutschen Zusammenhängen sprachen und uns im Anschluß daran auf die innenpolitischen „Gemeinschaftsaufgaben" konzentrierten. Einige Gegner haben dann die Vorstellung zu suggerieren versucht, als handele es sich um eine nebulöse Gemeinsamkeit um jeden Preis, als wolle sich die deutsche Sozialdemokratie an Erfolge und Mißerfolge anderer anhängen.

Liebe Freunde, diese Vorstellung ist grotesk. Gemeinsamkeit ist kein politischer Eintopf. Ich möchte jedoch ausdrücklich wiederholen, was ich schon in Hannover sagte: Dieses Thema wird – unabhängig vom Wahlkampf – nicht mehr von der Tagesordnung der deutschen Politik verschwinden. Und außerdem: Die politische Vernunft steht nicht unter Gebrauchsmusterschutz.

Es gibt Notwendigkeiten, bei denen es darauf ankommt, daß man sie erkennt; Gemeinschaftsaufgaben, bei denen es unwesentlich ist, wer sie tut; bei denen es einzig und allein darauf ankommt, daß sie endlich getan werden. Und wir wollen tun, was notwendig ist.

Es gibt für uns keine schwarze und keine rote, sondern allein eine deutsche Bundesrepublik. In unserer Bundesrepublik sind alle Bürger und alle Parteien aufgerufen, sich am Wettbewerb um die beste, um die menschenwürdigste Lösung der gesellschaftlichen Aufgaben zu beteiligen.

Im Hauptquartier unserer innenpolitischen Gegner macht man sich Sorgen darüber, daß sich vor allem die jungen Menschen nicht mehr sonderlich von der Unionspartei beeindrucken lassen, daß sie nach konkreten Zielen für morgen fragen. Es mag sein, daß die Union bis zu einem gewissen Grad für die Vergangenheit verantwortlich war; für die Zukunft ist sie offensichtlich nicht zuständig. Und wenn ihr künftiger geschäftsführender Vorsitzender

feststellt, es sei kaum glaublich, „mit welchem Minimum an Sachverstand und Informationen in der Vergangenheit oft in den Reihen der CDU Entscheidungen von großer Tragweite getroffen wurden“, so fällt es uns schwer, ihm zu widersprechen.[29]
Das alles ist kein Zufall. Die CDU ist im Grunde stehengeblieben. Aber wenn wir uns heute das Godesberger Programm ansehen, dann können wir feststellen: es stimmt.
Wenn wir heute unser Regierungsprogramm zur Hand nehmen, dann sehen wir, daß wir die Aufgaben unserer Zeit richtig erfaßt haben, nicht weil wir es sagen, sondern weil die Tatsachen es bestätigen: Unsere Analyse hat gestimmt. Unsere Forderungen haben gestimmt. Der Weg, den wir eingeschlagen haben, ist der richtige Weg.
Die gegenwärtig in Bonn Regierenden müssen sich entweder auf diese Entwicklung einstellen, oder sie werden weiter versagen. Diese Entwicklung ist in vollem Gange. Es ist die Aufgabe unseres Parteitages, uns selbst und der Öffentlichkeit die veränderte Lage klarzumachen.
Es gibt in unserem Volke heute eine Mehrheit für eine Reihe von Entscheidungen und Reformen, für die im Bundestag noch die Mehrheit fehlt.
Andererseits gibt es im Bundestag sachliche Mehrheiten, die nicht der Regierungsmehrheit entsprechen. Das gilt sogar für Personalien.
Wir haben uns dabei nicht zu ändern brauchen. In der Frage der atomaren Bewaffnung haben wir schon in Hannover gesagt, was jetzt die Regierung sagen muß, wenn auch mit gewissen Sprachschwierigkeiten. Sie hat etwas gewollt und hat es nicht bekommen. Wir bedauern nicht, daß der Atomklub geschlossen bleibt. Wir bedauern nur das Porzellan, das inzwischen zerschlagen wurde.[30]
Die SPD ist heute auf wesentlichen Gebieten besser im Einklang mit den Verbündeten als die Regierung.
Es gibt andere Beispiele. Die Freien Demokraten üben heute hier und da die gleiche Kritik an Versäumnissen wie wir. Sie sagen gelegentlich Dinge, die man in unseren Manuskripten nachlesen kann.
Überhaupt die geistigen Anleihen: Diese Form des Kreditwesens gedeiht wirklich üppig unter dem noch immer nicht blauen Himmel des Industriegebiets.
Wir sind auf dem Wege zu einer neuen Wirklichkeit in Deutschland. Die sachlichen Mehrheiten werden auch die parlamentarischen Mehrheiten sein. Darauf haben wir uns vorzubereiten. Wir sind auf dem Vormarsch, auch wenn einige das noch nicht sehen oder sehen wollen.
Die Denkschrift des Rates der Evangelischen Kirche in Deutschland zur Eigentumspolitik[31] und die Enzyklika „Mater et magistra“ – das sind schwergewichtige Fakten, die es den rückwärtsgewandten Kräften in der Bundesre-

publik nicht länger möglich machen, guten Gewissens zu behaupten, die Kritik an bestehenden Zuständen sei eine Domäne sozialdemokratischer Opposition.

Was ist im Inneren zu tun? Der individuelle Lebensstandard muß gesichert bleiben. Wir müssen den gesellschaftlichen Lebensstandard erhöhen. Den Lebensstandard liest man nicht nur an der Lohntüte und dem Gehaltsstreifen ab, er ist mindestens so sehr eine Frage der gesellschaftlichen Möglichkeiten des Menschen in guten Zeiten und der gesellschaftlichen Sicherheit des Menschen in schlechten Zeiten.

Was aus dem Menschen wird, das ist nicht nur eine Frage seiner Fähigkeiten, es ist auch eine Frage seiner Chancen.

Dieser Satz klingt einleuchtend. Aber es gibt einflußreiche, meinungsbildende Kreise, die im Jahre 1962 allen Ernstes die Auffassung vertreten, es sei ausreichend, wenn 5 bis 6 vH unserer jungen Menschen mit Erfolg das Abitur bestehen.

Das bedeutet: Man setzt sich nicht nur über die Vergleichszahlen aus anderen Staaten hinweg. Man fällt über zehn- oder zwölfjährige Kinder ein Urteil und bricht über den allergrößten Teil von ihnen in gewissem Sinne den Stab.

Sie können nicht Ingenieur oder Erzieher werden; der Weg zur wissenschaftlichen Ausbildung wird ihnen verschlossen, lange bevor sie mündig geworden sind.

Damit bin ich bei der ersten von vier vordringlichen Gemeinschaftsaufgaben, zu denen ich mich heute kurz äußern möchte.

Es geht hier darum, ob es notwendig ist oder nicht, daß jeder junge Mensch die Möglichkeit erhält, sich entsprechend seinen Fähigkeiten zu entfalten. Und es geht darum, ob es notwendig ist oder nicht, daß wir größere Anstrengungen machen, um den Anschluß an die wissenschaftliche Entwicklung in der Welt zu halten.

In der Bundesrepublik fehlen uns bereits heute 45 000 Techniker und 50 000 Ingenieure. 1970 werden fast die Hälfte aller technischen Schlüsselpositionen in der Industrie nicht besetzt werden können. Wenn wir unser Schulwesen auf den Stand bringen, der einer halbwegs wohlhabenden Industrienation in der Mitte des 20. Jahrhunderts einigermaßen angemessen wäre, dann ergibt sich bis 1970 ein Defizit von 100 000 Lehrern.

Im „Tübinger Memorandum" einiger evangelischer Theologen und Laien war mit Recht davon die Rede, das öffentliche Bewußtsein habe noch nicht begriffen, „daß in der Welt des 20. Jahrhunderts das wirtschaftliche Potential und die politische Selbstbehauptung eines Staates vom Stande seines Bildungswesens abhängig sind".[32] Daß wir es mit einem nationalen Not-

stand zu tun haben, wird zu einer unbestreitbaren Tatsache, sobald wir uns in der Welt umschauen.
Die Vereinigten Staaten haben ihre Schulausgaben seit Kriegsende um 250 vH gesteigert, Dänemark um 150 vH, um ein paar Beispiele zu nennen. Wir hinken mit 60 vH hinterher. Hier geht es aber um die Voraussetzungen wirtschaftlichen Wachstums. Hier geht es auch um die Selbstverwirklichung des Menschen.
Natürlich wird es Geld kosten, diesen Notstand zu überwinden. Aber wenn wir durch Ignoranz, Bürokratismus und rückwärtsgewandte Gesinnung die Zukunft unserer Kinder leichtfertig aufs Spiel setzen und versäumen, das Notwendige zu tun, so wird uns das nicht nur Geld kosten, sondern unseren Platz als Kulturnation und als Industriemacht dazu.
Unsere junge Generation ist von Bildungseifer und Bildungsbegeisterung erfaßt. Weltraumfahrt, Automation und Kybernetik, das sind *ihre* Themen. Sieben Millionen unserer Bürger besuchen jedes Jahr die Vorlesungen der Volkshochschulen. Fachliche Weiterbildung steht darüber hinaus hoch im Kurs. Unsere Jugend will etwas lernen, sie will sich qualifizieren.
Wir dürfen uns nicht an der Zukunft unseres Volkes versündigen. Wir müssen den jungen Menschen Sicherheit und Selbstvertrauen geben, Vertrauen in ihre Kraft und in ihre Fähigkeit, die Zukunft zu meistern. Gleiche Bildungschancen für alle zu schaffen – unabhängig von überkommenen Vorrechten und überholten Klassenschranken –, dies ist die vornehmste der zukunftweisenden, dynamischen Gemeinschaftsaufgaben, die wir deutschen Sozialdemokraten uns selbst und unserem Volk stellen.
Hier liegt die große gemeinsame Aufgabe der Länder, an der der Wert oder sogar der Bestand der bundesstaatlichen Ordnung erprobt werden wird. Unsere Initiative in der Frage der Ausbildungshilfen liegt auch im Sinne einer positiven Familienpolitik.[33] Es gibt auch Aufgaben des Bundes. Und wir sind erst am Anfang eines langen Weges. Wir dürfen uns von diesem Weg nicht mehr abbringen lassen, sondern wir müssen uns auf ihm bewähren.
Ich komme zur zweiten der heute zu erörternden großen Gemeinschaftsaufgaben: der Sorge um unsere Alten. Auch hier gibt es eine materielle und eine psychologische Seite des Problems.
Die materielle Seite ist in unserem Regierungsprogramm ausführlich behandelt worden. Ich kann darauf verweisen. Um den entscheidenden Punkt noch einmal zu betonen: Das Ziel der 75prozentigen Altersrente wird niemand mehr auslöschen. Dabei geht es nicht allein um Sozialpolitik.
Alter heißt Einsamkeit. Wer ein erfülltes, vierzig- oder fünfzigjähriges Arbeitsleben hinter sich hat, der besitzt Erfahrung und häufig auch Weisheit. Aber niemand scheint diese Werte zu brauchen. Die meisten alten Leute leben allein. Sie leben mitten unter uns, aber vielfach wissen wir nichts von

ihnen, vielfach beachten wir sie nicht, kümmern uns nicht um sie. Viele wollen nicht in ein Altersheim alter Prägung. Sie möchten nicht abgeschoben werden, ohne die kleinen Freuden des Werktages.

Wir haben es uns damals nicht leicht gemacht, als wir vorschlugen, beispielsweise allen Rentnern den Erwerb von Fernsehgeräten finanziell zu ermöglichen. Wir haben ein Beispiel bilden und einen praktischen Hinweis geben wollen. Damals hat es Leute gegeben, die lachten. Vermutlich waren das Leute, die sich nicht vorstellen können, was es hießt, im Alter allein zu sein und sich auch noch erheblich einschränken zu müssen.

Machen wir uns bitte auch folgendes klar: Der Anteil unserer über 65jährigen Mitbürger stieg von 1925 bis 1960 von 5,8 auf 10,5 vH; 1975 werden es 14,4 vH sein.

Die Aktion Gemeinsinn bemüht sich seit einiger Zeit mit Verständnis und Takt, die Öffentlichkeit auf das gesellschaftliche Problem unserer alten Mitbürgerinnen und Mitbürger aufmerksam zu machen.[34] Manche Schulklassen und Jugendgruppen kümmern sich mit Idealismus um diese Menschen und versuchen, ihnen zu helfen. Aber mir scheint, diese älteren Mitbürger brauchen nicht nur Helfer. Sie brauchen eine Aufgabe, die ihnen täglich beweist, daß sie nicht zum alten Eisen gehören, sondern gebraucht werden. Sie brauchen die Gemeinschaft, aber die Gemeinschaft braucht auch sie.

Es gibt auf dem Gebiet der sozialen Arbeit eine Fülle von Aufgaben, um die man ältere Mitbürger bitten könnte. Es gibt in den Kirchen, Parteien und Vereinen eine Fülle von Tätigkeiten und Funktionen, die nicht besetzt werden können, weil von den Berufstätigen niemand Zeit für die ehrenamtlichen Arbeiten hat. Aber häufig werden die Alten nicht ernst genommen, da sie eben alt sind. An diesem Punkt sollten wir alle nicht nur ein schlechtes Gewissen haben, sondern wir sollten uns alle von diesem Tage an immer wieder fragen, was wir anders und besser machen können.

Andere Länder, besonders die skandinavischen, sind uns auf dem Gebiet der produktiven Altenpflege voraus. Wir können überhaupt draußen noch eine Menge lernen, wie man die Probleme unseres Jahrhunderts löst, die wir in Deutschland teilweise noch nicht einmal hinreichend formuliert haben.

Dem Alter den Schrecken der Einsamkeit zu nehmen, das scheint mir eine zweite große Gemeinschaftsaufgabe zu sein, mit der sich die Bundesrepublik ihr Recht auf dauerhaften Wohlstand wird erwerben müssen. Eine Gesellschaft, die sich vor dem Alter fürchtet, kann nicht guten Gewissens davon sprechen, daß in ihr die Achtung vor dem Menschen und seiner Würde verwirklicht worden sei.

Ich würde es begrüßen, wenn gerade auch die Jüngeren in unseren Reihen sich entschlössen, ihr Wort zu sagen und ihren Beitrag zu leisten zum großen Brückenschlag zwischen den Generationen.

Wenn wir von der Würde des Menschen sprechen, dann müssen wir auch sprechen von der Anfälligkeit und von der Hinfälligkeit des Menschen. Wie viele Familien können ihren sorgsam aufgestellten Lebensplan nicht realisieren, weil sie in ihre Rechnung nicht einbezogen haben die Posten Krankheit, Siechtum, Invalidität?
Damit bin ich bei einer dritten großen Gemeinschaftsaufgabe: Ist es notwendig oder nicht, daß jede Mitbürgerin und jeder Mitbürger die gleiche Chance erhalten, sich gesund zu erhalten oder wieder gesund zu werden, soweit das in menschlicher Macht steht? Wir sagen ja zu dieser menschlichen und nationalen Notwendigkeit.
Aber es ist eigenartig: Wenn in der Eifel drei Menschen die Pocken bekommen, dann lassen sich die Bayern gegen die Pocken impfen, weil sie gelernt haben, daß es einen Schutz gegen die Pocken gibt. Aber wenn am gleichen Ort zur gleichen Zeit dreißig Menschen am Krebs sterben, dann nehmen wir das als unabänderliches Schicksal hin. Dann glauben wir augenscheinlich, daß Krebs ebenso wie der Herzinfarkt ein naturgewollter Preis sind, den wir zahlen müssen, weil wir im Wohlstand leben.
Das ist moderner Aberglaube. Natürlich können wir mehr gegen die Abnutzungskrankheiten tun. Natürlich ist der Krebs in vielen Fällen kein unabwendbares Schicksal mehr. 30 000 Krebskranke werden in Großbritannien jährlich und dauerhaft wieder gesund, und auch in Deutschland gilt das jetzt für Zehntausende; aber es könnten viel mehr sein. Es könnten viel mehr sein, wenn alle Kräfte der internationalen Wissenschaft und Sozialhygiene sinnvoll zusammengefaßt würden und wenn außerdem die Menschen sich selbst vernünftiger verhielten.
In unserem Regierungsprogramm haben wir konkrete Vorschläge gemacht, wie man dem guten und großen Ziel näherkommen kann: Ein gesundes Volk in einem gesunden Staat, und zwar im Sinne einer umfassenden Gesundheitspolitik als eigenständiger Aufgabe. Das ist auch ein volkswirtschaftliches Problem, denn in einem einzigen Jahr scheiden wegen vermeidbarer Krankheiten und infolge von Unfällen mehr als hunderttausend Versicherte vorzeitig aus dem Arbeitsleben aus. Vier Milliarden pro Jahr kostet die Frühinvalidität, zwei Milliarden die Folgen der Arbeitsunfälle, die sich seit 1950 verdoppelt haben.
Wir wollen nicht undankbar sein: Vieles ist auf dem Gebiet moderner Gesundheitspolitik schon geschehen. Vieles ist auch deshalb geschehen, weil unsere Freunde verantwortlich in den Gemeinden und Stadtverwaltungen und an anderer Stelle arbeiteten und arbeiten. Aber gerade in der Gesundheitspolitik erweist sich das Groteske der absurden Formel: keine Experimente.
Wenn es in der Medizin, wenn es in der Naturwissenschaft keine Experi-

mente gegeben hätte, dann würden noch heute die Frauen am Kindbettfieber sterben; dann wäre noch heute die Schwindsucht eine Geißel der Menschheit.

Wenn es keine Experimente gegeben hätte, dann würden wir noch heute das Fliegen den Vögeln überlassen; dann würde sich unsere Industrie noch heute auf dem Niveau des Dampfhammers oder der Tretmühle bewegen; dann gäbe es keine Severinsbrücke über dem Rhein; dann könnten im übrigen auch gewisse Leute nicht in Millionen deutscher Haushalte auf der Mattscheibe erscheinen und fordern, man möge auf Experimente verzichten.

Ich möchte nun doch eine vierte unserer großen Gemeinschaftsaufgaben nachdrücklich unterstreichen, die Erneuerung unserer Gemeinden, unserer Städte und Dörfer.

Wer will bestreiten, daß der Zustand vieler unserer Städte und Dörfer besorgniserregend ist? Wer will bestreiten, daß in ein paar Jahren unser Straßennetz nicht nur an den Feiertagen zusammenbrechen wird? Daß wir in den meisten Großstädten an die Sanierung der den Gesetzen der Hygiene hohnlachenden Mietskasernenviertel überhaupt noch nicht ernsthaft herangehen konnten? Und wer will die Tatsache der noch immer anwachsenden neun Ballungsräume bestreiten, in denen schon heute fast die Hälfte der Bevölkerung der Bundesrepublik lebt, ohne daß die Frage der Erholungsgebiete auch nur eine halbwegs vernünftige Antwort gefunden hätte?

Hier geht es nicht mehr so sehr um die Beseitigung von Kriegsfolgen, sondern vielmehr darum, daß wir der strukturellen Veränderung Herr werden, daß wir mit einer großen gesellschaftlichen Umschichtung fertig werden. Eine wirksame Raumordnung und Verkehrsplanung gehören heute zu den Voraussetzungen für eine vernünftige gesellschaftspolitische Entwicklung. Das ist eine gemeinsame Aufgabe von Bund, Ländern und Gemeinden. Hier geht es um noch viel mehr als darum, das Bundesbaugesetz weiterzuentwickeln. Hier geht es um viel mehr, als den Normalbürger vor den märchenhaft weitersteigenden Bodenpreisen zu schützen. Ich habe eine Vision von unseren Städten, in denen gesunde Menschen gemeinschaftlich arbeiten und leben, in denen sie teilhaben an dem Wahren, Guten und Schönen, Städten, in denen das Grau dem Grün Platz gemacht hat und in denen echte Urbanität Raum gewinnt. Ich habe eine Vision von unseren Dörfern, die ihren eigenen Charakter bewahren und doch an den kulturellen Möglichkeiten unserer Zeit voll teilhaben. Ich habe eine Vision von einem Deutschland, in dem es keine unterentwickelten Gebiete mehr gibt und in dem die Entwicklungsgebiete mehr sein werden als die Schlafstätten großer Städte.

Nun kommt es darauf an, daß aus den Visionen von heute die Wirklichkeiten von morgen und übermorgen werden.
Das sind Aufgaben für Jahrzehnte. Die kommunalen Spitzenverbände haben darauf mit Nachdruck hingewiesen. Ich finde, die im ganzen gute Zusammenarbeit der unterschiedlichen politischen Kräfte in den kommunalen Verbänden müßte in der Bundespolitik eine viel stärkere Resonanz finden als bisher.
Wir wissen nicht erst seit gestern, daß all das Opfer erfordert. Aber was man heute nicht tut, das muß man morgen doppelt und dreifach leisten.
Vor uns liegt nicht nur der ausdrückliche Auftrag des Grundgesetzes, einen sozialen Bundesstaat zu schaffen. Wir haben auch jene Verpflichtung, die sich aus unserer nationalen Situation ergibt. Wir wollen uns eines Tages nicht schämen müssen vor den Landsleuten hinter dem Stacheldraht und der Mauer. Denn alle diese Aufgaben sind leicht, gemessen an dem, was sie zu tragen haben.
Ich habe keine Sorge, was den Willen der Mehrheit unserer Bürger betrifft, die als notwendig erkannten Leistungen auch wirklich zu erbringen. Diejenigen, die Verantwortung tragen im Staat und zu Leistungen aufrufen, haben allerdings die Pflicht, hinzugehen zu ihren Mitbürgern und ihnen direkt und klar zu sagen, warum das notwendig ist. Unsere Menschen müssen nur überzeugt werden. Überzeugt, nicht überredet!
Wer rastet, der rostet. Wer sich allein an das Erreichte klammert, der wird es morgen schon verloren haben. Wer sich gegen schöpferische Experimente wehrt, der wird stehenbleiben. Und wer stehenbleibt, der wird auf der Strecke bleiben.
Wir aber wollen nicht stehenbleiben. Die Zukunft liegt vor uns. Sie wartet auf den, der sie gestaltet.
Ohne außergewöhnliche Leistungen wird das nicht gehen. Ohne Opfer wird das nicht gehen. Das sage ich nicht, um schwarz zu malen, sondern das sage ich als der Bürgermeister von Berlin, der weiß, was auf dieses unser Volk zukommen kann, und der weiß, wie sehr die Freunde draußen schauen auf dieses Maß an deutscher Leistung und Pflicht.
Liebe Freunde, ich bin im ganzen durchaus optimistisch, wenn ich an die Zukunft denke. Aber ich meine, wir alle sollten uns erinnern, daß wie ein Damoklesschwert über unserem politischen Wirken die Frage steht, ob denn diese Zukunft überhaupt eine Chance hat stattzufinden? Wir werden die Zukunft meistern, wenn wir sie erleben. Wie aber werden wir sie erleben?
Es gibt keine vernünftige Zukunft ohne Frieden. Und es gibt keinen Frieden ohne Sicherheit. Sicherheit ist nicht nur eine Frage der Waffen. Es ist auch eine Frage des inneren Selbstbewußtseins, der Überzeugung und des guten Gewissens.

Die Bundesrepublik Deutschland und Berlin, das ein Teil des freien Deutschland und damit dieser Bundesrepublik ist, haben an der Nahtstelle zwischen Ost und West eine große Aufgabe: ihr Gebiet zu einem demokratischen und sozialen Modellstaat zu entwickeln, der unverletzlich und unangreifbar ist. Unser Land muß Maßstäbe setzen für die Zukunft. Es darf niemals in die Gefahr geraten, das modernste Museum der Vergangenheit zu werden.
Viele Mißverständnisse der letzten Monate sind das Ergebnis der Tatsache, daß bei uns vielfach die Konzeption unserer wirklichen Freunde jenseits des großen Wassers nicht begriffen worden ist. Sie bedeutet: stark sein *und* verhandeln. Hier gibt es keine Alternative mehr. Stärke ist kein Selbstzweck. Sie ist kein Mittel, den Gegner in die Knie zu zwingen. Sie ist die Basis, um den Ausgleich zu suchen, um zu überleben und im friedlichen Ringen die eigene Position zu verbessern.
Es gibt heute Stimmen im Ausland, die sagen: Wenn die Verhandlungen zwischen den Amerikanern und den Sowjets scheitern sollten, dann wäre zu fragen, ob daran die Russen oder die Deutschen schuld gewesen sind.[35] Eine solche Fragestellung ist falsch. Aber sie ist da. Und es ist nicht die Schuld der deutschen Sozialdemokraten, daß eine solche Frage überhaupt gestellt werden kann.
In der vielbeachteten Tübinger Denkschrift wurde Ende vergangenen Jahres der Vorwurf an die Adresse aller Parteien erhoben, unserem Volk die Wahrheit, die es wissen muß, vielfach vorzuenthalten und statt dessen das zu sagen, wovon sie meinten, daß es gern gehört wird.
Das ist eine nicht ganz zutreffende Verallgemeinerung. Trotzdem sollten auch wir Sozialdemokraten den gegen alle gerichteten Vorwurf nicht einfach vom Tisch wischen.
Es gilt, Wahrheiten zu sagen, auch wenn es nicht populär ist. Es stimmt, daß manche Gegensätze in unserem Volk von unten, aber leider nicht von oben überwunden werden. Die Staatsverdrossenheit gerade auch geistiger Schichten wurde noch kaum in ein schöpferisches Unbehagen umgemünzt. Das Volk ist auf eine schwere Entscheidung nicht vorbereitet.
Die Decke des Vertrauens zu Deutschland ist im Ausland nach vier Jahren demokratischer „Umerziehung" und nach dreizehn Jahren Bundesrepublik trotz eindrucksvoller Wahlergebnisse reichlich dünn.[36] Für viele Menschen im Ausland liegt die Vergangenheit des Tausendjährigen Reiches sehr viel näher als die Gegenwart der Bundesrepublik. Und die Realität der Zone wird vielfach nicht richtig erkannt. Es hat in diesem Zusammenhang keinen Sinn, darüber zu jammern, wie nachtragend andere seien.
Ich habe die Bundesrepublik im Ausland häufig genug verteidigt, um hier sagen zu können: Wir Deutschen selbst sind nicht ohne Schuld, wenn die Schatten der Vergangenheit im Ausland schärfer und länger gesehen werden

als bei uns. Dr. Adenauer hat es leider nicht verstanden, das ihm in den vergangenen Jahren entgegengebrachte Vertrauen auf unser Volk so zu übertragen, wie das etwa Ernst Reuter in bezug auf die Bevölkerung von Berlin gelungen ist.

Im offiziellen Bonn hat man auch gewiß nicht immer eine geschickte Hand gehabt, wenn es darum ging, sich von Leuten zu distanzieren, die nun einmal im Ausland als Repräsentanten einer vergangenen Epoche deutscher Geschichte und nicht als Repräsentanten demokratischer Gegenwart empfunden werden.[37]

Es gehört zu diesen Wahrheiten, wie ich sie sehe, daß Berlin der Punkt ist, an dem das stärkste Engagement der Alliierten in Deutschland vorliegt. Für die Erhaltung der Freiheit dieser Stadt, ein Kernstück der deutschen Frage, sind unsere Freunde notfalls bereit, große und vielleicht schreckliche Opfer zu bringen.

Wir müssen erkennen, die Wiedervereinigung ist ein politisches Ziel der westlichen Gemeinschaft, für das nicht eine gleiche oder ähnliche Bereitschaft zu einem solchen Risiko vorliegt. Die Wiedervereinigung ist von den Sowjets ebensowenig zu erpressen, wie die Sowjets vom Westen eine Unterschrift unter die deutsche Teilung erpressen können. Wir müssen auch feststellen, selbst wenn es niemandem von uns Spaß macht, daß nicht einmal von allen unseren Verbündeten eine diplomatische Unterstützung für die ungeregelten Grenzfragen im Sinne unserer Rechtsauffassung zu erwarten ist.[38]

Deutschland steht ja auch nicht so sehr im Mittelpunkt des Weltgeschehens, wie wir das heute gern annehmen. Im Mittelpunkt des Weltgeschehens steht heute eine andere Frage: Wie man aus der stillschweigenden Übereinkunft, daß es keinen großen Krieg geben soll, eine formulierte Vereinbarung machen kann, die das Ausbleiben des großen Krieges nach menschlichem Ermessen garantiert.

Die deutsche Frage ist für die Großmächte zunächst nur insofern interessant, als ihnen bewußt ist oder bewußt gemacht werden kann, daß die Spaltung Deutschlands dem Wunsch nach Vermeidung eines großen Konflikts im Wege steht. Wir fordern die Wiedervereinigung aus den Gründen dieses widernatürlich zerrissenen Volkes, aber wir fordern sie auch, weil die Spaltung Deutschlands dem Wunsch nach Frieden im Wege steht. Das heißt aber, wir müssen deutlich machen, daß die Herstellung unserer staatlichen Einheit die Spannungen zwischen Ost und West nicht erhöhen, sondern vermindern würde.

Die Bundesrepublik muß heraus aus dem Zwielicht. Dazu ist zweierlei notwendig:

Erstens. Wir haben eigene Vorschläge zu entwickeln und die Bürde des Denkens nicht allein denen zu überlassen, die ein äußerstes Risiko tragen. In die-

ser Beziehung dürfen wir nicht im Bremserhäuschen sitzen und das Schlußlicht bilden, sondern wir müssen gewissermaßen Lokomotive sein.
Die Bundesrepublik muß vor allem den Geruch verlieren, als wolle sie vom Ost-West-Konflikt profitieren. In Wirklichkeit ist eine Verminderung der Spannungen — so unendlich schwierig das sein mag — die wichtigste Voraussetzung, um unser Selbstbestimmungsrecht zu verwirklichen.
Die Spaltung Deutschlands ist Ergebnis der Hitlerei und Folge des Konflikts zwischen Ost und West. Die Wiederzusammenführung kann nur im Zusammenhang mit einem veränderten Verhältnis zwischen Ost und West als realistisch angesehen werden. Zu einer solchen Veränderung haben wir um des Friedens willen und um unserer nationalen Zukunft willen beizutragen. Wer glaubt, von einem unveränderten Verhältnis zwischen Ost und West profitieren zu können, der zementiert den Status quo.
Wir müssen deshalb zweitens alle Bemühungen unterstützen, die zu Fortschritten auf dem Wege zur Rüstungskontrolle und Rüstungsbegrenzung führen können. Wir Deutschen dürfen uns in unserer Friedensliebe und in unserem Wunsch nach Entspannung von keinem anderen Volk übertreffen lassen. Denn wir spüren die Folgen der weltweiten Spannung am deutlichsten, nämlich am eigenen Leibe.
Wir stehen Wort für Wort zu den Formulierungen unseres Regierungsprogramms vom April 1961,
- daß Verteidigungsbereitschaft und Rüstungskontrolle die beiden Seiten unserer unteilbaren Sicherheit sind
- und daß wir, vor allem in der Regierungsverantwortung, eigene Vorschläge zu einer gleichwertigen und kontrollierten Abrüstung machen werden.

Rüstungskontrolle und Abrüstung sind in diesen sechziger Jahren eine ebenso lebenswichtige wie schwer durchschaubare Sache. Auf diesem Gebiet mischen sich militärische, wirtschaftliche, politische und massenpsychologische Faktoren. Aber keiner der an einem gesicherten Frieden Interessierten — und dazu gehören wir alle, die wir hier sind, ebenso wie die erdrückende Mehrheit unseres Volkes — darf in der Wahl der Mittel kleinlich sein, die geeignet sind, diesem Ziel nahezukommen.
Zwei Gefahren müssen wir realistisch sehen: Einmal droht das Bekenntnis zur Wiedervereinigung in manchen Kreisen zu einem Schlagwort zu werden, zu dem man sich bekennt, ohne daß daraus Verpflichtungen erwachsen. Damit scheint dieses Bekenntnis ebenso ehrlich und unverbindlich wie der Wunsch, daß die Welt besser werden möge.
Zum anderen besteht die Gefahr, daß die Fahne der Wiedervereinigung, wenn die demokratischen Parteien in der Bundesrepublik sie sinken ließen, eines Tages von politischen Kräften aufgegriffen und weitergetragen werden

könnte, die wir hoffen endgültig überwunden oder zuverlässig isoliert zu haben.
Wir sind Realisten. Aber es gibt neben anderen Realitäten auch eine Realität der Not. Es ist eine Realität, daß die geplagten Menschen in der Zone sich mit der Spaltung nicht abgefunden haben. Sie können nicht reden. Wir aber müssen laut und deutlich sagen, wie viel uns unsere menschlichen Bindungen und unsere nationalen Interessen wert sind. Wir müssen auch an eine Frage wie die des innerdeutschen Handels so herangehen, wie es die Lage unseres Volkes erfordert: leidenschaftslos, nüchtern, aber nicht negativ. Im deutschen Interesse liegt, was unseren Landsleuten nützt, nicht dem Regime, was den Verbindungen zwischen den beiden Teilen unseres Volkes dient, nicht einem mißverstandenen Prestige.
Wenn dieses deutsche Volk sich mit der Spaltung abfände, dann wäre noch einmal etwas in ihm und mit ihm nicht in Ordnung. Das sagen wir vor allem unseren ausländischen Freunden und Gegnern. Wir haben nach 1933 eine Minderheit in die Lager treiben lassen, und wir würden uns wieder an einem Verbrechen mitverantwortlich machen, wenn wir uns mit dem Unrecht an dem kleineren Teil unseres Volkes abfinden würden.
Die Ehrlichkeit unseres Verlangens nach erträglichen und menschenwürdigen Verhältnissen für unser ganzes Volk erweist sich heute in und an Berlin. Berlin ist ein Testfall für unseren guten Willen – und auch für die Absichten anderer.
Gewiß, Berlin kann ohne die Bundesrepublik nicht existieren. Aber was wäre die Bundesrepublik ohne Berlin? Es ist wie mit dem Verhältnis zwischen Herz und Kreislauf. Die Bundesrepublik ohne Berlin wäre das Ende des deutschen Anspruchs auf das Selbstbestimmungsrecht. Die Bundesrepublik ohne Berlin wäre die Kapitulation freier Menschen vor dem Gesetz der puren Machtpolitik. Die Bundesrepublik ohne Berlin wäre das Ende aller Sicherheit, als Kettenreaktion auch für unsere westlichen Freunde. Sie wäre das Ende der Hoffnungen von 17 Millionen. Sie wäre das Ende unseres Anspruchs, *ein* Volk zu sein.
Das sagen wir so deutlich wie nur möglich, auch wenn wir uns angewöhnt haben, im Verhältnis zur Zone leiser zu sprechen, damit wir besser verstanden werden.
Seit dreieinhalb Jahren wird nun schon wieder über Berlin verhandelt.[39] Und es gibt keine Alternative zum Programm der Verhandlungen. Jedenfalls ist die Alternative gefährlich, nicht zu verhandeln und mal eine Pause zu machen. Während der letzten Pause hat der 13. August 1961 stattgefunden.
Ich erinnere mich leider nur zu gut daran, daß vor dem 13. August die Neigung, nicht zu verhandeln, überwog. Es kam dann zu einem eindeutigen Sta-

tus quo minus – mit dem weiteren Ergebnis, daß danach wieder verhandelt wurde. Niemand kann heute beweisen, daß eine Initiative des Westens im Sommer vergangenen Jahres, die Sowjetunion beim Wort zu nehmen und sie an den Konferenztisch zu laden, um z.B. das gewiß nicht von heute auf morgen zu bewältigende Thema eines deutschen Friedensvertrages zu besprechen, die Mauer verhindert hätte. Aber ich weiß, daß unsere damaligen Anregungen nicht an Washington und überhaupt nicht in erster Linie außerhalb Deutschlands gescheitert sind.[40]
Eine neue Pause könnte von unseren Widersachern dazu benutzt werden, neue Tatsachen zu schaffen, für die militärische Gegenmaßnahmen vielleicht nicht geplant sind. Es kommt darauf an, die Abmachungen über Berlin so zu ergänzen, daß die Möglichkeit willkürlicher Zugriffe auf den Verbindungswegen ausgeschaltet wird. Freier Verkehr von und nach Berlin – das ist kein Zustand, sondern ein Ziel.
Die Mauer wurde errichtet, damit aus einem aufgezwungenen Regime nicht ein Regime ohne Volk würde. Die Mauer ist Terror, der fotografiert werden kann. Die Mauer stört aber auch den Anspruch der Sowjets, sich als Vorkämpfer für die Freiheit der Völker in weiten Teilen der Welt aufzuspielen. An der Mauer hat es geknallt und dort ist Blut geflossen. Die Mauer ist so unnatürlich und so unmenschlich, daß wir uns damit niemals abfinden können. Die Mauer ist auch eine tägliche Demonstration, daß Koexistenz kein paradiesischer Zustand ist, sondern eine harte und immer noch gefahrvolle Auseinandersetzung.
Deshalb bedarf es eines entschiedenen Engagements. Hinter den drei für Westberlin gegebenen Garantien steht die klare Entschlossenheit der Amerikaner und der anderen Verbündeten. Wir dürfen nicht dahinter zurückstehen. Berlin ist zuerst unsere Sache, die Sache des ganzen freien deutschen Volkes, von der wir nicht ablassen. Eine abschließende Lösung des Berlin-Problems gibt es erst im Zusammenhang mit einer Lösung der deutschen Frage. Inzwischen kann es sich nur um einen modus vivendi handeln. Ich bin für einen modus vivendi, der den drei bekannten Garantien entspricht und umfassendere Lösungen zu einem späteren Zeitpunkt nicht verbaut. Gerade wenn es sich um einen technischen modus vivendi handelt, müssen allerdings alle Einzelheiten genau beschrieben und festgelegt werden, denn der Teufel kann bekanntlich im Detail liegen.[41]
Die Lebensfähigkeit Berlins ist nicht nur ein materielles, sie ist auch ein psychologisches Problem; sie hängt in hohem Maße ab von den bestehenden Bindungen zum größeren Teil des freien Deutschland. Wir kennen die international-rechtliche Lage. Aber wir wissen auch, was in den deutsch-alliierten Verträgen steht.[42] Und wir dürfen gewiß auf das Verständnis und den Respekt der Verbündeten rechnen, wenn wir auf den nüchternen Tat-

bestand – auch eine Realität – verweisen, daß Berlin nach deutschem Recht und nach dem Willen der Betroffenen ein Teil der Bundesrepublik ist und daß uns niemand von dieser unserer Rechtsauffassung und der sich daraus ergebenden Verpflichtung abbringen kann. Oder, um es mit den Worten eines bekannten Publizisten zu sagen: Unsere geschichtlichen Kompetenzen reichen über die Mauer hinaus.

Inzwischen wollen und dürfen wir nicht die Hoffnung aufgeben, daß es auf einer internationalen Ebene möglich sein wird, ein Minimum an Durchlässigkeit der Mauer zu erreichen. Berlin ist nicht nur eine Frage deutscher oder weltpolitischer Interessen. Es ist auch eine Frage von einigen Millionen lebendiger Menschen. Eine Frage auseinandergerissener Familien und blutender Herzen. Und jedermann hier wird Verständnis dafür haben, wenn ich sage: Meine Gedanken sind in diesem Augenblick vor allem bei den Menschen in Berlin, das heißt, auch im anderen Teil Berlins, bei unseren Freunden in Ostberlin – und bei den Freunden in der Zone.

Und ich füge hinzu, daß meiner Überzeugung nach nicht allein über einen modus vivendi für Westberlin verhandelt werden dürfte, sondern über ganz Berlin, über die Mauer und über Erleichterungen für unsere Landsleute in der Zone.

Solange die Verhandlungen andauern und ohne zu wissen, wie sie ausgehen, haben wir zu beweisen, daß das freie Berlin trotz der Mauer leben kann, daß es nicht austrocknet und nicht verkümmert. Das ist nicht eine Aufgabe der Berliner allein. Durch eine positive dynamische Politik wollen wir es, allen Widerständen zum Trotz, dahin bringen,

- daß Berlin zu einem noch moderneren Industriezentrum wird,
- daß seine Stellung als Stätte der Bildung, der Wissenschaft und der Kunst gestärkt wird,
- daß es junge Menschen anzieht, die durch ihr persönliches Verhalten bekunden: Wir geben weder unser Selbstbestimmungsrecht auf noch unsere Hauptstadt.

Die Westberliner Ausbaupläne sind kein Ersatz für Politik. Sie sind kein Ersatz für die weiterreichende Aufgabe und das eigentliche Ziel. Berlin ist die Hauptstadt Deutschlands und das Versprechen an unsere Landsleute hinter der Mauer. Ohne diesen Maßstab könnte jede Aktivität zur bloßen Geschäftigkeit werden.

Wir wissen alle, daß es keinen raschen und keinen leichten Weg zur Lösung der deutschen Frage gibt. Berlin bleibt das nächste Glied der Kette.

Der zweite Faktor ist der Wille unseres Volkes hüben und drüben. Es gibt nämlich nicht ein Recht auf Selbstbestimmung, das man einweint, sondern es gibt ein Recht auf Selbstbestimmung, das man sich zur bitteren Pflicht macht und unter harten Mühen zu erstreiten sucht.

Der dritte Faktor ergibt sich aus den weltpolitischen Zusammenhängen und der internationalen Entwicklung, die wir nur bedingt, aber doch ein wenig beeinflussen können.
Es bedarf in aller Welt einer beharrlichen Aufklärung über die menschlichen, rechtlichen und nationalen Aspekte der deutschen Frage. Ich bin überzeugt, daß doch kommen wird, woran viele Leute nicht mehr glauben: das deutsche Volk wird wieder zusammenkommen; es wird ein freies Volk sein; es wird seinen Beitrag leisten zum Frieden und Fortschritt in der Welt; es wird nicht rasten, weil es nicht rosten will; es wird blühen und gedeihen, trotz alledem.
Lassen Sie mich zusammenfassen: Wir leben in einer Zeit des Wandels, außenpolitisch und innenpolitisch. In der Weltpolitik bestehen die Gegensätze fort, und trotzdem versuchen die führenden Mächte, Spielregeln zu finden, um nebeneinander existieren zu können. Sie wollen die Katastrophe vermeiden. Viele der alten Regeln gelten nicht mehr. Neue Formen der Auseinandersetzung deuten sich an. Deutschland ist von diesem Prozeß des Wandels nicht auszuschließen. Die Ära Adenauer ist zu Ende. Was immer ihr folgt, es wird anders aussehen.
Wir dürfen Festigkeit nicht mit Starrheit verwechseln, sonst geraten wir in die Isolierung. Wir dürfen nicht bremsen, sondern wir müssen uns aktiv, positiv und mit eigenen Anregungen in die internationale Meinungsbildung einschalten. Nur so können wir der westlichen Gemeinschaft helfen. Nur so können wir eine Lösung der deutschen Frage vorbereiten helfen. Weiter: Die Bundesrepublik muß alles fördern, was der Einheit Europas dient. Sie muß alles vermeiden, was die atlantische Gemeinschaft, die erst noch weiter entwickelt werden muß, schwächen könnte oder gar zersetzen müßte. Wandlungen vollziehen sich in den beiden Teilen Deutschlands. Die Zone lebt in einem Zustand verzweifelten Drucks. Die Bundesrepublik hat es mit Anpassungsschwierigkeiten an eine veränderte Wirklichkeit zu tun. Die Gefahr für unser Berlin dauert an.
In der schwierigen Situation, in der sich unser Volk befindet, kommt es im Innern darauf an, das Gemeinsame über das Trennende zu stellen.
Wir haben uns nicht nur mit unserer Geschichte auszusöhnen; wir haben sichtbar zu machen, was sich, ohne daß es die meisten merken, bereits zu vollziehen beginnt.
Es gibt heute in einigen außenpolitischen Fragen andere und breitere Grundlagen, als sie der gegenwärtigen Regierungsmehrheit entsprechen.
Es gibt für wichtige, bisher vernachlässigte Gemeinschaftsaufgaben im Interesse unserer Jugend und unserer Alten, für die soziale und kulturelle Untermauerung unserer Demokratie, Mehrheiten, die nicht den heutigen parlamentarischen Gegebenheiten entsprechen.

Es gibt Strömungen und Gruppierungen in unserm Volk, die sich ebenso an den Notwendigkeiten orientieren wollen, wie unsere Sozialdemokratische Partei.
Diese Partei aber ist nicht ein kritischer und drängender, sondern auch ein stabilisierender und mitgestaltender Faktor der Bundesrepublik. Sie ist verantwortungsbewußt und bereit, Verantwortung zu tragen. Sie drängt nach vorn. Sie bleibt nicht stehen. Und sie wird die weitergesteckten Ziele erreichen.
Es gibt für mich keinen Zweifel, daß die sachlich fundierten und sachlich gebotenen Mehrheiten auch im Parlament, auch in der Regierung der Bundesrepublik Deutschland abzulesen sein werden.
Unser Volk ist leider nicht offen genug unterrichtet worden über die Schwierigkeiten, die vor ihm liegen. Wir müssen deshalb von dieser Stelle aus nicht nur angenehme Wahrheiten sagen. Das müssen wir auch tun, und das können wir tun. Aber nur mit dem Volk, mit seiner aktiven Unterstützung, mit seinem Verantwortungsbewußtsein und mit seiner Bereitschaft, zusammenzustehen und auch Opfer zu bringen, werden wir die Schwierigkeiten überwinden, die vor uns liegen.
Vor uns liegt wahrlich harte Arbeit. Die wollen wir leisten, gemeinsam mit allen, die zur Zusammenarbeit bereit und fähig sind. Nur so wird Deutschland leben. Und Deutschland *wird* leben.

Aus: *Vorstand der SPD (Hrsg.): Protokoll der Verhandlungen und Anträge vom Parteitag der Sozialdemokratischen Partei Deutschlands in Köln, 26. bis 30. Mai 1962, Hannover/Bonn 1962, S. 56–86*

An morgen denken!

Rede vom 16. Februar 1964

Ein Wort von Kurt Schumacher zuvor: „Wir sind nicht konservativ, weder gegenüber Ideen noch Personen. Die Tatsache, daß unsere große politische Linie durch die Geschichte gerechtfertigt worden ist, trübt uns nicht den Blick dafür, daß wir vieles neu erkennen und mit vielen neuen Mitteln kämpfen müssen."

Diese Sätze wurden im Oktober 1945 in Hannover gesprochen. Das war und ist der Geist der Erneuerung.

Gemeinsam mit Ihnen allen, liebe Freunde, hat der neu gewählte Vorsitzende festzustellen, wo wir in diesem Jahr 1964 stehen: Ein volles Jahrhundert nach der Begründung der deutschen Sozialdemokratie, im fünfzigsten Jahr nach dem Ausbruch des ersten Weltkrieges, im fünfzehnten Jahr nach dem Entstehen der Bundesrepublik, im fünften Jahr nach dem Godesberger Programm. Wo stehen die Deutschen in dieser sich so rasch wandelnden Welt? Wo stehen die Deutschen und ihre Sozialdemokraten in diesem unserem Staat, um dessen freiheitliche und moderne Gestaltung wir täglich ringen?

Meine erste Antwort lautet: Diese unsere Bundesrepublik darf nicht der Selbstzufriedenheit verfallen. Dieser Ruf gilt allen, auch und gerade den deutschen Sozialdemokraten. Denn sie haben als Teil der deutschen Geschichte immer wieder gezeigt, daß sie zu kämpfen und zu opfern bereit sind für dieses Volk und seine Freiheit, für die Gerechtigkeit in diesem Lande und für das hohe Ziel des Friedens in der Welt.

Dieser Kampf ist nicht zu Ende, nicht für unser Volk und nicht für unsere Partei.

Das Gesicht dieser Welt wandelt sich jetzt im Laufe einer Generation rascher als früher im Lauf von Jahrhunderten. Überall sehen wir die Kräfte, die ihre Völker dahin bringen wollen, sich für die Welt von morgen zu rüsten. Jeden Tag kracht es aber auch im Gefüge der alten Ordnungen, und gleichzeitig weht über die Kontinente und die Ozeane hinweg der heiße Atem unblutiger Revolutionen. Wer das nicht spürt, der taugt nicht zur politischen Führung.

Diese unsere Partei hat die Zeichen der Zeit erkannt, früher erkannt als manche anderen, die heute kurzatmig der Entwicklung hinterherlaufen. Die älteste Partei Deutschlands ist zugleich die modernste.

Die geistigen und die moralischen Antriebskräfte unserer Vorväter sind in uns lebendig, und dabei stehen wir doch mit beiden Beinen in unserer Zeit.

Fast 700 000 Sozialdemokraten im freien Teil Deutschlands vertreten wir

hier miteinander. Aber 700 000 andere Sozialdemokraten sind ausgesperrt – denn so viele waren es, bevor sie geschluckt wurden –: es sind die Freunde in Magdeburg und in Leipzig, in Halle und in Rostock, in den deutschen Landen jenseits von Mauer und Stacheldraht. Sie, die Bedrängten und die Verfolgten, warten auf uns. Und wir grüßen alle hinter den grünen Kämmen von Harz und Thüringer Wald, hinter Elbe und Werra. Ihnen sagen wir: Dies ist der Parteitag der unteilbaren deutschen Sozialdemokraten.
Jeder, der an der Spitze dieser Partei stand, hatte sie in seiner Zeit zu führen. Das gilt auch heute. Ich bin mir der Tradition bewußt und der Aufgabe. Aber kein einzelner kann allein aus sich heraus und allein auf sich gestellt leisten, was uns gemeinsam aufgetragen ist. Ohne das Mitdenken und Mithandeln der ganzen Gemeinschaft geht es nicht.
Wir haben in diesen Jahren den neuen Stil der großen, nach vorn strebenden Volkspartei entwickelt. Um den Wandel hin zur politischen Aktionspartei war lange vor uns gerungen worden. Wir haben jedenfalls nicht vergessen, woher wir kommen, wer wir sind, wer uns trägt. Damit unser Volk in Bewegung kommt, damit wir unser Volk in Bewegung bekommen und nach vorn führen können, müssen wir selbst in Bewegung bleiben.
Im vergangenen Jahr haben wir uns an die vier Generationen deutscher Sozialdemokraten erinnert, die ein wesentliches Stück deutscher Geschichte verkörpern. Wir sind der Publizistik dankbar dafür, daß sie den geschichtlichen Zusammenhang deutlich gemacht hat. Die große Mehrheit unseres Volkes hat 1963 zur Kenntnis genommen, daß die SPD 100 Jahre alt ist. Mehr Menschen wissen heute, was die SPD ist, nämlich die große Friedens- und Freiheitspartei des deutschen Volkes.
Ferdinand Lassalle und August Bebel, Friedrich Ebert und Otto Wels sind unverlierbare Namen im Leben unseres Volkes, Namen, auf die wir stolz bleiben, weil sie zu den besten deutschen Traditionen gehören. Phantasie, Mut, Hingabe, Treue, Dienst an der Gemeinschaft – das sind die Begriffe, die sich mit diesen Namen verbinden, und es sind Begriffe, die groß geschrieben werden müssen in Deutschland.
Kurt Schumacher und Erich Ollenhauer haben die aus Kümmernis und Bitterkeit wiedererstandene, erneuerte Partei geführt – mit aufrüttelnder Leidenschaft und in ausgleichender Sachlichkeit. Der Weg von Lassalle nach Godesberg war ein folgerichtiger Weg. Wir lassen uns freilich nicht vorschreiben, was wir zu lesen und wie wir zu denken haben. Es ist ein Treppenwitz der Ideengeschichte, daß in einer Zeit, da die Gedanken der sozialistischen Klassiker von jeder ernst zu nehmenden Sozialwissenschaft aufgenommen und weiterentwickelt worden sind, daß in der gleichen Zeit Menschen kommen und uns einreden wollen, die Schöpfer dieser Gedanken seien immer noch ein Bürgerschreck. Aber Marx und Engels sind nicht die Partei. In der

langen Geschichte dieser Partei und ihrer geistigen Auseinandersetzung gibt es allerdings kaum noch einen denkenswerten Gedanken, der nicht mindestens schon einmal gedacht worden und nachzulesen ist. Unsere Geschichte und die der gemeinsam mit uns gewachsenen Gewerkschaften – deren führende Männer hier nicht nur des Interesses, sondern der Verbundenheit wegen sitzen und denen ich meine Hand bieten darf zu guter, kameradschaftlicher Zusammenarbeit – ist voll von kühnen Versuchen, die Welt zu verbessern und die Gesellschaft zu verändern.

Aber ich möchte von hier aus unserer Jugend, der deutschen Jugend, zurufen: Achtet das Beispiel von Männern wie August Bebel und Georg von Vollmar, Julius Leber und Kurt Schumacher, Ernst Reuter und Erich Ollenhauer! Es erfordert Größe, auch in größter Not zu kämpfen, um die Hoffnungslosigkeit einer gegebenen Lage zu wissen, und dennoch nicht aufzugeben. Wir sind sachlich geworden in dieser Zeit, und kaum jemand wagt über Gefühle zu sprechen. Aber gerade die Jugend, die heutzutage wenig darüber spricht, kann sie nicht leugnen. Was den Menschen zu Außerordentlichem befähigt, was ihn trägt und was ihn mit Kühnheit nach vorn schreiten läßt, das hat es auch in den schwärzesten Kapiteln unserer Geschichte gegeben. Und dieser Geist muß wieder lebendig werden in unserem Volk.

Kühlschränke, Fernsehapparate, Autos gehören zum Alltag. Aber der technische Fortschritt ersetzt nicht das Ringen um ein würdiges Leben, ersetzt nicht die geistige Aufgeschlossenheit unserer Menschen, die wir brauchen, um die Visionen der Zukunft in harter Arbeit zu bewältigen. Ohne Grundüberzeugungen ist das nicht möglich, und ohne das Wissen um die Notwendigkeiten ist es nicht möglich. Dies sind die Orientierungspunkte der Partei.

In diesem Sinne appelliere ich an das kritische Selbstbewußtsein unserer Partei, bitte ich um die Mitarbeit all unserer Mitglieder und Freunde. Ich möchte, daß der Appell von hier hinausgetragen werde in alle Teile der Bundesrepublik. Die Kraft der Partei ist so groß wie die Summe des Willens und der Ideen von uns allen.

Ich kann in dieser mich gewiß bewegenden Stunde nicht sagen, wie ich in allen kommenden, heute noch nicht überschaubaren Situationen handeln und was ich vorschlagen werde. Es wird nicht möglich sein, sich dabei immer ganz genau an die Vorgänger zu halten. Jeder von uns hat sich der Prüfung in der Gegenwart für die Zukunft zu stellen.

Liebe Freunde, die Führung der Partei ist mir nicht aufgezwungen worden. Ich habe sie als Pflicht übernommen und in dem Bewußtsein, daß diese Pflicht hart ist und Härte verlangt. Denn hier geht es um den Dienst für unsere Gemeinschaft, den Dienst für unsere Idee der sozialen Demokratie, den Dienst für unser Land.

Herbert Wehner und Fritz Erler haben sich hier schon kurz geäußert. Ich spreche noch einmal für sie mit und danke dem Parteitag von Herzen für sein Vertrauen. Wir drei sind keine Neulinge in der Verantwortung für die Partei. Keiner von uns hat einen leichten Weg hinter sich, und zusammen repräsentieren wir wohl auch eine gewisse Spannweite politischer Erfahrung. Unsere Aufgaben verpflichten uns zum kameradschaftlichen Zusammenhalten, und das wird uns nicht schwerfallen.
Die beiden stellvertretenden Vorsitzenden werden eine große Verantwortung zu tragen haben. Aber ich sage in vollem Einvernehmen mit ihnen und gestützt auf das Votum des Parteitages: Willy Brandt hat sich nicht pro forma zum Vorsitzenden dieser Partei wählen lassen; sein Mandat erstreckt sich auf die politische Gesamtverantwortung.
Staatsamt und Parteiamt dürfen in der Demokratie kein Gegensatz sein. Sie brauchen nicht zusammenzufallen, aber sie dürfen kein Gegensatz sein. Ich werde es zu einem solchen Gegensatz jedenfalls nicht kommen lassen.
Die Bindung aber zwischen Berlin und der übrigen Bundesrepublik ist durch unsere, durch Ihre heutigen Entscheidungen verstärkt worden.
Das ist gut für die deutsche Sache – ein staatspolitischer Schritt, den andere auch noch begreifen werden.
Liebe Freunde, mein politisches Wirken ist seit nunmehr 17 Jahren und bleibt für die Zeit, die mir gegeben ist, mit der deutschen Schicksalsstadt verbunden. Was wir dort seit den Tagen Ernst Reuters in Kampf und Aufbau gelernt haben, das läßt einen nicht mehr los. Wir haben der äußersten Gefahr ins Auge geschaut und an kritischen Punkten mitgeholfen, die Kriegsgefahr abzuwenden. Wir haben den Fuß in die Tür gesetzt und zuweilen ein Stück deutscher Aktion mitgestaltet. Und dabei wird es auch bleiben.
Mit anderen Worten: Was der Lübecker Junge, der im skandinavischen Norden in die Lehre ging, von Berlin her hier einzubringen hat, das ist die Bewährung, der er sich dort stellt, wo es im freien Teil Deutschlands am schwierigsten ist.
Ich bin für viel Lebendigkeit in unseren Reihen. Aber ich werde die Einheit der Partei hüten wie meinen Augapfel.
Die Kontinuität der Grundzüge unserer Politik gibt es nicht erst seit Godesberg und Hannover. Aber was für den jeweils nächsten Abschnitt beschlossen wird, das bestimmt die Aktion. Wollen wir es bitte so miteinander halten, daß wir offen diskutieren und geschlossen handeln.
Darauf werde ich in jedem Fall bestehen; denn das entspricht unserer Rolle in diesem Land. Jeder ist eingeladen, hier und draußen, mit alten und neuen Kräften mitzutun. Wir müssen froh sein über jeden, der uns dabei hilft, in Zukunft mehr Verantwortung tragen zu können.

Der Parteitag hat mich beauftragt, die politische Führung des Wahlkampfes 1965 zu übernehmen. Gemeinsam mit den Vorständen der Partei und der Bundestagsfraktion werde ich bereits in den nächsten Tagen und Wochen eine Reihe der dafür notwendigen Entscheidungen treffen. Das Ziel für 1965: Die SPD wird die stärkste Partei werden.
Sie ist die stärkste Mitgliederpartei in der Bundesrepublik. Sie wird die stärkste Wählerpartei in der Bundesrepublik werden. Die nächste Bundesregierung – auch das gehört zu dem Ziel – wird weder gegen noch ohne die deutschen Sozialdemokraten gebildet werden.
In Karlsruhe schon im November, werden wir unser Regierungsprogramm bekanntgeben. In Karlsruhe auch werden wir eine Regierungsmannschaft, die sozialdemokratische Regierungsmannschaft, vorstellen. Die zentrale Wahlkampfleitung besteht aus den drei Vorsitzenden und dem Schatzmeister unserer Partei, unserem Alfred Nau, der eine so unersetzliche und entscheidend wichtige Rolle im Zusammenhang mit den drei Vorsitzenden zu spielen hat.
Liebe Freunde, dieser Außerordentliche Parteitag hat seine Berechtigung und seine Bedeutung nicht nur als Wahlkörper, was wichtig genug wäre. Nein, dieser Parteitag hat seine zusätzliche Berechtigung und Bedeutung darin, daß er der Start einer neuen politischen Offensive ist.
Zunächst haben wir uns auf die sechs Gemeindewahlen dieses Jahres zu konzentrieren. Die in Bayern stehen kurz bevor. Dann folgt die Auseinandersetzung, wer in Baden-Württemberg im Lande führen wird. Ohne Überheblichkeit können wir uns auf vorbildliche Leistungen in den Ländern und Gemeinden berufen. Es hat sich beispielsweise längst herumgesprochen, daß die bei weitem größte Zahl der Oberbürgermeister in der Bundesrepublik, viele Bürgermeister und viele Landräte zur Sozialdemokratischen Partei Deutschlands gehören. Aber nichts ist so gut, als daß es nicht noch besser werden könnte.
Für die Arbeit der Partei will ich drei wichtige Vorhaben ankündigen:
1. Beim Parteivorstand schaffen wir ein einheitliches Referat für Arbeitnehmerfragen. Dadurch werden wir uns noch besser als bisher über die gewerkschaftlichen Sorgen und Vorstellungen unterrichten und den Kontakt mit unseren Freunden in den Betrieben verstärken können.
2. Der Parteivorstand hat beschlossen, einen besonders qualifizierten Beirat für unsere politische Bildungsarbeit zu berufen. Neben der Öffentlichkeitsarbeit wollen wir also diesem Sektor unsere besondere Aufmerksamkeit widmen.
3. Bis Ende dieses Jahres wollen wir 50 000 neue Mitglieder für die SPD werben.

Ich möchte an dieser Stelle den vielen Vertrauensleuten draußen im Lande

danken, den viel verlästerten Funktionären, die jeder auf seine Weise unserer Gemeinschaft dienen und sich darin durch keinerlei snobistisches Geschwätz beirren lassen.
Hier und da schreibt man jetzt nicht mehr so viel über die Funktionäre, sondern statt dessen herablassend über das „Fußvolk", und man vergißt dabei, daß wir vor gar nicht so langer Zeit alle miteinander zu Fuß gegangen sind. Unsere Füße mußten uns zuweilen weit tragen. Wer über das Fußvolk spottet, der gleicht dem Hochmütigen, der leicht fallen kann.
Wir werden uns auch um Formen bemühen, in denen Nichtmitgliedern eine Mitarbeit möglich gemacht wird. Politische Bindung ist aus unserer Sicht eine ehrenvolle Sache für den Bürger in der Demokratie. Wir respektieren jedoch jeden, der die unmittelbare parteimäßige Bindung scheut.
Und nun wieder an die Adresse der Partei selbst: Das Versprechen der Parteiführung, sich nicht zu schonen – und das kann ich hier gewiß abgeben –, kann nicht bedeuten, daß andere sich für uns schonen könnten.
Die Verantwortung oben kann nicht die Verantwortung jedes einzelnen Mitstreiters ersetzen. Die Kraftanstrengung oben muß getragen sein von einer Kraftanstrengung der vielen Mitstreiter in unserer Partei. Dann wird niemand unseren Vormarsch aufhalten und unseren entscheidenden Durchbruch im Bund verhindern können.
Für uns lautet die Frage nicht – das hat ein anderer auf einen anderen Zusammenhang angewendet, aber in diesem Fall darf man es übernehmen –: Was kann die Partei für dich tun? Sie lautet: Was kannst du für die Gemeinschaft tun?
Ich habe nicht vor, hier eine im engeren Sinne tagespolitische Auseinandersetzung zu führen. Aber an sich wäre es an der Zeit, die alt-neue oder neualte Bundesregierung sehr kritisch unter die Lupe zu nehmen.[43] Wir haben schöne Erklärungen gehört. Wir haben darin vieles wiedergefunden, was uns ein bißchen früher eingefallen war.
Wir haben uns darüber nicht geärgert. Denn erstens gibt es in der Politik keine Urheberrechte, und zweitens kann es von Vorteil sein, wenn man sich in den Worten und sogar in der Sache oder in verschiedenen Sachen weithin einig ist. Dann kann um so besser und um so nutzbringender darüber gestritten werden, wann was wie gemacht werden soll.
Es wird der Bundesregierung nicht erspart bleiben, sich an ihren Taten messen zu lassen. Wir bleiben fair, aber in der sachlichen Kritik werden wir nicht zart, sondern müssen wir deutlich sein.
Man hatte uns gesagt, die Innenpolitik würde größer geschrieben, würde wichtiger genommen werden nach dem Kanzlerwechsel im vergangenen Herbst. Heute ist leider zu sagen: An der Vernachlässigung der innenpolitischen Aufgaben hat sich nichts geändert. Die Dinge kommen in Bonn nicht

vom Tisch. Es bewegt sich nichts. Im ganzen vorigen Jahr war nicht viel mehr verabschiedet worden als ein umstrittenes Mietengesetz und ein vergrämter Bundeskanzler.[44]

Die Regierung der CDU und FDP war getrieben oder ließ sich treiben bei den Kriegsopferrenten, beim Sozialpaket, bei den Brüsseler Entscheidungen um die Landwirtschaft. Aber die in der Sache gescheiterten Minister bleiben sitzen, als ob nichts passiert wäre. Der Verfassungsminister wird zum Objekt der Karikatur, und die diversen Affären werden selten so erledigt, daß dem deutschen Namen Schaden erspart bleibt.

Was sich Strauß vor wenigen Tagen in Vilshofen geleistet hat, das war ein besonders starkes Stück. Ich meine seine ungeheuerliche Aufforderung, die ihm nicht genehmen Schriftsteller sollten auswandern.[45]

Das haben wir doch schon mal gehört!

Ich sage: das geistige Deutschland, mit dem wir uns solidarisieren, verbittet sich diesen Ton.

So geht es nicht! Wir Deutschen sind immer noch stolz, daß man uns das Volk der Dichter und Denker genannt hat. Wir mögen uns alle einmal ärgern über Dinge, die geschrieben werden. Aber ein Staat, der seine Schriftsteller und seine Künstler nicht ertrüge, ein solcher Staat hätte Schlagseite.

Strauß ist allerdings nicht Deutschland.

Strauß ist Gott sei Dank auch nicht Bayern.

Und ich füge im Sinne unserer bayerischen Freunde hinzu – wenn auch in einem ganz anderen Zusammenhang –: auch Bonn für sich allein ist nicht Deutschland.

Wir müssen vielmehr in fairer und wirksamer Weise alle Kräfte zusammenfassen, die in Gemeinden, in Ländern und im Bund vorhanden sind.

Wir haben es heute mit drei Parteien zu tun. Zwei davon sind annähernd gleich groß. Unser Verhältnis zur CDU/CSU hat also eine besondere staatspolitische Bedeutung. Viele meinen und manche wollen, daß eine Koalition von CDU und FDP im Bund als naturgegeben angesehen wird. Wir wollen es anders. Wir meinen, im Bund wie in den Ländern müssen die Parteien frei werden, miteinander arbeiten zu können. Ich rede hier allerdings nicht über konkrete Koalitionsfragen. Wir haben Wahlen zu gewinnen. Unsere Erfahrungen in den Ländern zeigen, daß sich dann leichter reden läßt.

Wer gemeint hat, wir wollten die CDU umarmen, bis ihr die Luft ausgehe, der hat geirrt. Warum sollten wir das auch? Man umarmt aus Liebe oder aus Feindseligkeit. Aus unserer Sicht haben die Unionsdemokraten beides nicht verdient.

Zuweilen können sie einem leid tun, seit Konrad Adenauer als Kanzler gehen mußte.

Mir ist nicht nach überflüssiger Polemik zumute. Wir bleiben für ein Höchstmaß an Gemeinsamkeit in den großen Fragen. Die neue Bundesregierung hat ähnliches gesagt. Wir nehmen sie beim Wort. Wir wollen keinen unnützen oder gar vergifteten Parteienkampf. Gemeinsamkeit ist für uns nie eine Parteiparole gewesen.

Man sagt, wir hätten es in der Ära Adenauer leichter gehabt. Richtig ist, auf den innenpolitischen Gegner bezogen, daß es damals so etwas gab wie eine Union der festen Hand. Heute weiß in der Union oft die eine Hand nicht, was die andere tut. Von der Geschlossenheit der Union könnte nicht einmal der sprechen, der sie mit den Augen einer besonderen Liebe betrachtet. Die Union hat sich wohl doch übernommen. Der Schwung ist ihr abhanden gekommen. Ihre Sprecher sagen heute auf dem Lande etwas anderes als in der Stadt, und auch damit werden sie keine politischen Erbhöfe halten. Wer heute die Union wählt, der weiß nicht, was er wählt. Niemand weiß heute, wer die Union führt. Niemand weiß heute, wer für die Union spricht. Die jeden Tag auftretenden Gegensätze sind bedingt durch Interessengruppen und durch Personeninteressen. Außerdem liegen die Leute, die glauben, die Welt verändere sich nicht, mit denen in Streit, die mit Recht fürchten, die Welt werde nicht der CDU wegen stillstehen bleiben.

Jetzt kommt es aber darauf an, daß die Wahrheit gesehen und gesagt wird über unsere deutsche Wirklichkeit. Daß wir nicht nur die Vergangenheit bewältigen, sondern auch die nächste Zukunft. Daß unseren Menschen gesagt wird, was von ihnen zu fordern ist.

Hinter uns liegt ein stolzes Aufbauwerk. Aber in weiten Bereichen sind wir trotzdem notleidend. Nicht nur ist der Wohlstand allzu ungleich verteilt. Nicht nur stört der Abstand zwischen Großen und Kleinen, zwischen Starken und Schwachen. Nein, wir werden nachgerade mit der Nase gestoßen auf den Widerspruch zwischen privatem Wohlstand und öffentlicher Armut.

Die Bundeswehr belehrt uns über den unerfreulichen Bildungsstand vieler unserer jungen Menschen. Der Bildungsnotstand – von dem sich die Leistungen in den sozialdemokratisch regierten Ländern vorteilhaft abheben – wird nicht zu Unrecht „das Dunkel der pädagogischen Provinz" genannt. Auch das Lehrlingsproblem und die Ausbildung von Fachkräften im akademischen Bereich geben Anlaß zu ernster Sorge. Über diese Dinge muß offen gesprochen werden. Hier darf kein Blatt vor den Mund genommen werden.

Die Bundeswehr belehrt uns auch über den unerfreulichen Gesundheitszustand vieler unserer jungen Menschen. Bei den älteren ist es noch besorgniserregender. Es geschieht eben auch immer noch viel zu wenig im Kampf gegen den Krebs und gegen den Herzinfarkt.

Übrigens – wenn ich das am Rande sagen darf – ist es auch keine beneidens-

werte Situation, wenn man als Deutscher um Goldmedaillen bangen muß. Gewiß, wir sind gegenüber dem Staatssport gewisser Länder bei Spitzenbegegnungen im Nachteil. Aber wir wissen doch auch, daß es letzten Endes auf die breite Basis des Massensports ankommt, und daß es auf das Turnen und den Sport in den Schulen aller Stufen ankommt, sowohl für die Volksgesundheit wie für die Auslese bei internationalen Begegnungen. Dazu wollen wir Sozialdemokraten in aller Bescheidenheit unseren Beitrag leisten.
Die öffentliche Armut, von der ich sprach, tritt zutage, wenn man die Ziffern sieht für den Nachholbedarf bei den Schulen und Krankenhäusern, bei den Wohnungen und Straßen. Diese Wahrheiten müssen hinausgelangen, auch wenn sie manchem bitter schmecken. Hier wird klar, was alles vor uns liegt, warum wir nicht müde werden dürfen, warum wir uns neue Ziele zu setzen haben.
Auch über die wirtschaftlichen Entwicklungen wird offener und wahrhaftiger gesprochen werden müssen. In den letzten Monaten haben wir, um ein wichtiges Beispiel zu nennen, etliche wesentliche Preissteigerungen zu verzeichnen. Die Verbraucher, vor allem die Hausfrauen, sind darüber beunruhigt. Sicherlich haben sich die preissteigenden Tendenzen in einigen anderen westeuropäischen Ländern ausgewirkt. Aber wir meinen, daß man auch den Gefahren der sogenannten „importierten Inflation" nicht tatenlos zusehen darf.
Zugleich muß mit Nachdruck betont werden: Diese Preissteigerungen bei uns waren nicht auf Lohnerhöhungen zurückzuführen.
Um so unerträglicher ist es, wenn maßgebende Vertreter der Bundesregierung so tun, als gäbe es keine öffentliche Verantwortung für die Preisgestaltung.
Ein anderes Beispiel: Den deutschen Bauern ist nicht geholfen, wenn man ihnen verschweigt, was auf sie und auf uns alle zukommt.
Man soll die Wahrheit sagen und man soll dauerhaft helfen.
Aber man soll die Menschen auf dem Lande nicht mit mehr oder weniger schönen Reden einnebeln.
Man soll aber auch nicht an der falschen Stelle den Zeigefinger erheben. Nichts hat mich mehr empört in den letzten Monaten als das Wort aus dem Kanzleramt, daß wir im Begriff seien, zum faulsten Volk der Welt zu werden.[46] Das war unbedacht und das war ungerecht. Natürlich gibt es schwache Punkte. Aber so darf man nicht reden zu den Menschen, die dieses Deutschland wieder aufgebaut haben aus Schutt und Asche.

Liebe Freunde, wir haben uns vorgenommen, für dieses Jahr 1964 mehrere konkrete Arbeitsprogramme zu unterbreiten:
1. Wir werden die Beratungen über unsere Leitsätze zur Gemeinschaftsauf-

gabe Volksbildung abschließen. Aufstieg durch Bildung wird bei uns groß geschrieben.

2. Wir werden ein wirkliches Sozialpaket zusammenschnüren, das finanziell zu verantworten ist und in dem gute Antworten gegeben werden auf die Sorge um die Gesundheit und auf die Verantwortung gegenüber den Alten.
3. Nachdem unsere Bundestagsfraktion das wegweisende Dritte Wohnungsbaugesetz eingebracht hat, werden wir nachstoßen mit unseren Vorschlägen für die Stadterneuerung, für den rascheren Ausbau der Verkehrswege, für Raumordnung und Regionalplanung.
4. Nachdem wir uns verbindlich geäußert haben zu den Fragen der wirtschaftlichen Ausdehnung, der währungsmäßigen Stabilität und der Reform unserer öffentlichen Finanzen, werden wir unsere Vorschläge erarbeiten und unterbreiten zum Schutz der Verbraucher und der Sparer, über die Anpassung der Landwirtschaft, für die Sicherung der Mittelschichten gegen den vielfach gnadenlosen Druck der wirtschaftlichen Mammutgebilde.

An morgen denken, das heißt heute planen und heute entscheiden. Wir werden uns mehr der eigenen Arbeit widmen als der Kritik an anderen. Unsere sozialdemokratische Politik bedeutet so wenig oder so viel, wie sie in der Auseinandersetzung um die deutschen Notwendigkeiten durchzusetzen vermag. „Wir deutschen Sozialdemokraten sind nicht britisch und nicht russisch, nicht amerikanisch und nicht französisch; wir sind die Vertreter der deutschen Nation."

Es ist, als ob dieser Satz Kurt Schumachers aus dem Jahre 1945 eine neue Aktualität gewonnen hätte. Die Sozialdemokratie macht eine Politik für *ganz* Deutschland, auch wenn sie diese Politik heute nur in der Bundesrepublik frei vertreten kann. Voraussetzung jeder gesamtdeutschen Politik ist eine blühende Bundesrepublik. Aber eine blühende Bundesrepublik soll auch den von uns getrennten Landsleuten zugute kommen. Es wird Zeit, daß wir uns in diesem Land darauf besinnen: Das Recht auf Selbstbestimmung der Deutschen verlangt politische Aktion, wenn es nicht zu einer blutleeren Formel werden soll, hinter der sich das Warten auf Wunder verbirgt.

„Wir haben keine Politik der Chinesischen Mauer nötig", so sagte ich selber im November 1960 in Hannover. Das gilt heute wie damals. Die Passierscheinübereinkunft war das praktische Ergebnis von unveränderten Grundsätzen.[47] Wenn wir von unseren Brüdern und Schwestern drüben reden, so meinen wir das auch.

Wenn wir sagen, es soll alles geschehen, um die besonders unmenschlichen Auswirkungen der Mauer zu mildern, dann meinen wir das auch. Wenn andere sagen, sie würden über vieles mit sich reden lassen, wenn damit den

Menschen zu helfen wäre, dann müssen sie zu dem gleichen Ergebnis kommen, oder sie bleiben im luftleeren Raum.
Ein gewaltiger mitmenschlicher Vorgang hat sich zu Weihnachten und zu Neujahr in Berlin abgespielt. Über diesen Erfolg der deutschen Politik – Politik im eigentlichen Sinne des Dienstes an den Menschen – ist viel gesprochen und geschrieben worden. Jetzt geht es darum, in zähen Verhandlungen, auch wenn sie noch so lange dauern sollten, weitere Erleichterungen zu erringen.
Mehr will ich dazu heute absichtlich nicht sagen.
Im übrigen wird es weder den Ulbricht-Leuten noch gewissen Heckenschützen aus anderer Himmelsrichtung gelingen, die führenden Männer der SPD auseinanderzudividieren.[48]
Man muß uns nicht erzählen, was Kommunismus ist. Die Sozialdemokratie hat auf diesem Gebiet mehr Erfahrungen als manche, die sich besonders klug vorkommen. Wir haben unsere Erfahrungen gewiß nicht umsonst gemacht.
Wenn es um die Lösung praktischer Fragen ging, dann hat man bisher schon mit den Verwaltern der Macht im besetzten Teil unseres Vaterlandes gesprochen. Jetzt geht es um Menschen. Aber richtig bleibt: man kann nicht mit den Kommunisten paktieren. Der Kampf um Berlin unter unserer Führung wurde mit dem Ziel der Freiheit und nicht mit dem Ziel der Kapitulation geführt.
Dieser Geist wird in dieser Partei lebendig und unzerstörbar bleiben.
Jede sinnvolle deutsche Außenpolitik wird, wie die Dinge in der Welt liegen, sinnlos ohne die Stärke des Westens. Ständige Anstrengungen im Zusammenwirken mit unseren Verbündeten sind nötig, um die militärische Sicherheit zu erhalten, ohne die es keine Politik gibt, die nicht in Erpressung oder in Kapitulation endet. Aber umgekehrt ist die militärische Sicherung kein Selbstzweck, sondern sie ist die Basis, von der aus wir gemeinsam mit anderen die Strategie des Friedens entwickeln wollen.
In die Weltpolitik ist Bewegung geraten. Es gibt eine sich verstärkende Vielfalt innerhalb der Blöcke. Die Auseinandersetzung zwischen Moskau und Peking hat ein welthistorisches Maß. Rassen- und Nationalitätenfragen durchdringen und überschatten zuweilen sogar noch diese Tendenzen. Aus dem verstärkten Pluralismus wird wohl oder übel auch die deutsche Politik Folgerungen ziehen müssen.
Leider müssen wir feststellen: Die Europapolitik ist notleidend. Die Vorstellung, daß die Nation vor und über Europa stehe, feiert Triumphe. Und der deutsche Michel reibt sich erstaunt die Augen und fragt, was aus seiner Nation wird, wo er doch gerade Europäer werden wollte.
Die deutsche Außenpolitik muß sich sperren gegen alles, was die auseinan-

derstrebenden Tendenzen weiter verstärken würde. Das Ziel bleibt klar: Europa als ebenbürtiger Partner der Vereinigten Staaten, die unser erster Verbündeter sind und bleiben.
Die sozialdemokratischen Forderungen für Europa, für die atlantische Partnerschaft, für weltweite Zusammenarbeit und Sicherung des Friedens werden in diesem Jahr weiterentwickelt und neu zusammengefaßt werden. Und das alles ist einzubauen in eine Politik, die sich vor den Kommunisten nicht fürchtet, weil sie sie kennt; in eine Politik des Vertrauens in die eigene Kraft und in die Verläßlichkeit unserer Freunde.
Es ist an der Zeit, an Gesamteuropa zu denken. Dieses Wort Kennedys in Berlin ist für mich unvergessen. Auch hierzu, zu einem über die Spaltung hinausreichenden konstruktiven Programm, werden wir unseren Beitrag leisten. Der Geist der trotz allem nicht erfolglosen westeuropäischen Zusammenarbeit wird auf das deutsch-slawische Verhältnis und auf das Zusammenleben der Donauvölker und des Lebens mit ihnen anzuwenden sein. Zu einer Friedensregelung für unseren Kontinent gehört die Anhebung des osteuropäischen Lebensstandards auf das Niveau Westeuropas.
Dieses unser Volk der europäischen Mitte kann nicht für alle Zeiten in Angst, in Feindschaft oder sogar in Haß gegenüber seien östlichen Nachbarn leben. Das ist nicht gut für den Frieden, das ist nicht gut für das Selbstbestimmungsrecht. Wenn ich das sage, dann weiß ich, so denkt die große Mehrheit der Deutschen und gerade auch der heimatvertriebenen Landsleute.
Wir haben einen weiten Weg vor uns. Wir können ihn nur gehen, wenn wir wissen, wer unsere Freunde sind. Und wenn unsere Freunde wissen, daß sie sich auf uns verlassen können. Es geht um eine Politik des Ausgleichs, wie Kurt Schumacher gesagt hat, und um eine Ordnung des Gleichgewichts in diesem Europa, die nicht wirklich erreicht werden wird, solange dieses Volk gegen seinen Willen geteilt bleibt.
Wenn es tiefe Meinungsverschiedenheiten gäbe, dann könnte und dürfte man sie nicht verkleistern. Ich glaube, es gibt sie heute nicht. Wenn es sie gäbe, dann sähe ich noch ganz andere Stürme durch das deutsche Haus fegen, als sie der Außenminister ohnehin nahe fühlt. Ich hoffe zuversichtlich, daß wir auf allen Seiten der deutschen Politik die Verantwortung spüren, die jeder von uns hat, um unserem Volk zu ersparen, was ihm erspart werden muß.
Nun noch dies: Man kann, wenn man sich auf das einstellt, was vor uns liegt, das Jahr 2000 im Auge haben, aber das ist doch noch weit weg. Wir haben uns jetzt zu konzentrieren auf die Zeit bis 1975. Das ist keine lange Zeit. Wie schnell sind die Jahre seit 1955 vergangen!
Für unser Volk ist 1975 morgen, und an morgen müssen wir denken. Welche Probleme werden wir dann zu lösen haben? Bei unseren großen Treffen in Berlin und in Hamburg haben wir davon gesprochen. Das kann hier nicht im

einzelnen wiederholt werden. Aber doch ein paar Hinweise. 1975 werden in Deutschland wesentlich mehr Menschen leben, Millionen mehr junge Menschen und Millionen mehr alte Menschen. Die Zahl derer nimmt ständig zu, die nicht in der Produktion arbeiten, sondern im Handel, im Verkehr, in der Verwaltung und in vielfältigen Dienstleistungsbetrieben. Die Grenze zwischen Arbeitern, Angestellten und Technikern wird immer fließender werden. Die Entwicklung hin zum weißen Kittel ist unaufhaltsam. Ich glaube, niemand von uns wird der Zeit nachtrauern, als die Unterschiede zwischen Arbeitern und Angestellten noch geradezu kultiviert wurden.

1975 werden weniger Menschen in die Fabriken und mehr Menschen in die Schulen gehen. Die Zahl unserer Studenten wird doppelt so hoch sein müssen wie heute. Wir werden das zehnte Schuljahr haben. Und wir werden in neuen und neuartigen Ingenieurschulen die Menschen ausbilden, die Gesellschaft und Industrie dringend brauchen. 1975 wird sich der Verbrauch an Energie verdreifacht haben. Die Chemie wird uns noch ganz neue Werkstoffe liefern. Wir werden in 90 Minuten – in anderthalb Stunden! – den Atlantik überqueren.

Bis 1975 werden wir mindestens 4 Millionen zusätzlicher Wohnungen in Westdeutschland brauchen. Eine Fülle neuer Probleme für die Städte und für die einzelnen zeichnet sich schon deutlich ab.

Das sind nur knappe Andeutungen. Sie sagen noch gar nichts aus über die geistigen Umwälzungen, die im Gange sind. Aber sie haben mit dem zu tun, was wir hier in Bad Godesberg 1959 gesagt haben: Das sei der Widerspruch unserer Zeit, daß der gleiche Mensch, der sich vor den Kräften fürchtet, die er selbst beschwor, auch die Hoffnung nährt, zum erstenmal in seiner Geschichte ein Leben ohne Not und Furcht zu gestalten.

Wir gewinnen täglich eine klarere Vorstellung darüber, wie die Welt, wie Deutschland 1975 aussehen wird. Und daran wollen wir uns orientieren. Der Wettlauf mit der Zukunft hat bereits begonnen. Unser Volk soll wissen: Diesem Wettlauf können wir nicht ausweichen, wir müssen ihn gewinnen.

Unser Volk muß immun werden gegen das Gift der Selbstgenügsamkeit. Mit der Einstellung, es werde schon alles gut gehen, kommen wir nicht weiter. Es mag nicht billiger Popularität entsprechen, aber es ist nötig, dies zu sagen: Gar nichts wird automatisch gut gehen. Niemand wird uns etwas schenken. Aber mit Energie, mit Intelligenz und mit Idealismus werden wir bestehen.

Es geht um den Mut, den großen Wurf für morgen zu sehen, deutlich zu machen und anzupacken. Die Zukunft unseres Volkes ist nicht durch eine Versicherungspolice zu garantieren oder durch Bequemlichkeit. Die Geschichte akzeptiert kein Pochen auf alte Rechte. Das Recht will jeden Tag neu erworben sein.

Wer angesichts der neuen Horizonte noch glaubt, ohne Vorausschau auskommen zu können, über den wird die Zeit hinweggehen. Der mag ruhig weiter von der Hand in den Mund leben und nur von Tag zu Tag entscheiden. Was die Vereinigten Staaten, was die Sowjetunion, was Frankreich, was England für ihre Existenz, für ihr Leben für notwendig halten, nämlich sorgsame Vorausschau, das werden auch wir zu tun haben. Wir dürfen nicht so überheblich sein, zu sagen, wir hätten das nicht nötig; denn andere werden es nicht für uns tun.

Jeder sollte mittlerweile wissen, daß wir Sozialdemokraten gegen die Zwangswirtschaft sind und auch gegen bürokratisches Hineinregieren in die Betriebe. Aber ich möchte den großen Betrieb sehen, der sich selbst kastriert oder blendet. Wer systematisches Vorausdenken verketzern will, der soll das tun. Wir werden uns nicht beirren lassen. Systematisches Vorausdenken ist nämlich für jedes Land zur bitteren und harten Notwendigkeit geworden.

Die Sozialdemokratische Partei wird die Zusammenarbeit mit der Wissenschaft verstärken. Wir werden den Parteitag in Karlsruhe in einer Denkschrift darlegen lassen, welchen Möglichkeiten und Aufgaben Deutschland im Jahrzehnt von 1965 bis 1975 gegenübersteht. Daran werden wir uns bewähren müssen. Mit Resolutionen allein ist es dann nicht getan; auf das beispielhafte, wegweisende und disziplinierte Handeln wird es dann ankommen.

Viele Hochschullehrer und Forscher stehen heute in unseren Reihen. Wir können uns auch auf Arbeiten von Männern stützen, die nicht unserer Partei angehören. Wir werden unsere Vorschläge zu den Gemeinschaftsaufgaben an den neuesten Erkenntnissen der Wissenschaft messen. Und wir werden sie umgießen in ein handfestes, jedem verständliches Arbeitsprogramm für die nächste Bundesregierung. Zu alledem brauchen wir Mut, Ideen, Zivilcourage und das geistige Wagnis. Wir brauchen eigenwillige Köpfe, auch wenn sie im Einzelfall irren oder über das Ziel hinausschießen. Das ist besser, als wenn nur nachgemurmelt wird, was gerade am häufigsten gesungen wird.

Nicht alles, was neu ist, muß gut sein. Aber auch nicht alles, was schon lange da ist, taugt für immer. Unser ärgster Feind ist die Unbeweglichkeit in Deutschland. Die Sozialdemokratische Partei ist eine kämpferische Partei. Wir werden den Immobilisten auf die eingeschlafenen Füße treten. Wir werden kämpfen, wenn andere aus Sturheit oder Bequemlichkeit nicht einsehen wollen, was im Interesse dieses Volkes nötig ist.

Aber Kampf muß Sinn haben. Es hat keinen Sinn, um Dinge zu streiten, die nicht mehr zu ändern sind. Wir haben uns mit der Wirklichkeit auseinanderzusetzen. Wir haben die Welt so zu sehen, wie sie ist, wie sie sich wandelt und wie sie von uns mitgestaltet werden kann.

Dieses unser Volk muß in den Wandel der Welt einbezogen werden. Seine schlummernden und unverbrauchten Kräfte müssen geweckt werden. Es muß Initiativen entwickeln und muß wissen: Kein unabwendbares Schicksal kommt auf uns zu, sondern wir können es gestalten mit Mut, ich sage noch einmal: mit Mut, mit Kühnheit, mit Einfallsreichtum, mit einem starken Willen, mit klaren Vorstellungen, mit der Liebe zu diesem Land und seinen Menschen hier und drüben.

Jeder einzelne ist aufgerufen, daran mitzutun. Ich sehe die große erregende Aufgabe. Wir haben uns ihr zu stellen und alle in diesem Lande aufzurufen: mithelfen, anpacken, an morgen denken!

Aus: *Vorstand der SPD (Hrsg.): Protokoll der Verhandlungen des Außerordentlichen Parteitages der Sozialdemokratischen Partei Deutschlands in Bad Godesberg, 15. bis 16. Februar 1964, Hannover/Bonn o. J. [1964], S. 45–68*

Die Vorschläge der deutschen Sozialdemokraten zur Erneuerung von Staat, Wirtschaft und Gesellschaft

Rede vom 24. November 1964

Verehrte Gäste! Liebe Freunde! Nur wer diese Welt für die beste aller möglichen hält, vermag sich am Abend zufrieden zur Ruhe zu legen, die nach Heine nicht unbedingt die erste Bürgerpflicht ist. Es sind die schlechtesten Deutschen nicht, die unruhig werden, wenn sie des Nachts an Deutschland denken. Unruhig gerade, wenn sie ins Auge fassen, was uns noch aufgegeben ist. Was wir von uns zu fordern haben. Was wir unserem Volk abverlangen müssen.

Die deutschen Sozialdemokraten sind gemeinsam den Weg von Godesberg über Hannover und Köln hierher nach Karlsruhe gegangen. Wir stehen jetzt vor der Aufgabe, festzulegen, zu entscheiden, was wir für die Bundesrepublik Deutschland für nötig halten. Was wir für möglich halten. Was wir tun wollen und was wir tun werden, wenn wir die Regierung bilden. Wir bauen hier die Plattform, von der aus wir als stärkste Partei in den Bundestag einrücken werden.

Dabei wird deutlich, daß die Sozialdemokraten die Alternative sind. Nicht nur die Alternative bei den Landtags- und Gemeindewahlen und bei den Meinungsbefragungen; da liegen wir gut.

Wovon ich spreche, ist der Inhalt, die Alternative des besseren Programms – und der Fähigkeit, aus dem Text von Entschließungen und Empfehlungen und Planungen lebendige Wirklichkeit werden zu lassen.

Liebe Freunde! Die Unterschiede sind offensichtlich geworden. Ein Jahr hat gereicht, um die Illusion zu beenden, gute Vorsätze könnten eine starke Führung ersetzen; Biederkeit und das, was man Seelenschmalz genannt hat, seien Ersatz für schöpferisches und planvolles Handeln.

Es geht mir nicht darum, die gegenwärtige Koalitionsregierung oder die Unionsparteien herabsetzend anzugreifen. Aber es ist eben dahin gekommen: In bloßen sachlichen Feststellungen dessen, was ist, liegt bereits ein scharfer Angriff.

Die Sozialdemokraten haben der Koalitionsregierung und dem gegenwärtigen Bundeskanzler vor einem Jahr eine faire Chance gegeben. Aber die Chance wurde vertan. Wir haben damals gesagt, über dieses Regierungsprogramm könne man reden. Aber wir haben das nicht so wörtlich gemeint, wie es andere aufgefaßt haben mögen oder jedenfalls praktizieren. Inzwischen ist wirklich fast nur darüber geredet worden. Zum Unterschied von Dr. Adenauer kritisieren wir die gegenwärtige Koalitionsregierung nicht für das, was

sie getan hat. Da können wir dem früheren Bundeskanzler in der Opposition nicht folgen. Wir kritisieren die Regierung für das, was sie unterlassen hat.
Sie muß sich an ihrem eigenen Maßstab messen lassen. Ich habe mich darüber gewundert, daß der gegenwärtige Bundeskanzler im vorigen Herbst so tat, als sei er bis dahin Oppositionsführer gewesen. Manche seiner Forderungen haben wir wie einen lieben Bekannten begrüßt.
Es ist wahr, daß die Regierungserklärung vom vorigen Herbst ein schweres Erbe übernommen hatte: die Versäumnisse der Vergangenheit. Und es schien nach jener Regierungserklärung, als seien wir in der Bundesrepublik ein großes Stück vorangekommen. Vieles von dem, was wir als notwendig bezeichnet hatten, wurde nun auch von den Vertretern, den Beauftragten der Koalitionsparteien als notwendig anerkannt. Die Auseinandersetzung schien sich zu konzentrieren auf das Wie und Wann, auf die Methoden und die Prioritäten; die Auseinandersetzung schien sich also zu normalisieren.
Die damalige Regierungserklärung sagte freilich wenig darüber aus, was noch in dieser Legislaturperiode getan werden sollte. Während andere Regierungen in anderen Ländern die Weichen in den ersten 100 Tagen stellen, haben hier bei uns nicht einmal 365 Tage ausgereicht, um die als dringlich angekündigten Maßnahmen anzupacken. Es ist bei der Aufzählung guter Vorsätze geblieben.
Nicht ohne Reiz wäre es vielleicht, die Geschichte der gegenseitigen Attacken im Bonner Koalitionslager nachzuzeichnen, die immer wieder unterbrochen wurden von Versicherungen der völligen Einigkeit. Dabei geht es auch um persönliche Auseinandersetzungen. Aber das, liebe Freunde, was ein wichtiger Mann der CDU als „Hick-Hack" bezeichnet hat, oder ein anderer als „Hin und her und her und hin", das sind tiefgehende Meinungsverschiedenheiten zum Inhalt der Politik. Zum Teil sind es auch einfach Erscheinungen der Abnutzung und der Erschlaffung. Beteuerungen der wiederhergestellten Einigkeit sind zwar im Dutzend billiger, aber sie werden nicht überzeugender, solange nicht in der Sache entschieden ist. Die einzige Lösung, die ein Mann wie der Stellv. CDU-Vorsitzende von Hassel anzubieten hatte, lautete: „Wir sollten uns nach draußen tarnen, das haben wir bisher noch nicht verstanden." Diesen Satz wird man sich merken müssen.
Liebe Freunde! Wer etwas kitten will, der gibt zu, daß etwas zerbrochen ist. Aber bei der großen Entscheidung im kommenden Jahr geht es nicht darum, wie haltbar Kitt ist. Eine solche Zumutung hat unser Volk nicht verdient. Wer eine Politik aus einem Guß will, der muß etwas Neues wollen. Er muß es wollen, nachdem die Unions- und die Koalitionspolitiker in Bonn sich selbst nur vornehmen, das Alte zu leimen.
Dabei bin ich gespannt, ob die CDU/CSU wieder mit dem Schlachtruf kommt: „Keine Experimente!" und „Weiter wie bisher"! Gerade weil sie

diese ihre eigenen Parolen zu genau genommen hat, befinden wir uns in der heutigen Misere der deutschen Innen- und Außenpolitik. Die Parole „Weiter wie bisher"! ist in unserer Zeit in sich selbst ein gefährliches Experiment. Seit kurzem scheint die CDU entdeckt zu haben, daß es auf dieser Welt nicht nur Vergangenheit und Gegenwart gibt, sondern auch Zukunft. Ich denke an die Plakate bei den Gemeindewahlen. Aber durch die entliehene Vokabel von der Zukunft wird aus der CDU noch keine Stromlinienpartei.[49] Dazu gehört mehr. Aber lassen wir das!

Was brauchen wir? Was braucht unser Volk, unser Land? Ich antworte: Deutschland braucht den Frieden im Innern und nach außen, den Frieden in Deutschland und für Deutschland.

Dieser Friede darf nicht mit Schlafmützigkeit und Bequemlichkeit verwechselt werden. Er kommt auch nicht von allein. Um ihn muß zäh gerungen werden. Dazu muß unserem Volk nicht gesagt werden, was es hören will, sondern was es hören muß. Nämlich dies: Nur durch außergewöhnliche Anstrengungen werden wir nachholen können, was versäumt worden ist. Nur durch eine Politik aus einem Guß und nur durch die Mobilisierung aller unserer Kräfte und Talente werden wir den schweren Schaden abwenden können, der Tag für Tag entsteht durch die Vernachlässigung öffentlicher Aufgaben und gemeinschaftlicher Interessen.

Solcher Anstrengungen, um die wir unser Volk bitten müssen, bedarf es. Sie erfordern dann Verantwortungsbewußtsein. Sie erfordern aber auch Kühnheit, Kühnheit und noch einmal Kühnheit. Sie erfordern eine moderne Grundhaltung, die Fähigkeit zum effektiven Handeln, zur scheuklappenfreien Umschau und Vorausschau.

Meine Freunde! Wenn man mich fragt, welches die Eigenschaften sind, die wir in dieser Zeit alle brauchen und die vor allem die Führung unseres Staates braucht, dann sage ich: modern, effektiv, vorausschauend, furchtlos.

Veränderung ist für uns kein Feind, sondern ein schwieriger Freund. Im Prozeß weltweiter Umwälzungen wollen und dürfen wir nicht politisch von der Hand in den Mund leben. Wir wollen und dürfen nicht in mißverstandenem Pragmatismus von einem Tag zum anderen stolpern.

Wenn das Leitwort „SPD vorn" sich heute als eine Kennzeichnung der Wirklichkeit erweist, so deshalb, weil wir in der soliden und sachlichen Arbeit an den Problemen, die bewältigt werden müssen, vorn gelegen haben und vorn liegen. Seit vier Jahren haben wir an dem Konzept der deutschen Gemeinschaftsaufgaben gearbeitet. Wir haben es vertieft und wissenschaftlich fundiert.[50]

Wir haben uns durch anfänglichen Spott nicht irre machen lassen, sondern an dem festgehalten, was wir als richtig und notwendig erkannten. Es ist mir natürlich noch in der Erinnerung, wie ich, um ein Beispiel zu nennen, vor

vier Jahren für die blaue Luft über den Industriegebieten verhöhnt worden bin.[51]
Aber hier muß doch einmal gesagt werden, daß in diesen Jahren die SPD auch den Mut zur Unpopularität gehabt hat, den Mut zum Festhalten an dem, was zunächst nicht alle als notwendig erkannten und was vor allem die CDU abzutun versuchte, bis wir es auf ihren Plakaten wiederfanden. Weil wir in der sachlichen Arbeit an den Zukunftsaufgaben vorn liegen und weil die Menschen das erkennen, deshalb haben wir auch bei den Länder- und Kommunalwahlen vorn gelegen.
Heute können wir sagen, weil es erwiesen ist: Unser Weg hat keine Schlaglöcher. Unser Weg ist breit und gut ausgeleuchtet. Auf ihm läßt es sich zügig fahren. Diesen Weg werden wir fahren, ohne selbstmörderische Raserei, so unfallsicher, wie es der Respekt vor unserem Volke gebietet, aber mit dem Tempo, das unserer Zeit angemessen ist.
Die Bundesrepublik Deutschland braucht alle schöpferischen Kräfte, die vorhanden sind und geweckt werden können. Die Bundesrepublik Deutschland braucht Gedankenreichtum und ein zielbewußtes Vorausdenken.
Der Gesprächskreis „Politik und Wissenschaft“ bei der Friedrich-Ebert-Stiftung hat auf meinen Vorschlag hin eine Denkschrift über „Deutschland 1975“ erarbeitet.[52] Diese Denkschrift wird kurz nach der Jahreswende veröffentlicht werden. Sie macht uns mit Entwicklungen in den nächsten zehn Jahren bekannt, Entwicklungen, die sich heute vorausberechnen lassen, und Fehlentwicklungen, die es abzuwenden gilt.
Liebe Freunde, 1975 – das ist nicht weit weg, sondern das ist morgen. Unsere französischen Nachbarn orientieren sich am Horizont von 1980 oder 1985.[53] Bei meinem Besuch in den Vereinigten Staaten vor einigen Monaten habe ich mich im Gespräch mit bedeutenden Wissenschaftlern davon überzeugen können, daß der Blick dort weit über die nächsten Jahre hinausgerichtet wird. Jedenfalls gilt hier: Wissenschaftliche Erkenntnisse werden in immer stärkerem Maße zur Voraussetzung innen- und außenpolitischer Entscheidungen. Ich sage ausdrücklich: außenpolitischer; denn in manchen Kreisen meint man immer noch, von allen anderen Dingen müsse man etwas verstehen, über die Außenpolitik könne man reden, ohne etwas zu verstehen. Die Technologie wird unser Leben künftig viel stärker verändern, als beispielsweise die Elektrizität das Leben der Menschen verändert hat. Politik ohne enge Bindung zu den Wissenschaften wird wirklichkeitsfremd.
Und darum folgendes:
Noch bevor hier in dieser Schwarzwaldhalle am Freitagvormittag die sozialdemokratische Ministermannschaft vorgestellt werden wird, haben wir sichergestellt, daß ihr und mir ein Kreis anerkannter wissenschaftlicher Berater zur Seite steht, Männer an den hohen Schulen dieses Landes und an

weltbekannten Instituten, und zwar unabhängig davon, ob sie Mitglieder der Sozialdemokratischen Partei sind. Das Kriterium ist der gemeinsame Wille, hier für unser Volk und für das Vorausdenken und das Vorausgestalten etwas miteinander zu tun.
Ich kann dem folgendes hinzufügen: Sobald wir die Regierungsverantwortung im Bund übernommen haben, werden wir dafür sorgen, daß das Zusammenwirken von Politik und Wissenschaft auf eine neue Grundlage gestellt wird. Heute sind wissenschaftliche Beiräte bei einigen Bundesministerien nicht viel mehr als ein Feigenblatt zur Untermauerung des erwünschten Ressorturteils oder auch Ressortvorurteils. Wir werden institutionell die Voraussetzungen schaffen, damit durch einen nicht zu großen Kreis von kompetenten Wissenschaftlern die politische Führung über das informiert wird, was Forschung und Technik auf allen Gebieten heute und morgen möglich machen. Ich weiß, daß eine genügend große Zahl deutscher Wissenschaftler zu einer solchen Zusammenarbeit bereit ist.
Diese Fragen, liebe Freunde, beschäftigen nicht nur uns, sie beschäftigen alle Industrienationen. Uns interessieren dabei in erster Linie die vergleichbaren westlichen Demokratien. Aber wir übersehen nicht, daß die Sowjetunion und die Staaten in ihrem Einflußbereich ebenfalls große Anstrengungen unternehmen, um mit den komplizierten Fragen der sechziger und den Erfordernissen der siebziger Jahre fertigzuwerden. Mit der zwangsläufigen Annäherung an gewissermaßen westliche Produktionsformen haben sich auch dort manche sozusagen westlichen Probleme ergeben oder werden sich noch ergeben. Aber das kann ich jetzt nicht weiter ausmalen.
Wenn wir die Dinge auf die westliche Welt bezogen in einem größeren Zusammenhang sehen, dann ist bei den Wahlen in den USA und in Großbritannien darüber entschieden worden, nach welchen Prinzipien die Gesellschaft der nächsten Jahre und Jahrzehnte entwickelt werden soll und wer für diese Aufgabe befähigt ist.[54] Die getroffene grundsätzliche Orientierung wird, vor allem was die Vereinigten Staaten angeht, über den Tag hinaus Bedeutung behalten, wird weit in die Zukunft hinein wirken. In beiden Fällen, in beiden angelsächsischen Nationen wurde das Angebot des Fortschritts und der dynamischen Anpassung an die sich schnell verändernde Welt bevorzugt. Das heißt, es waren Entscheidungen für Bewegung und gegen Stillstand, für die Modernisierung und gegen den Trott, gegen Prestigedenken und für die Bildung der Menschen; Beharrung oder gar Rückschritt konnten sich also nicht durchsetzen.
Nun wissen wir: Großbritannien und die USA sind nicht identisch, auch wenn in beiden Ländern englisch gesprochen wird; und die Bundesrepublik ist weder des einen noch des anderen Ableger. Aber das darf ich doch wohl für uns alle sagen: Wir haben uns über den Erfolg der Labour Party in Eng-

land wirklich gefreut. Nur können wir natürlich keine Haftung für die Labour-Regierung übernehmen, genauso wenig wie sie es im umgekehrten Falle tun könnte. Neben dem Verbindenden sind die Verschiedenheiten von SPD und Labour Party bekannt. Aber nur Ignoranten können bestreiten, daß der Kontakt mit Großbritannien nicht nur für die deutschen Sozialdemokraten, sondern für die Bundesrepublik und das ganze deutsche Volk von vitaler Bedeutung ist. Und da darf in aller Bescheidenheit hinzugefügt werden: Unsere Gespräche in dieser Richtung haben bereits unverkennbare Erfolge gezeigt.
Verehrte Anwesende! Auch die Bundesrepublik Deutschland wird darüber entscheiden müssen, wer die großen Entwicklungslinien unserer Zeit besser erkannt hat und wer sie für sein Land am besten nutzbar machen kann, wie die Weichen für das Jahr 1975 gestellt werden sollen – durch elektronische Steuerung oder Handbetrieb –, wer das Potential unseres Staates mobilisieren und neue Kräfte freimachen kann, wer Ideen und Initiativen zeigt, aus dem industriellen ein wissenschaftliches Zeitalter zu machen, wer mit der Automation und Technisierung fertigwerden und dennoch mehr Raum für den Menschen freimachen kann.
Ich kann nicht sagen, ob Johnson oder Wilson schaffen werden, was sie sich vorgenommen haben. Ich weiß nur, daß sie diese Aufgabe sehen und sie lösen wollen. Sie sind an der Arbeit, und wir wünschen ihnen Erfolg. Die deutschen Sozialdemokraten sind darauf vorbereitet, die Bundesrepublik Deutschland in die weltweite Entwicklung einer vorwärtsgerichteten Politik hineinzubringen.
Wir offerieren kein zaghaftes Sich-treibenlassen, sondern wir empfinden es als unsere Pflicht, die Menschen in diesem Land zu überzeugen und mitzureißen, ihnen klar vor Augen zu halten, daß aktives und präventives Vorausdenken für diese Zeit, für die neue Zeit nötig ist. Wir meinen: Unser Volk muß von seiner Regierung verlangen, daß sie der demokratischen Dynamik unserer Zeit nicht ausweicht, sondern sich auf sie einstellt.
Wir sind Zeugen eines erregenden Umformungsprozesses in der Gesellschaft und in den zwischenstaatlichen Beziehungen. Manches geht so rasch und vollzieht sich so verwirrend, daß wir es kaum in uns aufnehmen können. Dabei sehen wir ganz gewiß auch die Probleme, die Gefahren und die Übel der Industriegesellschaft. Aber mit ihnen wird man nicht fertig durch Furcht, Ressentiments und irrationales Schließen der Augen. Gewiß, der mit viel Verantwortung ausgestattete Staat ist kein Allheilmittel. Blinder, hemmungsloser individueller Konsum ist es noch weniger.
In Skandinavien sieht man diese Probleme. In gewisser Hinsicht ist man schon einen Schritt weitergekommen. Dort arbeitet man an einer umfassenderen sozialen Sicherung, aus der sich für viele eine neue Dimension der Freiheit, die neue Dimension der Entscheidungsfreiheit bei der Berufswahl,

in der beruflichen Entwicklung und im Alter ergibt. Das ist dort die nächste, für uns noch die übernächste Stufe der Demokratisierung. Wir sind auch in diesem Fall keine blinden Nachahmer. Aber ich wiederhole hier, auch auf die Gefahr hin, daß es einigen Leuten abermals mißfällt: Wir Deutschen sollten mehr auf den Norden schauen. Wir sollten Leistungen und Ideen prüfen. Wir können einiges lernen. Probleme gibt es auch dort. Aber niemand kann ernsthaft bestreiten, daß das seit Jahrzehnten sozialdemokratisch regierte Schweden sehr weit gekommen ist und daß wir von dort einiges mit Gewinn mit nach Hause bringen können.

Liebe Freunde, für einen Satiriker müßte es eine hübsche Aufgabe sein, etwas mit dem Titel zu schreiben „Von den Schwierigkeiten der Bonner Koalition, mit dem 20. Jahrhundert fertig zu werden".

Die Vernachlässigung von Bildung und Ausbildung, Gesundheitswesen, Verkehr, Gemeinden, Forschung ist sicher nicht aus bösem Willen erfolgt. Sie ist erfolgt, weil die Verantwortlichen es nicht verstanden hatten, worum es bei den Gemeinschaftsaufgaben, worum es bei der Problematik der Gemeinschaftsaufgaben geht.

Die insoweit Verantwortlichen haben sich vermutlich nicht subjektiv, wohl aber objektiv unverantwortlich wohlgefühlt in einer Entwicklung, in der das Mißverhältnis zwischen individuellem und öffentlichem Wohlstand immer größer und gefährlicher wird.

Vielen – auch draußen im Lande – ist der Widerspruch noch nicht bewußt und noch nicht klar genug: Das Mißverhältnis, daß neben neuen Bankgebäuden mit Empfangshallen wie aus einem italienischen Monumentalfilm Krankenhäuser in einem baufälligen Zustand stehen. In ein und demselben Stadtteil gibt es die ungute Koexistenz von Luxuslokalen und schäbigen Schulgebäuden. Während der Mercedes 600 aus dem Werk rollt, verschlimmert sich das Chaos auf den Straßen.

Ich habe nichts gegen Bankgebäude, auch nichts gegen italienische Monumentalfilme oder gegen gute Lokale oder gar gegen Mercedes. Aber die Ungereimtheiten unserer Gesellschaft, die dürfen wir doch nicht wie eine höhere Fügung hinnehmen. Wir dürfen sie doch nicht hinnehmen, als ob es sich um Schnee und Hagel, Gewitter und Springflut handelte. Nein: Wir Menschen sind für die Gestaltung der Gesellschaft verantwortlich, für die menschlichen und die unmenschlichen Bedingungen, unter denen wir jeweils leben.

Wenn es dem einzelnen gut geht, die Öffentlichkeit jedoch notleidend ist, dann wird auch der einzelne seinen Wohlstand auf die Dauer nicht bewahren können. Der Wohlstand des einzelnen wird sich auf die Dauer nur mehren lassen, wenn der Wohlstand der Gemeinschaft wächst.

Man hat häufig so getan, als seien Schulen, Krankenhäuser, Altenheime und

Straßen Geschenke an den Bürger. Nein: Sie sind des Bürgers Recht. Ein Recht auf Grund seiner Leistung, ein Recht nach seiner Arbeit, auch nach seinen Steuern. Und schließlich ist auch Infrastruktur Konsum.

Es wirkt grotesk, wenn der Staat oder jemand, der ihn verantwortlich mit zu tragen hat, gewissermaßen zur Antistaatlichkeit animiert. Der gegenwärtige Bundeskanzler schätzt es nicht, mit dem musealen Liberalismus einiger seiner Hilfstruppen konfrontiert zu werden. Aber er geht doch selbst ziemlich weit, wenn er sagt, bei der Volksbildung und bei der Volksgesundheit dürfe es – wie er es nennt – „nicht zu viel Staat" geben. Nun gut, aber: Der einzelne Mensch kann sich doch eben nicht allein vor den Verschleißkrankheiten schützen. Er kann doch eben im wesentlichen nicht allein zu einer guten Ausbildung kommen.

Und dazu auch dies: Das Verhältnis zwischen privatem Verbrauch und Aufwendungen für die Allgemeinheit ist nicht bindend und ist nicht unverständlich. In hochentwickelten Industriestaaten wird der Anteil der öffentlichen Aufwendungen am Sozialprodukt weiter zunehmen. In Amerika, in England, in Frankreich, in den skandinavischen Ländern ist man sich darüber im klaren, daß dies so ist. Bei uns – ich spreche jetzt für einen Zeitraum von einigen Jahren, nicht für eine aktuelle Tagesentscheidung – darf, kann es nicht anders sein, wenn die Entwicklung nicht zu einer gesellschaftlichen Blutarmut führen und wenn sie nicht damit zugleich auch zu Lasten des individuellen Wohlstands verlaufen soll.

Es bedarf einer ständigen Wahl, eines ständigen Abwägens, des dauernden Bemühens um einen vernünftigen Ausgleich. Keiner nimmt der politischen Führung die Aufgabe ab, Schwerpunkte zu bilden und Prioritäten zu setzen. Von selbst entwickelt sich nur der Dschungel. Aber nicht das geordnete menschenwürdige Zusammenleben von Freien und Gleichen. Diese Aufgabe steht vor uns. Ihr stellen wir uns.

Die SPD wird diese Prioritäten setzen, sie wird diese Entscheidungen treffen.

Aber bevor ich einige Schwerpunkte unserer künftigen Arbeit markiere, möchte ich folgendes feststellen: Die wissenschaftlichen Vorausberechnungen haben ergeben, daß die notwendigen Gemeinschaftsaufgaben finanziell verkraftet werden können. 1961 hatten wir unser Programm durch korrekte Vorausschätzungen der Steuereinnahmen abgesichert. Die Berechnungen über das zu erwartende wirtschaftliche Wachstum sind auch diesmal vorsichtig, manche meinen, sogar übervorsichtig, zusammengestellt worden. Der Vorsitzende der SPD kann jedenfalls feststellen, daß diese Partei auch in dieser Hinsicht noch nie so gut vorbereitet war für eine Wahlentscheidung, d.h. für das große Gespräch mit dem Mitbürger.

Meine Aufgabe kann es nicht sein, die Sachentschließungen, die diesem Parteitag vorliegen, im einzelnen zu begründen. Das geschieht in den Arbeitsgemeinschaften; in diesem Fall ist es schon gestern abend geschehen.[55] Ich kann nur den Geist deutlich zu machen versuchen, aus dem die Anträge und die Entschließungen eingebracht wurden. Am Freitag wird uns dann eine Zusammenfassung als Manifest vorliegen. In diesem Augenblick liegt mir allein daran, einige Schwerpunkte beispielhaft herauszustellen:

1. Der Kern der Kulturellen Gemeinschaftsaufgabe bedeutet: Gleichheit der Chancen in der Bildung unserer jungen Menschen und in der weiteren Ausbildung derer, die bereits über die ganz jungen Jahre hinausgewachsen sind.
   Dies bedeutet: Weiterführende Schulen, Hochschulen, Universitäten müssen jedem geöffnet werden, der das Zeug dazu hat. Wenn es seinen Fähigkeiten entspricht, dann muß jeder die Möglichkeit haben, in eine höhere Bildungsstufe aufzurücken. In den von uns regierten Ländern haben wir erste Schritte in dieser Richtung getan. Auch hier liegen wir vorn. Dieser Weg muß fortgesetzt werden. Indem wir die Startlinie für die Bildung jedes einzelnen vorlegen, eröffnen wir ihm eine bessere Zukunft und dienen damit dem ganzen Volk.
   Ein Staat wie die Bundesrepublik Deutschland darf es sich einfach nicht leisten, Talente brachliegen zu lassen, wie es heute notorisch in großem Umfang geschieht. Jeder muß die Ausbildung erhalten, die seiner Begabung angemessen ist – in jedem Bundesland. Wir sind uns dabei bewußt, daß auch eine sozialdemokratisch geführte Regierung die Kulturhoheit der Länder zu respektieren hat. Es ist aber eine gemeinsame Aufgabe von Ländern und Bund, regionale Unterschiede in der Bildung zu überwinden. Ebenso wie Industrialisierung und Technisierung nicht an bestimmten Landstrichen vorbeiziehen dürfen, ist es eine unerträgliche Fehlentwicklung, wenn weitere oder auch nur engere Gebiete von einer modern gefächerten Bildung ausgeschlossen bleiben. Ich darf hier nur noch einmal an den Vorschlag für ein bildungspolitisches Sofortprogramm erinnern, den ich den Vorsitzenden der anderen Parteien am 15. September unterbreitet habe. Wir stehen zu diesem Vorschlag.[56]
2. Wenn wir von der Erneuerung der Städte und Gemeinden und dem Ausbau des Straßennetzes als einer vordringlichen Gemeinschaftsaufgabe sprechen, so heißt das konkret u.a.: In den Großstädten müssen der U-Bahnbau und die Anlage von Stadtautobahnen vorangetrieben werden. Gleichzeitig ist der Ausbau von Fernstraßen zu beschleunigen. Man stellt die Frage häufig falsch: Es gibt nicht zu viele Autos, sondern es gibt zu wenig Straßen. Wenn wir in den Städten Raum schaffen wollen, dann werden wir an manchen Ecken nicht ohne Spitzhacke und Bulldozer auskommen. Viele Städte und Gemeinden müssen entrümpelt werden. Das

wird dem Stadtbild dienen. Wir trauen uns zu, dafür zu sorgen, daß in wenigen Jahren trotz zunehmender Verkehrsdichte viele ihren Arbeitsplatz in der Hälfte der Zeit erreichen können, die sie heute dafür aufwenden müssen.
Dabei muß das Zonenrandgebiet mehr an die Ballungszentren herangeführt werden. Eine großzügigere Regionalplanung muß unseren Willen verdeutlichen, daß die Zonenrandgebiete nicht Deutschlands Grenzen sind, sondern Deutschlands Mitte. Mit dem ohnehin knappen Raum müssen wir haushalten, pfleglich mit ihm umgehen und das bestmögliche aus ihm machen.

3. Für das Gebiet Gesundheit greife ich einen Lösungsvorschlag auf, der zwar noch nicht in den gedruckten Vorlagen zu finden ist, der aber hier in Karlsruhe noch unterbreitet werden wird. Er läuft auf folgendes hinaus: Wenn die Träger der Sozialversicherung auch nur 1/2 Prozent des Beitragsaufkommens für die Aufgaben der gesundheitlichen, vorsorgenden und sozialen Forschung abzweigen, dann ergibt das jährlich 250 Millionen DM. Und damit würden sich Möglichkeiten der Forschung ergeben, an die unsere Mediziner und andere Wissenschaftler heute nicht zu denken wagen.
Ich bin dafür, daß wir in diesen Zusammenhängen prestigebewußter werden. Hier sollten wir eine Führungsrolle wiedergewinnen, die Deutschland einmal hatte im Kampf gegen die Infektionskrankheiten. Es gibt neue Geißeln der Menschheit, vor allem die Verschleißkrankheiten. Herzinfarkt und nervöse Störungen treffen heute auch Menschen in jungen Jahren. Und mit Schrecken registrieren wir eine Häufung der Krebskrankheiten. Im Kampf gegen diese Leiden sind andere Nationen weiter als wir. Das liegt nicht an unseren Forschern, denn unsere Forscher versuchen, den Anschluß zu halten. Aber bei den geringen zur Verfügung stehenden Mitteln war ihr Erfolg zu sehr abhängig vom Ermessen der Glücksgöttin.
Wir brauchen eine systematische Arbeit über längere Zeitspannen, eine sinnvolle Konzentration und Finanzierung der Arbeit für gesundheitliche, vorsorgende und soziale Forschung. Auf diesem Gebiet wollen wir ehrgeizig sein im Interesse unseres Volkes, aber auch im Interesse anderer Völker, denen die so gewonnenen Erkenntnisse zugute kommen.
4. Im Wissen um das, was diese Zeit erfordert, werden wir eine allgemeine Volksversicherung schaffen, die allen älteren Mitbürgern zugute kommt. Sie wird auch die Selbständigen umfassen. Die Furcht vor Not im Alter soll verschwinden.
Unter uns leben heute 8 1/2 Millionen älterer Mitbürger. In zehn Jahren werden es 11 Millionen sein, die 65 Jahre und älter sind. Sie haben die

Voraussetzungen für den Wohlstand von heute durch ihre Arbeit von gestern geschaffen. Und unsere Alten haben ein Recht, am Wohlstand von morgen teilzunehmen. Dafür gilt es, die Voraussetzungen zu schaffen.

Unsere Konzeption gründet sich auf die historische Entwicklung der Sozialversicherung in Deutschland und kombiniert sie mit Erfahrungen anderer Staaten, zum Beispiel Schwedens.

Die Sorge für unsere älteren Mitbürger ist einer der Schwerpunkte unseres gesellschaftspolitischen Handelns.

Dabei wissen wir, daß der Kampf gegen Einsamkeit und Resignation einiges verlangt vom Staat und von der Gesellschaft, einiges verlangt nämlich von dem, was früher die Familie geben konnte.

Liebe Freunde, im Anschluß an diese Beispiele aus dem Bereich der Gemeinschaftsaufgaben möchte ich noch einige wenige wirtschaftspolitische Feststellungen treffen:

Erstens. Wir deutschen Sozialdemokraten und die von uns getragene Bundesregierung werden das weitere Wachstum und die Modernisierung unserer Wirtschaft fördern.

Zweitens. Wir werden für ein stabiles Preisniveau sorgen und die D-Mark hart erhalten.

Drittens. Wir werden das Eigentum nicht antasten.

Viertens. Wir werden darauf achten, daß die Bildung von Eigentum in Arbeitnehmerhand wirklich vorangetrieben wird.

Fünftens. Wir werden den Leistungswettbewerb fördern und Wettbewerbsbeschränkungen bekämpfen.

Sechstens. Wir werden durch eine vorausschauende Wirtschaftspolitik dafür sorgen, daß die Unternehmungen und Betriebe, Arbeitgeber und Arbeitnehmer in einer stabilen wirtschaftlichen Gesamtentwicklung schaffen können.

Wirtschaftspolitisch, finanzpolitisch und auf vielen anderen Gebieten hängt für die Länder und Gemeinden unendlich viel davon ab, was im Bund entschieden oder nicht entschieden oder falsch entschieden wird. Das wissen die Frauen und Männer, die in den Städten, den Gemeinden und Landkreisen Verantwortung tragen. Das wissen auch diejenigen, die Verantwortung tragen und nicht zur SPD gehören. Sie wissen, daß ein anderer, ein neuer Kurs in Bonn im Interesse ihrer gemeindlichen Aufgabe liegt. Sie wissen auch, daß die gemeinsame Verantwortung für das Ganze und für die Wohlfahrt der Bürger durch die Verfassung nicht verboten ist.

Wir werden, liebe Freunde, die große Erfahrung, die unbestreitbare Leistung, das reiche sachliche und personelle Kräftereservoir nutzbar machen, über das die deutsche Politik in Ländern, Städten und Landkreisen verfügt.

Deshalb habe ich Georg-August Zinn, den hessischen Ministerpräsidenten, gebeten, den Vorsitz in einem SPD-Länderausschuß zu übernehmen. In ihm sind die Länder durch die sozialdemokratischen Regierungschefs bzw. durch die Fraktionsvorsitzenden vertreten.
Hans-Jochen Vogel, der Münchener Oberbürgermeister, übernimmt die Leitung im SPD-Städte-Ausschuß. Als Landrat von der Zonengrenze steht Edwin Zerbe (Hersfeld) an der Spitze des SPD-Landkreis-Ausschusses. Beide werden mit ihren Kollegen in den Gemeinden dafür sorgen, daß deren Rat und Initiative für unser großes Bemühen nutzbar gemacht werden kann.
Wir wollen alle Kräfte zusammenfassen und alle an einem Strang ziehen. Es geht um den gemeinsamen sachlichen Erfolg im Interesse unserer Menschen, die Gemeindebürger und Staatsbürger zugleich sind. Unser Erfolg muß mitgetragen sein durch die kleinste Gemeinde. Dann wird er auch zurückwirken und hineinwirken bis in die kleinste Gemeinde.
Liebe Freunde, wir entwickeln die praktischen Vorschläge aus unserer Grundhaltung zu der dreifachen Realität Bürger – Gesellschaft – Staat. Im Staat sehen wir weder den Nachtwächter noch den Wachtmeister. Sondern wir sehen in ihm die Institution, die mit jenen Problemen unserer Zeit fertig werden muß, mit denen wir weder einzeln noch in freien Zusammenschlüssen oder Interessengruppen allein fertig werden können. Der Staat ist keine Interessengruppe, die auf eigenen Vorteil bedacht sein darf. Der Staat ist die moderne Organisation dessen, was für alle zusammen entschieden und gestaltet werden muß. Er muß die materiellen und die ideellen Kräfte des einzelnen in der Gesellschaft und für die Gemeinschaft wirksam machen.
Die konservativen Ideologen der Unionsparteien, der CDU und der CSU, zitieren mit Behagen einen Satz, nach dem es der tiefste Sinn des Staates sei, „nicht zu nützen, sondern Hoheit zu sein“.[57] Politiker sein heißt demnach „Hoheit wollen“. Das ist, meine ich, eine museale Position.
Gehen wir also einen Schritt weiter. Der gegenwärtige CDU-Familienminister hat uns vorgeworfen, wir – wir deutschen Sozialdemokraten – hielten noch heute fest an dem, was er den „alten Aberglauben an die Allmacht der Vernunft“ nennt.[58] Dieser Vorwurf trifft uns nicht. Wir wissen, daß der Mensch nicht nur gut und daß die Vernunft nicht allmächtig ist. Das wissen wir, das haben wir bitter genug gelernt. Aber wir müßten verzweifeln, wollten wir nicht glauben, daß der Mensch gut sein kann, daß er vernunftmäßig handeln kann. Und es ist gerade die Aufgabe der Politik, dafür Voraussetzungen zu schaffen, daß die Vernunft stärker ist als der Trieb.
Man hat uns dann vorgeworfen, und zwar im gleichen Zusammenhang, wir machten unsere Grundwerte zum Gegenstand eines historischen Demokratisierungsprozesses. Das sei für die Union inakzeptabel. Dort schieden sich

die Geister, hielt man uns entgegen. Nun, auch für uns scheiden sich dort die Geister, dann nämlich, wenn wir es mit einer engen und statischen Auffassung von Demokratie zu tun haben.
Unsere Auffassung von Demokratie ist nicht eng und statisch, sondern sie ist expansiv und dynamisch. Wir sind der Meinung, daß immer mehr Menschen nicht nur formell, sondern tatsächlich an der Gestaltung der gemeinsamen Dinge mitwirken müssen. Wir sind der Meinung, daß der Gedanke der Volksherrschaft unser ganzes soziales, kulturelles und wirtschaftliches Leben durchströmen und immer stärker prägen soll.
Die zweite Position des 19. Jahrhunderts in der Bonner Koalition ist unverhüllt eine liberalistische. Wer sagt, die Unionsparteien wollten nicht – ich zitiere jetzt wörtlich –, „daß der Mensch zu einer bloßen Funktion von Staat und Gesellschaft erzogen wird", mit dem können wir uns unschwer finden. Aber es geht entschieden zu weit, wenn daraus eine schludrige oder unverantwortliche Haltung zum Staat und zu den Dingen wird, die nur gemeinschaftlich gelöst werden können. Was heute zuweilen in der Bundesrepublik von einflußreichen Leuten an Staatstheorie vertreten wird, erscheint wie ein Aufguß mittelalterlicher Ständeordnung oder wie eine schlechte Mischung von Materialismus und Opportunismus. Unseren Mitbürgern muß bewußt werden, daß manche führenden Leute in den Unionsparteien nur halbherzig hinter dem Verfassungsgebot zum demokratischen und sozialen Rechtsstaat stehen, und das ist gefährlich.
Unser Verhältnis zum Staat ist nicht autoritär überhöht; es ist auch nicht verkümmert zu einem längst überholten laissez-faire, es ist partnerschaftlich, demokratisch bestimmt. Der Staat als solcher ist weder böse noch gut. Er ist eine menschliche Konstruktion – wenn man Glück hat, wie wir es insoweit haben –, auf Grundwerte verpflichtet, zu Nutz und Frommen seiner Bürger eingerichtet. Die Partner sind aber doch dann kein feindseliges Gegenüber. Wir alle sind der Staat. Und wie sollen wir den Staat vertreten vor seinen Freunden, verteidigen gegen seine Feinde, wenn wir ihm jede Mark mißgönnen und jede Funktion beschneiden, die über die sonst ehrenwerte Aufgabe eines Nachtwächters hinausweist!
In diesem Bekenntnis zum Staat und zum unlöslichen Verhältnis zwischen Staat und Gesellschaft und zwischen Staat und Bürger unterscheiden wir uns tatsächlich von tonangebenden Vertretern der Unionsparteien. Auf diese Unterscheidung lege ich Wert. Wir kämen nicht auf die Idee, den Wohlstand des Bürgers gegen die Wohlfahrt des Staates auszuspielen, wie es der gegenwärtige Finanzminister mit Billigung des gegenwärtigen Bundeskanzlers getan hat.[59]
Manche Chefideologen der Conservativen Demokratischen Union – man kann „conservativ" auch mit „c" schreiben, wenn man will – täten gut

daran, die Grundschriften der evangelischen Soziallehre und die Sozialenzykliken der Päpste sorgfältiger zu lesen. Letztere sind ja auch in deutscher Sprache erschienen, und die Lektüre würde für einige der Beteiligten noch nützlicher sein, als sich am Godesberger Programm zu reiben. Vielleicht wird es ihnen allerdings so gehen wie jenem argentinischen Gutsbesitzer, der nach der Lektüre von Mater et Magistra aufgeregt zu seinem Priester kam, ihm den Text unter die Nase hielt und fragte: „Padre, was ist der Unterschied zwischen dem da und dem Sozialismus?"

Wer heute an dem erregenden Prozeß vorbeigeht, daß die große katholische Kirche „theologisch und geistesgeschichtlich mehrere Jahrhunderte aufgearbeitet hat", wie es ein aufmerksamer Beobachter beschrieb, wer nicht begreift, daß diese Kirche seit Johannes XXIII. eine betont gesellschaftliche Auffassung der Menschenrechte vertritt, – wer das alles nicht zur Kenntnis nimmt und in sich aufnimmt, in sich aufzunehmen versucht, der lebt einfach neben einem wesentlichen Stück Wirklichkeit. Das gilt genau für denjenigen, der an dem Selbstverständnis der evangelischen Kirche vorübergeht, durch das die längst falsche Lehre verworfen wurde, „als solle und könne sich die Kirche über ihren besonderen Auftrag hinaus staatliche Würde aneignen und damit selbst zu einem Organ des Staates werden".[60]

Wer an diesen Tatsachen und anderen wesentlichen Entwicklungen vorübergeht, der mag den Staat verteufeln, die Gesellschaft verdammen und das 20. Jahrhundert verneinen. Zu beneiden ist er nicht, wenn er sich so verhält; denn er macht sich dann tatsächlich zum Außenseiter der Gesellschaft, jedenfalls zum Außenseiter unserer Zeit, dieser modernen, sich so heute entwickelnden Zeit.

Was sind die Unterschiede zwischen CDU und SPD? Ich beziehe diese Frage wieder nicht nur auf die Tagespolitik. Ich sehe hier die Unterschiede:

1. Die SPD hält sich nie für das Ganze. Aber sie wird zu Recht eine Partei des Volkes genannt. Die CDU ist keine echte Volkspartei! Ihr Zugang zu den verschiedenen Schichten des Volkes ist verzerrt und deshalb nicht typisch für unsere Gesellschaft.
2. Die SPD – mit all ihren Unzulänglichkeiten, Unzulänglichkeiten, die allem Menschenwerk anhaften – ist in der Lage, sie ist besser in der Lage, Entscheidungen nach sachlichen Gesichtspunkten zu fällen. Die CDU ist darauf angewiesen, sie ist stärker darauf angewiesen, Interessengruppen zu bewegen.
3. Die SPD orientiert sich an dem, was notwendig ist – koordinierend und langfristig vorausschauend.
   Die CDU hat es schwer, Tatbestände und Entwicklungen unserer Gesellschaft richtig einzuschätzen. Sie, die CDU, ist weithin an überholten Leitbildern orientiert.

4. Die SPD weiß, daß die politische Führung eines modernen Industriestaates einen neuen Arbeitsstil braucht, der das Zusammenwirken mit vielen sachkundigen Bürgern erfordert.
   Die CDU ist traditionell konservativ bestimmt und an der Bewahrung etablierter Obrigkeitsverhältnisse interessiert.
5. Die SPD verfügt über mehr junge, fachlich qualifizierte Kräfte. Ihre Führungsstruktur erlaubt ein enges Zusammenspiel von Politik, Wissenschaft und Öffentlichkeit.
   Die Führungselite der CDU wird durch Rückfälle in ständisches und eng konfessionelles Denken begrenzt und behindert.
6. Und 6. Die SPD hat an Kraft gewonnen und sich systematisch auf die Übernahme der Verantwortung im Bund vorbereitet.
   Die CDU hat sich weitgehend verbraucht. Sie hat eine Erholung nötig. Man sollte sie ihr gönnen.

Liebe Freunde! Das Ringen um Gemeinschaft in den Existenzfragen der Nation ist seit mehr als vier Jahren eine Forderung der SPD, von der wir von Anfang erklärt haben, sie ist nicht taktisch gemeint. Sie entspricht unserer Überzeugung. Und dabei werden wir auch nach gewonnenen Wahlen bleiben.

Heute können wir feststellen, daß die Sozialdemokraten sich daran gehalten haben. Der Ruf nach Gemeinsamkeit hatte nichts zu tun mit opportunistischer Leisetreterei, sondern diente der Sicherung nationaler Interessen. Er diente der sachlichen Fortentwicklung politischer Forderungen. Nicht zuletzt haben wir verstanden, unsere relative Stärke dadurch zur Geltung zu bringen und möglichst viel von dem durchzusetzen, was wir nach nüchterner Einschätzung der politischen Großwetterlage als richtig und nötig erkannten. Bei der Wahl zwischen bloßem Opponieren und Einfluß haben wir uns eindeutig für Einfluß entschieden, sofern er in unserem Sinne ausgeübt werden konnte.

Wenn wir zurückblicken nach den spärlichen Lichtpunkten der deutschen Politik im letzten Jahr, so wird jeder erkennen, daß es vier wichtige Tatsachen heute nicht gäbe ohne die verantwortungsbewußte Haltung der SPD. Ohne sie gäbe es nämlich nicht:

1. die Ratifikation des Atomteststopp-Abkommens,
2. die Errichtung deutscher Missionen in osteuropäischen Ländern,
3. die Präambel zum deutsch-französischen Vertrag, und
4. die beiden Passierscheinübereinkünfte in Berlin.[61]

Wie wichtig diese Markierungspunkte für die deutsche Politik sind, braucht wohl nicht noch einmal besonders unterstrichen zu werden.

Theoretisch gab es hier viermal die Möglichkeit, beiseite zu stehen und mit klugen Kommentaren auf das Scheitern zu warten. Aber nur theoretisch.

Wir Sozialdemokraten haben uns entschieden, mitzuhelfen, mitzugestalten und von der Basis der Gemeinsamkeit her möglich zu machen, was wir politisch für unser Volk für notwendig halten.
Von Kennedy haben wir gelernt: mit beiden Beinen auf dem Boden der Tatsachen stehen, aber nicht Gefangener des Tages werden. Die Welt sehen, wie sie ist, aber über die bloße Verteidigung hinausdenken. Alles tun, was für die Sicherheit erforderlich ist, aber hineindenken in eine Welt besserer Zusammenarbeit. Ein Staat kann nach außen auf die Dauer nicht stärker sein, als er im Innern ist. Das bedeutet: Schöpferische Kräfte sollen im Innern geweckt werden. Sie haben ihren eigenen Wert, und für unsere Beziehungen nach außen sind sie nicht verboten.
Nur aus einer solchen Sicht werden wir unser Verhältnis zum Osten ordnen können und mit Hilfe unserer Freunde die deutsche Frage lösen, wie es unser Recht ist und die zu lösen auch dem Frieden dient. Es wird im Laufe dieser Tage noch Gelegenheit sein, über einige Aspekte der Außenpolitik zu sprechen. Wir wissen, der Weg ist weit. Aber inzwischen dürfen wir die Hände nicht in den Schoß legen.
Wir werden unsere Grundsätze wahren, aber ihre monotone Wiederholung ist nur eine laute Form von Nichtstun. Grundsätze sind kein Kopfkissen zum Ausruhen.
In der deutschen Frage geht es zunächst um menschliche Erleichterungen und schrittweise Veränderungen. Das war der Sinn des Ringens um die Passierscheine. Dabei bin ich selbst und mit meinen Freunden bis an die Grenze der Selbstverleugnung gegangen. Gerade weil es uns um einen Erfolg für die Menschen ging und nicht um parteipolitisches Kleinholz, das oft auch auf der Straße lag. Wir haben es dort liegen lassen.
Ich hoffe, es wird zu weiteren Schritten kommen, wenn wir uns nicht durch Spitzfindigkeiten aufhalten lassen. Die ganze Politik soll sich zum Teufel scheren, wenn sie nicht dazu da ist, den Menschen das Leben leichter zu machen, statt es ihnen schwerer zu machen. Und was gut ist für die Menschen im geteilten Land, das ist auch gut für die Nation.
Dem offiziellen Bonn ist noch kaum bewußt geworden, daß in diesen Monaten unser Volk die größte gesamtdeutsche Begegnung seit Jahren erlebt. Ich meine die hunderttausende von Rentnerbesuchen aus der Zone, die in schöner Selbstverständlichkeit bei uns aufgenommen werden.[62] Dafür gilt nun wirklich: so wenig Staat wie möglich. Aber ich finde, es hätte dem einen oder anderen Großkopfeten in Bonn nichts geschadet, wenn unseren Landsleuten aus der Zone, die hierher kommen, jenseits aller Politik ein Wort des herzlichen Willkommens gesagt worden wäre. Man ist doch sonst nicht so pingelig, wenn es um die Bitte geht, Fernsehzeiten zu erlangen.
Die letzte Passierscheinübereinkunft ist allseitig als Erfolg bezeichnet wor-

den. Das Bundeskabinett hat zugestimmt, die im Bundestag vertretenen Parteien haben sich in diesen Rahmen eingefügt. Warum scheuen wir das harte Ringen um weitere Erleichterungen? Es gibt vier Fragen, die sich hier logisch aufdrängen:

1. Warum sollen nur Verwandte, warum sollen nicht alle West-Berliner die Möglichkeit haben, nach Ostberlin zu gehen?
2. Warum sollen neben den Westdeutschen nicht auch die Berliner die Möglichkeit haben, in die Zone zu reisen?
3. Warum soll innerhalb Deutschlands nicht möglich sein, was es auf der ganzen Welt gibt, nämlich eine Art von gegenseitig zu verrechnenden Reiseschecks, durch die der gesamtdeutsche Besucherverkehr in Würde entscheidend gefördert werden könnte?
4. Warum soll an der Zonengrenze nicht möglich sein, was in Berlin möglich ist: daß sich Angehörige besuchen über die Zonengrenze hinweg, die genau so unrechtmäßig und genau so unmenschlich ist wie die Mauer?

Ich würde mich freuen, wenn wir trotz des innenpolitischen Ringens im vor uns liegenden Jahr in der Bundesrepublik die nötige Sachlichkeit aufbrächten, im Interesse der Menschen und im Interesse des Zusammenstehens in nationalen Fragen, um diese Probleme gemeinsam anzupacken. Dic SPD ist jedenfalls dazu bereit.

Man mag sagen, das seien alles nur kleine Schritte. Ich antworte: Größere wären mir lieber, aber kleine Schritte sind besser als keine Schritte.

Ich will hier keinen Katalog aufstellen, aber es gibt eine Mehrzahl von weiteren praktischen Fragen, denen man beharrlich nachgehen sollte:

Ich denke an den vermehrten Austausch von Informationen und Publikationen, der nicht nur gefordert, sondern ohne Ängstlichkeit und im Bewußtsein unserer Stärke auch gefördert werden sollte; einen stärkeren Personenverkehr zwischen den beiden Teilen Deutschlands – wobei die Freizügigkeit das unverrückbare Ziel bleibt –, und zu diesem Zweck die Wiedereröffnung geschlossener Übergangsstellen; eine Verbesserung der Eisenbahnverbindungen und die Erneuerung der Autobahnbrücke bei Magdeburg; ein sinnvoller Ausbau des Interzonenhandels; eine Vereinbarung, durch die Leistungen der Zonenverwaltung global erstattet werden könnten.

Über die Tagesprobleme der Außenpolitik will ich hier nicht mehr sprechen. Ich will nur deutlich machen, wo wir Akzente setzen wollen, wenn wir die Regierungsverantwortung für die Bundesrepublik tragen. Und da geht es neben dem ganzen Ernst in den deutschen und europäischen Fragen um den ganz aufrichtigen Wunsch, den Frieden sichern zu helfen. Für uns gibt es den Dreiklang zwischen Friedenssicherung, Entspannung und deutscher Frage.

Wir können davon ausgehen – und die Welt soll es wissen –, daß unser Volk sich in seiner Liebe zum Frieden heute von keinem anderen Volk mehr über-

treffen lassen möchte. Aber auch auf diesem Hintergrund haben wir unsere Pflicht zu erfüllen in dem lebenswichtigen Interesse an der Stärkung und Wirksamkeit des westlichen Bündnisses, der atlantischen Partnerschaft.
Das Abrüstungsamt, das wir vor Jahr und Tag vorschlugen, kann nur ein organisatorischer Ausdruck unserer Bereitschaft sein, jeder Vereinbarung über Rüstungskontrolle und Rüstungsbeschränkung von vornherein zuzustimmen, die zwischen den Weltmächten ohne einseitige Schwächung des Westens erzielt wird – und unseren legitimen Interessen nicht zuwiderläuft.
Meine Freunde! Die Sozialdemokratische Partei Deutschlands wird sich nicht in eine Lage begeben, die ein scharfsinniger Engländer in die Worte gekleidet hat: „Feigheit vor dem Freund".[63] Dies wäre eine besonders miserable Form von Außenpolitik, und die kommt für uns nicht in Betracht.
Es wird auch höchste Zeit, daß die deutschen Vorstellungen über einen Friedensvertrag für Deutschland konkretisiert werden. Diese Vorstellungen mit den Verbündeten vorklären, dazu die Botschafterlenkungsgruppe in Washington aktivieren, und dann, wenn die Chance gegeben ist, mit der Sowjetunion in ernste Gespräche darüber eintreten – in dieser Reihenfolge, das ist die Aufgabe.[64]
Was wir dabei in der Bundesrepublik Deutschland nicht brauchen könnten, das wäre Kaltschnäuzigkeit gegenüber dem Empfinden derjenigen unserer Landsleute, die das Schicksal der Vertreibung und der Flucht zu tragen haben. Sie müssen voll einbezogen sein in unsere auf den Menschen bezogene deutsche und auswärtige Politik. Unsere Beschlüsse zur Sache sind bekannt. Ich kann im übrigen nur hoffen, daß es möglich sein wird, übertriebene Einseitigkeiten bei der Erörterung der deutschen Ostfragen zu vermeiden und zu einem Höchstmaß an Sachlichkeit auf diesem schwierigen Gebiet zu gelangen. Wir haben dazu unsere guten Dienste angeboten. Die Heimatvertriebenen können sich weiterhin darauf verlassen, daß wir zum Unterschied von einigen anderen keine Politik hinter ihrem Rücken machen.
Mir liegt noch an einem Gedanken: Fragen einer Reform der NATO haben ihre Bedeutung. Aber die eigentliche Aufgabe reicht doch viel weiter. Sie betrifft nicht eine vorübergehende kleine oder mittlere Reform, sie betrifft die Umformung der westlichen Allianz. Das heißt, die dem Westen aufgezwungenen negativen Vorhaben müssen in große positive Vorhaben ausgeweitet werden. Hier geht es um die gemeinsam zu bewältigenden Probleme der technologischen Revolution, um neue, wirksame Formen der internationalen wirtschaftlichen und wissenschaftlichen Zusammenarbeit, um die neue Herausforderung, die nicht uns zum Zittern bringt, sondern der sich die kommunistischen Staaten zu stellen haben werden, wenn der Westen auf diesen Kurs geht.
Liebe Freunde! Alles, worum wir uns bemühen, ist ein Appell an die Ver-

nunft und an die Sehnsucht nach einem humanen, sinnvollen, reicheren Leben in Frieden: Frieden in Deutschland und Frieden für Deutschland!
Das gilt nach außen. Das gilt nach innen. Für unsere Vorstellungen zur weiteren Entwicklung und zur Erneuerung von Staat, Wirtschaft und Gesellschaft. Die Auseinandersetzung, die wir darum führen, wird wirksam sein, aber nicht anspruchslos.
Auch ich kann dem Parteitag versichern, daß sich die Einheit in der Führung der deutschen Sozialdemokratie bewährt hat. Dieses ist einer der Schlüssel unseres Erfolges.
Spekulationen über eine Regierungsbildung im nächsten Jahr können wir nicht verhindern. Aber ich lehne es ab, mich daran zu beteiligen. Es geht jetzt um das Gewinnen, und danach geht es darum, wer sich mit unseren Grundsätzen für die Gestaltung der Zukunft befreunden kann. Dafür erscheinen mir einige mehr geeignet als andere. Nur diese Feststellung ist notwendig:
Der kommende Wahlkampf dreht sich natürlich im Grunde und im Kern nicht um den gegenwärtigen CSU-Vorsitzenden.[65] Aber nach dem, was war, ist für ihn in einem von mir geführten Bundeskabinett kein Platz. Ein Zusammengehen mit Herrn Strauß steht also nicht zur Debatte.
Liebe Delegierte dieses Parteitages! Ich glaube, ich brauche es euch nicht zu sagen: Der Weg in die Verantwortung wird uns nicht einfach zufallen. Bestimmt! Dies ist ein Parteitag der Zuversicht und der Entschlossenheit, der Zuversicht des Sieges und der Entschlossenheit, für den Sieg zu kämpfen. Aber wir müssen eine Menge tun. Das realistische Ziel ist, stärkste Partei auch im Bundestag zu werden. Wir zittern nicht vor der Verantwortung, wir wollen sie. Wir wollen nicht bloß mitregieren, wir wollen regieren!
Und dafür ist mein heutiger Schlußappell ganz einfach: Laßt uns alle an die Arbeit gehen!

Aus: *Vorstand der SPD (Hrsg.): Parteitag der Sozialdemokratischen Partei Deutschlands vom 23. bis 27. November 1964 in Karlsruhe. Protokoll der Verhandlungen. Anträge, Hannover/Bonn 1964, S. 130–152*

Die Lage der Nation

Rede vom 1. Juni 1966

Verehrte Anwesende! Liebe Freunde! Dies ist neu: In beiden Teilen unseres Landes sprechen und diskutieren die Menschen wieder über Deutschland. In dieser Zeit findet unser Parteitag statt. Er verlangt den Mut, zu erkennen und auszusprechen, was ist.

Vor welchem Hintergrund, so möchte ich fragen, erkennen wir die Lage der Nation? Dazu vorweg drei Gesichtspunkte:

Erstens: Bis zum Jahre 2000 wird sich die Zahl der Menschen verdoppelt haben. Die noch immer zunehmende Kluft zwischen den Hungernden und den Satten kann zur neuen Hauptkriegsgefahr werden – und das auf einer Erde, die Kosmonauten in 90 Minuten umkreisen. Auf die Menschen wartet ein Fahrplan von Chancen und Gefahren. Elektronische Prothesen werden Blinde lesen und Taube hören lassen. Das menschliche Hirn arbeitet sogar an gezielten Veränderungen der Persönlichkeit im biologischen und im psychischen Bereich. Diese Beispiele ungeheurer Perspektiven ließen sich leicht vermehren.

Hieraus ergibt sich der erste Gesichtspunkt: Wir müssen lernen, die Zukunft einer seit zwanzig Jahren gespaltenen Nation im Rahmen einer sich entwickelnden „Weltinnenpolitik" – um den Ausdruck von Carl Friedrich von Weizsäcker zu benutzen – zu sehen. Das heißt, nur im Einklang mit den Interessen vieler in der Welt werden wir unser Interesse erreichen können, liebe Freunde, nicht als militärische Großmacht alten Stils, wohl aber als eine bedeutende Macht konstruktiver, zumal geistiger Leistungen in dieser Welt.

Zweitens. Gerade Wissenschaft und Technik haben zu einer Wandlung der weltpolitischen Perspektiven geführt. Alte Strukturen zerbröckeln oder zerbrechen, militärisch, politisch, wirtschaftlich, gesellschaftlich. Dem Willen zur Erhaltung des Friedens werden andere Interessen untergeordnet. Neue Konturen erscheinen am Horizont. In den nächsten zehn Jahren wird eine fortschreitende Technologie auch – ich zitiere wörtlich – „die Notwendigkeit für Stützpunkte und Aufmarschgebiete verringern". Diese Formulierung des amerikanischen Verteidigungsministers[66] entspricht einer Erkenntnis, die von wichtigen Kräften in Ost und West geteilt wird. Hier liegt der Schlüssel zur deutschen Frage. Mehr Sicherheit durch Abbau von Spannungen ist auch für Ost- und Westeuropa das Thema. Geschichte und Schicksal machen sie zu Verwandten. Keiner Nation in dem einen oder anderen Teil Europas würde es nützen, alten Hader unnötig zu verlängern. Wenn wir Deutschland nicht verspielen wollen und wenn wir außerdem nicht noch die Bundesrepublik gefährden wollen, müssen wir der Vergangenheit entschlossen den Rücken kehren. Wir wollen nicht – so denke ich – in Ost und West unseres Landes zur verlängerten Werkbank von Supermächten werden.

Daraus ergibt sich der zweite Gesichtspunkt: Die deutsche Politik gewinnt an Einfluß und Gewicht, wenn sie aktiv an der Entspannung in Europa mitarbeitet.

Wir sagen das mit ganzer Überzeugung als eine Partei des Friedens, des Ausgleichs und der Verständigung.

Drittens. Die gesellschaftliche Entwicklung der vor uns liegenden Jahre und Jahrzehnte wird stärker überschaubar. Wir werden eines nicht so fernen Tages mehr Angestellte als Arbeiter haben, mehr Junge in den Schulen, mehr Alte zur Versorgung, weniger landwirtschaftliche Betriebe. Der Prozeß der Konzentration wird zunehmen. Unseren Städten droht der Herzinfarkt. Gewaltige Investitionen werden erforderlich auch für die Umschulung auf neue Berufe. Das ist eine zweite Bewährungsprobe für unser Volk. Sie muß bestanden werden, ohne daß der einzelne und ohne daß die Demokratie dabei auf der Strecke bleiben.

Dies ist der dritte Gesichtspunkt: Ohne sorgsame Vorausschau gehen wir dem gefährlichsten Experiment entgegen. Denn wer noch immer glaubt, ohne Vorausschau auskommen zu können, über den wird die Zeit hinweggehen.

Liebe Genossinnen und Genossen! Im Mai 1946 in Hannover, auf dem ersten Parteitag nach dem Krieg, sagte Kurt Schumacher, wir seien eine Partei wie die anderen, ohne totalitäre Machtansprüche; aber dies unterscheide uns – ich zitiere jetzt wörtlich –: eine große Konzeption von Sozialismus und Demokratie in Deutschland und in der Welt; diese Konzeption und die Ehrlichkeit und Aufrichtigkeit seien es, die uns in unserem Lande und in der Welt Vertrauen schafften.

Ich sage nun weiter: Die von Kurt Schumacher wiederbegründete SPD ist nach außen um so stärker, je lebendiger sie im Innern ist. Wir brauchen nicht wenig, sondern wir brauchen viel geistige Regsamkeit. Ohne solche Regsamkeit hätten wir es übrigens nicht zum Godesberger Programm gebracht. Auch in grundsätzlicher Hinsicht müssen wir weiterarbeiten.

Diskussion um ihrer selbst willen ist allerdings unpolitisch, und wo nicht argumentiert wird, sondern wo diffamiert wird, da gilt es, hart und unnachsichtig zu reagieren.

Was wir brauchen, das ist Freiheit in der Diskussion, Geschlossenheit in der Aktion, Entschlossenheit in der Abwehr gegnerischen Einwirkens.

Manche meinten, wir hätten die Bundestagswahlen im September vorigen Jahres verloren. Auch ich bin der Meinung – und habe es ja damals gleich gesagt; mit der mir erforderlich scheinenden persönlichen Konsequenz –, wir haben unser Ziel nicht erreicht. Aber verloren haben wir auch nicht. Seit 1960 sind wir doch nicht schwächer geworden, sondern wir haben miteinander schöne Fortschritte erzielt. Daß ich uns und unserem Volk mehr gewünscht hätte, das möge man mir bitte nicht ankreiden. Mit 13 Millionen Stimmen – und wenn „deutsch" addiert wird, sind es 14 Millionen, denn dann zählt West-Berlin mit –, mit 14 Millionen Stimmen also ist man keine Sekte, keine schwache Partei, sondern eine mächtige Partei auf dem Wege zur Mehrheit.[67]

Die Methoden unseres Wirkens nach außen, der Öffentlichkeitsarbeit, zeitgemäßer Organisationsformen – dies alles muß immer wieder durchdacht und überprüft werden. Die Parteiführung stellt sich auch dazu der kritischen Aussprache. Nichts ist so gut, daß es nicht besser werden könnte. Wahlen werden letzten Endes durch politische Inhalte entschieden; Wahlkämpfe werden durch die Schlagkraft der Organisation entschieden. Das hat das Ruhrgebiet, das hat das Rheinland gezeigt.

Ich möchte von zwei Erfahrungen sprechen. Wenn ich mich der vielen Begegnungen an Rhein und Ruhr erinnere, dann ist dies als einer der stärksten Eindrücke haftengeblieben: Breite Schichten in unserer Bundesrepublik fühlen sich noch vom staatlichen Geschehen ausgeschlossen. Die Integration der Arbeiterschaft ist bei weitem nicht abgeschlossen. Das offizielle Bonn ist für weite Teile des arbeitenden Deutschland nicht repräsentativ. Wenn man in den Straßen und auf den Plätzen und in den Gesprächen mit den Betriebsräten so stark erlebt hat, wie sehr es hier noch an der Identifizierung mit der staatlichen Gemeinschaft hapert, dann ist einem bewußt, wieviel von dem ganz ursprünglichen Auftrag der Sozialdemokratie noch zu erfüllen bleibt.

Ihrem Wesen nach ist diese unsere Sozialdemokratische Partei noch immer die einzige, in der der Arbeiter seinen gewissermaßen naturgegebenen Platz findet. Aber wir sind keine Kampfpartei mehr allein der „arbeitenden Klasse", sondern wir kämpfen für das ganze Volk. Diese Ausweitung ist für den Auftrag der SPD bestimmend.

Gleiche Chancen, nicht zuletzt gleiche Bildungschancen, und alles, was darüber hinaus zur Demokratisierung gehört, also auch die Überwindung des Feudalismus im wirtschaftlichen Bereich, dies ist das Generalthema des Godesberger Programms. Dazu bekenne ich mich – wie ich überzeugt bin: unterstützt durch den ganzen Parteitag hier – noch einmal mit allem Nachdruck.

Wir Sozialdemokraten befinden uns im klaren Gegensatz zu den konservativen Kräften der Union, die das Grundgesetz der Bundesrepublik Deutsch-

land für eine Situationsbeschreibung halten. Für uns ist der demokratische und soziale Bundesstaat ein permanenter Auftrag.
Wir treffen uns mit manchen – nicht zuletzt solchen, die aus der Soziallehre der Kirchen schöpfen –, wenn es darum geht, partielle und umfassende Reformen zugunsten bisher Benachteiligter voranzutreiben. Dabei denke ich auch an die Frauen, nicht zuletzt an die Mütter.
Es ist durchaus möglich, daß man sich aus wirtschaftspolitischer Einsicht zeitweilig auf eine Phasenverschiebung einigt. Aber es ist für meine Begriffe unakzeptabel, aktuelle Schwierigkeiten zum Vorwand zu nehmen, um die Berechtigung sozialer Reformen zu bestreiten oder auch den Anteil verschiedener Schichten und Gruppen am Ertrag der gemeinsamen Arbeit für „naturgegeben" und unveränderbar zu erklären.
Es ist kein Geheimnis, daß die Gewerkschaften kein verlängerter Arm der SPD sind. Das gilt auch umgekehrt. Dadurch ändert sich nichts an der Tatsache zahlreicher Berührungen und Verflechtungen, übrigens auch nichts an der Tatsache, daß die SPD vielfach mit gewerkschaftlichen Stellungnahmen identifiziert wird, mit denen sie nicht übereinstimmt. Um aktuelle Beispiele braucht man nicht verlegen zu sein. Ich spreche hierüber in aller Offenheit und ohne mich zu ereifern. Aber ich weiß, daß hier ein Problem vorliegt, um das wir uns gemeinsam mit Freunden in führenden gewerkschaftlichen Positionen kümmern müssen, auch um Loyalitätskonflikte nach Möglichkeit zu vermeiden.
Jeder weiß, daß wir, gestützt auf Parteitagsbeschlüsse, beispielsweise die Notstandsfrage anders sehen als die Mehrheit auf dem DGB-Kongreß.[68] Aber ich weiß auch, daß die Mehrheit auf dem DGB-Kongreß zum ganz überwiegenden Teil geglaubt hat, aus Sorge um die Demokratie – oder vielleicht zutreffender: aus Mißtrauen gegen Elemente unserer staatlichen Wirklichkeit – so votieren zu müssen, wie es geschah. Darüber muß man dann also offen miteinander reden.
Allzu hämische Kritiker sollten sich aber vielleicht daran erinnern, wie sehr die Gewerkschaften seinerzeit gelobt wurden; denn die Bundesrepublik wurde bekanntlich das westliche Land mit dem geringsten Arbeitsausfall durch Streiks. Wenn sich hier im Öffentlichkeitsbild einiges wesentlich verändert hat, so spricht die Vermutung dafür, daß die Ursache an mehr als an einer Stelle zu suchen ist. Aber absurd wäre es, sich die Gewerkschaften als Organisation zu wünschen, die dazu da ist, den Arbeitnehmern berechtigte gewerkschaftliche Forderungen auszureden.
Zur Mitbestimmung als Teil einer modernen Unternehmensverfassung beziehen wir die Vorschläge des Deutschen Gewerkschaftsbundes in unsere grundsätzlichen Betrachtungen voll ein und sagen, was heute notwendig ist und möglich sein müßte: nämlich eine unabhängige Kommission mit gewerk-

schaftlicher, unternehmerischer und wissenschaftlicher Beteiligung, wie sie unsere Regierungsmannschaft im Januar 1965 vorgeschlagen hat.
Zur Vermögensbildung haben wir erklärt und unterstreichen hier: Es ist nicht unangemessen, daß die Arbeitnehmer am wachsenden Kapital unserer Wirtschaft teilhaben wollen. Diese für die freiheitliche Ordnung so wichtige Frage bedarf einer evolutionären, aber an die Wurzel gehenden Lösung.
Liebe Freunde! Zu den starken Erlebnissen aus dem Bundestagswahlkampf gehört zum anderen die weithin spontane Unterstützung, die uns durch das geistige Deutschland zuteil wurde: durch Schriftsteller, Wissenschaftler, Künstler, Baumeister und andere.[69] Das ist über Wahlen hinaus wichtig. Denn was heute geschrieben und gestaltet wird, bestimmt morgen das Denken des Volkes.
Unser Verhältnis zum geistigen Deutschland ist offener als das der konservativen Union. Aber auch wir haben noch keineswegs die Form gefunden, um den wissenschaftlichen Sachverstand kontinuierlich auf unsere Meinungsbildung einwirken zu lassen oder um das Gespräch mit den Repräsentanten von Literatur und Kunst permanent zu führen.
In deutschen Landen gibt es ein weitverbreitetes Pharisäertum nicht nur der Literatur gegenüber. Die Arroganz, wie man sie etwa gegenüber Professor Jaspers erlebt hat, empfinde ich als unerträglich. Ich sage das, gerade weil ich seine Meinung in vielen Punkten nicht teile. Niemand sollte übersehen, daß für das Ansehen der Deutschen in der Welt und für den Abbau noch vorhandenen Mißtrauens unsere Schriftsteller, Professoren und Künstler sehr viel mehr bedeuten als der geistferne Typus, an dem es in der deutschen Politik nicht fehlt.
Damit wir uns nicht falsch verstehen: Träger politischer Verantwortung brauchen sich auch nicht von jedem als Fußmatte benutzen zu lassen, der sich wie ein Intellektueller vorkommt.
Aber das Verhältnis zwischen Politik und Geist in der Bundesrepublik ist notleidend. Das zeigt sich auch, wenn hohe und höchste Repräsentanten der Kirchen in ihre vermeintlichen Schranken verwiesen werden, weil sie ihren Rat zu wichtigen Fragen der Gesellschaft und des Staates geben. Dies war insbesondere der Fall, als sich der Rat der Evangelischen Kirche und die katholischen Bischöfe über unser Verhältnis zu Polen äußerten – Stellungnahmen, die unterschiedlich beurteilt wurden, die aber von vielen in unserem Volke als hilfreich empfunden worden sind.[70]
Über das konkrete Thema hinaus stimme ich mit denen überein, die sagen: Wir müssen zu der inneren Überzeugung finden, daß die Kirchen in einer freien Gesellschaft nicht nur einen Anspruch haben, toleriert zu werden, sondern daß sie ihren festen Platz in unserem eigenen Bilde von der Gesellschaft haben und mit unserer Hilfe rechnen können.

Liebe Freunde, meiner Meinung nach ist eine der wichtigsten Fragen für die Zukunft der Demokratie in diesem Lande, ob unser Volk sein inneres Gleichgewicht findet.
Heute hängen gewiß nur noch wenige der wahnwitzigen Parole an, am deutschen Wesen solle die Welt genesen. Alles schiene in leidlicher Ordnung, wenn unsere empfindlichen Ohren nicht doch fatale Töne aus der schwarzweiß-roten Ecke hörten, und nicht nur von dort. Ich will hier nichts dramatisieren. Ich halte nichts von übervereinfachten und damit falschen Analogien. Immerhin, und was immer links und rechts heute bedeuten mögen: Wir standen und stehen nicht deshalb im Kampf mit dem Radikalismus von links, um Extremisten von rechts das Feld zu überlassen.
Man darf es sich jedoch nicht zu einfach machen. Am vielzitierten und oft mißverstandenen Ende der Nachkriegsperiode müssen wir uns ernsthaft die Frage nach dem nationalen Selbstverständnis der Deutschen vorlegen. Auch ohne de Gaulle hätte es diese Frage gegeben, die für uns Deutsche ein Problem ist, während sie für andere Völker etwas Selbstverständliches bedeutet. Ein Blick nach England, in die skandinavischen Länder, auch nach Amerika zeigt, daß Demokratie und Nation kein Widerspruch sind.
Kein Volk kann auf die Dauer leben, ohne sein inneres Gleichgewicht zu verlieren, ohne in Stunden der inneren und äußeren Anfechtung zu stolpern, wenn es nicht ja sagen kann zum Vaterland. Wir Deutsche dürfen nicht die Geschichte vergessen. Aber wir können auch nicht ständig mit Schuldbekenntnissen herumlaufen, die junge Generation noch viel weniger als die ältere.
Auch wenn der Nationalstaat als Organisationsform gewiß nicht das letzte Ziel politischer Ordnung bleibt, die Nation bleibt eine primäre Schicksalsgemeinschaft. Sie bleibt die Hülle unserer inneren Ordnung wahrscheinlich noch für lange Zeit, selbst im Zeitalter der Großraumverbände. Das innere Gefüge und das Bewußtsein der Nation sind dem europäischen Zusammenschluß gleichgeordnet, ihm nicht einfach untergeordnet. Die Nationen werden in überschaubarer Zukunft ebensowenig verschwinden, wie die Staaten absterben.
Dabei wissen wir – und dies gilt es zu unterscheiden –, daß der Nationalstaat Existenz und Sicherheit eines Volkes nicht mehr allein gewährleisten kann. Übernationale Zusammenschlüsse sind auch zum Wohle der Nation erforderlich, auch zu ihrem Schutz.
Patriotismus zeigt sich nun nicht darin, daß man durch dick und dünn zur jeweiligen Regierung steht, alles für wohlgetan hält, was die Obrigkeit befiehlt, und sich überall und stets als Bejubler der herrschenden Macht betätigt. Der beste Untertan ist bestimmt nicht der beste Patriot. Wir sind Patrioten, wenn wir für eine Demokratie kämpfen, die sich nicht im parla-

mentarischen Betrieb erschöpft, wenn wir in unserem Land die Freiheit des einzelnen sichern, wenn wir die Demokratie auch im Wirtschaftlichen und im Sozialen durchsetzen helfen.

Wir haben es heute in der Bundesrepublik mit verschiedenen Erlebnisweiten zu tun, z.B. so, daß jeder vierte Bundesbürger Heimatvertriebener oder Flüchtling ist. Die Zukunft unserer Demokratie hängt mit davon ab, ob die Integration dieser Bevölkerungsgruppen voll gelingt, ob die Landsleute aus dem Osten wirklich überzeugt sind, daß bei uns gut aufgehoben ist, was sie aus ihrer ostdeutschen Heimat mitgebracht haben und was in ihren Herzen lebt, und daß wir wirklich alles uns Mögliche tun, soviel wie möglich von Deutschland für die Deutschen zu retten.

Unser Patriotismus versteht sich zugleich als europäische und weltpolitische Verantwortung. Dabei hilft gar kein Wehklagen, wenn andere an erster Stelle ihren und nicht unseren Interessen folgen. Staaten führen nun einmal Politik auf Grund ihrer Interessen, selbst wenn sie diese nicht immer richtig beurteilen. Die Stellung Deutschlands in der Welt hängt nicht von seiner Beliebtheit ab, sondern von seinem Gewicht für die Interessen anderer.

Neu ist, daß wir nicht mehr besondere Erklärungen über unsere Einstellung zur Bundeswehr abgeben müssen. Die Soldaten wissen, wie wir zu ihrem Dienst am Vaterland stehen. Sie wissen auch, wie wichtig uns die demokratische Tradition in Deutschland ist, zu der in besonderer Weise der Widerstand gegen Hitler gehört.

Gemessen am Frieden, ist die Nation nicht mehr das höchste aller Güter. Aber gerade weil es in unserer Zeit Klammern gibt, die über die Nationen hinweggreifen, gerade weil die Menschheit für die Zukunft qualifizierte Formen des Zusammenlebens finden muß, wenn sie nicht untergehen will, gerade weil Überheblichkeit und Hochmut einer Nation über andere heute lächerlich sind, gerade weil wir einen Blick haben für die Herausforderungen der Menschheit in den nächsten Jahrzehnten, gerade weil wir nur in diesen Zusammenhängen eine Rolle und einen Platz für Deutschland sehen, gerade deshalb ist unser Bekenntnis zur Nation keine Gefahr. Diese Einstellung berechtigt uns, eindringlich, verantwortungsbewußt nach dem Selbstbestimmungsrecht zu fragen, uns als Nation zu verwirklichen, unser Selbstverständnis zu finden und damit unseren Beitrag dazu zu leisten, daß Europas Mitte gesundet.

Aber wenn diese Bundesrepublik mehr sein will als korrigierte Vergangenheit, dann muß sich auch ihr Gesellschaftsbild Änderungen gefallen lassen. Nicht nur die Maschinen müssen modern und leistungsfähig sein. Die Sozialordnung und die öffentlichen Einrichtungen und die Politik müssen es auch sein. Unsere Nation kann sich nur mit einer modernen, mobilen und humanen Gesellschaftsform behaupten. Sie muß jeder Vergötzung des Staates und

ihrer selbst widerstehen; denn diese ginge auf Kosten des Menschlichen und auf Kosten der Zukunft des Volkes.
Liebe Freunde, in der Bundesrepublik liegt hinter uns ein stolzes Aufbauwerk. Die deutschen Bundesbürger – nicht im rechtlichen, im Sinne unserer täglichen Sprache – leben besser als ihre Vorfahren, und die innere Ordnung ist stabil. Wer zurückblickt, kann also zufrieden sein. Aber man muß fragen, ob der unbesorgt sein kann, der nach vorn blickt. Vor zwanzig Jahren haben wohl wenige die großen wirtschaftlichen Leistungen für möglich gehalten, die ein fleißiges und tüchtiges Volk seitdem erbracht hat. Die meisten haben es allerdings auch nicht für möglich gehalten, daß Deutschland zwanzig Jahre später noch immer geteilt leben würde, in der Teilung gegeneinander gerüstet und ohne konkrete Aussicht auf einen Friedensvertrag. Damals, vor zwanzig Jahren, wußte jedermann, daß Deutschland den Krieg verloren hatte. Heute wollen es manche nicht mehr wissen. Damals gab es eine starke Aufgeschlossenheit für einen Aufbruch zu neuen Ufern. Im Laufe der Jahre wurde die Neigung zur Restauration stärker. Damals gab es neben erheblichen Verdrängungen die Rückbesinnung auf Gemeinsinn, auf moralische Werte, auf geistige Reserven. Danach wurde der wirtschaftliche Erfolg zum Maßstab des Erfolges schlechthin gemacht, und zwar von einer Staatsführung, die sich heute darüber beklagt, daß sie die Geister nicht mehr los wird, die sie gerufen hat.
Vorhin habe ich von den verschiedenen Erlebniswelten gesprochen. Das gilt vor allem auch für die Generationen. Immer mehr Jahrgänge wachsen heran, für die NS-Regime, zweiter Weltkrieg und Nachkriegsjahre historische Kategorien sind, Geschichte, von der man wenig weiß und für die man keine Verantwortung hat. Es heißt, dies sei eine skeptische Generation. Ich glaube, sie will nicht, daß man ihr nach dem Munde redet, wohl aber, daß man ihr Aufgaben zutraut, auch solche, die Wagemut und Opfersinn erfordern. Es ist wichtig, daß die Älteren – und ich muß hier selbst schon seit geraumer Zeit in Wirklichkeit sagen, daß wir Älteren – unsere Erfahrungen vermitteln. Aber die Älteren, wir Älteren, müssen auch auf die ganz anderen Erfahrungen der Jungen hören. Wir müssen die Erfahrungswelten zusammenführen, auch in unserer Partei. Konkret heißt das unter anderem, die Dreißigjährigen müssen stärker in die unmittelbare politische Verantwortung.
Etwas anderes: Wahrhaftigkeit! Wahrhaftigkeit ist nicht nur von Konfirmanden zu verlangen, sondern erst recht von den Trägern staatlicher Verantwortung. Man darf mündige Staatsbürger nicht abspeisen wollen, als wären sie geistig Geschädigte. Für den Aufbau und Ausbau des demokratischen Bundesstaates ist es schlechthin entscheidend, ob sich viele einzelne mitverantwortlich fühlen. Erhards Haltung ist bekanntlich: Für alles, was gut ist, zeichnet er verantwortlich; für alles, was schlecht ist, die anderen. Ich frage:

Wie kommt der Mann eigentlich dazu, unserem Volk nachzusagen, daß es „in der Trägheit des Geistes und des Herzens dahintaumelt"? Solche Sprüche aus dem Schaum-Palais sind höchst entbehrlich.[71]
In der Nachkriegszeit ist die Rangordnung der Probleme fehlentwickelt worden. Durch das Überwuchern des Materiellen, um nicht zu sagen Materialistischen, wurden doch wohl geistige Kräfte über Gebühr gebunden. Selbstzufriedenheit, Selbstsucht, mangelndes Verantwortungsgefühl haben um sich gegriffen. Wenn das so ist, dann kann dadurch das Erreichte gefährdet, können Fortschritte gehemmt werden.
Bonn ist nicht Weimar. Aber auch unter anderen Bedingungen kann ein Mangel an demokratischer Kraft den Staat zersetzen. Trotzdem meine ich, alles in allem ist nicht nur die Arbeitsmoral intakt, die Nation ist im ganzen kraftvoll und im Kern gesund. Auf dieser Grundlage ruht unsere Politik. In der Bundesrepublik zielt sie darauf ab, den privaten Wohlstand zu sichern, ihn durch den gemeinschaftlichen Wohlstand zu ergänzen, diesen Staat durch Modernisierung und Demokratisierung fit zu machen für die Herausforderung der Zukunft.
Unser Konzept der Gemeinschaftsaufgaben, das wir seit 1960 in die politische Diskussion einführten, bedeutete keine Vernebelung von Gegensätzen. Der Vorwurf, die Zukunft des Volkes auf wichtigen Gebieten der inneren Ordnung gefährdet zu haben, ist die härteste Kritik, die eine Regierung treffen kann. Und eine Partei, die die Regierungsverantwortung anstrebt, geht nicht den bequemen Weg, wenn sie ein Denken in Prioritäten, in Rangordnungen entwickelt und dafür von ihren Mitbürgern Anstrengungen verlangt. Zunächst griff man einen Punkt heraus, und wir wurden wegen des blauen Himmels über der Ruhr verspottet. Später wollten alle die ersten gewesen sein. Was wir nicht zuletzt auch im Wahlkampf 1965 gesagt haben, das war nicht anspruchslos. Es wurden dadurch Maßstäbe gesetzt. Unser ganzes solides innenpolitisches Programm läuft darauf hinaus, das Wichtigste zuerst zu tun. Die Bilanz der Gemeinschaftsaufgaben bleibt bedrückend. Der Verband Deutscher Studentenschaften, von dem in der Begrüßung schon die Rede war, hat recht, wenn er sagt, das Grundrecht auf Bildung ist nicht verwirklicht. Vorausschauende Wirtschaftler haben recht, wenn sie fragen: Wann kommt endlich das Berufsausbildungsgesetz? Die wissenschaftlichen Gesellschaften haben recht, wenn sie darauf hinweisen, daß das drittgrößte Industrieland der Welt noch immer zuwenig für die Forschung tut und daß die Abwanderung ins Ausland einer Gehirnauszehrung gleichkommt. Die Sozialpolitik tritt auf der Stelle. Unser stark gesundheitspolitisch orientierter Plan für eine Volksversicherung wird liegen gelassen, statt ihn einzubeziehen in eine zusammenhängende Konzeption für Sozialpolitik und Gesundheitswesen. Der Deutsche Städtetag hat recht, wenn er Alarm gibt wegen der

Finanznot der Gemeinden, durch die wichtige Vorhaben zum Stillstand zu kommen drohen. Die Verkehrsfachleute haben recht, wenn sie darauf hinweisen, daß die vorliegenden Pläne für den Straßenbau unzulänglich sind.
Die Wissenschaftler sehen, was not tut. Die Praktiker sehen, was not tut. Unser Volk spürt es. Der Mann an der Spitze der Regierung, der wenigstens in seinem eigenen Fachgebiet Ordnung halten sollte, will es nicht sehen. Auf das Wort Planung reagiert er allergisch und lehnt es eigenwillig ab. Selbst zu einem mittelfristigen Plan der öffentlichen Finanzen hat er unter dem Druck leerer Kassen nur widerwillig ja gesagt. Und er will auch nachträglich nicht einsehen, wie segensreich eine vorausschauende Finanzpolitik bei vollen Kassen hätte sein können.
Hier im Ruhrgebiet erlebt man in besonders erschreckender Weise, wohin der Mangel an Vorausschau geführt hat. Diese Art der Kohlenkrise beruht doch darauf, daß trotz jahrelangen Drängens keine energiepolitische Konzeption entwickelt wurde. Darüber sind die Bergleute empört, und wir stehen dabei an ihrer, der Bergleute, Seite.
Die SPD will unter den konkreten Bedingungen unseres Landes und unserer Volkswirtschaft nicht mehr Planung, als andere westliche Demokratien sie praktizieren; auch die USA. Weniger können wir uns in Deutschland allerdings einfach nicht mehr leisten.
Wir sind gegen das Hineinregieren in die Betriebe. Wer aber systematisches Vorausdenken verketzern will, der verketzert den Fortschritt. Unser Staat verfügt über wesentliche Voraussetzungen, um der Rolle gerecht zu werden, die er unserer Meinung nach spielen soll. Aber er ist ungenügend auf diese Rolle vorbereitet. Heute muß man die Frage hinzufügen, ob die Wirtschaft sich als krisenfest genug und tragfähig genug erweisen wird. Dabei fehlt es nicht am Leistungswillen, auch nicht an der Bereitschaft zu materiellen Opfern, wenn den Menschen überzeugend gesagt wird, wofür. Unser Volk reagiert jedoch gegen Leute, die Forderungen an andere stellen, aber nicht an sich selbst. Der Arbeitswille, über den soviel Unsinn geredet wird, zeigt sich auch in den Überstunden, und die Produktivität steigt weiter. Dies ist ein großer Aktivposten. Den objektiv wichtigen Beitrag ausländischer Arbeitnehmer wollen wir dabei nicht übersehen.
Unser Volk hat viel durchgemacht. Sein Blick für Wirtschaftsgeschehen und Wirtschaftspolitik ist geschärft. Neu ist, daß das Vertrauen durch Beklommenheit verdrängt zu werden droht. Das Wort vom Wirtschaftswunder scheint aus dem Sprachschatz verschwunden, und es ist meiner Meinung nach gut, wenn einem Rückfall in Prahlerei und Selbstgefälligkeit vorgebeugt wird.
Wir Sozialdemokraten sagen: Die Bundesrepublik Deutschland kann sich einen Verfall ihrer Wirtschaftskraft nicht leisten. Niemand kann zulassen, daß

die deutschen Sorgen noch gerade um diese vermehrt werden. Wir sagen weiter: Was Menschen in Unordnung gebracht haben, können Menschen wieder in Ordnung bringen. Vom bloßen Treibenlassen werden die Dinge nicht besser; es bedarf bewußten, vernünftigen Handelns.
Die Menschen fragen, was wirtschaftlich nicht in Ordnung ist. Sie fragen besorgt nach der Erhaltung der Kaufkraft und nach dem Eindämmen der schleichenden Inflation. Sie sehen die strukturellen Krankheitsherde gerade hier im industriellen Herzen der Bundesrepublik, und sie sehen konjunkturelle Schwächen hinzutreten.
An der Spitze eines arbeitsamen Volkes steht eine betriebsame Regierung. Der Haupteinwand gegen sie ist nicht einmal, daß sie vieles falsch macht, sondern daß sie das Wichtige nicht macht. Was heißt denn eigentlich Verantwortung? Doch wohl nicht, die Schuld bei anderen suchen oder über Richtlinien reden, aber sie nicht durchsetzen. Wenn es darum gehen wird, die deutsche Wirtschaftspolitik wieder in Ordnung zu bringen, kann man sich glücklicherweise neben der Arbeitskraft und dem Arbeitswillen auf eine in der Substanz gesunde Außenwirtschaft stützen, deren Wettbewerbsfähigkeit im großen und ganzen erhalten geblieben ist.
Zum Unterschied vom Bundeskanzler hat die SPD nicht an dem Stufenplan herumgemäkelt, den der unabhängige Sachverständigenrat als Handlungsanweisung unterbreitete.[72] Wir sind für ein Programm von Einkommenspolitik *und* Rahmenplan, ein Programm für heute *und* morgen, ein Programm der Ehrlichkeit *und* der erforderlichen Opfer, aber Opfer von allen, nicht nur von den Schwächsten.
Die Finanzreform ist in gewisser Hinsicht das wichtigste innenpolitische Thema der kommenden Jahre über diese Legislaturperiode des Bundestages hinaus. Die Sozialdemokraten werden daran entscheidend mitarbeiten. Gegen sie wird es nicht gehen. Ich will dazu heute nur sagen: Eine Finanzreform wird diese Bezeichnung nur zu Recht tragen, wenn sie die Lebensgrundlage der Städte und Gemeinden in entscheidender Weise festigt.
In einer Zeit, in der es gilt, die Bundesrepublik nach vorn zu bringen, müssen nun zunächst Stagnation und Fehlentwicklungen überwunden werden. Ich habe früher das Bild vom wirtschaftlichen Riesen und politischen Zwerg für die Bundesrepublik gebraucht. Das sollte aber natürlich nicht heißen, daß man den Riesen etwa schrumpfen lassen solle.
Ich meine, die gestellten Aufgaben sind zu lösen. Sie verlangen die Bereitschaft zu systematischer Vorausschau und zu zielbewußtem Handeln. Das ist und bleibt unsere Politik.
Und jetzt stellt sich, liebe Freunde, Genossinnen und Genossen, die Frage nach der Rolle der SPD unter den heutigen Bedingungen der Bundesrepublik Deutschland. Ende 1960 haben wir im Appell von Hannover deutlich ge-

macht, was für die Bundesrepublik notwendig ist, und hinzugefügt: Dies schaffen wir nur mit einer Politik neuen Stils, einer Politik der Redlichkeit, der Sachlichkeit, der Zusammenarbeit, des Ausgleichs.
Jetzt haben wir es in der kurzen Geschichte der Bundesrepublik mit einer neuen Phase zu tun. Diese neue Phase drückt sich aus in einem relativen Gleichgewicht der politischen Kräfte. Wir sind stärker geworden, aber noch nicht stark genug; zu groß, um uns abseits stellen zu können, noch nicht groß genug, um den Kurs bestimmen zu können. Die anderen können nicht mehr, wir können noch nicht – das ist die gegenwärtige Lage.
Alles, was Verfassungsänderung verlangt, kann jedenfalls nicht gegen den Willen der Sozialdemokraten durchgesetzt werden. Es wird auch nicht durchgesetzt werden, wenn es nicht mit unseren Überzeugungen zu vereinbaren ist.
CDU/CSU und FDP haben ihre Koalition gegen die SPD erneuert. Sie haben es getan im Wissen um die Kräfteverhältnisse und doch wohl auch im Wissen um die Aufgaben, und über die Konsequenzen dürfen sie sich nicht beschweren.
Das heißt: Die Sozialdemokraten sind nicht für eine Arbeitsteilung, die darin besteht, daß sie alle Lasten schwieriger Entscheidungen mittragen, während die anderen alle Vorteile des Regierens monopolisieren.
Das heißt: Bei Verfassungsänderungen werden entweder die Auffassungen der Sozialdemokratischen Partei durchgesetzt, auch ohne daß wir in der Regierung sind, oder die gegenwärtige Koalition wird ihre Unfähigkeit bekennen müssen, objektiv notwendige Aufgaben zu lösen. Das ist die Lage.
In einigen sehr wichtigen Fragen kann keine der großen Parteien der anderen ihren Willen aufzwingen. Wir können nicht so tun, als wären wir in der Regierung. Die Regierung kann nicht so tun, als hätte sie die verfassungsändernde Mehrheit. Daraus resultiert objektiv eine gegenseitige Abhängigkeit. Diese wäre nur dann nicht gegeben, wenn die SPD den Weg der Obstruktion oder das Mittel des Opportunismus wählte. Beides scheidet aus Überzeugung aus. Aber es bleibt dabei, daß wir – das gilt vor allem auch für unsere Bundestagsfraktion – den politischen Gesamtfahrplan genau kennen wollen und kennen müssen, bevor wir uns auf einzelne Stationen festlegen lassen.
Notstandsgesetze – die man von Anfang an als Gesetze zum Schutz des demokratischen Staates und seiner Bürger in Zeiten äußerer Not hätte konzipieren und bekanntmachen sollen – werden die Zustimmung der Sozialdemokraten im Bundestag und Bundesrat nur finden, wenn sie die von uns formulierten Voraussetzungen erfüllen, nachdem sie in aller Öffentlichkeit diskutiert worden sind, und wenn nach menschlichem Ermessen jede Gefahr des Mißbrauchs ausgeschaltet ist. Der Kurs der SPD ist auf Durchsetzung der richtigen Politik gerichtet, nicht darauf, sich in die Mitregierung zu schlei-

chen. Das Thema einer Koalition ist für uns nicht aktuell. Wir werden es auch nicht aufbringen. Sollte es früher oder später an uns herangetragen werden, dann wird gewissenhaft zu prüfen sein, was unter den dann gegebenen Umständen dafür oder dagegen spricht, was sachlich durchgesetzt werden könnte, was gut sein würde für unser Volk.

Wir wollen nicht wie nach 1918 nur recht behalten. Wir müssen alles tun, um das als richtig Erkannte auch durchzusetzen. Das ist unsere Lehre aus Weimar. Mit Klarheit und Energie werden wir unsere eigenen Vorstellungen entwickeln, die Regierung an ihren Taten und nicht an ihren Worten messen und im Wettstreit der Meinungen die Voraussetzungen schaffen für den nächsten entscheidenden Durchbruch. Die Landtagswahlen hier in Nordrhein-Westfalen am 10. Juli können hierfür ein sich weit auswirkender Auftakt sein.[73]

Unabhängig von Wahlterminen, werden wir nicht nur darum ringen, möglichst viel von unseren Auffassungen durchzusetzen, sondern dabei auch in jedem möglichen Sachbereich zusätzlichen Einfluß zu erringen. Die Versachlichung auf einer Reihe von Gebieten durch unabhängige Sachverständigengremien begrüßen wir. Um die Stärkung der Parlamentsausschüsse gegenüber der Regierung werden wir uns weiter kümmern.

Es wird aber auch Gebiete geben, auf denen wir politische Mitverantwortung nur übernehmen können, wenn wir in die Lage versetzt werden, kontinuierlich auf Politik und Verwaltung einzuwirken, gestaltend und kontrollierend. Alles hat seinen Preis.

Liebe Freunde, in einer Zeit, in der wir selbstbewußt die geistige und politische Auseinandersetzung suchen und führen, in einer Zeit, in der die Deutschen in Ost und West stärker wieder Deutschland ins Auge fassen, in einer solchen Zeit muß sich der Vorsitzende der Sozialdemokratischen Partei auch über einige Grundtatbestände im anderen Teil unseres Landes äußern.

Wenn wir nach Chemnitz gehen, dann werden wir dabei auf Vertreter eines Regimes treffen, an dem die Zeit auch nicht spurlos vorübergegangen ist.[74] Allerdings, die Charakterisierung eines Regimes, das auf Terror aufgebaut wurde und das ohne die sowjetische Armee nicht mehr existieren würde, diese Charakterisierung stimmt noch immer. Dennoch dürfen wir nicht so tun, als ob sich drüben nichts entwickelt hätte. Sonst würden wir einer Einseitigkeit verfallen, die einer Fiktion gleichkäme.

Das Jahr 1961 brachte mit dem Bau der Mauer, jenem tragischen Denkmal auf den Sieg der Alliierten, und mit der vollen Liquidierung des Bauerneigentums in der Landwirtschaft im Sinne des Stalinismus für die Menschen drüben einen tiefen Einschnitt. Sie wurden noch mehr auf sich selbst gestellt. Die Hoffnung auf Hilfe durch den Westen schwand. Daraus ergab sich einiges, was der Konsolidierung des Regimes zugute kam. Ökonomische und gesellschaftliche Entwicklungen von erheblicher Tragweite begannen sich abzuzeichnen. Das System, der Sowjetunion auch in diesem Sinne folgsam, stellte sich oder mußte sich stellen den Anforderungen einer weltweiten industriellen Konkurrenz und mußte ihren Maßstäben Beachtung schenken. Wer auf dem Weltmarkt konkurrenzfähig werden will oder muß, der kann dies nicht nur durch Terror und Willkür, durch den Zwang der Dogmen und durch rückständige Apparatleute.

Ein erkennbarer Tatbestand ist, daß die Wirtschaft im anderen Teil Deutschlands beachtliche Erfolge erzielt hat. Gemessen an unserem Niveau, wirken sie sich unzulänglich auf den Lebensstandard der Bevölkerung aus; das ist wahr. Aber die Menschen empfinden doch vielfach einen Stolz auf Leistungen, die unter sehr erschwerten äußeren und inneren Bedingungen erreicht wurden. Ich sage jetzt betont: Was da immer zwischen uns steht, wir freuen uns mit den Menschen über jeden noch so bedingten Fortschritt.

Unser Wunsch kann doch nicht sein, daß es unseren Landsleuten schlecht geht. Unser Ziel kann doch nicht sein, ihren Lebensstandard niedrig zu halten, und wir brauchen durchaus nicht zu bedauern, wenn sich die Zonenwirtschaft auf dem Weltmarkt betätigt.

Mit dem Neuen Ökonomischen System 1963, mit dem Jugendgesetz 1964, mit dem Bildungsgesetz 1965 wurde drüben ein Rahmen geschaffen, in dem das Leistungsprinzip als Kriterium der Auswahl eine zunehmende Rolle spielt. Damit wurde der Grundcharakter des Systems nicht verändert, und es blieb bei dem Versuch, an Symptomen zu kurieren. Immerhin wurden Möglichkeiten geschaffen, den starken Drang der jungen Generation – dort wie hier – zum beruflichen und gesellschaftlichen Aufstieg auch außerhalb der Staatspartei zu nutzen. Soziale Spitzenpositionen können inzwischen auch außerhalb der SED erreicht werden.

Das Ergebnis dieses begonnenen gesellschaftlichen Prozesses ist erstens, daß die Dogmatiker, die Kräfte der Beharrung, zu einem Abwehrkampf auf den Plan gerufen wurden, zweitens, daß die Elite der fachlich zum Teil hochqualifizierten jüngeren Generation mit den Dogmatikern um zunehmend sachbezogene Entscheidungen ringt, und drittens, daß die Führung alle Probleme und Schwierigkeiten lösen muß, die sich durch diese Auseinandersetzungen ergeben.

Der Spielraum, der für zahlreiche befähigte junge Menschen auf diese Weise entstanden ist, stellt nicht unser Verdienst dar. Was sie sich an zunehmendem Raum erringen, das erringen sie sich selbst im Regime.

Das Ergebnis ist ein Selbstbewußtsein, das über den normalen Stolz einer Bevölkerung auf die Ergebnisse schwerer Arbeit unter ungünstigen Bedingungen noch hinausgeht. Niemand weiß heute, wie dieses Ringen entschieden wird; aber es scheint natürlich zu sein, daß es für die alten Apparatleute, die ihre Machtposition behaupten und die nachrückende Jugend in Abhängigkeit halten und kontrollieren wollen, nicht einfach sein wird, auf die Dauer ihre schon angeschlagene Macht zu erhalten. Das System wird von innen heraus kritisiert und von innen heraus – zumindest partiell – verändert. Ich glaube, daß niemand diesen Prozeß stoppen kann.

Im deutschen Westen nehmen wir davon allerdings kaum Kenntnis. Ich weiß nicht, ob aus Unvermögen, aus Trotz oder wegen eines völlig mißverstandenen Anspruchs auf Alleinvertretung.

Das Ergebnis, nach vorne gesehen, wird nicht sein, daß die Hoffnungen auf den Westen wachsen. Vielleicht mag dieser Prozeß innerhalb der sogenannten DDR geeignet sein, einen Zustand herbeizuführen – vielleicht –, in dem Sachlichkeit, Nüchternheit und Sinn für Realitäten etwas mehr bedeuten werden, als das heute der Fall ist. Das wäre gut.

Sozialdemokraten wissen besser als andere, was die Solidarität von Benachteiligten, was die Solidarität von arbeitenden Menschen bedeuten kann. Ich sage: Wo immer uns solche Verbundenheit begegnet, da wollen wir sie achten und nicht nur registrieren.

Wenn aber nur einiges an den Faktoren ist, die ich erwähnt habe, dann müssen wir die Vorstellung von einer völlig monolithischen Einheitspartei überprüfen. Es ist eine kommunistische Partei mit allem, was das bedeutet; unter den besonderen Bedingungen eines Gebiets, das man objektiv ein sowjetisches Kolonialgebiet nennen kann, wenn auch seine Entwicklung vom Satelliten zum Partner unverkennbar ist. Ein Arbeiterstaat ist das jedenfalls nicht, und das Selbstbewußtsein, von dem ich sprach, bedeutet bei den Menschen, um die es geht, kein Staatsbewußtsein.

Der andere Teil Deutschlands befindet sich weiterhin in einer Sonderlage; aber gewisse Veränderungen, mit denen wir es in der kommunistischen Welt zu tun haben, schlagen sich auch dort nieder. Diese Veränderungen sind weitergegangen, als es die meisten für möglich gehalten hatten. Es ist mein Eindruck, daß wir es nicht mehr nur mit zwei Hauptrichtungen des Kommunismus zu tun haben, sondern daß sich neben Moskau und Peking eine dritte Richtung bemerkbar macht, die an vorleninsche Positionen anknüpft.

Aufgabe der Sozialdemokraten kann es natürlich nicht sein, sich im Streit zwischen den kommunistischen Gruppen zu engagieren oder engagieren zu lassen oder die gegenseitigen Behauptungen der Streitenden zu übernehmen; wohl aber haben wir es daraufhin zu betrachten und zu werten, wie sich ihre Politik auswirkt auf die friedliche Zusammenarbeit und auf die Lösung von Weltproblemen.

Der westeuropäische Kommunismus, der mittlerweile auch bemerkenswerte Differenzierungen aufweist, bemüht sich seit einiger Zeit wieder – in teilweise abgewandelter Form – um Einheitsfronten und Volksfronten. Dazu wiederhole ich meine Erklärung vor dem Kongreß der Sozialistischen Internationale Anfang Mai in Stockholm:

1. Kein Verwischen der prinzipiellen Gegensätze, kein Eingehen auf Anbiederungsversuche!
2. Keine sozialdemokratischen Vorleistungen auf Wandlungen im kommunistischen Bereich!
3. Auf die taktischen oder weiterreichenden Veränderungen in der Politik der Kommunisten nicht furchtsam, sondern selbstbewußt reagieren!

Auf unser Land bezogen, möchte ich sagen: Wer sich durch gesamtdeutsche Gaukeleien hypnotisieren läßt, der kann dadurch Neurosen in der Bundesrepublik verursachen. Aber das Denken nur an die Bundesrepublik reicht für Deutschland nicht aus.

Es bleibt also wahr, daß die Regierung im anderen Teil Deutschlands nicht durch das Volk legitimiert wurde. Es bleibt auch wahr, daß die Genfer Viermächtekonferenzen 1955 und 1959 ganz überwiegend wegen sowjetischer Intransigenz gescheitert sind.[75] Aber nach zwanzig Jahren sind Tatsachen geschaffen worden, die sich nicht einfach aus der Welt diskutieren lassen. Sie verschwinden auch nicht durch die bloße Wiederholung alter Forderungen. Bisherige Politik hat uns Deutschen das Selbstbestimmungsrecht nicht gebracht. Ich will nicht untersuchen, was geschehen wäre, wenn ... Denn die meisten von uns haben längst erkannt, daß das nicht weiterhilft. Ein Streit darüber ist fruchtlos, weil das deutsche Schicksal so stark von weltpolitischen Faktoren bestimmt wird.

Es ist in diesen zwanzig Jahren gewiß schwerer geworden, die deutsche Frage zu lössen. Auch auf dem Gebiet der Deutschlandpolitik ziehen die Preise ständig an. Für die Zukunft der Demokratie in unserem Land kann es von entscheidender Bedeutung sein, daß man unser Volk nicht in einem Wunderglauben läßt, der eines Tages in Enttäuschung umschlägt oder gar in das Gefühl mündet, wir würden auch von unseren Freunden verlassen. Der Weg der internationalen Rechthaberei oder in den weltpolitischen Schmollwinkel mag bequem sein, Erfolge kann er nicht bringen. Die Welt hat nämlich – ob uns das nun Spaß macht oder nicht – ganz überwiegend nicht das Empfinden, daß sie uns etwas schuldet. Das ist nicht einfach, aber so ist es.

Die politische Führung muß den Mut haben, Wahrheiten zu sagen, auch wenn sie unbequem sind. Unser Volk braucht Klarheit über die Lage der Nation und Wachsamkeit gegenüber Phrasen und Illusionen und kein Versteckspiel vor Tatsachen.

Dabei muß man zu Grundüberzeugungen stehen. Man darf entscheidende Rechtspositionen nicht preisgeben. Gleichzeitig muß man prüfen, wo Positionen unecht geworden sind; solche gibt es nämlich. Nicht von mir, sondern aus der „Frankfurter Allgemeinen“ stammt der Satz über die Gartenzwergszenerie im Vorfeld der deutschen Außenpolitik. Und Arnold Brecht, ein verdienter Mann aus der Weimarer Zeit, hat in seinem Erinnerungsbuch geschrieben, was es schon vor 1933 gab: „Organisiertes Nichthandeln, organisierte Impotenz, die irrisierend und verführerisch sich als höhere Weisheit ausgibt." Soweit Arnold Brecht.

Es gibt drei vielzitierte Grundsätze der Deutschlandpolitik, die im Kern stimmen. Man muß nur wissen, daß diese Grundsätze noch keine Politik ausmachen und daß sie außerdem nicht überstrapaziert und wirklichkeitsfremd ausgelegt werden dürfen:

Erstens geht es um die völkerrechtlich bestehende und weiterbestehende Viermächteverantwortung für die Lösung der deutschen Frage. Das ist eine wichtige Position, wenn sie nicht nur zu dem Wandschirm wird, hinter dem man eigenes Nichtstun verbirgt oder die gewachsene politische Verantwortung der Deutschen leugnet. Außerdem muß nüchtern gesehen werden, daß in der gegebenen Situation die Sowjetunion keine Neigung zeigt, dieser Verantwortung gerecht zu werden, mit der einzigen Ausnahme dessen, was man dort, also in Moskau, europäische Sicherheitsfragen nennt. Ja, wollen wir doch ehrlich sein: Leider gibt es ja nicht einmal mehr eine wirkliche Übereinstimmung der drei Westmächte, die dann von den vier übrigbleiben. Ich bin heute mittag gefragt worden, was eine Fiktion sei. Nun, ich nenne es eine Fiktion, von diesen relativierten Tatsachen nicht Kenntnis zu nehmen, wenn man von der Viermächteverantwortung spricht.

Zweitens geht es um den Alleinvertretungsanspruch.[76] Daran ist natürlich richtig, daß die Bundesrepublik Deutschland der Staat ist, in dem die Deutschen frei ihren Willen ausdrücken können und in dem eine Regierung den Staat regiert, die durch den Willen der Bevölkerung legitimiert ist. Daraus ergibt sich nach dem Grundgesetz übrigens mehr noch als ein Recht eine Pflicht, nämlich die, für jene Deutschen zu sprechen, denen es versagt ist, frei ihren Willen zu äußern. Zu überlegen ist, wie dieser berechtigte Anspruch den Änderungen der Weltpolitik anzupassen ist. Die Repräsentanten des kommunistischen Deutschland dürfen nämlich auch nicht indirekt bestimmen können, wo die Bundesrepublik Deutschland ihre Flagge einzuholen hat.

Der dritte Grundsatz gilt der Nichtanerkennung. Hier ist völlig klar, daß die Bundesrepublik das Regime im anderen Teil Deutschlands nicht als demokratisch und rechtlich legitimiert anerkennen kann. Aber hieraus sollten wir doch wohl nicht das Seil machen oder machen lassen, durch das wir uns selber fesseln. Nicht nur dies: Wir erkennen nicht an, daß der andere Teil Deutschlands Ausland ist. Das gehört nämlich zum Grundsatz der Nichtanerkennung.

Wir erkennen nicht an, daß der andere Teil Deutschlands Ausland ist. Inner-

deutsche Regelungen sind kein Gegenstand für Politik gegenüber fremden Staaten. Anders würden wir die tatsächliche Spaltung völkerrechtlich zementieren und damit nahezu unheilbar machen.
Ich wiederhole: Die erwähnten Grundsätze stimmen im Kern. Aber sie reichen doch nicht aus, um Politik zu machen. Sie sind kein Ersatz dafür, daß man von ihnen ausgehend eine sinnvolle Politik entwickelt.
Zum Deutschlandgespräch der Parteien in der Bundesrepublik möchte ich sagen: Die Gemeinsamkeit der Grundsätze versteht sich eigentlich von selbst; die Gemeinsamkeit der Politik muß erst noch erarbeitet werden.[77] Hier stehen wir erst am Anfang vom Anfang.
Zur Wahrhaftigkeit gegenüber unserem Volk gehört, daß wir auf diesem Parteitag noch deutlicher als zuvor sagen: Eine Friedensregelung, wenn sie eines Tages kommt, wird Opfer verlangen. Diese Opfer werden in der Welt verstanden werden als der international-rechtliche Preis für den von Hitler begonnenen und verlorenen Krieg.
Diese Frage wird übrigens häufig zu eng und zu einseitig mit der Grenzfrage verbunden. Immerhin zur Grenzfrage: Manche Leute tun so, als hätten wir die Gebiete östlich der Oder-Neiße. In diesem Sinne „haben" wir ja nicht einmal das, was zwischen uns und der Oder und Neiße liegt. Manche Leute tun auch so, als hätten sich die befreundeten Staaten durch mehr als Rechtsvorbehalte engagiert; einige bekanntlich nicht einmal dadurch. Aber ich füge hinzu: Unsere abgewogenen Erklärungen hatten und haben ihren guten Sinn, und ich will euch sagen, weswegen: Keiner tut gut daran, mehr zu versprechen, als er geben kann.
Es ist unerträglich, daß wir 21 Jahre nach Kriegsende noch keinen Friedensvertrag haben. Das Aushandeln wird sicherlich Jahre dauern. Aber irgendwann muß doch der Anfang gemacht werden.
Deshalb unsere Forderung nach der Ausarbeitung der Grundelemente einer friedensvertraglichen Regelung. Nur so können wir die Diskussion in der Welt in Gang bringen und positiv beeinflussen. Es geht um unsere eigenen Interessen, aber es geht zugleich um das Sicherheitsbedürfnis in Europa. Der deutsche Beitrag zu einer friedensvertraglichen Regelung ist im besonderen Maße der Beitrag, den unser Volk zum Frieden der Welt leisten kann.
Einiges, was dagegen vorgebracht wird, erinnert an die Haltung Ludendorffs gegen Ende des Ersten Weltkrieges. Prinz Max von Baden wollte auf die alliierten Friedensbedingungen eingehen. Ludendorff begründete sein hartes Nein so: Erstens, schlechtere Bedingungen gibt es nicht, und zweitens, soweit sind wir noch nicht. Ich meine, mit solcher Wundergläubigkeit kann unserem Volk nicht geholfen werden.
Ich möchte an ein paar Sätze erinnern dürfen, die ich 1960 in Hannover, 1962 in Köln und 1964 in Karlsruhe gesprochen habe: Wir haben gelernt,

daß wir keine Furcht mehr vor dem Kommunismus als Ideologie zu haben brauchen. Wir müssen endlich unsere Passivität überwinden und geistig und politisch stärker auf die Zone einwirken. Wir haben keine Politik der chinesischen Mauer nötig, und Polizeiverordnungen sind kein Ersatz für fehlende Politik. Auch im kommunistisch regierten Teil der Welt steht die Entwicklung nicht still. Ich könnte anderes anfügen, nicht aus Rechthaberei, sondern nur, um vor der Öffentlichkeit darzulegen, daß die Haltung der SPD sich in diesen zurückliegenden Jahren ohne Bruch und kontinuierlich, logisch zu dem entwickelt hat, was wir heute vertreten.
Die Lösung der deutschen Frage ist von so vielen außenpolitischen Faktoren abhängig, daß die Deutschen sie nicht allein lösen können. Wie die Lösung gesucht und vorbereitet werden kann, das ist eines der wichtigsten Themen des Bonner Parteiengesprächs. Jedenfalls halte ich es nicht für sinnvoll, geistige Anstrengungen dazu abzuwerten und abzustempeln. Unsere Lage ist nicht so, daß wir uns gestatten dürfen, unechte Formeln wie heilige Kühe zu behandeln – unantastbar und unnütz zugleich.
Daß man vor Illusionen auf der Hut sein muß, das kann ich nur unterstreichen. Daß man nicht ohne Not Positionen aufgibt, dafür spricht die Erfahrung des Lebens. Übrigens gibt es auch linke Fiktionen, die der Vernunft im Wege stehen.
Man darf immerhin davon ausgehen, daß das Selbstbestimmungsrecht nicht in einem Akt, sondern nur im Verlauf eines Prozesses verwirklicht werden kann. Mit den kommunistischen Konföderationsplänen ist niemandem gedient, der die deutsche Einheit in Freiheit will.[78] Etwas ganz anderes ist es, daß ein qualifiziertes, geregeltes und zeitlich begrenztes Nebeneinander der beiden Gebiete ins Auge gefaßt werden könnte, wenn durch internationale Entscheidungen die Weichen gestellt sind und im anderen Teil Deutschlands die freie Meinung sich entfalten kann. Es würde sich um einen Modus vivendi handeln mit der beharrlichen Absicht zu weiteren positiven Lösungen. Dieser Gedanke hat 1949 auf der Pariser Viermächtekonferenz schon einmal eine Rolle gespielt, ist aber damals von deutscher Seite leider nicht aufgegriffen worden.
Ich glaube, die Erfahrungen haben es auch bisher Zweifelnden bewiesen: Die Sozialdemokratische Partei scheut keine Auseinandersetzung, wo es gilt, die Bundesrepublik zu schützen und das Grundgesetz zu verteidigen. Sie steht vorn, wenn es darum geht, über die Bundesrepublik hinaus für ganz Deutschland zu wirken. Wann immer und in welcher Form immer: Wo es um Deutschland geht, ist die SPD unersetzbar. Niemand kommt an ihr vorbei. Dabei ist sogar untergeordnet, ob sie in der Regierung ist oder nicht.
Es geht jetzt meiner Meinung nach um solche Formen des demokratischen Zusammenwirkens, die den Notwendigkeiten gerecht werden. Konsultatio-

nen, Gespräche, Sitzungen reichen dazu nicht aus. Zweierlei ist erforderlich: Erstens muß den gesamtdeutschen Fragen in der Bonner Kabinettsarbeit und Regierungsstruktur der gleiche Rang eingeräumt werden wie der Wirtschaft oder der Sicherheit. Dabei geht es auch um jene „kleinen Schritte", die wir selbst bei uns tun können und die doch für die deutsche Einheit von Bedeutung sind. Dazu gehören stärkere positive Bemühungen um die Zonenrandgebiete. Dazu gehört unter veränderten Verhältnissen eine konstruktive Politik gegenüber und für Berlin. Dazu gehört auch – ohne den Sport zu politisieren – die Vorbereitung auf ein großes Ereignis wie die Olympiade in München 1972.

Der zweite und eigentliche Gedanke, den ich hier entwickeln will, reicht weiter. Ich meine: Zur Vorbereitung der Lösung der deutschen Frage, zur Vorbereitung der auf diesem Wege notwendigen Schritte, zur Entwicklung einer gemeinsamen Politik der demokratischen Parteien der Bundesrepublik, zur Erhaltung der nationalen Substanz, zur Stärkung der Bindungen und Verbindungen zwischen den beiden Teilen Deutschlands, solange die deutsche Teilung besteht, sollte so etwas wie ein Deutscher Rat geschaffen werden. Ihm sollten angehören die Vorsitzenden der im Bundestag vertretenen demokratischen Parteien, die Vorsitzenden der im Bundestag vertretenen Fraktionen, der Bundeskanzler mit den Bundesministern für Auswärtige Angelegenheiten und für Gesamtdeutsche Fragen, die Vorsitzenden der entsprechenden Bundestagsausschüsse und ein Vertreter Berlins.

Ich will den Vorschlag nicht zu sehr präzisieren und dem Kind, das nicht geboren ist, auch noch keinen Namen geben. Wie die Dinge in Bonn liegen, ist manche gute Idee schon deswegen gestorben, weil andere sich nicht überwinden konnten, einen Vorschlag zu übernehmen, der von einem Sozialdemokraten kam.

Aber soviel möchte ich sagen: Es bedarf eines permanenten Gremiums. Dieses sollte über alle Fragen beraten und empfehlend beschließen, die ihm von seinen gleichberechtigten Mitgliedern vorgelegt werden und die die Lösung der deutschen Frage und die Erleichterung der Situation betreffen, solange Deutschland geteilt ist.

Es sollte dem Gremium möglich sein, Expertengruppen zu berufen und zu den Arbeiten die Repräsentanten von Gruppen, Vereinigungen und Institutionen hinzuzuziehen, die in besonderem Maße mit der deutschen Frage vertraut und verbunden sind. Erreicht würde ein Gremium, dessen Mitglieder aus gleicher Verantwortung, aus gleichem Recht, losgelöst vom Prestige, unvoreingenommen und offen alle Aspekte der deutschen Frage erörtern können, und zwar in einer geordneten und verpflichtenden Form, ohne die Verfassungsorgane zu beeinträchtigen oder die Kompetenzen der Bundesregierung zu schmälern. Eine solche Form würde den heutigen Notwendigkeiten

Rechnung tragen und geeignet sein, eine gemeinsame Deutschlandpolitik zu erarbeiten, die unter Berücksichtigung der sich wandelnden internationalen Lage den Interessen der Nation entspricht.

Dies, wovon ich spreche, ist natürlich keine Konkurrenz zum Kuratorium Unteilbares Deutschland, dessen Wirken wir dankbar anerkennen und dessen Tätigkeit weiterhin darin besteht, den Willen lebendig zu erhalten, zu werben und zu erziehen.[79] Mein Vorschlag enthält die Regierung und soll gemeinsame Politik formen.

Es geht uns also um Koordinierung der innerdeutschen Kontakte, Dynamisierung der menschlichen Beziehungen, Integrierung der freiheitlichen Kräfte in Deutschland für Deutschland.

Liebe Freunde, es war die Stärke Kennedys, sich nicht zum Gefangenen der gewaltigen Verteidigungsmittel machen zu lassen, sondern sie politisch einzusetzen, um den Frieden zu gewinnen – das größte Abenteuer unseres Jahrhunderts, wie er es nannte, auch wenn wir es nicht von heute auf morgen und vielleicht überhaupt nicht zu unseren Lebzeiten erreichen.

Ein Land wie Deutschland, das im Falle eines Krieges, auch oder gerade weil gespalten, eine Wüste würde, gleichgültig, nach welchen Gesetzen der Strategie das Inferno abliefe, hat kein höheres Ziel, als am Frieden zu arbeiten und dies der Welt aus verschiedenen Gründen glaubhaft zu machen. Einmal, weil es in unser aller Interesse liegt, und zum anderen, weil es nach wie vor eine Angst vor der militärischen Macht eines vereinigten Deutschlands gibt. Wir sollen uns da keinen Illusionen hingeben. Manche Reden, die bei uns gehalten werden – bei uns in Deutschland meine ich, nicht in der SPD –, erwecken den Eindruck, daß wir zuviel an die Verteidigung im Kriegsfall und zuwenig an eine Zukunft in Frieden denken, die es zu gewinnen gilt.

Dabei ist es doch so, daß die friedliche und gerechte Zukunft, die wir und alle Völker wollen, nicht von allein kommt. Sie kommt allerdings auch nicht, wenn wir uns vor der Verteidigung drücken, die uns die Entwicklung aufgezwungen hat.

Als wir sagten, unsere außenpolitische Konzeption gehe davon aus, daß auch die Sowjetunion an der Erhaltung des Friedens interessiert sei, wurden wir mit forschen Zurechtweisungen bedacht. Die Spätzündung Konrad Adenauers über die friedliche Sowjetunion war erstaunlich.[80] Immerhin hat er nicht den Austritt der Bundesrepublik aus der NATO vorgeschlagen, wohl in der richtigen Erkenntnis, daß Wachsamkeit am Platz bleibt und daß niemand zu der Fehlkalkulation veranlaßt werden sollte, es wäre risikolos, eine Politik der akuten Bedrohung und der Aggression wiederaufzunehmen.

Aber ich sage: Wer den Ausgleich mit der Sowjetunion und neue Formen der Sicherheitsgarantie anstrebt, der, gerade der darf die NATO nicht aus-

höhlen und abwerten, sondern muß sie am Leben erhalten und mit neuem politischem Inhalt erfüllen.
Entsprechend gilt für unseren Kontinent: Wer das größere Europa anvisiert, der darf, gerade der darf den Prozeß des westeuropäischen Zusammenschlusses nicht erstarren oder verkümmern lassen.
Ein offenes Wort zu Atomwaffen. Der entscheidende Abschreckungsfaktor war und bleibt das strategische Potential der Vereinigten Staaten, das allein dem Präsidenten untersteht. Ein deutsches Interesse besteht in der Frage einer gleichwertigen Beteiligung an der Gesamtplanung der Allianz. Die deutschen Interessen leiden Schaden, wenn der Eindruck entsteht oder schon entstanden ist, die Deutschen drängten nach nuklearen Waffen, die ihnen in Wahrheit niemand geben will. Wir sagen in aller Deutlichkeit: Wir haben keinen nuklearen Ehrgeiz; auch deutscher Mitbesitz an Atomwaffen ist nicht erforderlich.
Die Sicherheit der Bundesrepublik ist auch die Sicherheit Frankreichs, Englands und der Vereinigten Staaten. Wenn ein internationales Abkommen über die Nichtweitergabe von atomaren Waffen erreichbar ist, dann darf das nicht an der Bundesrepublik scheitern, sondern sie muß es fördern.
Das Gewicht der Vereinigten Staaten bleibt für die Sicherheit Westeuropas einschließlich der Bundesrepublik von der größten Bedeutung. Wie die Dinge liegen, muß dieses Gewicht in ansehnlicher Präsenz zum Ausdruck kommen. Um diesen Punkt wollen wir nicht herumreden.
Man tritt den Amerikanern jedoch nicht zu nahe, wenn man darauf hinweist, daß Überlegungen zur Verminderung ihres Truppenpotentials in Europa schon lange vor dem jetzigen starken Engagement in Vietnam angestellt wurden. In der letzten Zeit sieht es manchmal so aus, als wäre die Stärke verbündeter Truppen in der Bundesrepublik eine Frage der Zahlungsbilanz und nicht der gemeinsamen Sicherheit. Das ist eine ungute Diskussion.
Ich frage, warum man sich nicht mit den Verbündeten zusammensetzt, um die notwendige Stärke der Truppen im objektiven Interesse der gemeinsamen Sicherheit zu ermitteln. Was das kostet, muß aufgebracht werden, und wir müssen unseren fairen Anteil dazu leisten. Aber sofern die Einschätzung der internationalen Lage und der militärtechnische Fortschritt eine veränderte Truppenzahl gestatten, sollten wir das zur Kenntnis nehmen und uns nicht wie aufgescheuchte Hühner verhalten.
Wenn in anderen Ländern überlegt wird, die NATO – deren Krise bekanntlich nicht erst mit de Gaulles Eigenwilligkeiten begonnen hat – zu einem Instrument der Entspannung gegenüber Osteuropa zu entwickeln, so ist das ein interessanter Gedanke. An ihm mitzuwirken, würde uns nicht daran hindern, unsere vertraglichen Verpflichtungen getreu zu erfüllen. Es gibt heute

ohnehin keinen Weg nach Deutschland, der an Europa vorbeiführt. Die europäische Sicherheit muß die Länder der NATO und des Warschauer Paktes einschließen und beide Blöcke überwinden. Wenn man sich in Bonn zu schwach fühlt, eine internationale Konferenz in dieser Zusammensetzung, also mit den USA, und mit diesem Thema vorzuschlagen, so sollte man jedenfalls positiv reagieren, wenn ein solcher Vorschlag demnächst von anderen kommt.

Es darf kein Land geben, das uns im Willen zur Entspannung bei Sicherung der Freiheit übertrifft. Das ist eine Politik, die Vertrauen schafft: die Politik des Dreiklangs Friedenssicherung, Entspannung, Lösung der deutschen Frage, nicht eine Politik unrealistischer Vorbedingungen.

Die deutsche Friedensnote war ein Schritt in dieser Richtung.[81] Das Echo aus Osteuropa war differenziert ungerecht.

Aber weder diese Note noch dieses Echo sind mehr als eine der Schwalben, die noch keinen Sommer machen. Die Note der Sowjetunion enthält ungerechte, unangenehme und auch interessante Argumente. Die Möglichkeiten eines weitergehenden Gedankenaustausches sollten wahrgenommen werden. Einer ersten Schwalbe kann einmal ein Sommer folgen.

Unser Verhältnis zu Frankreich scheint sich leider dem Herbst zu nähern. Der französische Staatspräsident muß selbst beurteilen, was für Frankreich möglich und gut ist. Ich halte seine Politik gegenüber den Vereinigten Staaten und gegenüber der Allianz nicht nur deswegen für irrig, weil sie ungerechtfertigt schroff ist. Das Gewicht Frankreichs reicht niemals aus, um der Sowjetunion die Bedeutung der Vereinigten Staaten zu ersetzen.

De Gaulles osteuropäische Politik eröffnet jedoch Perspektiven, die auch für Deutschland interessant sind. Auf diesem Feld sollten wir seinen Intentionen nachgehen und durch eigene Initiative tätig werden. Unser Verhältnis zum wichtigsten Nachbarn ist nicht ohne Schuld der Bundesregierung inzwischen so weit abgekühlt, daß der Freundschaftsvertrag, abgesehen vom Jugendaustausch, zu einer leeren, nicht mehr genutzten Hülse geworden ist. Auch die Begegnungen und Gespräche sind offenbar so hohl geworden, daß man sich nur noch Briefe schreibt, als ob es vor der Moskauer Reise de Gaulles nichts mehr zu reden, zu bereden gegeben hätte. Statt dessen eine Geste ohne jede Bedeutung – wie die früher groß angekündigten Deutschland-Initiativen.

Das gute Verhältnis zur früher geschmähten Labour-Regierung in Großbritannien wird jetzt gerühmt. Aber wenn ich Harold Wilson sage, dann könnte ich auch die sozialdemokratischen Außenminister in Skandinavien nennen, die in Moskau die gleiche Sprache sprechen wie in anderen Hauptstädten.

Oder ich könnte den großartigen Mann an der Spitze der Italienischen Republik, den Sozialdemokraten Giuseppe Saragat, nennen, der zu den treuesten Freunden Deutschlands gehört. Er war es, der Ende vergangenen Jahres nicht irgendwo, sondern in Polen, nicht irgendwo in Polen, sondern in Auschwitz – jawohl, in Auschwitz – sagte: „Dies hat nicht das deutsche Volk getan." Wir können darauf nur in Demut und mit tiefer Dankbarkeit reagieren.

Meine Freunde! Jeder weiß heute, daß die Sozialdemokraten noch einiges mehr für Deutschland einzubringen haben. Jeder weiß, daß unser Volk in der Welt etwas gilt und daß wir die Interessen unseres Volkes und die gemeinsamen Interessen der Völker zu vertreten wissen. Wir sind seit Jahr und Tag für ein Höchstmaß gemeinsamer Bemühungen der demokratischen Parteien. Wir lehnen es ab, daß die Außenpolitik zum Instrument innenpolitischer Auseinandersetzungen gemacht wird. Wir bringen unsere Erfahrung und unser Gewicht ein, um Schaden von unserem Volk abzuwenden. Wir lassen uns im Dienst an Deutschland von niemandem in den Schatten stellen.

Inzwischen ist es so: Jedenfalls seit dem Teststoppabkommen von 1963 konnte deutsche Außenpolitik in größeren Fragen nur noch mit Hilfe der Sozialdemokraten gemacht werden. Was an den Vorhaben des Bundesaußenministers richtig ist, hat er nur mit Unterstützung der SPD durchsetzen können. Die Zerstrittenheit in der Union und in der Koalition gab ihm keine „eigene" Mehrheit. Es zeigt sich: Die Ratifikation des Atomteststoppabkommens, die Errichtung deutscher Missionen in osteuropäischen Ländern, die Präambel zum deutsch-französischen Vertrag, die Passierscheinübereinkünfte in Berlin als erstes, wenn auch bescheidenes gesamtdeutsches Ergebnis seit vielen Jahren und jetzt die Konfrontation mit der SED, das alles war nicht gegen die SPD möglich; es war nicht ohne die SPD möglich; es war zu einem wesentlichen nur durch die SPD möglich.

In aller Deutlichkeit darf ich auch daran erinnern, daß man vor anderthalb Jahren noch angerempelt wurde wegen eines Memorandums für Außenminister Rusk, eine heute schon bescheiden wirkende Aufzeichnung über Möglichkeiten praktischer Kommunikation mit osteuropäischen Völkern und Staaten.[82] Jetzt wollen alle dafür gewesen sein.

Das Streben nach Gemeinsamkeit hat sich als die realistische Konzeption einer Partei erwiesen, die nicht nur verbale Opposition betreiben, sondern auf die Politik konstruktiv einwirken will. Die Forderung nach Gemeinsamkeit bedeutete kein Nachlaufen, sondern sie war in der Sache offensiv. Sie konnte nicht überhört werden. Als Ergebnis hat einer unserer Freunde zutreffend darauf hingewiesen, daß eine zaghafte Bundesregierung mehrfach von den Sozialdemokraten „an die Hand genommen" wurde und daß nur so Vorstellungen durchgesetzt werden konnten, über die man sich im Unionslager nicht einigen konnte. Die Regierung selbst blieb oft nur bei der

unfruchtbaren Formel des „Wir auch". Das Ringen um Gemeinsamkeit in den Lebensfragen der Nation ist also nicht statisch, es ist dynamisch.
Dabei ist völlig klar: Gemeinsamkeit in nationalen Fragen ist nicht die Akklamation der Opposition zu Fehlern der Regierung. Wir würden politisch abdanken und uns in die Unverbindlichkeit flüchten, wenn wir darauf verzichteten, auf Gefahren aufmerksam zu machen und eigene Vorstellungen zur Diskussion zu stellen. Gemeinsamkeit bedeutet nicht den Verzicht auf Kritik an der Regierung, sondern die Bereitschaft, gemeinsam zu untersuchen, wie die Lage der Nation aussieht, und für die erkannten Aufgaben gemeinsame Lösungen zu finden. In der modernen Demokratie, liebe Freunde, ist es nicht das Außergewöhnliche, sondern das Normale – bei uns allerdings lange verzerrt –, daß man sich um Gemeinsamkeit in Fragen der nationalen Existenz bemüht. Diese Politik ist nicht nur richtig, sondern sie hat auch den Einfluß der Sozialdemokraten verstärkt. Schon August Bebel hat gesagt, es komme nicht darauf an, sich allein dem Triumph einer Partei verpflichtet zu fühlen, sondern einer neuen Gesellschaft, in der alle aktiven Kräfte harmonisch verbunden werden und zu aller Nutzen zusammenwirken.
Die SPD ist eine große politische Gemeinschaft mit wachsenden Pflichten im Bund, in den Ländern, in den Gemeinden; mit starkem Einfluß von Sozialdemokraten in vielen gesellschaftlichen Organisationen; mit einem zunehmenden Einwirken auf wichtige Bereiche deutscher Politik, als Alternative nicht der Lautstärke, sondern der harten soliden Arbeit an der Sache, in der Sache.
Und dann kommt etwas hinzu, was wir in den letzten Wochen alle gespürt haben: Wenn es um Deutschland geht, dann nimmt das spezifische Gewicht der SPD zu, gleichsam über Nacht. Dem Faktor X – Stärke in der Bundesrepublik – fügt sich ein Faktor Y hinzu. Niemand weiß genau, wie er diesen zweiten Faktor einzusetzen hat, aber jeder weiß, daß er stärker ist als alles, womit andere aufwarten können. Hieraus ergibt sich unsere grundsätzliche, ganz besondere Verantwortung.
Wenn es nun zu dem Meinungsstreit in beiden Teilen Deutschlands kommt, dann gilt folgendes: Wir fürchten uns nicht, nach Chemnitz zu gehen. Wir haben keine Angst vor der Auseinandersetzung.
Dabei braucht uns niemand zu belehren, daß der sogenannte Redneraustausch nicht die Wiedervereinigung bringt. Wir sind uns völlig darüber im klaren, daß wir durch zwei Veranstaltungen in Chemnitz und Hannover keine Wunder wirken können. Wir sind uns völlig darüber im klaren, daß wir damit nicht aus Kommunisten Demokraten machen können. Und wir sagen den Kommunisten, daß sie alle Illusionen begraben sollen, sofern sie solche noch haben, die SPD könnte zum Kokettieren mit dem Tiger der Volksfront

verleitet werden. Dazu sind die geschichtlichen Erfahrungen und unsere eigenen Erfahrungen – jawohl, auch ganz eigenen Erfahrungen – mit dem Mißbrauch solcher von den Kommunisten betriebenen Vorhaben viel zu eindeutig.
Aber nichts entbindet uns von der Pflicht, alles in unserer Kraft Stehende zu tun, um die Substanz der Nation zu erhalten, um die unmenschlichsten Auswirkungen der Teilung zu beseitigen, um Ansatzpunkte zu ihrer Überwindung zu suchen.
Wir haben dafür die klare Unterstützung der öffentlichen Meinung in der Welt und in unserem eigenen Land. Nach vielen Jahren der Enttäuschung ist diese Haltung ein ermutigendes Zeichen, für das wir dankbar sind, ein Zeichen dafür, daß wir auf unserem Wege nach „drüben" begleitet sein werden von den guten Wünschen und von hoffentlich nicht zu großen Hoffnungen all derer, die den Kleinmut und den Mangel an Selbstvertrauen satt haben.
Ob es uns Spaß macht oder nicht: Die Kommunisten sind eine Größe der Politik auf deutschem Boden. Genauso: eine Größe der Politik auf deutschem Boden. Das ist der eine Tatbestand. Der andere ist, daß wir die entscheidenden politischen Fragen gegensätzlich beantworten. Aber Herbert Wehner, Fritz Erler und ich gehen nach Chemnitz auch nicht nur, um dort einen rednerischen Ringkampf aufzuführen. Schlagabtausch ja, soweit es nötig ist, aber Sachlichkeit im Interesse von praktischen Fortschritten – und seien sie noch so klein – soweit es möglich ist.
Es wird nicht an uns liegen, sondern es wird allein an den Kommunisten liegen, ob die Versammlungen ein interessantes Intermezzo bleiben oder ob sich daraus bei aller Unvereinbarkeit der Standpunkte in den großen Fragen etwas praktisch Faßbares ergibt. Dies könnte sich nur manifestieren durch praktische Ergebnisse im Interesse der Menschen, die unter der Teilung leiden, im Interesse des Zusammenhalts der Menschen in beiden Teilen. Dies ist ein weites Feld. Dazu gehören nicht nur menschliche Erleichterungen im unmittelbaren Sinne des Wortes. Dazu gehört auch eine ganze Skala praktischer Dinge, die für die Menschen in beiden Teilen nützlich wären.
Jedenfalls wird die SPD sich nicht davon abbringen lassen, auf die Verwirklichung solcher Möglichkeiten zu drängen. Wir werden zu keiner Sekunde bereit sein, von dem abzugehen, was wir unter Menschlichkeit und Freiheit und Demokratie verstehen. Aber wir werden auch darum kämpfen, den einmal aufgenommenen Faden in der Hand zu behalten und nicht zurückzusinken in Resignation und Lethargie.
Es gibt zwei Voraussetzungen für die Konfrontation: erstens die erforderliche Abstimmung mit den politischen Kräften in der Bundesrepublik, zweitens die innere Ordnung der SPD.

Die SPD kann diesen Weg, von dem ich spreche, eine ziemliche Strecke, gedeckt durch die anderen demokratischen Parteien, allein gehen. Sie kann den Weg nicht gehen, wenn ihr andere bei der Auseinandersetzung mit den Kommunisten Knüppel zwischen die Beine werfen, womit ich nicht sagen will, daß uns schon jedes Husten beeindruckt.
Aber wer uns wirklich Schwierigkeiten macht, der hilft den Kommunisten, der schadet Deutschland.
Man soll sich auch endlich einen Ruck geben in der Frage des sogenannten freien Geleits, oder man soll sich über die Konsequenzen im klaren sein.[83]
Für uns bleibt es dabei, daß die demokratischen Parteien in den deutschen Fragen zusammenhalten müssen. Bei aller Gegnerschaft zu den Bonner Regierungsparteien stehen wir insoweit mit ihnen zusammen. Wir wollen uns gegenseitig nicht aus der freiheitlich-demokratischen Grundordnung entlassen. Das mag für die Kommunisten schwer zu verstehen sein, aber es ist so.
Was die innere Ordnung der SPD angeht, so ist klar, daß sich dieser Parteitag nicht durch Offene Briefe verwirren und daß unsere Partei sich nicht durcheinanderbringen läßt. Ich möchte aber doch mit starkem Nachdruck betonen: Man erspart den Kommunisten die große Konfrontation, wenn man ihnen die kleine Infiltration ermöglicht.
Wenn ich als Vorsitzender und im Namen des Parteivorstandes darum gebeten habe, sich nicht auf lokale und regionale Kontakte einzulassen und weder auf sogenannte Arbeiterkonferenzen noch auf andere Störmanöver einzugehen, so handelt es sich dabei um mehr als einen Appell zur Disziplin.
Es geht uns um die Erkenntnis, daß wir uns keine Verzettelung und keine Spielereien leisten können, wenn wir die Auseinandersetzung ernst nehmen und uns ihr gewappnet zeigen wollen. Dies ist nämlich keine Idylle, liebe Freunde.
Dazu noch eine Randbemerkung. Im Einvernehmen mit denen, die in den uns befreundeten Jugendverbänden die vorderste Verantwortung tragen, sind auf Veranlassung des Präsidiums die Richtlinien für Ostkontakte überarbeitet worden. Sie können in den nächsten Wochen in wesentlich veränderter Form verabschiedet werden.[84]
Dabei wird es sich nicht um eine Aufweichung, sondern allein um ein Eingehen auf den Wunsch handeln, menschliche Bindungen und Verbindungen in möglichst starkem Maße pflegen zu können, also nicht Hilfe zur Pflege von gewissermaßen politischen Verwandtschaftsverhältnissen.
Von den Kommunisten trennt uns grundsätzlich und praktisch-politisch eine Kluft, die uns in diesem Jahr, zwanzig Jahre nach der Zwangsvereinigung im anderen Teil Deutschlands, noch besonders bewußt geworden ist. Man

kann fragen: Ist es nicht ein Widerspruch, keinerlei Übereinstimmung zu empfinden und dann doch Diskussionen zu führen? Es ist kein Widerspruch. Alles, alles, was von den auf deutschem Boden wirkenden politischen Kräften ausgeht, geht das ganze, das gemeinsame Volk an. Geschichtlich ist die Verantwortung für die Menschen und für den Frieden nicht durch Zonengrenzen aufgeteilt oder gar aufgehoben.

Unsere Beharrlichkeit hat ein bemerkenswertes Zwischenergebnis gebracht. Unsere zweite Offene Antwort an die SED ist am Sonntag doch noch in vollem Wortlaut drüben abgedruckt worden. Zum dritten Offenen Brief der Kommunisten habe ich eine erste Stellungnahme abgegeben. Am Freitag werde ich in unseren Aussprachen näher darauf eingehen. Der neugewählte Parteivorstand wird dann darüber befinden, wie weiter verfahren werden soll.[85]

Nur noch dies: Walter Ulbricht hat als Erster Sekretär des Zentralkomitees der SED in einer Rede zum 20. Jahrestag der Zwangsvereinigung viele Fragen behandelt – warum auch nicht! – und hat dabei viele, viele Worte auf den Begriff Menschlichkeit verwendet. Er hat dabei versucht, unsere Fragen und unsere Forderungen als etwas hinzustellen, was von den großen Themen ablenke. Es ergab sich so etwas wie zwei Ebenen, die eine, niedrigere, handele von den privaten, menschlichen Dingen, und die große, gehobene, wichtigere handele von den Zusammenhängen zwischen Gebieten, Staaten, Regierungen. Darauf antworte ich mit der klassischen Formulierung aus der Inauguraladresse – 102 Jahre alt –, von Karl Marx verfaßt und noch immer richtig. Der Passus bezieht sich auf den Verkehr zwischen Nationen und Menschen und verlangt, „die einfachen Gesetze der Moral und des Rechts, welche die Beziehungen von Privatpersonen regeln sollten, als die obersten Gesetze des Verkehrs von Nationen geltend zu machen“. Ich füge hinzu: Wieviel mehr müßte das erst geltend gemacht werden für den Verkehr zwischen den Gebieten einer und derselben Nation!

Liebe Freunde, ich weiß nicht, ob ihr es alle mit mir spürt: Wir deutschen Sozialdemokraten ringen nicht mehr um die Anerkennung in der Nation. Heute und morgen und übermorgen und alle Tage setzen wir unsere ganze Kraft ein für Bestand und Verwirklichung der Demokratie, für Rettung und Erneuerung der Nation. Um noch einmal an Kurt Schumacher auf dem Parteitag vor 20 Jahren zu erinnern: „Eine große sozialdemokratische Konzeption, ehrlich und aufrichtig entwickelt und vertreten, schafft Vertrauen in unserem Land und in der Welt.“

Aus: *Vorstand der SPD (Hrsg.): Parteitag der Sozialdemokratischen Partei Deutschlands vom 1. bis 5. Juni 1966 in Dortmund, Protokoll der Verhandlungen. Anträge, Hannover/Bonn 1966, S. 60–90*

SPD — die vorwärtsstrebende politische Kraft

Rede vom 18. März 1968

Verehrte Gäste! Liebe Freunde! Genossinnen und Genossen! Rechenschaft geben heißt nicht, alles rechtfertigen zu wollen. Rechenschaft geben heißt, die Dinge beim Namen zu nennen, sie sorgfältig zu prüfen und zu eindeutigen Beschlüssen beizutragen.

Der Rechenschaftsbericht des Vorsitzenden über die Politik der SPD seit dem Dortmunder Parteitag hat sich neben anderem mit einem starken Einschnitt in der Nachkriegsentwicklung dieser Partei zu beschäftigen. Wenige Monate nach Dortmund haben die zuständigen Körperschaften der Partei entschieden, in die Bundesregierung der Großen Koalition einzutreten.

Damit wir hier von Anfang an nicht im Unverbindlichen bleiben: der Parteivorstand erbittet die ausdrückliche Billigung der Ende 1966 getroffenen Entscheidungen. Dies gilt auch für die Leitlinien der in der Regierungsverantwortung geführten Politik. Allerdings ist ebenso klar: Wir können nicht erwarten, daß allem, worum wir uns in diesen 15 Monaten bemüht haben, nur Beifall gespendet wird. Ich weiß, daß wir aus den neuen Erfahrungen zu lernen haben. Dazu gehört auch dies: Die Partei muß der Öffentlichkeit klarmachen, sie muß es ihr klarer machen, nicht nur welche Politik sie treibt, sondern auf manchen Gebieten auch ganz bewußt, welche Politik sie treiben würde, wenn sie, diese Partei, die Richtlinien der deutschen Politik allein zu bestimmen hätte.

Die lebendigen Diskussionen, die zur Vorbereitung dieses Parteitages stattgefunden haben und seinen Verlauf bestimmen werden, müssen in klare politische Entscheidungen münden, so wie es Max Seidel hier gestern nachmittag gesagt hat. Kein Wischiwaschi, sondern dort, wo es aus der Sache heraus notwendig ist, saubere Entscheidungen! Ich bin für breite Mehrheiten, wo immer sie erzielt werden können. Aber mehr noch als breite Mehrheiten brauchen wir in dieser Partei klare Entscheidungen.

Nun mag es der Meinungsbildung helfen, wenn ich gleich zu Beginn die Frage stelle, was wir falsch oder jedenfalls nicht gut genug gemacht haben.

Woher kommen, so möchte ich fragen, die irrationalen Erscheinungen und doch wohl neuartigen Spannungen, die wir nicht nur gegenüber dem Staat, sondern auch gegenüber der Partei und manchmal auch innerhalb der Partei erleben? Warum haben wir beispielsweise bestimmte Entwicklungen in der jungen Generation unseres Landes nicht früher und zutreffender erkannt?

Warum hat unsere große Organisation in diesem entscheidenden Zeitabschnitt das Umsetzen von oben nach unten und von unten nach oben nicht

schon besser zu meistern verstanden? Wo liegen, so frage ich mich weiter, die spezifischen Schwächen der Führung und der Leitung? Weshalb können wir diese offensichtlichen Schwächen nicht rascher überwinden, selbst auf die Gefahr hin, daß man dann nicht mehr Führung fordert, sondern über zu viel Führung klagen sollte? Warum, so frage ich weiter, sind wir in diesen Monaten auf so viel Kleinmut gestoßen? Warum hat ein Teil unserer Mitglieder zunächst nicht erkannt, daß – laßt allen Kleinkram beiseite! durch unsere Arbeit auf entscheidenden Gebieten für diese Bundesrepublik Deutschland die Weichen neu gestellt worden sind?
Ich habe viel Verständnis für Zweifel und Kritik. Wovor ich keinen Respekt habe, das ist Mangel an eigener Courage. Wer gegen die Regierungsbeteiligung war, hatte seine Gründe; und die müssen auch nachträglich respektiert werden. Aber über eines sollten wir uns doch auch im klaren sein: Wir wollen und brauchen uns unsere Arbeit nicht vermiesen zu lassen.
Nirgends steht übrigens geschrieben, Leistungen der großen Koalition müßten einseitig zugunsten der CDU ausschlagen. Und wenn man über das Wahlrecht diskutiert, braucht man ja nicht gleichzeitig dabei das Selbstvertrauen dieser Partei zu untergraben.
Wieso hielt man sich bei dem Gerede auf, die wirtschaftliche Lage sei nicht zu meistern und außenpolitisch sei nichts zu machen? Wieso wird in manchen Kreisen noch immer das Vorurteil konserviert, im Verhältnis zwischen der SPD und den Kirchen sei positiv nichts zu verändern? Dabei hat sich viel verändert, nicht nur im evangelischen Raum. In der katholischen Welt sind Umwälzungen von atemberaubendem Ausmaße im Gange. Wieso reagieren manche auf Meinungsbefragungen wie Schilf im Winde? Ich meine, wir haben Meinungen zu registrieren und zu analysieren. Jawohl! Vor allem aber haben wir rückständige Meinungen ändern zu helfen.
Wieso nennt man ein Glas, das halbvoll ist, halbleer? Ich ziehe vor, es halbvoll zu nennen. Dazu braucht man kein weltfremder Optimist zu sein. Dazu braucht man nur jenes gesunde Augenmaß, ohne das ich mir keine vernünftige Politik vorstellen kann.
Diese Fragen, liebe Freunde, habe ich kritisch und selbstkritisch gestellt. Sie und viele andere Fragen betreffen nicht nur die Führung, sie betreffen die ganze Partei. Nun habe ich nicht die Absicht, hier noch einmal alle Gründe für die gewissenhafte Entscheidung der Partei Ende 1966 zu nennen. Wenn ich es täte, würde ich die Gegengründe bestimmt nicht unter den Tisch fallen lassen. Wir sind ausgegangen von dem Interesse des Volkes, des Staates und der Partei. Wir sind die Partei des Godesberger Programms geblieben und haben im Sinne der Dortmunder Beschlüsse unsere Forderungen angemeldet. Diese wurden von der anderen Seite akzeptiert und fanden in der Regierungserklärung ihren Niederschlag. Es war – entschuldigt das große

Wort! – eine historische Entscheidung nicht nur für unsere Partei, sondern auch für unseren Staat. Sie ist jedenfalls nicht mehr rückgängig zu machen.
Wenn nun trotz unbestreitbarer Erfolge ein unbestreitbares Unbehagen da ist, so beweist das für mich zunächst einmal, daß objektive Veränderungen oft erst mit beträchtlicher Verspätung wahrgenommen werden. Dies gilt auch für die rückblickende Feststellung, daß sich die Bundesrepublik 1966 in einer schleichenden Krise befand, deren Ausmaß weithin nicht erkannt wurde. Wir hatten gewarnt. Aber die Lage war ernster auch, als wir selbst befürchtet hatten. Einige innerhalb der Partei, die 1959 gegen das Godesberger Programm waren und sich heute zu ihm bekennen, was zu begrüßen ist, sollten bitte folgendes nicht vergessen. Die Grundlage von Godesberg oder – laßt mich sagen – eine der entscheidenden Grundlagen von Godesberg ist das Bekenntnis zu diesem demokratischen Staat mit allen seinen Mängeln, aber auch mit allen seinen Chancen.
Und ich sage nach 15 Monaten sozialdemokratischer Mitwirkung in der Regierung: Ist dieser Staat, ist diese Bundesrepublik noch mehr unser Staat als je zuvor im Positiven und im Negativen? Positiv, das bedeutet: Wir haben die Chance, aus diesem Staat das zu machen, was wir uns vorstellen, was unserem Programm entspricht; wir haben die Chance, in diesem Prozeß die führende Rolle der deutschen Sozialdemokratie zu erproben und auszubauen. Negativ, das bedeutet: Gelingt uns das nicht, so werden die Schwächen und Fehlentwicklungen dieses Staates auch der SPD angekreidet werden. Daran wird sich keiner vorbeimogeln können. Mitgefangen, mitgehangen! Dies ist die Herausforderung an die Sozialdemokratische Partei Deutschlands. Entweder gelingt es der SPD, diesen Staat rasch genug weiterzuentwickeln, gründlich genug zu verändern, oder die SPD wird für den Mißerfolg zu bezahlen haben. Das ist kein Kinderspiel, das ist die harte Pflicht, in der wir stehen. Die Zukunft unserer Partei hängt davon ab; mehr, die Zukunft der Bundesrepublik, die Zukunft Deutschlands hängt davon ab. Wir dürfen in dieser Aufgabe nicht versagen. Die Chance, sie zu meistern, ist viel größer als die Gefahr, an ihr zu scheitern.
Liebe Freunde, der Nestor des amerikanischen politischen Journalismus, Walter Lippmann, hat kürzlich geschrieben, wir lebten in den letzten Abschnitten etablierter und traditioneller Gesellschaftsformen; gleichzeitig stünden wir in den Anfängen eines Ringens um eine neue Kultur, eines Ringens, das sich voraussichtlich über Generationen hinziehen werde. Dies sei – ich zitiere – eine Zeit für diejenigen, die bereit sind, heute Bäume zu pflanzen, damit ihre Kinder unter ihnen sitzen können.
Nun, lassen wir mal die Anleihe bei der Bibel beiseite. Ich meine, was Lippmann über die Zeit der Veränderungen sagt, trifft zu. Ich fürchte auch, daß die Ideen des demokratischen Sozialismus, so wie wir sie im Godesberger

Programm neu formulierten, von vielen heute nicht als ein tragende und zündende Idee erkannt werden. Das braucht nicht so zu bleiben; das kann sich ändern.

Selbstkritisch müssen wir sagen: unter der Last der Alltagsarbeit, beim Herumschlagen mit unzähligem Kleinkram, haben wir es nicht hinreichend verstanden, die Gedanken der sozialen Demokratie, die den Weg in eine gute Zukunft zeigen, so deutlich zu machen, daß daraus eine zündende Idee im politischen Ringen dieser Tage werden konnte. Wir haben in den Jahren, die hinter uns liegen, durchweg solide Arbeit geleistet; aber die Arbeit an einem klaren gesellschaftspolitischen Konzept ist zu kurz gekommen. Manche Unsicherheit im Lande rührt daher, daß den Menschen unbequeme Wahrheiten vorenthalten wurden und daß ihnen nicht deutlich und überzeugend genug gesagt wurde, was sie von uns als Staat oder als Partei zu erwarten haben.

Das hat einiges zu tun mit dem Problem der unruhigen und ungeduldigen, der zweifelnden und bohrenden jungen Generation. Ich meine nicht, Ruhe sei die erste Bürgerpflicht; aber es ist doch wohl so, daß von der Freiheit der Meinungsäußerung einige Leute Gebrauch machen, um Intoleranz und Terror zu etablieren. Das muß man sehen, und das darf man nicht hinnehmen. Pöbel bleibt Pöbel, auch wenn junge Gesichter darunter sind.

Intoleranz und Terror, ob sie von links kommen oder von rechts, dürfen die Freiheit nicht benutzen, um sie zu zerstören. Wenn wir diese Lehre nicht gezogen haben, wenn wir nicht danach handeln und mit einigen Radaubrüdern nicht fertigwerden, dann haben wir es nicht besser verdient.

Viel mehr will ich zu den beschämenden Vorgängen nicht sagen, die sich gestern nachmittag hier zugetragen haben, es sei denn, daß ich frage, ob alle Gewerkschaftler wissen, was sie tun, wozu sie aufrufen und wofür sie Geld ausgeben lassen.[86]

Um so mehr begrüße ich die eindeutige Erklärung der führenden gewerkschaftlichen Freunde, die an diesem unserem Parteitag teilnehmen.

Im übrigen: Unser sachliches Urteil darf nicht durch Gefühlsausbrüche getrübt werden.

Deshalb denke ich auch nicht daran, mich von dem abbringen zu lassen, was ich mir für diesen Teil meines Berichts vorgenommen habe.

Liebe Freunde, fast über Nacht, von vielen unbemerkt, ist eine Art neuer Internationale entstanden, die Internationale der Studenten.[87] Natürlich repräsentiert sie bei weitem nicht alle Studenten, geschweige denn *die* Jugend. Mit allen Ungereimtheiten und Widersprüchen behaftet, die solchen Bewegungen eigen sind, ist es gleichwohl so etwas wie ein reißender Strom, der sich freilich aus sehr verschiedenen Quellen speist. Spießern fällt nun nichts anderes ein, als zu erschrecken oder sich bloß zu empören.

Wir müssen kritisch prüfen – auch unsere eigene Haltung!

Die Älteren unter uns erinnern sich noch genau daran, daß in der Zeit der Weimarer Republik eine große Zahl von Studenten antirepublikanisch, antisozialistisch und nationalistisch-chauvinistisch eingestellt war. Das steigerte sich bis zur schrecklichen Bücherverbrennung im Mai 1933.
Aber wir brauchen nicht einmal so weit zurückzudenken. Noch ist es nicht lange her, da machten wir uns Sorgen über die Indifferenz vieler junger Menschen. Wir kreideten ihnen an, sie dächten nur materiell, an Karriere und Pension. Und jetzt? – Jetzt, da junge Menschen, da Studenten zum Teil weit über jedes vernünftige Ziel hinausschießen und wissen, wogegen, aber noch nicht, wofür sie sind, jetzt fällt einigen nichts anderes ein, als nach der Autorität des Staates zu rufen. Das kann nicht ausreichen.
Dann gibt es Leute, die sich freuen, wenn Studenten in Prag und in Warschau, in Moskau und in Budapest demonstrieren und es schön finden, wenn sie dort mit der Polizei in Konflikt geraten. Das, so gesagt und geschrieben, kann bis zur Heuchelei führen und die Jugend in eine immer stärkere Negation treiben.
Aber es ist natürlich so: In Ländern, da sie nicht vorhanden sind, kämpft die studentische Jugend für die elementaren Freiheiten. Dort, wo sie bestehen, werden die demokratischen Freiheiten als formal abgetan. Dabei gibt es dann auch Unruhe um der Unruhe willen, Bewegung um der Bewegung willen. In Frankreich macht man Halt vor der unbestrittenen Autorität des Staatschefs und kämpft für den ungehinderten, zeitlich unbegrenzten Zutritt der Studenten zu den Heimen der Studentinnen.
In Deutschland marschiert man zur Zeit mit Vorliebe unter ostasiatischen oder südamerikanischen Revolutionsfahnen.
Nun, Jugend ist kein Verdienst, Alter ist kein Verdienst. Nach meinen Erfahrungen ist Jugend ein Kredit, der jeden Tag kleiner wird.
Die Selbstherrlichkeit junger Leute ist ebenso töricht wie die Besserwisserei der Alten.
Das sollte man sich täglich als Vater sagen.
Hoffentlich sagen sich das manchmal auch die Söhne.
Bei uns in der Bundesrepublik macht sich der Bruch der Generationen vielleicht noch deutlicher bemerkbar als in anderen Ländern. Die Jugend teilt keine der Erfahrungen, von denen die Führungsschicht in diesem Staat tatsächlich zehrt. Man hat es auch nicht verstanden, in den zurückliegenden Jahren die junge Generation in ausreichendem Maße an dem politischen Geschehen der Bundesrepublik zu beteiligen.
Jedenfalls müssen wir uns der Tatsache stellen, daß zahlreiche junge Menschen nicht nur gegen konservative Strukturen angehen, sondern uns Sozialdemokraten ausdrücklich in ihre Kritik einbeziehen. Machen wir uns nichts vor! Es sieht alles nach einer gewissen Krise aus, und zwar einer solchen, die

keineswegs auf einer Bedrohung von außen oder einer akuten Gefährdung der wirtschaftlichen Existenz beruht. Es ist etwas noch Unfaßbares und Unwägbares, was doch eine ganze Anzahl von Menschen bedrückt und sie besorgt macht.
Von dem Gefühl einer schleichenden Angst erhielt ich einen nachhaltigen Eindruck durch einen Brief, den mir ein junges Ehepaar schrieb, zwei junge Leute, die bis vor kurzem in Berlin wohnten und jetzt im Westen sind. Da war von einer kranken Gesellschaft und vom Gewissen derjenigen die Rede, die politische Verantwortung tragen. „Und wir haben Angst", hieß es zum Schluß, „Angst vor dem Staat, in dem wir leben, Angst vor dieser Gesellschaft, Angst vor den Politikern, die unsere Geschicke lenken." Sie seien weder links noch kommunistisch, schrieben die beiden, und sie setzten beides in Anführungszeichen. „Aber wir sind gebrannte Kinder", so stand es da.
Diese Lebensangst, Existenzangst in einem tieferen Sinne, trifft auf die Zweifel an denjenigen, die in besonderer politischer Verantwortung stehen und vielleicht schon allein dadurch den Eindruck erwecken, als sorgten sie sich nicht um das, was rundum vorgeht. So schwer es ist: Die Menschen, für die wir wirken, müssen wissen, daß wir uns aus allem, was wir tun, ein Gewissen machen. In dieser Auseinandersetzung, die erst begonnen hat, werden die moralischen Kategorien ein größeres Gewicht haben als die materiellen.
Wir brauchen eine offene, sachbezogene Diskussion. Die Kritik junger Menschen kann dabei das Salz sein, und eine salzlose Suppe wollen wir ja nicht löffeln.
Viele Studenten sind unzufrieden, daß es die Hochschulreform nicht gibt. Da haben sie recht, unzufrieden zu sein. Über notwendige Reformen ist nun seit Jahren geredet und geredet und immer wieder geredet worden. Getan wurde wenig. Wenn es nötig ist, erst auf die Straße zu gehen, damit eine wichtige Forderung wirklich Gehör findet, dann darf man sich nicht wundern, daß inzwischen die Schüler den Studenten nacheifern.
Allerdings wollen wir bitte nicht vergessen, daß es in Deutschland auch noch einige junge Arbeiter und Angestellte gibt.
Was an mir liegt, was an uns liegt, wird geschehen, muß geschehen, damit die Demokratie und damit die Chance der nächsten Generation in dieser Republik nicht vor die Hunde geht. Wir wissen, daß an diesem Staat vieles zu verbessern ist, vieles ausgebaut werden muß. Durch permanente Provokation oder durch bloße Negation kann das nur behindert werden. Die jungen Leute müssen sich klar werden, was sie wollen. Sie müssen formulieren, wofür sie eintreten. Sind sie, so frage ich von dieser Stelle, sind die besorgten jungen Leute im Land mit uns für den deutschen Beitrag zur europäischen Friedensordnung? Sind sie mit uns für einen modernen sozialen Bundesstaat?

Wenn ja, dann gibt es viel zu bereden. Ich möchte anregen, daß der neue Parteivorstand beauftragt wird, einen Kongreß mit der jungen Generation vorzubereiten.

Dazu sollten alle Studenten und Jugendgruppen eingeladen werden, die gewillt sind, auf dem Boden der demokratischen Grundordnung zu streiten und zu handeln.[88]

Der Bundeskanzler[89] erklärte am Donnerstag im Bundestag, er habe seit 1949 noch keine Regierung gegeben, die in einem Jahr soviel geleistet habe wie die neue Regierung der Großen Koalition.

Nun, bei dem, was er aufzählte, handelte es sich im wesentlichen um Leistungen, die von unseren Freunden im Kabinett initiiert wurden. Ich sage das nicht, um Lob einzuheimsen, sondern um folgende Frage aufzuwerfen: Muß es eigentlich so sein, daß die Tätigkeit der Sozialdemokraten in der Regierung von anderen stärker wahrgenommen wird als von Teil der eigenen Partei?

Von der Neigung, lokale oder regionale Mißerfolge erstmal auf Bonn und die Große Koalition abzuwälzen, will ich nicht weiter sprechen.[90] Man hilft einander eben, so gut man kann.

Über eines dürfen wir uns nicht wundern: Wenn man gewissen Stimmungen, bloßen Emotionen, nachgibt, dann wird man deren Gefangener.

Über wichtige Einzelfragen und über unsere Aufgaben für den Rest dieser Legislaturperiode wird noch gesprochen werden. Mir kommt es hier auf einige Feststellungen an:

Die Bedeutung unseres Anteils an der Regierungsverantwortung liegt nicht nur darin, daß die drohende Wirtschaftskrise abgewendet, die Angst um den Arbeitsplatz überwunden, die Sanierung der Staatsfinanzen eingeleitet, die DM gesichert wurde. Die zusätzliche Bedeutung liegt darin, daß eine neue, aktive, moderne Wirtschaftspolitik in der Bundesrepublik Deutschland begonnen hat.

Diese neue Politik ist die Voraussetzung der überfälligen Reformen, von denen einige – die durch den Leber-Plan[91] und die für die Kohlenreviere – jetzt eingeleitet werden können, während andere nicht nur wegen der Finanzen, sondern auch wegen der retardierenden Kräfte in der Koalition auf sich warten lassen werden. Aber niemand soll sich täuschen: Wenn wir die Krise nicht verhindern, wenn wir den Übergang zu neuem wirtschaftlichem Wachstum nicht geschafft hätten, dann wären noch so gute Entwürfe für die Strukturpolitik und für die Gesellschaftspolitik geduldiges Papier geblieben.

Das muß man sehen, das muß man auch sagen.

Und weiter: Durch was ist eigentlich das Gerede gerechtfertigt, in Bonn werde zu Lasten der Arbeitnehmer Politik gemacht? Woran sind die Arbeitnehmer vor allem interessiert? Sie sind an einer Politik des Friedens interessiert. Machen wir die oder machen wir die nicht? Sie sind an einem gesunden Wirtschaftswachstum interessiert, ohne das es keinen Boden für aktive Lohnpolitik oder für fortschrittliche Vermögenspolitik gibt. Haben wir uns auf diesen Weg begeben oder nicht?

Sie sind interessiert an der Demokratisierung und Modernisierung von Wirtschaft, Bildungswesen und staatlicher Organisation, und sie sind interessiert an sozialer Sicherheit.

Es ist klar – das sage ich ganz offen, da gibt es keinen Streit –, daß eine sozialdemokratisch geführte Regierung gewisse sozial- und steuerpolitische Entscheidungen anders getroffen hätte, als sie die gegenwärtige Koalitionsregierung getroffen hat. Aber das Wort von der sozialen Demontage ist von der Sache und von den Ziffern her nicht zu rechtfertigen.

Es war in Wirklichkeit auf dem Hintergrund der tiefen Erschütterung von Staatsfinanzen und Wirtschaft eine ganz große Sache, daß die dynamische Rente gesichert werden konnte, und sie wäre ohne Sozialdemokraten in die Binsen gegangen.

Es war kein Pappenstiel, was an drohenden Verschlechterungen abgewendet werden konnte. Es ist eine Tatsache, daß die Interessen der Arbeitnehmer bei den Sozialdemokraten im Parlament und in der Regierung gut aufgehoben sind. Wer will, daß wir im Rahmen des Möglichen mehr erreichen, der darf uns nicht schwächen, sondern der muß mithelfen, daß wir stärker werden. Ich denke, daß mich hier jeder verstanden hat.

Auch auf außenpolitischem Gebiet sind Tatsachen geschaffen worden, die sich von denen des Jahres 1966 wesentlich unterscheiden. Es ist eine Tatsache, daß die Regierung der Großen Koalition für die Bundesregierung die Gefahr der Isolierung abgewendet hat. Hiermit meine ich zunächst einmal ganz bewußt das Verhältnis zu unseren westlichen Freunden und Verbündeten. Muß ich unbedingt daran erinnern, welche Rolle die Bundesrepublik 1966 in der westlichen Allianz und in der Europapolitik spielte? Das hat sich geändert. Wir können nicht zaubern, aber wir können eine selbständige Politik führen, und das tun wir, wenn auch gelegentlich behindert durch innerpolitisches Bleigewicht.

Wer kann leugnen, daß wir eine neue Politik der Entspannung und des Brückenschlags nach Osten eingeleitet haben, eine Politik, die sich gegenüber Rumänien, Jugoslawien und der Tschechoslowakei bereits sichtbar ausgewirkt hat.[92] Natürlich ist ein großer Durchbruch noch nicht gelungen; der hängt auch nicht nur von uns ab. Es hätte mehr erreicht werden können, wenn wir nicht auf Widerstände von zwei Seiten gestoßen wären. Aber ich habe selbst niemals Illusionen darüber gehabt, daß es ohne Querschüsse ge-

hen würde. Ich habe auch niemals geglaubt, Versäumnisse von 15 Jahren könnten in 15 Monaten aufzuholen sein.
Die Regierungserklärung vom 13. Dezember 1966 hat den aktiven deutschen Beitrag zur Organisation des Friedens zum Mittelpunkt der Außenpolitik gemacht. Glaubt man ernsthaft, daß ein CDU-Bundeskanzler die Briefe Stophs beantwortet und konkrete Angebote an die Verantwortlichen in der DDR gemacht hätte, wenn es nicht sozialdemokratische Minister gäbe?
Glaubt man ernsthaft, daß die zukunftsweisende Politik des Gewaltverzichts ohne SPD-Minister entwickelt worden wäre?
Entspannungspolitik ist Sicherheitspolitik mit anderen als militärischen Mitteln. Entspannungspolitik ist, wenn man die Chance dazu hat – man hat sie nicht immer, und wir müssen sie auch erst bekommen –, auch die beste und vor allem billigste Sicherheitspolitik. Ich bin fest entschlossen, als Bundesaußenminister auf diesem Weg und auf dem schwierigen und dornigen Wege zur Abrüstung keine Chance ungenutzt zu lassen.
Walter Ulbricht sieht in der Politik dieser Bundesrepublik eine Gefährdung seiner Position im Rahmen des Warschauer Paktes. – Nebenbei: Es ist doch wohl auch als ein Erfolg zu bezeichnen, daß innerhalb des kommunistischen Lagers die Politik der Bundesregierung eben nicht mehr nur als negativ und feindlich abgetan wird und werden kann. Wir wollen die DDR nicht isolieren. Aber die DDR hat doch offensichtlich Angst, die Stellungen ihres kalten Krieges zu verlassen. Die Angst vor Rapallo ist nach Ostberlin abgewandert. Liebe Freunde, eben dies war der eigentliche Inhalt der Antwort Walter Ulbrichts auf die Angebote im Bericht zur Lage der Nation.
Auch hier ging es um eine sozialdemokratische Initiative. Wir gehen davon aus, daß die Überwindung der Spaltung Deutschlands nur durch die Entspannung und durch die Überwindung der Spaltung Europas erreicht werden kann. Dies ist ein Prozeß, der zähe Kräfte verlangt und Zeit braucht.
Wir sagen deshalb auch in aller Offenheit, daß die Einheit unseres Landes jetzt nicht auf der Tagesordnung der internationalen Politik steht. Im Interesse der Wahrhaftigkeit und der Identität zwischen unseren Äußerungen und der Wirklichkeit bemühen wir uns, nicht so zu tun, als glaubten wir das Selbstbestimmungsrecht für unser Volk in absehbarer Zeit zu erhalten oder den Weg dahin abgesteckt vor uns zu sehen. Es macht mir keinen Spaß, das zu sagen. Aber ich muß das so sagen, wie ich es sehe.
Das bedeutet nicht, daß wir dieses Ziel aufgeben. Aber es bedeutet, daß wir überhaupt erst die Voraussetzungen schaffen müssen, damit aus diesem Ziel wieder eine, wenn auch anders als früher zu sehende Aufgabe der Politik wird.
Dies bedeutet gleichzeitig, daß auch die DDR für eine nicht absehbare Zeit

existieren wird, und daraus folgt: wir haben alles Erdenkliche zu tun, um das Nebeneinander und Miteinander der beiden Teile Deutschlands zu organisieren im Interesse der Menschen und im Interesse des Friedens. Diese Bundesregierung hat eine entsprechende Politik begonnen. Seit 15 Monaten weichen die kommunistischen Machthaber in Ostberlin aus. Ulbricht forderte vergangenen Mittwoch die Gleichberechtigung bei Verhandlungen. Ich frage: Was soll das? Wenn sich der Staatssekretär des Bundeskanzleramtes[93] mit einem Beauftragten von drüben treffen würde, dann doch sicher nicht auf der Basis, daß einer dem anderen Weisungen erteilt, und wenn sich die Herren Kiesinger und Stoph treffen würden, um etwas zu vereinbaren, so würden sie dies nicht als Privatleute tun, sondern aus der Verantwortung, die sie tragen, der eine und der andere.

Ulbricht hat gesagt, der Gewaltverzicht müsse völkerrechtlich verbindlich sein. Ich sage: Er muß verbindlich sein, natürlich, er muß ebenso verbindlich sein in der Sache wie der Gewaltverzicht, den wir mit Polen, mit der Sowjetunion, mit jedem anderen Staat des Warschauer Paktes vereinbaren wollen. Aber er hätte keinen Völkerrechtscharakter; denn zum Unterschied zu Polen, der Sowjetunion und der Tschechoslowakei ist die DDR eben kein Ausland, und sie kann es für uns nicht werden.

Diese Zusagen bedeuten doch nicht, eine verschrobene oder blutleere juristische Position zu bieten, sondern dies ist doch eine der berühmten Realitäten, auf die andere sich so gern berufen. Mailand und Leipzig haben gemeinsam, daß es in beiden Städten eine Messe gibt. Aber Hamburg und Nürnberg und Stuttgart haben mit Leipzig gemeinsam, daß in allen diesen Städten Deutsche leben.

Zu den Aufgaben des deutschen Volkes gehört es, seinen Teil der Überwindung des Ost-West-Gegensatzes in Europa zu tun. Dies sind wir uns selbst schuldig. Dies ist das, was niemand für uns tun kann. Dies ist der Friedensdienst, den allein das deutsche Volk Europa leisten kann.

Beim Lesen der Fernsehansprache Walter Ulbrichts konnte man sich nicht des Eindrucks erwehren, daß er sie besonders an seine kommunistischen Freunde in den Ländern des Warschauer Paktes gerichtet hat. Daß in den Ländern Osteuropas sich einiges tut, beweisen die Resultate der Konferenz, die kürzlich in Budapest stattfand, beweisen auch Ereignisse – unterschiedlich, wie sie sind – in Prag und Warschau.[94] Nichts, liebe Freunde, wäre falscher, als hier ein Triumphgeheul anzustimmen.

Wir haben dazu um so weniger Grund, als die Entwicklungen dort allein das Verdienst derer sind, die mit Courage und Augenmaß das tun, was sie für richtig halten. Aber wir verfolgen diesen Prozeß mit Interesse und Aufgeschlossenheit, ungeachtet dessen, daß damit die außenpolitischen Hindernisse zwischen uns und ihnen noch nicht kleiner werden.

Eine Zwischenbemerkung: Bei der Betrachtung unseres Verhältnisses zu anderen Völkern sollten wir bitte daran denken, was im Godesberger Programm steht. Dort steht: „Normale diplomatische und Handelsbeziehungen mit allen Nationen sind ungeachtet der Regierungssysteme und der gesellschaftlichen Struktur unerläßlich."
So im Godesberger Programm. Das bedeutet doch wohl, daß eine realistische Außenpolitik losgelöst von Sympathien und Antipathien für ein bestimmtes Gesellschaftssystem zu erfolgen hat. Das gilt für den Westen, für den Osten, für die dritte Welt. Wir haben als Sozialdemokraten unsere Überzeugungen, unsere Hoffnungen und unsere Wünsche. Wir empfinden die uns vererbte Pflicht zur Solidarität. Aber deutsche Außenpolitik hat deutsche Interessen zu wahren, hat nicht zuletzt Märkte offenzuhalten und die Arbeitsplätze von morgen zu sichern. Wenn wir übrigens nur mit demokratisch regierten Staaten diplomatische Beziehungen unterhielten, könnte man das Personal des Auswärtigen Amts auf einen Bruchteil reduzieren.
Im gespaltenen Deutschland haben wir uns stärker als andere mit dem Kommunismus und den Entwicklungen im kommunistischen Lager zu beschäftigen. Was wir beobachten, ist im Prinzip ähnlich dem, was sich im Westen abspielt: eine Auseinandersetzung zwischen Kräften der Beharrung und solchen Kräften, die neue Wege suchen. Die kommunistische Führung in Deutschland gehört zu jenem Flügel innerhalb der kommunistischen Welt, den man als den konservativsten, den rückständigsten bezeichnen kann. Es ist aber zu verzeichnen, daß einige große kommunistische Parteien öffentlich den deutschen Kommunisten nachweisen, daß ihre Einschätzung der Großen Koalition falsch ist und daß ihre maßlosen Angriffe auf die Sozialdemokratische Partei Deutschlands sich kaum unterscheiden von der verhängnisvollen Haltung, die die KPD in den Jahren vor 1933 eingenommen hat.
Wir haben uns durch die SED-Führung von unserem Kurs nicht abbringen lassen. Wir wissen auch, daß auf der anderen Seite jene Kräfte stärker werden, die das verstehen.
In diesem Zusammenhang möchte ich im Interesse einer besseren Verständigung, die wir wünschen, folgendes deutlich machen: Ein Mode- und Lieblingswort der Kommunisten aller Färbung ist der Begriff „Realitäten" geworden. Man brauche nur die Realitäten anzuerkennen; dann wäre die Verständigung sehr leicht. Solche Worte hört man auch aus dem Munde von Kommunisten, die sich stark von den SED-Leuten unterscheiden, und die tatsächlich versuchen, neue politische Wege zu finden. Sie müssen aber wissen: Es ist richtig, daß man, um politisch handeln zu können, von den tatsächlichen Gegebenheiten und damit natürlich auch von den Interessen des eigenen Volkes auszugehen hat. Solange aber die eine Seite glaubt, nur sie

allein habe unumstößlich festzulegen, was Realitäten sind, solange wird die Diskussion kaum der Verständigung und dem Fortschritt dienen.
Der Dortmunder Parteitag hat sich dafür ausgesprochen, den Dialog zwischen SPD und SED fortzusetzen. Es ist bekannt, warum es im Sommer 1966 nicht zu dem Redneraustausch gekommen ist, für den bereits die Modalitäten vereinbart waren.
Wir haben das Thema nicht zu den Akten gelegt. Wir haben uns im April 1967 an die Delegierten des 7. Parteitages der SED gewandt, und ich meine, der neue Parteivorstand wird bemüht bleiben müssen, neue Initiativen zu ergreifen, wenn sie sinnvoll sind.
Nun, liebe Freunde, zu den großen Traditionen und starken moralischen Impulsen des Sozialismus gehört es, immer dann die Stimme zu erheben, wenn Menschen leiden müssen unter Ungerechtigkeit und Not oder unter der Furie des Krieges. Wenn es keinen anderen Grund gäbe, so würde dieser reichen, um zu erklären, weshalb dieser Parteitag sein Wort zu Vietnam zu sagen wünscht. Es hat seine Bedeutung, wenn hier festgestellt werden kann: Wir wünschen ein Ende der Schrecken und wir meinen, daß es dazu einer politischen Lösung bedarf, und daß dazu die Bereitschaft aller Beteiligten erforderlich ist. Es schadet nicht, wenn wir hier auch an unsere eigenen europäischen und deutschen Interessen erinnern; denn die Gefahr der Ausweitung ist permanent gegeben.
Der Parteivorstand meint, daß das politisch-moralische Engagement vor allem auch aus den Reihen der jungen Generation zu begrüßen ist. Aber er meint weiter, daß wir uns zugleich auch in dieser Frage entschieden abzugrenzen haben gegen jene links- und rechtsextremen Kräfte, die sich in einem primitiven Antiamerikanismus zu überbieten suchen.
Wer viele Vietnams in der Welt wünscht und fordert, der wünscht nicht den Frieden, sondern der wünscht den Krieg.
Bei aller Sorge um Vietnam – darum wird ja nicht erst seit gestern in den Vereinigten Staaten selbst leidenschaftlich gerungen – darf man aber doch nicht vergessen: Westeuropa und die Bundesrepublik und Berlin im besonderen sind auf dem Wege zu einer europäischen Friedensordnung auf das Bündnis und die Freundschaft mit den USA angewiesen. Man sage uns nicht, wenn von Vietnam die Rede ist, hier gebe es überhaupt keine deutsche Zuständigkeit. Wenn es um den Frieden geht, ist jeder kompetent, der um das Wohl der Menschheit besorgt ist.
Aber wir sollten es uns nicht leicht machen, und zwar nicht nur aus moralischen Gründen. Ich will mich hier nicht mit landläufigen Auffassungen über die Moral in der Politik auseinandersetzen. Ein Bemühen um Verständnis für die Vielschichtigkeit und Schwierigkeit des Problems steht uns gut zu Gesicht. Dabei vergesse ich nicht, daß die Vereinigten Staaten Verständnis

für uns hatten, als wir es bitter brauchten. Welche Erwartungen immer an die Ostpolitik geknüpft werden mögen – sie setzt eine solide Westpolitik voraus.

Die bekannten Schwierigkeiten in unserem Berliner Landesverband dürfen natürlich nicht zu Fehlinterpretationen führen. Kein Sozialdemokrat wird aus der Partei ausgeschlossen, weil er seine Meinung zum Krieg in Vietnam bekundet.[95]

Kein Sozialdemokrat bekommt Schwierigkeiten mit seiner Partei, weil er die Jugend nicht alleinläßt.

Die Berliner Ausschlüsse sind auch nicht so begründet. Sie werfen die Frage auf, ob man zugleich für die Partei und gegen die Partei sein kann.

Wie es sich damit im konkreten Fall verhält, dazu wird das Schiedsgericht der Partei zu sprechen haben, und der Vorsitzende sollte auch nicht den Anschein des Eindrucks einer Einmischung aufkommen lassen. Wie immer man diesen Vorgang im einzelnen beurteilt, es gilt wieder allgemein, aber gerade für diese Partei, liebe Genossen: Wir müssen Berlin helfen, über den Tag hinaus!

Niemand soll im übrigen daran zweifeln dürfen, daß wir als fortschrittliche Volkspartei die Kraft haben, Meinungsverschiedenheiten in unseren Reihen ertragen und austragen zu können. Das heißt, wir müssen streiten können, ohne uns zu zerstreiten. Es heißt außerdem: Die Erweiterung des zahlenmäßigen und soziologischen Raumes unserer Partei darf nicht dazu führen, den Blick für die politische Bandbreite zu verengen. Es gibt übrigens nicht nur linke, es gibt auch rechte Sektierer.

Die Grenze des Möglichen ergibt sich aus dem Programm und aus dem Maß von Loyalität, ohne das eine Partei unseres Auftrages sich selbst aufgeben würde.

Zurück zur Bonner Szene! Mit dem Zusammenbruch der Regierung Erhard ging eine Epoche der zweiten deutschen Republik zu Ende. Das bis dahin etablierte System war in der Tiefe überholt. Durch die ökonomischen Krisenerscheinungen wurde dies offensichtlich. Der vollzogene Wandel ist unwiderruflich. Hier ist nichts mehr auf den alten Stand zu bringen, nichts kann und wird mehr so sein, wie es vordem war. Aber wir bestimmen nicht allein die Richtlinien der Politik. Die SPD verfügt eben nur über 40% der Mandate im Bundestag, und wir stellen nicht den Kanzler. Umgekehrt kann der Kanzler nicht gegen die SPD regieren.

Natürlich ist zu untersuchen, ob wir alle Möglichkeiten ausgeschöpft haben. Ich verstehe, daß manche das bezweifeln und unzufrieden sind, einige deswegen, weil sie meines Erachtens die Situation nicht richtig einschätzen, andere, weil sie wünschen, daß die Dinge rascher vom Tisch kämen. Mit den letzteren sympathisiere ich. Also: Wir müssen mit aller Kraft darauf dringen, daß das Regierungsprogramm in dieser Legislaturperiode durchgeführt wird.

Da die Regierung der Großen Koalition trotz aller Unkenrufe in der Lage war, die brennendsten Sorgen der Menschen in der Bundesrepublik zu beheben, ist sie, die Große Koalition, ob das nun allen lieb ist oder nicht, draußen im Lande durchaus populär. Aber ich wiederhole: Die vereinbarten Programmpunkte müssen erfüllt werden.

Es muß zügig, zügiger entschieden werden. Modernität ist weniger ein rhetorisches als ein praktisches Erfordernis. Es ist grotesk, wenn einige Leute so tun, als wäre diese Regierung wegen der Gesetzgebung für Notzeiten gebildet worden.[96] Das zeugt von kompletter Unkenntnis. Wir waren doch auch in der Opposition bereit, die alliierten Notstandsrechte abzulösen und unsere Verfassungsforderungen durchzusetzen. Das hat also mit der Großen Koalition nichts zu tun. Sachlich würde ich außerdem die Finanzreform lange vorher einordnen. Ob wir sie schaffen, ob wir sie gut genug schaffen, hängt allerdings auch davon ab, ob der kooperative Föderalismus in der SPD funktioniert.

Zum Notstand, besser, zur Sicherung des demokratischen Staates und seiner Bürger in Notzeiten, nicht, wie einer unserer geschätzten Begrüßungsredner[97] gestern nachmittag an dieser Stelle meinte, wegen der potentiellen Gefährdung der Demokratie, nein, zur Sicherung des demokratischen Staates und seiner Bürger in Notzeiten! Wir haben darüber in Köln, in Karlsruhe, in Dortmund beraten und Beschlüsse gefaßt. Die Bundestagsfraktion hat sich an diese Beschlüsse gehalten. Was ist neu? Neu sind die Vorlagen dieser Bundesregierung, die fundamentale Verbesserungen enthalten. Außerdem wurden die einfachen Gesetze entrümpelt, die Schubladengesetze beseitigt. Neu waren die auf unsere Initiative, die Initiative unserer Fraktion, zustande gekommenen öffentlichen Anhörungen durch Ausschüsse des Bundestages.

Unsere Fraktion hat die Regierungsvorlagen sorgfältig und kritisch behandelt. Nun, liebe Freunde, wird dieser Parteitag die Richtlinien zu bestimmen haben, nach denen unsere Freunde in die abschließende Beratung eintreten. Wenn unsere Grundsätze beachtet, wenn unsere Forderungen erfüllt werden, dann gibt es keinen vernünftigen Grund, dieses leidige Thema weiter vor uns herzuschieben.

Wenn die Materie entscheidungsreif ist, dann muß auch entschieden werden. Meine Bitte an den Parteitag geht dahin, die bisherigen Beschlüsse zu bestätigen und den Weg frei zu machen für eine Gesetzgebung, die sichern soll, daß auch in Zeiten der Not und Gefahr rechtsstaatlich und demokratisch regiert und verwaltet werden kann.

Wir können nicht immer von vorn anfangen, alles muß mal ein Ende finden, und ich wäre jedenfalls froh, wenn wir in vertretbarer Form einen Schlußstrich ziehen könnten. Wir haben ja auch sonst noch etwas zu tun. Es besteht keine Gefahr, daß wir unsere Sitzungen, unsere Tagesordnungen dann nicht auch noch mit anderen Punkten ausfüllen könnten.

Zum Wahlrecht geht es für diesen Parteitag um zwei Feststellungen. Erstens ist das Thema vom Grundsatz und von der politischen Praxis her so wichtig, daß es einer gründlichen, auch innerparteilich gründlichen Diskussion bedarf. Zweitens könnten wir an einer parlamentarischen Beschlußfassung erst mitwirken, nachdem ein ordentlicher Parteitag seine Meinung dazu gesagt hat. Die bisherige Diskussion ist ziemlich schiefgelaufen.[98] Übereifrige Unionspolitiker waren im Begriff, die staatspolitische Substanz dieses ernsten Problems zu zerreden. Schlaumeier haben gemeint, uns mit billigen taktischen Finessen ins Bockshorn jagen zu können. In der Partei hat man darauf übrigens nicht selbstbewußt genug reagiert. In der Öffentlichkeit ist der Eindruck entstanden, als solle manipuliert werden. Die grundgesetzliche Verankerung eines modifizierten oder gar grundgesetzlich neuen Wahlrechts wäre doch eine der durchgreifendsten politischen Reformen seit der Gründung der Bundesrepublik. So etwas kann man nicht mit der linken Hand machen wollen. Man darf diese ernste Frage auch nicht mit falschen Argumenten belasten. Falsch ist z.B. die Meinung, das Instrument des Wahlrechts könnte den demokratischen Kräften eines freien Staatswesens ihre Verantwortung auch nur irgendwie abnehmen. Wenn man diesen Irrtum nicht erkennt, dann kann es so gehen wie mit dem Mythos von der Kanzlerdemokratie. Als es einmal darauf ankam, zerging er, dieser Mythos, wie Butter an der Sonne.[99]

Liebe Freunde, über Einzelfragen hinaus meine ich, die Bundesrepublik wird sich nur dann zu einem modernen Staat weiterentwickeln können, wenn wir mit aller Behutsamkeit, die allein der Sache dienlich ist, an eine Überholung unserer Verfassung denken. Im Verlauf des Parteitages und später wird darüber sicherlich ausführlich gesprochen. Ich denke übrigens nicht an einen Abbau der föderalen Gliederung, schon deshalb nicht, weil sich mehrere der Länder, namentlich die sozialdemokratisch geführten Länder, in den vergangenen Jahren auch als wirksames Gegengewicht gegen den Einfluß rückwärts gewandter Kräfte im Bund erwiesen haben. Wohl aber sollten wir die gemeinsame Verantwortung mehr ins Auge fassen. Es würde schon sehr vorteilhaft sein, wenn man sich die alten Texte noch einmal anguckte und wenn man das Grundgesetz von den Elementen befreien könnte, die bei den Beratungen des Parlamentarischen Rats nicht durch die Mitglieder dieses Parlamentarischen Rats, sondern auf Intervention der Besatzungsmächte eingebaut werden mußten.

Von der Verfassung zu ihren Feinden! Die NPD ist heute eine Partei, deren

demokratische Tarnung so weit gehen soll, damit ihr Neonazismus möglichst unangreifbar, aber dennoch deutlich wird.[100]
Ich meine damit den Kern jener Partei, die unterscheidet zwischen ihm und Protestwählern, zwischen ihm und Irregeführten oder Verblendeten. Diese Menschen sind ja übrigens nicht vom Himmel gefallen. Es sind Menschen aus der Mitte unseres Volkes, und von unserer politischen Arbeit wird es mit abhängen, ob sie in den Händen von Demagogen bleiben oder ob andere in die Hände der Demagogen geraten. Die SPD muß sich zu dieser Verantwortung bekennen. Sie teilt sie mit den anderen demokratischen Parteien. Ich glaube übrigens, daß in dieser Frage die CDU/CSU ihren Teil der Verantwortung deutlicher sehen und danach handeln sollte.
Ein klareres Wort der Union zur NPD wäre hilfreich.
Es gibt aus dem Lande einige Berichte, gerade jetzt aus dem Südwesten, über solche Unklarheiten, wie sie früher zwischen Deutschnationalen und Nazis üblich waren.
Als mir kürzlich ein Zitat aus einer Zeitung vorgelesen wurde – es handelte sich um eine Äußerung zum Nichtverbreitungsvertrag – habe ich getippt, dieses Zitat sei aus der N-S-Zeitung in München. Ich hatte unrecht; es war aus dem „Bayernkurier“.[101]
Es gibt einige Kollegen in der Union, die vergessen zu haben scheinen, daß im Wettlauf um Nationalismus die Extremisten letzten Endes nicht zu schlagen sind.
Bei dieser Gelegenheit: Durch voreilige und emotionale Äußerungen zum Vertrag über die Nichtverbreitung von Atomwaffen ist im vorigen Jahr Unheil angerichtet worden. Unserer Stellung in der Welt ist das nicht gut bekommen. Das darf sich jetzt nicht wiederholen. Walter Hallstein und Franz-Josef Strauß sprechen hier nicht für die Bundesrepublik Deutschland.[102]
Wir sind für die nachdrückliche Vertretung unserer vitalen Interessen, vor allem als moderner Industriestaat. Diese Interessenvertretung – und ich kenne das Geschäft; das ist ein mühsames Geschäft in den letzten 15 Monaten gewesen – muß münden nicht in ein Nein, sondern in ein Ja zum Vertrag über die Nichtverbreitung von Atomwaffen.
Wir kriegen sie nicht. Wir wollen sie nicht. Und für die Politik, für die ich einstehe, brauchen wir sie auch nicht.
Wie die NPD umgeht, ja, wie sie spielt mit den Erinnerungen an Krieg und Zerstörung, an Terror und Kz's, wie sie verniedlicht und fälscht, was Millionen deutscher Menschen ihre Heimat hat verlieren lassen, zu Krüppeln gemacht hat und die Gräber von den Wüsten Afrikas bis zum Nordkap und von den Weiten Sibiriens bis in die Tiefen des Atlantik gebracht hat, ist schändlich. Dies dürfen wir uns nicht gefallen lassen. Hier geht es um die Würde unseres Volkes, auch seiner Toten.

Nazismus, alter Nazismus, aufgewärmter Nazismus, Neonazismus ist Verrat an Land und Volk.
Daraus ergeben sich Konsequenzen. Der Bundeskanzler hat im Bericht zur Lage der Nation gesagt, die Regierung werde nicht zögern, auch mit verfassungsgemäßen Mitteln gegen solche Parteien vorzugehen, die unsere freiheitlich-demokratische Grundordnung bedrohen. Ich meine, man sollte nicht zu lange warten, um die Voraussetzungen für eine Feststellungsklage vor dem Bundesverfassungsgericht zu prüfen.
Die Kluft zwischen Sonntagsreden und Wirklichkeit muß verschwinden, auch in dieser Frage.
Soweit es menschenmöglich ist, darf kein Zweifel bestehen, ob es „die da oben" ehrlich meinen. Wir haben, so glaube ich feststellen zu können, einiges in Ordnung gebracht. In manchen Punkten wird dem deutschen Volk die ungeschminkte Wahrheit gesagt. In anderen Punkten steht das noch aus.
Jawohl, dieser Staat ist unvollkommen; er muß reformiert werden. Aber um ihn zu reformieren, muß man ihn erhalten. Und ich sage: Dieser Staat ist es wert, gegen seine Feinde geschützt zu werden.
Manchmal hat man den Eindruck, daß diejenigen, die mit ihrer Kritik am meisten von der SPD verlangen, gleichzeitig alles tun, um die SPD zu schwächen.
Es gibt Leute, die behaupten, aus der Vergangenheit Lehren ziehen zu wollen, die aber in Wirklichkeit ein böses Spiel der Vergangenheit wiederholen. Bei denen geht es um die alte Taktik, die Sozialdemokraten madig zu machen, der SPD Knüppel zwischen die Beine zu werfen.
Ich habe übrigens nichts dagegen, daß sich die Kommunisten in der Bundesrepublik öffentlich dem politischen Wettbewerb stellen. Bloß: Dazu brauchen sie erstens die Erlaubnis von Ulbricht. Dazu müssen sie zweitens das Urteil des Bundesverfassungsgerichts respektieren.[103] Und dann werden sie sich drittens noch mit ihren chinesischen und anarchistischen Konkurrenten auseinanderzusetzen haben. An uns sollen sie sich nicht anhängen wollen! Wir schütteln sie ab.
Liebe Freunde, dieser Parteitag muß den Führungsanspruch der SPD deutlich proklamieren. Diese Sozialdemokratische Partei soll weder übermütig sein noch kraftmeierisch tun; aber sie hat das Recht zu einem gesunden Selbstvertrauen. Sie hat auch das Recht, auf sich stolz zu sein. Mit ihren 733 000 individuellen Mitgliedern vereinigt sie drei Viertel Millionen Männer und Frauen, die sich zu den Zielen der SPD bekennen und für sie werben wollen. Als ich Anfang 1964 Parteivorsitzender wurde, hatten wir 649 000 Mitglieder. Die Zahl ist seitdem um 12 Prozent gestiegen. Ich will Alfred Nau nicht ins Handwerk pfuschen; aber dies will ich sagen: Die von den Mitgliedern geleisteten Beiträge sind Ausdruck der Treue zu einer Organisation,

der man, einmal eingetreten, verbunden bleibt. Auch in den Beitragseinnahmen läßt sich der Aufschwung ermessen, den die Partei genommen hat. Von den rund 6 Millionen DM im Jahre 1950 sind sie im vergangenen Jahr trotz der Rezession auf knapp 18 Millionen DM gestiegen. Die Berichte im Jahrbuch 1966/67 stehen hier mit zur Diskussion. Es ergibt sich aus dem Organisationsbericht, daß diese Partei, was ihre altersmäßige Zusammensetzung angeht, eine junge Partei ist und daß sie bei ihren Neuaufnahmen auch die soziologischen Veränderungen widerspiegelt, die sich in der Zeit der rasanten technischen Entwicklung ergeben.

Wir haben – das ist meine Feststellung –, was das Ansehen unserer Partei angeht, in den letzten 12 Monaten beträchtliche Fortschritte zu verzeichnen. Vielen unserer Mitbürger ist klar geworden: Die SPD ist eine Partei, die auch im Bund regieren kann. Zu Recht oder zu Unrecht meinten früher viele unserer Mitbürger, die CDU garantiere Wohlstand und äußere Sicherheit. Das ist anders geworden. Heute beginnt einer Mehrheit klar zu werden: Die wirtschaftliche Sicherheit und die Stellung Deutschlands in der Welt, – diese vitalen Interessen wahrzunehmen, dazu ist die SPD sehr wohl in der Lage. Und außerdem: In den Augen der Öffentlichkeit erscheint die SPD heute in einem noch stärkeren Maße als früher als die aufgeschlossenste, die fortschrittlichste Partei in Deutschland.

Nun werden einige fragen – nicht zu Unrecht –: Das ist ja alles schön und gut, aber warum hat sich das noch nicht bei den Wahlen in den Ländern und den Gemeinden niedergeschlagen? – Was die Landtagswahlen angeht, so kann man im großen und ganzen sowohl den Erfolg in Nordrhein-Westfalen als auch die stagnierenden oder rückläufigen Ergebnisse bei anderen Landtagswahlen im Grunde bereits den Resultaten der Bundestagswahl 1965 entnehmen. Die SPD hat in den vergangenen Jahren natürlich auch Stimmen von Menschen erhalten, die grundsätzlich Opposition wählen. Sicher ist es weiter so, daß ein bestimmter Teil von Stammwählern der SPD den Eintritt in die Regierung der Großen Koalition nicht verstanden hat und deshalb dazu neigte, der Wahlurne fernzubleiben. Das ist ein Vorgang, den zu korrigieren die Partei in der Hand hat. Gewiß haben wir bei unserer politischen Aktivität auch einige soziologische Strukturveränderungen unterschätzt, wie z.B. die Abwanderung von den Städten in die Vororte. Sicher wird auch bei uns und von uns vielfach noch eine Sprache verwendet, die viele Menschen nicht verstehen.

Aber das alles ändert nichts an der Erkenntnis: Es liegt an uns selbst, an uns allen, ob und in welchem Umfang es gelingt, die sachlichen Erfolge der Partei in der Partei und durch sie in der Öffentlichkeit bewußt zu machen und zur Wirkung zu bringen. Ich weiß, daß insbesondere auf den Gebieten der Informations- und der Öffentlichkeitsarbeit vieles nachzuholen und zu verbessern ist. Aber wer mehr Profil wünscht, muß immer gleich dazu sagen, was er damit meint. Manche Debatte bei uns hat nämlich den Eindruck vermittelt, als ließen sich einige das Denken vernebeln durch die Sehnsucht nach der großen Opposition.

Daraus aber ergäbe sich dann höchstens eine Profilierung, die dem Volk suggerieren würde, allein die Unionsparteien seien zum Regieren da. Das kann ja nicht der Sinn der Sache sein.

Die Partei kann sich darauf verlassen, daß die Regierungsmannschaft und die Führung der Fraktion Manns genug sind, unser Gewicht noch deutlicher zu machen. Wir lassen uns weder unterbuttern noch zu Beifahrern machen. Befürchtungen über etwaige spätere Bündnisse, wie sie ihren Niederschlag auch in einigen Anträgen gefunden haben, sind unbegründet. Wir werden 1969 frei und ungebunden in den Wahlkampf gehen und danach ebenso frei und ungebunden unsere Entscheidungen treffen. Unsere auf dem Anspruch der führenden, vorwärtsstrebenden Kraft beruhende Stärke liegt auch in der Freiheit der Entscheidung. Alles andere halte ich für töricht.

Wenn einige gemeint haben, wir sollten in der Regierungsverantwortung die Opposition fortsetzen, die wir so lange getragen haben, so kann ich nur sagen: Dieses Ei des Kolumbus werden wir nicht ausbrüten. Außerdem: Die Rolle ist vergeben; darin versucht sich gerade die CSU! Wir sind kein Wurmfortsatz, der in der Regierung Opposition und in der Opposition Regierung spielt. Auch hier gilt: Mit solcherart Selbstdarstellung hilft man der CDU. Wenn vor ein paar Monaten einmal der Generalsekretär der CDU[104] klagend gemeint hat, seiner Partei fehle die Oppositionserfahrung, so heißt die Antwort: Dem läßt sich abhelfen, die Erfahrung läßt sich nachholen. Wir haben so vieles an solcher Erfahrung gesammelt, daß wir davon noch einiges abgeben können.

Scherz beiseite! Die SPD muß eine Volkspartei eigener, unverwechselbarer Prägung sein, eine politische Willensgemeinschaft müssen wir bleiben, und wenn es je erforderlich sein sollte, müßten wir es um den Preis zeitweiliger Einbußen wieder werden. Je größer wir werden, je mehr wir das Volk in seiner ganzen Breite repräsentieren, desto breiter muß unsere Partei auch in ihrer Anlage werden. Wir haben keine Angst vor Außenseitern. Die geistige und politische Spannweite muß in einer solchen Partei groß genug sein. Der gemeinsame Boden darf dabei allerdings nicht ins Rutschen kommen.

Die Sozialdemokratische Partei ist keine militärische Formation, und ihre Disziplin wird nicht von Feldwebeln durchgesetzt. Die Kraft dieser Partei liegt in der Stärke ihres inneren Zusammenhalts. Die uns gemäße Disziplin erwächst aus der Solidarität. Vernachlässigten wir sie, so würde aus uns ein Haufen auseinanderstrebender, sich gegenseitig paralysierender Kräfte, bestenfalls ein großer Debattierklub.

Wir dürfen auch nicht den Eindruck aufkommen lassen, als gäbe es völlig unabhängig von der Gesamtpartei eine völlig separate Berliner SPD, Bremer SPD, hessische SPD, bayerische SPD usw. Dieser Eindruck wäre schädlich; er würde uns schwächen und nicht stärken.

Die Partei muß lebendig sein, wenn es darum geht, kritische Männer und Frauen von der Richtigkeit unserer Sache zu überzeugen. Da bleibt noch viel zu tun. Um nur ein Beispiel zu nennen: In den Mittel- und den Kleinstädten – von den kleinen Gemeinden schon gar nicht zu sprechen – gehen der SPD viele Stimmen verloren, weil traditionelle SPD-Wähler bisher nicht in der Lage waren, ihre Frauen davon zu überzeugen, daß es gut sei, der SPD ihre Stimme zu geben.

Wenn in den genannten Gebieten die Frauen im gleichen Maße wie in den großen Städten der SPD ihre Stimme gäben, würde das allein für das ganze Bundesgebiet ein Stimmenplus von gut 3 Prozent bedeuten.

Liebe Freunde und Genossen! Wenn wir Rechenschaft und Bilanz ziehen, können wir schließlich nicht über die Diskussion hinweggehen, die über unser Verhältnis zu den Gewerkschaften geführt worden ist.

In der ungerechtfertigten Annahme, die Arbeitnehmerinteressen könnten wegen der Regierungsbeteiligung von der SPD nicht mehr voll oder nicht richtig wahrgenommen werden, kam hier und da die Idee von besonderen Gruppierungen auf. Das konnte nicht akzeptiert werden. Wir haben aber nachdrücklich darauf hingewiesen, daß eine Aktivierung der sozialen Arbeitsgemeinschaften, die unter verschiedenen Namen seit zehn Jahren in der Partei bestehen, wünschbar ist und sicher für die gemeinsame Sache von Nutzen sein würde. Da die Gewerkschaften immer wieder betont haben, sie wollten kein Parteienersatz sein, ist nicht zu sehen, warum wir die Zusammenarbeit nicht in einer Form verstärken können, die mit unserer innerparteilichen Ordnung im Einklang steht.

Otto Brenner hat gesagt, es sei keine Frage, daß eine Partei, die entschieden und mit Nachdruck die Interessen der arbeitenden Menschen fördere, von vornherein der Unterstützung der Gewerkschaften sicher sein könne. Nun, welche Partei tritt nachdrücklicher für diese Interessen ein als die SPD? Darin wird sich unsere Partei auch in der Regierungsverantwortung von keiner anderen übertreffen lassen.

Es ist gesagt worden, in der Waagschale der Bonner Koalition könne die SPD durch ein enges Bündnis mit den Gewerkschaften nur gewinnen. An uns soll es wahrhaftig nicht liegen. Wir kommen jedoch in dieser Diskussion nicht weiter, wenn wir nicht die letzten Karten auf den Tisch legen. Wenn, ohne daß von unserer Seite ein begründeter Anlaß gegeben wäre, gesagt wird, die Gewerkschaften seien nicht der Transmissionsriemen unserer Partei, so gilt diese Formel natürlich auch umgekehrt. Transmissionsriemen kann man sorum und andersrum laufen lassen.

Schwierig, weil verwirrend, wird dieser Dialog, wenn einige Gewerkschafter meinen, sie müßten unabhängig vom politischen Kampf der Parteien die Interessen der arbeitenden Menschen vertreten und sich bei jeder einzelnen politischen Entscheidung die Frage stellen, mit welcher der Parteien sie ihre Forderungen am besten durchsetzen können. Gut und schön, und viel Erfolg! Aber das Kokettieren mit den linken oder progressistischen Flügeln anderer Parteien hat doch nicht viel mehr Bedeutung als die Zeitungsüberschriften, die darüber fabriziert werden.

Man kann nun aber einerseits nicht die Entwicklung der SPD zur Volkspartei bejahen und gleichzeitig die Erwartung hegen, sie solle sich in der Aktion, in ihren inneren Strukturen bis zur soziologischen Zusammensetzung ihrer Führungsgremien als eine museale Arbeiterpartei darstellen.

Ohne die Angehörigen irgendeiner Gruppe oder Schicht auszuschließen, ist und bleibt die SPD die Partei der arbeitenden Menschen im weitesten Sinne des Wortes, besonders natürlich der Arbeiter und Angestellten, eben der Arbeitnehmer, aber auch der geistigen Schichten, nicht zuletzt der technischen Intelligenz mit ihrer immer größeren Rolle in dieser Gesellschaft.

Ich muß einigen gewerkschaftlichen Kritikern eine Gegenfrage stellen: Was haben ihre Argumente mit dem Übergang der SPD von der parlamentarischen Opposition zur Regierungsverantwortung zu tun? Hält man es wirklich für ein Argument, daß der Kampf der SPD in der Opposition gegen viele restaurative Entwicklungen für jeden deutlich sichtbar gewesen sei? Ich lasse es dahingestellt, ob dieser Kampf seit dem Eintritt in die Bundesregierung weniger sichtbar ist. Aber das, was wir in den langen Jahren der Opposition auf den verschiedensten Gebieten vergeblich gefordert haben, kann nun wenigstens zu einem Teil durchgesetzt werden. Das ist mehr, als wir vorher – auch im Zusammenwirken mit den Gewerkschaften – zu bieten hatten.

Deshalb kann und muß die SPD auch von den Freunden in gewerkschaftlicher Verantwortung erwarten, nach ihren effektiven Leistungen und nach dem tatsächlich Erreichten beurteilt zu werden. Das heißt weiß Gott nicht, daß wir uns der Kritik entziehen wollten. Verständigung aber setzt Verständnis voraus. Wir haben keine Scheu gehabt, Differenzen mit dem Koalitionspartner bloßzulegen, so daß auch der Einwand, wir könnten in dieser Regierung unser Gesicht verlieren, nicht überzeugt. Dafür, daß nichts mit dem Mantel der Koalitionstreue zugedeckt wird, sorgen im übrigen schon die lebendigen Kräfte in dieser Partei; das werden wir dieser Tage noch erleben.

Ein Arbeitnehmerflügel in der SPD ist undenkbar. Arbeitnehmer sind der Körper dieser Partei und kein Flügel.
Arbeitnehmer sind bei uns die Masse und keine Randerscheinung.
Die Gewerkschaften sind nach ihrem Selbstverständnis weder Parteienersatz noch bloßer Interessenverband. Bei der Erfüllung ihrer übergreifenden Aufgaben sind sie mithin auch auf gewählte Volksvertreter in den Parlamenten angewiesen, deren politische Überzeugung und parlamentarisches Wirken ihren Vorstellungen nahekommt oder ganz entspricht. Was nicht angeht, ist dies: Gewerkschaften können nicht mit dem Gewicht ihrer Organisation Abgeordnete so binden wollen, daß diese in ihren Entscheidungen nicht mehr frei wären.
Es darf nicht dahin kommen, daß Abgeordnete um ihre Wiederwahl fürchten müssen, weil ihnen große Organisationen die Unterstützung für den Fall entziehen, daß sie in einzelnen rein politischen Fragen so und nicht anders abstimmen. Das geht nicht. Das würde die Partei des Godesberger Programms nicht hinnehmen.
Im Dezember 1965 hat die „Welt der Arbeit" gegen die von gegnerischer Seite im Wahlkampf erhobene Forderung scharf Front gemacht, die Gewerkschaften hätten Druck auf die SPD ausgeübt. Dort stand wörtlich zu lesen: „Der Abgeordnete ist in seinen Entscheidungen frei und nur seinem Gewissen unterworfen. Niemand respektiert das so sehr wie die Gewerkschaften".
Ich nehme an, daran hat sich nichts geändert.
Und noch eines: Im Jahre 1965 hat Karl Schiller den Vorschlag gemacht, daß zur Prüfung der Frage der Mitbestimmung ein unabhängiges Sachverständigengremium eingesetzt wird. In einer Erklärung des Nachrichtendienstes des DGB vom 19. Oktober 1965 wurde dieser Vorschlag begrüßt. Genau dieser Gedanke fand dann Eingang in die Regierungserklärung vom 13. Dezember 1966. Er wurde schließlich – leider erst ein Jahr oder noch mehr später – gegen mancherlei Widerstände auf den Weg der praktischen Arbeit gebracht. Aber in der vergangenen Woche erklärte nun unser Freund Ludwig Rosenberg als Vorsitzender des DGB, die Einsetzung dieser Kommission sei in Wirklichkeit überflüssig gewesen.[105] Das leuchtet mir nicht ein.
Es muß doch darauf ankommen, die öffentliche Meinung an diesem Problem zu interessieren. Im übrigen hat ja der Parteivorstand eine eigene Kommission für die Mitbestimmungsfragen berufen, und zu unserer Freude nehmen führende sozialdemokratische Gewerkschafter daran teil.[106] Wir hoffen dabei nicht nur auf fruchtbare Diskussionen, sondern auch auf alle Fortschritte in der Sache. Vielleicht – da wir nun schon einmal so offen miteinander sprechen – würde es auch nicht schaden, wenn die Gewerkschaften

von uns als Partei mehr Empfehlungen erhielten, die ihre Arbeit anregen und befruchten könnten.

Im Antrag Hessen-Süd zur Demokratisierung der Betriebsverfassung heißt es – ich zitiere –: „Der Parteitag fordert die Gewerkschaften auf, auch mit Hilfe der Tarifpolitik Mitbestimmungsrechte am Arbeitsplatz durchzusetzen".

Das ist ein wichtiger, ein interessanter Punkt. Die Partei könnte auch offen aussprechen, wie sehr sie aus ihrer Verantwortung im Staat und in der Gesellschaft an einer stärkeren gewerkschaftlichen Organisierung der Arbeitnehmer, gerade auch der Angestellten, interessiert ist. Manche von uns meinen, daß darauf mehr Energie angewandt werden sollte als auf die nicht gerade klassisch-gewerkschaftlichen Vorhaben.

Es ist kein Geheimnis, daß die Partei wenig Verständnis hat für die Hindernisse, die der Überwindung gewisser gewerkschaftlicher Organisationszäune im Wege stehen. Mit anderen Worten: So ist es ja auch nicht. Wir haben auch Wünsche, wir haben auch Erwartungen. Das kann das Gespräch dann um so besser vor Gleichgewichtsstörungen bewahren.

Ich habe freimütig gesprochen, um zu einem konstruktiven Vorschlag überzuleiten. Wir haben uns im Vorstand gefragt, wie jene Sozialdemokraten, die an führender Stelle in der Gewerkschaftsbewegung stehen, ihren Rat und ihre Erfahrung mehr, stärker, wirksamer als bisher der Partei zugute kommen lassen können. Deshalb liegt dem Parteitag ein Antrag vor – bzw. wird dieser Antrag vorgelegt werden – über die Bildung eines Gewerkschaftsrats der SPD, den der Parteivorsitzende nach jedem Parteitag berufen würde, in dem er auch selbst den Vorsitz übernehmen möchte. Die Bedeutung, die wir einem solchen Gewerkschaftsrat beimessen, geht auch daraus hervor, daß er bei besonderen, zumal gesellschaftspolitischen Anlässen mit dem Parteivorstand gemeinsame Sitzungen, gemeinsame Tagungen abhalten würde.

Für die weitere Entwicklung wird zu prüfen sein, wie auch der sachverständige Rat aus anderen gesellschaftlichen Gruppen kontinuierlich und besser als bisher in die Meinungsbildung der Partei eingebracht werden kann.

Nun, liebe Genossinnen und Genossen, als wir die „Sozialdemokratischen Perspektiven im Übergang zu den siebziger Jahren" – zu denen Helmut Schmidt heute noch sprechen wird – vom Parteivorstand herausbrachten, da ahnten wir nicht, wie groß das Interesse an einer solchen Publikation innerhalb und außerhalb der Partei sein würde. Ständig wachsende Nachforderungen mit einer Gesamtauflage von über 650 000 Exemplaren haben gezeigt, daß dieser Versuch geglückt war. Ich möchte in diesem Zusammenhang auch jenen vielen Einzelpersonen und Gruppen danken, die nicht hier sind, die nicht antragsberechtigt sind, daß sie zum Teil sehr wertvolle Anregungen gegeben haben. Die Diskussion wird nach dem Parteitag weiterge-

hen – nicht weil die Sache schlecht war, sondern weil sie so wichtig ist und einen im ganzen erfreulichen Start hatte.
Mit diesem Versuch, den Standort der Partei aus den Notwendigkeiten einer überschaubaren Zukunft zu bestimmen, das hier und jetzt zu Leistende an dem zu orientieren, was im nächsten Jahrzehnt unsere Welt sein wird, mit diesem Versuch haben wir eine spürbare Lücke gefüllt. Gewiß konnten diese „Perspektiven" kein voll ausgewogenes Dokument sein. Sie haben zum Nachdenken und zur Diskussion angeregt. Das ist gut für die Partei und für die deutsche Politik.
Ich glaube, es war auch sehr wichtig, daß Richard Löwenthal gestern in seinem Festvortrag so nachdrücklich die zentrale Rolle von Erziehung und Bildung, von Wissenschaft und Forschung unterstrichen hat.
Vor den „Perspektiven" legen wir heute im Laufe der Debatte durch Herbert Wehner einen „Beitrag zu aktuellen Problemen der deutschen Politik" vor. Dieser „Beitrag", der in einer Sammelresolution die wichtigsten Gebiete der Politik umfaßt, sollte unter zwei Gesichtspunkten gesehen werden:
Einmal kann und muß die Partei die Kontinuität ihrer Politik nachweisen. Zum anderen soll sichtbar gemacht werden, was wir uns – hauptsächlich in der Bundesrepublik – vornehmen. Diese Aufgaben und Ziele sind Aufgaben und Ziele dieser unserer Partei und keineswegs etwa auf die Bedingungen einer Koalitionsregierung abgestellt. Was wir wollen, was wir fordern, halten wir für notwendig, vernünftig und durchführbar. Es ist mehr, als im Regierungsprogramm steht. Die SPD will ja auch mehr.
Aber bei alledem, die Stellung Deutschlands in der Welt und in Europa läßt uns nicht los. Ich möchte dazu nur noch sagen: In einem Punkt gleichen viele Mitbürger der älteren Generation den kritischen Jugendlichen: Die Vergangenheit kümmert sie nicht. Aber während sich die einen frei fühlen, wollen sich die anderen befreien von einer Geschichte, für die zum Schluß in der Kette der Generationen doch alle haften.
Wenn wir, liebe Freunde, Ende der 40er Jahre oder Anfang der 50er Jahre einen Frieden erhalten hätten, so hätten wir ihn sehr teuer bezahlen müssen – aber heute wäre die Rechnung im wesentlichen beglichen. Wir haben ihn nicht bekommen, und die meisten haben vergessen, daß die Rechnung für den verlorenen Krieg immer noch offen ist. Die Teilzahlungen, die das deutsche Volk geleistet hat, sind hoch. Die Teilung ist eine ungeheure Last. Reparationen und Wiedergutmachungen wurden geleistet, und insofern wurden Stücke eines Friedensvertrages vorweggenommen.
Nun gibt es keine Grenzprobleme nach Westen mehr; es gibt Grenzprobleme nach Osten. Da gibt es einen Rechtstitel.[107] Den gibt es erst recht für das Recht auf Selbstbestimmung unseres ganzen Volkes. Solche Rechtstitel ha-

ben ihre Bedeutung. Aber sie begründen keine Ansprüche, aus denen Wirklichkeit wird. Ihrer Verwirklichung sind jedenfalls harte Grenzen gesetzt. Wir wissen, daß heute eine Anerkennung der Oder-Neiße-Linie nicht einmal diplomatische Beziehungen zu Polen zur Folge haben würde. Das ist auch eine Realität. Realität ist auch, daß 40% der Menschen, die in jenen Gebieten leben, schon dort geboren wurden. Und niemand ist doch wohl so vermessen, an neue Vertreibung zu denken. Eine weitere Realität ist es, daß das deutsche Volk die Versöhnung gerade auch mit Polen will und braucht.
Es will und es braucht sie, ohne zu wissen, wann es seine staatliche Einheit durch einen Friedensvertrag finden wird. Was ergibt sich daraus? Daraus ergibt sich die Anerkennung bzw. Respektierung der Oder-Neiße-Linie bis zur friedensvertraglichen Regelung.
Es ergibt sich, daß die bestehenden Grenzen in Europa nicht durch Gewalt verändert werden dürfen und die Bundesrepublik zu entsprechend verbindlichen Übereinkünften bereit ist. Alle Völker sollen in der sicheren Gewißheit leben können, daß Grenzen nicht mehr gegen ihren Willen verändert werden.
Das meinen auch, wenn ich es recht verstanden habe, die heimatvertriebenen Landsleute, deren Fragen und Sorgen ich in keinem Augenblick vergesse.
Dies miteinander auszusprechen, gehört zur inneren Gesundung unseres Volkes. Es gehört zur inneren Konsolidierung der Bundesrepublik. Diese Aufgabe steht so noch nicht in der Regierungserklärung. Sie hat dennoch hohe Priorität. Sie verlangt die Versöhnung der Generationen. Sie verlangt den Mut auch zu unangenehmen Wahrheiten. Sie verlangt die Achtung vor der Meinung des anderen. Sie verlangt dem Gewissen verpflichtete Entscheidungen. Aber nur so wird unsere Partei in der Lage sein, unser Volk zu führen.
Dieser Staat ist ohne Glanz und Flitter, in diesem Sinne auch sehr modern mit seinem Mangel an Tradition, aber mit großen Möglichkeiten. Glanzlosigkeit heißt nicht, daß sich diesem Staat und den Menschen, die in ihm leben, keine oder keine großen Aufgaben stellen. Diese Ziele der Sozialdemokratie sind große Aufgaben, und diese Aufgaben sind auch hohe Ideale. Niemand kann daran zweifeln, daß uns diese Ideale binden und verpflichten, wie immer sich das mühsame Geschäft der Tagespolitik von außen ansehen mag.
Das Ideal der Sozialdemokratischen Partei ist der verwirklichte soziale und demokratische Rechtsstaat. Es kann keinem Zweifel unterliegen, daß wir seiner Verwirklichung eher näher kommen, wenn wir in der Regierungsverantwortung sind, als außerhalb.
Es ist richtig, daß dies noch nicht honoriert wurde. Wieder einmal ist die

SPD diejenige Partei, die den Angriff antidemokratischer Kräfte von der einen oder anderen Seite abzuwehren hat und ihm mehr ausgesetzt ist als das sogenannte bürgerliche Lager. Aber wir müssen durch unsere Arbeit und Aufklärung die breiten Schichten unseres Volkes davon überzeugen,daß die SPD besser als die CDU in der Lage ist, ihre Interessen, die Interessen der Menschen dieses Volkes, und das Interesse der Bundesrepublik Deutschland zu vertreten.

Die Befürchtung schließlich, die Große Koalition könnte die Demokratie in Deutschland gefährden, ist gegenstandslos. Seit Bildung dieser Bundesregierung hat sich das politische Leben aktiviert. Die demokratische Funktionsfähigkeit unseres Staates ist voll erhalten geblieben. Die öffentliche Kritik an der Regierung ist ungehindert, die parlamentarische Kontrolle nicht beeinträchtigt. Keine Bundesregierung seit 1949 hat so wenig autokratisch regiert wie die jetzige. Keine Regierung hat sich so sehr mit Erfolg bemüht, die gesellschaftlichen Gruppen zusammenzufassen zum Wohle des Ganzen.

Selbstverständlich sieht niemand – ich jedenfalls nicht – in der großen Koalition einen idealen Dauerzustand. Beide Partner sind, so denke ich, für zeitliche Begrenzungen – auch ohne Wahlrechtsreform. Wir wissen um die Problematik. Aber wir sind auch davon überzeugt, daß die entscheidende Richtungsänderung in der Politik nach innen und nach außen überfällig war und nur durch den Eintritt der SPD in die Bundesregierung erreicht werden konnte.

Ebenso wichtig ist es, daß durch die Bildung dieser Bundesregierung zum erstenmal eine Alternative zur Alleinherrschaft der sogenannten bürgerlichen Seite realisiert werden konnte.

Auch ich empfinde das als eine halbe Alternative. Aber unter den Bedingungen von Ende 1966 war die volle Alternative nicht möglich. Sie kann aus den nächsten Bundestagswahlen hervorgehen.

Damit wir die Auseinandersetzung dann mit Erfolg führen können, müssen die Einheit und die Geschlossenheit dieser unserer Partei gewährleistet sein. Anders kann es nicht gelingen, uns als die führende Kraft legitimieren zu lassen.

Wir sind die echte Alternative. Und wer regiert, muß noch lange nicht verlieren.

Wir wissen außerdem – wir müssen es wissen und müssen uns daran erinnern –, daß der Mensch nicht vom Brot allein lebt. Gustav Heinemann hat im Sonderheft der „Neuen Gesellschaft" über „Die Vision der Menschenrechte" geschrieben und versucht, zu erklären, was von uns getan werden muß, damit nebem dem Brot, neben der Sicherheit des Arbeitsplatzes, neben der Perspektive im Hinblick auf das nächste Jahrzehnt auch die Vision

einer Gesellschaft gegeben wird, an der sich die Frauen und die Männer unseres Volkes orientieren können.
Von diesem Parteitag erhoffe ich neben der selbstkritischen Auseinandersetzung mit den aktuellen Fragen auch etwas in Richtung auf eine überzeugende Zukunftsorientierung. Dazu muß diese Sozialdemokratische Partei Deutschlands sich immer stärker qualifizieren und bewähren als die vorwärtsstrebende moderne, solide und dann führende Kraft der deutschen Politik.

Aus: *Vorstand der SPD (Hrsg.): Parteitag der Sozialdemokratischen Partei Deutschlands vom 17. bis 21. März 1968 in Nürnberg. Protokoll der Verhandlungen. Angenommene und überwiesene Anträge, Hannover/Bonn 1968, S. 78–113*

Unsere politische Richtlinie für die siebziger Jahre

Rede vom 13. Mai 1970

Verehrte Anwesende! Liebe Genossinnen und Genossen! Dieser Parteitag zeigt allen: Die SPD ist fähig, die Bundesrepublik Deutschland zu führen. Sie ist in der Lage, die Verantwortung wahrzunehmen, die ihr übertragen wird. Und sie ist unzertrennlich, wenn es darum geht, für Frieden, Freiheit und Fortschritt einzutreten.

Politik wird in der Gegenwart und für die Zukunft gemacht. Dies ist nur möglich, wenn man sich auf die Vergangenheit besinnt. Wir müssen wissen, woher wir und woher die anderen kommen, um zu erkennen, wohin wir zusammen mit den anderen gehen.

Am 28. Oktober vergangenen Jahres habe ich in der Regierungserklärung gesagt, unsere Politik werde im Zeichen der Kontinuität und der Erneuerung stehen. Dies gilt auch für unsere Partei.

Das Godesberger Programm war Ende der fünfziger Jahre ein bedeutendes Stück Erneuerung. Heute steht es für Kontinuität. „Godesberg" ist und bleibt die gültige Grundlage sozialdemokratischer Politik in der Bundesrepublik Deutschland.

Sie ist für uns alle verbindlich. Am Godesberger Programm orientiert sich unsere Politik.

Freilich dürfen Programme nicht zu papiernen Päpsten werden. Das hat schon Wilhelm Liebknecht im vorigen Jahrhundert gesagt. Ich habe natürlich nichts dagegen, wenn darüber nachgedacht wird, wie unser Programm zu gegebener Zeit weiterentwickelt werden kann. Ich kann auch nicht ausschließen, daß künftige Generationen zu Erkenntnissen gelangen werden, die uns noch verschlossen sind. Eine umfassende Theorie des demokratischen Sozialismus, der modernen Sozialdemokratie, braucht Zeit. Was wir jedoch dringend brauchen, das ist ein gesellschaftspolitisches Gesamtkonzept, ein quantifiziertes Langzeitprogramm der deutschen Sozialdemokraten. Dazu brauchen wir nicht nur die Kraft der Konzeption, sondern auch den Mut zur alternativen Entscheidung über langfristige Prioritäten, ich wiederhole, den Mut zur alternativen Entscheidung über langfristige Prioritäten.

Unter dem Gesichtspunkt von Kontinuität und Erneuerung bedeutet die Regierungsbildung des vorigen Jahres etwas völlig Normales und zugleich etwas Besonderes. Der für die Demokratie normale Wechsel in der Regierungsverantwortung hatte unter unseren Bedingungen die besondere Bedeutung, daß er in der Geschichte der Bundesrepublik Deutschland zum ersten Mal vollzogen wurde. Ich verkleinere damit nicht die zeitweilige Bedeutung der

Großen Koalition. Sie war damals notwendig, um die Rezession zu überwinden. Sie war auch notwendig, damit die Bundesrepublik Deutschland damals in einer schwierigen Situation eine aktionsfähige Regierung erhielt. Sie hat wichtige Maßnahmen in der Innen- und Außenpolitik eingeleitet.
Nun hat die deutsche Gesellschaft ihrer ältesten Partei die Führung des Staates bisher nicht oft überlassen. Aber wenn sie es tat, dann hat die deutsche Gesellschaft es niemals zu bereuen brauchen. Diese Partei hat ihrem Volk niemals Schaden zugefügt.
Die deutsche Geschichte der letzten hundert Jahre wäre einen besseren Weg gegangen, wenn die Sozialdemokraten ihn früher und öfter hätten bestimmen können. 25 Jahre nach dem Ende des Zweiten Weltkrieges dürfen und müssen wir hieran erinnern.
Zur besonderen Bedeutung der Regierungsbildung von 1969 gehört auch, daß SPD und FDP sie gemeinsam geschaffen haben. Eine Koalition von Sozialdemokraten und Liberalen – womit ich nicht sagen will, daß wir nicht auch liberal wären – war das Gebot der Stunde und hätte es wohl eigentlich schon früher sein können oder müssen.
In der Entwicklung der letzten Jahre sind die beiden Koalitionsparteien manchen Widerständen zum Trotz aufeinander zugegangen. Sie haben wohl auch voneinander gelernt. Unsere Partei hat im Godesberger Programm ihren Weg als Volkspartei endgültig bestätigt. Die FDP hat auf ihre Weise Ballast abgeworfen.[108] Vielleicht war dieses Aufeinander-Zukommen erst nach einer langen und leidvollen Geschichte möglich.
1848 standen die Vorgänger, standen die beiden Strömungen, an die ich denke, im Kampf um Einheit und Freiheit zusammen.
Die Reichsgründung von 1871 vollendete dann zwar die Einheit; sie schuf jedoch nicht jenen „freien Volksstaat" – von Marx ein bißchen heftig theoretisch kritisiert, aber wir wissen, was damit gemeint war –, den das Eisenacher Programm der Sozialdemokraten von 1869 gefordert hatte, sondern einen obrigkeitsstaatlichen Rechtsstaat – viel für die damalige Zeit, aber zuwenig für die Zukunft. Aus diesem Staat blieben die Sozialdemokraten ausgeschlossen. Das galt auch für Teile der liberaldemokratischen Bewegung. Die aus Unsicherheit über den einzuschlagenden Weg geborene Spaltung der Liberalen war nicht nur ein Unglück für sie selbst, sondern für Deutschland überhaupt.
Ich meine, wir sollten uns und andere daran erinnern, daß es – abgesehen von dem, was Thomas Mann die verächtliche Haltung der deutschen Intellektuellen gegenüber der Realität genannt hat – ein ernster Irrtum der deutschen Liberalen gewesen ist, daß sie die Errichtung eines relativ freien Rechtsstaates für genug hielten. Gewiß, Freiheit war lange und ist auch heute noch in hohem Maße eine Frage des Rechts. Aber inzwischen ist es eben

nicht nur eine sozialdemokratische Einsicht, daß zur Nutzung der Freiheit auch Chancengleichheit in der Bildung gehört, daß zur Freiheit auch soziale Gerechtigkeit und ökonomischer Ausgleich gehören. Die konservativen Kräfte haben diese Probleme zumeist geleugnet; die Liberalen haben sie zu oft übersehen.

Bei der Begründung der Weimarer Republik standen dann Sozialdemokraten und Liberale zusammen. Gemeinsam bildeten sie die ersten demokratischen Regierungen. Wären sie stark und entschlossen genug gewesen, diese Koalition hätte der deutschen Geschichte einen anderen Verlauf geben können.

Gleichzeitig erinnere ich aber daran, daß schon die Bebelsche Sozialdemokratie bei Stichwahlen zum alten Reichstag von Fall zu Fall nicht nur mit den Freisinnigen, sondern auch mit dem Zentrum zusammenging. Das eigentliche Dreieck der Weimarer Demokratie – im Reich und vor allem in Preußen – bestand aus Sozialdemokraten, Deutsch-Demokraten und Zentrum.

Wir sollten auch heute – bei aller Sorge über den vorherrschenden Konservativismus und die weithin deutsch-nationale Ausrichtung der Unionsparteien – nicht übersehen, daß bei der Gründung der CDU Anti-Nationalismus und Sozial-Reformismus Pate gestanden haben. Vieles davon ist verlorengegangen, und der als links bezeichnete Flügel der Union bietet kein beeindruckendes Bild. Trotzdem sollte man nicht verkennen, daß man es bei den in der christlichen Soziallehre – genauer gesagt: in den christlichen Soziallehren – verankerten Strömungen mit einer Ideen-Komponente zu tun hat, der im Parallelogramm der Kräfte weiterhin Bedeutung zukommen wird.

Nun stehen wir vor wichtigen Landtagswahlen.[109] Sie gelten auch als Bewährungsprobe für die sozialliberale Koalition. Ich bin davon überzeugt, liebe Freunde, daß wir diese Probe gut bestehen werden im nächsten Monat.

Aber dazu, daß wir sie bestehen und daß wir weiter bestehen, gehört zweierlei: Es gehört dazu einmal die Bereitschaft, mit dem Koalitionspartner vertrauensvoll zusammenzuarbeiten und sich mit ihm zusammenzufinden bei der Suche nach vernünftigen Lösungen in der Reformpolitik. Die bisherige Erfahrung hat gezeigt, daß dies möglich ist. Ich möchte diese Gelegenheit benutzen, den führenden Männern der Freien Demokraten, insbesondere dem Vorsitzenden Walter Scheel, für die bisherige Zusammenarbeit ausdrücklich zu danken.

Wir müssen zum anderen ganz nüchtern sehen, daß die CDU/CSU durch den Übergang zur Opposition durchaus nicht zur Splitterpartei geworden ist.

Die Unionsparteien sind in der Lage, weiterhin beträchtliche Wählerschichten zu mobilisieren. Vor vier Jahren, in Dortmund, sprach ich von einem

relativen Gleichgewicht der Kräfte in der Bundesrepublik. Dies gibt es auch heute, freilich heute mehr zu unseren Gunsten.
Ich bin zwar davon überzeugt, daß die Mehrheit für die Politik der Regierung draußen im Lande nennenswert größer ist, als sie im Stimmenverhältnis des Bundestages zum Ausdruck kommt.
Wir müssen uns aber vor Augen halten, daß es erforderlich ist, die Bevölkerung – wie haben wir früher gesagt: im permanenten Gespräch – ständig von der Richtigkeit unserer Politik zu überzeugen und diese Politik den gegebenen Möglichkeiten anzupassen, damit wir das in uns gesetzte Vertrauen nicht verspielen, sondern verstärken.
Wir brauchen Zielvorstellungen und Zukunftsplanungen. Bloße Utopien nimmt man uns nicht ab. Die Menschen, um deren Vertrauen wir ringen, erwarten eine Politik der praktischen Vernunft, nicht der verbal-revolutionären Akrobatik.
Wenn ich das sage, so verkenne ich nicht die Bedeutung der theoretischen Arbeit. Ich verkenne auch nicht die Bedeutung eines idealistischen Aktivismus, der die Lässigen zum Eifer und die Säumigen zur Eile antreiben will. Beides ist notwendig, für beides ist in unserer Partei Raum. Für beides *muß* Raum sein. Die SPD würde sich selbst aufgeben, wenn sie die Freiheit der Meinungsbildung in ihren eigenen Reihen beschneiden wollte.
Aber es gilt auch, Entscheidungen zu treffen. Die Fähigkeit dazu darf nicht eingeschränkt werden. Und es gilt auch, zu verhindern, daß die Anhänger und die Wähler unserer Partei durch nebulöse Schlagworte verwirrt werden. Es gilt andererseits, uns selbst nicht verwirren zu lassen durch Klugredner, die uns einen blinden Pragmatismus andichten wollen.
Die jetzige Phase in der Entwicklung der deutschen und europäischen Sozialdemokratie, die Aufgabenstellung für die siebziger Jahre, handelt von der Verwirklichung der sozialen Demokratie. Wir sind überzeugt: Ohne Demokratie in Staat *und* Gesellschaft, ohne Mitbestimmung und Mitverantwortung in allen großen Bereichen wird es keine stabile Demokratie geben.
Die Aufgaben der Zukunft, wie wir sie sehen, sind nur auf dem Wege und mit den Mitteln der Demokratisierung zu bewältigen, deshalb bezeichne ich als *die* politische Richtlinie der Sozialdemokratischen Partei für die siebziger Jahre die Verwirklichung der sozialen Demokratie, das heißt die Demokratisierung unserer Gesellschaft. Und Demokratisierung heißt hier – damit es keine Unklarheiten gibt – zielstrebiger Abbau von Privilegien auf allen Gebieten.
Die Auseinandersetzung um diese Frage wirkte im letzten Jahr mitten in den Wahlkampf hinein.[110] Und Herr Strauß hat erst kürzlich in Anlehnung an die Thesen des Herrn Heck behauptet, für die Union gebe es Demokratie nur im staatlichen Bereich, nicht aber in der Gesellschaft.[111] Ich wiederhole,

was ich bei früherer Gelegenheit gesagt habe: Hier handelt es sich um eine echte Alternative. Wir haben den Kampf um diese Alternative aufgenommen und wir werden diesen Kampf durchstehen.
Der Auftrag unserer Verfassung lautet, daß diese Bundesrepublik ein demokratischer *und sozialer* Bundesstaat sein soll. Eine der großen Aufgaben unserer Gesellschaft für die siebziger Jahre – und bestimmt darüber hinaus – heißt deshalb Mitbestimmung. Sie wird übrigens oft viel zu eng aufgefaßt. Sie ist nicht nur auf die Problematik des Wirtschaftslebens beschränkt, und sie ist auch keineswegs allein etwas, was nur vom Gesetzgeber geregelt werden kann.
Wir wollen Ernst machen mit dem Ausbau der demokratischen Ordnung, mit der Verwirklichung der sozialen Demokratie. Dazu gehört auch ein menschliches Verhältnis zwischen den Regierenden und den Regierten.
Wir wollen Ernst damit machen, daß das geistige Deutschland den ihm gebührenden Raum erhält. Und wir wollen dafür sorgen, daß der Humanismus bei uns nie mehr dem Nationalismus zu weichen braucht.
Und nicht zuletzt wollen wir Ernst machen mit der Integration der Arbeiter. Die breiten Schichten unseres Volkes sollen sich nie mehr an den Rand des gesellschaftlichen Lebens versetzt fühlen.
Herbert Wehners eindrucksvoller Rechenschaftsbericht hat uns vorgestern dargelegt, wie unsere Arbeit auf der Basis des Godesberger Programms und der Parteitagsbeschlüsse von Nürnberg zur Übernahme der Regierungsverantwortung geführt hat und was wir seit dem angepackt haben. Ich hoffe, es hat sich herumgesprochen: Faul sind wir nicht, und bequem sind wir auch nicht.
Wir haben die Regierungsarbeit unter die Leitlinie der inneren Reformen gestellt. Alex Möller und Karl Schiller haben dem Parteitag gestern dazu Wesentliches gesagt. Unser Wirtschaftsminister hat gespürt, daß die Partei ihn nicht allein läßt, daß sie hinter ihm steht.
Darauf kommt es überhaupt an, liebe Freunde: Wir müssen uns bei allem Ringen der Meinungen und vor allem völlig unangefochten durch manche, die an uns herummachen möchten, aufeinander verlassen können.
Die sozialliberale Koalition hat den Auftrag übernommen, die Weichen so zu stellen, daß die wachsenden wirtschaftlichen Möglichkeiten der siebziger und achtziger Jahre mit Entschiedenheit für die Infrastruktur, für die Lösung der Umweltprobleme, für die gesellschaftliche Komponente des Wohlstandes eingesetzt werden können.
Glücklicherweise hat die Mehrheit der Bürger dieses Landes erkannt, daß die vor uns liegenden Probleme nicht unter der Leitlinie „keine Experimente" gelöst werden können. Aber es ist noch viel Aufklärung nötig, um eine ganz breite Zustimmung – und die brauchen wir – zu der Erkenntnis zu gewin-

nen, daß es großer gemeinsamer Anstrengungen bedarf, wenn wir hier, das Volk in der Bundesrepublik Deutschland, uns nicht die Zukunft verspielen lassen wollen.
1968 haben wir mit den „Sozialdemokratischen Perspektiven im Übergang zu den siebziger Jahren" die Leitlinien unserer politischen Arbeit für dieses Jahrzehnt abgesteckt. Das Regierungsprogramm der Partei 1969 und die Regierungserklärung vom 28. Oktober enthalten unsere mittelfristigen Zielvorstellungen. Wir haben mit den in dieser Legislaturperiode möglichen inneren Reformen vom ersten Tage an begonnen. Einiges ist angelaufen, an anderem wird gearbeitet. Bevor dieses Jahr zu Ende gegangen ist, wird jeder das gesamte Arbeitsprogramm überblicken können. Dabei wissen wir: Ohne wirtschaftliches Wachstum – keine inneren Reformen, und andererseits ohne innere Reformen – langfristig kein wirtschaftliches Wachstum.
Das wirtschaftliche Leistungspotential unseres Volkes ist groß genug, um die Möglichkeit einer permanenten Verbesserung der Lebensbedingungen aller kontinuierlich zu erhöhen. Doch es wird für die künftigen Aufgaben nur groß genug bleiben, wenn wir eine bessere Infrastruktur und bessere Umweltbedingungen schaffen. Zukunftsorientierte Stätten der Ausbildung und Bildung, erfolgreiche Gesundheitsvorsorge, ein funktionierendes Verkehrssystem und befriedigende Wohnverhältnisse sind nicht nur gesellschaftspolitisch notwendig, sie tragen gleichzeitig wesentlich dazu bei, die wirtschaftliche Leistungsfähigkeit zu steigern.
Auch wer ökonomische Überlegungen anderen überordnet, wird sich der Notwendigkeit innerer Reformen nicht verschließen können. Sozialdemokratische Zielvorstellungen von einer humanen Welt treffen sich hier mit den Erkenntnissen der Ökonomen, wenn diese langfristig genug denken. Doch um die objektiven Möglichkeiten auch in ihrer gesellschaftlichen Verzahnung voll auszuschöpfen, um den optimalen Nutzen anstreben zu können, bedarf es noch – und das sollen wir uns alle klarmachen – mancher Veränderungen des Bewußtseins.
Der hohe Industrialisierungsgrad unserer Bundesrepublik bringt uns zunehmend hin auf den Weg zu dem, was man begonnen hat, die nachindustrielle Gesellschaft zu nennen. Entgegen der zunehmenden Technisierung und der Automatisierung hat die eher retardierende Politik der fünfziger und sechziger Jahre verhindert, daß sich das gesellschaftliche Bewußtsein in Übereinstimmung mit dem industriellen und technischen Wachstum entwickelte.
Mobilität und Urbanität – um nur zwei Stichworte aus den gesellschaftlichen Rahmenbedingungen einer Industrienation zu nennen – sind politischen Hinterwäldlern in der Bundesrepublik noch immer suspekt. Das für jede Industriegesellschaft lebensnotwendige Wirtschaftswachstum wird teilweise immer noch in seinen Möglichkeiten bezweifelt. Während die Ange-

hörigen anderer Nationen zum Mond fliegen, warten unsere Konservativen im Bundestag immer mal wieder mit dem erfahrungsschweren Hinweis auf, daß die Bäume bekanntlich nicht in den Himmel wachsen.
Machen wir uns nichts vor, liebe Freunde: Weithin fehlt das notwendige Wissen, die Einsicht in die Bedingungen, unter denen wir im letzten Drittel des zwanzigsten Jahrhunderts leben müssen, wenn wir auf einen angemessenen Platz unter den Völkern der Erde Wert legen.
Es muß – und durch wen anders als durch uns – in das selbstverständliche Bewußtsein der Bürger eindringen, daß Sicherheit nur in der Dynamik, Stabilität nur im Wachstum, Aufstieg nur über Bildung und Ausbildung und Kontinuität nur im Wandel zu erreichen und zu bewahren sind.
Ich rede hier nicht einem unkritischen Wachstums- oder Mobilitätsfetischismus das Wort und schon gar nicht einer blinden Fortschrittsgläubigkeit. Nur wenn das gesellschaftliche Bewußtsein mit der technischen und wissenschaftlichen Entwicklung Schritt hält, ja, eines Tages den Naturwissenschaften vorauseilt, wird es dauerhaft gelingen, diese Welt humaner zu gestalten und ihre heutigen Unvereinbarkeiten und Unzuträglichkeiten zu überwinden. Mit dieser Zukunft müssen wir leben, nicht gegen sie.
Jeder Bürger in diesem Lande muß wiederholt und oft frühzeitig weitreichende Zukunftsentscheidungen treffen: Bildungsentscheidung, Ausbildungs- und Berufsentscheidung, Dispositionen über mehr Einkommen oder mehr Freizeit, Entscheidungen über Sparen oder Konsum, Investitionsentscheidungen.
Die letzten zwanzig Jahre haben bei uns wie in allen Industrienationen ein wirtschaftliches Wachstum früher nicht gekannten Ausmaßes gebracht. Dies hat in der westlichen Welt zu steigendem privaten Wohlstand – freilich sehr ungerecht gestreut – bei weitverbreiteter „öffentlicher Armut“ geführt.
Dies ist für uns keine neue Erkenntnis. 1961 hatten wir, in unserem damaligen Entwurf eines Regierungsprogramms, dargelegt, daß die großen Gemeinschaftsaufgaben unseres Volkes – zum Teil geradezu sträflich – vernachlässigt worden waren. Auf dem Kölner Parteitag 1962 habe ich im einzelnen auseinandergesetzt, was geschehen müßte, um die gesellschaftliche Komponente des Lebensstandards zu verstärken.
Das notwendige Wissen um die „Stabilität im Wandel“ muß ergänzt werden durch neue Auffassungen von der Qualität des wirtschaftlichen Wachstums. Ein undifferenziertes, allein an kurzfristigen Marktchancen orientiertes Wachstum kann dazu führen, die Schlagseite zwischen – ich sage es noch einmal – sehr ungerecht gestreutem privatem Wohlstand und öffentlicher Armut weiter zu verstärken – gewiß nicht absolut, doch in Relation zu den sich generell verbessernden Möglichkeiten des individuellen Konsums.

Im übrigen: Ungleiche Bildungschancen und eine extrem ungleichmäßige Vermögensstruktur reproduzieren einander. Mangelnde Chancengleichheit pflanzt sich von der einen und anderen Seite und im Zusammenwirken zwischen ihnen fort.
Solide wissenschaftliche Untersuchungen warnen uns vor den Auswirkungen der zunehmenden Verschmutzung der Luft, der Verseuchung der Gewässer, der wachsenden Lärm- und Verkehrsbelästigung. Das Verkehrsgewühl auf dem Wege – nicht nur zum und vom Parteitag; das könnten wir ja aushalten – für viele jeden Tag, der ins Land geht, zum und vom Arbeitsplatz, die überfüllte City und die öden Vorstädte am Tage bei umgekehrten Verhältnissen am Abend, die frustrierende Suche nach einem Studienplatz für den Sohn oder einem Krankenhausplatz für die kranke Mutter, dieses und vieles andere bekümmert nicht nur den Kulturpessimisten. Es zeigt an, daß die Weichen für die kommende Entwicklung neu gestellt werden müssen. Erlauben Sie mir drei beispielhafte Hinweise.
Erstens. Man muß, wir müssen bald und endgültig die Frage beantworten, ob Städte für Autos da sind oder ob Städte für die Menschen da sind.
Da unsere Antwort nur zugunsten der Menschen ausfallen kann, gilt es, für den Städtebau entsprechende Konsequenzen zu ziehen.
Hier wie anderswo gibt es, soweit ich sehe, keine generellen Lösungen, keine Totalantwort. Deshalb muß eine Reihe der vorliegenden, experimentellen Vorschläge erprobt werden. Ich meine, in die Überlegungen der Städtebauer und Städteplaner – der Verkehrsplaner vor allem auch – müßten flexible Arbeits-, Einkaufs-, und Schulzeiten mit Verkehrskonzeptionen von morgen kombiniert werden. Nur so werden wir vermutlich urbanes Leben mit seinen vielfältigen geistigen Impulsen in der Stadt von morgen möglich machen können.
Zweitens. Als Pendant dazu stellen sich gleichgewichtig die Probleme der dünn besiedelten Regionen. Hier ist in den letzten drei Jahren mit dem Ausbau von Entwicklungsschwerpunkten ein erfolgversprechender Weg beschritten worden, den es zielstrebig weiterzuverfolgen gilt. Was wir uns vorgenommen haben, liebe Freunde, ist eine sinnvolle Integration von Regional-, Kultur- und Sozialpolitik plus Wirtschaftsförderung, deren Kombination jenseits dessen liegt, was die vernebelnden Schlagworte von „aktiver“ oder „passiver“ Sanierung sagen oder andeuten wollen.
Drittens. In einer Gesellschaft, die immer schwerer durchschaubar wird in ihren personellen und sachlichen Zusammenhängen, in einer Umwelt, die durch den Menschen zum Feind des Menschen zu werden droht, in einer Arbeitswelt, in der nur der gut ausgebildete und informierte Staatsbürger die Chance zur Entfaltung seiner Fähigkeiten haben wird – in dieser Art von Welt ist neben der Bildungspolitik die Kommunikationspolitik von vorran-

giger Bedeutung. Im Grunde genommen gibt es nämlich keine für sich befriedigend lösbaren Einzelprobleme mehr, und gerade wegen der Verknüpfung und Verzahnung der Probleme brauchen wir – für Analyse und Therapie – mehr Information.
Geben wir es offen zu: Wir wissen zu wenig über die Möglichkeiten und Notwendigkeiten von morgen. Die großen Industrie- und Handelsfirmen der westlichen Welt sind längst dazu übergegangen, ihre Investitionsentscheidungen mit Hilfe der Kybernetik und der elektronischen Datenverarbeitung an langfristig vorausschauenden Marktstrategien zu orientieren, mögliche Rückwirkungen und Wechselwirkungen der Strategien anderer Firmen einzukalkulieren und die eigene Unternehmensplanung – bei ständiger Bereitschaft zur Revision – auf diesem Gesamtbild aufzubauen. Die Unternehmen – Schiller sprach gestern von einem mittleren Unternehmen Bundesrepublik – „Staat“ und „Gesellschaft“ arbeiten, verglichen mit diesen großen Handels- und Wirtschaftsfirmen, hoffnungslos rückständig, wissen nicht genug über den rationellen Einsatz ihrer Mittel, über die optimale Ausschöpfung ihrer Möglichkeiten und die Rückwirkungen auf andere Gebiete. Diese Zurückgebliebenheit gilt es zu überwinden.
Doch Vorausschau und Information, Analyse und Planung dürfen nicht getrennt und zersplittert betrieben, sie müssen in einem integrierten Verbundsystem zusammengefaßt werden. Neue Informationen geben Anstöße zu neuen Überlegungen. Daher sage ich: Vorausplanung kann nicht als festes Schema, sondern nur als permanenter Lernprozeß angelegt sein.
Wir müssen die Gesellschaft von heute und morgen als ein lernendes System begreifen, das der Komplexität der Probleme mit umfassender Problemlösung begegnet.
Lassen Sie mich ein weiteres Beispiel nennen. Ich denke an die Interdependenz zwischen Bildungs- und Gesundheitswesen. Die Aufwendungen für die Medizinerausbildung machen bis zu 40 Prozent der Gesamtaufwendungen für die Hochschulen aus. Entsprechend wirken alle Veränderungen im Gesundheitswesen auf diesen Teil des Bildungswesens zurück. Eine Vorausplanung der Ausbildung heute setzt die Kenntnis – jedenfalls eine gewisse Kenntnis – der Sollvorstellungen für die medizinische Versorgung der Bevölkerung etwa im Jahre 1990 voraus. Auf dem Wege dorthin wird die ärztliche Ausbildung gewiß zu verändern, ein Krankenhausplan zu realisieren und das Krankenversicherungssystem zu reformieren sein. Da diese notwendige Entwicklung tief in das Bildungswesen rückwirkt, ist der quasi richtige Weg mit konventionellen Methoden ganz sicher nicht zu finden. Deshalb muß auch hier – und das sollte das Beispiel zeigen – durch ein „lernendes“ Verbundsystem von Planung und Information eine abgestimmte Lösung gefunden werden.

Doch, liebe Freunde, auch bei einem verbesserten, einem „lernenden" Vorausschau- und Planungssystem werden wir nicht alle Probleme gleichzeitig zu lösen haben. Ich knüpfe hier an den Gedanken an, der schon in der Eröffnungsrede Helmut Schmidts am Montagvormittag so klar formuliert wurde. Wir werden klare und der Bevölkerung einsichtige Prioritäten herausarbeiten müssen, um unter den erreichbaren Alternativen die für eine jeweilige Zeitspanne wichtigsten herauszusuchen. Und wir müssen uns selbst und den Bürgern klarmachen, was unsere Reformvorstellungen kosten, liebe Freunde.

Mit dem Instrument der mittelfristigen Finanzplanung haben wir Sozialdemokraten die Gestaltung der öffentlichen Haushalte überschaubar gemacht und eine Prioritätensetzung auf mittlere Frist eingeleitet. Das ist noch notwendiger für alle Pläne und Vorstellungen, die über den mittelfristigen Horizont hinausgehen.

Wenn die vom Wissenschaftsrat und Minister Leussink gefütterten Computer richtig gerechnet haben, werden wir im Jahre 1980 runde 100 Milliarden DM für Schulen, Universitäten und Forschungseinrichtungen bereitzustellen haben. Ist hier jedermann klar, daß das mehr ist als die Gesamtsumme des Bundeshaushalts 1970? Und dies würde – auch bei noch so kräftigem Wachstum – mindestens eine Verdoppelung des gegenwärtigen Anteils der Bildungsausgaben am Sozialprodukt bedeuten.

Nun sind wir Sozialdemokraten jahrelang dafür eingetreten – aus gutem Grund –, die Bildungsreform an die Spitze der Dringlichkeitsliste notwendiger Gemeinschaftsaufgaben zu stellen. Die Größe der Aufgabe kann uns nicht schrecken. Aber wir müssen wissen – und das in Qualität und Quantität –, daß weitere zahlreiche und dringliche Aufgaben zu lösen sind. Bildungsinvestitionen sind Investitionen in die Zukunft – jawohl und dreimal dick unterstrichen! –, und doch darf eine noch so folgerichtige Zukunftsplanung sich vor der heutigen Not – und auch die gibt es noch – nicht blind und taub stellen.

Und falls wir in diese Gefahr gerieten, bin ich sicher, daß uns, aufs Bundeskabinett und die Führung der Partei bezogen, Walter Arendt und Käte Strobel Augen und Ohren öffnen würden.

Wir Sozialdemokraten können und werden den Zusammenhang, an den ich eben erinnerte, nicht übersehen. Um so notwendiger ist eine Gesamtschau der künftigen Aufgaben und neben der Qualifizierung unserer Zielvorstellungen die jeweilige Quantifizierung. Um noch einmal die Bildungspolitik als Beispiel zu nennen: Wir sind mit viel Sachverstand – und gelegentlich auch mit Bildungsvorstellungen, die übersehen, daß die Bildung der einen immer nur durch die Arbeit anderer bezahlt werden kann – dabei, Weg und Inhalt der Bildung, vom Kindergarten bis zur Universität, neu zu durchdenken und zu programmieren. Ich meine – ich unterstreiche absichtlich etwas, was gestern gesagt wurde –, wir haben auch für die Bildungschancen jener, die mit 15 Jahren von der Schule an den Arbeitsplatz kommen, mit gleicher Energie und schöpferischer Phantasie Pläne zu entwickeln, um das Tor zur Bildung für jedermann weiter aufzustoßen.

Es kann übrigens nicht immer nur um Geld gehen. Es muß auch – lassen Sie mich das offen sagen – immer wieder geprüft werden, ob die zur Verfügung stehenden Mittel wirksam genug verwendet werden.

Dann stockt man nämlich noch weiter darauf auf. Doch wenn wir zum Beispiel den Anteil der Bildungsausgaben am Sozialprodukt in zehn Jahren mindestens verdoppeln wollen, in einigen anderen Bereichen ähnliche Steigerungsraten für notwendig halten, auch für die notwendige Vermögensbildung etwas tun wollen und dann die Summe ziehen, fürchte ich, wir haben plötzlich 120 bis 130 Prozent des Sozialprodukts verteilt. Wenn ich an dieser Stelle an Georg Leber denke, dann nicht nur deshalb, weil ich soeben auch an Verkehr gedacht habe – ohne es vielleicht als Vokabel zu nennen –, sondern deshalb, weil es ihn doch wohl mit Genugtuung erfüllen muß, daß seine Pionierarbeit für die Vermögensbildung auf breiter Front Früchte zu tragen beginnt.

Liebe Freunde, mit den 120 oder 130 Prozent wollte ich sagen: Die Summe aller Anteile eines auch noch so kräftig wachsenden Sozialprodukts liegt bei 100 Prozent, bei nicht mehr und nicht weniger. Dies zwingt zur Wahl zwischen verschiedenen Alternativen, zum Setzen von nicht nur verbalen, sondern auch ziffernmäßigen Prioritäten.

Dazu bedarf es sorgfältiger, aber in ihrer Konsequenz harter politischer Entscheidungen. Als Grundlage brauchen wir ein gesellschaftspolitisches Gesamtkonzept, das unsere Vorstellungen qualifiziert und die Durchführung quantifiziert. Prioritätsmodelle und Alternativrechnungen, die Rückkoppelungen und Nebenwirkungen offenlegen, werden uns nicht nur zeigen, was wir erreichen können und welche Aufwendungen dazu notwendig sind. Sie werden auch Auskunft darüber geben, was es gesamtwirtschaftlich bedeutet, bestimmte Aufgaben nicht durchzuführen. Ich bin sicher, bei vielen ungelösten Problemen der Infrastruktur wird sich herausstellen, daß die Nichterfüllung auf Dauer gesehen gesamtwirtschaftlich teurer ist als die Durchführung zahlreicher bisher vernachlässigter Aufgaben.

Im übrigen können wir – ohne leichtfertig zu erscheinen – auf die Leistungsfähigkeit der deutschen Volkswirtschaft vertrauen. Wir brauchen die künftigen realen Wachstumsmöglichkeiten nicht zu unterschätzen. Die letzten Jahre haben sehr deutlich gezeigt, wie steigerungsfähig die Leistung dieser Volkswirtschaft ist.

Verlassen Sie sich darauf, das Reformprogramm der von mir geführten Regierung wird zügig durchgeführt werden. Aber wir brauchen dann konkrete Arbeitsprogramme, die über den mittelfristigen Horizont hinausgehen. Das ist nicht nur eine Aufgabe der Regierung und des sie kontrollierenden Parlaments. Dies ist auch nicht nur eine Sache unserer Partei, sondern aller mündigen Bürger in unserem Staat. Dies ist schon gar nicht nur eine Sache der Experten.

Wir brauchen ein langfristiges gesellschaftspolitisches Konzept. Ich möchte für dieses „Langzeit-Konzept 72" heute schon zu breiter Diskussion einladen. Eine erste Etappe wird die Sachverständigenerörterung in Kommission oder Konferenz und abschließende Behandlung durch einen Parteitag für Finanz- und Steuerfragen sein. Diese Arbeit wird nächstes Jahr abgeschlossen sein, und sie wird die Finanz- und Steuerfragen unter gesellschaftspolitische Notwendigkeiten stellen.[112]

Parallel dazu und darüber hinaus brauchen wir die Teilnahme der ganzen Partei und möglichst vieler interessierter Bürger in der Bundesrepublik an der Meinungsbildung – ich sage es noch einmal – über ein qualifiziertes gesellschaftspolitisches Langzeitprogramm. Hier treffe ich mich mit jenem Antrag, der – mit etwas anderen Worten – ein „konkretisiertes langfristiges Aktionsprogramm" verlangt.

Selbstverständlich bedarf es dazu solider Diskussionsgrundlagen, die dann verändert, ergänzt, verbessert oder auch verworfen werden können. Der Vorstand wird, falls ich ihm angehöre und er mir folgt – gestützt auf den Willen dieses Parteitages –, unverzüglich die Vorarbeiten in Auftrag geben. Mitte nächsten Jahres – ich spreche nicht von den Steuerfragen, da haben wir uns schon verständigt – sollte dann ein Rohkonzept mit den ersten Prioritätenmodellen zur Verfügung stehen, um auf breiter Basis erörtert werden zu können. Nach ausgiebiger Diskussion werden wir das gesellschaftspolitische Konzept in politische Gesamtrichtlinien umgießen können. Hieraus würde sich für den ordentlichen Parteitag 1972 zugleich die Grundlage des dann zu skizzierenden nächsten Regierungsprogramms ergeben.

Liebe Freunde, unsere politische Richtlinie für die siebziger Jahre kann sich nicht allein auf die Bundesrepublik beziehen. Hierbei geht es zunächst und vor allem um die Perspektiven der europäischen Zusammenarbeit und Einigung. Die Europäische Gemeinschaft, wie sie sich im Westen entwickelt, soll kein neuer Block sein, sondern eine möglichst beispielhafte Ordnung, die als Bauelement für eine ausgewogene gesamteuropäische Friedensordnung taugt.

Es gilt, daß wir mit allen unseren Kräften und Möglichkeiten daran mitwirken, in dieser Gemeinschaft eine leistungsfähige, gerechte und demokratische Wirtschafts- und Gesellschaftsordnung zu schaffen. Dies muß zugleich eine Gemeinschaft sein, die ihrer Verantwortung nach außen gerecht wird.

Wir wissen alle, die wirtschaftliche und technische Entwicklung sprengt die nationalen Märkte. Sie fordert einen großen und einheitlichen Markt, der nach der Aufnahme Großbritanniens und der anderen beitrittswilligen Staaten etwa 270 Millionen Menschen zählen wird. Die wirtschaftlichen Chancen dieses Marktes sind eindeutig. Aber mit einem „Europa der Geschäfte" kann es nicht getan sein.
Die Wirtschaftskraft dieses großen europäischen Zusammenschlusses muß dazu führen, Fortschritte für die gesellschaftliche Ordnung der Europäer zu ermöglichen. Diese Wirtschaftskraft muß die Grundlage sein für eine fortlaufende Verbesserung der sozialen Situation der Menschen in Europa, für einen systematischen und intensiven Ausbau der Bildungs- und Ausbildungsmöglichkeiten und für eine moderne Infrastruktur in allen in Betracht kommenden Regionen Europas.
Die Europäische Gemeinschaft kann in immer mehr Bereichen zum entscheidenden Impuls für die Gestaltung unserer Gesellschaftsordnung werden. Das Ziel muß sein, die Europäische Gemeinschaft noch innerhalb dieses Jahrzehnts zum sozial fortschrittlichsten Großraum der Welt zu machen.
Wir deutschen Sozialdemokraten werden uns jedenfalls bemühen, gemeinsam mit unseren Partnern, auf den verschiedenen Gebieten der Gesellschaftspolitik fortschrittliche europäische Lösungen zu finden.
Der Durchbruch zur inneren Festigung der Gemeinschaft und zu ihrer Erweiterung – am 30. Juni beginnen die Beitrittsverhandlungen – wäre – das darf ich ohne Überheblichkeit sagen – ohne Initiative unserer Regierung nicht gelungen.[113]
Er wäre freilich auch nicht gelungen ohne die Zusammenarbeit, zu der Frankreich die Hand bot.
Und welcher Ort wäre für uns geeigneter als Saarbrücken, um den Wert und die Bedeutung dieser deutsch-französischen Übereinstimmung zu unterstreichen!
Nach innen gerichtet: Nachhilfeunterricht in Sachen Europa brauchen wir nicht. Wir deutschen Sozialdemokraten werden uns bemühen, den Prozeß der europäischen Einigung in diesem Jahrzehnt zu vertiefen und irreversibel zu machen, ihn aber auch demokratisch zu unterbauen.
Unsere Freunde in Großbritannien und in den anderen Ländern sollen wissen, daß wir uns weiterhin nach Kräften dafür einsetzen, sie rasch, endgültig und vollständig bei uns zu haben. Für diejenigen demokratischen Staaten, die nicht oder noch nicht Mitglied der Gemeinschaft werden können oder wollen, sollen mit unserer Hilfe andere geeignete Möglichkeiten für eine Teilnahme am europäischen Einigungswerk gefunden werden.
Ich gehe davon aus, liebe Freunde, daß wir uns in jenen entscheidenden Jahren zwischen zwei Epochen befinden, Jahren, in denen bei richtigem Ver-

halten die Schlacken der alten Epochen abgeworfen und die Konturen für eine neue freigelegt werden können. Wie immer in der menschlichen Existenz kann auch das Gegenteil eintreten. Dieses Risiko enthebt uns nicht der Pflicht, nach bestem Wissen und Gewissen zu handeln. Dazu gehört auch, daß wir durch beharrliches Herausarbeiten der gemeinsamen Intersen Fortschritte in Richtung auf das politische Zusammenwirken erzielen.

In dieser Welt voller schroffer und zum Teil schrecklicher Gegensätze ist unser Einfluß und sind unsere Möglichkeiten begrenzt. Unsere übernationale Verantwortung kann ich dennoch nur stark unterstreichen. Diese SPD ist stets dafür eingetreten, den Frieden durch Ausgleich sicherer zu machen. Auf all unseren Parteitagen ist diese Politik ohne Bruch folgerichtig weitergeführt worden. Auch jetzt stehen wir nicht vor einer Wende. Auch jetzt gilt, was ich vor vier Jahren in Dortmund sagte: „Die deutsche Politik gewinnt an Einfluß und Gewicht, wenn sie aktiv an der Entspannung in Europa mitarbeitet."

Daran haben wir uns gehalten. Unsere ersten außenpolitischen Entscheidungen in der neuen Bundesregierung galten a) der Ankurbelung der westeuropäischen Integration, b) der Unterzeichnung des Vertrages über die Nichtweitergabe von Atomwaffen und c) der Einleitung seriöser Gespräche mit der Sowjetunion und den Nachbarn im Osten.

Das bedeutet kontinuierliche Weiterführung unserer Politik.

Vor einer Wende stehen nicht wir, sondern die Herren Strauß und Barzel mit ihren Parteien.

Sie müssen sich entscheiden, ob sie die Politik ihrer leeren Formeln fortsetzen wollen, unter denen sich die Spaltung vertieft hat.

Sie müssen sich entscheiden, ob sie sich weiter der politischen Unfruchtbarkeit verschreiben wollen mit Formeln, die einer Gebetsmühle gleichen: Sie bewegen sich selbst, aber nichts und niemanden sonst.

Ich will die Opposition nicht in Bausch und Bogen verdammen. Mir geht es um einen Appell an die Vernunft. Auch bei der Opposition muß man doch, müssen noch einige – viele, hoffe ich – einsehen, daß die Beschwörungen, die bloßen Forderungen und Resolutionen, mit denen sie die Bundesrepublik viele Jahre lang führte, an der Wirklichkeit der Spaltung nichts geändert haben.

Weder Empörung noch Jammer, weder Entrüstung noch Pathos haben in Europa die Grenzen verändert, dort, wo sie seit 25 Jahren sind. Die Opposition wäre glaubwürdiger, wenn sich ein einziger Mann in ihr fände, der den Mut hätte, öffentlich zu sagen: „Wir haben uns geirrt, unsere Erwartungen haben sich nicht erfüllt."

Ich würde ja selbst nicht zögern zu erklären, daß man einige der früheren

Rechnungen aufmachen konnte, daß man jedenfalls hoffen durfte. Das geschichtliche Ergebnis der letzten zwanzig Jahre ist, unberührt durch die Rezepte von gestern, die Realität von heute.
Eine gewisse Wende ist für die Bundesrepublik tatsächlich dadurch eingetreten, daß uns die Wähler in die Lage versetzt haben, gemeinsam mit den Freien Demokraten die neue Regierung zu bilden. Frieden in Europa und Selbstbestimmung in Europa, dies sind dabei für uns auch in der Regierungsverantwortung die unveränderlichen Richtpunkte.
Sie sollten für Bundesregierung und Opposition gleichermaßen gelten können. Es sind Richtpunkte, zu denen auch alle unsere Nachbarn ja sagen können, ja sagen können müßten.
Da Deutschland gespalten ist, da die Lösung unserer Probleme nur im Zuge einer Überwindung auch der europäischen Spaltung denkbar ist – und nicht isoliert –, müssen wir wohl nüchtern erkennen, daß weder das eine noch das andere im Laufe des eben begonnenen Jahrzehnts vollendet werden kann. Mit anderen Worten: Unsere Aufgabe muß es sein, in diesem Jahrzehnt der europäischen Friedensordnung näherzukommen.
Wir sind uns mit den in der DDR Verantwortlichen darin einig – jedenfalls, aber immerhin –, daß von deutschem Boden kein Krieg mehr ausgehen darf.
Wir sollten uns auch darin einig sein, auch darüber einig werden können, daß beide Staaten in Deutschland in den siebziger Jahren ihrer positiven Verantwortung gerecht werden sollen, daß vom deutschen Boden die europäische Friedensordnung gefördert, die Konfrontation abgebaut, die Kooperation entwickelt wird, so daß Europa werden kann ein Kontinent des Friedens, des hohen Lebensstandards, des Austauschs der technischen Spitzenleistungen. Und wenn wir ja sagen zum Europa der Völker, so wünschen wir aus dieser Familie kein einziges Volk ausgeschlossen zu sehen.
Wer das vernünftige Ziel vor Augen hat, daß eine enge Zusammenarbeit auch zwischen Staaten verschiedener Gesellschaftsordnungen möglich sein muß, der hat von der Lage auszugehen, wie sie ist. Er muß die Bundesrepublik Deutschland begreifen als einen Staat, der insoweit wie jeder andere seiner Verantwortung und seinen Interessen gemäß handelt. Unberührt bleiben allein die Kompetenzen der Vier Mächte in bezug auf Deutschland als Ganzes. Sie sind das völkerrechtliche Ausrufungszeichen dafür, daß die deutsche Frage insoweit offenbleibt, zusätzlich zum Willen unseres Volkes und zur Verpflichtung unseres Grundgesetzes.
Diese Bundesregierung hat der Bundesrepublik Deutschland neues Gewicht verschafft. Sie hat ihr die Möglichkeit verschafft, aktiv zu werden, die internationale Politik der Entspannung nicht nur zu fördern, sondern auch selbst zu beeinflussen.

Wer Grenzpfähle verrücken will, der wird sie festigen.
Wer die Grenzpfähle in Europa abbauen will, muß aufhören, sie verrücken zu wollen.
Die Bundesrepublik Deutschland hat keine territorialen Forderungen. Nicht in den siebziger Jahren und nicht darüber hinaus.
Wer gegen diese Politik ist – es tut mir leid, es sagen zu müssen –, ist nicht nur dagegen, daß Europa gesundet, sondern er verdunkelt jede Aussicht auf eine bessere Zukunft – für unser eigenes Volk und für die Völker Europas.
Wenn es meiner Regierung gelingen sollte, im Rahmen ihrer Politik zu Verträgen über den Gewaltverzicht und die damit verbundenen Fragen zu kommen, dann wird der Weg frei sein für den ernsten Versuch, die Konfrontation in Europa abzubauen. Dann wird es etwas leichter werden, die Streitkräfte zu verringern in beiden Paktsystemen und sich sogar heranzuarbeiten an Vorbereitungen für ein Sicherheitssystem für Europa. Eines Tages wird ein solches System die beiden heutigen Blöcke ersetzen, unter voller Sicherheit für alle Beteiligten.
Aber diese Aufgabe kann nur angepackt werden *mit* unseren Freunden und Verbündeten und wenn wir zugleich beginnen, Vertrauen auch im Osten zu schaffen.
Hier kann die Bundesrepublik Deutschland bewegen, anregen; allein bewirken kann sie nichts. Denn hier geht es um eine Aufgabe aller europäischen Staaten. Es geht um eine Aufgabe, die sich nur im engen Zusammenwirken mit den Vereinigten Staaten anpacken läßt, die ein unentbehrlicher Faktor für das Gleichgewicht der Sicherheit in Europa bilden und bleiben.
An dieser Stelle sind noch drei Feststellungen angebracht:
Erstens ist nochmals zu betonen, wie wirklichkeitsfremd eine deutsche Politik in dieser Zeit ohne Verankerung im atlantischen Bündnis wäre. Da das so ist, muß man auch wissen, daß es einen Verteidigungsbeitrag ohne beträchtliche finanzielle Lasten nicht gibt.
Derjenige, der das anders sieht, der sollte seinen Ärger nicht am Verteidigungsminister abreagieren[114], sondern für den ist die Adresse die ganze Regierung, nicht zuletzt der Mann, der hier jetzt zu Ihnen spricht.
Zweitens soll bitte jeder zur Kenntnis nehmen: Zu den Realitäten, über die wir nicht mit uns handeln lassen, gehören die gewachsenen Bindungen zwischen der Bundesrepublik und West-Berlin.
Drittens: Unsere Bereitschaft zum geregelten Nebeneinander zwischen den beiden Staaten in Deutschland darf nicht aufgefaßt werden, als hißten wir in der ideologischen Auseinandersetzung die weiße Fahne.
Davon kann keine Rede. Wir bleiben auch in dieser Phase der Entwicklung deutsche Demokraten und europäische Sozialisten.

Um diesen Punkt noch etwas zu verdeutlichen: Daß wir bereit sind, in der DDR einen gleich*berechtigten* Staat zu sehen, heißt doch natürlich nicht, daß wir in ihr einen gleich*artigen* Staat sehen wollten oder könnten. Die deutsche Sozialdemokratie braucht von niemandem Belehrungen über den grundsätzlichen Unterschied zu empfangen, der zwischen der freiheitlichen Ordnung der Bundesrepublik und der Partnerschaft in der DDR besteht.

Drüben spricht man in der Auseinandersetzung mit uns immer vom Gegensatz der Wirtschafts- und Gesellschaftssysteme. Ich sage: Noch wichtiger ist der Gegensatz der *politischen* Systeme.

Die deutsche Sozialdemokratie hat in den 20 Jahren der Bundesrepublik den Beweis erbracht, daß die Gesellschaftsordnung dieses unseres Staates auf demokratischem Wege entwickelt und verändert werden kann in Richtung auf größere soziale Gerechtigkeit, und wir werden fortfahren, durch die Tat diesen Beweis zu erbringen.

Die SED, die Einheitspartei, ist den Beweis, daß *ihr* Staat wandlungsfähig ist in Richtung auf größere Freiheiten, bisher leider schuldig geblieben.

Aber daß wir als Partei zu unseren Grundsätzen stehen, hat uns nie gehindert und wird uns nicht hindern, im Interesse des Friedens den Weg der Zusammenarbeit auch zwischen Staaten zu gehen, die auf entgegengesetzten Systemen beruhen.

Wir haben ein politisches Konzept, das Offenheit und Vertrauen verlangt, dessen Feinde die kleinen Schlauheiten sind. Es ist ein europäisches Konzept, das der Mitwirkung der europäischen Staaten und Völker bedarf und das eine behutsame und kontrollierte Entwicklung im System der bestehenden Allianzen sieht.

Am Ende der siebziger Jahre werden wir oder andere, die uns folgen, für uns mit daran gemessen werden, ob wir imstande waren, die Schranken, die unser Volk und Europa voneinander trennen, verkleinert zu haben oder nicht, ob wir der Verantwortung gerecht geworden sind, unser Volk und unseren Kontinent für die neuen Dimensionen und die neuen Herausforderungen der Jahrtausendwende vorzubereiten. Daran muß unsere Politik für die siebziger Jahre sich messen lassen. Sie muß also zu gleicher Zeit umfassend und bescheiden genug sein.

Und nun bleibt schließlich die Frage nach der Rolle der Partei, nach dem Dienst, den die SPD diesem unserem Staat in diesen siebziger Jahren leisten will, nach der Qualität der Führung, die wir unserem Volk anzubieten haben.

Ich meine, die SPD muß, um ihre Pflichten erfüllen zu können, ein natürliches, unverkrampftes, unbefangenes Verhältnis zur Macht haben.

Gewiß, Macht muß begrenzt sein, sie muß kontrolliert sein, sie muß vor allem auch moralisch determiniert sein, um mit Bruno Kreisky zu sprechen.

Aber mit schlechtem Gewissen in Sachen Staat läßt sich keine gute Politik machen.

Ich unterstreiche außerdem: Die SPD muß unverrückbar festhalten an den Grundwerten und Zielvorstellungen, die im Godesberger Programm ihren Niederschlag gefunden haben. Daraus ergibt sich auch – und es schwächt uns nicht, wenn wir es sagen, es macht uns nur glaubwürdiger –, daß wir weder totale Lösungen, noch letzte Antworten anzubieten haben.

Ich meine weiter, daß wir uns – nach dem Wort von Gustav Heinemann – selbstbewußt zu dem „langen Marsch der Reformen" bekennen sollen.
Und wenn wir „Reformen" sagen, dann meinen wir zugleich die schrittweise Verwirklichung der sozialen Demokratie. Und dazu gehört, daß Technologie und wirtschaftliches Wachstum – als Voraussetzungen der notwendigen Reformen – nicht sich selbst überlassen werden dürfen, sondern mit den Mitteln der freiheitlichen Ordnung in den Dienst menschlicher Ziele, gesellschaftlicher Aufgaben gestellt werden müssen.

Ich meine auch, daß wir uns den Blick für die Kräfteverhältnisse, für die jeweils gegebenen Möglichkeiten nicht trüben lassen sollten. Vor allem muß immer klar sein, wo wir auch Verantwortung tragen, daß die SPD zu ihrem Wort steht, gerade auch als größerer Koalitionspartner. Es ist wichtig und legitim, daß die SPD ihre weiterreichenden Vorstellungen präzisiert. Aber wir würden kein zusätzliches Vertrauen gewinnen, wenn wir mehr versprächen, als wir halten können.

Wir können mit Stolz auf die Erfolge blicken, die wir miteinander errungen haben, nachdem wir miteinander hart gearbeitet hatten. Anders wird es auch in Zukunft nicht sein. Von nichts kommt nichts. Nur durch unermüdliche Arbeit – konzeptionell, praktisch-politisch und organisatorisch – werden wir entscheidende neue Erfolge erringen. Mein Dank für die Mitarbeit und Zusammenarbeit in der zurückliegenden Zeit ist also zugleich eine Bitte um verstärkte Anstrengungen in den vor uns liegenden Jahren.
Es sollte uns zusätzliche Kraft geben, daß viele so viel von uns erwarten. Im eigenen Land sind nicht nur die Erwartungen groß, es sind auch schon manche der bisher brachliegenden Kräfte geweckt worden. In der Welt um uns herum traut man uns Leistungen zu, die oft über unsere Kraft hinausgehen. Wir müssen uns klar werden und anderen klar machen, was wir zu leisten imstande sind. Ich spreche hier keiner falschen Bescheidenheit und auch nicht dem das Wort, das man im Rheinland „bucklige Demut" nennt. Aber ich meine, wir müssen trotzdem aufpassen, daß wir uns nicht übernehmen, geschweige denn, daß wir den Mund zu voll nehmen.
Vieles wird heute prinzipieller betrachtet als noch vor einigen Jahren, nicht nur von Jüngeren, auch nicht nur innerhalb der Partei. Manches kommt von

denen, die der SPD mit kritischer Sympathie gegenüberstehen. Ihr Rat ist uns wertvoll.
Die Erfahrung zeigt ja auch: Diskussionen über Grundsatzfragen brauchen nicht auf Kosten der praktischen Arbeit zu gehen. Offen und sachlich geführte Diskussionen schwächen uns nicht, sie machen uns stärker.
Allerdings hielte ich nichts davon, wenn man sich in „linke“ oder „rechte“ Heerhaufen einrangieren ließe.
Solche Zuordnungen könnten den Blick dafür trüben, daß wir miteinander den Weg nach vorn zu gehen verpflichtet und gewiß auch gewillt sind.
In dieser großen Partei können wir Erstarrung und geistige Enge nicht gebrauchen. Die Partei der Reformen muß, wo es notwendig ist, auch immer wieder zur Reform der Partei entschlossen sein.
Keinem von uns bricht auch ein Zacken aus der Krone, wenn wir uns nach den – unterschiedlich gewerteten – Erfahrungen dieser Tage um eine Reform der Parteitagsarbeit Gedanken machen.[115]
Allerdings gehe ich davon aus, daß der Unterschied zwischen einer großen verantwortlichen Partei und einem noch so wichtigen Debattierklub klar genug gesehen wird und auch draußen nicht verwischt werden darf.
Es gibt Themen, die durchaus diskussionswürdig sein mögen, die aber unserer Grundsätze und unserer Aufgaben wegen nicht in diese Partei gehören. Und es gibt politische Überzeugungen, die ernstzunehmen sind und trotzdem in der SPD keinen Platz haben.
Denn man kann nicht in zwei Parteien zugleich sein. Wir sind die Sozialdemokratische Partei Deutschlands, nicht mehr und nicht weniger.
Über alle materiellen Interessen und Erwägungen der Zweckmäßigkeit hinweg müssen Solidarität und Humanität unsere unverlierbaren Orientierungspunkte bleiben. Wir sind als Deutsche nicht der Nabel der Welt. Und wir sind als deutsche Sozialdemokraten schon gar nicht allein auf der Welt. Es mag nützlich sein, daß wir uns gerade jetzt als Regierungspartei des ideenmäßigen Zusammenhangs mit befreundeten und verwandten Parteien in anderen Ländern stärker als bisher bewußt werden.
Sozialdemokratie ist ja – wie ich bei anderer Gelegenheit gesagt habe – nicht nur ein Parteiname, sondern auch eine geistig-politische Strömung. Als solche kann sie, wie wir wissen, unter manchen Namen auftreten. Die Sozialdemokratie stellt, in diesem weiteren Sinne, eine weltweite zukunftsreiche Alternative dar. Sie hat, wie Tage Erlander uns sagte, insoweit ihre Zukunft erst noch vor sich.
In einigen Ländern – so in Österreich, in England, in Dänemark, in Norwegen –, auch außerhalb Europas, haben Sozialdemokraten erst kürzlich wieder große Erfolge verbuchen können. In anderen Ländern – wie in Frankreich, zum Teil auch in Italien – sind sozialdemokratische Parteien in ei-

ne Krise geraten, von der niemand weiß, wie sie sie nachhaltig überwinden werden. Es ist beispielsweise ein schwacher Trost, wenn nach der Wahlniederlage der japanischen Sozialisten von Vertretern mehrerer der dort streitenden Richtungen erklärt wurde, es sei endlich an der Zeit, daß sie „ihr Godesberg“ fänden. Immerhin ist hieran interessant, daß *eine* Ursache für die Krise mancher sozialdemokratischen Partei im Dogmatismus, im mangelnden Kontakt zur heutigen Realität, zu den sich vollziehenden gesellschaftlichen und geistigen Wandlungen gesehen wird. Keine Partei kann die Zukunft meistern, wenn sie im eigenen Saft schmort.

Wenn ich eingangs sagte, eine umfassende Theorie der modernen Sozialdemokratie werde noch auf sich warten lassen müssen, so sollte das keine Aufforderung zu pragmatisch getarnter oder gar banausenhafter Selbstgefälligkeit sein. Ganz im Gegenteil. Worum wir uns verstärkt bemühen sollten, ist der praktische und vor allem auch geistige Kontakt mit dem – sagen wir es ruhig, wie es uns entgegengehalten wird – „Sozialdemokratismus“ in aller Welt. Der neue Parteivorstand wird zu prüfen haben, was wir uns auf diesem Gebiet zutrauen können.

Ein Schwerpunkt bleibt die Mitarbeit in der „Internationale“ der sozialdemokratischen Parteien. Aber schon in Europa gilt es, den Rahmen nicht zu eng zu ziehen. Das etwa von Servan-Schreiber in Frankreich entwickelte Programm der Radikalen Partei sollte dabei ebenso beachtet werden wie die Alternativen, um die sich den Sozialdemokraten verwandte Kräfte gegenüber autoritären Regimen in Südeuropa bemühen. Ich brauche hier kaum zu begründen, welche Bedeutung dem Ringen um moderne gesellschaftliche Antworten durch die Kirchen beizumessen ist.

In der Dritten Welt erwartet man von uns Hilfe auch bei der Beantwortung der Fragen, wohin die Gesellschaft sich verändern soll. Wir wollen niemand zum Nachäffen europäischer Modelle verleiten. Aber das Bemühen um menschenwürdige Lebensverhältnisse ist vom Prinzip her bereits unteilbar geworden.

Die tschechoslowakische Krise vor bald zwei Jahren und die Diskussionen, die ihr folgten, haben unter anderem gezeigt, wie aktuell die Worte Rosa Luxemburgs sind, an die uns vorgestern von dieser Stelle aus der Mann erinnerte, dem diese Partei so stark verpflichtet ist: Herbert Wehner.

Es bleibt auch eine Tatsache, daß – ob wir es wollen oder nicht – sozialdemokratisches Denken und Handeln innerhalb der bekanntlich durchaus nicht heilen Welt des Kommunismus eine nicht unbedeutende Rolle spielen. Wenn in kommunistisch regierten Ländern – in einigen mehr als in anderen – gegenwärtig der Kampf gegen den „Sozialdemokratismus“ wieder verschärft geführt wird, so hängt das nicht nur mit Fehlentwicklungen in einigen dieser Länder zusammen, sondern auch mit der Einsicht, daß moderne

Sozialdemokraten – wo sie entsprechenden Einfluß gewinnen – mit ihren Reformen beträchtliche und ausstrahlende Erfolge erzielen.
Es gilt also, liebe Freunde, vielerlei zu bedenken, wenn man die Aufgaben und die Möglichkeiten der Sozialdemokratie in diesen siebziger Jahren richtig erfassen will. Entscheidend ist, daß wir das Ganze sehen, soweit uns dies möglich ist, und daß wir das Mögliche tun – mit ganzer, gebündelter Kraft.
In diesem Sinne wage ich, auf diesem Parteitag erneut um Vertrauen zu bitten, um kritisches Vertrauen. Wir brauchen keine Bewunderer, sondern wir brauchen – innerhalb und außerhalb der Partei – viele Frauen und Männer, die mithandeln und mitdenken, damit wir unserem Ziel nahekommen: dem modernen Deutschland, der sozialen Demokratie, dem neuen Europa und einer Welt des Friedens und der Humanität.
Darum geht es insgesamt bei unserer politischen Richtlinie für die siebziger Jahre.

Aus: *Vorstand der SPD (Hrsg.): Parteitag der Sozialdemokratischen Partei Deutschlands vom 11. bis 14. Mai [1970] in Saarbrücken. Protokoll der Verhandlungen. Angenommene und überwiesene Anträge, Hannover/Bonn 1970, S. 450–478*

Das Grundgesetz verwirklichen — Deutsche Politik und sozialdemokratische Grundsätze

Rede vom 11. April 1973

Verehrte Anwesende! Liebe Freunde! Genossinnen und Genossen! Bis vorgestern abend hatte ich gemeint, es würde recht schwierig werden, dem Parteitag verständlich zu machen, daß ich für meine Rede mehr als die eine Stunde bräuchte, die nach früherer Geschäftsordnung einem, wie es hieß, Referenten zur Verfügung stand. Ich hatte mir dann gedacht, zu sagen: Da seit dem letzten Parteitag nicht zwei, sondern drei Jahre vergangen sind, müßtet ihr mir eigentlich eineinhalb Stunden statt einer Stunde zugestehen. Ich meinte, mich nicht auf Carlo Schmid und Marschall Tito berufen zu dürfen, die beide in den ersten Nachkriegsjahren ihre Reden gelegentlich durch eine Mittagspause unterbrochen haben.

Aber nun bin ich belehrt worden, daß ich mich auf August Bebel hätte berufen können, der hier in Hannover auf dem gestern schon mehrfach zitierten Parteitag 1899 seine Rede vom Vormittag auf den Nachmittag übergreifen ließ. Keine Angst! Ich will die Pflege sozialdemokratischer Tradition nicht übertreiben. Aber etwas mehr als eine Stunde werde ich schon brauchen. Vielleicht könnte man ja einem Vorsitzenden künftig auch einräumen, daß ihm für neue Wählerprozente bei der Redezeit jeweils ein gewisser Bonus zugestanden wird.

Diese Tage, liebe Genossen, stehen unter dem Zeichen des größten Erfolgs der Sozialdemokratischen Partei in der Geschichte Deutschlands – das ist das Zeichen, unter dem der Parteitag steht –, im Zeichen des Wahlsiegs vom 19. November 1972 und damit im Zeichen einer gesteigerten Verantwortung.

Dieser Parteitag steht vor neuen großen Herausforderungen. An ihnen werden wir gemessen: 17,2 Millionen Wähler für unsere Partei, bei den Erststimmen für die sozialdemokratischen Kandidaten noch eine Million mehr und an die 19 Millionen, wenn man, wie es richtig ist, die Wahlen zum Berliner Abgeordnetenhaus mit einbezieht.

Dies war alles nicht selbstverständlich. Wir haben das Ergebnis vom 19. November gegen viel Widerstand erkämpft – gegen Überläufer, auch gegen einen Kleinmut hier und da, an dem ich manche Ratschläge messe, die man uns dann in den folgenden Monaten angeboten hat.[116]

Die Mehrheit der Bürger hat sich ihre Wahl nicht durch den massiven Geldaufwand einer Handvoll kapitalkräftiger Interessenten vorschreiben lassen, die glaubten, alles sei käuflich oder verkäuflich.[117] Die Entscheidung über

den Kurs unserer Demokratie ist gegen sie durch freie Menschen getroffen worden.
Es waren, liebe Freunde, andere – nicht wir –, die aus den Wolken ihrer Illusionen auf das harte Pflaster der Wirklichkeit fielen. Sie hatten zu lernen, daß es in der Konkurrenz der Parteien kein Dauerabonnement auf den ersten Platz gibt. Diese Erfahrung ist wohl der bitterste Preis, den sie, über die ich spreche, für ihre Arroganz zu bezahlen hatten. Und selbst die letzten Tage haben gezeigt, daß die Unionsparteien ihren eigentlichen Lernprozeß erst noch vor sich haben.
Im Wählerentscheid vom 19. November, so sehe ich es, sammelte sich ein neues Selbstbewußtsein unseres Volkes. Von ihm sind wir in die Pflicht genommen, und dieser Parteitag wird dieser Pflicht gewiß nicht ausweichen. Glaubwürdigkeit war unser entscheidendes Kapital, und sie muß es bleiben. Dazu gehört übrigens – um das gleich zu sagen; ich komme darauf noch einmal zurück –, daß wir weiterhin jeden Versuch scheitern lassen, uns in Sozialdemokraten und demokratische Sozialisten auseinanderzudividieren.
Glaubwürdigkeit suchte und fand der Wähler in der Leistung unseres Regierungsbündnisses mit den Freien Demokraten, wenn es auch zahlenmäßig schwach und an den Rändern anfällig war. Dieses Büdnis wurde eindrucksvoll bestätigt, und es gibt der deutschen Politik die demokratische Stabilität, die sie im Prozeß des gesellschaftlichen Wandels braucht.
Die CDU/CSU bot und bietet keine soliden Alternativen. Sie brachte noch vor kurzem nichts anderes zustande als eine Lähmung des Parlaments. Heute – denkt an die letzte Woche in Bonn – versäumt die Opposition kaum eine Möglichkeit, sich selbst ihre Regierungsuntauglichkeit zu bestätigen. Ich bin überzeugt: Auch ihren Manövern im Bundesrat, also zu Lasten des Föderalismus, wird kein Erfolg beschieden sein.
Glaubwürdigkeit suchten und fanden Millionen unserer Landsleute in der Sachlichkeit unseres Programms, in der Offenheit unserer Diskussion, in einer Aufklärungsarbeit, in die die Energien, der Einfallsreichtum und Fleiß unserer Mitglieder und Hunderttausender engagierter Mitbürger einströmten. Wir erlebten eine Mobilisierung demokratischen Geistes, für die es in der deutschen Geschichte kaum eine Parallele gibt, eine Politisierung des Bewußtseins, die nicht als schädliche Polarisierung verketzert werden darf.
Seit dem hannoverschen Parteitag vom November 1960 haben wir einen weiten Weg zurückgelegt. Ich weiß, uns ist nicht alles geglückt. Aber die Bilanz des Geleisteten ist klar. Für diese Jahre stehe ich hier ein.
Hannover 1973 sieht die Sozialdemokratische Partei Deutschlands stärker als je zuvor in ihrer 110jährigen Geschichte. Unsere Mitgliederzahl ist jetzt auf fast eine Million gewachsen.

Nun kommt es darauf an, miteinander die Substanz zu sichern und zu mehren. Auch wenn ich es vorher gesagt habe, ich muß das hier wiederholen und zwar mit einiger Klarheit und Deutlichkeit, nämlich dies: An dem, was wir den Wählern gesagt und wofür wir ihr Vertrauen gewonnen haben, daran kann ich nicht rütteln lassen. Daran dürfen wir miteinander nicht rütteln lassen.

Vertrauen steht gegen Vertrauen. Dieser Parteitag wird dafür zu sorgen haben und zu sorgen wissen, daß Glaubwürdigkeit und Handlungsfähigkeit der deutschen Sozialdemokratie in der Verantwortung nicht gefährdet sind. Nun zeigt die Erfahrung: Für die Unionsparteien ist die SPD von jeweils gestern die beste, die es je gab, immer die von früher, von gestern; die war dann ganz gut, verglichen mit der, der man heute gegenübersteht. Aber sie sollen mit der SPD von heute rechnen, und dies ist die SPD des Godesberger Programms, keine andere.

Ich habe gesagt, wir stellen „Godesberg" nicht zur Disposition. Das bedeutet keinen Verzicht auf Diskussion. Dieser Parteitag wird vielmehr zeigen, daß wir die grundsätzliche Verankerung unserer praktischen Politik nicht vernachlässigen und daß wir der theoretischen Arbeit wieder mehr Aufmerksamkeit widmen.

Aus der öffentlichen Debatte über die inneren Reformen können wir ablesen: Viele Bürger haben verstanden, daß Planlosigkeit in unserer Zivilisation nicht mehr für Freiheit und Liberalität steht, sondern für Mangel an Verantwortungsbewußtsein, daß die Alternative zur Planlosigkeit nicht freies Spiel der Kräfte, sondern Chaos heißt und daß ein solches Chaos mörderisch sein kann.

Wir selbst sollten dabei im Gedächtnis behalten, daß Leben nicht verplanbar ist. Totale Planung bewirkt das Chaos durch Organisation. Perfektionismus ist ein schreckliches und nicht nur deutsches Laster. Das ist keine Mahnung zu übertriebener Vorsicht. Im Gegenteil, ich halte den Griff über das für möglich Gehaltene hinaus ins scheinbar Unmögliche durchaus noch nicht für weltfremden Utopismus. Dieser Griff kann die Feder sein, die den Realismus spannt.

Ich glaube freilich, diese Partei braucht heute kein Plädoyer für den Mut. Was sie braucht, das ist die Sammlung und vernünftige Zuordnung ihrer Kräfte, die Absage an politisches Schwärmertum und Irrläuferei, die entschlossene Auseinandersetzung mit den Feinden einer verantwortungsbewußten, fortschrittlichen Politik.

Die Regierungserklärung vom 18. Januar hat – das kann im einzelnen nachgewiesen werden – die meisten Forderungen unseres Wahlprogramms übernommen. Das Regierungsprogramm stimmt mit der Dortmunder Plattform soweit überein, wie dies in einer Koalition möglich war.[118] Es ist durchaus

verständlich, daß mancher die Pflöcke weiter stecken möchte. Doch eines ist unerläßlich: Dieser Parteitag muß durch seine Entscheidungen bestätigen, daß für Sozialdemokraten nach der Wahl gilt, was sie vor der Wahl gesagt haben.
Hier darf nichts in Zweifel bleiben.
Innerhalb und noch mehr außerhalb der Partei wurde in den vergangenen Wochen zunächst kritisch vermerkt, daß sich der Parteivorsitzende an den Diskussionen, die in Vorbereitung auf diesen Parteitag geführt worden sind, nicht hinreichend beteiligt habe. Nach einer gewissen Zeit hat sich diese Argumentation dann umgedreht, und es wurden Stimmen laut, ich hätte den Parteitag nicht durch meine Hinweise vor dem Parteirat, wie es hieß, unter Druck setzen dürfen.[119] Diese etwas launische Kritik erklärt sich wohl nur aus der erst allmählich wachsenden, bei manchen vorerst noch mangelhaften Erfahrung mit einer seriösen innerparteilichen Diskussion.
Ich sehe es jedenfalls so: Sache des Parteivorsitzenden kann es keinesfalls sein, auf die Wahl der Delegierten zum Parteitag einen Einfluß auszuüben, den man „Druck" nennen könnte. Aber es ist sein klares Recht, sich vor dem geeigneten Gremium, in diesem Fall vor dem Parteirat – aus dem freilich nicht ganz zutreffend berichtet worden ist; aber das ist wieder eine andere Sache –, in eigener Sache zu einem Zeitpunkt zu Wort zu melden, den er für richtig hält. Man setzt niemanden unter Druck, wenn man in aller Offenheit sagt, daß man, sei es als Parteivorsitzender, sei es als Bundeskanzler, nicht unter falschen Voraussetzungen gewählt werden möchte.
Im übrigen habe ich schon am 28. November 1960 hier in Hannover bei meiner Nominierung zum Kanzlerkandidaten festgestellt, ich würde – das bezog sich auf das von uns miteinander angestrebte Amt des Bundeskanzlers – „nicht einfach nur Willensvollstrecker der Partei" sein können. Der Satz gilt. So auch das schriftliche Wort an unsere Fraktion im 7. Bundestag – ich war bei ihrer Konstituierung krank, deshalb das schriftliche Wort –, daß wir unser Konto nicht überziehen dürften.[120] So auch meine Warnung vor Gefahren einer Selbstzerstörung, die sich aus Überheblichkeit und Mangel an Wirklichkeitssinn hätten ergeben können.[121]
Wir werden uns – ich sagte es – um die grundsätzliche Verankerung unserer Arbeit mehr zu kümmern haben. Aber das kann nicht heißen, daß die bisherige Arbeit theorie- und strategielos – oder, wie jemand meinte, sogar taktiklos – gewesen sei. Denn nicht durch gesegnete Untätigkeit oder ein sozialdemokratisches Wunder sind wir stärker geworden, die Führung der Regierungsgeschäfte haben wir uns erkämpft.
Nein, liebe Freunde, man kann durchaus eine Strategie haben, auch wenn man mit diesem ohnehin nicht besonders schönen Wort vorsichtig umgeht und es im Eifer auch nicht doppelt sieht.[122] Apropos Strategie, wir haben

1966/67 die damals drohende Krise abgewendet und seitdem ein Programm realer Reformen zu verwirklichen begonnen. Wir haben die deutsche Außen- und Europapolitik unter dem Generalnenner aktiver Friedenssicherung gründlich verändert. Zwischen zwei ordentlichen Parteitagen, dem von Saarbrücken und dem heutigen, haben wir ein Steuerprogramm beschließen können, Konzepte zum Bodenrecht und zur Vermögenspolitik vorgelegt und ein Dokument vom Rang des „Orientierungsrahmen '85" zur Diskussion gestellt. Strategie- und konzeptionslos würde ich das nicht nennen wollen.

Man muß die Partei nicht idealisieren. Aber der Vorsitzende hat auch keinen Anlaß, ihr – der Partei – den 19. November 1972 als einen Tag der Zerknirschung vorzuhalten.

Wir haben für diesen Tag lange gearbeitet, geduldig und ungeduldig zugleich.

Ich nenne mit Bedacht an dieser Stelle den Namen des Mannes, der für uns alle ein Symbol der Bewährung ist: Herbert Wehner.

Sein Verzicht auf eine neue Kandidatur für den stellvertretenden Vorsitz unserer Partei hat nicht nur überrascht, sondern ist auch mißdeutet worden. Nun gibt es aber eine Tatsache, die man wird nicht übersehen können: Daran, daß er zur Führung der Partei gehört, wird sich nichts ändern!

Wir haben seine persönlich motivierte Entscheidung zu respektieren. Wer es nötig haben sollte, der wird nicht lange auf den Beweis warten müssen, daß ein Herbert Wehner nicht resigniert. Er hält – wenn ich es recht verstehe – Resignation für das schlechthin Unerlaubte. Dieser große Sozialdemokrat vermittelt uns Eigenschaften, die wir noch brauchen werden, nämlich kämpferischen Mut auch im Alltag, Widerstandskraft, die auch im Leid keine Bitterkeit duldet, und zäh erstrittenes Vertrauen, das es immer neu zu bestätigen gilt.

Liebe Freunde! Sozialdemokratische Politik ist Politik auf dem Boden des Grundgesetzes. Aber sie will nicht nur die verfassungsmäßige Ordnung wahren. Sozialdemokratische Politik ist: die Verfassungswirklichkeit aus dem Geist des Grundgesetzes zu gestalten. Sozialdemokratische Politik macht Ernst mit dem Grundgesetz. Das Grundgesetz, liebe Freunde, zementiert ja nicht gegenwärtige wirtschaftliche und soziale Verhältnisse.

Es enthält für uns nicht nur die Duldung, vielmehr die Pflicht zur Reform.

Es verbietet nicht allein, es gebietet auch.

Das Grundgesetz verwirklichen heißt also, den Rechtsstaat ausbauen, der Verfassung widersprechende Zustände abbauen, den Sozialstaat durchsetzen, mehr Demokratie in Staat und Gesellschaft verwirklichen, Demokratie so gestalten, wie es das Godesberger Programm will: als – wie es dort heißt – „die allgemeine Staats- und Lebensordnung".

Die Gesellschaft demokratisieren heißt für uns Sozialdemokraten konkret, die Rechte der vielen stärken. Für Herrn Heck, früher Generalsekretär der CDU, ist dieses Verständnis von Demokratisierung „ein negatives Prinzip". Er warf mir vor, mir gehe es darum – ich zitiere – „etwas abzubauen, einigen etwas wegzunehmen, um das Glück der großen Zahl zu erreichen". Nun, verehrte Anwesende, man hat mir schon Schlimmeres vorgeworfen als das, was hier das Glück der großen Zahl genannt wird.
Wir arbeiten unverdrossen daran, die Rechte der vielen zu stärken: mit dem neuen Betriebsverfassungsgesetz, mit einem verbesserten Mieterschutz, mit einer gerechteren Bodenordnung, an der wir arbeiten, mit einer möglichst chancengleichen Berufsausbildung, in größerer Sicherheit für die Behinderten, im Abbau nicht gerechtfertigter Subventionen, um diese Beispiele zu nennen. Vor allem die Arbeitnehmer unseres Landes haben gezeigt, daß sie ihre Interessen bei uns gut aufgehoben sehen. Es gab – auch aus der Verantwortung einiger jüngerer Funktionäre – keinen vernünftigen Grund, ihnen, den Arbeitnehmern, einreden zu wollen, daß dies anders sei. Es wird auch nie anders werden.
Was dieses aus der gemeinsamen Geschichte kommende und nicht zu zerreißende Band angeht: Für uns geht es um Mitwirkung, Mitbestimmung und Mitverantwortung aller Schichten unseres Volkes und möglichst vieler Bürger an den wesentlichen Fragen des staatlichen, gesellschaftlichen und wirtschaftlichen Lebens. Wir wollen die ausgeglichene Teilnahme und Teilhabe aller an den Gemeinschaftsgütern und die tatsächliche Gleichheit der Chancen. In Dortmund, zum Auftakt der letzten Phase des Wahlkampfes im letzten Oktober, sagte ich, für uns Sozialdemokraten könne der Staat niemals nur als ein Mittel zum Zweck verstanden werden. Wir sollten ihn begreifen, so meinte ich und so meine ich immer noch, als ein Instrument der Gemeinschaft, das seine Legitimation und seine Würde bezieht aus dem Dienst der Bürger für die Gesamtheit und der Gesamtheit für den einzelnen.
Wir haben nicht über ein Jahrhundert für eine demokratische Ordnung gekämpft und gelitten, um sie als etwas kennzeichnen zu lassen, was sie nicht ist. Der Bundeskanzler, der hier spricht, ist den Menschen in dieser Bundesrepublik verantwortlich, nicht irgendwelchen anonymen Kräften.
Wer sich etwas anderes einbildet oder einreden läßt, der hat vom Wesen und vom Auftrag der deutschen Sozialdemokraten nichts oder wenig begriffen.
Mein Wort vom Herbst 1969, wir müßten mehr Demokratie wagen, ist oft mißverstanden worden von denen, die Grund haben, dieses Wagnis zu fürchten, gelegentlich auch von denen, die ihm zustimmen. Das Mißverständnis, das ich ernst nehme, ergab sich aus dem Trugschluß, die Prinzipien der De-

mokratie im staatlichen Bereich sollten oder könnten schematisch auf das soziale und wirtschaftliche Leben übertragen werden. So ist es nicht.
Aber ich will in drei Punkten die Notwendigkeit für die Expansion der Demokratie in der Gesellschaft deutlich machen. Der erste Grund ist der gewaltige quantitative und qualitative Zuwachs der Angelegenheiten, die in jeder modernen Gesellschaft zu Recht als öffentlich angesehen werden. Dieser Prozeß ist nicht umkehrbar. In lebenswichtigen Bereichen sind auch autonome Vereinbarungen, die nicht einer staatlichen Regelung unterliegen, ihrem Charakter nach öffentliche Angelegenheiten. Die Prinzipien, nach denen in solchen Bereichen entschieden wird, liebe Freunde, können daher nur demokratische Prinzipien sein.
Der zweite Grund ist die Weigerung moderner Menschen, Autorität einfach hinzunehmen, ohne sie nach ihrer Rechtfertigung zu befragen. Diese Weigerung ist nicht mehr Auflehnung von einzelnen oder Gruppen, sondern Signal eines weltweiten Prozesses der Emanzipation. Das aber heißt, Autorität, ohne die keine Gesellschaft und keine Institution funktionieren kann, muß sich durch die Qualität der Art rechtfertigen, mit der sie erworben wird. Fachautorität kann nicht durch Wahlen erworben werden. Wer beispielsweise darüber zu entscheiden hat, wie man zweckmäßig eine Brücke baut, muß sich durch erprobte Sachkenntnis ausweisen. Doch überall dort, wo es nicht um fachliche oder exekutive Leistung, sondern um die Abwägung zwischen verschiedenen Zwecken, um den Vorrang verschiedener Werte oder Interessen geht, überall dort soll nach sozialdemokratischer Auffassung in einer modernen freiheitlichen Gesellschaft nicht anders als demokratisch entschieden werden.
Ein dritter Grund: Unsere Bürger werden sich über viele Einzelinteressen hinaus immer deutlicher der großen Entwicklungsfragen des gesellschaftlichen Ganzen bewußt. Die Fragen von Stabilität und Vollbeschäftigung sind Lebensfragen des gesellschaftlichen Ganzen, auch das Zusammenwachsen Europas zu einer sozialen, wirtschaftlichen und politischen Einheit, ebenso die Kontrolle des wirtschaftlichen Wachstums, nämlich dort, wo dieses Wachstum die Umwelt gefährdet oder unersetzbare Rohstoffreserven und Energiequellen zu erschöpfen droht.
Wenn Menschen aus freier Einsicht bereit sind, aus der Verantwortung für das Ganze eigene Interessen und nicht nur die der anderen zu überwinden, dann, liebe Freunde, schaffen sie Demokratie, dann sichern sie die Freiheitsrechte von Generationen, die ihnen folgen. Demokratische Mitwirkung, Mitbestimmung, Mitverantwortung der Bürger brauchen den gesicherten Rechtsstaat. Das Grundgesetz verpflichtet uns, ihn auszubauen, aber es verpflichtet uns auch, ihn, den demokratischen Rechtsstaat, zu verteidigen.

Aktuelle Vorgänge – bis gestern hatte ich in den vorangegangenen Tagen vor allem mit Sympathie an unsere Frankfurter Genossen gedacht – geben Anlaß zu dieser Anmerkung: Die Funktionsfähigkeit des Staates zu erhalten und die verfassungsmäßige Ordnung zu verteidigen, ist für uns deutsche Sozialdemokraten eine Pflicht, um die wir uns nicht drücken werden, liebe Freunde! [124]

Wer im Dienst dieser Aufgaben zu harten oder unpopulären Entscheidungen gezwungen ist, der hat Anspruch auf unsere Solidarität.

Denn – lassen Sie mich das auch noch hinzufügen –:Chaoten helfen der Reaktion!

Manche hätten uns in den vergangenen Jahren, vor allem im letzten Jahr – nicht erst nach der Tragödie von München –, nur zu gern in den Stacheldraht einer Law-and-order-Hysterie rennen lassen. Indessen sorgten wir mit handfesten Maßnahmen für mehr „innere Sicherheit", ohne die bürgerlichen Rechte und Freiheiten anzutasten – und man hat in diesem Lande, ich weiß es wohl, Anlaß, zuerst nach dem Recht zu fragen, wenn von Ordnung die Rede sein soll. [125]

Unterdessen fürchtet niemand mehr, dieser Staat könnte von den Aktionen einer Handvoll krimineller Phantasten in die Luft gesprengt werden.

Unsere Verfassung hat Feinde. Der demokratische Staat hat nicht nur das Recht, sondern vielmehr die gesetzliche Pflicht, verfassungswidrige Handlungen zu verhindern und Personen, die sich solcher schuldig machen, vom Staatsdienst fernzuhalten. Es war und bleibt unser Interesse, daran mitzuwirken, daß geltendes Recht in Ländern und Bund möglichst einheitlich gehandhabt wird. Das Ergebnis des Ministerpräsidenten-Beschlusses vom Anfang vorigen Jahres hat nicht befriedigt.

Die Innenminister wurden beauftragt, einen Erfahrungsbericht vorzulegen. Der Beschluß wird durch Korrekturen präzisiert werden müssen. Wir brauchen uns hier meiner Meinung nach nicht in einem Verbalstreit zu verlieren.

Der Parteitag wäre nicht gut beraten, wenn er sich in eine Ecke manövrieren ließe, in der unsere Gegner die SPD gern sehen möchten. Ich rate dazu, den ergänzten Empfehlungen der Antragskommission zu folgen, vielleicht aber auch zu bedenken, was ich zu diesem Problem im „Vorwärts" gesagt habe. [126] Bitte, liebe Freunde: Hier geht es nicht um Taktik, sondern darum, auf schwierigem Gelände deutlich zu machen, daß wir Sozialdemokraten einen zuverlässigen Begriff vom Rechtsstaat haben. Gegenüber der emotionalisierten Diskussion am rechten Flügel der U-Parteien oder noch rechts davon und dem aufgeregten Echo am quasi-linken Horizont unserer Gesellschaft wird uns die Unterscheidung, von der ich sprach, und um die ich bat, nicht schwerfallen.

Sozialdemokratische Rechtspolitik ist Teil unserer Gesellschaftspolitik. Sie will konkret Recht schaffen. Anders: Das Recht muß gerechter werden. Dabei ist Grundziel aller Gesellschaftspolitik jene Freiheit und Erfüllung der Individualität, die man die Selbstverwirklichung des Menschen nennt. Sie kann der Mehrheit unserer Bürger nur aus den Energien des Sozialstaates zuwachsen.

Wer verändern will, muß Veränderungen, die sich in der Gesellschaft vollziehen, auf der Spur bleiben. Ein wichtiges Beispiel: Das Grundgesetz schreibt die Gleichheit der Frau vor. Wir wissen, daß dies nach fast 25 Jahren weithin noch immer eine abstrakte Forderung ist. Die von uns auf den Weg gebrachte Reform des Ehe- und Familienrechts wird ein wichtiger Schritt voran sein. Übersehen wir jedoch nicht: Frauen werden für gleiche Arbeit und gleiche Leistung auch heute oft noch schlechter bezahlt als Männer. Dies ist ein Problem, das vor allem die Tarifpartner angeht. Allerdings, wenn das Notwendige zu lange auf sich warten läßt, dann wird man daran erinnern müssen: Es war der Staat, der die Kinderarbeit verbot und den Achtstundentag durch Gesetz einführte.

Wir haben es, über noch so wichtige Einzelprobleme hinaus, mit einem Vorgang von ungewöhnlichem Gewicht zu tun. Das Wort Unabhängigkeit gewinnt in diesen Jahren für die Frauen eine neue Bedeutung, und es ist bei weitem nicht nur materiell zu verstehen.

Die vielfach sich wandelnden Beziehungen zwischen den Geschlechtern sind ein bedeutendes Moment. Frauen fordern in immer größerer Zahl ihr gleiches Recht am Arbeitsplatz, in der Familie – überall dort, wo die Gesellschaft über sich selbst bestimmt. Sie wollen anderes und mehr als das, was man früher eine angemessene Repräsentanz genannt hat. Ich meine, das läßt sich begreifen, denn sie haben recht. Diese Partei sollte den Frauen zeigen, daß sie sich ihrer Probleme nicht nur vor Wahlen, sondern auch danach annimmt, nämlich in der täglichen politischen Arbeit – auch durch die Bitte um kritische Mitarbeit.

Keine Frage der Reformen des Strafrechts ist nun so belastet wie der § 218. Aus menschlichen, sozialen, gesellschaftlichen Gründen kann es beim gegenwärtigen Zustand nicht bleiben. In den letzten Wochen begegnete ich nun immer wieder dem Irrtum, der Staat wolle den Frauen oder den Ärzten befehlen, Schwangerschaften abzubrechen, oder er wolle Christen zwingen, das, was sie als ihr Sittengesetz empfinden, außer Kraft zu setzen. Das will der Staat natürlich nicht, das kann er auch nicht. Im Gegenteil, gerade auf Gebieten, wo der Staat auf Strafandrohung verzichtet, ist das Gewissen des Bürgers in besonderer Weise gefordert.

Ich bitte über den Rahmen dieses Parteitags hinaus eindringlich darum, daß wir uns nicht zu Gefangenen übersteigerter Ansprüche oder Vorwürfe machen lassen, sondern ein schwieriges Thema angemessen und würdig erörtern und entscheiden. In dieser Partei hat sich eine Mehrheitsauffassung für die Fristenlösung gebildet, die alle kennen. Aber es gab bei uns auch niemals Zweifel, daß in solchen Fragen im Parlament jeder nach seinem Gewissen zu entscheiden hat. Diese Partei ist sich auch darüber einig, daß unsere Gesellschaft um so humaner sein wird, je weniger Frauen sich zum Abbruch einer Schwangerschaft gedrängt fühlen.

Ihr werdet wohl verstehen, daß ich hierzu mehr als einen Satz sagen wollte. Wenn von Menschenwürde und Gleichberechtigung, von Ausbau des Rechtsstaates und der Sozialdemokratie die Rede ist – laßt mich auch dies kurz erörtern –, müssen wir uns anders als bisher jenes Minderheitenproblems bewußt werden, das sich unter dem Kennwort Gastarbeiter verbirgt. Wie sehr es sich verbirgt, wird durch die überraschende Tatsache deutlich, daß die Problematik der ausländischen Arbeitnehmer und ihrer Angehörigen – dreieinhalb Millionen an der Zahl – erst seit einem Jahr in unseren eigenen Dokumenten als vorrangiges Thema erscheint. Nun ist gewiß keine Zeit zu verlieren. Wir müssen klären: Wo liegt die ungefähre Grenze der Aufnahmefähigkeit unserer Wirtschaft und unserer Gesellschaft? Was bedeutet Integration der ausländischen Arbeitnehmer, von der so viel die Rede ist, für unsere Städte, für die Wohnungs- und für die Schulpolitik? Wie überwinden wir die Diskriminierung, die diesen Menschen – übrigens mehr außerhalb des Betriebs als am Arbeitsplatz selbst – begegnet? Was müssen wir sofort unternehmen, damit in unseren Städten – ich übertreibe nicht – nicht Gettos entstehen, die sich bald von den Gettos in fremden Großstädten nur durch die Hautfarbe der Einwohner unterscheiden würden?

Der Parteivorstand schlägt, wie ihr wißt, die Bildung einer Kommission vor, in der alle Landesverbände vertreten sind. Über die Arbeit einer solchen Kommission darf aber nicht erst in zwei Jahren berichtet und befunden werden. Teilentscheidungen und wohl auch Weichenstellungen sind vorher notwendig.

Die Regierung ist ihrerseits an der Arbeit.

Wir haben festgestellt: Zwischen den Forderungen des Grundgesetzes und der Verfassungswirklichkeit klaffen Risse. Das weithin noch unerfüllte Verfassungsgebot von der Sozialbindung des Eigentums macht sie drastisch sichtbar. Die CDU/CSU hat in den langen Jahren ihrer Regierungsverantwortung bewiesen, daß sie mit diesem Verfassungsgebot nichts oder wenig im Sinn hatte. Sie zieht sich für gewöhnlich auf das Argument zurück, das Verbot des Eigentumsmißbrauchs sei ein ausreichender Schutz. Unterdessen sind wir mit den kaum mehr reparablen Folgen einer verantwortungslosen Blindheit, ja Borniertheit konfrontiert: beim Umweltschutz, bei der Raum-

ordnung, beim Städtebau, bei der Altstadtsanierung, ganz besonders beim Bodenrecht.
Das Städtebauförderungsgesetz und das Mietrecht zeigen – die Vorlage der Kommission, das Ergebnis der Arbeitsgemeinschaft, um die sich Hans Koschnick, Jochen Vogel, Peter Conradi und andere kümmern, werden das noch deutlicher zeigen –, daß wir uns an die Sozialbindung des Eigentums heranarbeiten. Wir begreifen den Verfassungsauftrag nicht restriktiv. Eigentum muß, wo es für das Gemeinwohl notwendig ist, jenen Nutzungseinschränkungen unterworfen werden, die der Verfassung gemäß sind.
Die beiden großen Kirchen haben – ich weise darauf ausdrücklich hin – ein beachtenswertes Memorandum über die soziale Gestaltung der Bodenordnung vorgelegt.[127] Das hält hartköpfige Vertreter der Opposition trotzdem nicht davon ab, mit dem Kommunismus-Schock zu spielen. So verlieren die U-Parteien allerdings – von der eigenen Verängstigungstaktik genarrt – den Boden unter den Füßen, den wir gewinnen wollen, den Boden nämlich, auf dem Eigentum für viele geschützt wird und gedeihen kann.
Liebe Freunde, Sozialdemokratie ist ein Synonym für demokratischen Sozialismus. Dieser kennzeichnet die Bewegungsrichtung unserer Politik: Demokratie als gesellschaftliche Notwendigkeit zu verstehen, Sozialismus als konsequente Demokratie zu begreifen und beide Begriffe in jenes produktive Verhältnis zu setzen, das im Godesberger Programm beschrieben ist. Ob dies gelingt, davon hängt ab, ob die Zukunft der Menschheit im Zeichen der Menschlichkeit stehen wird.
Wenn ich darüber spreche, was Sozialdemokraten tun wollen und tun können, um das Grundgesetz zu verwirklichen, dürfte ich eigentlich nicht den Hinweis unterlassen, daß es auch eine direkt aus der Verfassung abzuleitende Pflicht zum Frieden gibt – ebenso wie die Pflichten, die sich auf Europa und auf die Einheit der Nation beziehen.
Wir hatten Illusionen zu verabschieden. Das war ein schmerzhafter Prozeß, auch für viele aus unseren eigenen Reihen. Wir mußten diesen Prozeß bestehen, um – dem Auftrag des Grundgesetzes gehorsam – die nationale Substanz im Rahmen des Möglichen zu bewahren. Wir konnten, wir durften die letzten Chancen für ein einigermaßen geregeltes Zusammenleben der Deutschen in den beiden Staaten der einen Nation nicht im Geflecht juristischer Scheinvorbehalte ersticken lassen.
Der Grundvertrag, dem der Bundestag im nächsten Monat seine Zustimmung geben wird, beschert uns natürlich kein Idyll der deutschen Nachbarschaft. Die Koexistenz so grundverschiedener Gesellschafts- und Staatssysteme ist schwierig, und sie wird nicht einfacher durch die Abgrenzungspolitik der SED, die von Gemeinsamkeiten der Geschichte, der Sprache, der Kultur wegzulaufen sucht. Wir werden diese Gemeinsamkeiten nicht preisge-

ben. Vor allem anderen muß es uns aber um den deutschen Beitrag zur Entspannung und um die engen menschlichen Bindungen und Verbindungen gehen. Gegenüber einer fast totalen Abriegelung konnte doch schon einiges wiederbelebt, neu geknüpft, befestigt und verbessert werden – trotz der restriktiven Praktiken der DDR-Behörden.

Kein oppositionelles Phrasengeklingel darf die Begriffe verwirren. Unsere Vertragspolitik – einschließlich des Berlin-Abkommens – dient dem Menschen.[128] Das gilt trotz ernster Schwierigkeiten, die uns selbstverständlich nicht gleichgültig lassen. Wir werden uns korrekt an das halten, was wir vertraglich vereinbart haben. Aber wir werden auch entschlossen darauf bestehen, daß die andere Seite dem nachkommt, was zu erfüllen sie übernommen hat.

Für die tägliche Koexistenz gibt es den Berliner Prüfstand. Mit den Sicherungen des Viermächteabkommens haben wir die Freiheit und zum erstenmal die Möglichkeit gewonnen, die Zukunft West-Berlins für längere Fristen auszumessen. Unsere Berliner Freunde haben gewiß noch rascher als andere begriffen, daß ich soeben nicht nur eine Feststellung getroffen, sondern, was unsere Zusammenarbeit angeht, auch ein Angebot gemacht habe.

Wir haben, liebe Freunde, die Außenpolitik aus ihrer ideologischen Erstarrung gelöst. Aber ideologisch entkrampfte Politik ist, jedenfalls bei uns, nicht prinzipienlos. Sie faßt nur die Wirklichkeit so genau wie möglich ins Auge. Wir sagten den Völkern oder, wenn man will, den Regierungen und den Völkern Osteuropas, daß wir nicht daran dächten, den von Hitler begonnenen und verlorenen Krieg durch ein Revisionsverfahren im Nachtrag der Geschichte zu gewinnen, daß wir vielmehr bereit seien, harte und weitreichende Konsequenzen auf uns zu nehmen. Nur so fanden wir den Weg nach vorn zu einer neuen Außenpolitik unter dem Generalnenner der aktiven Friedenssicherung.

Walter Scheel, der Vorsitzende der Freien Demokraten, trägt heute neben mir die Verantwortung für die auswärtige Politik dieser unserer Bundesregierung, und ich bin ihm dafür dankbar.

Hier aber in dieser Halle frage ich meine eigene Partei, ob sie, die Sozialdemokratische Partei Deutschlands, vertreten durch die Delegierten zu ihrem Parteitag, sich eigentlich bewußt ist, was wir seit dem Dortmunder Parteitag vom Frühsommer 1966 haben bewirken können. Wir haben noch außerhalb der Regierung, dann in der Regierung, dann in der Regierungsführung einen Prozeß mitgestaltet, der – ich übertreibe nicht – Europa verändert, meine Freunde.

Wir haben die Bundesrepublik Deutschland handlungsfähig gemacht, weil wir den Mut hatten, Europa zu sehen, wie es ist; weil wir aus unserer Ein-

sicht die Konsequenzen zogen, ist es den deutschen Sozialdemokraten gemeinsam mit den Freien Demokraten gelungen, die erstarrten Fronten aufzulockern. Die Festigung des Friedens durch Entspannung, diese unsere Politik ist ein Stück europäischer Geschichte geworden, und darauf können die deutschen Sozialdemokraten stolz sein.
Das Prinzip der guten Nachbarschaft ist im Begriff, eine neue Realität in Europa zu schaffen. Auf zwei Ebenen setzt nun der große und historische Versuch an, den Krieg für immer von unserem Kontinent zu verbannen. Wirtschaftliche Zusammenarbeit und Truppenreduktion sollen einander auf dem Wege zu diesem Ziel ergänzen. Das wird nicht in dieser Legislaturperiode zu erreichen sein. Aber die deutsche Politik bleibt – dafür gilt es zu sorgen – als Partner der westlichen Gemeinschaften ein Motor der internationalen Entspannung.
Der angekündigte Besuch des Generalsekretärs der KPdSU, Leonid Breschnew, bei uns in Bonn wird von großer Bedeutung sein. Hier wird sich bestätigen, daß in unserem Verhältnis zur Sowjetunion die Elemente der Kooperation an Gewicht gewinnen. Das gilt auch für Polen und die anderen Partner des Warschauer Paktes.
Als wir die Fenster und die Fronten öffneten, vergaßen wir nicht einen Augenblick, daß die neue Bewegungsfreiheit eine fugenlose Abstimmung mit unseren eigenen Partnern im Bündnis voraussetzt. Meine Reise nach Washington Anfang Mai entspricht dem Wunsch, den ich mit Präsident Nixon teile, die intensive Konsultation zwischen der Regierung der Vereinigten Staaten und der der Bundesrepublik, die eine tägliche Selbstverständlichkeit ist, im unmittelbaren Gespräch fortzuführen.
Die Gefahr einer Isolierung der Bundesrepublik Deutschland innerhalb der Gemeinschaft des Westens, die wir seinerzeit vorfanden, ist längst überwunden. Manche Angeordneten der CDU/CSU wissen: Die Gefahr, von der ich eben sprach, war größer, als sie es heute zugeben mögen. Unsere Außenpolitik hat eine Erneuerung und Festigung des Bündnisses bewirkt. Ich bin nicht bereit, den aufgeregten Unsinn zu kommentieren, mit dem die Unionsparteien unser Verhältnis zur Allianz und zu den USA zu stören versuchen. Niemand wird mich daran hindern – niemand würde mich daran hindern –, ein klares Wort zu Erscheinungen zu sagen, die verhängnisvoll wären, wenn sie typisch würden. Dies ist nicht der Fall. Aber bei uns in der Bundesrepublik gibt es in der Tat Bürger, die fast so kritisch oder respektlos sind wie manche Bürger der Vereinigten Staaten. Wir in der SPD halten nichts von einer primitiven Antigesinnung, schon gar nichts von Antiamerikanismus.
Wir stellen andere Ansprüche. Deshalb muß ich etwas zum Kongreß der jungen Sozialdemokraten unlängst in Bad Godesberg sagen dürfen, einem Kon-

greß, über den auch Falsches berichtet wurde.[129] Dort wurden – das muß hier festgehalten werden – keine Beschlüsse gegen Amerika gefaßt, wie man hier und da berichtet hat. Aber – das muß man der Klarheit und Ehrlichkeit halber auch feststellen – das Bündnis wurde dort anders beurteilt, als es der Politik unserer Partei entspricht. Und ich füge hinzu: Die illusionäre Unbekümmertheit des einen oder anderen Redners bot einigen Anlaß, zu staunen. Ich will einige präzise Feststellungen aus meiner Sicht dazu treffen.

Erstens: Das Atlantische Bündnis ist – mit der Europäischen Gemeinschaft – die feste Basis unserer Politik nach außen, und sie bleibt es.

Zweitens: Ohne Präsenz Amerikas könnte über europäische Sicherheit nicht realistisch verhandelt werden.

Drittens: Wer die Bundesrepublik Deutschland aus dem Bündnis des Westens zu lösen versuchte, brächte in Wahrheit das Werk unserer Entspannungspolitik nach Osten und damit der aktiven Friedenspolitik zum Einsturz.

Unsere Westpolitik ist auch Ostpolitik, die Ostpolitik ist auch Westpolitik: Zusammengenommen ergibt sich erst ein Ganzes. Hier gibt es, wie die Dinge liegen, nur insgesamt ein Ja oder ein Nein. Mit apolitischer Unbekümmertheit in den eigenen Reihen ist uns auch dann nicht geholfen, wenn sie sich als Gegenstück zu der illusionären Ignoranz begreift, mit der das Unionslager die Debatte bestreitet.

Das Ja zu unserer Außenpolitik heißt auch, daß die Bundeswehr für die Organisation des Friedens und für die Verhandlungen um Sicherheit in ganz Europa notwendig ist.

Sie muß ihre spezifische Funktion sachgerecht erfüllen können, und ich füge in allem Freimut hinzu – es ist besser, ich tue es; Schorsch Leber wird es ohnehin noch tun müssen –: Es wäre nicht realistisch, in naher Zukunft mit einer Senkung der Verteidigungslasten zu rechnen.

Unseren amerikanischen Partnern muß allerdings deutlich werden, daß ihnen nun das eigenständigere und selbstbewußtere Europa begegnet, das sie früher so oft beschworen haben, ein Europa, das nicht länger bloßes Objekt der Weltpolitik und der Supermächte ist. Man muß sich, was die europäisch-amerikanische Partnerschaft angeht, darüber klar sein, daß man den Kuchen nicht essen und ihn außerdem noch behalten kann. Westeuropa wird den Dialog mit Amerika fortführen als ein Gespräch unter Freunden, das Kritik, Differenzen und sogar Spannungen erträgt.

Als, liebe Genossinnen und Genossen, zu Beginn dieses Jahres in Südostasien endlich die schreckliche Maschinerie der Vernichtung angehalten wurde, haben die Vereinigten Staaten – neben anderem – eine Forderung der Vernunft, eine Forderung auch der neuen Konzeption des Gleichgewichts zwischen den drei Weltmächten erfüllt.[130]

Man hat wohl übrigens gelegentlich übersehen, wie rücksichtslos viele Amerikaner selbst mit jenem Krieg ins Gericht gegangen sind.
Ich will hier nicht unter den Tisch fallen lassen, daß ich selbst um die Jahreswende mit einer gewissen Kritik konfrontiert wurde.[131] Sie war in einigen Fällen verletzend und sollte es wohl auch sein. Aber ich habe es darum nicht besonders schwer nehmen müssen, weil die Kritiker ja doch mehr gegen den Krieg waren als gegen den Bundeskanzler. Und ich glaubte voraussetzen zu können, daß alle wüßten, daß es auch mir nicht an entschlossener Friedensliebe fehlte. Allerdings konnte ich – auch wenn ich um die Jahreswende im Lande gewesen wäre – nicht so tun, als wüßte ich, was die Abwicklung jenes schrecklichen Krieges anging, nicht, was mir tatsächlich – im Unterschied zu anderen – bekannt war.
Im übrigen – und nicht nur auf einen ganz aktuellen Vorgang bezogen –: Es gibt Besucher, die sieht man lieber gehen als kommen.
Doch aus welchem Anlaß auch immer: Es gilt aufzupassen, daß verständliche, nein, berechtigte Meinungsäußerungen nicht in eine Eskalation der Zerstörung geraten, wie wir sie, sagen wir, im Herbst 1969 in Frankfurt am Main, im Frühjahr 1970 in Kassel, davor und danach in anderen Städten aus unterschiedlichen Anlässen erlebt hatten. Vandalismus ist keine Manifestation von Gesinnung, verehrte Freunde.
Nicht alle haben gestern oder heute früh Nachrichten gehört. Der Bundespräsident verwandte den größeren Teil seines 50-Minuten-Gesprächs mit Präsident Thieu auf die Erklärung, warum der Besuch aus Saigon Anlaß zu Demonstrationen gab. Er forderte den Besucher auf, dafür zu sorgen, daß Gefangene nicht gefoltert werden, daß ferner eine Kommission des Internationalen Komitees vom Roten Kreuz zu einer Besichtigung der Lager und Gefangenen offiziell eingeladen wird. Er teilte mit, daß unsere Hilfe künftig ganz Vietnam zugute kommen werde.
Präsident Thieu hörte sich die Argumente ruhig an und bedankte sich für geleistete humanitäre Hilfe.
Ich möchte hier in aller Schlichtheit sagen: Der Herr Bundespräsident hat sich in dieser schwierigen Situation so verhalten, wie es unser Volk von Staatsoberhäuptern erwartet und wie es der Bundesrepublik Deutschland würdig ist.
Er hätte nicht anders gehandelt, wären die Demonstrationen friedlich verlaufen und uns damit die Beschämung durch primitive Gewaltsamkeit erspart geblieben.
Ich hoffe, wir haben das Signal verstanden: Es gilt, die Gewalttat zu bekämpfen, von welcher Seite sie auch kommt.
Mich beunruhigt manchmal – wenn ich dies unbefangen hinzufügen darf – das Wetterwendische, die etwas sprunghafte Emotionalität, die sich im mo-

ralischen Rigorismus mancher Zeitgenossen anzeigt. Es gibt aber – glaubt es mir – keine gute Außenpolitik ohne den Faktor Geduld. Wir haben so vieles gelernt; vielleicht lernen wir auch das noch.

Hier ein Wort nicht nur an die Adresse einiger der jüngeren Freunde: Es ist gut, wenn man das Gewissen schärft, aber die Schärfung des Realitätsbewußtseins tut ebenso not.

Von Zeit zu Zeit begegnen wir dem Vorwurf, wir machten uns, wenigstens indirekt, wie es hieß, mitschuldig an Unmenschlichkeiten in Ländern wie Griechenland oder anderswo im Südwesten oder Südosten Europas.

Diese Anklagen können doch wohl nicht bedeuten, daß wir unsere diplomatischen Beziehungen auf den Kreis der Staaten beschränken, die in Anlehnung an unser Grundgesetz demokratisch regiert und in denen politische Opponenten nicht gewaltsam verfolgt werden. Auch gegenüber Staaten, die – ich drücke es meinerseits jetzt bewußt arrogant aus – den bundesdeutschen Standard vor oder nach Hitler nicht erreicht haben, müssen wir die Interessen der Bundesrepublik so vertreten, wie es – übrigens auch nach dem Godesberger Programm – Pflicht der Regierung ist. Ich verstehe durchaus, daß man an Staaten der uns vertrauten europäischen Tradition oder Partner der atlantischen Allianz besondere Maßstäbe anlegt. Und doch muß ich immer wieder darum bitten, mit übereilten Urteilen vorsichtig zu sein und jedenfalls auf Selbstgerechtigkeit zu verzichten. Für einen, der im Gefängnis oder Lager sitzt oder der gar auf die Vollstreckung eines Todesurteils wartet, bedeutet das Firmenschild des jeweiligen Regimes nur einen sehr geringen Unterschied, verehrte Anwesende.

Ich möchte aber – gewiß im Namen des ganzen Parteitages – für alle Verfolgten, für alle aus Überzeugung Verfolgten sagen, daß wir ihnen Sympathie bekunden, und zwar gleichgültig, wo sie leiden.

Die SPD bekennt sich hier, wie es ihre Tradition ist – und hier ist Rosa Luxemburg in diese Tradition einbezogen –, erneut zur Freiheit dessen, der anders denkt.

Unsere Solidarität bekunden wir mit bedrängten Gesinnungsfreunden in aller Welt; das sind viele; denn die Internationale der Verfolgten ist noch immer groß. Ich bin stolz, selbst zu ihr gehört zu haben und gestern bei Helmut Schmidts Einleitungsrede bei den Namen Otto Brenner und Leo Bauer gespürt zu haben, was diese Internationale der Verfolgten bedeutet hat und wie sie in uns weiter wirkt, die knappen Jahre, die unsereins noch vor sich hat.

Unausgewogene Äußerungen einiger unserer jüngeren Mitglieder zum Nah-Ost-Konflikt verlangen aus meiner Sicht ein ergänzendes Wort. Nach allem, was hinter uns liegt, darf ein deutscher Sozialdemokrat – ob alt oder jung

– nichts in Frage stellen, was das Lebensrecht des jüdischen Volkes und des Staates Israel angeht.

Wenn wir davon ausgehen, daß im Nahen Osten eine Friedensregelung auf der Grundlage des Sicherheitsrats-Beschlusses der Vereinten Nationen von 1967 gefördert werden sollte, dann gehört dazu auch Verständnis für die Araber, die ihre Heimat verloren; auch wir wissen, was Verlust der Heimat bedeutet.

Aber wir wissen auch, daß es den Blick nach vorn zu richten gilt. Vor meiner Reise nach Israel bewegen mich – es gibt hier keinen Widerspruch – gute Gefühle für die dem Frieden und dem Fortschritt und der Zusammenarbeit zugewandten Kräfte in der arabischen Welt.

Moralische Empfindsamkeit und Realitätsbewußtsein gehören zusammen. Unsere Politik nach außen wird keine neue Weltmoral begründen können. Wenn wir unsere Sache gut machen, dann helfen wir der Vernunft, dem Recht und der Menschlichkeit ein paar Schritte voran. Das wäre – ich sage es auf die Gefahr der Überheblichkeit hin – endlich deutscher Realismus. Die SPD ist keine sozialistische Heilsarmee – womit über die wohltätige Organisation dieses Namens nichts Nachteiliges gesagt ist.

Ich möchte jetzt einige Bemerkungen zur Theorie-Diskussion machen und erinnere zunächst noch einmal daran, daß wir es abgelehnt haben und, wie ich annehme, weiterhin ablehnen, uns in „Sozialdemokraten" und Sozialisten" auseinanderdividieren zu lassen.

Von undemokratischen Systemen abgesehen: Der Begriff des demokratischen Sozialismus darf nicht Eiferern ausgeliefert werden, die glauben, es könne nur *ein* Rezept für eine „gute" oder, wie man meint, „gerechte" Gesellschaftsordnung geben.

Demokratischer Sozialismus ist für uns kein Schema für die gesellschaftliche Ordnung, kein dogmatisch festgelegter Katalog von Maßnahmen. Demokratischer Sozialismus ist nicht mit Endziel, sondern ist als ständige Aufgabe zu verstehen. Er läßt sich nicht in Patentrezepten einfangen.

Die eines zu besitzen meinten, sind entweder als Sektierer versandet oder in einer härteren Herrschaftsform zu Totengräbern der eigenen Idee geworden. Aber demokratischer Sozialismus ist zum anderen wesentlich mehr als ein allgemeines Bekenntnis zu den Idealen größtmöglicher Gleichheit, der sozialen Sicherheit, der Selbstbestimmung und des Gemeinschaftsgeistes. Es geht um die niemals abgeschlossene Aufgabe, Ungerechtigkeiten der bestehenden Wirtschafts- und Gesellschaftsordnung abzubauen und, wenn ihr so wollt, zu überwinden, den sozialen Anspruch der Demokratie immer mehr und immer wieder im politischen Kampf zu verwirklichen, anders ausgedrückt: persönliche und politische Freiheitsrechte des einzelnen soziale Wirklichkeit werden zu lassen.

Ich habe heute wie bei früheren Gelegenheiten schon an einer Reihe von Aufgaben zu zeigen versucht, wo unsere Arbeit ansetzt, wo sie verstärkt vorangetrieben werden sollte. Damit ist zugleich gesagt, daß die Lage der Menschen auf vielfältige Weise verändert und verbessert werden kann. Aber einige Kritiker meinen, am „System" lasse sich nichts ändern, solange die Produktionsmittel nicht sozialisiert seien. Alle Politik, die den „Grundwiderspruch" nicht abschaffe, wirke letztlich nur „systemstabilisierend"; es sei so nicht möglich, qualitative Veränderungen zu bewirken.[132]

Liebe Genossen, auch die weniger pointierte Variante dieser Unterstellung – die man natürlich auch eine Stellung, also eine Position nennen kann – lebt von dem Glauben, die Veränderung der Eigentumsverhältnisse sei *der* entscheidende Hebel zur Verbesserung der Lage der Menschen. Diese Sicht ist nicht neu. Sie ist jedoch nicht die des Godesberger Programms, das auf die, wie ich meine, Illusion verzichtet, mit einer generellen – und schematischen – Änderung der Eigentumsverhältnisse sei der sozialistische Durchbruch zu erzielen oder aus der Abschaffung von Privatbesitz an Produktionsmitteln ergäbe sich automatisch mehr Freiheit für die Menschen. Die Situation einer Gesellschaft scheint mir geprägt durch viele Elemente, nicht nur durch Eigentumstitel, sondern zunehmend auch durch Verfügungsmacht und Betriebsverfassung, übrigens auch durch Verfügungsgewalt über das Forschungspotential einer modernen Gesellschaft, durch das Verhältnis von ökonomischer zu politischer Macht, nicht zuletzt durch die Art, in der Bildung und Ausbildung organisiert sind.

Die Lage der Menschen in der Gesellschaft ist bestimmt nicht nur durch Löhne und Gehälter, Steuern und Abgaben, Renten und andere Formen der sozialen Sicherung, sie ist auch bestimmt durch die staatliche Vollbeschäftigungspolitik, durch Infrastruktur und vieles mehr.

Für uns Ältere, die den Schrecken der Weltwirtschaftskrise mit vielen Millionen Arbeitslosen – danach Diktatur und Krieg – immer in den Knochen behalten, ist Beschäftigungspolitik mehr als das, was manche etwas geringschätzig „Systemerhaltung" nennen. Vollbeschäftigung wird durch Kontrolle und Korrektur des Marktes bewirkt. Vollbeschäftigung ist eine grundsätzliche, wenn auch, wie ich wohl zugebe, begrenzte Veränderung der Wirtschafts- und Sozialordnung. Unsere Aufgabe ist aber gerade die Veränderung, und zwar durch demokratische Kontrolle der wirtschaftlichen Macht mit Hilfe der Politik.

In der langen Geschichte der Arbeiterbewegung und der Sozialdemokratie ist auf diese Weise einiges bewegt, verändert und überwunden worden. Es wurde bewiesen, daß eine Politik der schrittweisen Reformen zu Erfolgen führt. Manche, die heute von Systemveränderung reden, übersehen nur zu leicht, daß die Änderung der Verhältnisse im Gange ist.

Die Erweiterung der Aufstiegschancen, die Sicherung gegen Wechselfälle des Lebens, die wachsende Bedeutung öffentlicher Investitionen für Schulen, Krankenhäuser und Rehabilitation, das Betriebsverfassungsgesetz und die erst begonnene Mitbestimmung – das alles ist doch nicht nur „systemstabilisierender Humbug", liebe Freunde!
Ich könnte – aber das gehört nicht hierher – am persönlichen Schicksal darstellen, was zum Weg des Arbeiterjungen gehört, der hier zu Ihnen spricht und der keinen Nachholbedarf hat, wenn es um einen proletarischen Adelsnachweis geht.
Hier hat sich, nicht allein unter dem Gesichtspunkt der Menschenwürde und der Erfahrung, von einer Generation zur nächsten und zur übernächsten wahrhaftig vieles verändert. Sehen wir davon ab: Wer die Lage der Menschen verbessern, wer die Gesellschaftsordnung zum Besseren verändern will, wie es uns das Godesberger Programm aufträgt, der kann und muß hier und heute viele Hebel bewegen.
Wenn wir darin übereinstimmen, dann frage ich, ob uns das Schlagwort von der „Systemüberwindung" weiterhilft. Es ist ungenau und deshalb weder in der theoretischen Diskussion noch in der politischen Praxis für uns von Nutzen. Für uns Ältere hat es – auch darauf wurde gestern in der Eröffnungsrede hingewiesen – überdies einen bitteren Beigeschmack; denn „System" hieß für die Nazis das, wofür sie uns zusammengedroschen haben.
Aber lassen wir das beiseite. Man würde es sich natürlich zu einfach machen, wollte man in einer sozialdemokratischen Theoriediskussion hier nur „Systemüberwinder", dort nur „Reformatoren" sehen. Hier setzt sich ja nicht einfach der Revisionismusstreit der Jahrhundertwende fort, der übrigens interessanter und subtiler war, als es vielen heute bewußt ist. Nicht nur die Welt, auch das sozialistische Denken hat sich seitdem bewegt. Die wichtigste Veränderung sind vielleicht die Fähigkeit zu stärkerer Differenzierung und die Einsicht, daß sich demokratischer Sozialismus nicht an einem statischen Endziel orientiert, sondern als Entwicklung zu begreifen ist. Ich will ein paar der Themen nennen, von denen ich meine, daß sie uns zunehmend beschäftigen werden und sollen:
Erstens betrifft dies die Grundwerte. Wer nicht an den großen einzigen Hebel glaubt und den Sinn der Arbeit in der praktischen Reformarbeit sieht, der muß sich gleichwohl fragen lassen und klarmachen, welches die Maßstäbe seines politischen Handelns sind und ob er nach ihnen handelt. Unser Godesberger Programm gibt Antwort auf die Frage nach den Zielen. Es nennt die Grundwerte des demokratischen Sozialismus: Gerechtigkeit, Freiheit, Solidarität. Sie sind Maßstäbe für die Bewertung unserer politischen Einzelentscheidungen.
Dies ist eine gute Orientierung. Aber ich sage hier nicht zum erstenmal, daß

ich mir eine Diskussion über die Grundwerte wünschte, die vertiefend und konkretisierend zugleich sein sollte. Wir hatten diese Arbeit begonnen noch mit Willi Eichler in dem Jahr, in dem er starb: 1971; ohne den vorgezogenen Wahltermin hätten wir schon einige Ergebnisse vorlegen können. Als neue, besonders wichtige Problematik ist hier zu berücksichtigen, wird hier zu berücksichtigen sein: die nähere Definition des Begriffs Lebensqualität durch die Ermittlung und Bewertung seiner sozialen Indikatoren.
Zweitens ist zu klären, ob Marktwirtschaft und Privateigentum an den Produktionsmitteln ausreichend sind für die Kennzeichnung der Wirtschaftsordnung. Ich meine, wir sollten nicht übersehen: Auch in Volkswirtschaften mit verstaatlichten Produktionsmitteln wird der Markt immer mehr als Steuerungsinstrument entdeckt. Ich meine weiter: Niemand, der den Mechanismus versteht, wird den marktwirtschaftlichen Prozeß aufs Spiel setzen wollen. Doch ich habe mich andererseits dagegen gewehrt, daß mit dem Schlagwort von der sozialen Marktwirtschaft teils eine plumpe Sozialisierung der Verluste – also Kapitalismus mit beschränkter Haftung – betrieben und dieser Begriff außerdem häufig als Deckblatt für die Unantastbarkeit von Privilegien mißbraucht wird.
Die CDU/CSU hat immer nur ideologisch von einer dem Wettbewerb offenen Marktwirtschaft gesprochen, in der ein couragiertes Unternehmertum sich für Wiederaufbau und Wohlstand regen konnte. Tatsächlich gab es zuwenig wirklichen Wettbewerb und zuviel Privilegien.
Unter der sozial-liberalen Koalition haben wir angefangen, Marktwirtschaft nüchterner zu praktizieren. Ohne Ideologisierung haben wir mit der Novellierung des Kartellrechts endlich neue Wege gewählt.[133] Es versteht sich, daß hier die Folgen der wachsenden internationalen Zusammenschlüsse in der Wirtschaft nicht unbeachtet bleiben können.
Hier muß ich noch folgendes anbringen dürfen: Der Parteitag muß uns, bitte, mit einem vermögenspolitischen Konzept ausstatten, auf das gestützt wir anfangen können, ernsthaft mit den Freien Demokraten zu beraten, sonst bleibt dieser Teil der Regierungserklärung etwas, woran nicht gearbeitet werden kann. Darum müssen wir auf der Grundlage der Wehner-Kommission und auf der Grundlage dessen, worüber uns Hesselbach und Ehrenberg berichten werden, woran Leber und Rosenthal sowie andere früher beteiligt waren, vorankommen. Eine Vertagung würde uns nicht nur in diesem Bereich, sondern auch auf anderen Gebieten aufhalten. Wir haben aber hier keine Zeit zu verlieren.
Drittens: Die – gewissermaßen traditionelle – Meinung, mit der Sozialisierung der Produktionsmittel seien die Probleme gelöst, ist – ich sagte es schon – nicht die des Godesberger Programms. Bisher kennt man, wie wir wissen, im wesentlichen nur Verstaatlichungen, die Sozialisierung genannt

werden. Andererseits muß nachdrücklich der Behauptung widersprochen werden, Gemeineigentum an Produktionsmitteln sei eine Sünde wider das Grundgesetz. Davon kann überhaupt keine Rede sein.
Artikel 15 des Grundgesetzes gibt hierüber klare Auskunft, und die Väter der Verfassung, soweit sie zur CDU gehörten, hatten damals wohl ihr Ahlener Programm von 1947 noch nicht ganz vergessen.
Unser Godesberger Programm sagt, das private Eigentum an Produktionsmitteln – ich hätte fast gesagt: auch an Produktionsmitteln – habe Anspruch auf Förderung, soweit es nicht den Aufbau einer gerechten Sozialordnung hindert. Ich bin dafür, liebe Genossen, es dabei zu belassen. Wettbewerb durch öffentliche Unternehmen wird als entscheidendes Mittel begriffen, private Marktbeherrschung zu verhindern. Gleichzeitig grenzt „Godesberg“ die Frage der Vergesellschaftung realistisch mit der Feststellung ab: Wo mit anderen Mitteln eine gesunde Ordnung der wirtschaftlichen Machtverhältnisse nicht gewährleistet werden könne, sei Gemeineigentum zweckmäßig und notwendig.
Viertens: „Godesberg“ nennt die Investitionskontrolle als Mittel der Kontrolle des Machtmißbrauchs der Wirtschaft. Dieses Thema, über dessen Schwierigkeit wir uns nicht täuschen sollten, ist immer wichtiger geworden. Die Antragskommission II hat unter Ziffer 18 ihrer Stellungnahme zum „Orientierungsrahmen“ gefordert, es solle untersucht werden – ich zitiere –, „wie das Instrumentarium der Planung und Koordinierung aller wichtigen privaten Investitionsentscheidungen unter sektoralen und regionalen Gesichtspunkten ausgebaut werden kann“. Dies, verehrte Anwesende, liebe Genossinnen und Genossen, ist eine der gewichtigsten Empfehlungen, die diesem Parteitag unterbreitet werden. Dabei denkt die Kommission – und das ist sehr bedeutsam – nicht an eine Detailplanung der privaten Investitionen, sondern daran – ich zitiere wieder –, „den Investitionen steuernde Rahmenbedingungen vorzugeben“.
Investitionslenkung – wir beginnen ja nicht auf der grünen Wiese – praktizieren wir heute in der Regional- und Strukturpolitik, beim Umweltschutz und beim Wohnungsbau, bei Forschung, beim Bergbau, in der Landwirtschaft. Es geht also längst nicht mehr um ein grundsätzliches Ja oder Nein zur Frage der Investitionssteuerung; es handelt sich nicht mehr um das Ob, sondern um das Wie. Wir brauchen eine bessere Steuerung, eine bessere Koordinierung. „Besser“ heißt für uns: sachgerecht und demokratisch legitimiert.
Fünftens: Den notwendigen Veränderungen durch die von den Wählern verliehene politische Macht steht wirtschaftliche Macht entgegen. Der Druck wirtschaftlicher Interessen auf politische Entscheidungen muß abgewehrt und zurückgedrängt werden.

Wenn uns dies gelingt, dann erweitern wir schrittweise das Aktionsfeld für Veränderungen.
Es hat sich – ich sage es noch einmal – im letzten Wahlkampf erwiesen: Wirtschaftliche Macht allein kann keine Mehrheiten schaffen. Das ist eine Ermutigung. Wenn es richtig ist, und davon bin ich überzeugt, daß wir durch unsere Politik, gestützt auf die Mehrheit der Wähler, den Druck wirtschaftlicher Interessen zurückweisen können, wenn es richtig ist, daß der Markt einen kontrollierbaren instrumentalen Charakter hat, wenn es richtig ist, daß es einen qualitativen, nämlich für die Menschen fühlbaren Unterschied ausmacht, ob Investitionssteuerung und -kontrolle von einer sozialdemokratisch geführten oder von einer rückschrittlichen Regierung ausgeübt werden; wenn das alles richtig ist, dann ist auch richtig, daß die Verhältnisse in diesem Land Schritt für Schritt und mit Hilfe der politischen Macht geändert werden können, liebe Genossinnen und Genossen!
Verantwortliche Politik verlangt im übrigen die gegenseitige Ergänzung und Durchdringung von praktischer und theoretischer Erfahrung. Die grundsätzliche Verankerung sozialdemokratischer Politik, wie kompliziert sie immer auch sein mag, darf weder inhaltlich noch begrifflich jemals vernebeln, daß demokratischer Sozialismus den Menschen zu dienen hat. Ich will hier deutlich machen: Die Einsicht, warum jüngere Menschen so und ältere so, warum Theoretiker so und Pragmatiker so denken, argumentieren und urteilen – diese Einsicht ist manchmal wichtiger als die meisten Denkergebnisse selbst. Denn – liebe Freunde, versteht dies richtig – diese Einsicht zu haben schafft einmal sozialdemokratische Solidarität und sichert zum anderen damit eben über alle Theoreme hinaus die Rücksichtnahme auf den Menschen – und diese Politik ist es, die wir führen und verantworten wollen. Für die Arbeit, die im „Orientierungsrahmen '85" sichtbar wird, sollten wir allen, die unter dem Vorsitz von Helmut Schmidt mit seinen Stellvertretern Hans Apel und Jochen Steffen tätig waren, aufrichtigen Dank sagen.
Helmut, die Partei weiß: Dies ist eine gute Grundlage für die weiteren Analysen, die nun – gestützt auf die Aufträge dieses Parteitages – versucht werden sollen. Wir werden vermutlich mehr erreichen, wenn wir uns dabei nicht zu viel vornehmen.
Ich bin übrigens, von Saarbrücken her, mitverantwortlich für den irreführenden Begriff „Langzeitprogramm". So wurde bei manchen die Erinnerung an den Beschluß verwischt, in dem wir ausdrücklich festgelegt hatten, der Orientierungsrahmen solle nicht anstelle, sondern auf der Grundlage des Godesberger Programms formuliert werden. Manche waren überdies der Ansicht, der Entwurf hätte eigentlich hier in Hannover verabschiedet werden sollen, und nur unterschiedliche Meinungen hätten uns daran gehindert. In Wirklichkeit – das konnte man seit dem vorigen Jahr nachlesen – hatten

wir uns nie mehr als eine Art erster Lesung vorgenommen. Nun beginnt die Ergänzung und Fortschreibung. Damit treten wir ein in jenen permanenten Lernprozeß, von dem ich zu diesem Thema in Saarbrücken vor drei Jahren gesprochen habe. Inzwischen hat sich – und das ist doch auch schon was! – in der Öffentlichkeit weitgehend die Erkenntnis durchgesetzt, daß in der modernen Gesellschaft im Interesse der Menschen der „öffentliche Korridor" breiter werden muß. Und in der Partei beginnt klarer zu werden: Einmal, daß man über ein und dasselbe Sozialprodukt nicht mehrfach verfügen kann; und zum anderen, daß es technokratische Anmaßung wäre, Jahre voraus ohne Flexibilität auf Teilgebieten dessen, was öffentlich zu verantworten ist, über Bruchstellen hinter dem Komma bestimmen zu wollen.
Wenn wir in diesen Überlegungen festgestellt haben, daß demokratischer Sozialismus keinen Zustand meint – weder in der Definition der Lage dieses Augenblicks noch in der Fixierung vermeintlicher Endziele –, sondern vielmehr eine Entwicklung, dann bedeutet dies auch, daß wir uns niemals an die Illusion einer konfliktlosen Entwicklung verlieren. Denn Entwicklung heißt Konflikt. Entwicklung heißt, den Widerspruch und das Widersprüchliche voraussetzen. Entwicklung heißt, daß wir in Spannungen leben werden. Der Zustand der Konfliktlosigkeit, liebe Freunde – und sei es nur als Ziel einer Sehnsucht –, ist nicht nur irreal, sondern nicht einmal wünschenswert. Unsere Fähigkeit, Spannungen zu ertragen, ist ein Maß für die Qualität unserer Existenz. Ich will die Geschichte des Willens zur Volkssouveränität, zur Demokratie und zum freiheitlichen Sozialismus hier nicht zu einer Passionsgeschichte stilisieren. Aber sie war gewiß auch eine Geschichte der Opfer, der Entbehrungen, der Leiden. Und Leidensfähigkeit wird ein Ausweis politischen Charakters bleiben – glaubt mir das!
Ich möchte, daß auch die Jungen unter uns darauf vorbereitet sind.
Unsere SPD muß die Verantwortung für die praktische Politik dieses Landes tragen; sie muß zugleich ihre Prinzipien verdeutlichen können. Beides dient den Menschen von heute und der Gesellschaft von morgen.
Die Wirklichkeit unserer Partei läßt sich nur verstehen aus der intensiven Wechselwirkung von Theorie und Praxis. Man wird ihr jedenfalls nicht gerecht, wenn man im geeignet erscheinenden Augenblick eine Zitatenschlange beschwört – wie es überhaupt eine Gefahr ist, Kategorien des Vorgestern, die damals sinnvoll gewesen sein mögen, einfach auf das Heute zu übertragen. Heinrich Deist sprach von einem Zwischenhandel mit Antiquitäten, als er auf dem Stuttgarter Parteitag 1958 von den Erfahrungen der Weimarer Epoche feststellte, die Terminologie sei damals von dogmatischen Vorstellungen beherrscht worden, während man in Wirklichkeit opportunistische Politik gemacht habe.
Nun, durch Godesberg – was es immer sonst wert sein mag – haben wir den

Antiquitätenhandel abgeschafft, und es gibt keinen Anlaß, ihn neu zu eröffnen.
Die geistige Pluralität in unserer Partei – und hier greife ich ein Wort auf, das auf seine Weise auch Jochen Steffen in der Parteidebatte geprägt und gedeutet hat – darf nicht eingeengt werden, wenn wir der Wirklichkeit mächtig sein wollen. Kurt Schumachers Wort, an das wir schon gestern erinnert wurden; es sei gleichgültig, ob jemand durch die Methoden marxistischer Wirtschaftsanalyse, ob er aus philosophischen oder ethischen Gründen oder ob er aus dem Geist der Bergpredigt Sozialdemokrat geworden sei, dieser Satz wurde 1959 zu einem tragenden Bestandteil des Godesberger Programms; er muß unverändert weitergelten.
Ich adressiere dieses Zitat an einige, die heute wieder Theorie sagen und in Wirklichkeit Ideologie meinen, nämlich ein geschlossenes System der Welt- und Lebensbetrachtung als Ersatzreligion; aufgeregte Prediger, die ihren Berg und ihre Gemeinde noch suchen.
Was soll das auch für eine revolutionäre Gesinnung sein, die in erloschene Vulkane pustet? Sie wirbelt nur Staub auf.
Wer im übrigen die Grenzen zwischen uns und totalitären Schulen oder Parteien nicht beachtet, der muß nachdrücklich auf diese Grenzen aufmerksam gemacht werden.
Mitglied der SPD kann jedenfalls nicht sein, wer einer anderen Partei angehört oder sich von ihr steuern läßt; wer in der Demokratie Gewalt als Mittel der Politik befürwortet und wer die repräsentative Demokratie bekämpft. Im Klartext: Wenn es hier und da noch einige geben sollte, die meinen, sie könnten bei uns die These der DKP oder der SED vertreten, dann muß ihnen bedeutet werden, daß sie sich andere Agitationsbezirke suchen sollen als unsere Partei.
Das gilt auch für die diversen kommunistischen Splittergruppen, die allein nichts oder wenig mehr als einige Studentengruppen auf die Beine bringen und deshalb eine Massenpartei als Operationsfeld oder Blutspender suchen.
Frei und produktiv kann über Sozialismus nur diskutiert werden, wo man gezeigt hat, daß man die Freiheit mit Zähnen und Klauen zu verteidigen weiß; das heißt bei uns, in dieser Partei.
Der CDU/CSU und jener angeblich besorgten Presse, die sich gern und amateurhaft in unsere Auseinandersetzungen drängt, diesen Gesundbetern von Springer bis Strauß habe ich mitzuteilen, daß wir in Sachen geistiger Freiheit keine Unterweisungen brauchen.
Unsere Partei hat gegen den Obrigkeitsstaat gekämpft, sie hat für die Freiheit gegen den Obrigkeitsstaat gekämpft, sie hat für die Freiheit gegen den NS-Staat gelitten, sie hat vor der kommunistischen Diktatur nicht kapitu-

liert, und sie wird sich durch wildgewordene Spießbürger schon gar nicht aus der Ruhe bringen lassen.

Wir diskutieren nach vorn. Die Godesberger Pluralität hat Konsequenzen. Sie macht unser Haus nicht immer gemütlicher, wohl aber lebendiger. Sie gebietet Toleranz und verbietet jeden Monopolanspruch. Richtungsgruppierungen sind dabei kein neues Problem für unsere Partei; zuweilen waren sie sogar eine Bereicherung. Aber es gibt Grenzen, an denen Gefahr droht: Der Haß seinerzeit in Europa zwischen den Anhängern von Marx und solchen, die sich damals als freiheitliche Sozialisten verstanden, bei uns in Deutschland die aufwühlenden Spannungen zwischen Eisenachern und Lassalleanern, die deprimierenden Erfahrungen von Weimar, die Beispiele des Niedergangs der Sozialdemokratie in romanischen Ländern – dies und anderes sollte Warnung genug sein.

Liebe Freunde, mit einem solchen Hinweis soll keine Sachdiskussion erschwert oder gar abgewürgt werden. Auch die Tatsache, daß einzelne und Gleichgesinnte um Sachlösungen und um Einfluß kämpfen, wird davon nicht berührt. Ich weiß wohl, die Gefahrengrenze ist dabei oft nicht leicht zu markieren. Aber es gibt Richtpunkte, über die im neuen Parteivorstand und mit den Bezirksvorsitzenden eingehend gesprochen werden sollte. Ich nenne diese:

Erstens: Gemeinsame unverrückbare Basis bleiben die Grundwerte und die im Programm festgelegten politischen Ziele der Partei.

Zweitens: Auseinandersetzungen um den Weg dürfen nicht jene Energien absorbieren, die man braucht, die mit Mehrheit getroffenen Beschlüsse im Kampf mit anderen Parteien durchzusetzen.

Drittens: Arbeitsgemeinschaften dürfen nicht zu Parteien in der Partei werden.

Dies gilt auch für regionale Organisationen.

Viertens: Fraktionszwang innerhalb von Gruppierungen widerspräche unserer innerparteilichen Ordnung. Jeder einzelne Sozialdemokrat hat das verbürgte Recht, sich in Diskussionen und bei Abstimmungen frei zu entscheiden. Niemand darf ihn dabei in Loyalitätskonflikte bringen oder gar zu konspirativem Verhalten verleiten.

Fünftens: Gegenüber der eigenen Partei kann es weder eine Einzelstrategie noch eine Doppelstrategie geben.

Es kann jeweils nur *eine* Politik für die ganze Bundesrepublik und *eine* Strategie der SPD geben. Und diese wird bestimmt vom Parteitag, von dem durch ihn gewählten Vorstand und – im Rahmen ihrer Verantwortung – von der Bundestagsfraktion.

Eine gewisse Unruhe in unserer Partei – die ich nicht fürchte, weil sie Vitalität beweist – erklärt sich aus unseren Erfolgen. Die Partei wächst; sie verändert sich; sie hat Wachstumsprobleme. Hierzu ein paar Hinweise: Von den knapp 650.000 Mitgliedern, die wir zählten, als ich vor gut neun Jahren Parteivorsitzender wurde, sind mehr als 350.000 nicht mehr unter uns. Der Tod hat also kaum vorstellbare Lücken gerissen. Heute zählt die Partei fast eine Million Mitglieder. Das bedeutet: 300.000 Mitglieder gehörten der SPD schon vor zehn Jahren an; rund 670.000 der heutigen Mitglieder sind seit damals beigetreten. Allein im letzten Jahr traten der Partei 160.000 Mitglieder bei. Die meisten, nämlich fast zwei Drittel, waren – wie es im Grunde natürlich ist – Jüngere, nämlich unter 35 Jahre alt.

Auch die soziale Schichtung unserer Partei hat sich verändert. 1962 wurden noch fast 55 Prozent aller neuen Mitglieder als Arbeiter registriert; im Jahre 1972 waren es knapp 28 Prozent. Die Zusammensetzung unserer Partei hat sich also in einer knappen Zeit stark gewandelt. Von einer „Klassenpartei" im strengen Sinne – die SPD war es übrigens nie – kann schon auf Grund der Statistik nicht die Rede sein. Mancher freilich ist immer noch Arbeiter, auch wenn er nicht mehr sogenannt wird oder werden will. Die Mitgliedschaft von Studenten und Oberschülern hat sprunghaft zugenommen; aber darin drückt sich eben auch aus – und dies sollten wir ja nicht beklagen –, daß unsere Kinder in größerer Zahl auf höhere Schulen gehen. Vielleicht hat aber mit diesen Wandlungen auch die Beobachtung zu tun, die uns zu denken geben sollte: Nicht überall war die Partei am 19. November wirklich erfolgreich. In mehreren großen Städten hat sie Stimmen verloren. Deshalb mußte sie woanders um so mehr gewinnen. Diese Ergebnisse müssen noch genauer, als es bisher geschehen konnte, untersucht werden. Tatsache bleibt – und dies ist wichtig –, daß wir in erster Linie eine Partei der Arbeitnehmer sind und daran auch nichts ändern lassen wollen.

Wer Arbeitnehmer ist, soll sich bei uns zu Hause fühlen; gleichviel, welchem Beruf er nachgeht, ob er an einer Werkbank steht, am Schreibtisch sitzt oder im Labor arbeitet.

Die Arbeitsgemeinschaft für Arbeitnehmerfragen und die Arbeitnehmerkonferenzen, die bei uns keine Flügelposition besetzen, sondern zentraler Kraftquell sind, müssen mehr in den Mittelpunkt unserer Arbeit rücken. Dies gilt auch für den Gewerkschaftsrat.

Die Partei kann, zumal in der Regierungsverantwortung, mit den Gewerkschaften nicht immer einer Meinung sein. Aber wir wissen, daß wir aufeinander angewiesen sind. Die acht Wahlprüfsteine, die uns Heinz Oskar Vetter in Dortmund als Entscheidungshilfe bot, haben wir im Gedächtnis. Ich weiß auf der anderen Seite: Die Regierungserklärung hat vor den Augen der verantwortlichen Kollegen in den Gewerkschaften alles in allem genommen durchaus bestehen können.

Liebe Genossen, Veränderung bedeutet fast immer Spannung. Wir leugnen

sie nicht und wollen sie nicht einmal missen. Hier und da ließen sich Meinungsverschiedenheiten allerdings leichter überbrücken, wenn man in der Diskussion nicht nur auf den Inhalt, sondern auch auf den Stil achtete, Stil hat nichts mit „links“ oder „rechts“ zu tun, sondern Stil hat mit Takt und Respekt zu tun, liebe Freunde.
Ich habe mich beispielsweise gefragt, woher jemand, der vorgibt, für junge Sozialdemokraten zu sprechen, eigentlich das Recht nimmt, die Mitglieder des Vorstandes unserer Partei „willenlose Statisten“ zu nennen. Er wird doch ernsthaft nicht sagen wollen, die Erfolge der SPD seien gegen deren Vorstand errungen worden. Das wäre nicht ganz logisch.
Ein anderes Beispiel: Mein Vorschlag, Heinz Kühn für das Amt eines der beiden stellvertretenden Parteivorsitzenden zu nominieren, wurde – wiederum von einem Vertrauensmann einer der Arbeitsgemeinschaften seines Landes – mit der Behauptung kommentiert, der Ministerpräsident sei „nicht der Mann, der von der breiten Masse der Parteimitglieder getragen werde“. – Woher wollte der Zitierte das eigentlich wissen? Denn Heinz Kühn war gerade mit großer Mehrheit zum Landesvorsitzenden von Nordrhein-Westfalen gewählt worden – eine Aufgabe, die er natürlich abgeben wird, wenn ihn, wie ich hoffe und worum ich bitte, dieser Parteitag zu einem meiner Stellvertreter wählen wird.[134]
Die Toleranz – auch in der Partei – muß beim wichtigsten Mittel der Verständigung, bei der Sprache, beginnen. Wir begegnen heute allzuoft in den Debatten einem überspannten Jargon, der sich nicht selten zur Geheimsprache einer „geschlossenen Gesellschaft“ auswächst.
Statt deutsch redet man nur noch soziologisch oder politologisch.
Mit Sprache hat das dann wenig mehr zu tun, sondern es geht um den Austausch von Formeln. Das ist auch eine Frage der Demokratie. Das Gespräch darf sich nicht auf eine Schicht akademisch oder quasi-akademisch Ausgebildeter verengen.
Genossen, die hilflos vor Verquerungen – „Verquastheiten“ würde Heinz Kühn sagen, wenn ich es richtig in Erinnerung habe – stehen, möchte ich zur Furchtlosigkeit, nein, zur Respektlosigkeit vor den Formulierungskünstlern ermutigen, übrigens auch vor dem Behördendeutsch, das sich tief eingefressen hat. Obrigkeitssprache einerseits und elitäres Gerede andererseits stehen wie Schranken vor dem Bürger. Er, der Bürger, sollte sich damit nicht abfinden. – Ich ziehe es übrigens vor, mit verständlichen Worten Wahlen zu gewinnen, als sie mit unverständlich formulierten Konzepten zu verlieren.
Nun kommen von älteren Parteimitgliedern gelegentlich bittere Briefe, Briefe von Genossen, die durch die Verfolgungen des Dritten Reiches gegangen sind und dann ihren Beitrag zum Wiederaufbau geleistet haben.
Einer schrieb mir, er habe es in 50 Jahren, seit er erwachsen sei und mitma-

che, nicht erlebt, daß in einer Parteiversammlung Genossen mit einem Pfeifkonzert „begrüßt“ oder am Reden gehindert worden seien. Er hat es noch ein bißchen härter gesagt. Andere klagen, Jüngere behandelten sie wie Klippschüler, und man dichte ihnen eine Filzlatschen-Gesinnung an. Ohne dies im einzelnen nachprüfen zu können: Wer mit älteren Genossen rücksichtslos und herzlos umgeht, der beweist eigene Unreife.

Und ich füge hinzu: In dieser deutschen Sozialdemokratie soll menschliche Solidarität auch in Zukunft mehr gelten als Fremdwortgeklingel.

Sozialdemokratische Politik läßt sich nicht aus dem Ungeist der Menschenverachtung und mit kaltschnäuzigem Managertum betreiben; sie erfordert politische und menschliche Solidarität.

Aber ich werde mich hüten, schwebende Konflikte allgemein durch Überweisung in die Kategorie Generationenproblem gewissermaßen entpolitisieren zu wollen. Dies ist jedoch ein Faktor, der auch politisch wirksam wird. Die Älteren sind stolz auf das, was sie seit 1945 aus den Trümmern des Landes gebaut haben. Die Jüngeren messen verständlicherweise das, was heute ist, an dem, was sein könnte. Und beim Dialog der Generationen sollte man nun im Auge behalten, daß Aufrichtigkeit nicht mit Taktlosigkeit gleichzusetzen ist.

In einer Gesellschaft, in der die Zahl der Älteren immer größer wird, haben wir im übrigen allen Anlaß, die Rechte des Alters zu sichern; auch in der Partei. Deshalb haben wir in Aussicht genommen, es möge vom neuen Parteivorstand ein Seniorenrat der SPD berufen werden. Dies wird ein begrenzter Kreis sein müssen. Aber ich hoffe, alle Alten, denen wir so viel verdanken, werden sich dadurch stärker in unsere Arbeit einbezogen fühlen. Und ich verbinde von hier aus damit meinen Appell an die Älteren: Laßt eure Partei nicht allein! Sie braucht euch weiter und jetzt erst recht!

Was die innerparteilichen Angelegenheiten angeht: Wir haben uns erst im Dezember 1971 ein neues Parteistatut gegeben, und ich sehe wenig Anlaß oder Neigung, es schon wieder zu ändern. Mit dem voraufgegangenen Parteiengesetz haben wir die Erfahrung gemacht, daß es – wohl wegen des übertriebenen Bemühens um einen unpolitischen Perfektionismus – in mancher Hinsicht nicht hielt, was man uns von ihm versprochen hatte.[135] Doch wir müssen darüber nachdenken, wie man möglichst viele unserer Mitglieder vor der Versuchung bewahrt, Überrumpelungsbeschlüsse zu fassen oder abstimmen zu lassen, wenn die meisten Mitglieder nicht mehr anwesend sein können, und wie man Parteimitgliedern hilft, im Kreise ihrer Nachbarn, ihrer Kollegen und Kolleginnen sozialdemokratisch zu wirken.

Hier muß nun noch einmal daran erinnert werden, daß wir nicht allein regieren, sondern im Bündnis mit den Freien Demokraten – und ich will, daß dies ein faires Bündnis bleibt.

Zur Koalition gehört immer auch die Bereitschaft zum Kompromiß. Wer die Partei mit steilen moralischen Gebärden beeindrucken will, der muß sich die kühle Frage stellen lassen: Will er, daß wir regieren sollen, ja oder nein?

Allerdings hat sich auch gezeigt: Einige Kollegen von der FDP ließen sich erst mit einiger Mühe davon überzeugen, daß die sozialdemokratische Fraktion im 7. Bundestag auch nicht kleiner ist als die der FDP.

Andere, ein paar andere außerhalb Bonns, äußerten sich, als wollten sie sagen: hier stünden sie und könnten auch anders.

Nicht viele Freidemokraten werden sich, wie einer ihrer Landesminister, als die „Pille der SPD" betrachten wollen.[136] Ein Regierungsbündnis ist schließlich keine Schlafzimmeraffäre.

Unsere verantwortlichen freidemokratischen Partner halten sich an das, was wir miteinander vereinbart haben, und darauf kommt es an.

Um unseres Staates und unserer Demokratie willen muß die Zusammenarbeit mit den Freien Demokraten als Regierungsbündnis verstanden werden. Die beiden Parteien sind aufeinander angewiesen, auch in den Ländern. CDU und CSU liegen auf der Lauer, um, wenn möglich, eine prinzipielle Rückentwicklung in dieser Bundesrepublik einzuleiten.

Wer sich auf unserer Seite an Wunschvorstellungen von einer sozialdemokratischen Alleinregierung berauscht, der fördert nicht den Fortschritt, sondern er gefährdet ihn.

Solidarität des Bündnisses und Seriosität der Zusammenarbeit gebieten, daß keiner der Partner dem anderen seinen Willen aufzuzwingen versucht. Für die eigene Partei mag es außerdem nützlich sein zu wissen: Über zwei Drittel unserer Wähler erklären sich nach seriösen Befragungen für eine Politik, die eine Fortsetzung des Bündnisses mit der FDP über 1976 hinaus möglich macht. Die Opposition scheint noch nicht zur Kenntnis nehmen zu wollen, daß die sozial-liberale Allianz über Tag und Taktik hinausreicht. Sie markiert in gewisser Hinsicht einen historischen Einschnitt: die Sammlung der Mehrheit in jener „Neuen Mitte" der deutschen Politik, von der ich in Dortmund, im Wahlkampf und in der Regierungserklärung gesprochen habe.[137] Der Schock, mit dem manche auf dieses Stichwort reagierten, war nicht vorkalkuliert. Ich habe die Wirklichkeit nur beim Namen genannt. Der Begriff „Neue Mitte" beschreibt, liebe Genossinnen und Genossen – dies muß man auch beim Antrag 79 des Parteivorstandes beachten –, natürlich nicht den Standort der Partei, sondern den Standort der sozial-liberalen Koalition und ihre geschichtliche Funktion. Die „Neue Mitte", die ich so verstehe, ist kein taktisches Mittel, sie beschreibt vielmehr die Substanz unseres Bündnisses. Eindrucksvoller als vielleicht je zuvor kam sie durch die Bürger zum Ausdruck, die sich durch ihre Initiativen im vergangenen Wahl-

jahr demonstrativ mit uns und unseren Zielen identifizierten. Ich möchte ihnen von hier aus noch einmal Dank sagen.
Die Aufgabe läßt sich im übrigen knapp und präzis beschreiben. Wer die Mitte nicht besetzt, kann in der Demokratie nicht über die Mehrheit verfügen. So einfach ist das.
Wer die Mitte verliert, ist nicht regierungsfähig.
Ich wiederhole es: Die Partei muß offen sein, offen für das, was aus den Betrieben und von den Gewerkschaften kommt, offen für neue sozialistische Fragestellungen und Lösungsversuche, offen für die Impulse des modernen Liberalismus, offen für die produktiven Anregungen des Sozialkatholizismus, offen für die evangelische Sozialethik, die den Dienst am Nächsten als Pflicht für das Ganze interpretiert.
Gerade dank solcher Offenheit sammelte sich bei uns die Kraft, die weit über Grenzen hinauswirkt, die uns angeblich gesetzt waren. Ja, wir kennen unsere Grenzen, sie sind jedoch weiter, als es manche Skeptiker – auch in den eigenen Reihen – wahrhaben wollen. Die Integrationskraft der Sozialdemokratie hat sich noch bei weitem nicht erschöpft. Die Vitalität dieser unserer Partei wird man an der Freiheit messen, mit der sie die Auseinandersetzung mit den Herausforderungen und Ansprüchen besteht, die – von drinnen und von draußen – an sie gestellt werden.
Wir werden die Parteiarbeit – von oben nach unten und umgekehrt – zu reformieren haben. Wir haben die Gründung eines Instituts für Fragen des demokratischen Sozialismus vorbereitet und sind dabei, zu prüfen, was in der ganzen Partei als politische Bildungsarbeit in Gang gesetzt werden kann, die einer Vertiefung der Grundwerte dient. Neben der praktischen Arbeit muß diese Diskussion in der ganzen Partei geführt werden. Ich habe noch dem jetzigen Parteivorstand vorgeschlagen – als Teil des Programms für den nächsten – die Veröffentlichung einer Schriftenreihe zur Theorie des demokratischen Sozialismus und eine Serie von Publikationen, in denen die grundsätzliche Verankerung unserer praktischen Politik deutlich gemacht werden soll.
Nein, diese Sozialdemokratische Partei Deutschlands läßt sich nicht umfunktionieren. Sie läßt sich aber auch nicht einschläfern oder zur schrecklichen Langeweile verführen.
Ich will deshalb nur noch rasch sagen, was demokratischer Sozialismus keinesfalls ist. In einem gewissen Gegensatz zu dem, was ich euch hier mit allem Ernst vortrage, soll es eine Gesellschaft sein, in der wir auch das Lachen nicht verlernen. Ich jedenfalls wäre dazu nicht bereit, genausowenig wie ich den Parteitag oder das Leben als eine pädagogische Anstalt betrachte, in der ich mich von morgens bis abends einem permanenten und erbarmungslosen Lernprozeß unterwerfe.

Es gibt etwas, was ich keinesfalls mehr werden will: nämlich Generalschulmeister meiner Partei.
Bei mir wächst der Wille zur Belehrung mit den Jahren nicht, allerdings auch nicht die Bereitschaft, überflüssigerweise belehrt zu werden.
Deutscher Sozialdemokrat zu sein, das heißt in diesen Jahren auch, in einer harten und zugleich schönen Pflicht für Europa zu stehen. Das Wort von der „europäischen Innenpolitik" beginnt Realität zu bezeichnen. Keines unserer wichtigen Probleme läßt sich mehr vom Geschick unserer Nachbarn, unserer Schwesternationen lösen. Und so verhält es sich umgekehrt. Man registriert aufmerksam, welche Beiträge wir leisten und ob wir Beispiele setzen. Von unserer deutschen Erfahrung können wichtige Impulse ausgehen, bei einigen unserer Nachbarn Hoffnungen auf eine modern-freiheitliche Epoche für Europa, aber auch Anregungen, die bis ins politische Gefüge der Vereinigten Staaten hinüberwirken.
Der außenpolitische Antrag des Parteivorstandes unterstreicht das Gewicht, das wir der europäischen Dimension unserer Politik beimessen.
Das eine erscheint mir klar: Die Sozialdemokratie ist die reale Alternative zur zügellosen Industriegesellschaft. Die Welt und vor allem Europa betrachten unsere Regierung und das sozial-liberale Bündnis als entscheidendes neues Element in der politischen Landschaft unseres Kontinents, als eine wetterfeste, zuverlässige Konstruktion, auf die Europa bauen kann und mit der man Europa bauen kann.
Das ist die konkrete Verantwortlichkeit, an der unsere Koalition draußen gemessen wird. Auf dem Parteitag in Saarbrücken 1970 habe ich darauf hingewiesen, das Ziel müsse es sein, die Europäische Gemeinschaft – mit ihren jetzt 270 Millionen Menschen – noch innerhalb dieses Jahrzehnts zum sozial fortschrittlichsten großen Raum zu machen. Die Erfahrung zeigt: Die europäische Dynamik hat sich nicht erschöpft, sie wird erst jetzt in der Arbeit für die Begründung der Europäischen Union ihre Energien wirklich freisetzen. Dabei ist es wichtig, daß der Prozeß der europäischen Einigung demokratisch untermauert wird, daß die Zuständigkeiten des Europäischen Parlaments erweitert werden.
Unser Ziel ist nicht ein Europa der Banken und Konzerne, sondern eine Gemeinschaft, die über die wirtschaftliche Kooperation und die politische Organisation zu einer sozialen Union zusammenwächst. Auch die europäische Integration hat unmittelbar den Menschen zu dienen. Sie soll die Arbeits- und die Lebensbedingungen verbessern. Sie soll dem Anspruch der Arbeitnehmer auf meßbare Fortschritte gerecht werden. Auf der Pariser Konferenz legte ich im vergangenen Herbst eine „Deutsche Initiative zur Sozial- und Gesellschaftspolitik" vor. Daraus beginnt jetzt – mühsam genug, aber immerhin – konkretes Handeln zu werden.

Unser Konzept ist ehrgeizig. Die sozialen Grundrechte sollen europäische Wirklichkeit werden. Die Vollbeschäftigung – für uns schon fast selbstverständlich – ist für die ärmeren Provinzen des Kontinents noch ein nahezu unerreichbares Ziel. Der Weg aus manchen entlegenen Landschaften zu dem Maß an Chancengleichheit, das wir uns sichern konnten, scheint sehr weit. Daraus folgt die Notwendigkeit, eine aufeinander abgestimmte europäische Regionalpolitik zu betreiben, mit der dieser Kontinent eine zuverlässigere Balance in sich selber findet. Das gehört zur Angleichung der Arbeitsbedingungen und der sozialen Sicherung, die bei der Berufsbildung beginnt und mit humanen Normen für eine bessere Arbeitsumwelt nicht enden kann. Planung, Mitbestimmung und demokratische Kontrolle müssen schließlich die Qualität unserer Gemeinschaft bestimmen.
Aus der Verflechtung internationaler Unternehmen ergibt sich das klare Interesse an einer Tarifpolitik, die nationale Grenzen überwindet. Die Gründung des Bundes der Europäischen Gewerkschaften ist darum ein wichtiges Datum.[138]
Am Ende dieses Monats beraten die mit uns befreundeten Parteien der Gemeinschaft auf einer Konferenz in Bonn über die jetzt möglichen Schritte zur Sozialen Union, diese gar nicht mehr so kleinen Schritte dieses Fortschritts.[139] Hier werden nicht mehr länger Bausteine sortiert, hier wird am Fundament der gemeinsamen Zukunft gearbeitet. Es darf nicht ein Europa erster Klasse und ein Europa zweiter Klasse geben, weder regional noch innerhalb der Mitgliedsnationen. Die sozialen Grenzen sollen so durchlässig werden, wie es die Grenzen der Staaten schon weithin sind.
Nichts wäre damit gewonnen, die wirtschaftlichen Großmächte der multinationalen Konzerne bloß zu verteufeln; das wäre zu einfach. Aber ihre Macht fordert unsere Wachsamkeit; denn

- durch internationale Kartellvereinbarungen verschaffen sie sich einen oft unangemessenen Einfluß auf die Handelspolitik der Staaten,
- sie können sogar den Welthandel dominieren,
- sie bestimmen von Land zu Land fast souverän ihre Verluste oder Gewinne und damit bis zu einem gewissen Grade auch ihre Steuern,
- ihre Wachstumsrate ist doppelt so groß wie die anderer Unternehmen,
- ihre finanziellen Reserven sind groß genug, um die Währungen jederzeit unter Druck zu setzen.

Aus diesen Feststellungen ergibt sich die Forderung, die multinationalen Konzerne einer wirksamen multinationalen, nämlich europäischen Kontrolle unterzuordnen und dabei auch die neue Größenordnung des Themas Mitbestimmung nicht nur zu durchleuchten, sondern auszumessen und danach die Modelle zu entwerfen. Der Parteitag wird gewiß einverstanden sein, wenn ich sage: Dieses Problem muß sachverständig, gründlich und ohne Ver-

zug geprüft werden. Es gilt zu klären, ob und durch welche Mittel diese Giganten der Weltwirtschaft in den Dienst des Fortschritts der Menschen genommen werden können.
Ich zögere nicht, von einer neuen Phase des europäischen Aufbruchs zu reden. Sie muß genutzt werden. Die Hoffnungen, die Großbritannien einbringt, dürfen nicht unproduktiv versanden. In Frankreich registrieren wir – ich meine gewiß nicht Illusionen, die sich auf die „Volksfront" bezogen –, so wie die Dinge liegen, innerpolitische Konstellationen, die einem neuen Mut zu Europa Raum geben.[140] Die deutsch-französische Solidarität hat Bewährungsproben bestanden, die zuweilen hart gewesen sind. Auch die Skeptiker verweigern sich kaum noch der Wahrheit, daß ohne den gemeinsamen Willen von Franzosen und Deutschen Europa nicht gebaut werden kann.
Heute, liebe Freunde, scheue ich mich nicht mehr vor einem Wort, das ich am Beginn meiner Außenministerzeit noch nicht gewagt hätte: Ja, wir können Europa schaffen! Wir stehen vor dem Ziel, in dem sich ein ganzes Jahrhundert sozialdemokratischer Erwartungen erfüllt. Ich sage nicht: Dies muß, dies wird ein sozialdemokratisches Europa sein. Aber wir werden es in seinen entscheidenden Zügen mit zu prägen wissen. Die sozialdemokratischen Parteien würden gut daran tun, das europäische Gespräch untereinander mit neuem Elan zu eröffnen und den Dialog mit allen aufgeschlossenen Partnern zu suchen. Um so mehr bedaure ich – ohne mich in britische Angelegenheiten einmischen zu wollen – daß die Labour Party an der europäischen Arbeit noch nicht teilnimmt.
Die sozialen Energien Europas, die es zu entwickeln gilt, werden auch neue demokratische Impulse wecken. Doch auf eine Automatik können wir uns nicht verlassen. Hier finden die Generationen, die jetzt die politische Verantwortung übernehmen, ihren großen Auftrag. Sie können das Europa der realen Freiheit formen, das Europa, das nun die Aufgabe leistet, an der es in der Gefangenschaft der Nationalismen, mit seinem zivilisatorischen Hochmut und seiner Nachgiebigkeit gegenüber dem Unrecht versagt hat: Der Welt ein Beispiel zu geben für die Herrschaft der Vernunft über die Produktivkräfte, für die Herrschaft der Gerechtigkeit über die Egoismen der Macht, für die Herrschaft der Humanität über die Krankheit der Intoleranz.
Schon hierfür lohnt es sich, Sozialdemokrat zu sein.
Ich werbe nicht für eine europäische Ideologie, sondern für die Realität Europa, die längst die Fakten unserer Innenpolitik mitbestimmt. Das heißt, die Aktionsfelder für den konkreten Fortschritt werden weiter. Das Programm für die Soziale Union zeigt die Ziele europäischer Gesellschaftspolitik. Unsere Reformpolitik gewinnt eine Chance, über die nationalen Schranken hinaus zu wirken. Ich plädiere damit nicht für den Export einseitig deut-

scher Interessen, sondern für den freien Grenzverkehr von Ideen, Erfahrungen, zukunftsträchtigen Energien.
Die großen Aufgaben, die sich die deutsche Sozialdemokratie gestellt hat, sind zugleich ihr Auftrag für Europa und in Europa: die beharrliche Arbeit für den Frieden, gleichviel, ob durch multinationale oder nationale Anstrengungen – der Ausgleich, die Versöhnung und die gute Nachbarschaft mit unseren Partnern im Osten –, die geduldige Mitwirkung an dem Prozeß der Entspannung durch Rüstungsbegrenzung, wirtschaftlichen, technischen, wissenschaftlichen Austausch, vor allem mehr menschliche und kulturelle Beziehungen und damit eine Humanisierung des Lebens zwischen Ost und West.
Europa darf nicht Selbstzweck sein. Es hat Pflichten gegenüber der Welt, zumal gegenüber den armen Völkern der sogenannten Dritten Welt. Die Gemeinschaft kann und muß die Entwicklungshilfe planvoller, effektiver, solidarischer gestalten. Der Kampf gegen den Hunger, dieser älteste Auftrag des Sozialismus, hat sich nicht erledigt, wenn der eigene Hunger gestillt ist.
Der Kampf gegen das Elend ist mit der Beseitigung des Elends im eigenen Haus nicht gewonnen.
Das organisierte Europa verdiente seinen Namen nicht, wenn es eine Autarkie der Humanität üben würde. Erkunden und nutzen wir jedes Feld der erweiterten Aktion. Die Aktion steht im Dienst der Menschen: ihrer Lebensbedingungen, ihrer Rechte, ihrer Freiheit, ihrer Würde.
Ich erbitte eure Zustimmung zu unserem Konzept der Vernunft: Veränderung der Wirklichkeit, Schritt um Schritt. Wir demokratische Sozialisten, wir deutsche Sozialdemokraten wollen nicht den Menschen ummodeln, weil man ihn zerstören würde, wenn man ihn in die Uniform eines Systems zwänge. Wir Sozialdemokraten sind für die Veränderung menschlicher Verhältnisse – jene Veränderung, die legitimiert ist durch freie Mitarbeit in einem demokratisch-sozialen Bundesstaat.
Von diesen Orientierungen aus formt sich unsere Politik der Sicherung des Friedens, der Reformen, der besseren Qualität des Lebens. Wir haben die ersten Etappen durchschritten. Wir sind zu neuen Stationen unterwegs. Uns stellt sich morgen wie heute und heute wie gestern die Aufgabe – jetzt bin ich gespannt, ob alle wissen, woraus ich zitiere –, „Freiheit und Gerechtigkeit zu erkämpfen, sie zu bewahren und sich in ihnen zu bewähren“.[141]

Aus: *Vorstand der SPD (Hrsg.): Parteitag der Sozialdemokratischen Partei Deutschlands vom 10. bis 14. April 1973, Stadthalle Hannover. Bd. I: Protokoll der Verhandlungen. Anlagen, Hannover o. J.* [*1974*], *S. 69–112*

Rechenschaftsbericht

Rede vom 11. November 1975

Verehrte Anwesende! Liebe Freunde, Genossinnen und Genossen! Parteitage stehen unter dem Gebot der Rechenschaft, dieser in besonderem Maße. Seit Hannover im April 1973 hat sich viel verändert: um uns herum, bei uns selbst. Wir verzeichnen Einschnitte und Umwälzungen, deren Gewicht und Wirkungen weithin noch gar nicht in das Bewußtsein aller gedrungen sind. Um so notwendiger ist es, daß wir uns mit ihnen auseinandersetzen.
Dieser Parteitag wird daran gemessen werden, wie er sich mit der veränderten Situation befaßt, welche Lehren er aus den Erfahrungen zieht, welche geistigen Impulse er für die vor uns liegende Zeit zu vermitteln versteht.
Wir haben in der Vergangenheit für unser Land Leistungen aufzuweisen, Erfolge, die wir nicht zu verstecken brauchen. Wir haben uns auch mit Schwächen auseinanderzusetzen, die es zu überwinden gilt. Und wir möchten Orientierung geben.
„Verantwortung für Deutschland" – so lautet das Wort, unter dem dieser Parteitag steht. Das heißt, mit diesem Wort machen wir Front gegen feige Verantwortungslosigkeit, gegen jammervollen Egoismus und elende Demagogie.
„Freiheit, Sicherheit, soziale Demokratie" – dies bestimmt unseren Auftrag, den Auftrag der großen selbstbewußten, aber auch selbstkritischen deutschen Sozialdemokratie. Dieser Mannheimer Parteitag wird gute Arbeit geleistet haben, wenn wir wissen und wenn unsere Freunde draußen am Ende der Woche als Ergebnis unserer Beratungen feststellen können:

1. Die deutschen Sozialdemokraten stellen sich den Aufgaben des Tages, auch und gerade wenn sie schwierig sind. Wir stehen in großer Geschlossenheit hinter dem Bundeskanzler und der von ihm geführten Bundesregierung.
2. Die deutschen Sozialdemokraten bekennen sich zu ihren europäischen Pflichten. Sie drücken sich nicht vor ihrer internationalen Verantwortung. Sie verhindern, daß die deutsche Friedenspolitik durch spießbürgerliche Provinzialität verspielt wird.
3. Die deutschen Sozialdemokraten sind fähig, nicht nur freimütig zu diskutieren, sondern auch realistische, zukunftsweisende Beschlüsse zu fassen und gemeinsam zu handeln.

Liebe Freunde, nach vorn gerichtete Politik ist Politik gegen objektive Schwierigkeiten und subjektive Widerstände. Das kann uns nicht entmuti-

gen. Aber es ist keine Schande, wenn man sich eingesteht: Die heutige Welt wirft mehr Fragen auf, als wir Antworten geben können.
Womit hatten wir es seit 1973 zu tun? Da war vor allem der Einschnitt durch das, was man etwas allzu vereinfacht die Ölkrise genannt hat, und es verschärfte sich die Krise des internationalen Währungssystems.
Die Weltwirtschaft, nicht nur die im westlichen Teil der Welt, hat schwere Erschütterungen erfahren. Inflation und Arbeitslosigkeit griffen um sich. Die Weiterentwicklung der Europäischen Gemeinschaft zur Wirtschafts- und Währungsunion hat unter diesen Bedingungen keine Fortschritte machen können. Das frühere, gewiß nicht gerechte Verhältnis zwischen Industriestaaten, Rohstofferzeugern und bettelarmen Entwicklungsländern ist aus den Fugen geraten, und nur mühsam wird es sich zu einer neuen Ordnung fügen lassen. In Wirklichkeit vollzieht sich eine Art Klassenkampf der Nationen, und während uns noch vorwiegend die Ost-West-Beziehungen beschäftigen, erleben wir eine markante Machtverschiebung in dieser Welt von Nord nach Süd.
Man wird diese Epoche einmal die Zeit des Niedergangs nennen – oder aber die Zeit des Aufbruchs und damit des Durchbruchs zu verstärkter Zusammenarbeit. So oder so, das hängt von uns mit ab. Und da wir Sozialdemokraten zwar nicht lauter blauäugige Optimisten sind, aber schon gar nicht resignieren, kann an unserer Entscheidung kein Zweifel sein: Unsere Politik, zumal unsere Friedenspolitik, dient dem Abbau von Spannungen und der sachlichen Zusammenarbeit. Sie hat also mehr als eine Dimension.
In dieser krisengeplagten Zeit hat sich die Bundesrepublik Deutschland nun besser behauptet als fast alle vergleichbaren Staaten. Dazu ist es nicht von allein gekommen. Darin steckt das Ergebnis von viel Arbeit und Verantwortungsbewußtsein. Der Dank dafür gebührt zuerst den Bürgern dieses Landes. Zum anderen steckt darin das Ergebnis einer soliden Regierungspolitik, die auf Vorsorge und soziale Sicherheit angelegt war und unsere Interessen in einer unfreundlichen weltwirtschaftlichen Landschaft mit Umsicht und Entschiedenheit verteidigt hat. Weder kleinmütige Quengler noch geschäftige Krisenspekulanten noch großmäulige Saustall-Redner haben dies erschüttern können.
Niemand bestreitet, daß auch wir in der Bundesrepublik Deutschland erhebliche wirtschaftliche Rückschläge haben hinnehmen müssen. Keinen von uns läßt es unberührt, kann es unberührt lassen, wenn Menschen, die arbeiten wollen und arbeiten können, keinen Arbeitsplatz finden. Und wenn wir auch die Zuversicht haben dürfen, daß es den Menschen in unserem Land weiterhin besser gehen wird als den Menschen in den meisten anderen Ländern: Es wäre falsch, sich damit zu beruhigen, daß schon alles wieder von allein ins Lot kommen werde. Wir werden uns der vielfachen Abhängigkeit

von einer Welt, die noch lange nicht zur Ruhe kommen wird, bewußt bleiben müssen. Aber nicht, liebe Freunde, im fatalistischen Sinne, sondern mit der Bereitschaft, auch vor schwierigen Situationen nicht zu kapitulieren, sondern auf sie so einzuwirken, daß den Menschen vermeidbarer Schaden erspart bleibt.

Nun waren es ja in Wirklichkeit keine großen Opfer, die unsere Bürger im Winter 1973/74 auf sich nehmen mußten. Aber für viele war die Benzinverknappung ein Schock, für die Jüngeren auch eine ganz neue Erfahrung, die Erfahrung des Mangels mitten im Wohlstand. Rohstoffe waren plötzlich nichts Selbstverständliches, nichts Unbegrenztes mehr. Wir erlebten das Ende einer gewissen Sorglosigkeit. Man spürte, daß es mit den Zuwachsraten nicht einfach so weitergehen würde, wie es in den Jahren des Wiederaufbaus nach dem Krieg gegangen war. 1972 wurde es wohl noch von vielen überhört, daß wir von einem ungehemmten wirtschaftlichen Wachstum – mit dessen zerstörerischen Begleiterscheinungen – nicht mehr überzeugt waren. Inzwischen ahnen, spüren, fühlen die meisten nicht ohne Grund, daß nichts mehr wieder ganz so sein wird, wie es vorher war.

Nun war, liebe Genossen, dieses Früher ja auch keine heile Welt, der wir nachtrauern müßten. Aber der Boden, auf dem wir politisch handeln, ist seit einem Vierteljahrhundert nicht so erschüttert worden wie in den vergangenen zwei Jahren. Wir haben durch eine Mehrzahl von objektiven Veränderungen eine Zäsur, einen tiefen Einschnitt erlebt, müssen uns neu zurechtfinden, müssen anderen bei ihrer Orientierung helfen, ihnen, wenn wir es können, einen Halt geben.

Es ist ja nicht nur die Weltwirtschaft, die durcheinander geraten ist. Der Weltfrieden ist bei weitem nicht gut genug gesichert. Das Bemühen um Entspannung hat Rückschläge erlitten. Neue Spannungsfelder sind hinzugetreten. Uns umgibt viel Unsicherheit, und die weltweite Seuche des Terrorismus ist mehr als ein Symptom.[142]

Im Bewußtsein – oder im Unterbewußtsein – der Menschen haben mehr als zuvor Verwirrung, Verstörung, ja Zukunftsangst Platz gefunden. Dies ist der Boden, auf dem irrationales und reaktionäres Unkraut gedeihen kann. Es hat nicht an Schnellanalytikern der deutschen Rechten gefehlt, die eine gewisse Ratlosigkeit zur Tendenzwende hochstilisieren wollten, die Desorientierung verbreiteten und Selbstbetrug unterstützten.

Aber: Die vielbeschworene Tendenzwende, eine Tendenzwende zugunsten des Rückwärtsgewandten, hat in Wirklichkeit nicht stattgefunden. Hier war der Wunsch der Vater des Gedankens. Die meisten Bürger wissen – und wenn sie es nicht wissen, müssen wir es ihnen klarmachen –: Auf der Flucht in die Vergangenheit gelangt man nie in eine sichere Zukunft.

Mit den bunten Luftballons der weltanschaulichen Formeln und raschen

Schlagworte läßt sich nichts anfangen. Wir Sozialdemokraten halten es mit einem furchtlosen Realismus, und wir leben in einem unkündbaren Bündnis mit der Vernunft der Bürger.

Deshalb bemühen wir uns, gemeinsam mit allen Kräften guten Willens dem, was richtig und notwendig und möglich ist, so nahe, wie es geht, zu kommen. Ich möchte so gern, daß man über diesen Parteitag hinaus spürt: Wir machen es uns nicht leicht; und wer immer es mit den Sorgen der Menschen und mit der Sorge um die Menschlichkeit ernst meint, der findet in der deutschen Sozialdemokratie einen verläßlichen Partner.

Nun muß ich in aller Offenheit dies hinzufügen: Die Unionsparteien bieten keinen Halt. Sie vermitteln keine Sicherheit. Im Gegenteil: Sie fördern die Angst, organisieren die Unsicherheit und versuchen, aus der Krise Kapital zu schlagen. Sie weichen den neuen Fragen aus und fallen hinter ihre eigene Geschichte zurück.

Die CDU hat zunehmend einem deutsch-nationalen Klüngel das Wort überlassen.

Und von der CSU geht der zerstörerische Ungeist von Sonthofen aus.[143] Die Bürger von Sonthofen mögen mir verzeihen, daß ich ihre Stadt schon wieder in diesem Zusammenhang bringe. Die Union in ihrem gegenwärtigen Zustand ist nicht nur nicht regierungsfähig; sie wird zu einem Sicherheitsrisiko für unser Land – in der Außen- wie in der Innenpolitik, wirtschaftlich wie sozial.

Ich weiß, dies ist ein hartes Urteil. Mancher der gestandenen, bemühten, untadelig demokratischen Kollegen in der Union wird es als ungerecht empfinden – und mancher Wähler mit ihm. Mir macht es auch keinen Spaß, so hart über Konrad Adenauers Nachfolger reden zu müssen. Aber es ist meine Pflicht, auszusprechen, was ist. Was ich den Ungeist von Sonthofen nenne, ist ja auch nicht nur an der einen Person festzumachen.

Mindestens so besorgniserregend wie das Katastrophen-Gerede ist jener lärmende Applaus, den wir dazu haben hören müssen. Beträchtliche Sorge muß das Schweigen denen in den Unionsparteien bereiten, die der Lärm zwar auch erschreckt, die aber zu kraftlos sind, um sich deutlich zu distanzieren. Die CDU bräuchte sich durch Strauß nicht schlechtermachen zu lassen, als sie ist.

Die Opposition in dieser unserer Bundesrepublik krankt an ihrer Machtbesessenheit. Um – koste es, was es wolle – wieder an die Macht zu kommen, haben schon alle Mittel der Verdrehung, der sprachlichen Verschleierung, auch der Verleumdung herhalten müssen, seit die sozial-liberale Koalition in Bonn Regierungsverantwortung trägt. Dies hat die normale und notwendige Auseinandersetzung zwischen den demokratischen Parteien sehr schwergemacht.

Hinzu kommt der notorische Opportunismus, wie er sich zumal in der Behandlung wirtschafts- und finanzpolitischer Fragen niederschlägt. Aber damit läßt sich doch auf die Dauer nichts erreichen! Wer sich der Verantwortung entzieht, wer Steuern verweigert und keine soliden Vorschläge unterbreitet, sondern aus den Unsicherheiten dieser Zeit lediglich parteipolitischen Vorteil zu gewinnen versucht, der stellt sich – auch wenn er damit Stimmen sammelt, selbst ins Abseits.

Liebe Freunde, wenn Unionspolitiker mit dem, was sie vor der Wahl 1969 und dann wieder 1972 behauptet haben, recht gehabt hätten, gäbe es keine Eigenheime mehr, wären die Sparkonten weg und stünden die Russen am Rhein. Das waren Hirngespinste. Durch Wiederholung werden sie nicht Wirklichkeit. Und das Sickergift reaktionärer Formeln ist auch dann keine gesellschaftspolitische Medizin, wenn man es mit neokonservativem Etikett versieht. Flucht aus der Wirklichkeit bringt keinen Funken Hoffnung. Wer alte Ladenhüter in neuer Verpackung anbietet und von den Bürgern außerdem noch einen hohen Preis dafür verlangt, schafft weder mehr Sicherheit noch mehr Gerechtigkeit noch bewahrt er unser Land vor der Erstarrung.

Als besonders bedrückend empfinde ich die fehlende Abgrenzung gegenüber autoritären und rechtsradikalen Tendenzen.

Ein Mann wie der CDU-Vorsitzende Helmut Kohl müßte doch gegen die Hetze, die beispielsweise das leider so genannte „Deutschland-Magazin" verbreitet, längst ein Machtwort gesprochen haben.

Statt dessen läßt er dort – in angebräunter Umgebung – jetzt sogar Artikel mit seinen Interviews veröffentlichen.[144]

Die aufrechten Demokraten in der Union müßten doch auch längst aufbegehrt haben, als ihre rechten Flügelmänner den Militärdiktaturen – von Madrid bis Athen – Sympathie bekundeten und auch die volksfeindlichen Machthaber in Chile mit Beifall begrüßten.

Keiner braucht mich zu belehren, daß man amtliche Beziehungen auch zu Staaten braucht, deren Regime einem nicht paßt. Und niemand kann zu Recht sagen, wir Sozialdemokraten seien auf einem Auge blind. Unsere Ablehnung von Terror und Gewalt ist prinzipiell begründet, und deshalb ist sie unteilbar.

Wir wären ein gutes Stück weiter auf dem Wege zu einem ordentlichen Verhältnis zwischen den demokratischen Parteien dieses Landes, wenn die konservative Seite endlich wieder deutlich machte, wo bei ihr rechts aufhört.

Inzwischen haben wir ja leider zur Kenntnis nehmen müssen, daß die Führung der Unionsparteien ausgerechnet das wahnwitzige Treiben einiger hundert Terroristen und die Herausforderung durch eine begrenzte Zahl teils vermeintlicher, teils wirklicher Extremisten zum Anlaß nahm, um aus dem

demokratischen Grundpakt der Bundestagsparteien auszubrechen. Das bedeutete in Wirklichkeit eine Spaltung, eine Spaltung, wo es – über alles sonst Trennende hinweg – des Zusammenhalts in diesem Land bedurft hätte.
Als ein Trauerspiel bezeichne ich, was die Führer der Unionsparteien am Beispiel der Vereinbarungen mit Polen aufführen.
Da ist nicht nur Opportunismus im Spiel, sondern bei einigen der Beteiligten auch Schlimmeres. Als ob man jahrelange Bemühungen um die Menschen an innerparteilichem Streit scheitern lassen dürfte!
Als ob man Aussöhnung als etwas Erledigtes abhaken dürfte, während es sie doch sorgsam zu pflegen gilt!
Gewiß, die Vereinbarungen mit der Volksrepublik Polen sind ein Kompromiß in den Ziffern, aber sie sind nach gemeinsamem Willen ein Durchbruch in eine Zukunft, die nicht mehr durch die Vergangenheit belastet werden soll. Ich meine, es ist ein Armutszeugnis der Opposition, daß sie zum Kompromiß schwankt und zum Durchbruch schweigt.[145] So entwickeln die Unionsparteien ihre Art von Tradition: In Lebensfragen der Nation schwanken sie zwischen Enthaltung und Zersplitterung.
Ich meine, weder unser Land noch Europa haben Zeit oder Lust, mit dem Fortschritt zu warten, bis CDU und CSU ihre Isolierung wenigstens gegenüber ihren europäischen Schwesterparteien überwunden haben.
Nein, das Parteienlager von CSU und CDU – mit seinen weit nach rechts ausholenden Hilfstruppen – bietet weder nach außen noch im Innern eine plausible oder auch nur halbwegs zusammenhängende Alternative. Die Unionsparteien unterschätzen dabei, nicht zum erstenmal, die Vernunft und Einsicht der Bürger. Daran wird sich in den Monaten bis zur Bundestagswahl auch nichts mehr zum Besseren ändern, eher im Gegenteil.
Dies macht es zur gebieterischen Notwendigkeit, daß wir die Dinge beim Namen nennen, unsere Politik selbstbewußt vertreten und uns auch nicht in die Defensive drängen lassen, wenn demagogische Widersacher zu überrollen versuchen, was wir an Schutz der menschlichen Existenz, an reformerischen Initiativen, an demokratischer Erneuerung und an friedenspolitischer Zukunftssicherung auf den Weg gebracht haben. Natürlich ist uns nicht alles gelungen, was wir uns vorgenommen hatten. Selbstverständlich sind wir zu Korrekturen gezwungen gewesen; das wird auch weiter so sein. Die weltwirtschaftlichen Tatsachen und ihre Auswirkung auf die Staatsfinanzen haben uns – bis auf weiteres – an mehr als einer Stelle einen Strich durch die Rechnung gemacht. Aber von den Perspektiven und den Notwendigkeiten, die wir in unseren Wahlplattformen 1969 und 1972 entwickelt haben, brauchen wir nichts zurückzunehmen.
Niemand von uns, so hoffe ich, läßt sich durch das Gewäsch vom „Reform-

rausch“ verwirren oder fällt auf die falsche Behauptung herein, unsere Volkswirtschaft sei durch die gesetzgeberischen Vorhaben nach 1969 überfordert worden. Anstatt daß man sich ernsthaft mit den von außen auf uns einwirkenden Faktoren befaßt, wird undifferenziert gegen den Ausbau der sozialen Sicherheit zu Felde gezogen. Und man übersieht dann gern, daß es doch nicht von ungefähr zu dem sozialen Frieden gekommen ist, um den uns viele in der Welt beneiden. Wer ihn gefährdet, nimmt eine schwere Verantwortung auf sich. Und er findet in uns Sozialdemokraten einen entschlossenen Gegner.

Oder nehmen wir das Gerede, in diesem Land sei zuviel Demokratie gewagt worden. Unsinn, sage ich dazu. Wir nehmen das Grundgesetz ernst. Wir nehmen den mündigen Bürger ernst. Und wir passen auf, wo immer die Gefahr besteht oder auch nur eine schleichende Tendenz erkennbar wird, daß freiheitlicher Bürgersinn nicht durch reaktionären Mief verdrängt wird.

In dieser Bundesrepublik – ich sagte es, und wir müssen es wohl immer wieder sagen –, ist viel geleistet worden. Also gibt es viel zu verteidigen. Das gilt für Bund, Länder und Gemeinden. Aber es gibt auch viel zu verändern, zu verbessern, nach vorn zu bewegen.

Oder will man bestreiten, wie oft die Freiheit von vielen noch durch den Eigennutz von wenigen ausgehöhlt wird?

Daß Gerechtigkeit in weiten Bereichen zu kurz kommt? Daß solidarisches Verhalten gegenüber den Mitmenschen weithin auf sich warten läßt? Es bleibt viel zu tun, und wir müssen ja auch verändern, um das Bewahrenswerte zu bewahren. Und deshalb kämpfen wir gegen jene an, die in einer gut organisierten Kampagne versucht haben und noch immer versuchen, aufzufangen und umzukehren, was wir an Verständnis für eine wertbezogene Politik geweckt und an Verbesserungen eingeleitet haben.

Der Orientierungsrahmen, über den dieser Parteitag zu befinden hat, nennt sechs Schwerpunktbereiche für das vor uns liegende Jahrzehnt[146]:

Wer will leugnen, daß die Modernisierung unserer Wirtschaft einen ganz hohen Rang einzunehmen hat, auch als Grundvoraussetzung einer langfristigen Sicherung der Arbeitsplätze? Und daß die Reform der Berufsbildung auf der Linie dieser notwendigen Modernisierung liegt?

Wer will die Augen davor verschließen, daß die Humanisierung der Arbeitswelt und die Reform des Gesundheitswesens – einschließlich einer Eindämmung der Kostenexplosion – wichtige Aufgaben sind für die vor uns liegenden Jahre. Ich scheue mich nicht, auch im Zusammenhang mit der Entwicklung unserer Städte – und angesichts der Tatsache, daß zum erstenmal ein Bundesparteitag über das kommunalpolitische Programm beschließen wird –, ich scheue mich nicht, in diesen Zusammenhängen die Fragestellung nach der Qualität des Lebens wieder aufzugreifen; sie war und bleibt nämlich richtig.

Und wer will nicht wahrhaben, daß unser Grundgesetz auf den Gebieten verwirklicht werden muß, auf denen es um die Gleichstellung der Frauen geht? Eine Familienpolitik, die zu allererst eine Politik für das Kind zu sein hat, muß hinzukommen.
Kein Zweifel, daß Freiheit und Gerechtigkeit und Solidarität in unserer Gesellschaft fester verankert werden müssen, als sie wegen der widrigen Einflüsse von außen und unter dem Problemdruck im Innern nicht verkümmern dürfen. Wir Sozialdemokraten sagen: Wer Werte bewahren will, der darf nicht Vorrechte und überholte Machtpositionen zementieren.
Und wer Demokratie ernst nimmt, der darf nicht Apathie zur Tugend erklären.
Wirken für die Demokratie, Mobilisierung aller unverbrauchten Energien unseres Volkes brauchen wir, um Krisen abzuwehren und uns mit einer ausgeglichenen und leistungsfähigen Ordnung auch in der gefahrvollen Welt von morgen zu behaupten. Mit „Zeitgeist" hat das nichts zu tun, wohl aber mit der Selbstbehauptung eines mündigen Volkes.
Liebe Genossinnen und Genossen, das Regierungsbündnis von Sozialdemokraten und Freien Demokraten hat sich in diesen schwierigen Jahren bewährt. Wir Sozialdemokraten tragen dieses Bündnis, das nur durch Rücksichtnahme der Partner aufeinander funktionieren kann. Die sozial-liberale Koalition hat, nehmt alles in allem, die Qualität deutscher Politik verbessert. Denn außenpolitische Verkrustungen wurden durchbrochen, Ungerechtfertigkeiten abgebaut, demokratische Rechte erweitert, die öffentlichen Finanzen in Ordnung gehalten und – ich sage es noch einmal – die wirtschaftliche Lage so gesichert, daß die meisten Menschen in den meisten Ländern gern mit uns tauschen würden.
Wenn im nächsten Jahr der Auftrag an die sozial-liberale Koalition erneuert wird, woran ich nicht zweifle, dann sollten alle Beteiligten wissen: Die SPD ist der größere, aber sie ist ein fairer Partner. Die SPD hat ihre programmatischen Leitlinien, die sie allein formuliert, aber sie war und bleibt fähig zum sachlich begründeten Kompromiß. Diese Partei hat ihr Bewußtsein geschärft für das, was möglich ist. Sie steht zu ihren Vertrauensleuten in Parlament und Regierung, die praktische Politik zu machen und das, was des Ganzen wegen erforderlich ist, loyal zu vertreten wissen.
Mich hat, als es darauf ankam, niemand davon überzeugen müssen, daß Sozialdemokraten und Freie Demokraten – als zwei ganz und gar unabhängige Parteien – die Verantwortung für diesen Staat übernehmen mußten. Meine Erfahrung spricht heute dafür, daß man das Arbeitsprogramm einer Koalitionsregierung möglichst präzise fassen muß und daß man nicht ohne zwingenden Grund davon abweichen darf. Es kommt auch meistens wenig Gutes dabei heraus, wenn vereinbarte Vorhaben zu lange liegen bleiben.

Die Kollegen von der FDP, von den Freien Demokraten, werden es richtig verstehen, wenn ich noch eine Bemerkung hinzufüge: Beim Ringen um das Vertrauen von Koalitionswählern – und solche gibt es mittlerweise in nicht geringer Zahl – kann die Arbeitsteilung natürlich nicht nur darin bestehen, daß der eine am Image des anderen kratzt. Der richtige Satz von den zwei unabhängigen Parteien findet seine logische Ergänzung in dem Vorsatz, daß keiner von uns Stimmen zu verschenken hat.

Liebe Freunde, morgen spricht der Bundeskanzler[147] zum Inhalt der Regierungspolitik. Im Laufe der Woche werden wir eine Reihe von Beschlüssen zu fassen haben, die für die nächsten Jahre wichtig sind und in die achtziger Jahre hineinwirken. Meine Aufgabe ist es, hier nicht an den Schlappen vorbeizugehen, die wir seit 1973 haben hinnehmen müssen.

Diese Einbußen lassen sich nicht allein dadurch erklären – obgleich das auch eine Rolle spielt –, daß die in Bonn führende Partei immer zu erwarten hat, bei Zwischenwahlen etwas schlechter abzuschneiden. Das ist fast schon ein Erfahrungssatz der deutschen Nachkriegsgeschichte. Natürlich muß die Partei, die den Bundeskanzler stellt, damit rechnen, daß ihr auch Schwierigkeiten und Unsicherheiten angelastet werden, deren Ursachen in Wirklichkeit außerhalb unserer Grenzen liegen und die wir nur sehr bedingt beeinflussen können. Der Übergang von 1973 auf 1974 bleibt hierfür eine deutliche Illustration.

Die führende Regierungspartei muß auch für unpopuläre oder zunächst unpopulär erscheinende Beschlüsse den Buckel hinhalten. Wir können unsere Politik ja nicht an Meinungsbefragungen, sondern wir müssen sie an den Notwendigkeiten ausrichten. Es handelt sich auch nicht nur darum, daß im spröden Alltag und unter dem Druck der angespannten öffentlichen Finanzen deutlich geworden ist, welchen subjektiven Widerständen und objektiven Schwierigkeiten unsere praktische Reformpolitik ausgesetzt war; auch nicht nur darum, daß wir in Gemeinden, Ländern und Bund von Verschleißerscheinungen mitbetroffen werden, denen wir selbst entgegentreten müssen.

Gewiß kommen auch Unzulänglichkeiten in der Führung hinzu, von denen ich mich nicht ausnehme. Aber die Frage muß ausgeweitet werden: Warum hat nach 1969 und dann nach 1972 in der Öffentlichkeit das Bild der SPD als einer modernen, undoktrinären, wertorientierten und veränderungsbereiten Partei nicht unangefochten bestehen können? Warum ist uns das Vertrauen eines Teils derer, die uns gewählt hatten, nicht erhalten geblieben? Ich bin davon überzeugt, daß das auch mit Formschwächen der Partei zusammenhängt, mit mangelnder Einordnung und Geschlossenheit, mit dem Ausufern öffentlich geführter Diskussionen.

Ein Jahr nach Hannover, einen Monat vor meinem Rücktritt als Bundeskanz-

ler hatte ich mich mit einem beschwörenden Appell an die Partei gewandt; der ist wohl auch zur Kenntnis genommen, wenngleich in der Tat nicht überall beachtet worden.[148]
Laßt mich, liebe Freunde, zum Wechsel im Amt des Bundeskanzlers nur jenen ausländischen Kommentar in Erinnerung rufen, in dem dieser reibungslose Übergang ein Reifezeugnis der neuen deutschen Demokratie genannt wurde. Ich möchte jedenfalls an dieser Stelle Helmut Schmidt noch einmal Dank dafür sagen, daß er zur Verfügung stand, als ich meine Entscheidung getroffen hatte, und für das – da hätte der Beifall jetzt erst recht hingepaßt –, was er daraus mit Entschlossenheit gemacht hat.[149]
Wir in dieser Partei haben jene Veränderungen im Frühjahr 1974 gemeinsam gemeistert. Den Kollegen im Vorstand habe ich für die Zusammenarbeit zu danken. Aus meiner Sicht ist besonders zu würdigen, daß sich Heinz Kühn neben seinen anderen Pflichten für die Arbeitsperiode zwischen diesen beiden Parteitagen als stellvertretender Vorsitzender zur Verfügung gestellt hatte.
Es ist auch seinem und seiner Freunde Einsatz zu danken, daß die CDU in Nordrhein-Westfalen scheiterte und die sozial-liberale Koalition im Bund gestärkt wurde.[150]
Holger Börner gebührt nun ganz gewiß Anerkennung für seine unermüdliche Arbeit.
Wenn mein Wort von Hannover, daß wir die Parteiarbeit von oben nach unten zu reformieren hätten, in manchen Bereichen bereits Wirklichkeit wurde, dann ist das in hohem Maße sein, Holgers, Verdienst.
An Alfred Nau werde ich im Verlauf des Parteitages noch ein besonderes Wort zu richten haben. Jetzt nur dies: Die Partei weiß, was sie ihm schuldig ist und wie unentbehrlich jene Tradition ist, die er uns in seiner Person vermittelt.
Nun überrascht es vielleicht den einen und anderen, wenn ich sage – weil es abweicht von manchem, was geschrieben wird –: Wenn jetzt im Herbst 1975 Bundestagswahlen stattgefunden hätten, dann hätte die Koalition sie bestanden; knapp, aber immerhin. Die Zeichen für den nächsten Herbst stehen also nicht schlecht, wenn wir alle miteinander eine große Anstrengung machen.
Aber es ist nicht selbstquälerisch, wenn ich noch einmal auf die Landtagswahlen zu sprechen komme. Die Partei insgesamt hatte die Vertrauenseinbußen zu tragen, die Partei insgesamt hat sie wettzumachen. Die CDU hat ihr Wahlziel, sozialdemokratisch geführte Landesregierungen abzulösen und den Bundesrat als Blockadeinstrument voll in die Hand zu bekommen, überall verfehlt. Auch wir haben unser Ziel nicht erreicht, die knappe Mehrheit im Bundesrat zu brechen. Andererseits haben wir ja nicht nur negative oder

gerade noch erträgliche, sondern durchaus erfreuliche Ergebnisse zu verzeichnen gehabt. Ich denke an die Gewinne in ländlichen Gebieten, an ein beachtliches Gesamtergebnis an der Saar, in Schleswig-Holstein, im industriellen Ballungsgebiet an Rhein und Ruhr.[151]

Und ganz anders, als man es uns suggerieren wollte, gibt es eine ungebrochene Zustimmung der Jungwähler im größten Bundesland, vor allem auch eine bemerkenswerte Konsolidierung des gegenüber früher stärkeren Anteils an Frauenstimmen.

Was wir lernen mußten, liebe Genossen, ist dies: Die Landkarte traditioneller Hochburgen und die Struktur unserer Wählerschaft haben sich stark verändert; und gerade das zweite hängt wesentlich damit zusammen, daß sich die sozialen Strukturen allgemein in unserem Land verändert haben und noch weiter wandeln.

Erhebliche Sorge muß uns die Entwicklung in einer Reihe von großen Städten bereiten, die zugleich große Dienstleistungszentren sind. Wir stellen nun folgendes fest: Während wir unsere Wahlergebnisse seit 1965 insgesamt wesentlich steigern konnten, lag der Zuwachs in den großen Städten sowohl 1969 wie 1972 unter denen in den übrigen Gebieten. Und die städtischen Rückentwicklungen 1974/75 lassen sich offensichtlich nicht auf den Dienstleistungsbereich eingrenzen; denn die Sozialstruktur der Städte ist nicht auf einen allgemein gültigen Nenner zu bringen.

Tappen wir also völlig im Dunkeln? Nein, ich meine, wir tun das nicht. Wir wissen vielmehr, daß die SPD 1974 in einer Reihe der großen Städte nicht nur bei Angestellten aller Art, also im Dienstleistungsbereich, verloren hat, sondern auch bei Facharbeitern und ganz stark bei angelernten und ungelernten Arbeitern, hier weitgehend deshalb, weil sie zu Hause geblieben sind. Ich sage dies, liebe Genossen, um deutlich zu machen, daß wir an mehr als einem Frontabschnitt Terrain zurückgewinnen und auszubauen haben, zumal in den Städten, in denen die Partei nicht oder noch nicht wieder in Ordnung ist.

Darf ich vielleicht dreierlei mit erlaubter Vereinfachung feststellen: Es ist der Glaubwürdigkeit der SPD schlecht bekommen, daß bei mehr als einer Gelegenheit der Eindruck aufkommen konnte, als stünde diese Partei nicht mehr einheitlich und ohne taktische Winkelzüge auf dem Boden des Godesberger Programms.

Unser Ansehen ist auch dadurch gemindert worden, daß der Eindruck von Zerstrittenheit entstand und in vergröberter Form vermittelt werden konnte. Und außerdem mußte es die Wirkung und Wirksamkeit nach außen beeinträchtigen, daß beträchtliche Teile der Partei über weite Strecken mit sich selbst beschäftigt waren.

Das ist zwar – wenn ich mich umschaue – schon wieder etwas besser geworden; aber ich will hier in aller Offenheit sagen, was noch besser werden muß: Die moderne Sozialdemokratische Partei verträgt weder sektiererisches Gebaren, noch verträgt sie bürokratisches Gehabe, sondern sie braucht Bürgernähe.

In einer undoktrinären Partei dürfen Meinungsunterschiede nicht ausgetragen werden, als ob Glaubenskriege – mit Verbrennungen und Heiligsprechungen – ausgebrochen wären.

Eine wertorientierte Partei muß immer wieder zu begründen verstehen, was sich aus ihren Grundüberzeugungen und programmatischen Beschlüssen für die konkreten Probleme der breiten Schichten unseres Volkes ergibt.

Eine veränderungsbereite Partei hat auf das Tempo ihrer Vorhaben und deren finanzielle Absicherung ebenso zu achten, wie sie ihren reformerischen Impuls nicht als erlahmt erscheinen lassen darf.

Die Lehren der zurückliegenden Wahlen bedeuten für mich vor allem auch dies: Nur ein Wahlkampf, der auf einer ständigen Vertrauensarbeit aufbauen kann und der die eigene Partei, unsere Freunde, unsere Stammwähler und damit gerade auch die zur Mitte tendierenden Wähler mobilisiert – schon nach Adam Riese gibt es ohne Mitte keine Mehrheit! –, nur ein solcher Wahlkampf bringt für uns befriedigende Ergebnisse.

Das heißt: Unser sozialdemokratisches Profil muß klar umrissen sein. Nur so erreichen wir das breite, wahlentscheidende Vertrauen in die SPD als die große Volkspartei, bei der die Interessen der breiten Schichten und der immer noch Schwächeren in unserer Gesellschaft gut aufgehoben sind. Die Gesellschaft – ließ es eben anklingen – wandelt sich und die Partei mit ihr.

Aber die Partei darf nicht vergessen, woher sie gekommen ist und für wen sie auch heute anzutreten hat.

Die Arbeiter in dieser Bundesrepublik Deutschland müssen wissen, daß die SPD ihre Partei ist.

Und die Angestelltenschaft darf sich nicht vernachlässigt fühlen. Auch um die große Zahl der mittleren und – ich sage es – leitenden Angestellten haben wir uns zielstrebiger zu bemühen.

Diesen und vielen Selbständigen, die wissen sollten, daß Handwerksmeister und Angehörige freier Berufe von allem Anfang an in dieser Partei eine wichtige Rolle gespielt haben, müssen wir durch unseren Fleiß und unsere Überzeugungskraft klarmachen, daß die Volkspartei des Godesberger Programms für sie alle offen ist.

Ich komme gleich zu einigen Hinweisen, die das Leben in unserer Partei betreffen. Ich möchte aber hier einen Punkt vorwegnehmen: Unser Problem ist nicht, wie mancher meinen könnte, daß wir zuviel Beamte und zuviel Akademiker hätten. Das Problem besteht darin, daß die Arbeitnehmer aus

der produzierenden Wirtschaft in der Partei wieder stärker zur Geltung kommen müssen. Das ist das Problem.
Wenn ein Ortsverein fast nur aus Angehörigen des öffentlichen Dienstes besteht – gegen die ich doch gewiß nichts haben kann –, dann muß er sich ganz zielstrebig darum kümmern, für andere offen zu werden.
Wenn zu einer Juso-Gruppe nur Studenten gehören, dann ist es ihre wichtigste Aufgabe, Lehrlinge, junge Arbeiter und Angestellte zu werben.
Die Arbeitnehmer dürfen sich auch selbst nirgends an den Rand drücken lassen; das gilt übrigens gleichermaßen für die Angehörigen der selbständigen Berufe in der Stadt und und auf dem Land. Auf beiden Gebieten müssen die zuständigen Arbeitsgemeinschaften der Partei in der nächsten Zeit noch viel Hilfe leisten. Zumal Betriebsräte und gewerkschaftliche Vertrauensleute müssen in weit stärkerem Maße als bisher für die aktive Parteiarbeit und für die Übernahme von Mandaten gewonnen werden.
Ich sage dies in vollem Respekt vor der gewerkschaftlichen Unabhängigkeit, aber auch im Bewußtsein enger Verbundenheit.
Die deutschen Gewerkschaften haben gerade in schwierigen Zeiten immer wieder ihre Gesamtverantwortung unter Beweis gestellt. Sie sind Garanten der freiheitlichen Demokratie. Wir verurteilen alle Versuche, wie sie in Vorschlägen aus der CDU sichtbar werden, durch die Hintertür ein die Gewerkschaften gängelndes Gesetz einzuführen.
Und an der Tarifautonomie lassen wir nicht rütteln.
Sie hat in unserer Wirtschafts- und Gesellschaftsordnung eine zentrale Bedeutung.
Aber auch dies: Die Sozialdemokratische Partei hat über die Generationen hinweg immer wieder Kraft geschöpft aus dem, was ich das Bündnis mit dem geistigen Deutschland nenne. Wichtige Mithelfer, Freunde und Förderer der SPD aus Kunst und Wissenschaft haben sich in den letzten Jahren etwas eingeigelt. Unser Rückhalt ist hier stiller, er ist passiver geworden. Ich wünsche, daß sich dies ändert, nicht nur unserer Partei wegen; es würde unserem Staat ohne dieses Engagement etwas fehlen.
Eine unserer zusätzlichen Schwierigkeiten ergibt sich aus den Hürden, denen wir in einer nicht unbedingt freundlichen Medienlandschaft begegnen. Es hat nicht viel Sinn, darüber zu jammern. Die Erfahrung hat gezeigt, daß es sich – von einer Kampfpresse abgesehen, die wir auch als solche kennzeichnen – oft auch um Fehler von uns handelt. Um darüber hinwegzukommen, hilft es, wenn wir unsere Diskussionen so führen, daß sie möglichst wenig böswillig ausgeschlachtet werden können, und wenn wir uns verständlich ausdrücken: weder partei-chinesisch noch techno-amerikanisch.
Und dann haben wir es natürlich auch damit zu tun, daß politische Äußerungen oft allzu verkürzt oder gar verstümmelt der Öffentlichkeit vermittelt

werden. Ich weiß, daß dies auch manchen der Journalisten bekümmert, die selbst nicht sicher sind, was von ihren Berichten und Kommentaren übrigbleibt. Ich rate zur sachlichen Offenheit und zum Selbstbewußtsein im Umgang mit denen, die für die veröffentlichte Meinung sorgen.
Wie wenig sich Ängstlichkeit auszahlt, haben wir in den letzten Wochen an einigen Beispielen der wirtschaftspolitischen Debatte gesehen. Es war überflüssig, den Eindruck aufkommen zu lassen, wir hätten nicht genügend Verständnis für die Notwendigkeit von Investitionen, anstatt uns ganz auf das Wie der gebotenen privaten und öffentlichen Investitionen zu konzentrieren. Es war auch überflüssig, die Vokabel „Investitionslenkung" so zu interpretieren, daß der Eindruck aufkommen konnte, die Sozialdemokratie wolle zu einem technokratischen oder bürokratischen Höhenflug ansetzen. Im übrigen sollte niemand daran zweifeln: Die SPD ist eine investitionsfreundliche Partei.
Nun ist uns – wenn ihr mir die Randbemerkung erlaubt – zu allem Überfluß ein 5000-Mark-Ding vor die Tür des Parteitags gelegt worden.
Ich will nicht untersuchen, wie stark dabei moralischer Übereifer und wie stark dabei auch Publizitätssucht eine Rolle gespielt haben. Die Partei hat viel Geduld, muß sie auch haben; aber sie läßt sich nicht ans Bein binden, was auf die Spielwiese gehört.[152]
Und der Vorstand der Jungsozialisten spricht bekanntlich auch nicht für die Sozialdemokratische Partei Deutschlands.
Liebe Freunde! Genossinnen und Genossen! Der Orientierungsrahmen '85 stellt eine respektable Leistung dar; da kommen die anderen Parteien nicht mit. Was zeigt diese Arbeit? Sie zeigt, daß wir uns durch Machtausübung weder einschläfern noch gar korrumpieren lassen, sondern daß wir gerade als Regierungspartei um Vorausschau und grundsätzliche Orientierung unserer Politik bemüht bleiben. Die Arbeit zeigt gleichzeitig, daß diese Partei über eine starke Integrationsfähigkeit verfügt. Allerdings sollten wir wohl auch selbstkritisch einräumen, daß sich nicht wenige unserer Freunde überfordert gefühlt haben. Es bleibt also noch manches zu übersetzen und öffentlich klarzumachen.
Wenn dieser Parteitag gesprochen hat, dann werden wir hinter wichtige Diskussionen der letzten Jahre im guten Sinne einen Punkt setzen können; das muß auch sein. Gewiß wird unsere Partei geistig regsam bleiben; sonst wäre dies nicht die deutsche Sozialdemokratie. Aber man darf eine zum Handeln, zur konkreten Arbeit verpflichtete Partei nicht mit einem großen Diskussionsklub verwechseln.
Nun weiß jeder – und ich habe soeben schon daran erinnert –, daß diese unsere Partei eine starke Umschichtung ihrer Mitgliedschaft erfahren hat. Darin spiegeln sich Entwicklungen der Gesellschaft wieder. Parallele Erschei-

nungen sehen wir in anderen Ländern. Der starke Generationsschub und der beträchtliche soziale Wandel haben zu mancherlei Unrast geführt, auch zu Gleichgewichtsstörungen, die behoben werden müssen.
Ein Leistungs- und Konkurrenzverhalten, das sich die jüngeren Mitglieder in der Schule, in der Ausbildung und im Beruf aneignen mußten, um Erfolg zu haben, hat mancherorts, nein, ich sage: weitgehend den Stil geprägt, in dem man heute in der Partei miteinander umgeht. Ein zumindest formaler Vorsprung, der sich aus dem Bildungs- und Ausbildungsgang ergibt, wird bei der Besetzung von Parteiämtern und der Vergabe von Mandaten nur zu leicht in einen zusätzlichen Startvorsprung umgesetzt. Wir müssen der Gefahr begegnen, daß sich hier eine soziale Distanz verfestigen und das innerparteiliche Leben verarmen könnte.
Ich kann nicht verordnen, daß man brüderlich miteinander umgeht, aber ich muß darauf bestehen, daß Duldsamkeit, Rücksichtnahme und Hilfsbereitschaft in dieser Partei geübt werden.
Durch eine elitär klingende Sprache, die doch in Wirklichkeit oft nur eine gehobene Form von Unbeholfenheit ist, brauchen sich unsere Genossen aus den Betrieben gewiß nicht abschrecken zu lassen. Sie sollen reden, wie ihnen der Schnabel gewachsen ist.
Im übrigen sollten sich alle, die es angeht, sagen lassen: Auch komplizierte Dinge lassen sich in verständlicher Sprache und sogar auf deutsch darstellen; es erfordert nur etwas mehr Arbeit.
Was die Menge beschriebenen Papiers angeht, haben wir keinen Nachholbedarf, und die Willensbildung darf auch nicht unter Papierbergen in Atemnot geraten. Die Länge eines Textes bürgt noch nicht für seine Güte.
Der Partei wird es gut bekommen, wenn sie – Programme logischerweise ausgenommen – sich wieder stärker dazu versteht, daß in aller Regel über kurze verständliche, den Kern der Dinge umfassende Texte entschieden wird.
Gelehrte Genossen, die daraus Broschüren machen können, stehen dafür in ausreichender Zahl zur Verfügung.
Ich meine, wir müssen uns auf allen Ebenen unserer Arbeit um mehr Rationalität bemühen. All jenen, die mitarbeiten wollen, müssen wir die Mitarbeit auch möglich machen. In der Partei müssen Arbeitsregeln zur Geltung kommen, die den Facharbeiter oder den Rechtsanwalt nicht schon aus Zeitgründen resignieren lassen.
Im übrigen sind innerparteiliche Auseinandersetzungen nicht dazu da, wie lieb gewordene Antiquitäten gepflegt zu werden. Wir wären schön dumm, wenn wir uns auf einem vom Gegner aufgebauten Links-rechts-Karussell verschaukeln ließen. Wir lassen uns nicht in gute Sozialdemokraten und böse Sozialisten auseinanderdividieren.

Deutsche Sozialdemokraten sind im Sinne des Godesberger Programms demokratische Sozialisten.
Daraus ergibt sich zwingend, daß die Abgrenzung gegenüber den Kommunisten, welcher Spielart auch immer, strikt eingehalten wird.
Verstöße gegen das Parteiprogramm dürfen auch sonst nicht auf die leichte Schulter genommen werden.

Ich möchte, liebe Genossen, einige konkrete Hinweise zur Verbesserung der Parteiarbeit geben. Ich beziehe hierbei die Erfahrungen mit ein, die aus meinen Konferenzen mit den Vorsitzenden der Ortsvereine – 10.000 an der Zahl – im vorigen Jahr gewonnen werden konnten:

1. Im Mittelpunkt aller Überlegungen zur Parteiarbeit hat weiterhin der Ortsverein zu stehen. Er ist der Platz, wo sich die Partei, für jedes Mitglied erfahrbar, als ein dauernder Prozeß des kameradschaftlichen Gesprächs und des solidarischen Handelns darstellen soll. Dies ändert nichts an der Notwendigkeit, uns stärker um die Betriebe zu kümmern.
2. Über die Rolle und Aufgaben von Arbeitsgemeinschaften dürfen wir keine neuen Unklarheiten entstehen lassen. Die SPD ist kein Dachverband von Verbänden.
   Die Arbeitsgemeinschaften haben ihre besonderen, sehr wichtigen Aufgaben. Sie haben die Politik der Partei zu vertreten, und sie sollen von ihrem jeweiligen Arbeitsbereich her die Willensbildung der Gesamtpartei mit formen helfen.
3. Die parlamentarische Arbeit ist nicht überall gut genug mit der allgemeinen Parteiarbeit verzahnt. Dies erreicht man nur durch sachgerechte Absprachen, wie sie vielerorts üblich sind, und nicht dadurch, daß man dem Abgeordneten zumutet, seine gesetzgeberischen und kontrollierenden Pflichten zu vernachlässigen. Ich bin übrigens dafür, daß Kandidaten Rede und Antwort stehen, ich bin gegen inquisitorische Befragungen.
   Diese sind mit der innerparteilichen Ordnung nicht vereinbar.
4. Die Partei muß sich auf einen neuen Prozeß der Umschichtung einstellen, da die Frauen in unserem Lande zu mehr politischer Mitverantwortung drängen. Die SPD, die seinerzeit die staatsbürgerliche Gleichheit der Frauen durchgesetzt hat, muß mit der Gleichstellung der Frauen in ihren eigenen Reihen ernst machen.
   Ich frage die Männer, warum sie sich eigentlich abtrotzen lassen wollen, was sie über kurz oder lang ohnehin werden einräumen müssen.
5. Wir müssen mehr als bisher dafür sorgen, daß ältere Mitglieder, die aus dem Arbeitsleben ausgeschieden sind, nicht in Vereinsamung geraten.
   Aus manchen Briefen, die mich erreichen, spricht Verbitterung, die durch Achtlosigkeit hervorgerufen wurde. Meine Antwort: Die Partei

kann, darf und will nicht auf die Erfahrung und das Engagement ihrer alten Genossen verzichten.

6. Die Hilfen, die der Parteivorstand mit seinen tüchtigen Mitarbeitern zur Verfügung stellt, sind seit dem hannoverschen Parteitag verbessert worden. Dies gilt für die Öffentlichkeitsarbeit, die Mitgliederunterrichtung, die Betriebsinformation. Ich will jetzt, in diesem Augenblick, nur darauf hinweisen, daß in eben diesen Tagen für 10 große Unternehmen erstmals sozialdemokratische Betriebszeitungen erscheinen. Wir wollen uns weiter bemühen, den Freunden vor Ort so gut wie möglich zu helfen.
7. Wir müssen, bitte, unseren Freunden Zeit lassen, in den Gemeinden, Vereinen, Verbänden und anderen Gemeinschaften aktiv mitzuarbeiten. Nichts ist törichter als der Satz, daß derjenige politisch nichts tauge, der seinen Verein ernst nehme. Umgekehrt wird ein Stiefel daraus: Ein guter Sozialdemokrat isoliert sich nicht und läßt sich auch nicht abkapseln. Wer sich um seinen Sportverein oder seinen Heimatverein kümmert, leistet oft mehr für die Partei als mancher Großargumentierer.
8. Mitgliederversammlungen könnten gewiß attraktiver sein, als sie es heute vielfach sind. Das anschließende Gespräch im kleineren Kreis gibt manchem manchmal noch mehr. Aber am wichtigsten ist doch gerade auch hier, liebe Genossen, sich um den Mitbürger zu kümmern. Deshalb ist es zu begrüßen, wenn sich, wie dies vielfach schon geschehen ist, in den Ortsvereinen Initiativgruppen bilden, die sich unmittelbarer sozialer Probleme annehmen. Hier kann es sich um einen Spielplatz oder um ein Kinderfest handeln, dort um eine Altenfahrt oder um die Betreuung von Kranken und Behinderten. Auch die Parteiarbeit im engeren Sinne gibt viele Möglichkeiten sinnvoller Betätigung. Hier kann man mithelfen, eine Stadtteilzeitung in Gang zu setzen, dort kann man neuen Mitgliedern helfen, die Schwierigkeiten nach dem Beitritt zu überwinden.

Ich sage euch: Eine Sache ist es, sich über Vertrauensarbeit zu verständigen, eine andere ist es, durch hunderttausendfachen Einsatz neu zu beweisen, wie sehr diese deutsche Sozialdemokratie in ihrem Volk wurzelt und wie sehr ihren Mitgliedern daran liegt, durch solidarisches Handeln neues Vertrauen zu erwerben. Ich wende mich von diesem Parteitag aus an alle Sozialdemokraten in der Bundesrepublik Deutschland und bitte jede einzelne, jeden einzelnen ganz herzlich, diesen Appell zu bedenken und sich zu fragen: Was kann ich zusätzlich tun? Niemand soll überfordert werden; aber alle sollen wissen, daß die Partei sie fordert.

Diese unsere SPD hat jetzt schon 112 Jahre auf dem Buckel. Glaubt mir, liebe Genossinnen und Genossen, von unserer Partei hängt auch morgen viel ab, zuerst für die Zukunft unseres Volkes und unseres Landes; aber das ist

es nicht allein. Wir müssen uns auch stets bewußt sein, daß es viele Menschen in der ganzen Welt gibt, die auf uns bauen und viel von uns erwarten. Wir dürfen sie nicht enttäuschen.
Ohne uns zu überheben: Die Sozialdemokratische Partei Deutschlands ist ein Faktor des europäischen und internationalen Geschehens. Wir setzen uns nicht an die Stelle dessen, was der staatlichen Außenpolitik obliegt. Aber wir haben einiges einbringen können, was dem Ansehen und dem Einfluß der Bundesrepublik Deutschland gut bekommen ist. Daneben steht unsere eigenständige internationale Arbeit. Wir pflegen den Kontakt mit befreundeten Parteien in vielen anderen Ländern; wir versuchen dabei zu lernen, vernünftige Zusammenarbeit zu fördern und im Rahmen des Möglichen – es ist oft allzu wenig – Solidarität zu üben.
Wir haben uns nicht eingemischt in die eigenen Angelegenheiten des griechischen, des portugiesischen, des spanischen oder des chilenischen Volkes. Wir haben uns bemüht, Verfolgten zu helfen.
Es war vor der Sommerpause ein großes Erlebnis, in Athen Freunden zu begegnen – ich sehe sie dort im Saal –, die unserer Hilfe nicht mehr bedurften, weil sie nicht mehr in den Lagern waren, weil es mit der Herrschaft der Obristen zu Ende war.[153] Ein großes Erlebnis und eine Ermutigung für die Kraft der Demokratie in diesem Teil der Welt!
Wir haben chilenische Freunde – ein paar von ihnen sind da – aus Lagern und Kerkern befreien helfen. Das war wenig genug.
Es war bewegend, zu einem Teil mitzuerleben, wie die Sozialisten in Portugal nach 50jähriger Knechtschaft die Massen ihres Volkes hinter sich brachten. Wir haben sie nicht alleingelassen, sondern sie spüren lassen, daß wir auch in Stunden der Bedrängnis an ihrer Seite stehen.[154]
Und nun steht Spanien – vierzig Jahre nach Beginn jenes schrecklichen Bürgerkrieges, der doch auch eine Art Vorspiel zum 2. Weltkrieg war – hoffentlich am Beginn des Übergangs zu einer neuen, demokratischen Ordnung.[155] Wir grüßen unsere spanischen Freunde und bekunden ihnen unsere herzliche Verbundenheit.
Nein, liebe Genossen und liebe Freunde, es ist nicht wahr, daß die Demokratie nur Niederlagen erleidet. Wahr ist, daß demokratische Sozialisten in der vordersten Front derer stehen, die ihren Völkern die Freiheit erstreiten und damit das Europa der Völker Wirklichkeit werden lassen.
Was mag wohl in den Köpfen jener Unionspolitiker vorgehen, die wieder gegen das „Sozialistische Europa" zu Felde ziehen möchten? Wissen sie nicht, daß Sozialdemokraten die stärkste politische Kraft in Westeuropa darstellen, daß sie in den meisten Ländern sogar die Regierungen führen oder an ihnen beteiligt sind? Wollen die Unionsführer unser Land noch einmal isolieren? Das kann doch wohl nicht wahr sein. Wir lassen es jedenfalls nicht zu.

Unsere erste Aufgabe jenseits der eigenen Grenzen heißt Europa. Dazu wollen wir den Bund der Parteien in der Gemeinschaft stärken. Aber es geht auch um eine Konkretisierung der Zusammenarbeit, die über die Gemeinschaft hinausreicht.
Die Erfolge und Möglichkeiten der deutschen Politik sind heute ein wichtiger Faktor für die Erwartungen und Hoffnungen unserer Nachbarn. 1978 – *schon* 1978 muß man jetzt sagen – könnte es zu Direktwahlen zum Europäischen Parlament kommen. Wir sind dafür; denn dies kann dem Einigungswerk über manches bürokratische Hemmnis hinweghelfen. Die europäischen Sozialdemokraten müssen sich auf eine gemeinsame Wahlplattform verständigen. Unser erster Beitrag dazu liegt vor. Im Zusammenwirken mit den Bruderparteien wollen wir dafür sorgen, daß die Sozialdemokraten als stärkste Fraktion aus den Europawahlen hervorgehen.[156]
In der Ost-West-Politik hat die SPD für unser Land und für Europa bedeutsame Fortschritte erreicht. Die Erkenntnis, daß die Gewalt aus den Beziehungen der europäischen Staaten, gleich, welcher Gesellschaftsordnung, verbannt werden muß, hat uns befähigt, national die europäischen Wege der Versöhnung und Wege der Entspannung zu bahnen.
Inzwischen hat sich über teils illusionäre, teils verleumderische Argumente hinweg auch diese Erkenntnis durchgesetzt: Entspannung bedeutet keine Vernachlässigung der Sicherheit. Die Organisation des Nordatlantischen Bündnisses und damit die Verklammerung mit Nordamerika bleiben die Form, in der unsere Bundeswehr ihren politisch und militärisch unentbehrlichen Dienst leistet.
Liebe Genossen, wer sich an die Situation von vor 50 Jahren erinnert – einige von uns können das –, wird erkennen, welch großen Fortschritt das sozialdemokratische Selbstverständnis im Verhältnis zum Staat und zu seinen Streitkräften gemacht hat. Und wer sich an die Situation von vor 20 Jahren erinnert, wird erkennen, daß die Selbstverständlichkeit der Leistung, mit der zwei sozialdemokratische Verteidigungsminister ihre Aufgabe als Oberbefehlshaber der Bundeswehr erstmalig in der deutschen Geschichte erfüllen und erfüllt haben, das beliebteste Vorurteil der Rechten zerbrochen hat, man könne Sozialdemokraten nicht die Sicherheit dieses Staates anvertrauen.
Die Bundeswehr ist kein Selbstzweck. Aber sie bleibt in unserem Verständnis unentbehrliches Instrument unserer Friedenssicherung.
Diese Politik verlangt immer wieder neue, wirklichkeitsnahe Initiativen. Sie bedarf weiterer Schritte, sowohl mit den Verbündeten wie mit anderen unmittelbaren Nachbarn, wie mit der Sowjetunion und anderen Staaten des Warschauer Pakts. Wir haben immer gewußt, daß es sich dabei um einen schwierigen, langen Prozeß handeln wird, der nicht frei von Widersprüchen

und Rückschlägen ist. Wir beteiligen uns nicht an einem Wettlauf mit denen, die langfristige Ziele zu Forderungen machen, welche kurzfristig erfüllt werden könnten. Wir können diesen Prozeß auch nur voranbringen, wenn unsere Partner in die gleiche Richtung wollen. Dieser Prozeß ist nicht möglich ohne die Einbeziehung West-Berlins auf der Grundlage des Viermächteabkommens.

Die Sozialdemokratische Partei Deutschlands fordert alle Verantwortlichen in Osteuropa auf, den begonnenen Weg konsequent fortzusetzen.

Die Bundesrepublik Deutschland muß nach vorn sehen. Das heißt in diesem Zusammenhang: Unsere Regierung sollte eine Reihe von Vorschlägen erarbeiten, die aus den Absichten der Konferenz von Helsinki in diesem Sommer völkerrechtliche Vereinbarungen machen.[157] Denn wachsende Zusammenarbeit auf allen in Helsinki beschriebenen Gebieten verlangt, auch wenn es lange dauert, ebenfalls Schritte auf dem Gebiet der effektiven Verringerung von Truppen und Rüstungen. Wir haben es hier mit dem kompliziertesten und schwierigsten Feld zu tun, auf dem sich die Entspannung dennoch zu bewähren haben wird. 1976 könnte und sollte das Jahr werden, in dem Ost und West an dieses Problem näher herankommen und eine, wenn auch zunächst bescheidene, Vereinbarung über eine erste Truppenverringerung in der Mitte Europas schließen.

Aber unsere Aufgaben sind nicht auf Europa begrenzt. Die Sozialistische Internationale ist leider nicht so wirksam, wie sei sein sollte. Wir bleiben ihr treu verbunden und wollen an ihrer Reform mitwirken.[158] Gleichzeitig bemühen wir uns darum, die vielfach schon guten Kontakte zu anderen in etwa gleichgerichteten Parteien in anderen Teilen der Welt auszubauen.

Dieser Parteitag – Heinz Kühn machte es ganz deutlich – gibt ein Zeugnis davon, daß es in allen Kontinenten Kräfte gibt, die mit uns in eine Richtung gehen. Wie heißt diese Richtung? Sie heißt: Entspannung und Versöhnung auf globaler Ebene durch Solidarität, mehr Gerechtigkeit, Abbau der Konfrontation und wachsende Zusammenarbeit. Wer Gewalt für die Lösung der Aufgaben ablehnt, die der Völkerfamilie gestellt sind, wer die Unterschiede zwischen arm und reich verringern, den Entwicklungsländern die Märkte der Industrieländer zugänglich machen, wirkliche Ressourcen übertragen und die Zusammenarbeit auch unterschiedlicher Wirtschaftssysteme organisieren will, wer dies will, mit dem wollen wir gemeinsam nach Wegen suchen.

Wenn Regelungen für die Probleme von Entwicklung, Wirtschaft und Währung zwischen der Dritten Welt und den Industriestaaten ausgearbeitet werden, dann sollten die Sowjetunion und die mit ihr verbündeten Staaten nicht weiter abseitsstehen.

Die Abhängigkeit aller Staaten voneinander nimmt zu. Diese Erkenntnis hat der Sondervollversammlung der Vereinten Nationen, zu der es ohne die Charta über die wirtschaftlichen Rechte und Pflichten der Nationen nicht gekommen wäre, zu ihrem Erfolg verholfen.[159] Unsere Partei braucht nicht erst entwicklungspolitische Kongresse nachzuholen. Wir können uns auf ein entwicklungspolitisches Konzept stützen und einen Schritt weitergehen.

Das heißt, wir deutschen Sozialdemokraten stellen unsere guten Dienste zur Verfügung, um führende Repräsentanten des sozialen Fortschritts aus Afrika, Asien und den beiden Amerikas mit uns in Europa zusammenführen zu helfen. Wir wollen gemeinsam erörtern, welche Rolle unsere Ideen und unsere Parteien spielen können, um zusätzliche, zweckmäßige Formen der Zusammenarbeit für eine Lösung der drängenden Weltprobleme zu finden. Bei den Gesprächen mit den ausländischen Gästen, die diesen Parteitag begleiten werden, geht es mir nicht um eine neue Institution, wohl aber um ein wirksameres Zusammenwirken für Frieden und soziale Gerechtigkeit.

Verehrte Anwesende, liebe Genossinnen und Genossen, vom Tag der nächsten Bundestagswahl trennen uns weniger als elf Monate.[160] In diesen Monaten werden wir deutlich machen: Sozialdemokratische Politik gilt der Sicherung des Erreichten und zugleich der notwendigen stetigen Erneuerung. Von dem Reformauftrag kann uns niemand, können wir uns auch selber nicht entbinden. Und doch ist jetzt nichts vordringlicher, als die wirtschaftlichen Probleme zu meistern und alle erforderlichen Maßnahmen zu ergreifen, um der Vollbeschäftigung wieder näherzukommen. Die SPD vertritt das Recht auf Arbeit.

Was erwarten wir nun außerdem von den Freunden in Parlament und Regierung? Ich meine, wir legen Wert darauf, daß – neben anderen wichtigen Vorhaben, zumal im Bereich des Rechtswesens – drei Gesetzgebungswerke der sozial-liberalen Koalition noch in dieser Legislaturperiode verabschiedet werden:

Erstens die erweiterte Mitbestimmung in den Großbetrieben. Jedem ist bekannt, wie unsere Partei dazu steht. Jeder muß auch wissen, daß wir ein in diesem Sinne lupenreines Gesetz auf absehbare Zeit nicht zustande bringen, während andererseits kein Zweifel daran sein kann, daß die umfassende Problematik eines modernen Unternehmensrechts ohnehin auf der Tagesordnung bleibt. Jetzt geht es um den nächsten möglichen Schritt, und der Parteitag ist gut beraten, wenn er – ohne eigene Positionen aufzugeben, sondern, indem er diese noch einmal betont – den Freunden in der Bundestagsfraktion, die über das in dieser Phase Mögliche zu entscheiden haben, den Rücken stärkt.

Wie das am besten geschehen kann, darüber sollte vernünftigerweise bei der Behandlung der hierzu vorliegenden Anträge gesprochen werden.

Zweitens geht es um die Berufsbildung und im Zusammenhang damit um

die Gefahr zunehmender Jugendarbeitslosigkeit, die ja vor allem jene trifft, welche ohne Qualifizierung in das Arbeitsleben treten. Ich sage mit Nachdruck: Die notwendige Reform der beruflichen Bildung darf nicht im Streit der Interessen zerrieben werden.
Drittens nenne ich das Bodenrecht, konkret jetzt die Novelle zum Bundesbaugesetz. Sie wird den Städten und Gemeinden ein erweitertes Instrumentarium an die Hand geben, und die Bürger werden stärker in die Planung einbezogen. Dies ist auch ein nächster der jetzt möglichen Schritte gegen die Bodenspekulation der wenigen und damit zugunsten des Eigentums und des Eigenheims für die vielen, die dafür hart gearbeitet haben.
Ich bin sicher, daß unsere Bundestagsfraktion alles tun wird, um die hier noch vor ihr liegenden Aufgaben zu bewältigen. Ich verbinde diese Überzeugung mit einem Dank der Partei an die Fraktion und an ihren Vorsitzenden Herbert Wehner.
Es wird, liebe Genossinnen und Genossen, die bedeutende Leistung der Sozialdemokratie in dieser Zeit sein, verhindert zu haben, daß unser Gemeinwesen in Bewegungslosigkeit zurückfiel. Trotz internationaler Krise und eigener Finanzbedrängnis nimmt uns niemand die Pflicht ab, vorauszudenken, Themen zu bestimmen, Lösungen zu suchen. Dazu gehört freilich die Fähigkeit, sich auf das zu konzentrieren, was unter den gegebenen Bedingungen vordringlich und möglich ist, und dazu gehört auch die Bereitschaft, bestehende Regelungen dann und dort zu überprüfen, wo sie ihrem Sinn nicht oder nicht mehr gerecht werden.
Unsere Orientierungspunkte ergeben sich aus den Grundwerten Freiheit, Gerechtigkeit, Solidarität. Ich halte es für erwünscht, daß in unserer Partei weiterhin an der Vertiefung der Grundwerte-Problematik gearbeitet wird, ohne daß der pluralistische Ansatz des Godesberger Programms verlorengehen darf und ohne daß nun gleich Parteitagsvorlagen auf den Tisch kommen müssen. Die theoretische Arbeit ist im übrigen seit Hannover auf verschiedene Weise gefördert worden, wenn auch nach einem anderen Modell, als dort vorgeschlagen worden war. So stehen jetzt auch mehrere Schriftenreihen zur Verfügung.
Zum Inhalt: Uns Sozialdemokraten, liebe Genossen, geht es um die Freiheit und darum, daß unsere Gesellschaft gerechter wird. Eine Freiheit, die sich nicht in Gerechtigkeit verankert, schlägt in Willkür um. Sie wird zur Freiheit der Wenigen auf Kosten der Vielen.
Gerechtigkeit für die vielen bedeutet keine Einschränkung, sondern die Mehrung der Freiheit. Gerechtigkeit und Freiheit verlangen mehr als die Gleichheit der Startchancen, mehr auch als die Gleichheit vor dem Recht, nämlich die Gleichheit im Anrecht auf ein Leben in Qualität. Damit ist die dialektische Grundspannung der beiden Menschheitsideen von Freiheit und Gleich-

heit nicht aufgehoben; vermutlich ist sie nie völlig lösbar. Womöglich braucht ein Leben der Qualität gerade diese Spannung, und daher rührt auch wohl die Energie der Gerechtigkeit. Auch an sie – als absoluten Wert – sind nur Annäherungen möglich. Aber wer auf die tägliche, geduldige, auch kämpferische Annäherung – und davon handelt Solidarität – verzichtet, hat vor der Ungerechtigkeit schon kapituliert. So ist die Freiheitsliebe, in der wir uns von niemandem übertreffen lassen, an dem Willen zu wachsender Gerechtigkeit zu messen.

Wir sind – wer wollte es leugnen? – an Grenzen gestoßen; davon war schon die Rede. Die Grenzen der Gerechtigkeit und der Freiheit sind noch längst nicht erreicht. Die vielen, die Massen in weiten Teilen der Welt fangen erst an, konkrete Freiheit und Gerechtigkeit zu erfahren. Es geht in Wahrheit darum, ob man ihrer, der individuellen und solidarischen Fähigkeit zur Freiheit vertraut. Ja oder nein – dies ist die Hauptantwort, die uns die Unionsparteien schuldig bleiben. Wer aber den vielen – die alle einzelne sind! – die Freiheit nicht zutraut, dem wird auch Gerechtigkeit nicht gelingen. Darum geht es. Deshalb ist die Sozialdemokratie heute, was sie im Grunde immer war: die Freiheitspartei – als Partei der Gerechtigkeit.

Diese Überzeugung entspringt nicht einem utopischen Menschenbild. Im Gegenteil! Ein realistisches Bild vom Menschen bewahrt uns vor der Illusion, die Arbeit am demokratischen Sozialismus mit einer innerweltlichen Heilslehre gleichzusetzen. In Gesprächen mit Vertretern der Kirchen, die diesem Parteitag voraufgingen, ist das noch einmal recht deutlich geworden. Durch solche Gespräche haben sich die Freunde, die für uns vorformuliert haben, wohl auch in ihrer Neufassung des Leistungsbegriffs bestärkt gefühlt. Die herkömmliche Leistungsideologie vernachlässigt ja durchgängig den sozialen Zusammenhang menschlicher Tätigkeit. Als ob es nicht viele wertvolle Leistungen gäbe, die sich dem Konkurrenzprinzip entziehen! Als ob Phantasie und Originalität, Verantwortungsgefühl für die Gemeinschaft und soziale Empfindsamkeit – Compassion – nichts wert wären! Als ob sich die Leistungen der Mütter oder Krankenschwestern, der Sozialarbeiter, Pfarrer oder Soldaten einfach in Mark und Pfennig ausdrücken ließen!

Herr Kohl hat neulich gemeint, gesellschaftliche Spannungen mit Neid erklären zu können.[161] Ich meine, das war unter Niveau; so dürfte man – gerade auch als Vorsitzender einer Partei, die das C im Namen führt – das Ringen um Gerechtigkeit und Solidarität nicht herabsetzen.

Wo führt eine solche Argumentation denn hin? Da fehlte nur noch, daß der Neid des Behinderten gegen den Unversehrten, des hungrigen Afrikaners gegen den satten Europäer ins Feld geführt wird.

Ich weiß wohl, daß so gegen die alte deutsche Arbeiterbewegung argumentiert worden ist. Das waren Leute – wie mein eigener Großvater, die sich nachsagen lassen mußten, sie wollten alles umstürzen und anderen alles wegnehmen; ihr Idealismus hat darunter nicht gelitten. Ich erinnere auch daran, worum es vor hundert Jahren auf dem Parteitag in Gotha ging. Da ging es um den Normalarbeitstag – nicht um den Arbeitstag von acht Stunden, sondern überhaupt um einen Normalarbeitstag – und das Verbot der Sonntagsarbeit. Und vor fünfzig Jahren – auf dem Heidelberger Parteitag – ging es um den rechtlichen Anspruch auf einen Jahresurlaub, den viele nicht hatten. Stets hieß es, die Arbeiter könnten nicht genug kriegen; sie seien neidisch auf die Besitzenden, und die Wirtschaft werde zusammenbrechen. Wie oft hätte sie schon zusammenbrechen müssen – nach all den konservativen Begleittexten.

Nun, die Geschichte ist darüber hinweggegangen, und die Nachfahren rechtloser Proletarier haben als gleichberechtigte Bürger am Tisch der Nation Platz genommen. Aber immer noch und immer wieder wird der Versuch unternommen, überkommene Machtstrukturen und einseitige Vermögensverhältnisse als Teil der verfassungsmäßigen Ordnung zu tabuisieren und dem Zugriff der Gerechtigkeit zu entziehen.

Unsere Verfassung wurde nicht als Bollwerk gegen den gesellschaftlichen Fortschritt geschaffen, sondern die freiheitlich-demokratische Grundordnung wurde geschaffen, um diesen unseren Staat nie mehr zur Beute von Feinden der Freiheit werden zu lassen.

Wir Sozialdemokraten haben diese Bundesrepublik in einer Zeit bitterster Not mit geschaffen. Wir verteidigen diesen demokratischen Staat, die Sicherheit seiner Bürger und die Freiheit des Geistes; darin wird uns keiner übertreffen.

Auf dem Parteitag in Hannover waren wir uns einig darin, daß Feinde der freiheitlich-demokratischen Grundordnung nicht in den öffentlichen Dienst gehören. Dies ist und bleibt selbstverständlich. Es hat einige Zeit gedauert, bis die von uns dazu entwickelten Grundsätze ihren Niederschlag in einem Bundesgesetz gefunden haben. Es hat den Bundestag passiert, noch nicht aber den Bundesrat. Was uns im Zusammenhang damit seit einiger Zeit mit ernster Sorge erfüllt, ist der offenkundige Mißbrauch, der in verschiedenen Regionen der Bundesrepublik und in manchen Verwaltungen mit dem Extremistenthema betrieben wird.

Da wird – und ich sage dies nicht ohne Grund im Lande Baden-Württemberg – mancherorts geschnüffelt und eingeschüchtert. Kritische junge Menschen werden mit Extremisten in einen Topf geworfen. Dann beginnt sich ein Klima von Furcht und Mißtrauen auszubreiten. Wen wollte das wundern?

Wir dürfen es nicht einem uns wohlgesinnten Professor aus Paris[162] überlassen, seine schweren Bedenken anzumelden.

Ich möchte jedenfalls auch nicht, daß Verfassungstreue mit Duckmäuserei gleichgesetzt wird.
Ich weiß wohl, daß dieses Thema – übrigens unzutreffend als Berufsverbot eingestuft – auch mißbraucht wird; um so wichtiger, daß wir es zu unserem Thema machen und sagen: Hier gibt es Symptome, die Warnzeichen sind. Es bedarf nicht der Mahnung, in unserem Land die Freiheit erst zu schaffen. Es bedarf aber der Entschlossenheit, aufzupassen, daß in dieser unserer Bundesrepublik nichts ins Rutschen kommt, was wegführt aus der Liberalität, für die im Grundgesetz die Richtpunkte gesetzt worden sind, daß sich auch unter der Hand nichts entwickelt, was den Grundsätzen der freiheitlichen Demokratie zuwiderläuft.
Dies ist heute mein Appell an den Parteitag, an die gesamte Partei, an das Lager der sozialen Demokratie in unserem Land: Wir alle müssen mithelfen, daß Liberalität und geistige Freiheit nicht Schaden leiden. Wir alle müssen wachsam sein, damit die freiheitliche Demokratie nicht nur gegen offene Feinde, sondern auch gegen Kleinmut und Torheit bestehen kann.
Ich kann natürlich nicht verlangen, daß uns alle zustimmen, wenn ich sage, die Sozialdemokratie repräsentiert die Zukunft – aber dies ist meine Überzeugung –, weil sie Antworten gibt, die über veralteten Kapitalismus und verkrusteten Kommunismus gleichermaßen hinausführen.
Ich kann nicht erwarten, daß jedermann dem zustimmt, aber ich kann erwarten, daß wir uns weit über den Parteirahmen hinaus in Offenheit den Problemen stellen, die durch die tiefgreifenden Veränderung in der Welt, durch die wirtschaftlich-technische Revolution und durch mehr Wissen um den Menschen selbst aufgeworfen werden. Wir brauchen die Aufgeschlossenheit und das Engagement vieler unserer Bürger. Wir brauchen die Lebendigkeit, die der Freiheit des Geistes innewohnt.
Wir Älteren wissen aus leidvoller Erfahrung, welche Fehlentwicklungen sich breitmachen, wo um Liberalität nicht nachhaltig genug gerungen wird. Für die Konsequenz aus dieser Erfahrung brauchen wir die engagierte Unterstützung aller, die wissen, daß sie gehört werden – ganz gleich, wo sonst ihr Standort sein mag. Dieses leidenschaftliche Bekenntnis zur freiheitlichen Demokratie meinen wir auch, wenn wir Verantwortung für unser Land zum Motto unseres Parteitages gemacht haben.
Dabei will ich nun noch einmal unmißverständlich klarmachen: Die deutschen Sozialdemokraten werden sich nicht wieder – wie im unglücklichen Jahr 1930 – selbst aus der Verantwortung entlassen.[163]
Ein Rückzug in die Resignation findet nicht statt. Die SPD katapultiert sich nicht aus der Regierung, um das Feld den Ideologen der Rechten zu überlassen, die an einer Weltwirtschaftskrise schon einmal glanzlos und traurig versagten: die Konsequenzen sind bekannt.

Verantwortung für Deutschland – das heißt: Unserem Volk und seinem einzelnen Bürger Sicherheit gewähren, im Innern und nach außen; es heißt: unsere Bundesrepublik heil durch die Wirren einer unruhigen Welt bringen.
Verantwortung für Deutschland – das heißt: Den einzelnen und die Gemeinschaft schützen gegen alle Feinde der Freiheit.
Verantwortung für Deutschland – das heißt: Das Erreichte nicht aufs Spiel setzen und gleichzeitig das erneuern, was im Interesse einer gesicherten Zukunft erneuert werden muß.
Ich danke allen, die in der Zeit seit dem letzten Parteitag wieder so viel Kraft aufgewendet und auch manches Opfer gebracht haben, um durch unsere Partei dem Ganzen zu dienen.
Und ich bitte herzlich darum, daß wir uns vornehmen und es dann auch wahrmachen: eine neue große Anstrengung für die Wohlfahrt unseres Volkes, für die Freiheit des Geistes und für den Frieden in der Welt.

Aus: *Vorstand der SPD (Hrsg.): Parteitag der Sozialdemokratischen Partei Deutschlands vom 11. bis 15. November 1975, Rosengarten Mannheim. Protokoll der Verhandlungen. Anlagen, Mannheim o. J. [1976], S. 35–77*

Unsere Verantwortung für Freiheit, Recht und Soziale Demokratie

Rede vom 15. November 1977

Verehrte Anwesende! Genossinnen und Genossen! Liebe Freunde! Immer wieder stehen wir in der doppelten Pflicht: uns gegenüber den Herausforderungen des Tages zu bewähren und uns über den Weg nach vorn Klarheit zu verschaffen. Wir tragen Verantwortung für unser Gemeinwesen – heute und im Übergang zu den achtziger Jahren. Was immer sich für uns in dieser Woche als Auftrag ergibt, was immer wir uns in dieser Woche zum Auftrag machen, alles wird einem dreifachen Ziel untergeordnet bleiben müssen, nämlich dem Ziel, die verfassungsmäßige, freiheitliche Ordnung kraftvoll und umsichtig zu verteidigen, die Lebensgrundlagen unseres Volkes zu sichern und qualitativ anzuheben und unseren Beitrag zur aktiven Sicherung des Friedens noch gewichtiger werden zu lassen.

Nun einige Bemerkungen zur Lage, wie ich sie sehe. Liebe Freunde, in der Entwicklung kann immer wieder einmal eine Zeit kommen, in der man um der unmittelbar übergeordneten Aufgabe willen anderes zurückstellen muß. Langsam treten heißt aber nicht leise treten, und es heißt schon gar nicht auf-der-Stelle-treten. Unsere Partei blieb über hundert Jahre auf ihre großen Ziele gerichtet. Sie wird jetzt nicht den Atem oder die Geduld verlieren. Wer mitunter daran zweifelt, ob es Fortschritt gibt: Die SPD ist eine Antwort. Liebe Freunde, denkt euch Deutschland ohne die SPD. Ohne jede Überheblichkeit: Es ist ohne unsere Partei längst nicht mehr zu denken.

Wir müssen bereit sein, mit manchen unserer Forderungen behutsam umzugehen. Dabei soll jedermann wissen: Wir erstreben mehr Teilhabe und Demokratisierung, eine Gesellschaftspolitik im Sinne von mehr Gerechtigkeit. Wir erstreben Reformen zur erhöhten öffentlichen Verantwortung, um z.B. dahin zu kommen, daß junge Menschen nicht nur gut ausgebildet, sondern auch beschäftigt werden.

Wir bleiben dabei, daß es den Raum für individuelle und geistige Freiheit weiter zu öffnen gilt.

Man soll sich aber auch eingestehen, daß wir unsere Ziele nicht in dem Maße durchsetzen können, wie wir es möchten. Bilanz ziehen heißt auch, daß wir uns bewußt machen: Sozialdemokratische Politik war durch objektive Hürden und wohl auch durch eigene Versäumnisse in jene Phase geraten, in der es besonders sorgfältig zu prüfen galt, welches der jeweils nötige und mögliche Schritt sein kann. Ende der sechziger und Anfang der siebziger Jahre hat es in unserem Volk eine breitere Zustimmung für Veränderungen gegeben, die unseren Grundwerten und Lösungsvorschlägen nahekamen. Dann

hat sich einiges verändert. Damit wir uns klar verstehen: Ich spreche jetzt nicht über ein zu erwartendes Wahlergebnis. Dieses würde nicht schlechter ausfallen als im vorigen Jahr, eher etwas besser. Es bleibt aber festzustellen: Die anti-sozialdemokratische Kampagne der letzten Jahre blieb nicht ohne Wirkung. Manche, nein, viele unserer Mitbürger wurden verängstigt. Man hat das Prinzip der Solidarität diskreditiert, und daran ändert auch die Sucht nichts, mit der manche Herren an diesem Wort „Solidarität" kauen. Tatsächlich wollte und will man die reformerische Mehrheit in unserem Volk in die Defensive drängen. Es bleibt, so meine ich ebenso nüchtern festzustellen: Wir Sozialdemokraten selbst haben es wohl zu leicht durchgehen lassen, daß der Anspruch der verantwortlichen demokratischen Reform böswillig hat verfälscht werden können. Wir haben versäumt oder waren nicht hinreichend in der Lage, dagegen erfolgreicher anzugehen.
Die Politik der aktiven Friedenssicherung und die Sicherung der Substanz unserer Verfassung und die materielle Selbstbehauptung in einer Zeit andauernder wirtschaftlicher Schwierigkeiten – das sind unsere wichtigsten Aufgaben. Damit hier nichts zurückgedreht werden kann, müssen wir in der Regierungsverantwortung bleiben.
Ohne sie, liebe Freunde, würde die Qualität unseres Rechtsstaates empfindlich verändert werden. Ohne sie geriete unser Land in die Gefahr der Isolierung. Ohne sie wäre die wirtschaftliche Krise näher als deren Überwindung. Damit wir uns auch hier klar verstehen: Es steht nicht zur Diskussion, ob wir uns von unserem Reformauftrag abzuwenden hätten. Im Gegenteil! Damit unsere Partei der Verantwortung gerecht werden kann, braucht sie Augenmaß, Geschlossenheit und programmatisches Profil. Sonst würde die SPD lahm. Sie wird aber, so hoffe ich, lebendig bleiben, lebendiger, als vielen lieb ist.
Zur Bilanz seit Mannheim gehört an erster Stelle, daß wir bei der Bundestagswahl im Oktober 1976 knapp unser Ziel erreicht haben. Unsere Partei hat sich im Test gegen einen zur Maßlosigkeit neigenden Gegner gut behauptet. Man hat uns im mißbrauchten Namen der Freiheit schlagen wollen. Das ist nicht gelungen. Man hat in Kauf genommen, daß unser Volk an den Rand der inneren Spaltung getrieben würde.[164] Das darf nicht gelingen.
Es hat wohl Augenblicke gegeben, da einem zum Thema „Standhaftigkeit" trübe Gedanken überkommen konnten. Wir haben uns nicht immer mit der Entschiedenheit und Geschlossenheit zur Wehr gesetzt, die gegenüber einer hemmungslosen Demagogie angebracht gewesen wären.
Es hat Kleinmut gegeben; manchmal sind gegnerische Stichworte hängengeblieben.
Ich bitte alle Freunde in der Partei: Jeder möge sich selbst prüfen, ob er an seinem Platz das Mögliche dazu getan hat, daß der Verlust der Regierungs-

macht, daß eine Schwächung und ein Auseinanderdriften der Partei ausgeschlossen blieben. In Zukunft – denn die Kampagne wird ja wiederkommen – muß es uns noch besser gelingen, den schändlichen Versuch zunichte zu machen, Sozialdemokratie in die Nähe von Freiheitsfeindlichkeit zu rücken.

Die deutsche Arbeiterbewegung, von der hier in den Begrüßungsreden gesprochen wurde, hat sich im Kampf um Freiheit und Recht von niemandem und zu keiner Zeit in den Schatten stellen lassen!

Die rechten Unionsführer müssen sich sagen lassen: Durch ihre Verteufelungskampagnen haben sie den inneren Zusammenhalt unseres Volkes aufs Spiel gesetzt. Wenn die gemäßigten Sprecher des christlich-demokratischen und konservativen Lagers sie, die anderen, weiter gewähren lassen, sind auch sie für die Gefährdung des inneren Friedens verantwortlich.

Wir wünschen den fairen Wettbewerb der Parteien. Wir möchten, daß in deutschen Landen wieder argumentiert wird. Die Glaubwürdigkeit des parlamentarischen Systems hängt nicht zuletzt davon ab, daß die Bürger wissen, worüber die Parteien streiten.

Nun hätte es die Opposition mehr als verdient, die polemische Keule zu spüren. Aber ich lasse alles, was sträußt und dreggert, rechts liegen: einmal deshalb, weil es sich nicht lohnt – jedenfalls für mich heute nicht –, zum anderen, weil das Liegenlassen jetzt die Selbstdisziplin im demokratischen Staat verlangt.

An dieser Stelle möchte ich den Freunden im Bundestag, mit unserem Fraktionsvorsitzenden Herbert Wehner an der Spitze, dankbarke Anerkennung sagen.

Sie haben sich in mehr als einer schwierigen Lage der Interessen unseres Volkes so angenommen, daß Gefahren abgewendet wurden und neues Vertrauen begründet werden konnte. Ich sage den Freunden in der Bundesregierung Dank, d.h. in erster Linie unserem Bundeskanzler Helmut Schmidt.

Wer dächte jetzt nicht daran, was gerade er in den letzten beiden Monaten zu leisten hatte. Helmut Schmidt hat die nationalen Interessen gut verteidigt. Er hat von unserem Volk wahrlich Schaden abgewendet, er hat dessen Nutzen in der Tat gemehrt. Lieber Helmut, wir wissen miteinander einiges über Grenzen des Willens. Du weißt jetzt vermutlich noch mehr über jene Gelassenheit, die aus Pflicht erwächst. Ich bin sicher, wir werden am Ende dieser Woche noch eindeutiger feststellen können, als es uns vor einem halben Jahr möglich gewesen wäre: Die SPD denkt nicht daran, sich aus der Regierungsverantwortung zu entlassen.

Der Bundeskanzler kann sich auf die Sozialdemokraten verlassen. Forderungen und Ziele des Parteitages werden Treibstoff und bindende Kraft sozialdemokratischer Politik sein – für diesen Zeitabschnitt und über ihn hinaus.

Liebe Genossinnen! Liebe Genossen! Die innerparteiliche Klärung hat sich in der Zeit seit Mannheim nicht immer so vollzogen, wie man es sich hätte wünschen mögen. Es hat zuviel Sondertouren gegeben. Innere Auseinandersetzungen haben mehr Zeit und Kraft in Anspruch genommen, als es uns gut tun konnte. Dies, diese unsere SPD, soll eine große Gesinnungsgemeinschaft und eine Gemeinschaft politischen Handelns mit ihrer in vielen Kämpfen bewährten Tradition bleiben. Die Meinungsfreiheit in der Partei ist groß. Sie findet ihre Grenzen dort, wo die Klarheit der Grundsätze und die Einheit des Handelns berührt werden. Die SPD ist kein Pfannkuchen, der so weit auseinanderläuft, wie der Teig reicht.
Jedermann in der Partei muß sich mit seiner Kritik und seinen Forderungen auf dem Fundament unseres Programms und der grundlegenden Beschlüsse befinden. Wer das für falsch hält, für den ist der richtige Platz nicht innerhalb, sondern außerhalb der Partei.
Im Verlauf dieser beiden Jahre ist es notwendig geworden, auf klare Trennungslinien neu hinzuweisen. Nachdem sich die sogenannte SDU als windiges Straußenei erwiesen hat und nachdem sich auch der ungehörige Umgang mit dem Namen Fritz Erler nicht auszahlte, reichen nun in den letzten Wochen einige die Parole „neue Partei" herum.[165] Mich beeindrucken nicht die spielerischen Parolen, mich wundert der Mangel an Konsequenz.
Ein Blick auf die Geschichte politischer Zellspaltung gibt eindeutige Hinweise. Die Gegner von rechts reiben sich die Hände vergeblich. Für mich ist – ich weiß, wovon ich spreche – eine der wichtigsten Lehren von Weimar: Unser Land braucht eine aktiv-lebendige und dabei geschlossen handelnde Sozialdemokratische Partei.
Laßt mich hinzufügen: Unser Bündnisproblem liegt nicht in einem Techtelmechtel mit Gruppen, deren politische Bedeutung man auch daran ablesen kann, wie viele Stellen hinter der Null sie bei Wählern erreichen. Unsere „Bündnisfrage" lautet in Wirklichkeit: Wie können wir Hunderttausende jener arbeitenden Menschen, jener Frauen und Männer, Jungen und Alten für uns gewinnen, die das letzte Mal noch oder wieder CDU/CSU gewählt haben?
Es gibt unterschiedliche Formen von Sektierertum, so auch solche, die politisches Wirken auf die Formeln des Unpolitischen reduzieren, um nicht zu sagen: des Spießerhaften. Es gibt auf der anderen Seite die Anmaßung derer, die nicht nur alles besser wissen – das ginge ja noch an –, sondern die sogar meinen, sie wüßten alles: vom Ursprung der Menschheit über deren Bewegungsgesetze bis hin zur Auflösung massenpsychologischer Knäuel. Wir haben nun den nicht alltäglichen Vorgang zu verzeichnen, daß ein Mitglied des Parteivorstandes kurz vor dem Parteitag ausgeschieden ist. Ihr kennt mich gut genug, um zu wissen, daß es nicht meine Art ist, langjährigen Weg-

gefährten böse Worte nachzurufen, wenn sich die Wege trennen.[166] Aber Spielereien mit einer sogenannten linken Liste können wir uns nicht bieten lassen; sie müßten ihre logische Entsprechung finden.
Im übrigen muß gelten: Wer als Funktionär einer Gliederung – Gliederung im Sinne unseres Parteistatuts – oder einer Arbeitsgemeinschaft einen Auftrag der Partei erhalten hat, muß sich an die in Beschlüssen festgelegte Politik der Partei halten oder er muß seine Funktion anderen überlassen.
Auch ein Wort zu den Pflichten eines Abgeordneten aus meiner Sicht: Er ist laut Grundgesetz, laut Verfassung seinem Gewissen verantwortlich, und das nehmen wir ganz ernst. Aber er lebt ja nicht im keimfreien Raum. Er verantwortet, was er entscheidet, doch auch in seiner Fraktion, in seiner Partei, vor allem auch vor seinen Wählern. Unsere Wähler haben mit ihren Abgeordneten eine Regierung der sozial-liberalen Koalition gewollt. Das war der übergeordnete Wählerauftrag. Ich meine, keiner unserer Abgeordneten würde es mit seinem Gewissen vereinbaren können – und wird es mit ihm vereinbaren wollen –, einem sozialdemokratischen Bundeskanzler den Boden unter den Füßen wegzuziehen.
Die Bundesregierung der sozialliberalen Koalition muß sich – nach jeweils offener und gewissenhafter Meinungsbildung – auf die eigene Mehrheit verlassen können. Gerade weil wir auf einigen wichtigen Gebieten den Zwang zur Verständigung mit dem Bundesrat sehen – Hans Koschnick hat uns mit noch deutlicheren Worten daran erinnert –, dürfen wir unsere Geschlossenheit, unser sozialdemokratisches Profil nicht einen Augenblick vernachlässigen. Wir sind das unseren Wählern schuldig, der Funktionsfähigkeit unserer Regierung und dem Selbstverständnis der Partei.
Die Opposition mit ihren verfassungsmäßigen Rechten und Pflichten ist weder Mitregierung noch Nebenregierung, sondern sie hat ihre Rolle als Opposition zu erfüllen, so gut sie es kann. Eine Große Koalition steht ohnehin nicht zur Debatte.
Deshalb unterstreiche ich: Wir haben mit unserem Koalitionspartner die Mehrheit. Wir stützen uns auf die Mehrheit, und erst danach kommt die Frage, ob die Opposition mitmacht.
Mir ist, liebe Freunde, nicht nach Schönmalerei zumute; das wird man verstanden haben. Aber, ich meine, ohne uns in die Tasche zu lügen, können wir heute auch festhalten: Unsere SPD steht besser da, als manch einer zu Jahresbeginn noch befürchtet hatte oder als andere es erhofften. Die Partei hat ihre Identität zu bewahren gewußt. Sie hat ihre Grenzlinien bekräftigt. Und ich füge hinzu: Am sozialdemokratischen Grundkonsens werden reaktionäre Hetzer ebenso scheitern wie sich linksforsch gebärdende Hasardeure.
Es entspricht der Lage, daß ich den Auftrag, Recht und Freiheit zu sichern

und zu pflegen, jetzt an die erste Stelle setze. Der Wahn der Terroristen läßt sich wohl nicht einfach mit den traditionellen Gefährdungen der Demokratie vergleichen. Auch wenn wir keine besonderen historischen Erfahrungen hätten, wäre es unrealistisch und unverantwortlich zugleich, die besonderen Sicherheitsbedürfnisse unseres Volkes nicht in Betracht zu ziehen. Wir deutschen Sozialdemokraten haben miterleben müssen – diejenigen von uns, die es schon miterleben konnten –, wie die Demokratie in Deutschland in den Jahren bis 1933 untergegangen ist. Unsere Partei war auch nicht immer auf der Höhe der Situation, aber deutsche Sozialdemokraten haben sich nicht gebeugt. Sie haben auch in der Niederlage die Fahne der Freiheit hochgehalten; sie haben es – wie andere – mit Verfolgung, Vertreibung und Tod bezahlt. Wir stehen in der freiheitlichen Tradition Deutschlands. Den Anspruch auf demokratische Kontinuität kann uns niemand streitig machen.

Unser Staat ist nicht der von Weimar; der wurde gerade 14 Jahre alt, die Bundesrepublik Deutschland ist doppelt so alt. Es ist wahr, daß in diesem Staat die Menschen mehr Freiheit, mehr soziale Sicherheit, mehr Gerechtigkeit und einen höheren Lebensstandard errungen haben als je in einem deutschen Staat zuvor. Aber es ist auch wahr, daß die Gefühle der Menschen nur bedingt den Gesetzen der Logik folgen, daß sich Erschütterungen im Unterbewußtsein nicht vom Computer messen lassen. Außerdem wissen wir, daß unser Staat und diese gesellschaftliche Ordnung noch viele Mängel aufweisen. Jeder dieser Mängel gebietet reformerische Veränderung, wie es auch dem Grundgesetz entspricht. Keiner dieser Mängel rechtfertigt zerstörerische Gewalt.

Aber denken wir redlich nach über die barbarischen Elemente von Gewalt zu dieser Zeit in dieser Welt, über das, was Vietnam bedeutete und was der Welthunger bedeutet, über die Wegwerfgesellschaft und die Zerstörung der Natur, auch über grotesk mißverstandene, nachbarschaftsfeindliche Freiheit, aus der Unmenschlichkeit wird!

Nun hat es nach den jüngsten Terrorakten zum Teil unwürdige Reaktionen gegeben. Wir haben die Femerufe noch im Ohr. Und es kann nicht leichtfallen, zu vergessen, wer am Feuer des Terrorismus ungute Emotionen aufzuheizen bemüht war. Laßt uns diese Nutznießer des Unglücks und der Verwirrung – mit ihren Reden, Artikeln und Zitatensammlungen – nicht aus den Augen verlieren! Sie wirken, wenn wir es zulassen, als Zerstörer der Aufklärung, als Totengräber von geistiger Freiheit in Deutschland. Welch ein Hohn, daß sich dieselben Leute noch vor einem Jahr einen Alleinvertretungsanspruch auf Freiheit bestätigen lassen wollten!

Die Drohungen galten Männern wie Heinrich Böll und Gustav Heinemann.[167] Unser Volk kann stolz darauf sein, daß Männer und Frauen wie

sie im Geistesleben und in unserem Lande wirken und gewirkt haben. Wir wären ärmer ohne sie.
Es ist behauptet worden, die Neigung zur Gewalt habe ihre Wurzeln in einem Demokratieverständnis, das Probleme und Konflikte in unserer Gesellschaft offenlegt. Man hat den Eindruck erwecken wollen, Demokratie wagen, sie mehr zu wagen, laufe letzten Endes darauf hinaus, dem Terror Vorschub zu leisten. Das Gegenteil ist der Fall. Die Geschichte kennt keine Gesellschaft ohne Konflikte; tausendfach aber kennt sie Formen des Zusammenlebens, in denen Konflikte zunächst mit Gewalt unterdrückt worden sind. Die Sehnsucht nach der konfliktfreien Idylle liegt weit ab von jeder möglichen Wirklichkeit; am Ende ist sie totalitär.
Gegensätze der Interessen und Überzeugungen existieren, wo immer Menschen zusammenleben. In der Lebensordnung des demokratischen Rechtsstaates sollen sie nicht unterdrückt und aufgestaut, sondern aufgedeckt und mit friedlichen Mitteln gelöst werden. Darin steckt ein Wagnis, aber letztlich mehr Sicherheit als Wagnis.
Wer die Demokratie zerstören will, der muß sie zunächst einmal zur gepanzerten Unbeweglichkeit verführen. Man schützt die Demokratie nicht, indem man sie verkrüppelt.
Man wehrt der Angst nicht, indem man ihr nachgibt. Man beweist Schwäche, wenn man auf stark spielt.
Gefordert ist mehr denn je das Selbstbewußtsein kämpferischer Demokraten. Gefordert ist die Souveränität einer Gesellschaft, die sich ihrer Freiheit sicher weiß, weil sie frei sein will.
Viele Nationen leiden mit uns unter der Geißel, und wie sie haben wir Grund, auf weitere Untaten vorbereitet zu sein. Wir werden gute Nerven brauchen. Wir dürfen nicht die Maßstäbe verlieren. Unser Volk läßt sich nicht von einer winzigen, wahnwitzigen Minderheit in die Knie zwingen. Das Volk ist die Mehrheit! Aus der Besonnenheit soll es jene Kraft schöpfen, die den Rechtsstaat am besten schützt. Wir Sozialdemokraten sind da fest und unbeugsam. In Sachen innerer Sicherheit und geistiger Freiheit brauchen wir keine Unterweisungen. Jeder von uns hat seine, diese Partei hat auch ihre Würde.
Wir sind durchaus einverstanden mit dem, was Herr Genscher auf dem Parteitag der Freien Demokraten in Kiel gesagt hat. Unsere Gesellschaft hat sich dem Prinzip der Freiheit verschrieben. Sie wird sich vor einzelnen, die das Freiheitsprinzip mißbrauchen, nur schützen können, wenn sie es nicht aufgibt, sondern fest und entschlossen bewahrt. Dazu gehört, daß die Polizei so gut organisiert wird, wie es nur möglich ist. Weder falsch verstandener Föderalismus noch anderer Streit über Kompetenzen dürfen Mördern, Entführern und Bankräubern das Handwerk erleichtern.

Geltendes Recht muß angewendet werden, auch in Stammheim.[168] Außerdem prüfen wir die Gesetze ohne Vorurteile, gestern und heute. Aber auch in Zukunft sollte gelten, was uns die Erfahrung anderer Länder zeigt: Änderungen der Verfassung dürfen nur vorgenommen werden, wo sich unbestreitbar grundlegend veränderte Tatbestände ergeben haben.
Wir Sozialdemokraten wachen darüber, daß der freiheitliche und soziale Rechtsstaat in seiner Qualität nicht gemindert wird. Wir brauchen und wollen kein Kriegs- und Bürgerkriegsrecht, denn wir haben Gott sei Dank weder Krieg noch Bürgerkrieg.
Mit den Mitteln, die zur Verfügung stehen, kommt man nicht schlecht aus, wenn man sie mit Entschlossenheit anwendet. Daß diese Mittel bei Sozialdemokraten nicht schlecht aufgehoben sind – und daß langjährige Parteifunktionäre auch sonst noch was können – hat uns, neben anderen, Hans-Jürgen Wischnewski bewiesen.[169]
Terrorismus ist keine Frage von links oder rechts. Terror und zerstörerische Gewalt sind unmenschlich und in einem stockfinsteren Sinne reaktionär.
Es gibt auf andere Weise einen quasi linken Extremismus; es gibt auch ein rechtsradikales nationalistisches Potential. Beide stellen keine akute Gefahr dar, aber man muß in beiden Richtungen wachsam bleiben. Dies ist auch deshalb geboten, weil die Tragödie, die für uns Deutsche 1945 ein Ende fand, im Bewußtsein anderer Völker wacher blieb. Junge Menschen können dies oft nicht leicht verstehen.
Wir haben das Recht, gerade für die Jungen mit die Dinge zurechtzurücken. Unsere Gesellschaft hält den Vergleich an demokratischer Qualität mit vielen unserer Nachbarn aus. Doch wir können nicht so tun, als lebten wir Deutschen frei von der Last der Vergangenheit. Geschichte läßt sich nicht abschütteln. Die einzige Chance, die Last der Geschichte zu überwinden, besteht darin, eine bessere Zeitgeschichte zu schreiben.
Es bleibt richtig: Ein guter Deutscher darf kein Nationalist sein. Wir können es uns also nicht so einfach machen wie der Kraftmeier aus dem Wahlkreis 212, der dekretieren möchte, man habe uns nicht mehr an die Vergangenheit zu erinnern.[170] Wer deutsche Politik mit Erfolg betreiben will, muß wissen, daß er sich – zumal im Verhältnis zu den seinerzeit von den Nazis besetzten Ländern – noch immer auf dünnem Eis bewegt.
Dabei wiederhole ich: Ungerechtfertigte Angriffe stecken wir nicht ein, sondern wir stellen uns vor unser Volk. Der eine und andere von uns hat das schon unter sehr viel schwierigeren Bedingungen als heute getan.
Unsere Kirchen – ich sage das mit Respekt und in Dankbarkeit – sind sich offenbar ihrer wichtigen Rolle bewußt, die sie gegen eine unnötige und verhängnisvolle Zerklüftung unseres Volkes spielen können. Liebe Genossinnen, liebe Genossen, sogenannte Tribunale, die uns – um die Ecke herum – in

die Nähe von Vietnam oder Chile rücken wollen, brauchen wir uns nicht gefallen zu lassen.[171]

Ich weiß wohl: Es gibt berechtigte, jedenfalls verständliche Sorgen um das gesellschaftliche Klima und zum Beispiel wegen einer manchmal eigenmächtig erscheinenden Bürokratie. Das müssen wir ernst nehmen, und den zu Recht Besorgten sollten wir – besser als bisher – eine eigene Plattform bieten.

So ist es zumal auch bei der nur zu berechtigten Sorge um das Wettrüsten in der Welt. So ist es bei der Sorge um die Menschenrechte. Wir lassen uns nicht für einseitige Interessen in Anspruch nehmen. Aber wir denken in Zukunft, hoffentlich, nicht nur an das, wozu wir nein sagen müssen, sondern auch an das, was es nicht nur zu tolerieren, sondern zu ermutigen gilt.

Ich nannte die Aufgabe, die Bereitschaft zur Reform nicht lahm werden zu lassen. Reform heißt in meinem Verständnis: Es muß geprüft, verändert und erneuert werden, was sich nicht mehr oder noch nicht mit den programmatischen Forderungen unserer Politik im Einklang befindet. Es geht hier nicht um einen Ausschnitt aus der Politik, es geht um die Politik überhaupt.

Die Grundwerte-Kommission beim Parteivorstand hat Überlegungen zu Papier gebracht, die euch vorliegen. Damit wird die programmatische Diskussion weitergeführt; aber es wird nicht dazu eingeladen, ein neues Grundsatzprogramm vorzubereiten. Dies hielte ich jetzt für abwegig. An den Grundüberzeugungen, die das Godesberger Programm geprägt haben, wollen wir nicht rütteln lassen.

Im übrigen muß es auch noch darum gehen, die Erfahrungen aus der langen Diskussion um den Orientierungsrahmen auszuwerten und ihnen neue Einsichten hinzuzufügen.

Wir sind uns ohne Monopolanspruch darüber klar, daß Grundwerte gerade in einer Gesellschaft und in einer Welt des raschen Wandels als Maßstab der Kritik angelegt werden müssen. Wir wollen, daß aus Grundwerten, so gut es geht, praktische Politik wird.

Allerdings haben wir immer gewußt und wissen es heute vielleicht noch besser: Reformen bestehen nicht nur im Ausbau von Ansprüchen, sondern auch in der Anerkennung von Realitäten.

Ich will jetzt nicht im einzelnen auf die ökonomischen Themen eingehen, die morgen neben anderen in der Rede des Bundeskanzlers ihr besonderes Gewicht haben werden. Doch jedenfalls so viel: Wir werden uns verstärkt jener Fragen annehmen, die sich aus dem wirtschaftlichen Strukturwandel ergeben, damit alle morgen mit einem guten Arbeitsplatz rechnen können.

Dem Parteitag liegt ein Leitantrag vor, der sich für eine vorausschauende Strukturpolitik ausspricht. Ich will dem, wie gesagt, nicht vorgreifen. Aber so, wie es in der Weltwirtschaft keine Rückkehr zur Vergangenheit geben

wird, so, wie die Fähigkeit zur Prognose häufig überschätzt worden ist, so bietet keine Schablone eine Lösung der anstehenden Fragen: weder die, nach der der Markt alles regelt, noch die, nach der die Gesellschaft alles planen kann.
Wie immer die Wirtschaft im übrigen organisiert ist: Regierung, Gewerkschaften und Unternehmensführungen müssen aufeinander zugehen; sie sind objektiv aufeinander angewiesen.
Das Gewicht institutioneller Neuerungen sollten wir wohl nicht überschätzen. Aber daß die Sozialdemokratie in einem historischen Bündnis mit der Wissenschaft entstanden ist, daran sollten wir uns gerade in dieser Zeit erinnern. Dieses Bündnis gilt es stetig zu erneuern. Unsere nun schon traditionelle Aufgabe ist es, Vorurteile abzubauen und nicht vor ihnen wegzulaufen.
Ich bin fast sicher, dies wird sich auch bestätigen, wenn wir über den Antrag zur Energiepolitik befinden.[172]
Es ist wichtig, daß wir daraus keine Glaubensfrage machen. Alle, die ernsthaft diskutieren, geben zu, daß sie in den letzten Jahren etwas dazugelernt haben. Das wird vermutlich, nein, sicher in den nächsten Jahren nicht anders sein.
Was wir hier beschließen, wird der Natur der Sache nach nicht mehr als ein Zwischenergebnis sein können. Aber der Parteitag ist souverän. Er ist gut beraten, wenn er die energiepolitischen Optionen offenhält. Wir kommen wohl während eines kritischen Zeitabschnitts ohne Kernenergie nicht aus. Deshalb sollte nicht der falsche Eindruck erweckt werden, als gäbe es bei uns negative Vorentscheidungen. Wenn dies klar ist, können wir die Sicherheitserfordernisse um so deutlicher hervorheben.
Für die Präzisierung des Antrags, der ja schon sehr viel gemeinsame Einsichten enthält, bieten sich folgende Orientierungen an:
Vorrang hat für die meisten von uns die Stromgewinnung aus deutscher Kohle.
Bei der Kernenergie hat für uns weiterhin Sicherheit den Vorrang vor engverstandener Wirtschaftlichkeit.
Es gibt – drittens – in meinem Verständnis keinen generellen Baustopp für Kernkraftwerke. Aber die Kernkraft soll nur nach Ausnutzung aller anderen Energiequellen ausgebaut werden.
Liebe Freunde, der Vertrauensarbeit hat die Partei einen zusätzlichen Inhalt gegeben. Das SPD-Forum Energie im Frühjahr – ebenso wie das Forum über die Nord-Süd-Politik nach der Sommerpause – waren anschauliche Beispiele dafür, daß wir bei der Erörterung lebenswichtiger Fragen nicht nur anderen Parteien voraus sind, sondern auch offen für alle ernsthaften Meinungen in unserem Volk und für guten Rat von draußen.[173]

Auf diesem Parteitag muten wir uns nun wieder ein großes Arbeitspensum zu. Er, der Parteitag, wird wichtige Beschlüsse zur Sozial- und Bildungs-, zur Gesundheits- und Familienpolitik zu fassen haben. Ihr eigenes Gewicht haben die Anträge zur Außen-, Friedens-, Deutschland- und Sicherheitspolitik, zu Europa, zu den weltweiten Nord-Süd-Beziehungen. Laßt mich dazu nur ein paar Bemerkungen machen. Unsere Politik der Entspannung war weltweit wirksam; sie muß es bleiben. Sie muß, so meine ich, mit viel größerem Nachdruck als bisher durch Bemühungen um allseitigen Rüstungsabbau ergänzt werden.

Allein im letzten Jahr, im Jahre 1976, sind in aller Welt über 330 Milliarden Dollar für Rüstungsgüter ausgegeben worden. Allein hier bei uns in Europa lagern Vernichtungspotentiale, die, würden sie eingesetzt, die Menschheit mehrfach vernichten könnten. Wir müssen wissen: Der todernste Fall X kann möglich werden, wenn nicht mehr Einsicht um sich greift, wenn nicht politisches Handeln sich grundsätzlich ändert, nämlich vom Durchwursteln wegführt, und wenn nicht die Staatenwelt zunehmend Ernst macht mit dem Grundsatz des Verzichts auf Gewaltanwendung in den internationalen Beziehungen.

Zum anderen: Unsere eigene Zukunft – das wissen viele draußen im Lande noch nicht, aber ich mache ihnen deswegen keinen Vorwurf – wird unsicherer, solange anderswo die Armenhäuser der Menschheit wachsen.

Ausgleich zwischen Nord und Süd heißt nicht, daß der Vorteil des einen der Nachteil des anderen sein muß. Die unausweichliche Veränderung der internationalen Arbeitsteilung schafft in manchen Bereichen der Industrieländer schwierige Anpassungsprobleme, denen vorausschauend begegnet werden muß. Sie wird aber auch nachhaltige Beschäftigungschancen durch die Steigerung der Kaufkraft in den Entwicklungsländern bieten. Wir müssen geduldig, energisch und realistisch zusammen mit anderen an den Elementen arbeiten, aus denen eine bessere Ordnung der weltwirtschaftlichen Beziehungen entstehen kann.

Die Aufgabe, an der Entwicklung der schwächeren Länder mitzuwirken, handelt auch von den Menschenrechten. Freiheit von Furcht und Freiheit von Not fordert die Charta der Vereinten Nationen. Nun sage ich – nicht von oben herab – folgendes. Bei allen Unterschieden zwischen den Regionen und Kulturen: Für gewalttätige Willkür gibt es nirgends eine Rechtfertigung. Das gilt im Norden wie im Süden, im Westen wie im Osten. Den Verfechtern von Menschenrechten in unserer Nachbarschaft wird bitter Unrecht getan. Wir können dem nicht mit Gleichgültigkeit begegnen.

Resolutionen allein werden Regime nicht zum Verschwinden bringen. Unsere Politik des Abbaus von Spannungen, der aktiven Friedenssicherung, beschreibt – in mühsamen Verhandlungen – einen Weg, der das Nebeneinander nach und nach besser regelt. Das kommt den Menschen zugute.

Die Sozialistische Internationale – als Arbeitsgemeinschaft souveräner Parteien – ist erfolgreich dabei, ihre Fixierung auf Europa zu überwinden. Sie kann auf den Gebieten, die ich soeben erwähnt habe, wichtige Dienste leisten. Ich kann dem Parteitag im übrigen guten Gewissens sagen, daß das internationale Engagement der SPD in vielen Teilen der Welt Anerkennung findet.

Liebe Freunde, viele Bürger im Lande sollen wissen, was auf dem Spiel steht. Ich möchte, daß wir überzeugender als bisher deutlich machen: Über unsere Fähigkeit, sozialdemokratische Politik in die Wirklichkeit zu übersetzen, wird nicht nur im Bund, sondern auch in den Ländern und Gemeinden entschieden also in den Wahlen der kommenden beiden Jahre.[174]

Zu wessen Nutzen ist es, wenn wichtige Gesetzentwürfe der Regierung von der Opposition im Bundesrat verzögert, verwässert oder zu Fall gebracht werden? Die Bürger haben die Macht, das zu korrigieren, und wir fordern sie dazu auf.

Wem soll es nützen, wenn wichtige wirtschaftspolitische Bemühungen des Bundeskanzlers und seiner Kollegen von einer zerstrittenen und auch deshalb wenig fruchtbaren Opposition torpediert werden? Die Bürger können das korrigieren. Wir fordern sie dazu auf.

Wo haben, so frage ich, CSU und CDU konstruktive Beiträge geleistet, wo in der Frage des Abbaus struktureller Arbeitslosigkeit, wo in der beruflichen Bildung, wo in der Energiepolitik? Wo, so frage ich weiter, sind in den Unionsparteien diejenigen geblieben, die eine realistische, an den Bedürfnissen der breiten Schichten orientierte Politik formulieren wollten? Wo haben die sich versteckt, die unserem Volk versprochen hatten, sich außenpolitisch in ihrem praktischen Verhalten auf das mühsam genug errichtete Fundament von Entspannung und Friedenssicherung zu stellen?

Helmut Kohl hat sich mit seinen zeitweiligen Angeboten an die Adresse sozial-liberaler Wähler nicht einmal in seinen eigenen Reihen durchgesetzt. Er kann sich seiner Dompteure und Demonteure kaum noch erwehren.

Andere geben die Richtung an.

Von Sonthofen und Kreuth sind die entscheidenden Signale ausgegangen. Das ist die Lage.[175]

Und deshalb sage ich heute mit der Überzeugung, die durch die Erfahrung des letzten Jahres nur erhärtet ist: Ihr würdet dieses Land nicht wiedererkennen, wenn jene Richtung die Richtlinien nicht nur der Union, sondern auch der Politik für die Bundesrepublik Deutschland bestimmen könnte.

Gewiß, der Start der Koalition nach den Bundestagswahlen hätte besser sein können.[176] Aber unser Land ist – im Innern und nach außen – nicht schlecht in der Richtung vorangekommen, die Sozialdemokraten und Freie Demokraten nun seit acht Jahren bestimmen.

Die Allianz der beiden Parteien hat sich bewährt, was die auswärtige Politik angeht. Dabei bestreite ich gar nicht, liebe Genossen, liebe Genossinnen, daß wir Außenpolitik auch mit einer Reihe von Kollegen aus der CDU machen könnten. Aber mit der CDU/CSU, wie sie sich in ihrer Führung und Mehrheit darstellt, könnten weder Sozialdemokraten noch Freie Demokraten eine vernünftige auswärtige Politik machen.

Mit dieser Union, so wie sie sich in ihrer Mehrheit und Führung darstellt, ist im doppelten Sinne des Wortes kein Staat zu machen.

Das hat sich am Beispiel Afrika erst gerade jetzt wieder gezeigt. Der Bundesaußenminister verdient unsere Anerkennung, wenn er gefährlichen Hinterwäldlern hierzulande keine Konzessionen macht.

Die Konstellation der vergangenen acht Jahre hat sich bewährt, was Außenpolitik, Wirtschaft und den sozialen Frieden angeht. Jedenfalls ist den Unionsparteien in ihrer heutigen Verfassung nicht zuzutrauen, daß sie imstande wären, gleiches zu schaffen oder auch „nur" den sozialen Frieden in unserem Volk zu bewahren. – Ich schäme mich jetzt fast, daß ich gesagt habe „nur" und werde es im Manuskript in Anführungszeichen setzen.

Was Sozialdemokraten und Freie Demokraten gemeinsam zu leisten vermögen, kann weitergeführt werden. Zwischen uns kann ein geistig-politischer Dialog anheben. Dabei stellen wir fest, daß die gemeinsamen Überzeugungen in vielem tragfähiger sind, als unsere Gegner es wahrhaben wollen. So haben wir von den Zielen unserer Bildungspolitik nichts zurückzunehmen; sie stimmen nämlich.

Wohl aber kann manches besser in die Wirklichkeit umgesetzt werden. Stillstand wäre gerade hier Rückschritt, und Erfahrungen haben wir hoffentlich nicht umsonst gemacht.

Wir sollten weiter die Frage stellen: Was können beide Parteien zur Stärkung der liberalen Rechtsstaatlichkeit tun? Die Sicherung des Friedens nach außen und im Innern ist eine zentrale Klammer für das sozialliberale Regierungsbündnis, wie ich meine, auch über diese Legislaturperiode hinaus.

Der Parteitag der FDP hat das zweifelnde Gerede über die Koalition beendet. Das Regierungsprogramm bis 1980 ist nachdrücklich bestätigt worden. Daß die Freien Demokraten manche Fragen der Wirtschaft anders sehen als wir, hat uns nicht daran gehindert, uns miteinander, dem Staat mehr Anstrengungen abzuverlangen, als sogar viele von uns geglaubt haben, daß es möglich und nötig sein würde. In den Jahren dieser Koalition ist der öffentliche Korridor breiter geworden; ich sage das, froh über jede Last, die dem Staat erspart bleibt.

Aufgeschlossene junge Menschen sollten den sozialliberalen Dialog weiter-

führen – als Avantgarde für eine notwendige Mehrheit in unserem Volk: Genossen, Sammelbegriffe – auch der der Arbeitnehmerschaft – reichen nicht aus, um zu erfassen, welche Hoffnungen und Ansprüche Menschen auf das sozialliberale Bündnis richten. Es geht um konkrete Anliegen der Männer und Frauen in Betrieben und Verwaltungen. Es geht um die Familien und die Alten, um die Angehörigen der Bildungs- und Sozialberufe, die immer mehr Gewicht erhalten, um die kreative Intelligenz, Arbeiter und Angestellte, Beamte und Selbständige.
Für uns Sozialdemokraten bleiben die Gewerkschaften Partner von besonderem Rang.
Wir brauchen ihre gemeinsame, starke Ordnungskraft, und wir sind stolz darauf, daß Sozialdemokraten in so stattlicher Zahl durch das Vertrauen ihrer Kollegen an der Spitze der gewerkschaftlichen Organisationen dieses Landes stehen.
Ihren Teil gesamtgesellschaftlicher Verantwortung können die Gewerkschaften nur einlösen, wenn sie unabhängig bleiben und frei von jeglicher Gängelei.
Wichtige Partner sind die Betriebsräte. Viele sind an unseren Arbeitsgemeinschaften für Arbeitnehmerfragen beteiligt. Es wäre gut, wenn sie häufiger als bisher gewonnen werden könnten, Mandate für die SPD zu übernehmen.
Eine größere Zahl von Selbständigen – mehr als man häufig annimmt – hat sich als Arbeitsgemeinschaft in der SPD zusammengefunden.[177] Andere sollten sich nicht scheuen, uns zu fordern. Wir brauchen ihre Anregung und kritische Begleitung.
In Wählerinitiativen haben sich zahlreiche Intellektuelle für uns, für unsere Partei eingesetzt.[178] Dafür sind wir dankbar. Jetzt geht es, so meine ich, nicht bloß um Wahlhilfe, sondern jetzt geht es darüber hinaus um ein neues, inhaltliches Aufeinanderzukommen.
Unsere Partei muß ihre Antennen auch dort weit ausfahren, wo Bürger vor besonderen Problemen stehen, die häufig in besondere Initiativen münden. Die SPD muß offen sein für die Sorgen und Nöte und sich darum kümmern, daß sie nicht zu unzweckmäßigen und falschen Aktivitäten führen. „Grüne Parteien“ sind überflüssig.
Wir müssen die zugrundeliegenden Interessen aufgreifen, soweit sie legitim sind. In der praktischen Verantwortung müssen unterschiedliche Interessen immer wieder gegeneinander gewogen werden.
Das, wovon ich in den letzten Minuten gesprochen habe, gehört zu den wirklichen Bündnisfragen der Partei. Das sind Fragen, von denen entscheidend abhängt, ob wir uns in der Führung bewähren, modern und fähig zur Führung – und das heißt nach einem früher gebrauchten Wort auch: Mitte.
Man kann sie, die stabile Führung, nicht dauerhaft gewinnen, ohne die Integration der Frauen in die Partei und, grundsätzlicher, in die Politik.

Wir machen uns, liebe Freunde, viele Gedanken über Mehrheiten. Wir sorgen uns um eine breite Basis. Wir reden über Bündnisse. Laßt uns begreifen: Die Frauen sind die Mehrheit. Sie sind die unbestreitbar größte Gruppe in unserer Gesellschaft. Wir brauchen sie nicht der Ziffern wegen; wir brauchen sie um unserer Politik willen, in die sie Wesentliches einzubringen haben. In unserer Partei machen die Frauen nur ein Fünftel der Mitgliedschaft aus. Auf diesem Parteitag noch nicht einmal zehn Prozent. Das liegt nicht nur an den Frauen, es liegt auch an uns.

Der Vorwurf, die SPD benehme sich noch immer wie eine Männerpartei, sie sei trotz aller Beteuerungen in der Praxis nicht besonders frauenfreundlich, ist nicht völlig unbegründet.

Das veränderte Selbstbewußtsein der Frauen verändert auch unsere soziale und kulturelle Umwelt. Wenn dieser Prozeß – was ich jetzt hier mache, ist keine Pflichtübung, sondern ich sage das mit vollem Ernst –, der vom veränderten Selbstbewußtsein der Frauen ausgeht, an uns vorbeigeht, an der Partei, die der Veränderung mit den Weg gebahnt hat, dann wird diese große Partei in ein oder zwei Jahrzehnten nicht mehr viel Gewicht haben.

Der angeblich konservative Beharrungswillen vieler Frauen rechtfertigt keine maskuline Ausrede. Versuchen wir lieber zu begreifen, wie rapide sich die Lebenswirklichkeit der Frauen verändert! Damit verändern sie aber auch uns alle: unsere Familie, unsere Gesellschaft, unseren Staat und – ich vermute es, ich hoffe es sogar – am Ende auch unsere Partei.

Unsere Partei, liebe Genossinnen und Genossen, hat tiefer als andere einen Prozeß des Wandels erfahren, eines Wandels der Generationen und der sozialen Schichtungen. Wir haben das riskiert. Wo stünde unsere Partei, wo stünde unsere Gesellschaft, unser Staat, wenn die SPD nicht mutig genug gewesen wäre, die Generation der Unrast von 1968 in ihre Reihen, in ihre Debatte aufzunehmen, wenn sie sich verschlossen, wenn sie sich der Integration versagt hätte?

Das große Experiment ist nicht völlig geglückt – wie sollte es? Aber soviel steht fest: Wir hätten viele der Besten unter den Jungen in eine geistige Wüste geschickt, hätten wir sie nicht als kritische, unbequeme Mahner und Anreger willkommen geheißen. Sie haben es uns nicht immer leicht gemacht. Sie haben uns nicht geschont – und wir sie auch nicht. Dies war ein wichtiger Beitrag zur Stabilisierung der deutschen Demokratie und zur Sicherung des inneren Friedens. Seien wir uns darüber im klaren: Die Notwendigkeit der Integration stellt sich von Generation zu Generation aufs Neue.

Die Partei darf sich auch weiterhin nicht abkapseln von den Veränderungen, die in die eigenen Reihen hineinwirken, sowenig sie dem Irrglauben verfallen darf, Veränderung sei ein Wert an sich und alles Neue sei schon deshalb richtig, weil es neu in die Partei getragen wird.

Geschlossenheit und Beständigkeit haben gleiches Gewicht. Ein angemessener innerparteilicher Stil muß hinzukommen. Ich sage hier wie in Mannheim: Duldsamkeit, Rücksichtnahme und Hilfsbereitschaft müssen geübt werden.

In manchen Medien – aber nicht nur dort – werde ich seit geraumer Zeit wegen angeblich allzu geduldiger Integrationsbemühungen angegriffen. Ich halte es aus, wenn man mir dabei etwas oder etwas zuviel Blauäugigkeit unterstellt. In Wirklichkeit steht hierin etwas, was die SPD nicht nur heute angeht, sondern auch morgen und übermorgen.

Denn: Die SPD gewinnt keine Wahlen, sie ist nicht mehrheitsfähig, sie verliert ihre Spannkraft, wenn der Pakt zwischen den Generationen und gedanklichen Strömungen und der Pakt zwischen manueller und geistiger Arbeit nicht immer wieder neu geschlossen werden.

Es läßt sich ja auch leicht nachweisen, daß wir damit in der Praxis Erfolg gehabt haben. Warum wohl wird von den Unionsführern und der ihnen verbundenen Kampfpresse geradezu furios gegen die integrativen Bemühungen angegangen, die man mir zuschreibt oder ankreidet? Doch wohl nicht aus Sorge um die SPD, wie man verschiedentlich im Bundestag suggerieren wollte. Oder halten uns die Strategen auf der anderen Seite für derart töricht?

Nein, diese Kampagne läuft, weil man dort eine SPD herbeireden möchte, die sich einengt und abkapselt, die zumal das Bündnis zwischen Arbeit und Geist vernachlässigt. Aber dann wäre die SPD nicht mehr attraktiv, sondern sie wäre in der Gefahr, zur großen harmlosen Sekte zu degenerieren.

Deshalb freue ich mich über jene Anträge, die einer „ständigen Öffnung" der Partei das Wort reden und dem Vorstand dazu neue Aufträge geben wollten.

Mir will scheinen, daß wir noch nicht hinreichende Klarheit über den vernünftigen Zusammenhang zwischen Diskussion und Entscheidungen gewonnen haben. Die wünschenswerte breite Diskussion in der Partei resultiert in Beschlüssen der Parteitage oder der Gremien, die dafür zwischen Parteitagen zuständig sind.[179] Aber es gibt die eigenen Verantwortlichkeiten der Fraktionen und der Regierungen. Es gibt unverwechselbare verfassungsmäßige Aufgaben, die kein Parteigremium übernehmen kann.

Woran es mir manchmal zu hapern scheint, das ist die Rückkopplung, liebe Genossen, die breite Diskussion nicht nur vorweg, sondern dann noch über das, was Parlament und Regierung beschlossen haben, was geleistet wurde, was unter den gegebenen Bedingungen so und nicht anders gemacht werden mußte. Ich denke, unsere Mitglieder haben einen Anspruch darauf, dies erläutert zu bekommen. Wie sollten sie es sonst weitertragen und erklären können? Und denjenigen, die im Parlament sitzen oder Regierungsverantwortung tragen, bekommt es auch nicht schlecht, wenn sie ihre Entschei-

dungen am parteilichen und öffentlichen – nicht nur veröffentlichten – Echo messen können. Häufig wird man daraus etwas lernen können, was für einen neuen Entscheidungsprozeß von Vorteil ist.
Inhaltlich, aber auch personell haben wir die Kraft zur permanenten Erneuerung. Wir befinden uns – ohne dauernd darüber zu reden – in einem Prozeß des rascheren generationsmäßigen Übergangs. Das zeigen auch die Veränderungen an der Spitze von Bezirken und Landesverbänden.
Zwischen dem Vertrauen der Bürger in die SPD und dem Verhalten unserer Mandats- und Funktionsträger gibt es einen engen Zusammenhang. Wir sollten stolz darauf sein, daß an uns strengere Maßstäbe angelegt werden als an andere.
Hierhin gehört allerdings die selbstkritische Frage, ob es immer gelingt, die Geeignetsten unter uns für Mandate und Funktionen zu benennen und die Verantwortung auf möglichst viele Schultern zu verteilen.
Ich begrüße ausdrücklich die breite Verteilung von Aufgaben und Verantwortlichkeiten in der neuen Bundestagsfraktion.
Und ich schließe mich dem Initiativantrag an, der hier durch die Landes- und Bezirksvorsitzenden zum Thema „Verhaltensregeln" eingebracht worden ist.
Im nächsten Jahr sind einige unserer Landesorganisationen wieder besonders gefordert:
Hamburg mit Hans-Ulrich Klose, Niedersachsen mit Karl Ravens, München und Bayern mit Max von Heckel und Helmut Rothemund, Hessen mit Holger Börner – dem ich bei dieser Gelegenheit ausdrücklich und sehr aufrichtig auch für seine Jahre im Ollenhauer-Haus[180] danken möchte.
Die Freunde in den Ländern, vor allen Dingen die Schleswig-Holsteiner, die außerdem noch Gemeindewahlen haben, sollten wissen, daß nicht nur unsere guten Wünsche sie begleiten, sondern daß wir sie nach besten Kräften unterstützen werden.[181]
Dazu, auch dazu gehört ein guter Zustand der Parteiorganisation. Ohne gute organisatorische Leitung ist kaum eine Wahl zu gewinnen. Schon gar nicht dort, wo der politische Gegner auf technisch moderne Strukturen bauen kann; und das ist inzwischen weithin der Fall.
Egon Bahr hat vor einem knappen Jahr die Stabführung in der Parteizentrale übernommen. Er war bekanntlich nicht arbeitslos. Wir praktizieren einen flexiblen Übergang zwischen Partei- und Regierungsämtern. Egon braucht unsere Unterstützung, ebenso wie Wilhelm Dröscher sie braucht. Ich denke, ich kann für den ganzen Parteitag sagen: Wir wollen ihnen diese Unterstützung geben.
Ich möchte nun etwas zum Problem der Generationen sagen. Dort, wo wir

Zukunftsprobleme erkannt haben und uns um ihre Lösung bemühen, haben wir es mit Problemen zu tun, die die heute junge Generation nun einmal noch stärker beschäftigen werden als die Älteren: Anrecht auf Bildung und Ausbildung, Recht auf Arbeit, Energieversorgung der Zukunft und Umwelt von morgen, Menschenrechte und Ausgleich zwischen Nord und Süd. Ich preise keine Marktlücken an; aber wer wollte diese Themen der Politik ohne die verantwortliche Mitarbeit der Jungen – zumal der jungen Sozialdemokraten – bewältigen?
Gewisse Schwierigkeiten mit der und in der Arbeitsgemeinschaft der Jungsozialisten haben den Eindruck aufkommen lassen, als seien wir im Parteivorstand Leute, denen vor allem an Disziplinierung gelegen sei.[182] Dem ist nicht so. Was wir allerdings erwarten, ist dies: Auch junge Sozialdemokraten sollen bitte keinen Zweifel daran aufkommen lassen, daß sie Sozialdemokraten sind und daß wir uns miteinander als Teile *einer* Partei ohne unnötige Reibungsverluste darum bemühen, das Beste für unser Volk zu erreichen.
Es ist wichtig, daß sich die Generationen im Verhältnis zueinander nicht fremder werden. Mancher aufmerksame Beobachter sagt uns, das Verhältnis der Älteren zur SPD sei gestört. Ich mache mir dies so pauschal nicht zu eigen, aber in der Tat, manche älteren Mitglieder fühlen sich in die Isolation gedrängt. Die älteren Mitglieder der Partei sind nicht nur deshalb wichtig, weil sie Verdienste erworben haben und über viel Erfahrung verfügen; sie sind auch deshalb wichtig, weil sie natürlicherweise einen engeren Kontakt zu ihren älteren Mitbürgern halten können. Nur ein Ignorant könnte das politische Gewicht der mehr als zwölf Millionen älteren Mitbürger – und nicht nur deswegen, weil sie ein gutes Viertel aller Wählerinnen und Wähler sind – übersehen. Es wäre verhängnisvoll, wenn sie sich, ins Abseits gedrängt, gegen die Entwicklung sperren würden. Wir brauchen sie, wir benötigen ihre Erfahrungen, wir brauchen ihre Mithilfe. Es kann unmöglich sein, daß wir Sozialdemokraten eine Politik an den Betroffenen vorbei machen.
Viele ältere Mitbürger haben – nicht nur im letzten Wahlkampf – gezeigt, daß sie sich nicht – oder nicht länger – als bloße Empfänger irgendwelcher Betreuung verstehen. Sie sind Menschen, die zum neuen Engagement fähig und die auch willens sind, sich zu engagieren. Der Wandel, der sich im Selbstverständnis und im Verhalten der älteren Generation abzeichnet – fort vom Rand und wieder mitten in die Gesellschaft hinein –, bietet die Chance, etwas von der schmerzlichen Kälte auszutreiben, die unsere gesellschaftliche Wirklichkeit leider stark mitbestimmt. Ein Zusammenrücken der Generationen wäre nützlich, nicht nur für die Lösung von Problemen – z.B. in den Städten –, sondern auch für den Abbau von Angst.
Liebe Freunde! Genossinnen und Genossen! Die deutsche Sozialdemokratie

hat immer über die Grenzen hinausgeschaut. Gerade in dieser Zeit gilt der Satz: Nationalstaatliche Erstarrung widerspricht den Forderungen, die uns und den anderen Völkern Europas gestellt sind. Wir müssen den Prozeß der Entspannung zwischen Ost und West vertiefen, ihn vor Rückschlägen bewahren, ihn durch Abrüstungsinitiativen sichern. Wir müssen entschlossen an der demokratischen Ausgestaltung dieses Teils Europas mitwirken, und wir müssen gemeinsam mit unseren europäischen Partnern mehr Energie darauf verwenden, daß aus dem, was man den Nord-Süd-Konflikt nennt, nicht eine Flucht in die Gewalt wird.

Ohne Sicherung des Friedens bräuchten wir über Menschenrechte und sozialen Fortschritt nicht mehr zu reden. Deshalb haben wir den eigenen Verteidigungsbeitrag im Bündnis nicht vernachlässigt und haben im Bündnis die Politik der Entspannung – ohne Illusionen und gegen viele Widerstände zu Hause – durchgesetzt. Deshalb sind wir dafür eingetreten, daß auf der Nachfolgekonferenz in Belgrad konkrete Fortschritte erzielt werden[183]; deshalb wollen wir, daß es auch zwischen den beiden deutschen Staaten mehr sachliche Zusammenarbeit gibt, und zwar so, daß auch Berlin etwas davon hat.

Deshalb wünschen wir dringend, daß die Supermächte die strategischen Waffen unter Kontrolle halten und daß neue Waffensysteme in internationale Verhandlungen einbezogen werden.

Deshalb erwarten wir auch, daß die Wiener Verhandlungen über einen beiderseitigen und ausgewogenen Abbau von Rüstungen in Europa aktiv und zielbewußt zu einem ersten Ergebnis geführt werden.[184]

In dem Teil Europas, über dessen Zukunft wir unmittelbar mitbestimmen, wollen wir mit dafür sorgen, daß keine falschen ideologischen Fronten aufgerichtet werden; es soll vielmehr ein Europa sein, in dem alle gewachsenen Kräfte der Demokratie ihren Platz haben. Wir wollen, daß Europa deutlicher bestimmt wird durch mehr Freiheit, mehr Gerechtigkeit und mehr Solidarität für die Menschen, die in ihm leben: ein Europa nicht nur der Statistik, sondern auch der gemeinsamen Kultur; ein Europa, in dem die arbeitenden Menschen ihre Mitbestimmungsrechte wahrnehmen können; ein Europa, das seinen Bürgern Wohlstand bietet und Sicherheit gewährt; ein Europa, das sich besinnt auf seine natürliche Kraft und auf den Reichtum seines Geistes und diese dann auch einsetzt, um denen zu helfen, die solche Hilfe bitter nötig haben. Ich nenne es ein Europa der sozialen Demokratie.

Um die europäische Einigung steht es nicht gut genug. Und doch sollte man nicht vergessen, daß nach 1969 Beträchtliches geleistet wurde. Das Ziel der Politischen Union bleibt; der Gedanke der Wirtschaftsunion ist nicht verbraucht; die Idee der Sozialunion ist nicht vertan. Und es bleibt wahr: Nur in der Europäischen Gemeinschaft werden wir fähig sein, einer Nationalgeschichte zu folgen, die den Namen noch verdient. Dazu, daß Europa voran-

kommt, gehört Mut, auch im täglichen Kampf gegen alte und immer wieder wache Ressentiments, nicht nur bei den Nachbarn, auch bei uns.
Wir sehen – ich jedenfalls – jetzt drei vornehmliche Aufgaben der Europäischen Gemeinschaft: die unausweichlich wachsende weltpolitische Mitverantwortung, die Pflicht gegenüber Südeuropa, die Vorbereitung der Direktwahlen.
Zur weltpolitischen Verantwortung gehört über die Entspannungs- und Entwicklungspolitik hinaus die Mitarbeit am Frieden im Nahen Osten und auch am Frieden im südlichen Afrika. Dort hat sich deutlich gezeigt, wohin die Verzögerung des geschichtlichen Prozesses führt.
Wir entbieten den selbständigen Staaten und den Befreiungsbewegungen unseren aufrichtigen Gruß.
Wir nehmen nicht hin, daß gewalttätiger Wahn in einen Topf geworfen wird mit dem berechtigten Kampf unterdrückter und verfolgter Menschen – Mehrheiten zumal – um ihre Selbstbestimmung und Freiheit.
Ihnen gilt unsere Solidarität.
Portugal, Griechenland, Spanien wollen Mitglied der Gemeinschaft werden. Sie können unserer partnerschaftlichen Verbundenheit gewiß sein.
Ist man sich, so frage ich, eigentlich voll des Geländegewinns bewußt, den die europäische Demokratie in den letzten Jahren erzielt hat?
Erinnern wir uns – die meisten von uns waren doch auch vor zwei Jahren dabei –: Vor zwei Jahren hat Felipe Gonzales nur mit Mühe zu uns nach Mannheim kommen können. Damals war seine Partei noch verboten. Heute ist sie die stärkste Partei, ohne die die Zukunft Spaniens nicht vorstellbar ist.
So ändern sich die Zeiten. Wir freuen uns, daß wir daran ein kleines bißchen haben mitwirken können.
Manche meinen, politisch könne man die neuen Länder nicht von der Gemeinschaft fernhalten, wirtschaftlich seien sie eher eine Last. Ich sage dagegen: Es liegt an uns, mit ihnen eine Entwicklung herbeizuführen, durch die sie Europa insgesamt nicht schwächen, sondern stärken. Unsere Wirtschafts- und Finanzpolitische Kommission hat ein Solidaritätsprogramm für Südeuropa vorgeschlagen. Ich hoffe, daß dies nicht auf dem Papier stehen bleibt.
Als die stärkste politische Kraft in der Gemeinschaft bereiten sich die Sozialdemokraten auf die Wahlen zum Europäischen Parlament vor, deren Zeitpunkt allerdings noch nicht genau feststeht. Im Bund der sozialdemokratischen Parteien innerhalb der Gemeinschaft – die SPD ist auch hier aktiv gewesen – ist eine konstruktive gemeinsame Wahlplattform ausgearbeitet worden, über die im Frühjahr beschlossen werden soll.
Im Europäischen Parlament wird es für uns wie bisher eine Fraktion natür-

lich nur gemeinsam mit den demokratisch-sozialistischen Schwesterparteien geben können.

Wie sich die einzelnen Parteien angesichts der Probleme in ihren Ländern einrichten, können sie nur selbst entscheiden. Das gilt für Italien, wo die Christdemokraten ihr Regierungsprogramm mit den Kommunisten ausgehandelt haben, nicht anders als für Frankreich, wo die demokratischen Sozialisten bekanntlich nicht schwächer geworden sind.

Für uns in der Bundesrepublik bleibt es dabei, daß eine Zusammenarbeit mit kommunistischen Gruppen nicht in Betracht kommt.

Aber hier wie in Europa führen wir die Auseinandersetzung mit Parteien unterschiedlicher Prägung nicht aus ideologischen Schützengräben der fünfziger Jahre. Wir führen sie in der Wirklichkeit der heutigen Zeit. Unsere Strategie ist die Strategie der Freiheit.

Entscheidend sollte für uns bleiben: Bekenntnisse zu Demokratie und Pluralismus in Staat und Gesellschaft müssen sich wiederfinden in der politischen Praxis, auch in der Praxis demokratischer innerparteilicher Willensbildung. Das ist unser Maßstab.

Als ich vor Jahren dazu riet, die Entwicklung in einigen Parteien Westeuropas aufmerksam und mit der Bereitschaft zum Differenzieren zu verfolgen, hat man gemeint, eine entrüstete Kampagne starten zu können. Mittlerweile hat sich herumgesprochen, daß wir es mit wichtigen Vorgängen zu tun haben. Ich kann darauf jetzt nicht näher eingehen. Aber jeder soll wissen: Die deutschen Sozialdemokraten handeln in Solidarität mit Europa.

Es tut mir leid, daß ich sagen muß: Weite Teile von CSU und CDU benehmen sich in Wort und Tat unsolidarisch mit Europa; denn sie verbreiten nicht nur Pessimismus sondern wollen Schulmeister spielen und verursachen europäischen Streit.

Die rechten Wortführer der Union muten Europa einen politischen Glaubenskrieg zu. Aber die Völker Europas wollen sich nicht bevormunden lassen. Mit anti-sozialdemokratischen Schlachtrufen spaltet man Europa noch einmal und isoliert das eigene Land.

Es ist im übrigen besser, die Freiheit in den Gefährdungen des eigenen Alltags zu schützen, statt Franzosen und Italiener, Niederländer und Skandinavier mit vollem Mund über ihre Freiheit zu belehren.

Wir wollen nicht europäische Isolierung, sondern vertrauensvolle europäische Zusammenarbeit. So gebietet es auch das Interesse unseres Volkes.

Die Geschichte der Arbeiterbewegung und der Sozialdemokratie läßt sich bei uns in Westeuropa trotz fließender Übergänge in drei Phasen erkennen: Die erste handelt – neben dem Kampf gegen bittere Not – davon, daß aus Millionen rechtloser Proletarier gleichberechtigte Staatsbürger geworden sind. Die zweite Phase, die in unserem Land bis in die Zeit unserer Regie-

rungsverantwortung hineinreicht, handelt von der Verankerung materiellen Fortschritts und sozialer Sicherheit für die breiten arbeitenden Schichten des Volkes; es ging um das, was man den Wohlfahrtsstaat genannt hat.
Der sozialdemokratische Auftrag reicht weiter, im eigenen Land und in Europa. Wir stehen noch am Anfang einer dritten Phase. Sie prägt – unter den Bedingungen unseres Landes – den Übergang in die achtziger Jahre. Sie handelt von der Verwirklichung der sozialen Demokratie.
Soziale Demokratie verlangt, daß Gemeinsinn krassen Egoismus überwindet, daß die Bürger verantwortlich mitwirken an der Gestaltung ihrer eigenen Lebensumstände und Bürokratien das nicht als Störung empfinden.
Soziale Demokratie ist nicht verwirklicht, wo Arbeitnehmer sich ihrer Tätigkeit zunehmend entfremdet sehen, wo sie Selbstbestimmung, Mitverantwortung und Gestaltungsspielraum im Arbeitsleben nicht erringen können. Soziale Demokratie ist nicht verwirklicht, solange sich der politische Beitrag wesentlich auf den periodischen Gang zur Wahlurne begrenzt.
Selbstbestimmung, von der ich spreche, bedeutet Mündigkeit, Kritikfähigkeit und Eigenverantwortung. Selbstbestimmung heißt das Recht eines jeden Menschen, seinem Glück nachzugehen.
Der mündige, über sich selbst verfügende Bürger ist fähig zur Loyalität gegenüber der Gemeinschaft – die er braucht, ohne die er verloren ist.
Unsere Loyalität schulden wir nicht einem abstrakten Staat. Wir schulden sie einer konkreten Gemeinschaft, deren Sinn es ist, Leben und Freiheit und Menschenwürde zu schützen. Dem dienen die verfaßte Ordnung, ihre Organe und Einrichtungen ebenso wie eine wache politische und kulturelle Öffentlichkeit, zu der wir gehören. Diese Gemeinschaft als unsere Sache zu verstehen, nicht nur in der Not oder in der Krise, ist die Aufgabe; sie zu erleben ist das Ziel.
Die Sozialdemokraten haben von Anfang an gründlich, sogar quälerisch über das Verhältnis zwischen dem einzelnen und der Gemeinschaft in einer modernen Gesellschaft nachgedacht. Sie haben den Kampf in der ersten Phase gewonnen und die wesentlichen Ziele der zweiten Phase durchgesetzt – zum Nutzen von Millionen, zum Nutzen der Gemeinschaft. Zum Nutzen der einzelnen und der Gemeinschaft muß der Kampf für soziale Demokratie geführt werden. Sie bedeutet: Möglichkeit und Bereitschaft der Bürger zur Teilhabe, also mehr als Proteste oder Forderungen oder Initiativen im engverstandenen oder sogar selbstgerechten Eigeninteresse. Teilhabe heißt praktizierte Solidarität, heißt die Vertretung der eigenen Interessen in einer Weise, daß die Verständigung auf ein Gesamtinteresse nicht versperrt wird. Teilhabe – das bedeutet nicht nur, aber vor allem auch Mitbestimmung im Wirtschaftsleben. Man wird von den Arbeitnehmern und ihren Gewerkschaften Verantwortungsbewußtsein nur bedingt erwarten dürfen, wenn man ihnen Mitbe-

stimmung verweigern will. Da helfen auch keine Klagen vor dem höchsten Gericht.[185]

Bereitschaft zur Teilhabe gehört wesensmäßig mit der Bereitschaft zur Reform zusammen. Sie ist der andere Stützpfeiler sozialer Demokratie.

Wenn wir uns dem Angriff auf die Mitbestimmung entgegenstellen, so tun wir es aus gesamtgesellschaftlicher Verantwortung. Wenn wir jeden Versuch zurückweisen, aus der übergreifenden Verantwortlichkeit der öffentlich-rechtlichen Rundfunk- und Fernsehanstalten auszubrechen, unbequeme Sendungen auszuschalten und statt dessen Hofberichterstattung zu betreiben, dann hat auch dies den Grund, daß wir den Grüppchenstaat nicht wollen.

Wenn wir in der Bildungspolitik gegen die Verteufelung der Gesamtschule – also einer guten Schule für möglichst viele, angehen, dann hat auch dies den Grund, daß wir dem Rückzug aus der Gesamtverantwortung nicht zustimmen können. Wenn man die Dinge treiben ließe, könnten wir womöglich eine fortschreitende Desintegration unserer Gesellschaft oder – bewußt zugespitzt formuliert – den Zerfall des Gemeinwesens in eine Wolfsgesellschaft erleben. Das werden wir nicht zulassen.

Soziale Demokratie schließt natürlich Irrtümer nicht aus. Sie verhindert nicht einmal, daß Fehler gemacht werden. Aber in ihr liegt zugleich immer die Chance der Korrektur und der Verbesserung. Ohne die Bereitschaft zum Dialog geht es nicht. Das verlangt nach der öffentlichen Dikussion und freien Meinungsbildung. Wir haben seinerzeit gesagt, wir brauchten immer wieder das große Gespräch mit den Bürgern. Das ist heute so richtig, wie es gestern richtig war.

Dies, wovon ich jetzt gesprochen habe, ist der taugliche Weg zur Lösung komplexer Probleme der Gesellschaft. Dies ist jeder Technokratie überlegen, mag sie sich „aufgeklärt“ nennen oder nicht. In Wirklichkeit bestimmt Aufklärung als permanenter Prozeß die Substanz der sozialen Demokratie.

Ich sagte zu Anfang, auch heute wieder stünden wir in einer doppelten Pflicht: uns in den Herausforderungen des Tages zu bewähren und uns über den Weg nach vorn Klarheit zu verschaffen. Wir bleiben uns unserer gesamtwirtschaftlichen Verantwortung und unseres europäischen Auftrages bewußt. Und wir werden die Einheit unserer Partei ebenso zu stärken wissen, wie wir ihre geistige Lebendigkeit nicht verkümmern lassen. Alle müssen sich darüber im klaren sein: Neben der harten Tagesarbeit geht es jetzt auch schon immer mit um den Übergang in die achtziger Jahre und damit um die Perspektive für die Jungen.

Einfacher wird die Verantwortung nicht werden. Dazu gehen die Veränderungen in der uns umgebenden Welt zu tief. Sie sind auf einer Reihe von Gebieten von epochaler Natur, nicht nur machtpolitisch, nicht nur ökonomisch

und technologisch, nicht nur auf die natürlichen Ressourcen bezogen, sondern auch geistig und seelisch, das Selbstverständnis und den Selbstzweifel der Menschen betreffend.
Wir sollten uns vielleicht noch einmal bewußt machen, daß die deutsche Sozialdemokratie in ihrer Geschichte schon mit ganz anderen Schwierigkeiten fertig geworden ist: in der Zeit des Sozialistengesetzes, nach dem Ersten Weltkrieg, angesichts des Terrors, inmitten der großen Trümmerwelt, in Berlin, im Ruhrgebiet, im deutschen Süden, hier in Hamburg, in vielen anderen Regionen. Daran gemessen brauchen wir uns über die Schwere der Aufgaben, die uns heute aufgebürdet sind, gewiß nicht zu beklagen.
Ich möchte, daß wir einander und unserem Volk so helfen, wie es sich aus dem Auftrag der sozialen Demokratie ergibt: Der deutsche Name soll sich für die Völker der Welt nicht nur mit den Begriffen von Tüchtigkeit und Fleiß verbinden – Eigenschaften, die niemand geringachtet –; er soll sich nie wieder mit den Begriffen „Gewalt" und „Unrecht" verbinden. Der deutsche Name soll sich dauerhaft mit der Wirklichkeit von Frieden, Gerechtigkeit und Solidarität verbinden.
Ein freies Land der guten Nachbarschaft in Europa – das ist das Vaterland, das wir Sozialdemokraten wollen, für das wir arbeiten, für das wir kämpfen. Es ist das Vater- und Mutterland, das diesen Namen verdient.

Aus: *Vorstand der SPD (Hrsg.): Parteitag der Sozialdemokratischen Partei Deutschlands vom 15. bis 19. November 1977, Congress-Zentrum Hamburg. Protokoll der Verhandlungen. Anlagen, Lübeck o. J. [1978], S. 32–58*

Rechenschaftsbericht
Rede vom 3. Dezember 1979

Verehrte Anwesende! Genossinnen und Genossen! Liebe Freunde! Dies wird für uns alle eine arbeitsreiche Woche sein, für die gesamte Partei und die Menschen in unserem Lande hoffentlich ein Gewinn; an inhaltlicher Spannung wird es jedenfalls nicht fehlen.
Meine Aufgabe kann jetzt nicht darin bestehen, schriftliche Berichte zu wiederholen oder die Themen unserer Tagesordnung unnötig vorwegzunehmen. Wohl aber möchte ich mit einigen (vermeintlichen) Selbstverständlichkeiten beginnen.
Erstens: Wir sind uns alle einig – weil dies unseres Landes wegen geboten ist –, daß wir die Wahlen 1980 mit Helmut Schmidt gewinnen wollen.[186]
Das sagt sich leicht, aber es verlangt viel von uns, nicht zuletzt, daß wir die vorausgehenden Landtagswahlen auch gut bestehen: in Baden-Württemberg, im Saarland, in Nordrhein-Westfalen; mit Erhard Eppler, Oskar Lafontaine und last but not least Johannes Rau.
Unser Volk und Europa haben Anspruch auf ein besonnenes, auf Ausgleich bedachtes Deutschland. Die Bürger, zumal unsere Jugend, haben Anspruch auf eine gesicherte Zukunft.
Zweitens: Auf dem Wege zur Bestätigung der sozialliberalen Koalition, die, alles in allem, der Bundesrepublik gut bekommen ist – ich füge aber ausdrücklich hinzu: auch auf dem Wege zur stärksten Fraktion im Deutschen Bundestag –, gibt es kein Entweder – Oder.
Die Mobilisierung der Stammwähler, ein Einbruch in die bisherige Wählerschaft der Union, die Rückgewinnung solcher, die nach „grün" tendieren – es wäre leichtsinnig, wollten wir einen dieser Punkte weniger wichtig nehmen als den anderen.
Drittens will ich nun auch von dieser Stelle aus unterstreichen: Godesberg gilt; es bleibt die Grundlage der SPD als der linken Volkspartei. Freilich gibt es auch die Pflicht zum Weiterdenken. Kritische Bürger und die eigenen Genossen – beides schließt sich nicht aus – erwarten von uns gute Leistung, die wir dann auch nicht zu verstecken brauchen. Gleichzeitig erwarten sie geistige Orientierung und die Courage, daß wir uns miteinander offen und unvoreingenommen der Zukunft zuwenden.
Die in Godesberg vollzogene Verpflichtung unserer Politik durch Grundwerte ist nun auch durch die Kirchen gewürdigt worden.[187] Der Orientierungsrahmen '85 hat – auf dem Wege von dort bis hierher – außerhalb unserer Grenzen zuweilen mehr Beachtung gefunden als in den eigenen Reihen.[188]

Auf die Grundwerte bezogene Überlegungen und konkrete Analysen bleiben für uns unverzichtbar, d.h. Erfahrungen und Sachverhalte so mit sozialer Phantasie und Einfühlungsvermögen in die Welt von morgen zu verbinden, daß daraus Orientierung werden und jene Sicherheit erwachsen kann, die man von sozialdemokratischer Politik erwarten darf.

Viele Menschen wollen wissen, wohin es geht und was sich daraus für sie ergibt. Dies ist die einzige Stelle, liebe Freunde, an der ich mich ausdrücklich auf Hamburg vor zwei Jahren berufe, wenn ich sage: Damit unsere Partei ihrer Verantwortung gerecht werden kann, braucht sie Augenmaß und Geschlossenheit und programmatisches Profil; und dazu gehört gewiß der Ehrgeiz, Zukunftsfragen anzugehen, auch wenn das nie ganz zureichend gelingen wird, wie ich fürchte.

Liebe Genossen, das Motto, unter das wir diesen Parteitag – der fast schon in den letzten Tagen der 70er Jahre stattfindet – gestellt haben, „Sicherheit für die 80er Jahre", paßt ganz besonders zu Berlin, der Stadt, in der wir zu Gast und gleichzeitig zu Hause sind. In dieser Stadt, die der Krieg in eine Trümmerwüste verwandelte und die das Schicksal der deutschen Teilung doppelt trägt, leben Menschen, die wie kaum einer sonst in Deutschland und Europa wissen, wie wichtig Sicherheit ist, um in Freiheit zu leben.

Die Sozialdemokraten haben gerade hier bewiesen, daß sie in Sachen Freiheit keinen Nachhilfeunterricht brauchen.

Anderswo waren manche Leute, die später den Mund weit aufrissen, politisch noch gar nicht oder noch nicht wieder aufgestanden, als hier deutsche Freiheit verteidigt und europäische Freiheit gesichert wurde.

Meine Berliner Lehren besagen: Im Leben des einzelnen, einer Stadt, eines Volkes gibt es fast nie ausweglose Situationen, wenn man den jeweils richtigen Punkt kennt, von dem aus die Dinge wieder in Gang gebracht werden können, und wenn man sich nicht isoliert, sondern Bundesgenossen oder gar Freunde findet und wenn man begriffen hat, daß moralische Werte schwerer wiegen als alle noch so wichtigen Einzelheiten des tagespolitischen Geschehens.

Hier in Berlin haben wir gelernt und bestätigt bekommen: Weder darf man Grundsätze preisgeben noch vor unangenehmen Realitäten davonlaufen. Dies wird ganz deutlich am Beispiel des im Grunde sehr bescheidenen Passierscheinabkommens mehr als zwei Jahre nach dem damaligen schrecklichen Mauerbau.

Damals hatten wir den Stillstand und die großen Worte satt. Wir haben kleine Schritte versucht und daraus das entwickelt, was dann unsere Ostpolitik genannt wurde. Diese Politik haben wir in Zusammenarbeit mit den Kollegen von der FDP begonnen. Mit der CDU war das nicht möglich. Das ist eine Erfahrung, die wir auch in Bonn während der Großen Koalition machen

mußten. Die unvernüftige Rechte, wirklichkeitsfremd und ohne eigentliche Hoffnung für die Zukunft, zwang den gemäßigten Teilen der Union schon damals ihren Willen auf.
Hier in Berlin präsentieren sich die deutschen Sozialdemokraten als das, was sie von Beginn an waren und immer bleiben werden: als die Partei der Freiheit und des Ringens um erfahrbare Menschlichkeit.
Auf diese Tradition sind wir stolz. Keiner darf glauben, daß wir uns diesen Stolz nehmen oder zynisch in Zweifel ziehen ließen.
Ich begrüße es, daß sich die verfolgten Sozialdemokraten neu zusammengefunden und zusammengeschlossen haben.[189] Es ist gut, daß sie uns weiterhin mit ihrer Erfahrung helfen wollen. Ich füge hinzu: Wer das Ehrenkleid des Widerstands und der Verfolgung getragen hat – mancher trug es nicht nur im Dritten Reich, sondern auch im anderen Teil Deutschlands noch danach –, der verdient einen Ehrenplatz, lieber Ludwig Linsert und ihr anderen, wo immer sich deutsche Sozialdemokraten zusammenfinden.
Im vorigen Jahr haben wir der hundertjährigen Wiederkehr des Gesetzes gegen die Sozialdemokratie gedacht, – zwölf Jahre Drangsalierung und Verleumdung, die danach nicht aufhörten. Zwei Generationen später forderten zwölf Jahre NS-Diktatur unvergleichlich viel mehr. Nicht allein Sozialdemokraten haben widerstanden und gelitten, das ist wohl wahr. Doch niemand hat das Recht, unsere oder anderer freiheitliche Tradition zu verhöhnen oder das Bild von Märtyrern zu schmähen. Es ist doch auch das Bild derer, die in der Hoffnung auf einen christlichen Sozialismus und, wie sie es nannten, auf eine christlich geprägte Politik unermeßlich gelitten haben. Wer aus Vorkämpfern Feinde der Freiheit machen will und Sozis mit Nazis gleichstellt, will nicht die Geschichte prüfen, sondern schamlos provozieren, rücksichtslos polarisieren.[190]
Wer aber so leichtsinnig und fahrlässig mit der jüngsten Geschichte umgeht, von dem ist zu vermuten, daß er leichtsinnig und fahrlässig auch mit den Interessen unseres Volkes umgeht.
Wir haben eine Republik gewollt, die sich nicht alles gefallen läßt. Dabei soll es bleiben. Widersacher von Freiheit, wirkliche Feinde der Grundordnung, Terroristen zumal, haben keinen Anspruch auf tolerante Großzügigkeit.
Das unverfrorene Treiben kleiner, aber militanter Gruppen von Neonazis müssen wir auch nicht dulden. Mancherorts sieht man deutlicher als vor zwei Jahren, daß dem deutschen Ansehen und dem inneren Frieden hier schwerer Schaden zugefügt werden kann. Ich finde, es ist gut, daß sich die Bundestagsfraktion und der Bundesminister der Justiz[191] dieses Gegenstandes ernst angenommen haben. Mein Rat: wachsam bleiben, sich nichts gefallen lassen, wo es um Freiheit und um Selbstachtung geht, und weiterhin

ganz ernst nehmen, was wohlverstandene Sicherheit angeht, im Innern wie nach außen.
Liebe Genossinnen, liebe Genossen, wenn wir „Sicherheit für die 80er Jahre“ proklamieren, nehmen wir dann, so kann man fragen, nicht den Mund zu voll? Ich glaube das nicht. Legen wir die Erfahrungen zugrunde, dann können wir zunächst einmal sagen: So wie wir – besser als fast alle vergleichbaren Staaten – durch die krisenträchtigen 70er Jahre gekommen sind, lohnt es sich, alles zu tun, damit unser Volk auch das nächste Jahrzehnt bestehen kann. Das Erreichte, das ja nicht ererbt, sondern hart erarbeitet wurde, verteidigen, dies wird angesichts weltweiter Erschütterungen weiterhin großer Anstrengungen bedürfen. Dazu gehören nicht nur die „neuen“ Fragen, sondern auch die „alten“, von deren Beantwortung für die Arbeitnehmer, die breiten Schichten überhaupt, weiterhin so viel abhängt. Aber dann geht es zugleich immer auch darum, Neues zu erfassen, Zukunft auszuloten, ja, auch Unsicherheiten zu erkennen und überwinden zu helfen. Allzuoft sind es real kaum zu fassende Ängste, die menschlichen Gestaltungswillen lähmen. Das verbindet uns gerade in dieser Zeit zusätzlich mit den Gewerkschaften, mit den Sozialverbänden, auch mit den verantwortungsbewußten Kräften der Wirtschaft, mit der aufgeschlossenen Wissenschaft.
Mehr Menschen als noch vor wenigen Jahren sehen heute, wie recht wir hatten mit dem Vermitteln der simplen Erkenntnis, daß morgen nur sicher leben kann, wer heute für die notwendigen Schritte nach vorn sorgt. Und doch wird die Zukunft vielfach nicht mehr als selbstverständliche Chance, sondern überwiegend als Bedrohung empfunden. Der platte europäische Fortschrittsglaube hat sich nach Auschwitz und Hiroshima kaum wieder erholt; er ist durch Kriege und Krisen in diesem Jahrzehnt weiter erschüttert worden. Natürlich fehlt es auch nicht an Kräften, die aus den Unsicherheiten Kapital schlagen möchten, indem sie verwirren und vergiften, um dann womöglich zu verführen.
Um so wichtiger ist es, daß wir Sozialdemokraten klarzumachen versuchen: Es stimmt nicht, daß wir zwanghaft einem unheimlichen, unabwendbaren Schicksal entgegenzusehen hätten. Nein, so ist es nicht. Ein wichtiger Teil der vor uns liegenden Arbeit soll sein, neuen Mut und neue Hoffnung zu begründen. Hoffnung wird, nein, muß wieder großgeschrieben werden. Unsere SPD ist zu verstehen als Teil einer historischen Bewegung, die vor der Zukunft nicht flüchtet, die vor dem Morgen keine Furcht hat, die eine Versklavung durch die Angst und die Angstmacher nicht akzeptiert. Unser Vertrauen, unser Mut gründen sich im Sinne von Godesberg auf Menschlichkeit, demokratische Gesamtverantwortung, Solidarität.
In Straßburg[192] habe ich im Sommer die Frage aufgeworfen, ob der Aus-

druck „Krise" noch angemessen ist für die Summe von auch geistigen Erschütterungen, die wir gegenwärtig erfahren. Ich weiß, diesen rasanten, oft krisenhaften Wandel „Umbruch" zu nennen, fordert kritische Anmerkungen heraus. Warum auch nicht? Aber daß vieles nicht wieder so sein wird, nie wieder so sein wird, wie es war, dem ist schwer zu widersprechen.
Wir haben nicht nur an weltpolitische Krisen und Konflikte und an das Wettrüsten zu denken, an Energiesorgen, Unterbeschäftigung und internationalen Währungswirrwarr, sondern auch an Wandlungen und Herausforderungen, die sich aus dem Welthunger ergeben, an militanten nationalen und religiösen Fanatismus, irrationale Gewalten und ein selbst für die Älteren unter uns Mitteleuropäern kaum vorstellbares Flüchtlingssterben, dessen Zeugen wir in Südostasien sind.[193] Ich wünschte, diese millionenfache Tragödie griffe uns allen so ans Herz und ins Gehirn, wie es ihrem Schrecken entspricht.
Es kommt hinzu: Die Gefahren, die aus der Plünderung der Natur erwachsen, sind ins öffentliche Bewußtsein gedrungen. Gigantomanie gilt weithin nicht mehr als Vorbild, es sei denn bei regierenden Kommunisten, die, wie mir scheint, immer noch darauf aus sind, Amerika, wie sie es nennen, „einzuholen und zu überholen". Viele plagt heute das Schreckensbild einer anonymen computergesteuerten Gesellschaft, automatisiert, medienhypnotisiert, ohne Gegenkontrolle, womöglich sogar ohne hinreichenden Datenschutz.
Das sind ein paar Elemente jener Bedrohungen, über die die Menschen neu nachdenken und gegen die sie sich zu wehren suchen. Vielen ist bewußt, daß Abhilfe nicht von heute auf morgen parat sein wird. Inzwischen sollte unser Volk auf der Hut sein vor solchen, die Gewerkschaften und andere freie Organisationen gängeln wollen, die Frauenrechte nicht ausweiten, sondern beschneiden wollen, die drauf und dran waren und sind, den Schulfrieden mit den neuen Bildungsmöglichkeiten durch ideologische Verkrampfung zu zerstören und die föderalistische Struktur unseres Staates auf die schiefe Bahn zu bringen, die Informationsfreiheit sagen, Kapitalinteressen dienen und unabhängige Sender zerstören, wenn man sie nicht noch daran hindert.
Was mühsam erreicht wurde, das dürfen wir uns nicht kaputtmachen lassen, weder durch Sonthofener Krisenherbeibeter noch durch kaltlächelnde Computergemüter aus nördlichen Regionen.[194] Die einen sind nicht weniger machtbesessen als die anderen.
Reformfeinde müssen daran gehindert werden, objektive Schwierigkeiten auszuschlachten und verwirrte Gemüter gegen die Vernunft in Front zu bringen. Ein hohes Maß an Sicherheit für die 80er Jahre, also unter den Bedingungen des stürmischen Wandels – das verlangt in unseren Breitengraden eine sozialdemokratische Führung.
Liebe Freunde, sinnvolle Politik hat mit Prioritäten zu tun. Und gerade in

dieser Zeit muß man sich freimachen nicht nur von krähwinklerischen, sondern auch von überholten nationalstaatlichen Denkweisen. Ich kann nur anraten, vom Bundeskanzler zu lernen, der nicht müde wird, auf gemeinsame europäische und – wo es geht – internationale Lösungen hinzuwirken, auch wo dies und gerade wo dies auf ausgetretenen Pfaden nicht möglich ist.

Was kann nun unsere Partei, was kann die interessierte Öffentlichkeit von den Beratungen dieser Tage erwarten? Sie können – so denke ich – mehr erwarten, als daß man sich in Diskussion und Berichterstattung an ein paar Punkten festbeißt und gehaltvolle Konzepte, ganze Teilprogramme vernachlässigt oder gar übersieht.

Ich hoffe also, z.B. und nicht zuletzt, daß unsere Antworten, der Versuch unserer Antworten zur Frage nach humanem Wachstum voranführen. Wir müssen Arbeitsplätze sichern und neu schaffen, die Vollbeschäftigung gewährleisten in einer Phase tiefgreifenden Strukturwandels – wobei die Mikroprozessoren in großer Zahl ja erst noch kommen.

In dieser Situation neben den schwergewichtigen Problemen der Arbeitnehmer die Probleme der Selbständigen zu unterschätzen, wäre extrem unvernünftig. Ich möchte also die Partei bitten, neben den berechtigten Anliegen der Arbeitnehmer die der Selbständigen nicht zu kurz kommen zu lassen, d.h. Hilmar Selle und seine Freunde von der Arbeitsgemeinschaft der Selbständigen nach Kräften zu ermutigen.

Bei uns unterschätzt wohl niemand die Bedeutung der energiepolitischen Probleme und Aufgaben, die wir ja im wesentlichen stellvertretend für die Gesellschaft erörtern. Niemand kann glauben, daß die unterschiedlichen Meinungen und die Zweifel im Volk nicht auch von vielen Anhängern der Union geteilt würden; sie werden dort nur nicht ausgetragen.

Wir selbst sollten uns, so meine ich, noch einmal deutlich machen: Weite Bereiche der Energiepolitik sind in Wirklichkeit unumstritten, und das sollte dann auch nicht untergehen. Zum anderen haben wir seit dem fast überschwenglichen Ja zur Kernenergie – ich denke an München 1956 – einen weiten Weg hinter uns gebracht und uns neuen Erkenntnissen nicht verschlossen; Sicherheit vor allem rangiert ganz oben. Auch auf diesem Parteitag werden natürlich nicht Beschlüsse von Ewigkeitswert zu fassen sein, schon gar nicht, wo es um komplizierte technische Probleme geht.

Aber, liebe Freunde, wir sind eben auch kein politischer Debattierclub, sondern eine politische Partei, und zwar eine solche in Regierungsverantwortung. Also muß entschieden werden über das, was jetzt fällig ist. Ich hoffe auf ein faires Abwägen des Für und Wider: ohne Disqualifizierungen, und im übrigen im Wissen darum, daß wir dieser Tage nicht zum letztenmal über Energie befinden.

Der Parteitag hat die Chance, Weichen zu stellen, wenn über den Zusammenhang von Ökologie und Ökonomie beraten wird. Laßt uns diese Chance nutzen.
Soziale Sicherheit hat und behält ihren grundlegenden Wert – für die vielen – und der AfA-Vorsitzende Helmut Rohde hat darauf dieser Tage noch einmal hingewiesen – immer noch die einzige reale Form von „Eigentum". Das vielzitierte „Netz" darf nicht reißen. Und dem Gebot des Verfassungsgerichts, bis 1984 für Gleichberechtigung von Frauen und Männern in der Altersversorgung zu sorgen, soll so entsprochen werden, daß die Angstmacher nicht zum Zuge kommen. Wenn außerdem für die einzelne Rentnerin und den einzelnen Rentner möglichst viel Durchsichtigkeit zu erreichen wäre, würde dies zweifellos auch viel Zustimmung finden.
Liebe Freunde, auch wenn hier in Berlin noch nicht darüber zu beschließen ist, möchte ich an dieser Stelle die gründliche Arbeit der sozialpolitischen Kommission unter dem Vorsitz von Herbert Wehner würdigen.
Ich verbinde damit unseren Dank an alle, die zur inhaltlichen Vorbereitung des Parteitages beigetragen haben.
Die Diskussionsgrundlage zur Hinterbliebenenversorgung, die ihr heute früh auf den Tischen gefunden habt, bringt uns ein gutes Stück voran bei der Erörterung dessen, was vorbereitend zu entscheiden wir nicht anderen überlassen können. Die Partei – und das gilt jetzt nicht nur für die Delegierten hier, sondern für die, denen ihr berichten werdet – muß sich der Materie annehmen und sorgfältig zu den Vorschlägen Stellung nehmen. Viel Zeit haben wir dafür zunächst nicht zur Verfügung. Wir dürfen uns nicht durch polemische Sperrfeuer verwirren lassen. Im Februar wird der Parteivorstand, nach Vorberatung im Parteirat und Gewerkschaftsrat, zur Sache beschließen – eine Sache, die einen Eckpfeiler des Sozialstaates betrifft: die Sicherung im Alter und bei vorzeitiger Erwerbsunfähigkeit. Dies ist unser ureigenstes Gebiet; der ganze Ernst unseres sozialen Engagements ist neu gefordert.
Skeptiker mögen jetzt fragen: Paßt unsere reformbewußte, sozialfortschrittliche und aktive friedenssichernde Politik überhaupt noch in die europäische Landschaft? Geht nicht Europa, so mögen die Skeptiker sagen – der Teil Europas, zu dem wir gehören –, unweigerlich nach rechts?
Auf dem österreichischen Parteitag vor gut zwei Wochen hat sich Bruno Kreisky, der zu uns zu Beginn der Nachmittagssitzung sprechen wird, gegen die These von einer konservativen Renaissance ausgesprochen. Meine Antwort geht in die gleiche Richtung, zutreffend dürfte allerdings sein, daß unsere Bundesrepublik zu jener Gruppe von Ländern in Europa gehört, in denen die Rechte noch rechter geworden ist.
Aber ein Gesetz europäischer Rückwärtsgewandtheit gibt es nicht. Zwi-

schenspiele mag es geben. Aber alle Bedingungen dieses Kontinents sprechen dafür, daß eine stabile Entwicklung nicht nur eine bewußte Friedenspolitik voraussetzt, sondern auch soziale Gerechtigkeit und demokratische Mitbestimmung erfordert.
Es gibt sozialdemokratische Erfolge, aber gewiß auch Unsicherheiten und Stagnationen. Die Unsicherheiten und Stagnationen werden am besten überwunden, wenn Antworten auf die neuen Fragen nicht lange auf sich warten lassen. Das gilt auch für die Frage, was auf den Sozialstaat folgt, der nach den Gesetzen der Logik nie ganz vollendet sein wird.
Es gibt, wie hier jeder weiß, solche sozialdemokratischen Parteien, die ihre Stagnation überwunden haben und die neuen Einfluß gewinnen, auch wenn dies nicht immer gleich zu neuer Regierungsverantwortung führt. Es gibt jene Länder, wie Österreich, in denen unsere Freunde gerade in diesen Jahren bestätigend gezeigt haben: Zu guten Mehrheiten gehören jedenfalls Überzeugungskraft, eine mutige innerparteiliche Diskussion und gute Vertrauensarbeit mit menschlicher Wärme.[195]
Vergeßt dies bitte nicht! Und denkt daran: Wer die Menschen verachtet – und womöglich sich selbst dazu –, der taugt nicht zum guten Sozialisten.
Neues Vertrauen gewinnt man nicht durch Dreschen von leerem Stroh, sondern durch das Aufzeigen von Lösungen, die solide sind und Hoffnungen vermitteln.
Liebe Genossen, ziemlich oft werde ich gefragt, ob ich den Satz „Mehr Demokratie wagen" heute nach gut zehn Jahren wiederholen würde. Ich sage eindeutig: ja.
Wir sind auch in dieser Hinsicht nicht erfolglos gewesen: verbesserte Betriebsverfassung und Personalvertretung, neue Formen von Mitbestimmung, Mitwirkung bei der Städteplanung. Ist das nichts? Bedeutet es nicht auch einiges, daß der Zugang zur Volksbildung auf eine breite Basis gestellt worden ist?
Beckmesser könnten jetzt sagen – sie werden es auch tun –: Jetzt gibt er selbst zu, die Reform der Schulen sei mit mancherlei wenig überzeugenden Begleitumständen verbunden gewesen oder sei es noch. Als ob es ein einfach Ding wäre, Bildungsvorrechte zu überwinden! Wer den historischen Prozeß leugnet, um den es sich hier handelt, und wer gar die anfänglichen Probleme künstlich hochspielt, der hat jedenfalls kein Angebot für die Zukunft. Wir brauchen nur die nüchterne Bilanz aufzumachen, wieviel mehr Arbeiterkinder, wieviel mehr Mädchen und wieviel mehr junge Menschen vom Lande heute das bekommen, was man eine höhere Bildung nennt.
Wer will das zurückdrehen? Wenn es jemand will, so ist zu fragen, zu wessen Lasten er es zurückdrehen will.
Was die kommunalen Gebietsreformen angeht, hätten viele Anlaß, sich kri-

tisch ins Gebet zu nehmen und sich mit uns zusammen zu fragen, ob das alles hinreichend durchdacht war, ob hier und da nicht am Bürger vorbeigeplant wurde. Sollten wir nicht – so frage ich – denen unsere Anerkennung sagen, die Fehlentscheidungen in Ordnung bringen? Auch wir haben keinen Anspruch auf Unfehlbarkeit. In der Fähigkeit, Falschgemachtes zu reparieren, liegt nicht Schwäche, sondern Stärke. Das sage ich mit freundlichem Blick nicht nur zu Holger Börner.[196]

Unsere etatistische Tradition, also die Neigung, möglichst viel durch öffentliche Hände machen zu lassen, werden wir zügeln müssen.

Gemeinnützige Institutionen, freie Verbände, Selbsthilfe sind wichtiger und werden noch wichtiger, als es mancherorts bewußt sein konnte, war oder ist. Allerdings möchte ich dazu raten, mit dem Schlagwort der Bürokratie vorsichtiger umzugehen. Dieses Schlagwort wird planmäßig mißbraucht, um soziale und reformpolitische Bemühungen insgesamt verächtlich zu machen. Ich bin dafür, Amtsstuben oft genug auszulüften. Aber Sozialdemokraten haben auch dafür zu sorgen, daß die Angehörigen des öffentlichen Dienstes fair behandelt werden.

Dienstleistungen für den Bürger darf man nicht als bürokratischen Übermut diffamieren.

Demokratie ausbauen beschränkt sich nicht auf den staatlichen Bereich, sondern das heißt heute in erster Linie, die immer noch gegebene Diskriminierung von Frauen in den Gesetzen, in Beruf und Werbung tatkräftig abzubauen und Frauen stärker in politische Verantwortung einzubeziehen.

Der verfassungsrechtliche Grundsatz der Gleichberechtigung – wem sage ich es hier – ist noch lange nicht zur gesellschaftlichen Wirklichkeit geworden. In den zehn Jahren sozialliberaler Koalition konnte einiges vorangetrieben werden; aber machen wir uns nichts vor, wir haben es mit einem schwierigen kulturgeschichtlichen Erbe, mit Vorurteilen, wohl sogar mit männlichen Urängsten zu tun, und die sind nicht leicht zu überwinden. In unserem Bemühen um tatsächliche Gleichberechtigung können wir nur glaubhaft sein, wenn wir damit in der eigenen Partei ernst machen.

Genauer gesagt: Wir sollten hier in Berlin mehr Frauen in den Vorstand wählen, wie wir verhältnismäßig mehr weibliche Abgeordnete ins Europaparlament entsandt haben. Aber es geht um mehr, nämlich darum, auf allen Ebenen der Partei erheblich mehr tüchtige Frauen mit Ämtern und Mandaten zu betrauen.

Ich möchte neben dem Text zur Sozialpolitik, den ihr auf den Tischen habt, auch den anderen ausdrücklich erwähnen, in dem die beiden familienpolitischen Beschlüsse dieser Wochen enthalten sind. Unser familienpolitischer Kongreß im nächsten Früjahr soll zusätzlich klare Auskunft darüber geben, was auf diesem wichtigen Gebiet Sache ist.[197] Unseriösen Geschenkverspre-

chen sollten wir ebensowenig wie verlogenen Leitbildern nachgeben; denn damit ist den Familien nicht geholfen.
Ich bin im übrigen nicht sicher, liebe Freunde, ob es nur ein Nachhutgefecht war, was man jüngst an Kampagnen gegen den veränderten § 218 erlebte.[198] Wenn ich es richtig verstehe, dann kommt dieser Reform im Bewußtsein vieler Frauen symbolhafte Bedeutung zu. Sonst würden die Wogen der Emotionen nicht immer wieder so hoch schlagen. Was war denn der Status quo ante, der frühere Zustand? Er war Angst, Erpressung, Gefahr des Lebens, er war eine große Lüge zu Lasten der Frauen.
Gewiß ist die neue gesetzliche Regelung nicht perfekt.[199] Das liegt in der Natur der Sache, hat auch mit Ländergrenzen zu tun und ist vor allem eine schichtenspezifische Frage. Es ist ein Gebot der Gerechtigkeit, ihr den sozialen Zündstoff zu nehmen. Das ist eine Aufgabe, der wir uns nicht entziehen dürfen. Wer auch immer zu dem zurückwollte, was vorher war, dem sage ich – ich fühle mich da ganz sicher – er hat die überwältigende Mehrheit der Frauen in der Bundesrepublik gegen sich. Und wir deutschen Sozialdemokraten lassen sie nicht allein.
Muß ich, liebe Genossinnen, liebe Genossen, unsere Politik der aktiven Friedenssicherung heute neu begründen? Man wird dies von mir nicht erwarten.
Aber zutreffend ist, daß die Schwierigkeiten auf unserem Wege größer geworden sind. Und notwendig ist, daß wir uns des ganzen Ausmaßes der Gefahren bewußt werden. Es geht in den Jahren, die vor uns liegen, um nicht mehr und nicht weniger als um menschenwürdiges Überleben auf dieser Erde.
So wahr es nämlich ist, daß Entspannung und militärisches Gleichgewicht zusammengehören – und hier wird ja noch eine Menge darüber zu sprechen sein, was das heißt, wenn man es durchbuchstabiert –, so wahr ist es doch auch, daß immer höhere Militärausgaben – 2 Milliarden DM oder mehr pro Tag in der Welt – und immer weitere Umdrehungen der Rüstungsspirale ins Verderben führen müssen, daß sich Massenzerstörungsmaschinen selbständig machen können, daß die Menschheit – ich übertreibe nicht – in Gefahr ist, sich zu Tode zu rüsten.
Wahr ist auch: Aus millionenfachem Hunger – 700 bis 800 Millionen hungernde Menschen in einer Welt, die in der Lage wäre, dies zu ändern! – kann Chaos und Krieg werden.
Ich muß hier nicht wiederholen, was zu den Grundlagen unserer Sicherheitspolitik gehört: Europa, Bündnis und Bundeswehr, Entspannung und Gleichgewicht, aber militärisches Gleichgewicht – wenn wir über den Tag hinausdenken – doch nicht auf möglichst hohem, sondern auf möglichst niedrigem Rüstungsniveau, wie es auch im Antrag 12 steht.

Um dies zu erreichen, muß in künftigen Verhandlungen das politische Element wesentlich verstärkt werden.
Fortschritte auf dem Weg zum gesicherten Frieden werden kaum möglich sein, solange Angst vor dem Zerstörungspotential der jeweils anderen Seite überwiegt.
In diesem Augenblick liegt mir daran, als Überzeugung, wie ich meine, aller deutschen Sozialdemokraten zu bekunden: Unsere Vertragspolitik, unsere Entscheidung für den Abbau von Spannungen, wo immer dies möglich ist, war kein Alleingang, keine Taktik, sondern eine Grundentscheidung. Sie war konsequent und soll es bleiben.
Was immer an schwieriger und natürlich auch angefeindeter Zwischenentscheidung unvermeidlich geworden sein mag – wir werden jedenfalls alle miteinander neue Anstrengungen unterstützen und fordern, illusionslos, aber beharrlich, um die Politik der Entspannung neu zu beleben und sie durch beiderseitigen Rüstungsabbau solide werden zu lassen.
Wir fordern nicht nur, wir legen unser eigenes Konzept vor für die Begrenzung strategischer – auch kontinental-strategischer – Waffen für die UN, für Genf, für Wien, für Madrid.[200] Die Bundesrepublik Deutschland, die in der Welt Gewicht und Ansehen gewonnen hat, will und muß eine Friedensmacht in Europa sein!
Wir wollen also alle miteinander keinen Rückfall in die Scheinwelt vermeintlicher Stärke, in die sterilen Unsicherheiten des Kalten Krieges, sondern wir wollen als loyaler Partner der Allianz Angst und Mißtrauen abbauen helfen. Ursachen und Vorwände für immer weitere Umdrehungen der Rüstungsschraube müssen ausgeräumt werden. Nicht weniger, sondern mehr sachliche Zusammenarbeit ist geboten: mehr Kontakte und Erleichterungen für die Menschen. Unsere Prioritäten sind klar.
Bei den Nord-Süd-Beziehungen geht es, wie vielen klarzuwerden beginnt, um weit mehr als eine humanitäre Aufgabe, so wichtig auch diese bleibt. Es geht heute um weithin gemeinsame Interessen und um internationale Solidarität – in der besten Tradition der Sozialdemokratie. Welthunger, Weltseuchen, die schlimmsten Formen von Weltarmut könnten bis zur Jahrhundertwende, die zufällig auch die Jahrtausendwende ist, überwunden werden. Wir haben daran mitzuwirken, daß dies Wirklichkeit werden kann.
Wir haben ein Eigeninteresse daran, daß Weltchaos durch Weltelend vermieden wird. Wir haben Interesse an Öl, an Rohstoffen, an Welthandel und Welternährung, an neuen Arbeitsplätzen für unsere Kinder und Enkel. Zukunftsinvestitionen sind nicht unvernünftig, sondern es wäre unverantwortlich, ihnen auszuweichen.
Europa kommt auf all diesen Gebieten eine besondere Verantwortung zu. In der Gemeinschaft wird es noch manche Krise geben. Dem direkt gewählten

Europa-Parlament wird es nicht leicht fallen, seine ihm angemessene Rolle im Zusammenwirken mit den anderen Organen der Gemeinschaft zu finden und damit seinem Auftrag gerecht zu werden. Das heißt, der Streit im Haushaltsrecht, der jetzt begonnen hat, muß ausgetragen werden.[201]
Gleichzeitig müssen wir auf anderen Gebieten aufpassen, daß wir in der alltäglichen Wirklichkeit Europas zu Hause sind, ihr nicht hinterherhinken. Die deutschen Sozialdemokraten – will ich hier sagen – wollen nach Kräften mitwirken an einer besseren sachlichen Koordinierung der befreundeten Parteien – innerhalb der EG und über sie hinaus.
Das gilt auch für die Sozialistische Internationale. Diese weltweite Vereinigung demokratisch-sozialistischer Parteien hat in den letzten Jahren einen weithin beachteten Aufschwung genommen. Unser Beitrag dazu hat Substanz und wird anerkannt. Hans-Jürgen Wischnewski wird dazu übermorgen wohl noch ein Wort zu sagen wissen.
Für uns selbst ist es nicht wichtig, ob wir etwas für andere tun können, sondern daß wir einbezogen sind in eine große Gemeinschaft, die Anteil nimmt an der und Einfluß hat auf die Demokratisierung in Teilen Latein-Amerikas, die Entkolonialisierung im südlichen Afrika, den Nord-Süd-Dialog, das Bemühen um Rüstungsbegrenzung, im einzelnen auch z.B. die immer noch mühsame Friedenssuche im Nahen Osten.
Europäische Verständigung und internationale Solidarität, das sind für uns Sozialdemokraten nicht nur traditionelle Werte, es sind verpflichtende Orientierungspunkte für die Zukunft.
Und hier muß ich nun eine Frage an die junge Generation richten: Liegt es nicht auf der Hand, daß man mithelfen muß, die Bedrohungen und Ungerechtigkeiten dieser Welt zu überwinden? Es ist doch einfach nicht wahr, daß die Jugend zur Ohnmacht verurteilt sei. Sie braucht sich nicht ohnmächtig machen zu lassen. Und ich möchte, daß wir ihr dabei helfen, ihren Platz und ihren Einfluß zu finden.
Demokratie kann nicht gemehrt, kann kaum gesichert werden ohne oder gar gegen die junge Generation. Deshalb müssen wir angehen gegen die Tendenzen zur Gleichgültigkeit und Verweigerung, gegen die Neigung zum Ausstieg aus der Gesellschaft, gegen Flucht in Sekten oder Drogen.
Dabei darf man nicht versäumen, den Ursachen nachzuspüren, die ja nicht nur mit den Ungereimtheiten der großen weiten Welt zu tun haben, sondern auch mit der materialistischen Kälte, die sich breitmacht.
Auch den Konkurrenzdruck, der schon in der Schule beginnt, und die Ungewißheit vieler um den Weg ins Berufsleben sollten wir nicht unterschätzen.
Auf der anderen Seite muß man sich hier auch wohl vor unzulässigen Verallgemeinerungen hüten.
Zumal außerhalb der Großstädte gibt es Hunderttausende von Jugendlichen,

die im Vereinsleben stehen, und überall gibt es diejenigen, die sich dem Dienst am Nächsten verschrieben haben.
Wo die SPD in der Gesellschaft steht, hat sie in diesen Bereichen auch den direkten Kontakt mit vielen jungen Menschen. Nehmen wir uns bitte alle miteinander vor, die Älteren und die Jüngeren – also auch unsere Freunde von den Jungsozialisten –, daß wir das gesellschaftliche Umfeld nicht vernachlässigen!
Aber ich muß den Jungen in unserem Volk auch sagen dürfen: Seid nicht wehleidig! Ihr lebt – sage ich den Jüngeren – in unseren Breitengraden nicht in der schlechtesten aller Zeiten und der schlechtesten aller Welten.
Dankbarkeit erwartet und verlangt keiner. Aber Mut, den erwarten und den erhoffen wir. Mut und Widerstandsfähigkeit wird das Leben immer fordern, von jeder Generation.
Ich wende mich noch einmal an die Jungen und sage: Die SPD hat keine Zauberformel – wenn sie das vorgäbe, würde sie schwindeln –, die SPD könnte schwungvoller und mitreißender sein; aber diese Partei ist besser, als viele über sie reden oder schreiben.
Wir werden uns, hoffe ich, viel Mühe geben, gerade die heute Jungen – diejenigen, denen der Holzweg der Grüppchen oder der Seelenschau an den anderen vorbei nicht zusagt – davon zu überzeugen, daß es sich lohnt, politisch zu arbeiten, da nichts von allein kommt, und daß sie es bei unsereinem nicht mit altgewordenen Klugscheißern zu tun haben, sondern mit nachdenklichen Leuten, die sich selbst immer wieder auf den Prüfstand begeben, gerade, wo es um die Fragen des Überlebens geht: Frieden, Ausgleich, Menschenrechte.
Überleben, liebe Freunde, das hat, wie wir mittlerweile wissen, nicht nur damit zu tun, ob wir den dritten Weltkrieg vermeiden, sondern auch damit, wie wir mit den natürlichen Ressourcen umgehen. Der Fortbestand des Menschengeschlechts ist nur gesichert, wenn wir die Bindung unserer Existenz an die Natur voll anerkennen. Seit hundert Jahren, nicht erst seit gestern, kämpfen Sozialdemokraten für Lebensqualität und gegen die Ausbeutung von Menschen durch andere Menschen. Wir bekämpfen darin das Prinzip, das auf die Herrschaft der einen und die Ohnmacht der anderen hinausläuft. Wenn wir Solidarität sagen, dann setzen wir auch einen Grundwert gegen den ausbeuterischen Machtanspruch gegenüber Mensch und Natur. Denn es ist so, daß die Menschen auf dieser Erde voneinander abhängig sind und daß dies in den politischen Strukturen zum Ausdruck kommen muß.
Viele Bürger in der Bundesrepublik stufen die hiermit verbundenen Sorgen ganz hoch ein. Und dabei sollte man auch noch bedenken, daß Kernkraftablehnung und ökologische Orientierung von Politik nicht voll deckungsgleich sind.

Mein Freund Hans Koschnick, dem ich schon bei dieser Gelegenheit für die enge Zusammenarbeit in den zurückliegenden vier Jahren herzlich danken möchte, hat in seiner Eröffnungsrede heute früh zu dem Thema, bei dem ich eben angelangt war, schon Wichtiges gesagt. Ich füge hinzu: Die Umweltthematik ist doch nicht gegen, sondern durch deutsche Sozialdemokraten in die deutsche Politik eingeführt worden.
Wir waren nicht blind, höchstens nicht sehend genug. Wir haben nicht geschlafen, aber sicher noch nicht genug getan. Zunächst wurden wir übrigens auch noch von manchen allein gelassen, die erst heute nach Umwelt und Lebensqualität fragen.
Es wird unsere Aufgabe sein, Gesamtzusammenhänge deutlicher zu machen: Die einen müssen lernen, daß das ökonomische Kalkül nicht alles sein kann, die anderen, daß das friedliche Zusammenleben der Menschen nicht nur gesicherte Rechtsnormen erfordert, sondern auch gesicherte materielle Grundlagen.
Individuelle Antworten oder solche von kleinen Gruppen verdienen Aufmerksamkeit und Respekt. Aber – und ich muß hier einige Leute um Nachsicht bitten – die sozialdemokratische Bewegung tut sich nun einmal etwas schwer, avantgardistische Lebensstile zu verarbeiten. Denn sie ist zu allererst Interessenvertretung jener, für die materielle Sicherheit noch nicht oder noch gar nicht so lange selbstverständlich ist.
Keinerlei Unterstützung kann man von uns – auch nicht indirekt – für wie auch immer schillernde Sondergruppen erwarten. Zwar werden wir jedes Argument, daß sie vorbringen, ernst nehmen, aber wir werden jedes dem grellen Licht der Realitäten aussetzen. Wer sich selbst auf ein Thema oder zwei beschränkt und allen Prüfsteinen der Politik ausweicht, zaubert den Wählern Illusionäres vor.
Wir respektieren den Idealismus vieler junger Leute, die sich heute solchen Gruppen angeschlossen haben. Aber wir sagen ihnen auch ungeschminkt: Objektiv haben eure Gruppen, wo sie einen parteiähnlichen Charakter annehmen wollen, die Rolle übernommen, die man in der CSU-Zentrale einer vierten Partei zugedacht hat.
Die Frage ist doch, von Entspannung und Nord/Süd einmal ganz abgesehen: Wie steht man zum Zusammenhang zwischen Umwelt, Arbeit und sozialer Sicherheit? Innerhalb der SPD ist Handlungsspielraum für den, der auf vernünftige Weise Mut hat zu handeln, und Denkfreiheit für jeden, der – laut oder leise – denken will.
Ich weiß um die neue Berührung zwischen links und wertkonservativ, und mir ist manches darin enthaltene Denken gar nicht fremd. Ich weiß auch um das manchen Intellektuellen eigene, durch Freud so benannte Unbehagen an der und in der Kultur. Aber aus den zivilisationskritischen Ansätzen

muß doch wirklich nicht zwangsläufig ein irrationales oder apolitisches Verhalten folgen. Es gibt vielmehr neue Felder, auf denen sich das Bündnis mit der kritischen Intelligenz und Wissenschaft – und jenes Bündnis stand ja an der Wiege der deutschen Arbeiterbewegung – neu bewähren kann, nämlich dort, wo es um die Lebensbedingungen in einer nicht nur durch die Technik radikal veränderten Welt geht.

Aber die Frage ist doch wohl auch schon jetzt: Wollen und können wir unser Land denen überlassen, die sich – diesseits aller Überlieferung, die der Union eigen ist – dazu haben erpressen lassen, einen politischen Umweltzerstörer von rechts außen zu ihrer Mitte zu machen? Ein Eiferer ohne Glauben, ein Missionar ohne Mission – das ist keine Alternative.

Dabei ist Strauß in seiner konkreten Politik das Gegenteil eines Interessenvertreters der Mühseligen und Beladenen, aber er spielt mit ihren Gefühlen.

Jener Mann ist eine seltsame Mischung von Herrschendem und Aufständischem; und sein Aufstand richtet sich gegen Maß, Vernunft und Toleranz.

Er ist das „Anti“ schlechthin, weil er positive Ziele kaum zu zeigen vermag: ein zaudernder, mal brutaler, mal wehleidiger Spieler.

Mit all seiner unkontrollierten, sprunghaften Energie ist er zum Symbol einer Ellbogen-Gesellschaft geworden. Er verkörpert das absolute Gegenbild einer solidarischen Gemeinschaft.

Jener Kandidat – das wäre in der Tat die Rückkehr nach Weimar: Das wäre die Radikalisierung der Republik, die unselige Konfrontation, die Zerrissenheit. Das wäre der innere Unfriede und die Zerreißprobe für das Vertrauen, das man uns in der Welt entgegenbringt.

Und Vertrauen – das verstehen doch auch die Unternehmer – ist die Geschäftsgrundlage. Dieses Vertrauen, das wir uns mühsam erarbeitet haben, ist unser Kapital. Wir dürfen es nicht verschleudern.

Deutschland kann sich, mit anderen Worten, Strauß statt Schmidt nicht leisten.

Es geht um die politische Kreditwürdigkeit in Ost und West. Und um die Kreditwürdigkeit nach innen, die Kreditwürdigkeit der Demokratie. Auch das ist eine Frage des Vertrauens.

Was wir nicht wollen, ist die Angst: die Angst in Deutschland, die Angst um Deutschland, die Angst vor Deutschland; das Abenteuer, bei dem wir Deutschen viel zu verlieren und nichts zu gewinnen haben. Verzicht auf Seriosität ist in der Politik so fatal wie der Verzicht auf Seriosität im Geschäfts- und Berufsleben. Weil jener Kandidat nur bedingt ernst genommen werden kann, müssen wir ihn besonders ernst nehmen. Das ist paradox. Aber vielleicht sollte man die Machtansprüche dieses paradoxen Deutschen gelegentlich auch einmal mit Lachsalven ersticken? Wo die Gelegenheit ist, würde ich sagen: Lacht ihn aus, ehe uns mit ihm das Lachen vergeht, ehe er unser

Land auf tragische Weise lächerlich machen könnte! Doch diskutiert mit denen, die von ihm mit seinem Trommelfeuer von Phrasen über den Haufen geredet werden, ruhig, sachlich, tolerant, freundlich. Zeigt durch euren Stil, daß wir eine menschliche Partei sind. Beweist im Alltag, daß auch bei uns in Deutschland ein politisches Klima der Wärme und Freundlichkeit gedeihen kann.

Darin zeigt sich wahre Stärke – glaubwürdiger, zuverlässiger als in der Starker-Mann-Allüre des Vilshofener Napoleon, der 1980 sein deutsches Waterloo erleben soll.

Gerade dies ist keine Zeit für Sondergruppen und Zersplitterung. Alle geistigen Kräfte und politischen Energien müssen darauf konzentriert werden, daß es kein Ende des sozialen Fortschritts gibt, keine schädliche Polarisierung, kein Hineinschlittern in außenpolitische Isolierung. Dies abzuwehren, neue Voraussetzungen zu schaffen, darauf kommt es an für den Frieden im Innern und nach außen.

Zum Schluß sage ich es noch einmal: Wir müssen, liebe Freunde, Hoffnung vermitteln. Es ist unsere Aufgabe, Mut gegen Verzweiflung zu setzen, Zuversicht gegen Hoffnungslosigkeit zu mobilisieren, Ideen gegen dumpfe Sattheit zu aktivieren.

Die Menschen sollen erfahren, daß es Sinn hat, sich zu engagieren. Wir haben eine Chance! Die einzelnen haben sie. Unser Volk hat sie. Wir sind nicht Gefangene eines unabwendbaren Schicksals.

Es ist nicht unsere Sache, Zweckoptimismus zu verbreiten. Und wo die Grenze zum Glauben erreicht ist, hat die Partei ohnehin zu schweigen. Aber es ist durchaus unseres „Amtes", den Menschen und Mitbürgern zu sagen: Ihr habt, wir haben die Aufgabe, eine lebenswerte Zukunft mitzugestalten.

Ich denke, dazu gehört, daß gelassene, fröhliche Zuversicht gerade bei uns nicht durch eifernde Verkniffenheit oder polternde Intoleranz vertrieben wird. Wir sind doch nicht zur politischen Arbeit verdammt, sondern wir leisten sie gern, manchmal sogar mit Vergnügen.

Im Geist gelassener Zuversicht will ich sagen: Probleme innerhalb der Partei haben mir schon manchmal mehr Sorgen bereitet, als dies heute der Fall ist. Aber vieles kann und muß noch besser werden. Egon Bahr wird dazu gewiß noch einiges zu sagen haben.

Im strengen Verständnis eines Rechenschaftsberichtes hätte ich jetzt wohl eigentlich das zu tun, was die Kontrollkommission für den Schatzmeister zu tun pflegt – und wenn ich nicht schief liege, auch, auf Fritz Halstenberg bezogen, tun wird –, also um Entlastung zu bitten und Dank zu sagen – jedenfalls Dank zu sagen, aufrichtig an die Freunde in den Ortsvereinen, in den Unterbezirken, in den Bezirken, in den Landesverbänden, an die Fraktionen in den Kommunen, in den Ländern, im Bundestag, an die Freunde

in der Bundesregierung und im Parteivorstand und nicht zuletzt an die hauptamtlichen Mitarbeiter.
Falls hier – im politischen Sinne – Entlastung erteilt werden sollte, bleibt mir wohl bewußt, daß es eine ganze Menge zu kritisieren gibt. Ich bin mir eigener Unzulänglichkeit zu sehr bewußt und möchte um so herzlicher für alle Bereitschaft zur Nachsicht danken und für alle Zeichen der Verbundenheit, die mir vor einem Jahr auf dem Krankenlager besonders wohl getan haben.
Ich muß nun um neue große Anstrengungen bitten und setze daneben das Versprechen, daß der neue Parteivorstand, wer immer ihm angehören sollte, sich nicht schonen wird. Ich denke, es bleibt dabei: Bei uns in der SPD wird und muß immer das „wir" größer geschrieben werden als das „ich".
Was wir miteinander als deutsche Sozialdemokraten auf unsere Schultern genommen haben, das lohnt, über den Tag hinaus. Es steht für Sicherheit in den 80er Jahren und darüber hinaus.
Damit an die Arbeit! Zunächst an die Diskussionen und Entscheidungen dieser Woche: ernst, aber auch gelassen und fröhlich, wie es denen geziemt, die nicht allein für die äußere Freiheit der Menschen angetreten sind. – Ich danke für eure Aufmerksamkeit.

Aus: *Vorstand der SPD (Hrsg.): Parteitag der Sozialdemokratischen Partei Deutschlands vom 3. bis 7. Dezember 1979, ICC Berlin, Bd. I: Protokoll der Verhandlungen. Anlagen, Berlin 1980, S. 33–55*

Rechenschaftsbericht
Rede vom 19. April 1982

Verehrte Anwesende! Liebe Genossinnen! Liebe Genossen! Unser Parteitag fällt in eine schwere Zeit. Was von außen auf uns einwirkt, wird durch eigene Unzulänglichkeiten ergänzt. Das Tal, durch das wir jetzt gehen, ist tiefer und unfreundlicher als andere, durch die wir in den letzten anderthalb Jahrzehnten hindurch mußten.
Dieser Parteitag wird daran gemessen werden, ob er Kräfte freisetzt, die für den Aufbruch nach vorn gefordert sind. Darum sollten wir uns nicht lange bei Oberflächlichkeiten aufhalten: Krisen kann man hochjubeln oder überwinden helfen. Aussprechen, was ist, kann nicht bedeuten, daß wir uns die falschen Themen aufzwingen lassen oder gar gegnerische Kampfparolen transportieren. Es muß bedeuten, dieses „Aussprechen, was ist", daß wir sagen, was Sache ist. Der Blick auf die eigene Geschichte kann uns dabei helfen, hierzu die Kraft zu finden.
Ehrlich gesagt, liebe Freunde, mir hängt der Mißbrauch des Wortes Krise gelegentlich zum Hals heraus. Es gibt bei uns Deutschen eine Neigung, sich in Krisengefühl zu baden. Seien wir ehrlich, das Leben, unser aller Leben, ist eine Kette von Krisen, gewiß auch von Ängsten. Die Lebenskrisen früherer Zeiten haben sich begrenzen lassen, und unsere Politik hat damit zu tun. Aber es bleibt wichtig, professionellen Krisenschwätzern, Profiteuren des Zerfalls, Ausbeutern apokalyptischer Ängste nicht das Feld zu überlassen. Ich sage dies, weil wir uns nicht weit vom Amtssitz des CSU-Vorsitzenden befinden.
Liebe Freunde, im Ausland wie im Inland wird unser Parteitag diesmal mit besonderer Aufmerksamkeit verfolgt. Nicht nur durch spaltenlange Kommentare, auch durch uns begleitende Kundgebungen haben wir sehen können, wie viele – biblisch würde man sagen: Gerechte und Ungerechte – es für wichtig halten, uns zu beeinflussen. Ich stelle hier nur ganz schlicht fest: Der Parteitag der SPD ist souverän. Er wird sich ganz allein nach dem entscheiden, was die hier versammelten Delegierten für richtig halten.
Die Bedingungen, unter denen Politik zu machen ist, ändern sich auf eine atemberaubende Weise. Dabei ist es erst anderthalb Jahre her, daß Helmut Schmidt – und wir mit ihm und natürlich die Koalition – die Bundestagswahlen bestanden hat. Einige Monate davor hatte Johannes Rau mit den Freunden in Nordrhein-Westfalen die absolute Mehrheit der Mandate im größten Bundesland errungen.[202]

Und ich will gleich sagen: Was immer sich seit dem Herbst 1980 an Veränderungen ergeben haben mag: Vor dem Auftrag zur Regierungsverantwortung laufen wir weder davon, noch melden wir uns aus vermeintlich strategischen Gründen ab.
Wir dürfen, liebe Freunde, schon aus europa- und friedenspolitischen Gründen nicht abtreten. Wir dürfen es auch deshalb nicht, weil sozialdemokratische Regierungsverantwortung dafür sorgt und weiter dafür zu sorgen hat, daß es den Menschen in der Bundesrepublik auch in dieser wirtschaftlich schwierigen Zeit besser geht als in anderen vergleichbaren Ländern.
Wem an Entspannung wenig liegt und wen Arbeitslosigkeit kalt läßt, der hat im Bundeskanzleramt nichts zu suchen.
Ich bin gegen falsche Parallelen – zum Beispiel mit dem Ende von Weimar –, und ich halte es für überflüssig, unbeweisbare Schrecklinien in die Zukunft zu ziehen. Gewiß – wenn ich das so salopp sagen darf – wird die Partei auch dann noch leben und wirken, wenn wir irgendwann im nächsten Jahrhundert nicht mehr an der Regierung sein sollten. Aber auch bis dahin gilt das Wort Julius Lebers, des tapferen Julius Leber, umgekehrt, seine Kritik von Weimar bestätigend: Wir verspüren keine Lust zur Ohnmacht.
Unsere Kraft zur Opposition haben wir lange bewiesen. Andere haben sich in ihrer Rolle noch immer nicht zurechtgefunden.
Wir haben, liebe Freunde, die sozialliberale Koalition gewollt. Sie hat über Jahre gute Arbeit geleistet, und wir möchten sie erneut stärken. Hans-Dietrich Genscher, mein Parteivorsitzender-Kollege auf der freidemokratischen Seite, hat gesagt, es werde nicht an den Freidemokraten liegen, „ob die Koalition durchsteht oder nicht“. Ich sage: An den Sozialdemokraten wird es erst recht nicht liegen. Wenn beide dies sagen und meinen, müßte es mit dem Teufel zugehen, wenn es nicht ginge.
Doch ein Parteitag der Koalition, liebe Freunde, ist dies nicht. Hier sagen wir *unsere* Meinung, unsere sozialdemokratische Meinung.
Und was sich daraus für die Gesetzgebungs- und für die Regierungsarbeit ergibt, das wird mit den Kollegen von der FDP in gehöriger Form und vertrauensvoll besprochen. Nebenbei: Ein imperatives Mandat für den Bundeskanzler kann es schon nach der Verfassung nicht geben.
Wir sollten uns allerdings so ernsthaft wie möglich fragen, ob es unvermeidlich ist, daß uns in so hohem Maße Sachverhalte angelastet werden, auf die wir keinen Einfluß haben, warum wir nicht besser verständlich machen können, was geleistet worden ist und wird, warum viele Wähler nicht mehr so sicher zu sein scheinen, daß wir die Interessen der wirtschaftlich Schwachen vertreten, oder ob wir uns zwangsläufig damit abzufinden haben, daß weniger junge Menschen als Wähler und erst recht als Mitglieder zu uns kommen.

Ich werde hier, damit wir uns klar verstehen, niemanden ermutigen, die Selbstdemontage fortzusetzen, die man in manchen Ecken der Partei mit einer erstaunlichen Beharrlichkeit – um nicht zu sagen: Besessenheit – betrieben hat.
Mancherlei Interviews, die Sozialdemokraten in der letzten Zeit gegeneinander auf den Weg gebracht haben, lassen mich fragen: Wo bleibt die unangestrengte oder von mir aus auch angestrengte Bereitschaft, aufeinander zu hören und aufeinander zuzugehen, und wo bleibt vor allem die Fähigkeit, sich bei allem Ringen in den eigenen Reihen kraftvoll mit dem politischen Gegner auseinanderzusetzen?
Ich weiß, ein Parteitag kann keine Probleme wegzaubern, aber er soll Zeichen setzen. Er soll bestätigen: Sozialdemokraten, deutsche Sozialdemokraten der nach dem Zweiten Weltkrieg neubegründeten Partei, sind ins Gelingen verliebt. Wir müssen unseren Anspruch auf Führung für unser Land immer wieder überzeugend begründen, indem wir für jedermann verständlich darlegen, worauf die Gefahren dieser Jahre beruhen, welche Politik wir aus welchen Gründen wollen und wem wir was dafür abverlangen.
Politische Kleingeisterei besteht im Verschweigen der wirklichen Lage, hat Ferdinand Lassalle gesagt. Wir haben es mit Aufgaben von überragender Bedeutung zu tun – vor allem anderen Frieden und Beschäftigung.
Liebe Freunde, Realismus ist der Respekt vor dem Unmöglichen. Und umgekehrt: Der Realismus des Sozialdemokraten ist für mich der Wille zum Möglichen. Darauf versuchen auch die Vorlagen des Parteivorstandes hinzuweisen, für die ich mich nachdrücklich einsetze – wohl wissend, daß sachliche Anreicherungen, wie besonders bei der Beschäftigungspolitik, willkommen sein können. Ich freue mich sehr, daß wir hierbei die Erfahrungen unserer Freunde aus den Gewerkschaften und aus den Betrieben hier in München einbringen können. Ich verbinde dies mit einem ganz persönlichen Gruß an die Adresse von Heinz Oskar Vetter. Es gab in diesen Wochen wieder einmal Leute, die Anlaß gefunden zu haben glauben, ihren anti-gewerkschaftlichen Vorurteilen freien Lauf zu lassen. Doch Du, lieber Heinz, solltest Dir Deine Lebensleistung nicht miesmachen lassen.
Liebe Genossen, Politik und Fußball – von dem zweiten sind wir hier am Stadion nicht weit entfernt – sind nicht leicht auf einen Nenner zu bringen. Aber eines, müßt Ihr zugeben, kann man von Jupp Derwall lernen. Er verwendet, wenn ich recht verstehe, viel Mühe darauf, den richtigen Spieler auf den richtigen Platz zu bringen. Und er impft seiner Mannschaft ein: Wer nur verteidigt, schießt keine Tore.
Dies haben Fußball und Politik dann doch gemeinsam: Erfolg gibt es nur für das Team, das angreift, und zum Angriff gehört nicht nur das Können, sondern auch das Selbstbewußtsein, zu können.

Aber wem sage ich das hier! Es gibt heutzutage ein Empfinden von Unsicherheit. Das geht tief. Ist es nicht verständlich, so frage ich, daß viele Menschen unsicher geworden sind? Was ist in diesen letzten Jahren nicht alles in Frage gestellt worden: hohes wirtschaftliches Wachstum, billige Energie, Vollbeschäftigung fast als Selbstverständlichkeit, das Gefühl – auch in Europa – eines halbwegs stabilen Friedens.
So fragen sich nicht wenige, wie gesichert denn wohl ist, wofür sie gearbeitet haben und arbeiten. Manche Kulturkritiker geben sich einer Art Endzeitstimmung hin. Die Lobredner der neukonservativen Steuerung laden dazu ein, den Kopf in den Sand zu stecken.
Nicht wenige unserer Mitbürger zweifeln daran, ob die Natur die technische Zivilisation überleben wird. Andere müssen erst noch erkennen, daß die Weltwirtschaftskrise nicht Schicksal, sondern Menschenwerk ist und daß sie die verdammte Pflicht hat, die Krise – wenn das das richtige Wort ist – durch internationale Maßnahmen und eigene Anstrengungen tatkräftig überwinden zu helfen.
Und wer weiß genau, wie die Reaktionen sein werden, wenn noch stärker als bisher in das Bewußtsein der Menschen eindringt, was es mit dem wahnsinnigen Widerspruch zwischen Wettrüsten und Welthunger auf sich hat, wenn noch mehr bewußt wird, daß auf der Welt Atomwaffen lagern, deren Vernichtungskraft eine Million mal größer ist als die der Todesbombe von Hiroshima!
Der Papst[203] hat auch vielen Nichtkatholiken von uns aus dem Herzen gesprochen, als er am Ostersonntag sagte: „All die Millionen menschlicher Wesen, die von der Geißel des Hungers bedroht werden, können gerettet werden, wenn die Menschheit wenigstens auf einen Teil dessen verzichtete, was törichterweise für Rüstung ausgegeben wird“.
Liebe Freunde, wir dürfen uns durch nichts und niemanden davon abbringen lassen, Wahnsinn zu nennen, was Wahnsinn ist.
Es könnte ja auch sein, daß sich bisher nur die Spitze eines Eisbergs tiefer Verunsicherung gezeigt hat. Ohne Zweifel sind wir Sozialdemokraten, von denen man besonders viel erwartet, stärker als andere von dem Zweifel vieler Bürger getroffen, ob die Politik überhaupt noch in der Lage ist, den Problemberg abzutragen. Einen Vertrauensschwund hat man uns schmerzlich bestätigt. Erst die Demoskopen, dann die Wähler.[204]
Bei uns wie in anderen demokratisch regierten Staaten geht die Unzufriedenheit am meisten auf Kosten derer, die an der Regierung sind.
Was nun nottut, ist Orientierung. Es wäre abwegig, wenn wir uns bei oberflächlichen Schuldzuweisungen aufhielten. Wenn wir gegeneinander aufrechnen, was an häufig ganz unterschiedlichen Erwartungen von diesen und jenen und Dritten an uns herangetragen wird, können wir einpacken. Wir,

d.h. wir deutschen Sozialdemokraten alle miteinander, müssen gemeinsam aus der Defensive heraus, nicht mit Werbemätzchen, sondern mit den Inhalten unserer Politik.
Eines, liebe Freunde, ist ganz unverändert geblieben: Wir Sozialdemokraten sind in dem Maße überzeugend, in dem sich viele Menschen mit ihren Empfindungen bei uns gut aufgehoben fühlen und in dem wir ihre täglichen Sorgen zu den unseren machen.
Es ist gut, daß es in der SPD Experten für alle möglichen Spezialgebiete gibt. Das muß so sein. Noch wichtiger aber ist der Kontakt zu den Alltagssorgen der Arbeitnehmer und ihrer Familien.
Dies ist die aktuelle Nutzanwendung aus dem Satz, der so leicht zur Phrase gerät, daß der Mensch im Mittelpunkt stehe.
Mir liegt daran, den Mitgliedern der Bundestagsfraktion und der Bundesregierung Dank und Anerkennung für die Arbeit zu sagen, die sie unter erschwerten Bedingungen seit dem letzten Parteitag geleistet haben.
Herbert Wehner ist – darauf wurde bei der Einleitung des Parteitages hingewiesen – aus gesundheitlichen Gründen daran gehindert, an diesem Parteitag teilzunehmen. Er hat mich gebeten, euch seine – wie er schreibt – „herzlich guten Wünsche für das Gelingen der Parteitagsarbeit" zu übermitteln. Ich sage ihm auch von dieser Stelle aus unsere guten Wünsche für baldige Genesung.
Hans-Jochen Vogel soll nach unserem Vorschlag den Vorsitz in der Antragskommission übernehmen.
Vor der Wahl des Parteivorstandes werde ich – wenn sich die Gelegenheit ergibt, d.h. wenn die Voraussetzungen für mich gegeben sein sollten – mich wegen der weiteren Mitarbeit Herbert Wehners noch gesondert zu Wort melden.[205]
Da Hans-Jürgen Wischnewski in die Regierungsarbeit zurückkehren wird und auf seine Kandidatur für den stellvertretenden Parteivorsitz verzichtet – während er natürlich für den Parteivorstand wieder kandidiert –, haben wir euch einen neuen Vorschlag unterbreitet. Ich möchte Hans-Jürgen – oder „Ben Wisch", wie wir ihn auch nennen – schon jetzt für seine unermüdliche Arbeit und freundschaftliche Hilfe aufrichtig danken.
Und Johannes Rau danke ich dafür, daß er in die neue Aufgabe, falls der Parteitag sie ihm überträgt, neben den persönlichen Eigenschaften, die wir an ihm schätzen, das Gewicht des nordrhein-westfälischen Landesvorsitzenden und Ministerpräsidenten einbringen will.
Wir wissen alle, liebe Freunde, daß es falsch wäre, nicht die Bundesrepublik in ihrer Vielfalt zu sehen und uns bewußt zu machen, wieviel davon abhängt, daß uns die Erneuerung in den Städten und Gemeinden gelingt. Dort hat unsere Partei einmal ihre Kompetenz erworben und auf die Länder,

dann auf den Bund erfolgreich übertragen. Es wird weithin darauf ankommen, unsere Kompetenz vor Ort und im Ort neu zu gewinnen.
Einiges davon wird deutlich bei der großen Ausstellung „Lebendiger Ortsverein“, hier am Rande unseres Sitzungsraumes, dieser, wenn ich das so nennen darf, „kleinen vertrauten Stube“, in der wir uns versammelt haben, den über hundert Ortsvereine, Betriebsgruppen und Arbeitsgemeinschaften mit ungeheurem Einsatz gestaltet haben. Dort kann man sehen, daß die SPD eben keine Papier-Partei ist, sondern daß sie tief in dieser Gesellschaft wurzelt. Ich danke den etwa 500 Genossinnen und Genossen, von denen viele für den Parteitag unbezahlten Urlaub genommen haben, ganz herzlich.
Nichts wäre im übrigen unsinniger und ungerechter, als unsere Unzufriedenheit – die treibt ja manche um – bei den Mitgliedern der Partei abzuladen. Ich möchte vielmehr all den Genossinnen und Genossen aufrichtigen Dank sagen, die sich – in Tausenden von Ortsvereinen in allen Teilen der Bundesrepublik – auch in der jüngsten Vergangenheit nicht haben davon abhalten lassen, ihre sozialdemokratische Pflicht zu tun – und oft mehr als dies.
Dennoch: Die Partei hat Grund zur Selbstkritik und kann ihren Unmut nicht allein an den objektiven Schwierigkeiten festmachen oder an Unzulänglichkeiten der Koalition und der Regierung, die es natürlich auch gibt. Es hilft nicht, so zu tun, als habe allein „die“ Partei für Vertrauenseinbußen geradezustehen.
Diese Partei nämlich, liebe Genossinnen und Genossen, das sind wir alle, welche Aufgabe wir auch zeitweilig wahrnehmen. Diese Partei ist niemandes Besitz. Diese Partei ist keinem dienstbar, sondern alle haben ihr zu dienen.
Sie ist weder kollektiver Prügelknabe noch ein Instrument, das dem einen oder anderen beliebig zur Profilierung zur Verfügung steht.
Diese unsere große Partei ist insbesondere allen Gewählten anvertraut, um gemeinsam erarbeitete Programme zum Nutzen unseres Volkes zu verwirklichen, soweit das irgend geht und das Vertrauen der Menschen uns trägt.
Wer Wahlerfolge für die Partei und ihre Kandidaten will, muß jedoch aufpassen, daß er nicht mithilft, anti-sozialdemokratische Klischees unter die Leute zu bringen, so wie innerparteiliche Kritiker es lassen sollten, sozialdemokratische Leistungen in Bund, Ländern und Gemeinden auf die Größe eines Fliegendrecks zu verkleinern.
Wir haben dieses Land in den letzten anderthalb Jahrzehnten ganz erheblich verändert, und zwar zu seinem Vorteil.
Wenn vom Erscheinungsbild der Partei die Rede ist, sollten wir die ihm zugrunde liegende Wirklichkeit nicht übersehen, also bei den Folgen auch jeweils die Ursachen politischer Unklarheiten bedenken. Goethe – nehmt das als meinen kleinen Beitrag zum Goethe-Jahr – meinte mit „Erscheinung“ noch das Auftreten eines Schauspielers oder Seiltänzers. Reden wir bitte

hinreichend über den Zusammenhang der Dinge: veränderte objektive Bedingungen, ein nicht immer überzeugendes, sondern über Strecken eher trauriges Bild der Koalition, eine Partei, inder der Sinn für das Wesentliche und die Bereitschaft zur Einordnung häufig zu schwach ausgeprägt sind – das gehört alles zusammen.

Dieser Begriff vom „Erscheinungsbild", der nun da ist und an dem was dran ist, darf nicht zur Worthülse und erst recht nicht zum Schlagstock werden. Überanstrengen wir ihn lieber nicht, sondern rangieren wir am besten diesen Begriff richtig ein oder aus und beweisen wir hier in München miteinander, daß die Partei letzten Endes besser ist als ihr gegenwärtiger Ruf, den zu schädigen sich auch Sozialdemokraten nicht selten hinreißen oder einspannen lassen.

Vor falscher Schuldzuweisung müßte ich die Partei in Schutz nehmen. Aber vor allem rufe ich noch einmal zur Selbstdisziplin auf. Manchmal reichte übrigens auch schon die Rücksichtnahme.

Die Geschichte zeigt: Es liegt im Wesen einer sozialdemokratischen Partei, daß in ihren Reihen immer wieder um den richtigen Weg gerungen wird. Das war schon zu Bebels und Vollmars Zeiten so, auch zu Zeiten von Schumacher und Knoeringen. Nach einem Wort von Wilhelm Liebknecht, dem alten Liebknecht, sind wir eine Partei in steter geistiger Mauserung. Und dabei ist die Partei doch stark geworden.

Wenn das offene Wort, liebe Freunde, das eine lebendige demokratische Partei in ihren Reihen führt, sachbezogen ist, dann gefährdet es in einer Republik unserer Art keine Regierung. Der Verzicht darauf aber könnte eine demokratische Partei auslaugen und in ihrer Substanz gefährden.

In Lebensfragen der Nation – dann müssen es aber auch diese sein – kann man gar nicht ernsthaft genug um den richtigen Weg ringen. Und wir brauchen uns die Selbstverständlichkeiten demokratischer Meinungsbildung nicht von zweckgerichteten Medien als Regierungsunfähigkeit ausreden zu lassen.

Werden wir, so fordere ich auf, trotzig gegenüber solchen ebenso massiven wie schäbigen Versuchen, Demokratie als eine stromlinienförmige Entscheidungsmaschine auszugeben!

Ich denke nicht daran, aus unseren Unzulänglichkeiten eine Tugend zu machen. Aber ich will nicht, daß eine demokratische Tugend in einen Makel umgefälscht wird.

Parteischädigung ist eine andere Sache. Immer wieder unterschiedliche Meinungen kann es dann darüber geben, wem gegenüber wann wegen was der Trennungsstrich zu ziehen ist. Es ist bekannt, daß ich zu zurückhaltendem Umgang mit Ausschlüssen neige, zu denen der Parteivorstand ohnehin ganz selten das erste oder überhaupt ein entscheidendes Wort zu sprechen hat.

Ich nehme – wenn ich es so sagen darf; so bin ich nun einmal – lieber Zweifel in Kauf als das Fallbeil zur Hand.
Aber laßt mich dann hinzufügen: Wer eigene Vereine gründen will und dazu die Mitgliedschaft in der SPD als Deckmantel zu benutzen versucht, der muß gehen, oder er wird gegangen, so auch nach unseren Richtlinien von 1970.[206]
Entscheidungsfähigkeit und die Fähigkeit zur Einordnung gehören zusammen. Diskussionen zur praktischen Politik müssen in Entscheidungen zur Sache enden: Die Partei ist keine endlose Diskussionsveranstaltung. Wenn jeweils entschieden ist, darf man das Band nicht einfach weiterlaufen lassen wie zuvor. – Niemandem kann eine Überzeugung aufgezwungen werden, aber für die Haltung der Partei nach außen muß gelten, was die Mehrheit beschlossen hat. Und ich bestehe darauf, daß wir alle – eigentliche Gewissensfragen ausgenommen – uns in parlamentarischen Körperschaften, in der Gemeinde, im Land und im Bund und als Partei in der Öffentlichkeit so äußern, wie es sich aus den mehrheitlich gefaßten Beschlüssen ergibt.
Anders kann die SPD ihre Ziele nicht erreichen. Anders kann die SPD nicht die Verantwortung für die Regierung unseres Staates tragen.
Es ist niemandem zu helfen, der rechthaberisch oder selbstherrlich mit seinem mehr oder weniger dicken Kopf durch die Wand will. Doch die Freiheit der Debatte will ich als Parteivorsitzender natürlich weiter garantieren helfen. Und wem dies ganz gegen den Strich geht, der soll mich bitte am Donnerstag nicht wählen.
Von der Partei wird ganz zu Recht erwartet, daß sie Wahlkämpfe führt, daß sie um Vertrauen ringt für den sozialdemokratischen Bundeskanzler und die anderen, die in Bund, Ländern und Gemeinden herausgehobene Verantwortung tragen. Aber die Partei muß weitergreifen – wenn sie es kann –, zeitlich, inhaltlich, inhaltlich-perspektivisch. Wer da suggeriert, die Partei müsse zwischen Wahlen Beifall spenden und im übrigen unauffällig ihr Vereinsleben führen, der tut dem Bundeskanzler oder unseren Länderchefs und Bürgermeistern keinen Gefallen.
Bei einer solchen Verengung würde die Partei unfähig werden, Mehrheiten zu bilden und zu binden.
Ja, liebe Freunde, wie finden wir in Zukunft Mehrheiten? Es ist gesagt worden, links von der Mitte gebe es keine Mehrheiten mehr. Darüber könnte man einen, wie ich fürchte, unsinnigen Streit führen. Für die meisten Bürger – wenn schon Befragungen etwas wert sind – repräsentiert die FDP die politische Mitte, und doch erhält sie nur selten mehr als zehn Prozent der Stimmen. Wir dürfen uns aus der Mitte nicht herausdefinieren, sondern müssen die linke Mitte selbst besetzen.
Vor zehn Jahren, erinnere ich mich, wurde gesagt, links von uns gebe es

nichts mehr, nicht mehr, als daß es vernachlässigt werden könnte. Heute gibt es nach einer Seite, die ein geeichter Sozialdemokrat nicht unbedingt links nennen kann, immerhin einiges, was uns Stimmen kostet und das Interesse zumal jüngerer Menschen findet.
Nun sagen andere: Aber noch gefährlicher sind Verluste, die dadurch entstehen, daß Arbeitnehmer bei Wahlen zu Hause bleiben oder gar nach rechts wegsacken. Ich denke, über die Bedeutung dieses Punktes bräuchten wir überhaupt nicht zu streiten.
Die eigentliche Frage ist: Für welche Politik wollen und für welche Politik können wir Mehrheiten finden? Ich meine: bestimmt für eine Politik, die den Interessen und Wünschen der breiten Schichten entspricht. Und dazu muß man das Bündnis bestätigen und erneuern, das im Godesberger Programm angelegt ist: das Bündnis der Arbeitnehmer mit all denen, die eine aktive Sicherung des Friedens, der geistigen Freiheit und der sozialen Reformen wollen.
SPD heißt, liebe Genossinnen und Genossen: Die Sorgen der breiten Schichten sind unsere Sorgen. Wir können sagen: Nach mehr als zwölf Jahren sozialdemokratischer Führung der deutschen Politik geht es ein Stück gerechter zu in unserem Volk. Es bleibt Ungerechtigkeit genug. Wieder gilt: Wir können verbessern, wir können korrigieren, wir können ausgleichen. An *die* gerechte Gesellschaft können wir nur Annäherungen erzielen. Diese Feststellung ist nicht resignativ gemeint. Die Annäherung an die Gerechtigkeit unter neuen Bedingungen, das bleibt die Aufgabe, die groß genug ist für ein Menschenleben, nein, größer als in einem Menschenleben erreichbar.
Und so muß es weiter heißen: Sicherung des Friedens mit denen, die die Entspannungspolitik konzipiert haben und die sie hart haben durchsetzen müssen! Politik für Arbeitnehmer, mit denen, die aus der Arbeiterbewegung kommen! Reformpolitik für mehr Gerechtigkeit, für eine bessere Qualität der Arbeits- und Lebensbedingungen und für die schrittweise Verwirklichung des Kulturstaats, von dem unser Godesberger Programm spricht!
Vielem, was man von uns erwartet, können wir heute nicht gerecht werden. Doch haben wir allen Grund, genau hinzuhören, wenn uns aus den Reihen der Getreuesten gesagt wird, sie möchten die sozialdemokratische Handschrift erkennen können. Das heißt, sie möchten nicht nur den jeweiligen und dann ja meist notwendigen Kompromiß kennen, sondern auch das, womit wir in Verhandlungen hineingegangen sind.
Für die Diskussion in den Betrieben, aber nicht nur dort, ist dies von Bedeutung. Die Arbeitnehmer wissen, müssen es weiter als selbstverständlich voraussetzen, daß wir ihr Auskommen, daß wir das Auskommen der Arbeitnehmer ernster nehmen als die Abschreibungsgesetze für die obere Mittelschicht.[207]

Laßt mich auch dies ganz klar sagen: Wir bekämpfen Grüne Parteien, weil sie unsere Gegner sind und weil sie im Endeffekt – was immer sie sonst wollen mögen – den CDU-Staat fördern.
Im übrigen: Friedensbewegung, ökologische Gruppen, Fraueninitiativen und anderes sind jede für sich und miteinander nicht leicht auf einen Nenner zu bringen. Aber wir haben keinen Grund, uns abzuschotten, sondern alle Veranlassung, für uns zu gewinnen, wer für positive gesellschaftliche Veränderungen in der Demokratie streitet. Ich verzichte leichtfertig auf keinen Wähler.
Ich habe von Fraueninitiativen gesprochen: Die Partei registriert, seien wir ehrlich, nur zögernd, wie sich das Bild der Frau in der Gesellschaft ändert.
Hoffentlich sind wir uns mindestens darin einig, wie wichtig es ist, daß nicht nur die Söhne, sondern auch die Töchter endlich angemessene Chancen erhalten, sich im Beruf zu bewähren.
Die Diskussion um die Identität der Partei, die in den vergangenen Monaten geführt wurde, war nicht durchweg hilfreich, aber das Ergebnis war trotzdem nützlich.[208] Diese Diskussion hat gezeigt, daß die Partei sich und die Arbeitnehmerschaft, die sie vertritt, nicht in falsche Frontstellungen drücken lassen darf.
Ich bleibe dabei: es ist überflüssig und sogar falsch, Ökonomie und Ökologie in einen Gegensatz zueinander zu bringen. Falsch wäre es auch, Arbeitnehmer und Studierte gegeneinander auszuspielen.
Auf deutsch gesagt: Wir haben doch – übrigens besonders hier in München 1956, und ich war dabei – nicht für die Bildungsgesellschaft gekämpft, um jetzt die, die unserer Aufforderung gefolgt sind, als „Akademiker" auszugrenzen.[209]
Nur weil einer auf die Universität gegangen ist, ist er deswegen noch kein Sozialdemokrat. Aber es ist doch auch nicht so, daß einer, nur weil er auf einer Hochschule war, plötzlich als Arbeitnehmer nicht mehr ernstgenommen werden sollte.
Auch die Zugehörigkeit zum öffentlichen Dienst kann kein Vorwurf sein. Wohl aber will mir scheinen, daß die SPD aufpassen muß, nicht als verlängerter Arm des öffentlichen Dienstes betrachtet zu werden.
Die mit den höheren Etagen des öffentlichen Dienstes identifizierten „Privilegien" finden ohnehin wenig Verständnis bei vielen Bürgern, zumal in einer Zeit der Krise.
Die SPD ist ein an Grundwerten orientiertes Bündnis für Frieden, Arbeit und gesellschaftlich-kulturellen Fortschritt. Kurt Schumacher und Ernst Reuter, jeder auf seine Weise, haben dazu Wegweisendes gesagt, bevor wir uns noch auf das Godesberger Programm stützen konnten.
Ob man es nun Integration nennt oder nicht, ist mir völlig wurscht: Ich habe

dafür plädiert, die Fragen und die Furcht einer neuen Generation ernst zu nehmen und, wo es geht, ihr entgegenzukommen, mit ihr zu sprechen. Ich entschuldige mich dafür nicht. Die Zukunftsaussichten dieser Generation sind eben nicht so rosig, daß man ernste Sorgen als Wehleidigkeit abtun dürfte, wenngleich es auch die gibt.
Bei uns kann mitarbeiten, wer der Gesinnung und den Zielsetzungen nach zu uns gehört. Es wäre töricht, tatsächlichen Aussteigern nach dem Munde reden zu wollen. Aber wenn wir uns nicht mühen, den Anliegen unserer Kinder nachzugehen, dann werden sie ganz andere, gegen uns und womöglich gegen die Gesellschaft überhaupt gerichtete Antworten finden.
Ich vermute, daß in der noch jungen Diskussion darüber, was „Bewegung" sein kann und was Partei sein muß, noch einiges aufzuarbeiten sein wird. Mir kommt dabei bisher zu kurz, was die Arbeiterbewegung – nicht nur die Partei – für viele von uns als gelebte Wirklichkeit bedeutet hat. Gewiß, Partei muß etwas anderes sein als ein Kreuzzug der Worte und Gefühle. Aber unsere Partei war immer auch ein Stück Freiheitsbewegung und Kulturbewegung; sie muß auch heute als Geschichts- und Gesinnungsgemeinschaft verstanden werden oder sich bemühen, es wieder zu werden.
Wenn wir wieder mehr Erfolg haben wollen, wird dazugehören müssen, daß wir wieder von wesentlichen Teilen des geistigen Deutschland begleitet und mitgetragen werden.
Ich glaube, daß sich das Angebot, das die Partei zur Orientierung der Menschen bereithält, verstärkt nicht allein auf ökonomisch-politische, sondern auch auf geistig-wertemäßige Fragen beziehen muß.
Bei dem neuen politischen Moralismus in unserem Land läuft manche Heuchelei mit. Was ist alles an Unsinn über unsere Parteifinanzen verbreitet worden! Die Vorgänge um die Neue Heimat – warum soll ich das Stichwort nicht geben; ihr habt es alle in den Diskussionen gehabt, ob Wahlkämpfe oder nicht – haben weh getan.[210] Wir sind uns sicher mit den Verantwortlichen in den Gewerkschaften, in der Gemeinwirtschaft einig, daß bei ernstem Fehlverhalten energisch durchgegriffen werden muß. Aber auch diese öffentlichen Hinrichtungen durch Stimmungsmache darf es nicht geben.
Zur Sache selbst gibt es die legitime Frage, ob mehr Menschennähe dem genossenschaftlichen Grundgedanken der Gemeinschaft nicht gut bekommen würde. Es sollte im übrigen nicht schwerfallen, denen Rat und Hilfe zu gewähren, die darauf setzen, daß die Moral in der Politik ihren deutlichen Platz behält: Was ist denn mit dem Neonazismus, den zu brandmarken noch vor wenigen Jahren für verwerflich gehalten wurde?
Und was ist mit einem Wall – einem wirklichen Wall in dieser Bevölkerung – gegen jede Art von Terrorismus, damit es dem bevorstehenden Gedenken an das Jahr 1933 nicht an innerer Wahrhaftigkeit mangelt?

Was ist denn mit der Kaltschnäuzigkeit derer, die ausländische Arbeitnehmer zu uns haben hereinströmen lassen und heute zusehen, wie sich Fremdenhaß verbreitet?
Was ist denn mit praktischer Solidarität mit den leidenden Menschen im Elendsgürtel dieser Erde? Was ist mit praktischer Hilfe statt Phrasen für Polen?[211]
Was ist mit unserem solidarischen Beistand für alle – ich habe „alle" gesagt –, denen Diktatoren die Menschenrechte verweigern?
Mit einer Politik, die moralische Orientierung und praktische Vernunft auf einen Nenner bringt, können wir bestehen – und wenn die Welt voll Heuchler wär!
Seit vergangenen Herbst habe ich darauf hingewiesen, daß die Beschäftigungspolitik – ohne die Sicherheitsfragen zu unterschätzen – zum eigentlichen Schwerpunkt dieses Parteitages werden sollte. Deshalb begrüße ich auch die Umstellung der Tagesordnung.[212]
Wir werden daran gemessen, ob wir uns als Partei der Arbeit und als Partei der Arbeiter bewähren.
Helmut Schmidt spricht morgen zur Regierungspolitik. Mit ihm kennen wir die Abhängigkeit von der Weltwirtschaft. Und trotzdem wollen wir mit ihm, wollen wir miteinander, daß im Rahmen des Möglichen beschäftigungspolitisch gegengesteuert und daß auf die Außenbedingungen weiterhin konstruktiv und deutlich Einfluß genommen wird. Dies führt dann zu dem altbekannten Streit darüber, welche Art von Verantwortung der Staat zu übernehmen hat. Es war beschämend, mit welcher Arroganz im letzten Sommer der sogenannte Sachverstand gegen das sozialdemokratische Anmahnen beschäftigungspolitischer Maßnahmen aufgeboten wurde und wie schwer es maßgebenden Kräften in Wirtschaft und Politik gefallen ist, auch nur halbherzig auf die Gemeinschaftsinitiative einzugehen, von der Heinz Oskar Vetter hier gesprochen hat und die er im letzten Oktober auf den Weg brachte. Wir haben es begrüßt, daß Koalitionspartner und Regierung im Februar dann endlich ein Programm auf den Weg bringen konnten, wenn wir auch – wegen des dubiosen Übertaktierens der CDU/CSU – um die Verwirklichung noch erheblich zu ringen haben.[213]
Wenn wir uns an gängige Befragungen halten, so ist das Vertrauen, daß die Partei fähig sei, „in der Wirtschaftspolitik das Notwendige zu tun" in diesen letzten Jahren deutlich abgesunken. Der Index, mit dem man das Regierungshandeln mißt, ist auch entsprechend abgesackt. Das hat zum einen mit der Kritik zu tun, der sich heutzutage alle Regierungen – im Westen verständlicherweise mehr als im Osten – wegen nicht befriedigender wirtschaftlicher Ergebnisse ausgesetzt sehen. Zum anderen, liebe Freunde, hat es auch damit zu tun, daß die Koalition es in der letzten Zeit so schwer gehabt hat,

in der Wirtschafts- und Sozialpolitik handlungsfähig zu erscheinen und zu sein.

Und außerdem gefallen sich manche Koalitionäre – zu uns Sozialdemokraten speziell habe ich mich schon geäußert – darin, daß sie sich bekrittelnd miteinander beschäftigen, statt jenen Reaktionären aufs Haupt zu schlagen, die in der Bundesrepublik die neokonservativen Konzepte durchsetzen möchten.

Und das hieße – sprechen wir ein deutliches Wort –: Krisenbekämpfung als Instrument derer, die schon viel haben. Daß dies der Inhalt der Politik maßgebender Unionspolitiker ist, muß dem Volk deutlicher gemacht werden.

Worum geht es wirklich? Die Parade-Konservativen haben in anderen Ländern gezeigt, daß sie das chronische Fieber, das ihre Wirtschaften schwächt, mit dem Messer kurieren wollen. Sie verabreichen keine Stärkungsmittel, sondern sie schreiten zur Amputation. Dem humpelnden Patienten schenken sie einen Stock – in Form von Steuererleichterungen nur für die Reichen – und wundern sich, daß er, der Patient, trotzdem schlecht zu Fuß ist. Wir müssen hier in deutschen Landen verhindern, daß diese Behandlungsmethode bei uns Schule macht.

Natürlich ist es in einer schwierigen internationalen Lage schon eine ganze Menge, wenn man Erreichtes bewahren kann. Doch wird sich noch einmal zeigen, daß wir das Erreichte nur werden bewahren können, wenn wir neue Antworten finden und auch neue Wege gehen. Das heißt, wir müssen uns auf einen neuen Abschnitt von reformerischen Aktivitäten einstellen.

Ich habe von der Unsicherheit vieler Menschen gesprochen, von ihrer Orientierungslosigkeit. Wenn wir da Ermutigung geben wollen, haben wir die Frage nach den sozialdemokratischen Perspektiven in der Wirtschaftskrise zu stellen. Es geht nicht im wesentlichen darum, jeweils vorhandene Arbeit möglichst gerecht zu verteilen. Das wäre eine zu fatalistische Sicht der Dinge. In Wirklichkeit gilt es, die weltwirtschaftliche Krise – verbunden mit den Sättigungstendenzen einiger Märkte – zu nutzen, um aktiven Strukturwandel voranzubringen, und zwar durch:

erstens vernünftigen, also vor allem sparsamen Umgang mit Energie,
zweitens speziell gezielte Modernisierung der Volkswirtschaft,
drittens Weitergabe des Produktivitätsfortschrittes und
viertens verbesserte Bedingungen der Arbeits- und der Lebenswelt.

Ich will zu jedem dieser vier Punkte – neumodisch hießen sie wohl „Strategien“ – ein paar Worte sagen.

Liebe Genossen, Rohre für die Fernwärme – kostbare Abwärme, mit der in den Ballungsgebieten jetzt die Umwelt aufgeheizt wird – sind wichtiger und vordringlicher als die Verkabelung für immer mehr Fernsehprogramme, auch wenn dies letztere für einige Leute lukrativer wäre. Als ich mich im vorigen

Jahr aus gegebenem Anlaß zur Energiepolitik vor der Presse ironisch auf ein „entschiedenes Sowohl-als-auch" berief – denn so ergab es sich aus unseren Beschlüssen von Hamburg und Berlin –, da wurde mir das angekreidet. Aber es ergibt auch jetzt für mich keinen guten Sinn, die Option Kernenergie zu verbauen. Wir sehen – wenn ich das in Klammern sagen darf – auch bei einem weiteren wichtigen Punkt dieses Parteitages, nämlich dem der Sicherheitspolitik, wie sehr es darauf ankommt, das eine und das andere, nämlich sowohl Abschreckung wie Entspannung, als die tragenden Elemente der Sicherheitspolitik zu bestätigen. Solchen, die ständig und auch mal zu Unzeiten nach dem „Flaggezeigen" rufen, will ich in aller Freundschaft sagen, daß ich der modischen Neigung, den Knoten durchzuhauen, statt ihn geduldig aufzuknüpfen, nicht zu folgen vermag.

Modernisierung der Volkswirtschaften mit Einschluß einer weiteren Verbesserung der regionalen Wirtschaftsstruktur: Es kann kein Zweifel daran sein, daß dies unserer Wettbewerbsfähigkeit wegen geboten ist, und zwar selbst dann, wenn auf diese Weise Arbeitsplätze wegrationalisiert werden und neue nicht sofort geschaffen werden können.

Es wird aber darauf ankommen, die berufliche Qualifikation vieler Arbeitnehmer zu steigern und das Instrumentarium der Arbeitsförderung funktionsfähig zu halten, damit wir international mithalten können, damit „tote Zeit" der Arbeitslosigkeit in produktive Investition umgewandelt werden kann und weil größere berufliche Flexibilität und Mobilität dies fordern – ganz abgesehen von dem, wovon man doch nicht absehen kann, nämlich dem Sprengstoff, den die Jugendarbeitslosigkeit birgt.

Weitergabe des technischen Fortschritts: Seit es Verkürzung der Arbeitszeit gibt – und ich habe das in meinem Leben schon ein paarmal erlebt –, ist lamentiert worden, die Wirtschaft werde zusammenbrechen. Und das Gejammer ist wieder im Gange. Doch das ändert nichts daran, daß sich – wenn auch nicht von heute auf morgen – der Einstieg in neue Arbeitszeitverkürzung als ein Gebot der Vernunft erweisen wird.

Auf kürzere Sicht erscheint die Kappung der Lebensarbeitszeit sinnvoll, und zwar individuell gestaffelt und vorrangig für Berufe, in denen die Arbeitnehmer gesundheitlich hart gefordert sind.

Und hier sind zunächst die Tarifpartner, aber dann Tarifpartner und Regierung gefordert.

Bessere Arbeits- und Lebensbedingungen:

Die Partei hat im vorigen Jahr inhaltsreiche Vorschläge zur Humanisierung der Arbeitswelt und zum Zusammenhang zwischen Ökonomie und Ökologie erarbeitet.[214] Aufgeregtheiten über Berufs-Grüne ersetzen keinen vernünftigen Ausbau der Umweltpolitik, die wir – wer denn sonst! – auf den Weg gebracht haben. Der „blaue Himmel über der Ruhr" war doch unsere,

zunächst belächelte Forderung. Ich hatte sie damals, vor gut 20 Jahren, an den Schluß neuer Überlegungen zur Volksgesundheit gestellt. Das Wort Ökologie kannte ich noch lange nicht.
Wir müssen wieder konkret werden, etwa bei einem Programm für saubere Flüsse in der Bundesrepublik Deutschland und für den Schutz der tödlich bedrohten Wälder.
Gewiß, das würde nicht nur Arbeit und Werte schaffen, das kostet auch Geld. Deshalb geht auch dies nicht im Handumdrehen, aber wir müssen es anpacken.
Die Abschwächung hoher quantitativer Zuwachsraten muß nicht notwendigerweise Wohlstandsverlust, sondern kann die Überleitung zu qualitativen Verbesserungen bedeuten. Wir müssen dann aber lernen, entscheidbar zu machen und zu entscheiden, was im Großen wachsen soll. Ich denke, daß in einem demokratischen Staat die Chance besteht, den technischen Fortschritt so zu beeinflussen, daß die Lebenswelt des Menschen bereichert werden kann. Wir müssen Bedingungsrahmen definieren, an die sich die Unternehmen zu halten haben, damit ihre Investitionen in eine menschliche Richtung gehen. Eine solche Politik kann dann zu mehr als realer Freiheit führen.
Die gesteigerte Produktivität einer modernen Wirtschaft muß den Menschen nicht zunehmend Arbeit nehmen, sondern kann die Arbeit humaner und sinnerfüllter machen. Die Krise muß, mit anderen Worten, nicht lähmen, sie kann Übergang und sogar Hoffnung bedeuten: in der Sprache des „Orientierungsrahmens '85“ den Übergang zu einer mehr qualitativen Betrachtung. Noch einfacher ausgedrückt: Nicht das bloße Mehr, sondern das Besser kann und sollte in Zukunft im Vordergrund stehen.
In den Bereichen, die ich erwähnte, und nicht nur dort, werden reformerische Perspektiven geradezu herausgefordert, und zwar so, daß Sozialdemokraten und Freie Demokraten gemeinsam weiterhin viel auf ihre Schultern nehmen könnten. Das Zusammentreffen mit politischem Handeln aus christlich-sozialer Verantwortung – nicht im Sinne von CSU, sondern im Sinne der christlichen Arbeiterbewegung und Soziallehre – wäre auf manchen Feldern naheliegend, ist aber wegen des Zustandes der Unionsparteien rar geworden. Ich finde es manchmal erschreckend, wie gründlich sie sich dieses Erbes entledigt haben.
In der vor uns liegenden Übergangszeit ist damit zu rechnen – reden wir ehrlich miteinander –, daß die Leistungsgesetze noch mehrfach abgeklopft werden. Das ist unvermeidlich. Doch die hinter uns liegende Phase, in der wir – nehmt alles in allem – Armut abgeschafft und unseren Staat sozial, auch in der Welt sozial abgesichert haben, und das, was damit verbunden ist, steht mit den Ergebnissen nicht zur Disposition. Wenn es notwendig ist, die

großen sozialen Sicherungssysteme an ein gebremstes Wachstum anzupassen, dann sind zwei Bedingungen unabweisbar. Erstens: Wo unter veränderten Bedingungen die Mittel nicht reichen, muß das Gebot der Gerechtigkeit noch ernster als bisher genommen werden.
Zweitens: Ein Zurückwälzen der großen Lebensrisiken auf den einzelnen Bürger werden wir nicht mitmachen. Die sind die Eckpfeiler unserer Perspektive.
Wir wollen das Netz der sozialen Sicherheit in allen seinen Kernbereichen erhalten. Aber die Schwierigkeiten der Finanzierung liegen auf der Hand. Selbst wenn sich die wirtschaftlichen Daten bald bessern sollten, werden große Anstrengungen nötig sein, um die Wirksamkeit der sozialen Dienste durch bessere Zusammenarbeit zu steigern. Wir müssen noch mehr Gewicht darauf legen, die Ursachen sozialer Mißstände zu beseitigen, um nicht ganz so viele ihrer Folgen reparieren zu müssen. Auch gibt es in unserer Gesellschaft eine große, noch zu wenig genutzte Bereitschaft zur Freiwilligkeit und zum ehrenamtlichen Engagement. Es ist zu vermuten, daß dieses Potential bei weiterer Verkürzung der Lebensarbeitszeit noch weiter wachsen wird.
Das Thema „Generationenpaket" wird uns auch weit hierüber hinaus beschäftigen, und wir müßten verstockt sein, wenn wir nicht über die Fragestellung nachdenken, was aus den vielen wird, die länger leben und aus dem traditionellen Arbeitsprozeß früher ausscheiden.
Wir sind mit dem Vorschlag einer Ergänzungsabgabe für Gutverdienende nicht durchgekommen. Ich will es hier einmal sagen: Die Lohnsteuerzahler wundern sich ohnehin mehr und mehr, wer nach geltenden Gesetzen alles keine Steuern zahlt, obwohl er Großverdiener ist.
Ich will keinen Zweifel daran lassen, daß eine Finanzierung der Investitionszulage durch Schnitte ins soziale Netz mit uns nicht zu machen ist.
Die Beteiligung daran, die Krise zu überwinden, muß gerechter sein.
Die Zustimmung der Sozialdemokraten ist nicht dafür zu haben, um ein weiteres Beispiel zu nennen, daß für den Arbeiter in der Fabrik schlechtere gesetzliche Bestimmungen als für seine Tochter im Büro getroffen werden oder daß dem schuldlos Arbeitslosen seine Unterstützung zusammengestrichen wird oder daß durch die Eliminierung von BAFÖG[215] die Kinder aus Arbeiterfamilien gegenüber denen aus besseren Häusern wieder schlechter gestellt werden, wo es um den Zugang zur höheren Schule und Universität geht.
Wir Sozialdemokraten sagen weiter: In einer Zeit wie dieser wird – Vetter hat es gesagt und Hermann Brandt hat es aufgegriffen – die Mitbestimmung wegen des wirtschaftlichen Wandels und im Interesse des sozialen Friedens immer wichtiger: am Arbeitsplatz, im einzelnen Unternehmen, im

Wirtschaftszweig. Ich würde sehr dazu raten, sich auf eine sachliche Prüfung der Möglichkeiten ohne dogmatische Vorfestlegungen einzustellen. Eine neue vermögenspolitische Initiative würde ebenfalls ihren guten Sinn ergeben.

Wovon haben wir in diesen Jahren nicht gesprochen? Wir haben z.B. wenig davon gesprochen, daß wir 1970 das Sparen in Geldvermögen tariffähig gemacht haben und daß daraufhin die deutschen Arbeitnehmer heute über 100 Milliarden DM davon besitzen.[216] Nun ist es an der Zeit, daß wir auch die Beteiligung am Besitz des Produktivkapitals vorantreiben.

Inzwischen bestätigen die halbamtlichen Sachverständigen, daß nur so die notwendigen Investitionen auch für mehr Arbeitsplätze möglich sind, und zwar ohne einen erneuten Umverteilungseffekt zugunsten der Besitzenden, der schon Besitzenden. Ich begrüße es, daß der Parteitag – auf Betreiben sozialdemokratischer Gewerkschaftler und eines sozialdemokratischen Unternehmers – mit dieser Materie befaßt wird und daß wir so hoffentlich einen neuen Schritt in wirtschaftsdemokratischer Richtung tun können.

Ich will dann auch noch sagen oder anmerken, daß wir eine Neugestaltung des Bodenrechts neu aufzugreifen haben.

Unsere Kommunalpolitiker sind hieran ebenso brennend interessiert wie an neuen Wegen zur Förderung des Wohnungsbaus und an einer besseren Verwaltung des städtischen Wohnungsbesitzes.

Gewiß, das alles geht nicht auf Anhieb. Aber vieles, was unserer Meinung nach notwendig ist, geht überhaupt nur dann, wenn öffentliches Bewußtsein dafür geweckt ist, und dafür ist mit die Partei da. – Dies gilt natürlich auch dafür, daß die Mitbestimmung der Arbeitnehmer über die Aufsichtsräte nicht auf Aktiengesellschaften beschränkt bleibt.

Ich will hier noch einmal unterstreichen, daß Gerechtigkeit auch gegenüber ausländischen Mitbürgern in der Bundesrepublik gelten muß.

Die unerträgliche Langsamkeit der Entscheidungen über Wirtschaftsasylanten und eine vermutlich falsche Praxis beim Familiennachzug wachsen sich zu einem öffentlichen Ärgernis aus. Klare Regelungen auf diesen Gebieten sind ein wirksames Mittel gegen die rasch um sich greifende Ausländerfeindlichkeit, die tief ungerecht und unserer nicht würdig ist.

Wir müssen beides tun: gegen Ausländerfeindlichkeit kämpfen und die Zahl der Ausländer bei uns – im Interesse aller Beteiligten – auf sozial vertretbare Art begrenzen.

Alle Parteien – ich sage: alle Parteien – sind hier zu gemeinsamem Handeln aufgerufen. Die Unterstützung der Gewerkschaften und der Kirchen wird uns gewiß nicht versagt bleiben.

Noch kurz ein Themengebiet, das nicht übersprungen werden kann, wenn von künftigen Reformen die Rede ist. Wie fast überall in der Industriewelt haben wir die Bündelung von Entscheidungsstrukturen – einschließlich der damit verbundenen Überbürokratisierung – ziemlich weit getrieben. Ich denke an gewisse Übertreibungen bei den Gebietsreformen und an den damit einhergehenden Abbau ehrenamtlicher Mandate. Manche glauben auch gelernt zu haben, daß die Logik des Reißbretts und der Zahlenprojektion bei weitem nicht überall ausreichte, als Wohngebiete geplant und Schulkomplexe entworfen wurden. Könnten wir, so frage ich, Vertrauen nicht auch dadurch zurückgewinnen, daß wir uns insoweit mit den konkreten Erfahrungen der zurückliegenden Jahre auseinandersetzen?

Ich finde es gut, daß sich immer mehr Menschen gerade in den Städten für die Qualität des gesellschaftlichen und öffentlichen Lebens einsetzen. Manche bemühen sich auch um ihre Art von Einspruchs- und Mitwirkungsrechten bei Angelegenheiten, deren Regelung in traditioneller Sicht ausschließlich den Behörden vorbehalten war. Ich nenne das ein im Kern konstruktives Engagement, wo immer es bessere, menschlichere Lösungen will. Was drückt sich denn in einem solchen Engagement anderes aus als das Prinzip „Mehr Demokratie wagen"? Es tut mir leid, wenn ich Spießer unterschiedlicher Couleur damit noch einmal aufscheuche. Aber ich meine wirklich, vor einer weiteren demokratischen Durchdringung der dafür in Frage kommenden Lebensbereiche – zumal der Bürokratien – sollten wir keine Angst haben. Unserem sozialen Rechtsstaat täte dies gut.

Ich habe jetzt über die SPD als Partei der Arbeit gesprochen. Ich will ein Wort über die SPD als Partei des Friedens hinzufügen. Wir alle wissen, ohne den Frieden ist alles andere nichts. Deshalb machen wir ja eine Politik der aktiven Friedenssicherung. Deshalb wünschen wir – und da gibt es doch unter Sozialdemokraten keine Meinungsverschiedenheiten; das wollen doch alle, die mit einem Mandat hierher gekommen sind –, wünschen wir alle miteinander, daß der Wahnsinn des Wettrüstens endlich aufhört, auf daß „Schwerter zu Pflugscharen" geschmiedet werden können!

Liebe Freunde, so steht es übrigens auch – ich habe es in den Jahren häufig gesehen – am Sockel des sowjetischen Denkmals neben dem Hauptquartier der Vereinten Nationen in New York. Und man darf fragen, ob die Staatsschützer der DDR wirklich glauben, sie könnten ihre Mitbürger drangsalieren, weil diese Menschen sich an das erinnern, was das Alte Testament über Schwerter und Pflugscharen sagt.

Doch es geht nicht allein um das Wettrüsten und darum, daß die Rüstungskosten dazu beitragen, die Weltwirtschaft zu ruinieren. Es geht auch um den Nord-Süd-Konflikt, um weltweite Gefahren der Bevölkerungsexplosion, um die Umweltzerstörung, um die Rohstoffvergeudung – Gefahren, in die die Völker hineintreiben, statt daß die Staaten gemeinsam handeln, um das sie alle bedrohende Unheil abzuwenden.

Ich halte es für sehr bedauerlich und für bedenklich, daß das Engagement für die Dritte Welt in Europa weithin so provinziell geblieben ist, wo doch unsere eigenen Interessen mit auf dem Spiel stehen: Es geht nämlich um die Arbeitsplätze von morgen, aber auch darum, die Gefährdung des Weltfriedens einzudämmen. Da mischt sich Ost-West mit Nord-Süd, und außerdem ist es ja eher unwahrscheinlich, daß Millionen hungernder Menschen auf die Dauer schweigend sterben werden.
Sozialdemokratische Außen- und Sicherheitspolitik geht – wie in der Vergangenheit, so auch in der Zukunft – von jenen Grundsätzen aus, die unsere Partei zur ersten organisierten Friedensbewegung seit dem Deutsch-Französischen Krieg 1870/71 gemacht haben.[217]
Sozialdemokraten sind dafür diffamiert und verfolgt worden. Gestützt auf das geschichtliche Erbe, haben wir durch unsere Friedenspolitik Voraussetzungen dafür schaffen können, daß wir in zuverlässiger Partnerschaft und guter Nachbarschaft mit anderen leben.
Wir lassen uns auf machtfernen Irrationalismus ebenso wenig ein wie auf nur noch machtbestimmten Opportunismus. Wir mögen den Schmollwinkel nicht, obwohl man in ihm, ganz unter sich, immer so angenehm recht behält. Aber wir werden uns gegen den Strom stellen, wenn dieser sich wieder einmal ein falsches Bett zu graben versuchen sollte.
Es gibt keine moralische Position, die noch Gewaltanwendung zur Lösung von Konflikten zwischen den Blöcken, also auch den Staaten, rechtfertigen könnte, und die deutschen Sozialdemokraten werden nicht ihre Hand dazu reichen, wenn man diesem Staat eine selbstmörderische Machtpolitik zumutete.
Das Verteidigungsbündnis, zu dem wir gehören, zu dem die Bundesrepublik gehört, zu dem diese SPD sich bekennt und zu dem unser Volk durch seine Bundeswehr einen ansehnlichen Beitrag leistet, würde an seinen inneren Widersprüchen zerbrechen, wenn es nicht bei der Konzeption bliebe, daß Abschreckung und Verhandlungen – das eine und das andere: militärische Sicherheit und Entspannung – zusammengehören.
Der einzige Bündniszweck, nämlich die Verteidigung, ist an erster Stelle eine politische Aufgabe.
Eine solche Haltung ist nicht wertneutral. Zu den westlichen Werten gehören die feste Bindung an das System der repräsentativen Demokratie. Augenmaß und Vernunft als öffentliche Grundeigenschaften; die Unbeirrbarkeit darin, den Menschen über jedes Dogma zu stellen; der Verzicht auf das Ausgrenzen von Andersdenkenden, von Minderheiten; der geistige Pluralismus und die tatsächliche Vielfalt; die Unfähigkeit zum Massenwahn.
Jetzt frage ich: Welche politische Gruppierung oder Partei in unserem Vaterland will uns im Blick auf diese Tugenden Mores lehren? Die SPD ist groß

geworden mit diesen Werten. Sie hat dafür gestritten und gelitten. Sie sind bei ihr kein dünner Firnis.
Und sollte es einmal kritisch werden, so würde man die deutschen Sozialdemokraten dort finden, wo sie immer standen: bei den Idealen der Freiheit und des gesitteten, also des demokratischen und geistigen Deutschland. Jawohl, wir werden unser politisches System verteidigen.
Aber gegen Kreuzzug-Mentalität ist die Sozialdemokratie immun. Und Täuschung gehört nicht zu den Eigenheiten unserer Politik. Wir wollen mit den Frauen und Männern unseres Landes wie mit unseren verbündeten und nichtverbündeten Partnern in der internationalen Politik weiterhin redlich umgehen.
Im Bündnis gibt es interessenbedingte Meinungsverschiedenheiten und solche, die sich aus unterschiedlicher Erfahrung ergeben. Der Ministerpräsident Strauß verhält sich einfach unwürdig, wenn er der Regierung in Washington darüber faulen Zauber vormacht.[218]
Ist etwa Robert McNamara anti-amerikanisch? Oder Kennan oder Fulbright oder George Ball? Es gehört viel Ignoranz dazu, nicht zur Kenntnis zu nehmen, daß eine ernste Diskussion über die Rolle der nuklearen Verteidigung begonnen hat. Und mit der amerikanischen Friedensbewegung wird man es sich in Washington vermutlich nicht so leicht machen können wie mit der in einigen europäischen Ländern.
Wir Sozialdemokraten wollen weiterhin enge, vertrauensvolle, freundschaftliche Beziehungen mit den USA. Deshalb greife ich hier wieder auf, was ich vor ein paar Jahren im Bundestag angeregt habe und was diesen Parteitag noch befassen wird: Die Intensivierung des deutsch-amerikanischen Austausches für Schüler, junge Arbeitnehmer, Studenten würde eine gute Anlage für die Zukunft sein.
Friedenssehnsucht allein ergibt aber noch keine Friedenspolitik. Und so wenig wir falsche Gräben ausheben dürfen, so sehr werden wir darauf zu achten haben, uns an der Verwechslung von Utopie und Realitätsverlust nicht zu beteiligen. Ich persönlich teile vieles von dem, was an Zielsetzung mit der Friedensbewegung verbunden ist, und ich habe Respekt vor den Überlegungen ihres argumentierenden Teils auch dort, wo ich nicht zustimmen kann. Aber ich fürchte die Illusionen, die aus Realitätsferne entstehen, wie die Konsequenzen politischer Ohnmacht. Und mehr noch fürchte ich die irrationalen Folgen einer unvermeidlichen Desillusionierung.
Die Politik, die auf Entspannung zielt, ist nicht gescheitert. Jene, die ihr heute den Totenschein ausstellen wollen, sind zumeist von Anfang an gegen die Politik des Ausgleichs, die Politik der allmählichen, sehr allmählichen friedlichen Veränderung der Nachkriegslage im geteilten Europa gewesen. Nun, da es zu Rückschlägen gekommen ist, führen die Gegner der europäi-

schen Entspannung wieder ungeniert das laute, prahlerische, gefährliche Wort. Bei diesem Wort aber wollen sie in Wahrheit gar nicht genommen werden. Sie riskieren die große Lippe, weil sie sich insgeheim auf die von uns mitgestaltete, wenn auch noch sehr unzulängliche Entspannung verlassen.
Oder wollen sie wirklich die Sowjetunion und ihr Bündnissystem kaputtrüsten oder es auf andere Weise in die Knie zwingen? Die Vermutung spricht dagegen, daß sich die östliche Großmacht nur mit einem Winseln aus der Geschichte abmelden würde. Außerdem kann es jemand wie mich eher verwundern als überzeugen, dem „Weltkommunismus" heute noch magische Kraft zuzuschreiben, wo er doch ein eher diffuses und ausgezehrtes Bild vermittelt.
Die Alternative zum Abenteuer ist die Bereitschaft zum Ausgleich der Interessen. Sie stützt sich auf unseren Willen und unsere Fähigkeit zur Verteidigung.
Unsere Zurückhaltung in der polnischen Krise, einer Krise, die ich eine Tragödie nenne, hat bei der großen Mehrheit unseres Volkes Zustimmung gefunden. Die meisten haben verstanden, daß es peinlich war, auf Kosten der polnischen Arbeiter hier bei uns den Maulhelden zu spielen.
Gleichwohl will ich noch einmal klarstellen: Es trifft nicht zu, daß Entspannungspolitik sich nicht mit Leidenschaft für die Freiheit verträgt oder geschichtswidrig den gesellschaftlichen Wandel verbietet. Unsere Politik ist zuinnerst dem Wandel verpflichtet, nämlich so, daß durch Frieden Voraussetzungen für mehr Freiheit und mehr Gerechtigkeit geschaffen werden.
Wir Sozialdemokraten danken der Bundesregierung, lieber Helmut Schmidt, auf diesem Feld wie auf anderen für die Politik der Besonnenheit.
Und wir danken allen Kollegen und Genossen, allen Mitbürgern – nicht zuletzt den Kirchen und den Gewerkschaften –, die für Hilfsgüter für Polen gespendet haben, statt nur Sprüche zu machen.
Damit wir uns nicht mißverstehen: Wir können und werden weiterhin nicht schweigen, wenn Menschenrechte mit Füßen getreten werden – ob im Westen oder in El Salvador, aus dem kein Afghanistan mit anderen Vorzeichen werden darf.[219]
Wir sind für unabhängige Gewerkschaften und protestieren gegen die Internierung und Einbuchtung von Gewerkschaftskollegen – in der Türkei[220] wie in Polen.
Auch wenn Hans-Jürgen es schon gesagt hat: Ich halte es für unerträglich, daß mein Freund Bülent Ecevit seit Monaten mit einem Fuß außerhalb und mit dem anderen im Gefängnis leben muß.
Ich komme auf den Hauptpunkt und auf die gemeinsame Überlegung – und auf die kommt es doch letzten Endes an – aller Sozialdemokraten: Mit großem Nachdruck sagen wir, daß abgerüstet werden muß. Denn die Bedro-

hung wächst weiter. Und sie schlägt auf alles zurück, was die Menschen seit dem Zweiten Weltkrieg erreicht haben. Abrüstung war für uns immer der entscheidende Schritt, zu dem die Verträge und der mit der Konferenz von Helsinki verbundene sogenannte KSZE-Prozeß hinführen sollten. Ich bezweifle sehr, ob die Entspannungspolitik oder das, was von ihr übrig ist, die 80er Jahre überleben wird, wenn es nicht konkrete Fortschritte bei der Abrüstung gibt.

In der jetzigen Phase heißt das: Wir müssen nicht nur hoffen, sondern alles Menschenmögliche tun, damit die Genfer Verhandlungen ein Erfolg werden.[221]

Und wir müssen alles unterlassen, was diesen Erfolg gefährden könnte und was einen der Verhandlungspartner dazu bringen könnte, offen und insgeheim den Einigungswillen aufzugeben.

Zu den Grundelementen unseres Leitantrages gehört – und dies ist auch meine Überzeugung, und der Parteitag muß dies wissen –, den Doppelbeschluß der NATO nicht neu aufzuwerfen.[222] Er ist ein Faktum. Er gehört zu dem Mechanismus, der auf beide Seiten Druck ausübt, sich zu einigen. Wir dürfen nichts tun, was die Verhandlungen gefährdet. Im Gegenteil: Wir müssen alles tun, wir müssen das ganze Gewicht unserer Bundesrepublik einsetzen, damit Amerikaner und Russen sich einigen können – nicht zuletzt zum Wohle Deutschlands und der Deutschen.

Ein Abrücken vom NATO-Beschluß jetzt könnte der Sowjetunion das Alibi liefern, nicht ernsthaft zu verhandeln, und es gäbe den USA Anlaß, sich von der Selbstverpflichtung zu ernsthaften Verhandlungen zu entfernen. Beides können und dürfen wir nicht wollen.

Wir müssen unsere Kräfte richtig einschätzen. Wir sind nicht einflußlos, aber am Verhandlungstisch in Genf sitzt unsere Regierung nicht. Ich wehre mich trotzdem dagegen, solche Verhandlungen von vornherein als aussichtslos oder unwirksam herunterzureden. Gewiß, die Vergangenheit bietet keinen Grund zum Optimismus, doch hilft es überhaupt nicht, falls mir das unpassende Bild gestattet ist, friedenspolitisch die Flinte ins Korn zu werfen. Es gibt keinen anderen Weg, schon gar nicht für uns. Unsere Chance liegt darin, die Großmächte zu Verhandlungen zu bringen, vielleicht auch die Verhandlungen zu beeinflussen, die so bald wie möglich mit Verhandlungen über die interkontinentalen Zerstörungsmaschinen verzahnt werden müssen. Wenn nicht verhandelt wird, haben wir schon verloren.

Einseitige Begrenzugen seitens der Sowjetunion sollte man übrigens aus meiner Sicht nicht einfach bekritteln, sondern sie begrüßen und herauszufinden versuchen, ob sich was und was sich daraus ableiten läßt. Sonst kommt der Verdacht auf, daß man auf jeden Fall die neuen amerikanischen Raketen auf europäischem und deutschem Boden will.

Dazu heißt es in dem gemeinsamen Text von Robert McNamara und den drei anderen: „Indessen hoffen einige der Europäer, die öffentlich beide Teile der Vereinbarung von 1979 unterstützen, ganz eindeutig, daß der Tag der Dislozierung nie kommen möge."
Das ist nicht so falsch gesehen. Und ich füge hinzu: Aus dem Beschluß von Brüssel ergibt sich keine Automatik.
Wer seine Verpflichtung vor dem ganzen deutschen Volk so stark empfindet, wie ich es für die Sozialdemokraten feststellen kann, der weiß, sein Patriotismus muß auf Friedenswillen, Entspannungsbereitschaft, europäische Zusammenarbeit und internationale Zuverlässigkeit gegründet sein. Das schließt sehr wohl ein, daß wir von deutschen Interessen sprechen, denn unser Land ist durch Abschußrampen und als Zielscheibe vorrangiges Opfer der Rüstung mit tödlichen Waffen. Die sich hieraus ergebenden Lebensinteressen teilen wir mit den Menschen im anderen deutschen Staat, in der DDR. Zusätzlich zu den vielen praktischen Fragen, an deren Lösung es ein gemeinsames Interesse gibt – für uns bleiben Besuchsmöglichkeiten unter zumutbaren Bedingungen von zentraler Bedeutung –, sollte es zwischen beiden deutschen Staatsführungen zu regelmäßigen, inhaltlich weiterführenden Gesprächen kommen. Das Treffen Helmut Schmidts mit Erich Honecker[223] könnte hierfür ein guter Auftakt gewesen sein.
Was immer die einen und die anderen an der Spitze trennt, die einen wie die anderen wollen und können sich nicht aus den Bündnissen lösen, aber sie könnten doch einiges miteinander tun, miteinander oder sogar gemeinsam, denn schließlich tragen sie beide ihr Stück europäischer Verantwortung.
Europa spielt – über ideologische Grenzen hinweg – eine wachsende Rolle im Bewußtsein seiner Völker. Um so schlimmer ist es, daß die Europäische Gemeinschaft ein so trauriges Bild abgibt. Es ist dahin gekommen, daß sich die junge Generation mit Europa bestenfalls langweilt, ja, es ist zu befürchten, daß man bei den nächsten europäischen Wahlen im Jahre 1984 vielleicht keinen Hund mehr hinter dem Ofen hervorlocken könnte. Ich möchte, daß wir die Kraft finden, mit neuer Frische über die Nation und über Europa zu sprechen.
Die EG darf sich nicht selbst genug sein, aber sie ist für uns ohne Alternative. Die Europäische Gemeinschaft ist zu wichtig, um nicht regiert zu werden. Im übrigen sollten wir uns eine einfache Rechnung vor Augen halten: Keine noch so gute Wirtschaftspolitik könnte in der Bundesrepublik so viele Arbeitsplätze schaffen, wie durch den Zerfall der Gemeinschaft vernichtet würden.
Wir leisten unseren Beitrag im Bund der Parteien in der Gemeinschaft und in der Sozialistischen Internationale. Es kommt eine Vielzahl bilateraler Parteienkontakte der SPD hinzu. Die Zusammenarbeit mit unseren französischen

Freunden möchte ich besonders hervorheben. Wir freuen uns auch jetzt noch über ihren großen Wahlerfolg im letzten Jahr.
Ich verbinde es auch von hier aus mit einem herzlichen Gruß an alle anderen ausländischen Freunde.
Neuerdings ist die Arbeit der Sozialistischen Internationale im besonderen Maße der Kritik aus dem rechten Umfeld der US-Regierung in Washington ausgesetzt. Diese Kritik versucht, von eigenen Übeln abzulenken. Deshalb finde ich, es ist müßig, hier und jetzt darauf einzugehen. Was wir im gegebenen Fall wollen – das müssen die Genossen wissen – bedeutet übrigens im Sinne des mexikanischen Staatspräsidenten, zur demokratischen Befriedung Zentralamerikas und der Karibik beizutragen.[224]
Noch deutlicher: Die Sozialistische Internationale ist niemandes Dienstbote, sie ist auch niemandes Schulmeister, sondern sie bemüht sich ehrlich, ihren Beitrag zu leisten, wo immer es um den Frieden geht.
Schließlich vom Großen zum Kleinen zurück: Es ist ja kein Geheimnis, in den letzten anderthalb Jahren ist die Zahl der Neueintritte in die SPD im ganzen genommen geradezu kläglich. In der Bilanz ergibt sich ein Mitgliederschwund von bald 30.000. Vor allem junge Frauen und Männer kommen zur Zeit kaum noch zu uns. Ich will hier natürlich keine organisatorischen Probleme wälzen, aber ich halte es zum Schluß für nötig – tut mir leid, daß es so spät geworden ist, ich bin auch ein bißchen später dran gekommen –, daß ich auf ein paar der Aufgaben hinweise. Da ist zunächst die schon positiv aufgeworfene Frage nach dem lebendigen Ortsverein, übrigens auch, was auf deren Ebene mit den und für die Selbständigen getan werden kann.
Noch wichtiger ist mir, heute noch zu sagen, das Wirken der Betriebsgruppen soll so gestärkt werden, wie es sich aus dem euch vorliegenden Antrag ergibt. Dieser Antrag soll ein Stück historischer Selbstbesinnung und zugleich ein Aufruf an die Partei sein, nämlich dieser Auftrag: die Sozialdemokraten, die in den Betrieben hohe Verantwortung tragen, nicht über den Einheitsleisten der Partei zu schlagen und nach bürokratischen Maßstäben zu behandeln. Dies ist entscheidend für die zukünftige Entwicklung der Partei. Arbeitnehmer sind weder Hausmacht noch Stammbelegschaft. Wer die Geschichte kennt, weiß, die Sozialdemokratie muß sich ihre Beziehung zur Arbeitnehmerschaft immer neu verdienen.
Ich nenne die Arbeitsgemeinschaften, besonders die der Frauen, deren Skepsis und gelegentliche Erbitterung ich verstehen kann. Die Gleichstellungskommission von 1979 sollte belebt werden. Auch bei den Wahlen zum Parteivorstand am Donnerstag bitte ich die Delegierten, hieran zu denken.
Wir sollten auch darüber nachdenken, wie wir bestimmte gesellschaftliche Gruppen wieder mehr für unsere Politik interessieren können, die Schrift-

steller und Künstler, von denen manche ein gutes Stück des Weges mit uns gegangen waren, und diejenigen, die in den Kirchen engagiert sind.
Schließlich hebe ich noch einmal die Arbeit in den Städten und Gemeinden hervor. Zur Erneuerung von unten gehört vorrangig, unser Vertrauen vor Ort und im Ort neu zu begründen. Wer nur nach Bonn sieht, greift argumentativ zu kurz. Wir müssen die Politik für den Bürger wieder stärker und nachvollziehbar machen, auch übrigens im vorparlamentarischen Raum.
Bei den Landtagswahlen in Hamburg mit Klaus von Dohnanyi, in Hessen mit Holger Börner steht viel auf dem Spiel.[225]
In Bayern verdient Helmut Rothemund gleichermaßen unser aller Unterstützung. Wir brauchen – in Hamburg gegen Kiep, in Hessen gegen Dregger, in Bayern gegen Strauß – die Stimmen aller erreichbaren Wähler auch dafür, daß das Regieren in Bonn nicht sehr viel schwerer oder gar gelähmt wird.
Ich will nicht noch einmal auf die Irritationen zu sprechen kommen, die es in der Koalition gegeben hat. Beide Partner sollten nach vorn blicken, über das jeweilige Nächstliegende hinaus auf die traditionellen innenpolitischen Felder schauen: Rechtstaatlichkeit und Liberalität, Gleichstellung der Frauen, Gespräch zwischen den Generationen, auch Umwelt und Verhältnis zu den Ausländern.
Doch neu auf den Prüfstand kommt die Reformfähigkeit der Koalition im sozialökonomischen Bereich. Die Gemeinsamkeit sollte sich hier aus dem Wollen ergeben, die Aufgaben nicht im konservativen, sondern im reformerischen Sinn anzupacken und zu lösen. Das könnte das Boot der Koalition wieder gut in Fahrt bringen.
Auch die Freien Demokraten stehen vor einer Entscheidung, und ich unterstelle, sie wissen, was im ganzen für sie selbst auf dem Spiel steht. Die „Mehrheit diesseits der Union“ im Lande, auf die wir Sozialdemokraten angewiesen sind, existiert. Es ist jene, die sich vor genau 18 Monaten den Unionsparteien verweigert hat. Diese Mehrheit kann durch taktische Fehler verspielt werden, auch durch Fehlreaktionen der Freien Demokraten. Zusammengehalten werden kann sie durch bloßes Taktieren nicht, auch nicht durch bloße Warnungen vor einer rechten Mehrheitskonstellation. Zusammengehalten werden kann sie nur durch inhaltliche Ziele, durch Orientierung, die wir geben können, durch Reformen, zu denen wir bereit sind.
Und machen wir uns noch eines klar: Die schwammige, bißlose Kohl-Linie scheint ja heute ganz erfolgreich. Aber wer selbst in der Opposition über die eigenen Beine stolpert, der würde nicht lange die Richtlinien der Politik bestimmen.
Ich sehe unsere Fehler. Ich sehe unsere Schwächen. Aber manchmal, wenn ich darüber nachdenke, dann möchte ich das deutsche Volk beschwören, die

Deutschland- und Entspannungspolitik, die für unser Land so schrecklich wichtig ist, nicht in die Hände der Abeleins und der Wörners fallen zu lassen, dann möchte ich die Bürger der Bundesrepublik bitten, sich ganz genau zu überlegen, was aus unseren sozialen Sicherungssystemen würde, wenn Strauß das Sagen bekäme, der voller Menschenverachtung von der „Hängematte" spricht.[226]

Und wie würde es wohl um die Liberalität in diesem Lande bestellt sein, wenn ein Dregger seine Finger ins Spiel brächte?

Dies alles darf nicht sein.

Ich glaube, dies kann ein guter Parteitag werden. Ich bitte Euch darum, solide Beschlüsse zu fassen, Euch nicht unnötig zu zerstreiten. Und ich bitte Euch darum, politische Kraft zu sammeln und den Blick nach vorn zu richten.

Ich habe in den 18 Jahren als Parteivorsitzender und zuvor in anderen Funktionen Krisen erlebt, Siege und Erfolge, doch auch Enttäuschungen und Vorwürfe untereinander. Eines aber hat sich immer wieder bestätigt: Gefahren kommen vor allem aus dem Kleinmut, der Ängstlichkeit, dem Sichfestklammern am Bestehenden. Kraft aber entsteht aus dem Mut, gerade in kritischen Situationen das Neue, das da entsteht, anzupacken und zu formen und zu wissen: Eine Zukunft haben, das heißt, Ziele und Aufgaben haben, die über uns selber hinausreichen.

Erstens. Wir Sozialdemokraten stellen uns der Bedrohung des Friedens entgegen. Wir kämpfen für die Abrüstung in West und Ost.

Zweitens. Wir Sozialdemokraten wollen, daß die Menschheit Hunger und Elend überwindet. Die Menschen in der Dritten Welt sind nicht mehr die Kulis von Kolonialherren; sie sind unsere Nächsten und unsere Partner.

Drittens. Wir Sozialdemokraten vergessen darüber nicht die Not im eigenen Land. Massenarbeitslosigkeit ist nicht unabänderliches Schicksal; sie ist Auftrag für alle Träger von Verantwortung in Wirtschaft und Politik, dort Wachstum zu fördern, wo Beschäftigung ihre Zukunft hat.

Viertens. Wir Sozialdemokraten wissen, daß in einer zerstörten Umwelt der Fortschritt sinnlos wird. Begreifen wir die Rettung der Natur als Gemeinschaftsaufgabe! Auch hier liegen Arbeitsplätze für die Zukunft.

Fünftens. Wir Sozialdemokraten haben keinen Grund, uns zu verstecken. Wenn wir Profil zeigen, werden sich die Bürger wieder in uns erkennen.

Situationen, in denen sich die Gesellschaft bis in ihre Lebensbedingungen hinein wandelt, gibt es auch in der friedlichen Entwicklung eines Volkes immer wieder. Unsere Partei hat sie mehr als einmal erlebt. Als das vorige Mal Parteitag in München war, 1956, sprachen wir über den Beginn der zweiten industriellen Revolution, die die Arbeiterbewegung vor neue Aufgaben stelle. So tiefgreifend würden wir den damaligen Einschnitt heute kaum

noch empfinden. Aber die Partei hat sich die Aufgabe gestellt, in einer als Umbruch empfundenen Situation neue Wege zu suchen, und München hat damals Signale für Godesberg gesetzt.
Carlo Schmid, der in den Tagen nach Berlin verstorbene Freund, sprach damals von einer Aufgabe, die heute die gleiche ist – für unsere Partei und ihren politischen Auftrag in unserem Land. Er sagte: „Die Aufgabe heißt: Vermenschlichung; eine Wirklichkeit, die den Menschen in eine neue Phase seines Schicksals führt, indem sie ihn zum Herrn macht und nicht zum bloßen Objekt werden läßt."
Es gibt, sage ich Euch, Mehrheiten für dieses Ziel! Wer kann sie organisieren, wenn nicht wir Sozialdemokraten? Wir können in München Wege nach vorn weisen, die wieder Orientierung geben und Ermutigung.
So laßt uns erneut beginnen, im Bund und in den Ländern, in den Städten und in den Gemeiden – und gerade auch mit dem persönlichen Beispiel und der Überzeugungskraft eines jeden von uns, vor Ort, am Arbeitsplatz, auf allen Ebenen unseres gesellschaftlichen Lebens!
Ihr werdet bemerkt haben, liebe Genossen, daß ich mit dem Wort „Solidarität" sparsam umgegangen bin. Mit dem Wort wird viel Mißbrauch getrieben. Ich empfehle, vorsichtig damit zu sein – und sich um so mehr um Annäherung an ein solidarisches Verhalten zu bemühen.
Nach einem halben Jahrhundert Dienst an der deutschen Politik, an einem freiheitlichen und demokratischen Sozialismus, weiß ich: Ohne Wahrhaftigkeit, Beharrlichkeit und Mut zur Zukunft läßt sich nichts bewegen. Ohne diese Orientierungspunkte verdient man die Verantwortung nicht. Beweisen wir, daß wir ihr gewachsen sind!
Ich bitte uns alle – und alle, für die wir hier sind und denen wir danach Rechenschaft schuldig sind – um eine neue große Anstrengung. Laßt uns den Aufbruch nach vorn wagen!
Laßt uns München zu einem Parteitag der sozialdemokratischen Erneuerung machen! – Ich danke für eure Aufmerksamkeit.

Aus: *Vorstand der SPD (Hrsg.): Parteitag der Sozialdemokratischen Partei Deutschlands. 19. bis 23. April 1982, München, Olympiahalle. Bd. I: Protokoll der Verhandlungen. Anhang, Lübeck 1983, S. 34–68*

SPD: Partei für Europa

Rede vom 18. November 1983

Verehrte Anwesende! Liebe Genossinnen und Genossen! Vor fünf Jahren habt Ihr euch – jedenfalls die meisten von euch – hier in Köln getroffen, um in gleicher Arbeitsteilung zwischen Delegiertenkonferenz und Parteitag die Liste für die erste Direktwahl zum Europa-Parlament aufzustellen und das damals vorbereitete Europa-Programm zu beraten. Ihr hattet mich – ich glaube, sogar einstimmig – zum Spitzenkandidaten jener ersten Direktwahl bestimmt. Ich mußte damals fehlen.

Inzwischen geht es mir – was die Gesundheit angeht – ausgesprochen gut.

Wenn die Sorge um den Frieden nicht so gewachsen wäre und wenn die Last der Arbeitslosigkeit nicht so drückte, könnten wir alle das persönliche Wohlergehen noch unbeschwerter genießen. Aber ich denke, wir werden uns auch unter schwierigen Bedingungen die Gelassenheit und die Kraft, die aus Gelassenheit kommt, nicht nehmen lassen.

Wir sind also fünf Jahre älter und fünf Jahre weiter. Ironisch gesagt: Daß wir fünf Jahre älter sind, ist keine Frage; in welcher Richtung wir weiter sind, darüber kann man natürlich streiten. Ich will mich da zurückhalten. Aber spätestens nach den September-Wahlen – das sommerliche Signal von Mannheim nicht zu vergessen! – ist eines klar: daß nämlich jene nicht recht hatten, die die deutsche Sozialdemokratie am Anfang eines langen Marsches durch die politische Bedeutungslosigkeit gesehen haben.

Ganz im Gegenteil: Ein Jahr nach dem vollmundigen Regierungswechsel sind die Augen von Millionen Menschen in unserer Bundesrepublik und weit über unsere Grenzen hinaus auf die deutsche Sozialdemokratie gerichtet. Dieser Kölner Parteitag hat erneut zu beweisen, daß und wie wir der schweren Verantwortung gerecht werden, die wir haben, und daß wir Hoffnung vermitteln können. Ich bin sicher, wir können es.

Mein Thema ist heute nicht, über die traurige Bilanz einer Bundesregierung zu reden, die mit dem Anspruch auf „geistig-moralische Erneuerung" angetreten ist und den Wählern den „Aufschwung", die Überwindung der Arbeitslosigkeit, versprochen hat. Selten sind Versprechen, sind hehre Ziele so rasch zu Sprechblasen verkommen.

Außerdem ist ja nicht zu verkennen, worauf Johannes[227] schon hingewiesen hat, daß diese Bundesregierung mehr mit sich selbst kämpft als mit den Problemen unseres Landes. Und außerdem und nicht zum erstenmal: Strauß tut sein Bestes.

Wirtschaftlich, sozial, europäisch, weltpolitisch steht dieser Staat unter kon-

servativer Führung und rechtsliberaler Begleitmannschaft schwächer da, als es nötig wäre – und als es zu verantworten ist. Nicht wenige Bürger spüren, daß sie mit der Wende hereingelegt worden sind.
Wir wären ganz schön dumm, liebe Freunde, wenn wir Fehler nicht Fehler nennen würden. Aber dazu muß natürlich kommen – und zwar so konkret wie möglich –, was wir und wie wir es besser machen können und besser machen würden.
Dabei werden wir selbstverständlich die harte Auseinandersetzung mit denen führen, die – wie beim Stahl, und bei ARBED-Saarstahl war es abzulesen – die Krise ausnutzen, um Löhne durch staatlichen Machtspruch herunterzufahren, über soziale Errungenschaften willkürlich zu verfügen und gewerkschaftlichen Schutz auszuhebeln. Und deshalb sage ich, lieber Ernst Breit und liebe andere Kollegen und Freunde aus den Gewerkschaften, es kann kein Zweifel sein, wo zumal angesichts von Erpressungen der Standort dieser SPD ist: nämlich an der Seite der Arbeitnehmer und ihrer Gewerkschaften.
Peter von Oertzen hat uns soeben über die Nominierung der Kandidatinnen und Kandidaten für die nächste Europa-Wahl am 17. Juni 1984 informiert. Ich beglückwünsche die Genossinnen und Genossen und möchte ihnen Mut für die Arbeit machen, die sie im Wahlkampf und im Parlament vor sich haben.
Wie ihr wißt, liebe Freunde, habe ich nicht wieder kandidiert. Die Erfahrung hat nämlich gezeigt, daß die Arbeit im Europäischen Parlament als Doppelmandat nicht vernünftig wahrzunehmen ist. Ich hatte mich für die Arbeit in Bonn zu entscheiden. Das war keine Entscheidung gegen Straßburg, sondern eine Entscheidung für die Pflichten als Parteivorsitzender, solange ich sie wahrzunehmen habe.
Die Schwächen und Defizite des Europäischen Parlaments sind uns bewußt. Wenn jedoch gesagt wird – und nicht wenige im Lande meinen es, ohne viel darüber zu sprechen –, diese Einrichtung lohne nicht den Aufwand, dann ist das in meinen Augen ganz falsch.
Parlamente haben ihre Rechte erkämpft, durch den Kampf haben sie Kraft und Vitalität gewonnen. Der Zustand Europas – im Sinne der Gemeinschaft – hängt gewiß nicht nur oder auch nur zuerst von seiner parlamentarischen Körperschaft ab. So weit sind wir nicht. Aber dieses Parlament in Straßburg und Brüssel aus seinem Schattendasein zu befreien, daß spräche wohl für das Selbstbewußtsein und den Gestaltungswillen der in der Gemeinschaft lebenden Europäer.[228]
Ein Problem des Europa-Wahlkampfes wird es wie auch schon vor fünf Jahren sein, daß viele Bürger das – wie soll ich sagen – amtliche Europa nicht sonderlich positiv bewerten. Wir haben also wieder eine erhebliche Aufklä-

rungsarbeit vor uns, die aber auch, liebe Freunde, eine politische Chance ist: Wenn mehr Menschen verstehen, daß ein starkes und solidarisches Europa im deutschen und in ihrem eigenen Interesse ist, dann kommen wir auch mit dem weiter, wofür wir um Vertrauen bitten.

Aber natürlich: Was an den europäischen Institutionen auszusetzen ist, das muß gesagt werden, und für konstruktive Veränderungen brauchen wir nie den Streit zu scheuen. Aber das Parlament ernst zu nehmen, es als das unsere zu begreifen, ihm mehr Geltung zu verschaffen – das ist allemal geboten.

Ich kann nicht dazu raten, Illusionen über den Zustand und die Institutionen der Gemeinschaft zu verbreiten. Das, was wir heute dazu sagen und was in dem Entwurf eines Europawahlprogramms, den ich hiermit einbringe, dazu aufgeschrieben ist, steht, glaube ich, außerhalb der soeben erwähnten Gefahr. Was hätten wir von Enttäuschung und Desillusionierung, wo es doch darauf ankommt, Orientierung zu geben und positiv zu mobilisieren?! Wenn den Menschen noch deutlicher wird, daß fast alle wichtigen Probleme heute nur noch in einem europäischen Zusammenhang angegangen, sinnvoll angegangen werden können, dann kann der vor uns liegende Wahlkampf mehr politische Aufklärung und Bildung vermitteln als viele Schriften und Seminare. Deshalb bitte ich sehr darum, diese Chance zu erkennen und zu nutzen. Wir wollen Europa, wie wir die Zukunft wollen. Die Gemeinschaft muß handlungsfähig bleiben oder es wieder werden. Wir wollen alle Kraft einsetzen, um Europa eine Perspektive zu sichern, die zugleich dem wohlverstandenen deutschen Interesse entspricht.

Gewiß, liebe Genossinnen und Genossen, geht es auch um den bundespolitischen Stellenwert der anstehenden Europawahl. Und da laßt mich in aller Offenheit etwas über die Erfahrungen sagen, die wir in den Monaten seit dem 6. März miteinander gemacht haben: Wir hatten einen empfindlichen Rückschlag hinzunehmen, aber wir haben rasch wieder Tritt gefaßt.[229] Das sollte, denke ich, auch denen zu denken geben, die nicht weit davon entfernt waren, andere – und vielleicht sogar sich selbst – in eine Stimmung wenn nicht des Weltuntergangs, so des Parteiuntergangs hineinzureden. Die Partei hat den Machtverlust im Bund gespürt und getragen, aber sie hat sich – und dafür bin ich dankbar – nicht von einer Lust zur Selbstquälerei befallen lassen.

Nun ist zuzugeben, daß pessimistische Vermutungen – übrigens nicht nur auf die Partei bezogen – heutzutage immer eine gute Chance haben, durch die Entwicklung bestätigt zu werden. Wenn der spekulative Pessimist recht bekommt, gilt er als Prophet; geht es gut, freut man sich und sieht ihm die falsche Voraussage gern nach. Ich weiß schon nicht mehr, für wieviele Jahre – wenn nicht Jahrzehnte – wir vom Fenster weg sein sollten. Es ist gut,

daß sich die Urteile insoweit – auch unter dem Eindruck, wie kümmerlich sich die Bonner „Wende“ und die Bonner „Wender“ darstellen – wieder eingependelt haben und daß mehr Realismus Platz gegriffen hat.
Unsere Freunde in Bremen mit Hans Koschnick und in Hessen mit Holger Börner – ich muß das auch noch einmal sagen dürfen – haben zu diesem Stimmungsumschwung sehr, sehr viel beigetragen.
Wir sollten ihnen deshalb heute noch einmal Dank und Anerkennung sagen und Kraft und Erfolg für den Weg wünschen, den sie vor sich haben und auf dem sie vor schweren Herausforderungen stehen.
Ich bin sicher: Nach den Hamburgern, die wir fast schon wieder vergessen haben, mit Klaus von Dohnanyi, nach den Hessen und den Bremern werden Johannes Rau und seine Mannschaft hier an Rhein und Ruhr vom Wähler weiter getragen und neu bestätigt werden.
Und dann kommt unweigerlich der Tag, an dem die Zahl der sozialdemokratischen Ministerpräsidenten nicht auf vier beschränkt bleiben wird.
Liebe Freunde, wie die Medienlandschaft aussieht, haben solche Parteimitglieder eine gute Aussicht, beachtet zu werden, die Vorurteile zu bestätigen scheinen oder konservative Angriffe auf die SPD verstärken helfen. Nun kann es – das müßt ihr auch aus der Sicht des Parteivorsitzenden verstehen – für Schreibgewandte in der SPD ganz gewiß kein minderes Recht geben. Doch wiegt natürlich eine akademische Position nicht notwendigerweise schwerer als ein Vertrauensamt in Partei, Betrieb oder Gewerkschaft.
Wir brauchen jede mögliche wissenschaftliche Begleitung und Impulse zur geistigen Auseinandersetzung. Und es ist gewiß auch jetzt so – gerade auch auf die Hauptpunkte dieses Parteitages bezogen –, daß uns manch ausgesprochen hilfreicher Beitrag zugute kommt. Aber intellektuelle Originalität – ich sage das an die Adresse derer, die sich, aus welcher Ecke immer, getroffen fühlen mögen – muß sich für einen Sozialdemokraten nicht notwendigerweise darin ausdrücken, daß man der Partei am Zeug flickt; man kann ihr ja auch helfen.
Man kann sich ja auch mit dem Gegner befassen, statt sich – gewiß oft, ohne es eigentlich zu wollen – durch ihn in Anspruch nehmen zu lassen.
So finde ich es mehr als überflüssig, da im Widerspruch zu den Tatsachen, sozialdemokratischer Politik zu unterstellen, in ihr sei die europäische Dimension der Menschenrechte in den Hintergrund getreten. Nicht nur aus den Texten, sondern auch aus der täglichen Arbeit – auch in Straßburg! – ließe sich leicht das Gegenteil belegen. Freilich gibt es immer wieder welche, die mit anderen schreibend darüber streiten, wer wohl mehr für die Menschenrechte tue.
Das ist seit alten Zeiten so gewesen, und ich halte dafür, daß man das einem Mögliche tut, statt nur darüber zu reden oder es zu zerreden.

Zu den Ritualen einer gewissen Art von deutschen Rechten gehört es im übrigen, zu empfehlen, die SPD möge wieder so werden, wie sie früher gewesen sei. Die liberal kostümierten Deutschnationalen in einer bedeutenden Frankfurter Redaktion haben sich bei dem Gesellschaftsspiel, das ich jetzt erwähne, besonders hervorgetan.[230] Das Verdächtige, liebe Freunde, an einer solchen Empfehlung ist freilich, daß die, wenn Ihr so wollt, alte SPD von den alten Konservativen noch schärfer bekämpft wurde, als es uns heute widerfährt.

Die falschen Freunde, die ich hier im Visier habe, wünschen sich eine SPD, die ohne Biß und ohne grundsätzliche Verankerung in Daueropposition vor sich hin macht.

Damit können wir nicht dienen, vielmehr ist dazu zu sagen: Eine SPD nach dem Geschmack ihrer Gegner wäre überflüssig.

Wenn sie uns lobten, müßten wir uns fragen, was wir falsch gemacht haben.

Wir haben nichts davon, wenn uns Leute so sympathisch finden, daß sie der Union ihre Stimme geben.

Gewiß muß die SPD aus Erfahrung lernen und auf die Bürger hören. Die Partei soll sich jedoch bitte nicht kleiner machen – oder machen lassen –, als sie ist. Sie soll sich von ihren Aufgaben nicht abhalten lassen. Es wäre ganz und gar unvernünftig, die Menschen mutlos zu machen, statt ihnen Zuversicht zu vermitteln und ihr Selbstvertrauen zu stärken.

Ich habe gebeten, meiner Rede den Titel zu geben, den ihr ausgedruckt findet: SPD – Partei für Europa. Darin soll mehr zum Ausdruck kommen, liebe Freunde, als das, worauf wir uns im vorliegenden Entwurf mehrfach beziehen, nämlich das, was die deutschen Sozialdemokraten schon 1925 in ihrem Heidelberger Programm ausgesagt haben. Unserem Volk wäre es im übrigen gut bekommen, wenn die Sozialdemokraten mit dieser eindeutigen Orientierung seinerzeit nicht fast allein geblieben wären.

Wir berufen uns auch nicht nur auf das, was im Mai 1945, als die Amerikaner kamen, im Manifest von Buchenwald von den Überlebenden formuliert wurde[231], was einige von uns im Exil ausgearbeitet hatten, was durch Kurt Schumacher und Erich Ollenhauer, Ernst Reuter und Carlo Schmid – um nur einige der wichtigen Namen zu nennen – in die programmatischen Erklärungen der SPD als einer grundeuropäischen Partei eingegangen ist.

Ich gehe einen Augenblick weiter zurück und stelle uns bewußt in den umfassenderen Zusammenhang der europäischen Aufklärung und Freiheitsbewegungen. Der „Völkerfrühling" von 1848 war – wenn man England auf Grund seiner besonderen Entwicklung ausnimmt – gewiß ein europäisches Phänomen; so auch das Heranwachsen des Sozialismus und der Arbeiterbewegung. Deren gemeinsamer Gedenktag vor hundert Jahren war der 18. März – als Tag der Pariser Commune –, bevor der 1. Mai sich durchzusetzen begann. Ich darf hier auch noch einmal daran erinnern, daß die Begründer dieser unserer Partei lieber ins Gefängnis gegangen sind, als im Reichstag des Norddeutschen Bundes Mittel für einen Annexionskrieg gegen Frankreich zu bewilligen.[232]

August Bebel und Jean Jaurès – deren Bilder neben dem von Rosa Luxemberg in meinem Arbeitszimmer hängen –, einander in kritischer Freundschaft verbunden, hatten der Kriegsvorbereitung den Krieg angesagt. Wir wissen, daß sie scheiterten und was alles an Tod und Elend vom Sommer 1914 ausgegangen ist: zwei gewaltig-schreckliche europäische Bürgerkriege, die in die Teilung des Kontinents und darin mündeten, daß sich die beiden neuen Weltmächte auf deutschem Boden schwerstbewaffnet – und ohne erkennbare zeitliche Begrenzung – gegenüberstanden.

Man tut gut daran, sich immer noch einmal klar zu machen, mit welchem nationalen und europäischen Verrat – zusätzlich zu allen Menschenopfern – die Hitlerei belastet bleibt. Da mögen die Spießer sagen, was sie wollen: Für uns, für die deutschen Sozialdemokraten, gibt es weder Kompromisse noch ein Zuerkennen mildernder Umstände, wo Freiheit, Recht und Würde des Volkes auf dem Spiel stehen.

Erinnern wir uns miteinander: Auf der Linken war früher die Schlüsselrolle des deutsch-französischen Verhältnisses für Europa erkannt worden. Daraus ist – wir sind froh darüber – ein Fixpunkt bundesrepublikanischer Politik geworden. Das muß so bleiben. Viel hat sich im Laufe der Jahre bewegt. Den Bereich beidseitiger oder gegenseitiger Mißverständnisse würde ich trotzdem nicht unterschätzen. Das Europa des Urlaubs ist Wirklichkeit geworden. Das hat man sich in meiner Jugend nicht träumen lassen. Das Europa des Alltags ist schwierig geblieben. Das geschichtliche und kulturelle Erbe behält sein eigenes Gewicht.

Ich bin dafür, viel offener miteinander zu reden, wo es um die Gemeinsamkeit und die Unterschiedlichkeit von Interessen geht; denn Feigheit vor dem Freund führt zu nichts Gutem. Das gilt für Staaten, für Parteien, für Personen; es gilt für das Verhältnis zu Frankreich wie zu allen unseren Nachbarn und Partnern.

Erinnern wir uns zum anderen: Der Einigungsgedanke der europäischen Linken war, politisch und geistig gesehen, nie gegen den Osten gerichtet. Ganz im Gegenteil: Die ungarischen und die polnischen Freiheitskämpfer, dann die tschechischen oder die südslawischen Autonomisten waren dem Herzen der europäischen Demokratie so nahe wie die, die sich für ein freies Griechenland oder ein einiges Italien erhoben.[233]

Als Freunde galten die russischen Oppositionellen, gemeinsamer Feind war der Zarismus als Bollwerk der damals schwärzesten Reaktion.

Nach dem Zweiten Weltkrieg ist der Versuch, Europa in seinem westlichen

Teil zusammenzuführen, als gegen die östliche Weltmacht – die sie nun geworden war – gerichtet verstanden worden. Angesichts der konkreten Ausrichtung und Ausformung sowjetischer Machtpolitik konnte das auch nicht anders sein. Die Sozialdemokraten, selbst als Hauptfeind der Stalinisten ausersehen, konnten den Bruch zwischen Ost und West schon gar nicht verhindern. Wir – hier spricht der frühere Berliner Bürgermeister – hatten uns unserer Haut zu wehren, haben das getan und bedürfen insoweit keiner Belehrungen, am allerwenigsten von solchen, die eine Tradition des Widerstandes gegen die Diktatur nicht gut ihr eigen nennen können.

Die SPD läßt sich nicht vor anderer Leute, schon gar nicht vor einen Moskauer Propagandakarren spannen. Ich will heute noch einmal davor warnen, daß wir es anderen leicht machen – es liegen immer wieder welche auf der Lauer –, unsere immer erneut auf Entspannung zielende Politik zu verdächtigen. Das wird ja immer wieder versucht, nicht immer so unverhüllt, wie es der Hetzer im Ministeramt mit seinem noch immer nicht zurückgenommenen Schandwort von der 5. Kolonne anstellte.[234] Mir tut es um den Bundeskanzler leid, der nicht die Kraft gefunden hat, das in Ordnung zu bringen. Hier wäre mehr als ein vieldeutiges Lächeln geboten gewesen.

Die Europäische Gemeinschaft mit all ihren Unzulänglichkeiten und ungelösten Problemen ist nun eine Tatsache. Damit hat man sich auch im östlichen Machtzentrum vertraut gemacht, ebenfalls damit, denke ich, daß im dortigen Machtbereich viel europäisches Bewußtsein lebendig geworden ist oder wieder wachgerufen wurde. Warum sollte nicht, auch wenn es noch ein bißchen dauert, die Einsicht wachsen, daß gesamteuropäische Zusammenarbeit beträchtlich über das hinauswachsen kann, was 1975 in der Schlußakte von Helsinki angelegt war, und daß sich eine solche Perspektive auch aus östlicher Sicht als vereinbar mit einem legitimen Sicherheitsbedürfnis und mit realen wirtschaftlichen Interessen darstellen könnte?

Ich will auf keinen Fall über den Ernst der gegenwärtigen Lage und der nächsten Zukunft hinwegreden. Da könnte ich ohnehin nicht mit solchen konkurrieren, die Unentwegt-In-der-Welt-Herumreisen für Außenpolitik halten – das gilt für den Außenminister nicht weniger als für den Bundeskanzler –, oder mit solchen, die wenig mehr zustande gebracht haben, als eine richtig konzipierte Entspannungspolitik nach Bürokratenart austrocknen und verkommen zu lassen.

Ich halte die Bedrohungen, die sich aus dem Wettrüsten, dem durch Zusammenbrüche gekennzeichneten oder bedrohten Zustand des internationalen Finanz- und Handelssystems, der vielfachen Vermischung von Ost-West mit Nord-Süd ergeben, für extrem gefährlich. Aber ich entscheide mich als Arbeitshypothese dafür, daß die Selbstvernichtung der Menschheit noch ver-

mieden werden kann. Ich setze also nicht auf Angst, sondern auf eine kritische Vernunft und auf Mut zur Selbstkorrektur.
Es war im übrigen John F. Kennedy – dessen Todestag sich am kommenden Dienstag zum 20. Mal jährt –, der uns und anderen in aller Schonungslosigkeit sagte: Je länger der Rüstungswettlauf andauert, desto sicherer ist es, daß er in der Selbstvernichtung der Menschheit endet. Seitdem das vor 20 Jahren gesagt wurde, haben sich die militärischen Aufwendungen der Mächte und der Blöcke in etwa verdreifacht. Fachleute bestätigen uns, daß Abrüstung auch weltwirtschaftlich zur Bedingung des Überlebens wird, wenn nicht schon geworden ist. Man wird nicht mehr wie bei früheren Gelegenheiten belächelt, wenn man unbequeme Tatsachen dieser Kategorie zur Sprache bringt.
Nun mischt sich das Besondere mit dem Allgemeinen. In Europa hat das bedrückende Gefühl zugenommen, immer mehr zum Experimentier- und Detonier-, also Vernichtungsfeld der Supermächte werden zu können. Ich kann diejenigen, die das so empfinden, nicht tadeln, denn so empfinde ich es selbst auch.
Wir haben häufig gewarnt, aber man konnte gar nicht deutlich genug vor der Annahme warnen, dieses Jahrzehnt lasse sich vielleicht ohne tödliche Gefahr zu Ende bringen, wenn beide Teile des Kontinents militärisch, vor allem nuklearmilitärisch, immer mehr aufgeladen werden und wenn es nicht gelingt, den Rüstungswahn zu überwinden, den Hunger in der Welt zu besiegen und vernünftiger zu wirtschaften.
Als Kennedy, nachdem er seine berühmt gewordene Rede an der American University gehalten hatte, im Juni 1963 zu uns nach Deutschland kam, gab es drei Hinweise, die wieder sehr aktuell geworden sind. Wir erinnern uns: Während der Kuba-Krise hatte er in den Abgrund geschaut und starke Nerven gezeigt. Nun ließ er erkennen, daß der Frieden im Zeitalter der Atomwaffen in einer objektiv begründeten Partnerschaft gesichert werden muß, daß man verhandeln und sich vereinbaren muß, wenn man nicht miteinander untergehen will. Diese Ansicht ist heute aktueller denn je.
Derjenige, auf den ich mich beziehe, sprach von einer neuen Perspektive für die Atlantische Allianz. Diese sollte sich auf zwei starke Säulen stützen: eine nordamerikanische und eine westeuropäische. Dazu ist sicherlich zu sagen, daß die Europäer nicht viel getan haben, nicht fähig oder auch nicht willens waren, einem solchen Konzept nahezukommen. Doch die Amerikaner haben es auch nicht eilig gehabt, ein auf ihrer Dominanz beruhendes Bündniskonzept durch ein stärker partnerschaftliches abzulösen. Es kann wohl kein Zweifel daran sein – jedenfalls ist es dies nicht für gedanklich anspruchsvolle Konservative, zumal in den Vereinigten Staaten –, daß nicht nur das Sicherheitskonzept, sondern auch die Struktur des westlichen Bünd-

nisses Gegenstand kritischer Überprüfung sein werden in den Jahren, die vor uns liegen – immer vorausgesetzt, daß die Zeit dazu bleibt.
Zum anderen brachte der damalige Präsident der USA anderen und uns die Zusicherung, die Europäische Gemeinschaft werde sich unabhängig und unbehelligt entwickeln können. Dies war bis in die Zeit der damaligen demokratischen Administration durchaus nicht eindeutige amerikanische Politik. Das sei gesagt, ohne die vorteilhaften Wirkungen zu vergessen, die vom Marshallplan und seiner Nachfolgeorganisation oder von dem Schutzdach, das die Alliierten über West-Berlin errichteten, ausgegangen sind. Es wäre, liebe Freunde, nicht nur undankbar, sondern auch dumm, dies zu vergessen.
Die Zusicherung, sich auf eine selbständige EG weltpolitisch einzustellen, hielt dann zunächst nicht lange vor. Zehn Jahre später war das im letzten Jahr der Regierung Nixon proklamierte „Jahr Europas" in Wirklichkeit gegen eine unter den Europäern abgestimmte – geschweige denn eigenständigere – Politik gerichtet: Die USA, so hieß es, hätten globale, wir in Europa höchstens regionale Interessen.
Ich will nicht ungerecht sein: Verglichen mit dem, was heutzutage manchmal zu hören ist, sehnt man sich zuweilen nach Nixon und Kissinger zurück, von den nahezu liberalen Zeiten Eisenhowers ganz zu schweigen.
Weiter fanden wir uns damals, vor 20 Jahren, mit Kenndey in der Vision vom Wind der Veränderung, der vor Eisernen Vorhängen nicht haltmachen würde. Zur tatsächlichen Veränderung des Verhältnisses zwischen den Teilen Europas – und Deutschlands! – haben wir dann ja etwas beigetragen. Wenn die Zeit bleibt, wird man daran wieder stärker anknüpfen können – und müssen.
Eine rationale Gestaltung der Zukunft haben wir in der Tradition der europäischen Aufklärung und der freiheitlichen, sozialen Demokratie anzugehen. In Sachen Europa, in Sachen Friedensordnung, in Sachen Nord-Süd hat einmal mehr die Sozialdemokratie auf ihre Schultern zu nehmen, was man von einem aufgeklärten Bürgertum hätte erwarten können.
Nun ist mir – ähnlich wie vor zehn Jahren – wohl bewußt, daß Europa kaum ein Schlüsselwort der Hoffnung und der Ermutigung geworden ist. Skepsis und Enttäuschung haben eher zugenommen. Von den Berichten über die meisten Brüsseler Sitzungen geht gähnende bis ärgerliche Langeweile aus. Wie vor zehn Jahren bleibt richtig, daß wir es inhaltlich und dem Umfang nach mit mehr als zwei Dimensionen Europas zu tun haben. Wie damals kann es sich nicht um eine sich gegen Amerika formierende Kraft handeln, aber auch nicht um eine, die sich ihrer gesamteuropäischen Chancen beraubt.

Die Suche der Europäer nach Sicherheit für ihren Teil der Welt widerspricht überhaupt nicht der Loyalität im Bündnis, sondern entspricht den Interessen der Europäer und ihrer Eigenverantwortung, auch über die Region hinaus.
Laßt mich hinzufügen: Die beiden Supermächte sind stark, stärker als sie sein müßten, stärker, als für die Welt gut ist. Doch beide fühlen sich aus unterschiedlichen Gründen – manchmal auch aus denselben – schwach. Beide erleben Führungskrisen. Bei beiden sind die Apparate, die „militärisch-industriellen" oder „militärisch-bürokratischen Komplexe", bedrohlich mächtiger geworden.
In dieser Lage wäre es ratsam, nein, geboten, daß die Europäer ihr Gewicht mehren: politisch, auch sicherheitspolitisch. Damit würden die Allianzen nicht gesprengt. Doch eine Verschiebung der Gewichte entspräche einer Notwendigkeit.
Mir geht es nicht um die „zwei Pfeiler" als einziges Modell, sondern darum, daß Europa sicherheitspolitische Eigenverantwortung übernimmt.
Dabei denke ich, die Welt braucht keine weitere atomare Supermacht.
Aber Europa als – auf Sicht – stabilisierende Größe wird die weltpolitischen Machtstrukturen vorteilhaft verändern helfen können.
Ein Europa der Solidarität wird – über lobenswerte Ansätze hinaus – ein neues Verhältnis zur Dritten Welt begründen helfen. Die Partner sind ja da; nicht wenige in Afrika, in Lateinamerika und anderswo warten auf die Europäer. Und warum nicht deutlich machen, worin sich Europa, wenn es seiner sicher würde, von weltpolitischen Dinosauriern unterschiede!
Ich brauche nicht noch einmal zu sagen, wie die deutschen Sozialdemokraten zu Afghanistan gestanden haben und stehen. Und wie wir zu Mittelamerika und Grenada stehen, hat der Parteirat gestern so deutlich gesagt, daß ich es hier nicht wiederholen muß.[235]
Wie vor einem Jahrzehnt oder vor fünf Jahren wissen wir freilich auch heute nicht, wann die EG nicht nur gebietliche Erweiterungen, sondern auch einen qualitativen Zuwachs erhalten wird. Anders als damals haben wir es mit einem direkt gewählten Europäischen Parlament zu tun. Um seine Rolle – und überhaupt um die rationelle Zuordnung von Kompetenzen in der Gemeinschaft – muß weiterhin gerungen werden. Zur Frage „Spanien und Portugal" wird Hans Matthöfer für den Parteivorstand in der Diskussion sprechen; ich kann jetzt darauf verzichten.
Ich wiederhole, was ich früher gesagt habe: Nach meiner Überzeugung braucht das freie Europa Raum für alle gewachsenen Strömungen der europäischen Demokratie. Das kann keine Frage des Parteimonopols – auch nicht des unseren – sein. Alle Demokraten müssen sich in diesem Europa zu Hause fühlen können. Doch ist heute noch klarer geworden, daß die EG und daß Europa starke sozialdemokratische Impulse nötig haben.

Die Linie unserer Partei muß unverändert klar bleiben, wo es darum geht, anti-europäischer und inhumaner Ausländerfeindlichkeit hart zu widersprechen und zu widerstehen.
Natürlich ist unser kleines Land nicht imstande, die Probleme der ganzen Welt auf sich zu laden. Aber eine exklusive Insel sind wir auch nicht. Wachsamkeit ist angezeigt, wo immer Vorurteile, Fehlurteile über den Arbeitsmarkt und kulturell aufgezäumte Panikmache zu einem neuen Nationalismus verdickt werden sollen. Ich freue mich darüber, daß die jüngsten Gewerkschaftstage auch hierzu ein deutliches Wort gesagt haben.
Liebe Freunde! Katharina Focke, der ich nun auch ganz persönlich zur Spitzenkandidatur gratuliere und der ich für diese Aufgabe jede mögliche Unterstützung zusage – uns verbinden ja schon wichtige Jahre der Zusammenarbeit für Europa und für den Frieden –, hat heute vormittag klar und überzeugend dargelegt, wie das Programm für die Europawahl einzuordnen ist.
Einige werden sich erinnern: Vor fünf Jahren habe ich meine Kandidatur für das Europäische Parlament auch davon abhängig gemacht, daß mehr Frauen auf sichere Listenplätze kommen. Wir haben Annäherungswerte erzielt, immerhin. Jetzt sind wir einen Schritt weiter, nicht nur was die Kandidatenliste angeht: Wir treten, wie schon gesagt wurde, zum erstenmal in der langen Geschichte der Partei bei einer bundesweiten Wahl mit einer Frau, mit Katharina Focke, als Listenführerin an. Das ist – so möchte ich es verstanden wissen – ein Vorgang von prinzipieller, also mehr als symbolischer Bedeutung, ein Vorgang, der seine Fortsetzung finden muß.
Ich wünsche mir, daß das Schule macht – in Städten und Gemeinden, in der Partei selbst, auf Landesebene und warum nicht auch einmal im Bund.
Ihr wißt vermutlich, daß mir hieran liegt, nicht weil ich mich als Patriarch, den mittlerweile manche in mir vermuten, noch in Sachen Feminismus hervortun will, sondern weil wir vielleicht einlösen können, wofür viele von uns im Laufe der Jahre geschrieben und gestritten haben. Außerdem – ganz nüchtern gesagt – wißt ihr so gut wie ich, daß wir die Regierungsfähigkeit auf Bundesebene seit 1972 dem Umstand verdanken – und dieser Trend hat sich in den letzten Landtagswahlen befestigt –, daß wir heutzutage mehr Frauen- als Männerstimmen bekommen, woraus ich übrigens folgere, daß wir uns neu um Männerstimmen zu bemühen haben.
Das eingebrachte Programm will ich hier nicht noch einmal begründen oder darstellen. Wohl aber will ich sagen, daß ich es – obwohl befangen, weil mit beteiligt – für einen guten Entwurf halte, nicht zuletzt wegen der Fragen, die neu aufgeworfen oder gar schon beantwortet werden. Hier wird auf erfreuliche Weise weitergeführt, was Jochen Vogel mit dem Dortmunder Wahlprogramm auf den Weg gebracht hatte.[236]

Laßt mich deshalb nur einige Orientierungspunkte zur Kennzeichnung dessen benennen, was im deutschen Interesse mit Hilfe eines starken, solidarischen Europa geboten ist.
Erstens: neue Arbeit schaffen, die Menschen an ihr gerecht teilhaben lassen und sich nicht durch die Gebetsmühlen eines orthodoxen und abgestandenen Wirtschaftsliberalismus betören lassen, die das Gegenteil von gesichertem Aufschwung bewirken und den Mangel an Arbeitsplätzen auch nicht „flexibilisierend" überspielen werden.
Zweitens: wirtschaftliche Aufforstung mit gerechter Teilhabe an den Früchten der Arbeit, nicht aber, in Gefolgschaft der blinden Marktanbeter, ganze Regionen unseres Vaterlandes und unserer größeren europäischen Heimat veröden lassen.
Drittens: Arbeit und Umwelt auf einen Nenner bringen und sich nicht zum Gaudi der Reaktionäre in den unfruchtbaren Streit vergangener Jahre verstricken lassen.
Viertens: Gleichstellung der Frauen und nicht papierener Schmus von der „sanften Macht der Familie", der die soziale Wirklichkeit unverändert läßt.
Fünftens: Liberalität, die der Tradition des europäischen Fortschritts entspricht, und nicht autoritäre oder militaristische Abartigkeiten, wie sie am Rande der EG bis in diese Tage praktiziert werden und wie sie von gewissen Rechten im eigenen Land mit unverhohlenem Wohlwollen begleitet werden.
Sechstens: gründliche Reform der Agrarpolitik und sinnvollere Verwendung der Finanzen.
Siebtens: eine Außenpolitik der Sicherheit, des Ausgleichs und der Kooperation, nicht das Kultivieren einer übersteigerten Machtpolitik, die nur im Totentanz enden kann.
Noch einfacher und zusammengefaßt: Wir wollen bewahren und erneuern. Was wir bewahren wollen, was wir erneuern wollen, bestimmen wir nach dem Interesse der vielen in unserem Volk. Eine Gesellschaft der Freien und der Gleichen, eine Gesellschaft ohne Ausbeutung, ohne Erniedrigung, ohne Not – das sind alte, doch nicht überholte Ziele. Sie gehören zum Programm der Moderne.
Gestattet mir, am Rande eine Bitte vorzubringen, die ich zumal an unsere Abgeordneten und Kandidaten richte: Seien wir auf der Hut vor einem gewissen Europa-Kauderwelsch mit Wortbandwürmern und Schachtelsätzen auf bürokratisch, von einem übertriebenen Mischmasch der unterschiedlichen Sprachen einmal abgesehen. Ihr mögt dies für eine Nebensache halten. Ich sage trotzdem: Man kann ein guter Europäer sein und braucht sich nicht abzugewöhnen, ordentlich deutsch zu sprechen.

Liebe Freunde, in dem uns vorliegenden Programmtext ist, wie es sich gehört, von dem erstrebenswerten europäischen Sicherheitskonzept die Rede, von Europa in den vor uns liegenden Jahren als einer Macht des Friedens und des Ausgleichs. Auch von den mäßigenden, ausgleichenden Einflüssen, die von der EG und den in ihr oder mit ihr verbundenen Staaten trotz aller Unzulänglichkeiten schon heute ausgehen können, ist die Rede. Aber viel hängt auch davon ab, ob wir die Auseinandersetzung mit denen erfolgreich bestehen, die aus der Gefangenschaft des bloßen Blockdenkens nicht herausfinden. Außerdem wachsen ja immer wieder ein paar nach, die meinen, sie seien klüger als – sagen wir – Albert Einstein, Robert Oppenheimer und Otto Hahn zusammen. Während viele von uns lange brauchten, um den einfachen Einsteinschen Satz zu verarbeiten, daß die entfesselte Macht des Atoms alles verändert habe, nur nicht unsere Denkweisen, strampeln andere unbeirrt, um sich durch Naturwissenschaften und Informatik ebensowenig anfechten zu lassen wie durch katholische Bischöfe in den USA oder protestantische in der DDR.

Ich finde, es ist kein Ruhmesblatt derer, die sich für eine politische Elite halten – „classe politique" sagt man in Frankreich –, wenn sie in einer existentiellen Frage wie dem Wettrüsten hinter der Einsicht „des Volkes" zurückbleiben oder wenn sie im Stil des Obrigkeitsstaates auf „die Straße" schimpfen. Das sind doch keine Analphabeten, die uns in diesen Wochen einen besorgten, nicht selten bewegenden Brief nach dem anderen schreiben. Das sind Menschen aus allen Schichten und Altersgruppen, die wie unsereins meinen: Vermeintliche Sicherheit auf der Basis von immer mehr und immer raffinierteren Waffensystemen erscheint weder vernünftig noch hat sie – wie sie und ich meinen – gar eine überhöhte Moral auf ihrer Seite.

Die Rechte in der deutschen Politik treibt Schindluder mit den Sicherheitsbedürfnissen der Menschen.

Über Deutschland hinaus gilt: Dumpfe Ahnungen vom Jüngsten Gericht, von der Entscheidungsschlacht zwischen Gut und Böse ersetzen jedenfalls keine rationale Sicherheits-, Entspannungs- und Friedenspolitik.[237]

Egon Bahr wird über das Strategie-Papier vortragen. Dort heißt es in der Einleitung, daß die uns vorzulegenden Erwägungen „unabhängig von den aktuellen Problemen der Verhandlungen über eurostrategische Mittelstreckenwaffen" formuliert worden sind. Bei mir kommt das Wort „Raketen" jetzt auch nur in dem Sinne vor, daß ich es heute nicht zu wiederholen verspreche. Meine Haltung zum Rüstungswettlauf ist bekannt. Sonst ist ja morgen auch noch ein Tag.[238]

Sicherheitspartnerschaft – das ist der Schlüsselbegriff, der die heutigen Beratungen mit denen des morgigen Tages verbindet.

Ich greife bewußt den in die Zukunft weisenden, von Helmut Schmidt konkretisierten Begriff auf. Und keine Meinungsverschiedenheit, in welcher noch so wichtigen Einzelfrage, kann mich daran hindern, mich zu dem zu bekennen, was wir, Helmut und ich, zumal auf dem Gebiet der Entspannungs- und Friedenspolitik gemeinsam auf den Weg gebracht und miteinander vertreten haben.

Indem ich mir wichtige Themen aus dem Strategie-Papier vorweg zu eigen mache, will ich ausdrücklich bestätigen, daß niemand von uns das Recht hat, dem anderen seinen Willen zum Frieden und zu einer Politik für den Frieden streitig zu machen.

Erstens: Aufgabe der Politik muß es sein, die Ost-West-Konfrontation abzubauen und das Verhältnis zwischen den Bündnissen in eine europäische Friedensordnung überzuleiten.

Zweitens: Beide Weltmächte müssen Teil einer solchen Friedensordnung sein und sie garantieren.

Drittens: Es ist notwendig, auch wenn es im Augenblick fast hoffnungslos aussieht, Entspannungspolitik fortzusetzen oder wieder einzuleiten und dann zu vertiefen. Ich verbinde dies mit dem Hinweis, daß der insoweit zufällige Wahltermin des 17. Juni 1984 uns nahelegt, den unlösbaren Zusammenhang zwischen deutscher Spaltung und europäischer Teilung neu zu begreifen und deutlich zu machen.

Viertens: Auf eine glaubhafte Verteidigungspolitik – durch die Bundeswehr und im Bündnis – können wir nicht verzichten.

Fünftens: Eine wirksame, – wenn's geht: kriegsverhütende –, defensive Strategie soll den sicherheitspolitischen Wandel begünstigen.

Die Politik läuft immer noch den rasanten Entwicklungen von immer gefährlicheren Waffensystemen hinterher. Zum sicherheitspolitischen Wandel sollte gehören, daß die Politik destabilisierende Entwicklungen erkennt und vernünftige Alternativen zur Entscheidung stellt. Die Soldaten, zumal die jungen Wehrpflichtigen, haben auch eine andere Perspektive als die der totalen Zerstörung oder des atomaren Selbstmords verdient.

In diesen Zusammenhang gehört die gewissenhafte Prüfung der Konzepte von atomwaffenfreien und, wie ich glaube, auch chemiewaffenfreien Zonen, und sei es zunächst nur in der bescheidenen Form, wie sie die Palme-Kommission vorgeschlagen hat.[239] Im allgemeinen war dies ja schon mal in unser Godesberger Grundsatzprogramm eingegangen.

Nun frage ich andere, über unser Land hinaus: Ist es so schwer zu verstehen, daß sich die Deutschen Sorgen machen und daß viele in unserem Volk – in beiden Staaten – froh wären, wenn man sich im Rahmen eines mehrjährigen Plans über ein schrittweises Herausnehmen der Atomwaffen aus Deutschland verständigen und darüber eine Vereinbarung treffen könnte? Man muß, sage ich an die Adresse unserer Freunde, Nachbarn und Partner, bitte nachempfinden können, was den Deutschen im Kopf herumgeht, wenn ihr Land immer noch mehr zur Abschußrampe und damit auch zur möglichen Zielscheibe nuklearer Zerstörung wird. Was anderen als begrenzter Krieg denkbar erscheinen mag, bedeutete für uns völlige Vernichtung. Wer, so frage ich, will es den Menschen dieses Volkes verdenken, wenn sie die Entscheidung über ihrer Kinder Zukunft nicht so gern Computern oder Politbüros oder auch sonst fernen, nicht selten als fremd empfundenen Machtstrukturen überlassen wollen?

Gleichzeitig begründet sich aus der besonderen Gefährdung unser besonders lebendiges Interesse an allem, was in der weiteren Entwicklung mit vertrauensbildenden Maßnahmen zusammenhängt. Und dazu gehört nicht nur Selbstbeschränkung auf militärischem Gebiet und auf dem der starken Worte. Der Vertrauensbildung würde auch alles dienen, was bedeutete, daß Ost und West sich gemeinsam vornehmen, die dringendsten Probleme der Menschheit durch wirtschaftliche, technische und wissenschaftliche Zusammenarbeit zu lösen.

Dies gilt dann auch im engeren europäischen Bereich: Möglichst enge Zusammenarbeit – wenn sie über die zu erwartende Krise hinweg möglich bleibt –, Wirtschafts- und Kulturaustausch und Begegnungen vielfältiger Art können vielleicht dazu beitragen, einem Absturz in einen Kalten Krieg härtester Prägung entgegenzuwirken. Dies müßte auch die Zustimmung derer finden können, die unser Bemühen um geordnete Beziehungen zum anderen deutschen Staat jahrelang wütend bekämpft haben und durch neuerlichen Übereifer den Eindruck erwecken, als lasse sich das deutsch-deutsche Verhältnis aus dem gesamteuropäischen Zusammenhang lösen oder von der west-östlichen Großwetterlage freimachen. Das wird sich wohl als wirklichkeitsfremd erweisen.

Ich sage nur noch zusätzlich: Was ist das überhaupt für eine Politik, die zwar Dissidenten applaudiert, aber die tatsächlichen Möglichkeiten, zwischen Ost und West miteinander in Kontakt zu kommen, wieder auf wenig mehr als einen Nullpunkt zurückzuführen droht? Nein, das ist keine Politik; sondern objektiv ist das Betrug, nicht nur an einem selbst.

Ich rede jetzt nicht noch einmal von den eigentlichen Perspektiven, denn die handeln davon, wie eine solche Dichte gemeinsamer europäischer Interessen bewirkt werden könnte, daß demgegenüber die sich aus der Blockzugehörigkeit ergebenden Bindungen weniger hinderlich wären. Mit anderen Worten: Es gilt, die Rivalität der Großmächte einzudämmen, dadurch die Spaltung Europas zu mildern und sie hoffentlich eines Tages zu überwinden.

Die Zweifel an gewissen Gleichgewichtsthesen haben weithin zugenommen. Was sollte man eigentlich gegen ehrliches Gleichgewicht haben, im Gegensatz zu Überlegenheit? Aber welches Gleichgewicht will man eigentlich

„wieder“ herstellen, wo wir es mit beiderseitiger Überrüstung zu tun haben?

Mir scheint immer deutlicher zu werden, daß wir es heute eben leider nicht mit einem Gleichgewicht, sondern mit einer Spirale der Rüstung und des Schreckens zu tun haben, für die nicht einmal theoretisch ein Ende abzusehen ist. Und das ergibt nun mal für viele Menschen keinen Sinn.

Aus deutscher Verantwortung muß gefragt werden: Was können wir beitragen zu europäischer Friedenspolitik? Was zur Einigung in Europa? Dazu bieten wir Sozialdemokraten an, was wir vorzuschlagen haben zum Kampf gegen die Arbeitslosigkeit, zur Gleichstellung, zum Frieden mit der Natur, zur Reform der Agrarpolitik, zur Demokratisierung der Gemeinschaft. Wie bieten auch an, was zugleich ein Beitrag sein kann, um Friedensbewegung durch Friedenspolitik sinnvoll weiterzuführen, nämlich einen Stufenplan zum Einfrieren und zum Abbau von Atomrüstungen; energische Bemühungen, um die auf beiden Seiten neu anlaufenden Rüstungsrunden rückgängig zu machen; eine Zone entlang der europäischen Teilungslinie, die von nuklearen Gefechtsfeldwaffen freigemacht wird; eine Europäische Sicherheitskonferenz, die nicht zum verbalen Gefechtsfeld degeneriert und die beträchtlich über das hinausreicht, was man zum Thema „Vertrauensbildende Maßnahmen“ der Stockholmer Konferenz am Anfang nächsten Jahres anvertrauen will, einer Konferenz, welche in ihrem Verlauf auch noch keineswegs gesichert ist.[240]

Jedenfalls wird es uns bei der Europawahl zusätzlich zu allen anderen wichtigen Themen auch darum gehen, aus unseren guten Gründen für die Inhalte einer europäischen Friedensordnung zu werben.

Ich beziehe mich zum Schluß auf die geschichtliche und gedankliche Verankerung unserer Europapolitik und auf unsere Tradition als deutsche Partei in Europa und für Europa. Zum bundespolitischen Stellenwert dessen, was uns mit dem Blick auf den 17. Juni nächsten Jahres beschäftigt, will ich unterstreichen: Wir haben nicht vor, die ehrenvolle Rolle der Opposition auf Bundesebene länger als nötig zu spielen. Wir wollen auf allen politischen Ebenen mehr Verantwortung übernehmen. Auch die Europawahl ist eine Etappe auf dem Weg, die SPD rundum mehrheitsfähig zu machen.

Es muß möglich sein, bei der Wahl im nächsten Juni ein noch besseres Ergebnis zu erzielen als beim letztenmal. Es müßte möglich sein, dabei auch die Bonner Koalition vorzuführen, die, wie auf anderen Gebieten, so auch europapolitisch meint, sich eine Tu-nix-Regierung leisten und dem Volk zumuten zu können.

Wenn wir es schaffen, viele Menschen vom Sinn eines Urnengangs bei der Europawahl zu überzeugen, dann wird es erst recht möglich sein, auch in den Gemeinden, in den Ländern und auf Bundesebene neue Daten zu setzen.

Diejenigen, die unter der Leitung von Katharina Focke, Peter Glotz, Volker Hauff, Klaus Wettig in Verbindung mit Bruno Friedrich als Vorsitzendem der zuständigen Kommission beim Parteivorstand den Wahlkampf vorbereiten, haben sich vorgenommen, neue Formen der Begegnung mit den Bürgerinnen und Bürgern zu erproben. Weil da wohl einiges ungewohnt sein wird, rate ich schon jetzt: Schießt nicht auf das Orchester, bevor euch die Musik vorgetragen wurde. Der Vorwahlkampf für Europa kann schon einwirken auf die Landtagswahl in Baden-Württemberg. Wir werden das Europawahlprogramm im Februar in Baden-Württemberg verabschieden. Außerdem haben wir im nächsten Jahr eine Vielzahl von Kommunalwahlen zu bestehen; die in Rheinland-Pfalz und an der Saar finden am selben 17. Juni statt. Die Genossen in Nordrhein-Westfalen und im Saarland, auch in Berlin, haben die Möglichkeit, die europapolitische Auseinandersetzung als Vorlauf in die Planungen für ihre Landtagswahlen 1985 einzubeziehen. Dabei geht es mir nicht allein um den Zusammenhang zwischen den Daten, sondern vielmehr um die Verknüpfung der Inhalte. Allein der Zusammenhang zwischen der Reform der Agrarfinanzierung und den Mitteln für Regional- und Strukturförderung und die Industriepolitik macht ja deutlich, wie sehr die Themen ineinandergreifen.

Europa erschöpft sich nicht, liebe Freunde, in technokratischen Richtlinien, blutleeren Verfassungsprojekten und zuweilen hanebüchenen Marktordnungen. Mit Computerlogik allein läßt sich ohnehin nicht beantworten, was die Menschen mir Sorge erfüllt, was ihre Sehnsüchte sind, ihre Hoffnungen ausmacht. Laßt uns dabei nie einen Zweifel aufkommen: Sozialdemokraten, demokratische Sozialisten, können Wesentliches nur bewegen, so sie ihre Tagesaufgaben umfassend einordnen und auf Grundwerte, Grundüberzeugungen stützen. Eine Sozialdemokratie ohne geistige Perspektive wäre wie ein Schiff ohne Kompaß. Das gilt sogar für einen voll beladenen Tanker.[241]

Und nun bitte ich eindringlich, in den vor uns liegenden Monaten im Sinne des Programms, das wir Anfang des nächsten Jahres verabschieden wollen, viele Mitbürgerinnen und viele Mitbürger teilhaben zu lassen an der Erkenntnis, daß unsere Aufgabe heißt: Europa soll zur starken Friedensgemeinschaft werden; das Europa der Arbeitnehmer muß vorankommen auf dem Weg zu aktiver Wirtschaftspolitik und sozialer Demokratie.

Freunde, wir müssen viel aufklären, werben, mobilisieren: für Frieden, Arbeit, Umwelt, Liberalität und Modernität, also für ein starkes, solidarisches Europa.

Aus: *Vorstand der SPD (Hrsg.): Bundesdelegierten-Konferenz und Außerordentlicher Parteitag der Sozialdemokratischen Partei Deutschlands.*
18. und 19. November 1983, Köln, Messe-Kongreß-Zentrum Ost. Protokoll der Verhandlungen. Dokumentarischer Anhang, Bonn 1983, S. 56–70

Anhang

Anmerkungen

1 So hatte die Presse u.a. in der Frage der atomaren Ausrüstung der Bundeswehr „Gegensätze“ (vgl. etwa „Frankfurter Allgemeine Zeitung“ vom 23.11.1960) zwischen der Haltung des Parteivorsitzenden Erich Ollenhauer und anderen SPD-Vorstandsmitgliedern gesehen.

2 Die persönlichen Angriffe gegen W.B. in einer Reihe von bundesrepublikanischen Presseorganen (Vorwürfe: undurchsichtige Vergangenheit als Emigrant, Mangel an staatsmännischen Fähigkeiten, Mangel an Verantwortungsbewußtsein gegenüber Berlin) setzten ein, als sich abzuzeichnen begann, daß W.B. den Bundestagswahlkampf 1961 für die SPD als Kanzlerkandidat führen würde.

3 = Konrad Adenauer.

4 = Kai-Uwe von Hassel. Lt. „Der Spiegel“ vom 9. November 1960 hatte Kai-Uwe von Hassel, in Anspielung auf die Emigrationszeit von W.B., auf einer Kundgebung erklärt: „Ich bekenne mich als Deutscher und bin bereit, das Schicksal des deutschen Volkes und Vaterlandes zu tragen und zu teilen. Ich fühle mich diesem Schicksal verpflichtet in guten wie in bösen Tagen. Ich verleugne nicht meine Volks- und Staatsangehörigkeit persönlicher oder sonstiger Vorteile wegen. Ich kann diese Schicksalsgemeinschaft nicht verlassen, wenn es mir persönlich gefährlich erscheint, und ihr wieder beitreten, wenn das Risiko vorüber ist.“

5 = Martha Frahm, 1894–1969.

6 Ende der 40er bis in die 50er Jahre hinein wurde von kommunistischer Seite immer wieder behauptet, W.B. sei im Spanischen Bürgerkrieg als Trotzkist und englischer Agent aufgetreten. In einer Rede, die auszugsweise in einer Propagandaflugschrift veröffentlicht wurde, rechnete Franz Dahlem, Mitglied der SED-Führung, W.B. zu den „dunklen Agenten und Figuren, die tagtäglich auftragsgemäß die wildesten Verleumdungen über die Sowjetunion, die Volksdemokratien, die Deutsche Demokratische Republik und den Ostsektor Berlins erdichten.“ Eine andere Emigrantenhetze gegen W.B. wurde in der Bundesrepublik und in Westberlin betrieben. Mit völlig entgegengesetzten Behauptungen. So hatte ein dubioser Nachrichtenhändler namens Werner-Heinz Stephan 1953 u.a. dem Bundeskanzleramt gefälschte Dokumente angedient, die nachweisen sollten, daß sich B. aufgrund seiner Exiltätigkeit in Norwegen fest in der Hand des Ostens befände und unter dem Decknamen „Konstantin“ als Agent des SSD arbeite. Eine ähnliche Kampagne begann Hermann Fischer (Freie Deutsche Volkspartei), Mitglied des Abgeordnetenhauses und früherer Innensenator von Berlin, 1957, als er und das „Montags Echo“ die Gerüchte verbreiteten, Brandt sei aus unehrenhaften Gründen emigriert, er habe in Spanien in den „Roten Brigaden“ und in Norwegen in einer Sabotagegruppe gegen die deutsche Wehrmacht gekämpft. Die Verleumdungen wurden gerichtlich widerlegt, vgl. a. Hans Georg Lehmann: In Acht und Bann. Politische Emigration, NS-Ausbürgerung und Wiedergutmachung am Beispiel Willy Brandts, München 1976.

7 = Willy Brandt, der von 1960–1962 Präsident des Deutschen Städtetages war.

8 Beispielsweise hatte Bundeswirtschaftsminister Ludwig Erhard in einem Artikel für die „Frankfurter Allgemeine Zeitung“ (27. August 1960) von der „bequemen Neigung“ des deutschen Volkes gesprochen, „sich im Maßlosen zu verlieren und um

der Gunst des Augenblicks willen das Glück und die Zukunft derer, die nach uns kommen, aufs Spiel zu setzen." In einer Gesprächsrunde des Deutschen Fernsehens am 23. November 1960 mußte Erhard sich folgendes vorhalten lassen: „Ein Zuschauer hat sich zum Beispiel über Sie geärgert, weil Sie von der Maßlosigkeit des deutschen Volkes gesprochen haben, und er hat auch darauf hingewiesen, daß Sie ja vorher den Mut zum Konsum gefordert hätten." Vgl. auch unten Anm. 27 und 46.

9 Gemeint sind die CDU-Parteitage von 1957 und 1958. Vgl. Bundesgeschäftsstelle der CDU (Hrsg.): 7. Bundesparteitag der CDU. 11.–15. Mai 1957. Hamburg o.O., o.J. Und: Bundesgeschäftsstelle der CDU (Hrsg.): 8. Bundesparteitag der CDU. 18.–21. September 1958. Kiel, Hamburg o.J.

10 Der o.e. Plan (1947) war nach seinem Urheber George Marshall benannt worden. Der Marshall-Plan war ein wirtschaftliches Hilfsprogramm der USA für die westeuropäischen Staaten.

11 Gemeint ist die Rede des CDU-Parteivorsitzenden und Bundeskanzlers Adenauer am 18. November 1960 vor führenden CDU-Politikern. Mit dieser Rede hatte der vor allem gegen die Sozialdemokraten geführte Wahlkampf der CDU begonnen. „Die Welt" vom 19. November 1960: „Die Mitarbeiter des Kanzlers, die das Referat vorbereitet oder ausgearbeitet hatten, wollten zuviel. Adenauer sollte über alle Fragen sprechen. So war es kein Wunder, daß die Rede nirgends zündete. Vor allem blieben jene enttäuscht, die dem Versprechen der Einladung geglaubt hatten, daß der Bundeskanzler über die Aufgaben der CDU in den kommenden Jahren sprechen werde. Hier wurde kein Programm verkündet. Hier wurde nur die eine oder andere innenpolitische Frage beiläufig gestreift." Der Titel „Von der NATO bis zur Schwiegermutter" fand sich im „Spandauer Volksblatt" vom 19. November 1960.

12 Während dieser Reise (11.–20. November 1960) hatte Brandt u.a. mit dem griechischen Ministerpräsidenten Karamanlis, dem israelischen Ministerpräsidenten Ben Gurion, dem italienischen Regierungschef Fanfani sowie mit Vertretern von Parteien der Sozialistischen Internationale gesprochen.

13 Die „Frankfurter Rundschau" vom 19./20. November 1960 berichtete über eine Rede Konrad Adenauers zum Auftakt des Bundestagswahlkampfes in Bonn und schrieb: „Ohne dessen Namen zu nennen, richtete der Bundeskanzler auch einen Seitenhieb gegen seinen Gegenkandidaten, den Berliner Bürgermeister Willy Brandt. Im Hinblick auf die Auslandsreisen Brandts sagte Adenauer: ‚Wir lieben es nicht, in der Welt herumzureisen. Wir bleiben lieber hier bei der Arbeit. Ich liebe es nicht, theatralisch aufzutreten.'" Der „Vorwärts" vom 24. November 1960: „Der Gast aus Berlin fand überall ein überraschend hohes Maß an Entgegenkommen und Wohlwollen. Die Publizität seines Besuches übertraf alle Erwartungen. Schon daran läßt sich ablesen, wie sehr Willy Brandt zu einem Symbol des neuen Deutschlands, seiner Standhaftigkeit und seiner vertrauensvollen Zusammenarbeit mit den Ländern der freien Welt geworden ist. ‚Wir lieben es nicht, in der Welt herumzureisen', sagte dagegen unser allerchristlichster Kanzler unter Anspielung auf diese Reise, wenige Stunden bevor Willy Brandt in Audienz beim Papst empfangen wurde. Der Wahlkampf beginnt wieder einmal, Konrad Adenauers Blick zu trüben."

14 Das SPD-Jahrbuch 1962/63 schreibt hierzu: „Die wirtschaftliche und soziale Situation der Entwicklungsländer und ihre Bedeutung in der Weltpolitik hat nach dem jahrelangen Drängen der SPD-Fraktion, ausreichende Mittel für die Entwicklungshilfe bereitzustellen, auch die Bundesregierung veranlaßt, bilaterale und multilaterale Hilfe als festen Bestandteil in den Bundeshaushalt einzusetzen." Vgl. Vorstand der SPD (Hrsg.): Jahrbuch der Sozialdemokratischen Partei Deutschlands 1962/63, Hannover/Bonn o.J. [1963], S. 19.

15 Mitte Mai 1962 wurde berichtet, daß die britischen Behörden in Hongkong seit Anfang des Monats 30.000 Flüchtlinge aus China wieder zurückbefördert hätten, da Hongkong nicht in der Lage war, Flüchtlinge in diesem Ausmaß aufzunehmen.

16 Im September 1961 war in der „New York Times" ein längeres Interview mit Chruschtschow erschienen, in dem dieser sich zu den sowjetisch-amerikanischen Beziehungen äußerte. Im November 1961 wurde ein Interview mit Kennedy zum gleichen Themenkreis in vollem Wortlaut in der „Iswestija" abgedruckt. Im Januar und im Mai 1962 wurden inoffizielle Gespräche zwischen Vertretern des Weißen Hauses und der russischen Presse über die Möglichkeit eines besseren Nachrichtenaustausches zwischen den USA und der Sowjetunion geführt.

17 Aus der Antrittsbotschaft J.F. Kennedys an das amerikanische Volk am 20.1.1961, anläßlich seiner Amtseinführung.

18 Adenauer hatte Anfang Mai 1961 auf einer Pressekonferenz in Berlin unter Bezugnahme auf die Bewerbungen um den Beitritt oder die Assoziierung zur Europäischen Wirtschaftsgemeinschaft davor gewarnt, den Gemeinsamen Markt zu groß werden zu lassen. Es bestehe die Gefahr, daß er dann platze. Er sei nur dann sinnvoll, wenn er ordentlich funktioniere. Wenn zu viele Länder beitreten würden, würde er seine Funktionsfähigkeit verlieren und sowohl für die Gründerstaaten wie für die beitretenden Staaten nutzlos werden. Etwa gleichzeitig waren Spannungen zwischen der amerikanischen Regierung und der Bundesregierung zu verzeichnen. Adenauer sprach sein Mißtrauen gegen die amerikanisch-sowjetischen Sondierungsgespräche aus. Der Parteivorstand der SPD hatte Anfang Mai 1962 erklärt, das gestörte politische Vertrauensverhältnis zwischen den Vereinigten Staaten und der Bundesrepublik müßte wiederhergestellt und dürfte keinen neuen Belastungen ausgesetzt werden.

19 Anspielung auf die deutsch-französischen Verhandlungen, die am 22. Januar 1963 zur Unterzeichnung eines Vertrages über die deutsch-französische Zusammenarbeit führten. Die o.e. Verhandlungen waren hauptsächlich von den beiden Partnern de Gaulle und Adenauer geprägt worden, zum Teil im Stil einer Geheimdiplomatie der früheren Zeit. Kurze Zeit nach dem Kölner Parteitag, am 2. Juli 1962, veröffentlichten die SPD und die französische Sozialistische Partei (SFIO) eine gemeinsame Erklärung zur deutsch-französischen Verständigung. Diese Verständigung sollte weder als ein Vorgang zwischen zwei Nationalstaaten und noch weniger als eine reine Militärallianz betrachtet werden. Beide Parteien wiesen darauf hin, daß die deutsch-französische Versöhnung seit jeher als fester Bestandteil ihrer internationalen Politik betrachtet wurde. Gleichzeitig befürworteten beide den Beitritt Großbritanniens zur Europäischen Gemeinschaft. Vgl. Vorstand der SPD (Hrsg.): Jahrbuch der Sozialdemokratischen Partei Deutschlands 1962/63, Hannover/Bonn o. J. [1963] , S. 507 ff.

20 Willy Brandt war im Oktober 1957 als Nachfolger von Otto Suhr zum Regierenden Bürgermeister von Berlin gewählt worden. Er setzte damals die bestehende SPD/CDU-Koalition fort. Diese Koalition wurde auch fortgesetzt, als die Berliner SPD bei den Wahlen vom Dezember 1958 die absolute Mehrheit der Stimmen (52,6 %) errang.

21 Ergebnisse der Wahlen zum Vierten Deutschen Bundestag am 17. September 1961:

	Stimmen			Sitze	(direkt)
SPD	11.427.355	(36,2 %)	=	190	(91)
CDU	11.283.901	(35,8 %)	=	192	(114)
FDP	4.028.766	(12,8 %)	=	67	(0)
CSU	3.014.471	(9,5 %)	=	50	(42)
Sonst.	1.796.408	(5,7 %)	=	0	(0)
		insgesamt		499	(247)

Von den 22 begrenzt stimmberechtigten Berliner MdB's gehörten 13 der SPD und 9 der CDU an. Vgl. Presse- und Informationsamt der Bundesregierung (Hrsg.): Politische Zeittafel 1949–1979. Drei Jahrzehnte Bundesrepublik Deutschland, Bonn 1981, S. 339.

22 Gemeint sind die Wahlen in: Nordrhein-Westfalen (8.7.1962), Schleswig-Holstein (23.9.1962), Hessen (11.11.1962), Bayern (25.11.1962), Berlin (17.2.1963), Rheinland-Pfalz (31.3.1963).

23 Berlinkrise: Der bis zum Sommer 1961 immer stärker ansteigende Flüchtlingsstrom aus der DDR hatte die DDR-Regierung u.a. veranlaßt, am 13. August 1961 die sog. Berliner Mauer zu errichten. Durch diese „Maßnahme" war die Sektorengrenze zwischen Ost- und West-Berlin bis auf wenige Übergänge hermetisch abgeriegelt.

24 Auf einer Arbeitstagung der SPD „Nach dem Wahlerfolg weiter voran", am 27. November 1961 in Bad Godesberg, analysierten Willy Brandt in einem Referat und drei Arbeitskreise (Traditionsgebiete der SPD, Entwicklungsgebiete, gegnerische Traditionsgebiete) das Ergebnis der Bundestagswahlen von 1961. Festgelegt wurde, der neue politische Stil, den die SPD im Bundestagswahlkampf angewandt hatte, sollte fortgesetzt werden. Vgl. „SPD-Pressemitteilungen und Informationen", Nr. 349, und: „Tatsachen – Argumente", Nr. 29 (Dezember 1961).

25 Das Urteil über die CDU stammt von dem CDU-Publizisten Rüdiger Altmann (geb. 1922, dem späteren Berater Erhards). Vgl. a. Rüdiger Altmann: Das Erbe Adenauers, Stuttgart 1960.

26 Die „Deutschlandfahrt" des Kanzlerkandidaten Brandt (von Anfang Mai bis Anfang August 1961 insgesamt 40.000 km, eine Reise kreuz und quer durch die Bundesrepublik) war Bestandteil des von der SPD geführten Bundestagswahlkampfes 1961. Erst die Absperrung der Sektorengrenze nach West-Berlin (13. August 1961) machte einen Strich durch das umfangreiche Reiseprogramm Brandts. Vgl. Klaus Schütz und Konrad Hammer (Hrsg.): Deutschlandreise Willy Brandt 1961, Berlin 1962.

27 Bundeswirtschaftsminister Erhard (vgl. Anm. 28 und 46) hatte am 21. März 1962 in einer Rundfunkansprache einen sog. Maßhalte-Appell an die Öffentlichkeit gerichtet. Die Lage sei durch rückläufige Unternehmergewinne und geringere Steueraufkommen gekennzeichnet. Der SPD-Wirtschaftsexperte H. Deist beantwortete die Ausführungen Erhards ebenfalls im Rundfunk am 23. März 1962. Es müsse festgestellt werden, daß das Volkseinkommen pro Erwerbstätigem von1950 bis 1960 um 67 %, die Löhne und Gehälter je Arbeitnehmer dagegen nur um 64 % gestiegen seien. Es gebe tatsächlich eine Maßlosigkeit, die angeprangert werden müsse. Dazu gehöre beispielsweise der Besuch der aufreizend exklusiven Vergnügungsstätten sowie der Kauf von Grundstücken in der Schweiz, Italien, Spanien und Irland. Warum wage der Bundeswirtschaftsminister aber nicht, hier Roß und Reiter zu nennen?

28 Die FDP hatte den Bundestagswahlkampf 1961 gegen Adenauer als Bundeskanzler geführt. Wegen des berüchtigt gewordenen „Umfalls" der FDP gelang es Adenauer

dennoch, im November 1961 eine Koalitionsregierung mit der FDP zu bilden. Während der Koalitionsverhandlungen mußte er allerdings erklären, nicht mehr 4 Jahre im Amt des Bundeskanzlers zu bleiben. Sein Nachfolger wurde Ludwig Erhard (am 16. Oktober 1963), gegen dessen Kanzlerschaft sich Adenauer bis zuletzt gewehrt hatte. Vgl. Jesse M. Lukomski: Ludwig Erhard. Der Mensch und der Politiker. Düsseldorf/Wien 1965.

29 Eine Feststellung von Josef Hermann Dufhues, für dessen Wahl zum geschäftsführenden Vorsitzenden der Partei sich der Bundesvorstand der CDU am 7. Februar 1962 ausgesprochen hatte.

30 Der Parteivorstand der SPD hatte sich am 2. Juni 1961 gegen eine Vergrößerung der Zahl der Atommächte ausgesprochen. Adenauers Standpunkt und der der CDU/CSU war, daß man die Nato als Atommacht bewaffnen sollte und damit auch die deutschen Streitkräfte, falls es zu keiner kontrollierten Abrüstung käme.

31 Der Rat der Evangelischen Kirche in Deutschland (EKD) hatte im April 1962 eine von seiner Kammer für Soziale Ordnung erarbeitete Denkschrift zur Eigentumspolitik veröffentlicht. Die EKD-Denkschrift forderte solche wirtschaftlichen Verhältnisse und rechtliche Ordnung, daß eine gerechtere Eigentumsverteilung erreicht würde.

32 Zum Wortlaut des Memorandums vgl. „Frankfurter Allgemeine Zeitung“ vom 24. Februar 1962. Dieses sog. Memorandum der Acht war im November 1961 von 8 bekannten Protestanten (u.a. von Joachim Beckmann, Klaus von Bismarck, Werner Heisenberg und Carl Friedrich von Weizsäcker) unterzeichnet worden. Es sollte ursprünglich als private Arbeitsgrundlage für Gespräche mit Bundestagsabgeordneten aller Fraktionen dienen. In der Denkschrift wurde u.a. darauf hingewiesen, daß mit dem Wohlstand in der Bundesrepublik in breite Kreise des Volkes und seiner Führung die Neigung eingezogen sei, den Blick vor gesellschaftlichen und politischen Übelständen zu verschließen und harten Entscheidungen auszuweichen. Dieser Vorwurf wurde an alle politischen Parteien gerichtet. In der Denkschrift wurden 5 Hauptziele genannt, deren Erreichung nötig und möglich sei. 1. Aktive Außenpolitik (Verzicht auf Gebiete jenseits der Oder-Neiße-Linie und Normalisierung der Beziehungen zu den östlichen Nachbarn). 2. Militärisch effektive, politisch behutsame Rüstungspolitik (Verzicht auf nationale oder europäische Atomrüstung). 3. Richtig begrenzte, aber energische Maßnahmen zum Bevölkerungsschutz. 4. Unnachgiebige und planvolle Sozialpolitik. 5. Durchgreifende Schulreform.

33 Die SPD-Bundestagsfraktion hatte am 17. Mai 1962 im Bundestag einen Gesetzentwurf über die Ausbildungsförderung eingebracht, der einen Rechtsanspruch auf Ausbildungsbeihilfen vorsah.

34 Aktion Gemeinsinn e.V., eine 1958 in Bonn gegründete überparteiliche und überkonfessionelle Arbeitsgemeinschaft – mit Personen aus Politik, Wirtschaft und Industrie, die durch Werbekampagnen („Miteinander – füreinander“) für die Mitarbeit an „Gemeinschaftsaufgaben“ (Altershilfe, Krankenpflege, Gesundheitsvorsorge, Schulausbildung usw.) wirbt.

35 Im Juni 1961 hatten sich US-Präsident Kennedy und der sowjetische Partei- und Regierungschef Chruschtschow in Wien zu einem allgemeinen Meinungsaustausch getroffen. In der Folgezeit kam es in verschiedenen Fragen (Berlin und Deutschland, Abrüstung, kernwaffenfreie Zone in Europa) zu intensiven Verhandlungen zwischen den USA und der SU, an denen auch andere Mächte (Frankreich, England usw.) teilnahmen.

36 Umerziehung (englisch und amerikanisch "reeducation“) war die Bezeichnung für das Bemühen der Siegermächte, nach dem Zusammenbruch des NS-Regimes vor al-

lem im Bildungsbereich die Grundlagen für eine deutsche demokratische Gesellschaft zu schaffen. Von einigen Fällen abgesehen, kam es jedoch nicht zu gemeinsamen Maßnahmen der Alliierten in dieser Richtung.
Eindrucksvolle Wahlergebnisse: = Hinweis auf die Tatsache, daß bei fast allen vorangegangenen Wahlen in der Bundesrepublik die rechts- und linksextremistischen Gruppierungen keine Chancen hatten.

37 Gemeint sind u.a. die Vorgänge um Hans Globke (1898–1973) und Theodor Oberländer (geb. 1905). Globke (unter Adenauer Staatssekretär im Bundeskanzleramt) war von 1932–1945 Referent für Staatsangehörigkeitsfragen im Reichsinnenministerium und hatte in dieser Eigenschaft an der Herausgabe des Kommentars zu den Nürnberger Rassegesetzen mitgearbeitet. Oberländer (Bundesvertriebenenminister 1953–1960) war während des II. Weltkrieges zu einer im deutschen Heer ausgebildeten Ukrainer-Einheit „Nachtigall" gekommen, mit der er 1941 den Einmarsch in Ostgalizien mitmachte. Weitere Funktionen im II. Weltkrieg: Hauptmann bei einer Spezialtruppe russischer Kriegsgefangener. 1959 waren Vorwürfe laut geworden, er habe in Lemberg an der Ermordung von Juden und Polen teilgenommen. In einem Schauprozeß in Ost-Berlin wurde er in Abwesenheit im April 1960 zu einer lebenslänglichen Zuchthausstrafe „verurteilt". Im Mai 1960 erklärte Oberländer seinen Rücktritt, nicht zuletzt aufgrund des Eindrucks, den seine Vergangenheit im Ausland gemacht hatte. Trotz heftiger ausländischer Angriffe hielt Adenauer dagegen an seinem Staatssekretär Globke fest. Dieser trat erst zusammen mit Adenauer im Oktober 1963 zurück.

38 Die ungeregelten Grenzfragen betrafen vor allem die sog. Oder-Neiße-Linie, die im Potsdamer Abkommen vom 2. April 1945 bis zum Abschluß eines Friedensvertrages als Westgrenze Polens festgelegt wurde. Während die DDR 1950 diese Linie als ihre Grenze nach Polen anerkannte, wurde und wird in der Bundesrepublik die Rechtsauffassung vertreten, die entsprechenden Gebiete im Osten seien nur der polnischen Verwaltung unterstellt und gehörten rechtmäßig weiterhin zu Deutschland. Keine der Signatarmächte des Potsdamer Abkommens machte sich diese Rechtsauffassung offiziell zu eigen.

39 Das Berlin-Ultimatum der Sowjetunion vom November 1958 (Aufkündigung des Vier-Mächte-Status von Berlin, Forderung nach einer „entmilitarisierten Freien Stadt West-Berlin", andernfalls Übertragung der Berlin-Rechte an die DDR) war der Beginn einer langwierigen Berlin-Krise. Die folgende Genfer Außenministerkonferenz der vier Siegermächte des II. Weltkrieges (1959) war der Auftakt weiterer Verhandlungen über das Berlin-Problem. Vgl. Rolf Heyen (Hrsg.): Die Entkrampfung Berlins oder Eine Stadt geht zur Tagesordnung über. Mit Beiträgen von William Born, Willy Brandt u.a., Reinbek b. Hamburg 1972.

40 Am 12. Juli 1961 hatte Brandt in einem Gespräch mit Adenauer eine 52 Nationen umfassende Friedenskonferenz über die deutsche Frage vorgeschlagen. Alle Staaten, die gegen NS-Deutschland gekämpft hatten, sollten auf dieser Konferenz vertreten sein. Dieser Plan wurde von Adenauer entschieden zurückgewiesen. Vgl. dazu auch Willy Brandt in seiner Rede auf dem außerordentlichen Landesparteitag der Berliner SPD am 2.12.1961 (Redemanuskript im Besitz des AdsD, im Bestand des SPD-Landesverbandes Berlin): Er habe den „fast verzweifelten Versuch unternommen, noch in den letzten Wochen vor dem 13. August aus der Einengung des Berlin-Problems auszubrechen und dafür zu werben, daß man den Vorschlag für eine große Friedenskonferenz in Erwägung ziehen sollte".

41 Die Garantien für Berlin waren in den drei Noten (der USA, Englands und Frankreichs) bekräftigt, die die Sowjetunion im Juli 1961 als Antwort auf ihr Deutsch-

land-Memorandum vom 4. Juni 1961 (Forderung nach einer freien Stadt West-Berlin) erhielt. Bemühungen um einen „technischen Modus vivendi“ unternahm etwa der West-Berliner Senat, als er nach dem Mauerbau 1961 den Ost-Berliner Behörden Verhandlungen über eine Passierscheinregelung anbot. Diese Verhandlungen kamen nicht zustande. Weihnachten 1963 erreichte dann der West-Berliner Senat in Übereinstimmung mit der Bundesregierung und den alliierten Schutzmächten eine befristete Möglichkeit der Begegnung der Berliner Bevölkerung in Ost-Berlin aufgrund einer „Verwaltungsübereinkunft“ vom 17. Dezember 1963.

42 In den deutsch-alliierten Verträgen, d.h. in den sog. Pariser Verträgen bzw. im Deutschland-Vertrag, die im März 1955 von der Bundesrepublik Deutschland ratifiziert wurden, wurde an einer Sonderstellung West-Berlins im Bund festgehalten. Mit anderen Worten: Das Besatzungsgebiet war nach westalliierter Ansicht de jure kein Land der Bundesrepublik Deutschland.

43 Am 15. Oktober 1963 war Adenauer als Bundeskanzler zurückgetreten. Am 16. Oktober wählte der Bundestag Ludwig Erhard (CDU) zum neuen Bundeskanzler. E. stellte am folgenden Tag seine neue Regierung dem Bundestag vor. Die Koalitionspartner waren dieselben wie unter Adenauer, nämlich: CDU, CSU und FDP.

44 „Umstrittenes Mietengesetz“: Eigentlich mehrere Gesetze und eine Verordnung über den Abbau der Wohnungszwangswirtschaft (Einführung sog. Weißer Kreise, die als „marktfähig“ galten), über Wohnbeihilfen, über Änderung mietrechtlicher Vorschriften und über „angemessene Mieterhöhung“. Der Bundestag hatte diese Gesetze und diese Verordnung am 27. Juni 1963 mit Mehrheit der Stimmen verabschiedet. Von der SPD war besonders kritisiert worden, daß mit der Aufhebung der Wohnungsraumbewirtschaftung das bislang geltende Mieterschutzgesetz außer Kraft gesetzt wurde und drastische Mieterhöhungen zu erwarten waren.
„Ein vergrämter Bundeskanzler“ = Konrad Adenauer. Vgl. Anm. 121. Vergrämt deswegen, weil ihn die Koalitionsparteien quasi zum Rücktritt gezwungen hatten.

45 Dazu Peter Brügge in einem Artikel über die Vilshofener CSU-Veranstaltung und das Auftreten von Strauß: „Wer als Intellektueller sich einbilde, die Bundesrepublik ‚schlechtmachen‘ zu dürfen, den hätte er schon gern, wo der Pfeffer wächst, aber:, [. . .] damit ich ja nicht mißverstanden werde – ich sage nicht, er soll naus gehen [. . .], ich sage nur, er kann naus gehen [. . .]‘.“ (Vgl. „Der Spiegel“ vom 19. Februar 1964, S. 20).

46 Bereits im ursprünglichen Konzept seiner Regierungserklärung (18. Oktober 1963) hatte Erhard die Arbeitsmoral der Bevölkerung der Bundesrepublik kritisiert. Es gehöre in Deutschland zum guten Ton, zu klagen ohne zu leiden. In seiner Rede vor dem Bundestag (= Regierungserklärung) verzichtete Erhard allerdings darauf, diesen Passus vorzutragen. In einer Rede vor dem Landesparteitag der rheinischen CDU in Wuppertal (am 27.10.1963) sagte Erhard, man könne nicht forttaumeln wie im Schlaraffenland. „Wir alle sind aufgefordert zu einem Opfer.“ Vgl. oben Anm. 8 und 27.

47 Am 17. Dezember 1963 war mit Zustimmung der Bundesregierung von Beauftragten des Senats von West-Berlin und der DDR-Regierung ein Protokoll über die Ausgabe von Passierscheinen an West-Berliner für Verwandtenbesuche im Ostsektor der Stadt in der Zeit vom 18. Dezember 1963 bis zum 5. Januar 1964 unterzeichnet worden. 28 Monate nach dem Bau der Mauer waren damit, wenn auch begrenzt, die Übergänge zum Ostsektor der Stadt geöffnet worden.

48 Die „Frankfurter Rundschau“ vom 1. Februar 1964 berichtete über eine „Aussprache“ Walter Ulbrichts mit 43 SPD- und DGB-Mitgliedern in Ostberlin. Auszug: „Mit dem Hinweis auf die weihnachtliche Passierscheinübereinkunft meinte

der SED-Chef, daß es möglich sei, miteinander zu verhandeln und sich über bestimmte Fragen zu verständigen. Dabei griff er das Wort des Regierenden Bürgermeisters Willy Brandt auf, daß man aus den Schützengräben des Kalten Krieges herauskommen müsse. Das ist richtig, betonte er, gleichzeitig versuchte er aber, Brandt gegen Wehner und Erler auszuspielen und den Eindruck zu erwecken, daß der Bürgermeister für seine Politik nicht die notwendige Unterstützung des SPD-Parteivorstandes habe." Vgl. a. „Sozialdemokraten beim deutschen Gespräch" in: „Neues Deutschland" vom 31. Januar 1964.

49 Eine der CDU-Plakatparolen lautete u.a.: „Zielbewußt in eine gute Zukunft." Und: „Gestalten Sie mit uns die Zukunft unserer Stadt!"

50 Vgl. Vorstand der SPD (Hrsg.): Dokumentation deutsche Gemeinschaftsaufgaben. Bd. I: Gesundheit um jeden Preis, Bd.II: Aufstieg durch Bildung, Bd. III: Wir sind eine Familie, Bd. IV: Gute Stube Stadt, Bd. V: Deutsche Gemeinschaftsaufgaben, alle Bonn 1963. Vgl. a. Vorstand der SPD (Hrsg.): Deutsche Gemeinschaftsaufgaben. Quellen 1959–1964, Bonn 1965. W. Brandt schrieb ebd. im Vorwort: „Deutsche Gemeinschaftsaufgaben nennt die SPD das Kernstück ihrer bildungs- und sozialpolitischen Konzeption, die der Parteitag in Karlsruhe 1964 bestätigt und der deutschen Öffentlichkeit vorgelegt hat." Und: „Politische Parteien haben die Pflicht, im Rahmen einer Gesamtkonzeption konkrete Vorschläge zu erarbeiten, damit der Bürger die Möglichkeit hat, durch seine Entscheidung für eine Partei Reihenfolge und Dringlichkeit der angebotenen Lösung zu bestimmen." Der Parteitag in Karlsruhe 1964 hatte sich in einer Reihe von Arbeitsgemeinschaften mit den „Deutschen Gemeinschaftsaufgaben" befaßt.

51 W. Brandt auf einer Wahlveranstaltung in Peine am 28. Juni 1961: „Ich habe im sozialdemokratischen Regierungsprogramm davon gesprochen, daß mehr getan werden müsse, der die Gesundheit schädigenden Verunreinigung der Luft entgegenzutreten und den Himmel über den Industriegebieten wieder blau werden zu lassen. Anstatt die Frage nach der Notwendigkeit zu stellen, hat man Kübel voller Hohn ausgeschüttet und behauptet, wir versprächen das Blaue vom Himmel. Dabei redet man an der Tatsache vorbei, daß die Staubablagerung und die chemischen Abgase im Ruhrgebiet die Gefahrengrenze schon längst überschritten haben. Man tat so, als stellten die 1 Million Tonnen Staub im Jahr kein ernstes Problem dar. Um diese Menge wegzutransportieren, braucht man 70.000 Güterwagen. Daneben gehen jährlich 3 Millionen Tonnen Schwefeldioxyd über dem Ruhrgebiet in die Luft. Man hat getan, als gäbe es nicht zahlreiche Warnungen von Medizinern und anderen Wissenschaftlern über die gefährlich zunehmenden schädigenden Einflüsse der Luftverunreinigung. Diese Haltung läßt sich nur mit der Kurzsichtigkeit, um nicht zu sagen Dummheit jener vergleichen, die sich um die Jahrhundertwende mit Händen und Füßen dagegen sträubten, daß in unseren sprunghaft wachsenden Städten endlich die Kanalisation zur Selbstverständlichkeit wurde." (Nach einem Rede-Manuskript von W. Brandt im Besitz des AdsD).

52 Ulrich Lohmar (Hrsg.): Deutschland 1975. Analysen, Prognosen, Perspektiven, München 1965 (mit einem Vorwort von Willy Brandt).

53 In Frankreich hatte der nach einem Widerstandskämpfer benannte Club Jean Moulin, dem mehr als 400 Wissenschaftler, Wirtschaftler, Beamte und Journalisten angehörten, eine Studie erarbeitet, die den Strukturproblemen des Landes gewidmet war. Eine Übersetzung dieser Studie war in Deutschland erschienen. Vgl. Club Jean Moulin (Hrsg.): Staat und Bürger, Stuttgart 1964. – Die USA-Reise Brandts fand vom 14.–20. Mai 1964 statt.

54 Unterhauswahlen in Großbritannien: 15. Oktober 1964. Präsidentschaftswahlen

in den USA: 3. November 1964.

55 Die Arbeitsgemeinschaften und Arbeitsgruppen des Karlsruher Parteitages befaßten sich mit folgenden Themen: Deutschland und Europas Sicherheit, Wirtschafts- und Finanzpolitik als Einheit, Gesundheitspolitik, Gesundheit und soziale Sicherheit als Gemeinschaftsaufgaben, Bildung als Gemeinschaftsaufgabe, Öffentlichkeitsarbeit der Mitgliederpartei.

56 Vgl. Vorstand der SPD (Hrsg.): Bildungspolitische Leitsätze der Sozialdemokratischen Partei Deutschlands, Bonn o.J. [1964]. Diese im Juli 1964 von der Partei verabschiedeten Leitsätze bildeten die Grundlage für das o.e. bildungspolitische Sofortprogramm. U.a. wurde ebd. gefordert: verbesserte Lehrerbesoldung, verstärkte Schulversuche, finanzielle Hilfen für die Gemeinden für die Errichtung von Mittelpunktschulen, Erhöhung der Zahl der Abiturienten, Erhöhung des Anteils der Jugendlichen aus den Gruppen der Bevölkerung, die bisher nicht angemessen auf weiterführenden Bildungseinrichtungen vertreten waren, Verstärkung des Schulbaus, Aufbau neuer wissenschaftlicher Hochschulen, Vermehrung der Stipendien- und Erziehungsbeihilfen, Ausbau von Sonderschulen, Erhöhung der Ausgaben für Bildung und Wissenschaft auf 5,5 % des Brutto-Sozialprodukts bis 1970, engere Zusammenarbeit von Bund, Ländern und Gemeinden, Berufung eines Deutschen Bildungsrates, Zusammenfassung der Forschungs- und Ausbildungsförderungsaufgaben des Bundes in einem Ministerium und die Verabschiedung eines Bundesgesetzes zur Förderung der wissenschaftlichen Forschung.

57 Ein Satz des katholischen Schriftstellers, Theologen und Religionsphilosophen Romano Guardini (1885–1968).

58 So Bruno Heck in einem Sonderheft der „Politisch-Sozialen Korrespondenz" zum Godesberger Grundsatzprogramm der SPD. Für die weiter unten angeführten Vorwürfe Hecks s. dieselbe Quelle.

59 Finanzminister = Rolf Dahlgrün; Bundeskanzler = Ludwig Erhard. Vgl. „Die Welt" vom 30. Mai 1964.

60 Aus einer Erklärung der Barmer Synode der Evangelischen Kirche vom Mai 1934. Hier zitiert nach „Die Neue Gesellschaft" vom November/Dezember 1964, S. 468. „Die Neue Gesellschaft" führt hierzu weitere Literatur an: E. Wolf: Barmen – Kirche zwischen Versuchung und Gnade, München 1957.

61 Zu 1: Das Abkommen über die Einstellung aller Kernwaffenversuche wurde am 5. August 1963 von den Außenministern der Sowjetunion, der USA und Großbritanniens in Moskau unterzeichnet. Am 5. Juli 1964 stimmte der Bundestag einstimmig dem Vertrag über das Verbot von Kernwaffenversuchen in der Atmosphäre, im Weltraum und unter Wasser zu. Herbert Wehner begründete die Zustimmung seiner Partei zu diesem Vertrag: Durch die geduldige Suche nach Übereinstimmung auf noch so kleinen Gebieten könne der Boden für die spätere Lösung größerer Schwierigkeiten bereitet werden. Zu 2: in einem Rundfunkinterview am 4. November 1963 hatte Bundesaußenminister Schröder (CDU) erklärt, Ziel der Bundesregierung müsse sein, nicht nur theoretisch der alleinige Sprecher für Deutschland in der Welt zu sein . . . „das bedeutet, daß wir unseren Freunden . . . sagen müssen: Ihr könnt nicht beides haben, diplomatische Beziehung zu uns schließt die Aufnahme von diplomatischer Beziehung zu Pankow aus. Und wenn das doch eintrifft, müssen wir daraus bestimmte Folgerungen ziehen". Diese Erläuterung der Hallsteindoktrin wurde von der Bundesregierung andererseits wiederum durchlöchert. Und zwar durch die Errichtung von Handelsmissionen in Polen (18. September 1963), in Rumänien (6. Mai 1964) und in Ungarn (Eröffnung am 15. Juli 1964). U.a. hatte der sog. Jakschbericht die Voraussetzungen für

die Errichtung deutscher Missionen in osteuropäischen Hauptstädten geschaffen. Vgl. Deutsche Osteuropapolitik. 2 Dokumente des Dritten Deutschen Bundestages. Berichte des Bundestagsabgeordneten Dr. h.c. Wenzel Jaksch, Bonn/Brüssel/New York 1964 (3. und 4. unveränderte Auflage). Die Berichte von Jaksch (SPD) datieren aus dem Sommer 1961. Zu 3. die nachträglich eingeführte Präambel zum deutsch-französischen Vertrag (28. Januar 1963) enthielt ein Bekenntnis zur EWG und zur NATO. Zu 4: vgl. Anm. 47. Das erste Passierscheinabkommen galt für die Zeit vom 18. Dezember 1963 bis zum 5. Januar 1964, das zweite für die Zeit vom 30. Oktober bis 12. November 1964 sowie vom 12. Dezember 1964 bis zum 3. Januar 1965. Wiederum konnten hunderttausende von Westberlinern ihre Verwandten im Ostsektor der Stadt besuchen.

62 Die DDR-Regierung hatte am 9. September 1964 die Besuchsreisen von Rentern in die Bundesrepublik Deutschland und nach West-Berlin gestattet. Nach amtlichen Angaben nutzten im Durchschnitt jährlich eine Million Rentner aus der DDR diese Besuchsmöglichkeit (bis Oktober 1972).

63 Die Worte stammen von dem englischen Publizisten Malcolm Muggeridge (geb. 1903).

64 Der Botschafter-Lenkungsausschuß (Sitz: Washington) war ein politisches Konsultativorgan der drei Westmächte und der Bundesrepublik, das primär für die Deutschland- und Berlinfrage zuständig war.

65 = Franz Josef Strauß.

66 = Robert McNamara.

67 Bei den Bundestagswahlen vom 19. September 1965 entfielen auf die CDU/CSU 47,6 % der Wählerstimmen, auf die SPD 39,3 % und auf die FDP 9,5 % aller Wählerstimmen. Trotz erneuter Stimmengewinne bei der SPD (gegenüber 1961) konnte die CDU/CSU im Bundestag wieder die stärkste Fraktion bilden. Am Tag nach den Bundestagswahlen erklärten Präsidium und Regierungsmannschaft der SPD, die SPD hätte ihr Wahlziel, stärkste Fraktion im Deutschen Bundestag zu werden, nicht erreicht. Sie habe aber über 12,7 Millionen Wählerinnen und Wähler von der Richtigkeit ihrer Politik überzeugt. Die persönliche Haltung Brandts betr. Wahlergebnisse beschreibt Carlo Schmid (Erinnerungen, Bern/München/Wien 1979, S. 783).

68 Schon der DGB-Bundeskongreß in Hannover 1962 hatte die Notwendigkeit einer Notstands- und Notdienstgesetzgebung abgelehnt. Der Berliner DGB-Bundeskongreß bekräftigte auf Antrag der IG Metall seine Ablehnung. Vgl. Deutscher Gewerkschaftsbund (Hrsg.): Protokoll. 7. Ordentlicher Bundeskongreß Berlin. 9.–14. Mai 1966, o.O., o.J.

69 Zum Kreis der Schriftsteller u.a., die die SPD direkt oder indirekt unterstützten, vgl. Hans Werner Richter (Hrsg.): Plädoyer für eine neue Regierung oder Keine Alternative, Reinbek b. Hamburg 1965. In diesem Zusammenhang sollte auch die 1968 gegründete Sozialdemokratische Wählerinitiative genannt werden, die von vielen aus dem o.e. Personenkreis unterstützt wurde.

70 Am 1. Oktober 1965 hatte der Rat der Evangelischen Kirche in Deutschland (Kammer für öffentliche Verantwortung) seine sog. Vertriebenen-Denkschrift veröffentlicht („Die Lage der Vertriebenen und das Verhältnis des deutschen Volkes zu seinen östlichen Nachbarn“). Forderung dieser Denkschrift: Die Grundlagen der deutschen Ostpolitik, einschließlich der zukünftigen Ostgrenze, zu prüfen und neu zu formulieren. Im November/Dezember 1965 war es zu einem polnisch-deutschen Briefwechsel der Bischöfe während des II. Vatikanischen Konzils in Rom gekommen. Im Brief des deutschen Episkopats vom 5. Dezember 1965

hieß es: „Furchtbares ist von Deutschen und im Namen des deutschen Volkes dem polnischen Volke angetan worden. Wir wissen, daß wir Folgen des Krieges tragen müssen, die auch für unser Land schwer sind.“

71 Schaum-Palais = ironische Bezeichnung des früheren Amtssitzes der Bundeskanzler (Palais Schaumburg). Die Worte von „der Trägheit des Geistes und des Herzens“ fielen in einer Rede Ludwig Erhards am 10. Mai 1966 in Bonn.

72 Der unabhängige Sachverständigenrat, der sich in jeweiligen Jahresgutachten zur konjunkturellen Entwicklung äußern sollte, hatte sich im Februar 1964 konstituiert. Die Gründung war auf eine Initiative der SPD zurückgegangen. Am 19. Dezember 1965 hatte der Sachverständigenrat sein zweites Jahresgutachten über die gesamtwirtschaftliche Entwicklung erstattet. Das Gutachten führte die Preissteigerungen in erster Linie auf stark überhöhte Ausgaben der öffentlichen Hand, auf die ausgeweiteten Investitionen und auf beträchtlich über den Produktionsfortschritt hinausgehende Lohnerhöhungen zurück. Eine solche Entwicklung sei zu vermeiden, wenn es – in Etappen – zu einer konzertierten Aktion der öffentlichen Hand, der Unternehmer und der Gewerkschaften im Sinne einer „Stabilisierung ohne Stagnation“ komme.

73 Bei den Landtagswahlen in Nordrhein-Westfalen am 10. Juli 1966 erzielte die SPD mit fast 50 Prozent der Stimmen einen unerwartet hohen Wahlsieg (SPD: 49,5 %, CDU: 42,8 %, FDP: 7,4 %). Am 8. Dezember 1966 wurde der amtierende CDU-Ministerpräsident Franz Meyers durch einen konstruktiven Mißtrauensantrag der SPD gestürzt. Daraufhin bildete der Vorsitzende der SPD-Landtagsfraktion, Heinz Kühn, eine Regierungskoalition aus SPD und FDP.

74 Vgl. hierzu Pressestelle des Vorstandes der SPD (Hrsg.): Offensive Auseinandersetzung. Die Offenen Briefe der SED. Die Offenen Antworten der SPD. Das Echo in der Presse, Bonn o.J. [1966]. Und: Ergänzung zur Broschüre Offensive Auseinandersetzung, Bonn o.J. [1966]. Am 7. Februar 1966 hatte das Zentralkomitee der SED sich in einem „Offenen Brief“ an die SPD gewandt und die Sozialdemokratie zu direkten Gesprächen mit der SED und zur gemeinsamen Vorbereitung einer gesamtdeutschen Beratung aufgefordert. Damit sollte – so die SED – eine Bresche in die Barrieren geschlagen werden, die den Weg zur Überwindung der deutschen Spaltung blockierten. Am 18. März 1966 beantwortete die SPD diesen Offenen Brief (von Walter Ulbricht unterzeichnet), in den Grundfragen der Demokratie könne es zwischen Vertretern der SPD und der SED keine gemeinsamen Aussprachen geben, weil es das erklärte Ziel der SED sei, die freiheitlich-demokratische Grundordnung durch eine monopolistische Parteienherrschaft zu ersetzen. Der Vorstand der SPD habe sich dennoch entschlossen, auf den Offenen Brief der SED eine Offene Antwort zu geben, um vor den Menschen in ganz Deutschland den Austausch von Argumenten über die Kernfragen der deutschen Politik in Gang zu bringen. Weitere Offene Briefe zwischen der SED und der SPD wurden ausgetauscht. Der Briefwechsel gipfelte schließlich in einer Vereinbarung zwischen Beauftragten der SPD und der SED (unterzeichnet am 26. Mai 1966 in Ost-Berlin), nach der auf je einer Veranstaltung Vertreter der SPD in Karl-Marx-Stadt (= Chemnitz) und Repräsentanten der SED in Hannover sprechen sollten. Es bestehe Übereinstimmung darüber – so die Vereinbarung –, daß über beide Veranstaltungen durch Presse, Hörfunk und Fernsehen korrekt, umfassend und direkt berichtet wird. Beide Seiten gingen davon aus, daß die notwendigen Bedingungen für die Durchführung der vorgesehenen Versammlungen und für das Auftreten der Redner gegenseitig garantiert würden. Am 29. Juni 1966 sagte die SED den mit der SPD vereinbarten Redneraustausch unter Hinweis

auf den Alleinvertretungsanspruch der Bundesregierung ab. Als besonders kränkend hatte die SED das Gesetz über befristete Freistellung von der deutschen Gerichtsbarkeit (im Bundestag im Juni 1966 angenommen) empfunden. Dieses Gesetz gab der Bundesregierung die Möglichkeit, Deutsche, die ihren Wohnsitz außerhalb des Geltungsbereichs des Grundgesetzes hatten, wie zum Beispiel SED-Funktionäre aus der DDR, von der Gerichtsbarkeit freizustellen, wenn sie bei Abwägung aller Umstände die Förderung wichtiger öffentlicher Interessen, wie des geplanten Redneraustausches, für geboten hielt. (Schon im März 1966 hatte in Bad Homburg eine öffentliche Podiumsdiskussion zwischen FDP- und LDP-Politikern stattgefunden).

75 Auf der Genfer Konferenz über Deutschland im Juli 1955 hatten sich die Regierungschefs (USA, Sowjetunion, Frankreich, Großbritannien) lediglich auf eine Direktive an die Außenminister einigen können. Sie betraf die Lösung des Problems der europäischen Sicherheit und die „Wiedervereinigung Deutschlands durch freie Wahlen in Übereinstimmung mit den nationalen Interessen des deutschen Volkes und den Interessen der europäischen Sicherheit". Auch die Außenministerkonferenz im Oktober/November 1955 endete ohne positives Ergebnis. Hielten die Westmächte an einer Verbindung zwischen der Wiedervereinigung Deutschlands und einem Sicherheitspakt (Abrüstungszone zwischen Gesamtdeutschland und seinen östlichen Nachbarn) fest, so schlug die UdSSR dagegen die Bildung eines Gesamtdeutschen Rates vor. Dem entgegneten die Westmächte am 4. November mit dem Vorschlag einer Vier-Mächte-Kommission zur Vorbereitung freier Wahlen in ganz Deutschland. – Auf der Deutschlandkonferenz der vier Außenminister in Genf vom 11. Mai bis Anfang August 1959 waren die beiden deutschen Delegationen erstmals gleichberechtigte Partner. Dem westlichen Friedensplan – Wiederherstellung der deutschen Einheit mit gleichzeitigem Aufbau eines europäischen Sicherheitssystems, Wahlen in ganz Berlin – hielt die UdSSR eine neue ultimative Berlin-Lösung vor. Die grundsätzlichen Meinungsverschiedenheiten konnten nicht überwunden werden. Die Konferenz vertagte sich schließlich auf unbestimmte Zeit.

76 Der Alleinvertretungsanspruch (die sog. Hallstein-Doktrin, offiziell etwa im September 1955 eingeführt) beinhaltete u.a., daß diplomatische Beziehungen zu dritten Staaten abgebrochen werden konnten, wenn diese diplomatische Beziehungen zur DDR aufnahmen. Ausgenommen von dieser besonders von der CDU/CSU vertretenen Doktrin war die Sowjetunion, die als vierte Besatzungsmacht mit Verantwortung für ganz Deutschland betrachtet wurde. Vgl. oben Anm. 61.

77 Ein „Deutschlandgespräch" der Parteien war seit Jahren von der SPD angestrebt worden. Willy Brandt selbst hatte im Frühjahr 1964 einen solchen Vorschlag gemacht und darauf hingewiesen, daß die Fragen der Nation aus der parteilichen Auseinandersetzung herausgehalten werden sollten. Zum Auftakt der Parteiengespräche über den Stand der Deutschlandpolitik hatten sich unter Vorsitz des Bundeskanzlers Ludwig Erhard und in Anwesenheit des Bundespräsidenten am 21. April 1966 Vertreter der drei Bundestagsfraktionen im Palais Schaumburg getroffen. Teilnehmer u.a.: Barzel, Gerstenmaier, Lemmer, die Bundesminister Schröder, Westrick und Gradl von der CDU; Vizekanzler Mende, Mischnick, von Kühlmann-Stumm, Genscher von der FDP; Wehner, Brandt und Erler als Vertreter der SPD. Diese erste Begegnung – auf der Grundlage voller Übereinstimmung in den Grundsätzen der Deutschlandpolitik – sollte eine umfassende Erörterung humanitärer, politischer, rechtlicher und wirtschaftlicher Fragen vorbereiten helfen. Dieses und die folgenden Gespräche fanden statt vor dem Hintergrund der

Kontaktaufnahmen der Parteien in Ost- und Westdeutschland. – Das zweite „Deutschland-Gespräch" der Parteien bei Bundeskanzler Erhard (9. Mai) behandelte vor allem die Frage des „freien Geleits" für SED-Redner. In einem dritten – und letzten – Gespräch am 28. Juni1966 wurde schließlich noch vereinbart, die innerdeutschen Kontakte bis an die Grenze des „Vertretbaren" auszuweiten.

78 Am 21. April 1966 hatte sich Walter Ulbricht in seiner Festansprache zum 20. Jahrestag der SED-Gründung vor allem mit der Vorbereitung einer deutschen Konföderation und den Änderungen befaßt, die nach seiner Auffassung *vor* dem „Prozeß des Zusammenschlusses der beiden deutschen Staaten und Westberlins" erfolgen müßten.

79 Dem 1954 gegründeten Kuratorium Unteilbares Deutschland – geschäftsführender Vorsitzender bis 1967 war Paul Löbe – gehören Persönlichkeiten aus allen Bereichen des öffentlichen Lebens an. Im März 1966 hatte das Kuratoriumspräsidium 8 Grundsätze für eine offensive Deutschlandpolitik aufgestellt: u.a. Redefreiheit auf der Grundlage der Gegenseitigkeit, Zusammenarbeit der drei Bundestagsparteien, ungehinderter Bezug von Zeitungen und Zeitschriften in ganz Deutschland, sofortige Reform des politischen Strafrechts.

80 Konrad Adenauer hatte am 21. März 1966 auf dem Bundesparteitag der CDU in Bonn u.a. ausgeführt, die Sowjetunion habe durch ihre Vermittlerrolle zur Beilegung des indisch-pakistanischen Konflikts (Januar 1966) beigetragen und damit bewiesen, daß sie friedliebend geworden sei: „Sowjetrußland ist in die Reihe der Völker eingetreten, die den Frieden wollen."

81 Die Note der Bundesregierung zur deutschen Friedenspolitik vom 25. März 1966 war an alle ausländischen Regierungen gerichtet, zu denen die Bundesrepublik diplomatische Beziehungen unterhielt, ebenso an die Regierungen der osteuropäischen und arabischen Staaten. Die Friedensnote, der alle drei Bundestagsfraktionen zustimmten, enthielt Vorschläge zur Abrüstung und Friedenssicherung, darüber hinaus die Bereitschaft der Bundesrepublik zum Austausch von förmlichen Gewaltverzichtserklärungen mit den osteuropäischen Ländern. Im Juli 1966 veröffentlichte die Bundesregierung die bis zu diesem Zeitpunkt eingegangenen (31) Antwortnoten, darunter auch die einheitlich negativen Antworten der UdSSR, ČSSR, Jugoslawiens, Polens und Ungarns.

82 Im Januar 1965 ließ Willy Brandt – nach öffentlicher Kritik aus dem Bonner Regierungslager – seine im Spätsommer 1964 schriftlich fixierte Aufzeichnung „Über Beziehungen zu osteuropäischen Staaten und Völkern" veröffentlichen. Auszug: „Zusammenfassend scheint es jetzt darauf anzukommen, die westlichen Auffassungen zu diesen Fragen im Wissen um die vorhandenen Meinungsverschiedenheiten einander anzunähern und in der weiteren Entwicklung zu einer gemeinsamen Politik zusammenzufassen, die Regierungen und Völker der osteuropäischen Länder über Voraussetzungen und Möglichkeiten einer fruchtbaren Zusammenarbeit zu unterrichten und die öffentliche Meinung in unseren Ländern davon zu überzeugen, daß auch kleinere Fortschritte dazu beitragen können, den Strukturwandel auf einem wichtigen Feld der Weltpolitik positiv zu beeinflussen und die Wiederherstellung Europas auf längere Sicht zu fördern." (Zum Wortlaut des Memorandums vgl. „SPD-Pressemitteilungen und Informationen", Nr. 36 vom 25. Januar 1965). Diese persönliche – seinerzeit aber öffentlich angekündigte – Aufzeichnung hatte Brandt Außenminister Rusk auf dessen Wunsch zugeleitet sowie anderen befreundeten Persönlichkeiten privat zur Kenntnis gebracht. Sie basierte auf Überlegungen, die Brandt zum Teil schon in seinen (1963 veröffentlichten) Vorlesungen vor der Harvard-Universität im Oktober 1962 vorgetragen und in

einer Rede vor der Foreign Policy Association in New York am 15. Mai 1964 weiterformuliert hatte. (Vgl. dazu Willy Brandt: Koexistenz – Zwang zum Wagnis. Stuttgart 1963, und der Vortrag „Germany and the European Community“ in: „Pressedienst des Landes Berlin“ vom 15. Mai 1964). Die Regierungsparteien hatten dem Regierenden Bürgermeister vorgeworfen, das Vertrauensverhältnis zwischen Senat und Regierung belastet sowie die Richtlinienkompetenz des Bundeskanzlers mißachtet zu haben. Der Bundesminister für gesamtdeutsche Fragen, Erich Mende, hatte darüber hinaus geäußert, eine derartige Aufzeichnung leiste der kommunistischen Drei-Staaten-Theorie Vorschub. Brandt erklärte in diesem Zusammenhang in einem „DPA“-Interview: „Ich halte wirklich nichts von der Überheblichkeit jener, die nichts aufzuweisen haben. Was soll die Ankündigung von Deutschland-Initiativen, die nicht stattfinden? Was soll die Ablenkung vom Möglichen und die Vernebelung der erforderlichen gemeinsamen Anstrengungen durch Redensarten? Man mag meine Anregungen für falsch halten, dann soll man es sagen. Man mag sie für bescheiden halten, aber dann gilt immer noch: Bescheidene Schritte der praktischen Politik sind besser als die großen Worte, die unserem Volk langsam zum Halse heraushängen.“ Vgl. „Pressedienst des Landes Berlin“ vom 1. Februar 1965.

83 Das Gesetz über das „Freie Geleit“ wurde im Bundestag (Juni 1966) gegen 50 CDU/CSU- und 2 FDP-Stimmen verabschiedet. Es erreichte allerdings genau das Gegenteil von dem, was erreicht werden sollte. Die SED nahm das Gesetz zum Anlaß, „sich vor der offenen und öffentlichen Auseinandersetzung mit der Führung der SPD“ zu drücken (so Brandt in einem Brief an die Mitglieder der SPD vom 15. Juli 1966).

84 Die Neufassung der „Richtlinien für Ostkontakte“ (Januar 1960) wurde von den Führungsgremien der SPD im März 1967 beschlossen. Die Richtlinien bezogen sich auf die Ablehnung jeder organisatorischen und politischen Beziehung zu kommunistischen Organisationen, besonders zur SED; die grundsätzliche Anerkennung von Informationsreisen in osteuropäische Staaten, vorausgesetzt, daß dabei die Unabhängigkeit der sozialdemokratischen Gesprächsteilnehmer gewahrt bleibe. Verbindungen zur SED oder deren Nebenorganisationen – wie FDGB oder FDJ – dürften von Sozialdemokraten weder aufgenommen noch unterhalten werden. Über etwaige Ausnahmen, die im gesamtdeutschen Interesse notwendig sein könnten, entscheide der Parteivorstand.

85 Unabhängig von der ersten kritischen Stellungnahme Brandts (vor dem Parteitag) und des Parteivorstandes (nach dem Dortmunder Parteitag) zum Inhalt des dritten Offenen Briefes der SED hielt die SPD an dem vereinbarten Redneraustausch fest. Allerdings lehnte die SPD den Vorschlag Walter Ulbrichts zu allgemeinen politischen Besprechungen über eine mögliche Annäherung der beiden deutschen Staaten als „kein praktikables Verfahren“ ab.

86 Dazu der „Vorwärts“ vom 28. März 1968 in einer Nachbetrachtung zu einem „Parteitag, der auch ein Tag der Jugend war“: „Noch nie wurden die Diskussionen eines Nachkriegsparteitages so von den Meinungen und Aktionen der außerhalb der Partei stehenden Jugend beeinflußt [. . .] Mobil war in Nürnberg nicht nur die kritische Jugend, mobil waren auch die Rocker und ihr Anhang. Als das ‚Kuratorium Notstand der Demokratie‘ kurz vor Beginn der Eröffnung des SPD-Parteitages in der Nürnberger Meistersingerhalle eine Kundgebung gegen die Notstandsgesetzgebung durchführte, war dies für sie der Aufruf zum Handeln. Und Handeln hieß für sie: „Aktion“ statt Argumentation, Beleidigung statt Bekämpfung anderer Meinungen.

Vorurteile bestimmten die Ereignisse des ersten Tages. Vorurteile über die Diskussionswilligkeit der Delegierten, Vorurteile über die Demonstranten. So wurden die Nürnberger Rocker und einige „schein-radikale SDS-Freunde zu ‚den' Demonstranten schlechthin, und aus dem Gedränge, in dem die Vorsitzenden der Partei geknufft und angerempelt wurden, die Meldung: ‚Brandt und Wehner geschlagen'. Die Krawalle im Anschluß an eine Kundgebung, deren Ziele von vielen Delegierten mit Wohlwollen betrachtet wurden, schien einen Tag lang die Diskussionsbereitschaft kritischer Delegierter zu lähmen. Journalisten sprachen von einer Niederlage des ‚linken Flügels' noch vor dem eigentlichen Beginn des Parteitages."

87 Hinweis auf die vor allem von Studenten und vom Sozialistischen Deutschen Studentenbund (SDS) getragene APO (Außerparlamentarische Opposition), die sich in der Bundesrepublik und in West-Berlin gegen Erhards „formierte Gesellschaft", gegen die Springer-Presse und gegen die Notstandsgesetzgebung zur Wehr setzte. Sie unterstützte gleichzeitig die nationalen Befreiungsbewegungen in der Dritten Welt.

88 Ein Jugendkongreß der SPD fand schließlich im Januar 1969 in Bad Godesberg statt. Die Tagung stand unter dem Motto „Die junge Generation und die Zukunft der Demokratie". Der „SPD-Pressedienst" vom 13. Januar 1969 zog folgendes Fazit: „Die SPD hatte sich auf ein großes Wagnis eingelassen, als sie sich zur Einberufung dieses Kongresses entschloß. Sie mußte große Risiken in Kauf nehmen, eben auch die Teilnahme der anti- und außerparlamentarischen Opposition. Dieser ist es nicht gelungen, dem Kongreß ihren Stempel aufzudrücken, aber durch ihr Erscheinen bewirkte sie doch etwas Nützliches: Die Austragung der Gegensätze in aller Öffentlichkeit und die Klarstellung der Fronten. Jeder weiß, wer wo steht." In den Arbeitsgemeinschaften werden neben der Reform von Staat und Gesellschaft sowie außenpolitischen Fragen auch so kontroverse Themen wie Vorbeugehaft, Notstandsgesetzgebung und die „Nachwirkungen" der Osterunruhen 1968 diskutiert. Willy Brandt vor dem Kongreß: „Ich glaube, das Aufbegehren der Jugend hat schon viel bewirkt. Glücklicherweise nicht nur das Herauskitzeln des einen Radikalismus durch den anderen. Sondern vor allem den Abbau obrigkeitsstaatlichen Denkens. Die Bereitschaft zur Vorausschau hat zugenommen. Der Wille zur Reform ist deutlicher geworden. Das ist keine schlechte Zwischenbilanz." Vgl. „SPD-Pressedienst" vom 13. Januar 1969.

89 = Kurt Georg Kiesinger.

90 Nicht unbeträchtliche Teile der SPD hatten die Bildung der Großen Koalition abgelehnt. Man meinte, das Bündnis käme mehr der CDU/CSU als der SPD zugute. Das Wort von der „Elefantenhochzeit" fiel. Es war naheliegend, daß manche die Existenz der Großen Koalition für örtliche bzw. regionale Wahlniederlagen verantwortlich machten. In der Tat mußte die SPD bei den Landtagswahlen in Baden-Württemberg (im April 1958) eine katastrophale Niederlage einstecken. Das schien die Meinung der Koalitionskritiker zu bestätigen.

91 Gemeint ist das Ende 1967 von Bundesverkehrsminister Leber vorgelegte „Verkehrspolitische Programm für die Jahre 1968 bis 1972", das die Förderung des Schienenverkehrs zu Lasten des Straßenverkehrs vorsah.

92 Im Januar 1967 hatten der rumänische Außenminister Corneliu Manescu und Bundesaußenminister Willy Brandt in Bonn die Aufnahme diplomatischer Beziehungen vereinbart. In einer Verbalnote brachte die Bundesrepublik ihren unverändert geltenden Rechtsanspruch hinsichtlich Alleinvertretung zum Ausdruck. Ein halbes Jahr später erfolgte die Verwandlung der deutschen Handelsvertretung in

Bukarest in eine Botschaft. Nach den von Sonderbotschafter Egon Bahr im gleichen Jahr geführten Wirtschaftsverhandlungen mit der ČSSR konnte im Februar 1968 eine Handelsvertretung in Prag eröffnet werden. Gleichzeitig wurde auch die Botschaft der Bundesrepublik in Belgrad wiedereröffnet. Die Beziehungen waren 1957 von der Adenauer-Regierung abgebrochen worden, nachdem Jugoslawien die diplomatischen Beziehungen zur DDR aufgenommen hatte. Willy Brandt: „Die deutsche Außenpolitik versteht sich in entscheidendem Maße als europäische Friedenspolitik. Im Dienste der Entspannung und des Friedens streben wir gutnachbarliche Beziehungen zu allen europäischen Staaten an – ungeachtet ihrer unterschiedlichen politischen, wirtschaftlichen und gesellschaftlichen Ordnung." Vgl. Presse- und Informationsamt der Bundesregierung (Hrsg.): „Bulletin" Nr. 36, S. 285 vom 16. März 1968.

93 = Karl Carstens.

94 Im Januar 1968 wurde Novotný vom Zentralkomitee der KPČ als Erster Sekretär der Partei abgelöst. Die Ernennung seines Nachfolgers, Alexander Dubček, kennzeichnet den Beginn des „Prager Frühlings". Relative Informationsfreiheit und öffentliche Diskussionen über innenpolitische Reformen wurden zugelassen. Im April 1968 verabschiedete das ZK der KPČ ein Aktionsprogramm, das durch Demokratisierung einen „Sozialismus mit menschlichem Antlitz" ermöglichen und das Machtmonopol der Kommunistischen Partei beschneiden sollte. In Polen rief der „Prager Frühling" Sympathien hervor. Allerdings versuchte die Gomulka-Führung durch Auflösung von Demonstrationen u.ä. Maßnahmen eine Entwicklung wie in der Tschechoslowakei zu verhindern. Die Budapester Konsultativkonferenz von 65 kommunistischen – und Arbeiterparteien (26. Februar–5. März 1968) hatte die Einberufung einer Weltkonferenz für November/Dezember 1968 in Moskau beschlossen. Anders als in früheren Zeiten wurden Meinungsunterschiede in der kommunistischen Bewegung mehr oder weniger offen ausgesprochen.

95 Am 18. Februar 1968 hatte der SDS eine große Vietnam-Demonstration in Berlin durchgeführt, an der sich auch zahlreiche Sozialdemokraten (u.a. Harry Ristock) beteiligten. Nach Auffassung des Berliner Landesvorstandes der SPD hatte diese Demonstration jedoch militant-revolutionären Charakter und verfolgte antidemokratische Ziele. Nicht wegen ihrer Haltung zum Vietnamkrieg, sondern wegen ihrer Teilnahme an der Vietnam-Demonstration waren einige – nicht unbekannte – SPD-Mitglieder durch den Berliner Landesvorstand aus der Partei ausgeschlossen worden (Sofortausschluß). Die Ausschlüsse wurden später rückgängig gemacht.

96 Die „Notstandsgesetzgebung", die eine Ergänzung des Grundgesetzes für den Notstandsfall des demokratischen Staates vorsieht, wurde schließlich nach langjährigen Diskussionen (auch in der Öffentlichkeit) mit Hilfe der SPD-Bundestagsfraktion am 30. Mai 1968 verabschiedet. Die Gegner der Notstandsgesetzgebung führten am 11. Mai 1968 einen Sternmarsch auf Bonn durch, an dem sich etwa 30.000 Demonstranten aus allen Teilen der Bundesrepublik beteiligten. Am gleichen Tag (11. Mai 1968) hatte der DGB in Dortmund eine Großkundgebung gegen die Notstandsgesetzgebung veranstaltet, an der etwa 15.000 Menschen teilnahmen. Die Beteiligung der SPD an den Formulierungen der o.e. Gesetzgebung war innerhalb der Partei nicht unumstritten. Mit der Grundgesetzänderung vom 30. Mai 1968 entfielen die sog. alliierten „Vorbehaltsrechte", die den Westalliierten in einem Notstandsfall einen ziemlich unbegrenzten Handlungsspielraum einräumten.

97 = Ludwig Rosenberg.

98 Zu Beginn der Großen Koalition (1966), wurde deutlich, daß – vor allem – die CDU/CSU eine Änderung des Wahlrechts anstrebte, um die „unzuverlässige" FDP aus dem Parlament herauszuhalten. Die Union (und da besonders Bundesinnenminister Paul Lücke) rechnete fest mit einer Hilfe der SPD. In der Partei wurde die Wahlrechtsänderung kontrovers diskutiert. So auch auf dem Nürnberger Parteitag von 1968. Abzusehen war, daß die Mehrheitsentscheidung gegen eine Wahlrechtsänderung fallen würde. Jedenfalls sollte nach Ansicht der SPD die „Reform" nicht eher als 1973 infrage kommen.

99 Das Schlagwort von der Kanzlerdemokratie sollte das politische System der Bundesrepublik kennzeichnen. Es wurde in der politischen Publizistik der 50er Jahre geprägt und bezog sich weniger auf die verfassungsrechtlich starke Stellung des Kanzlers (Richtlinienkompetenz), sondern auf Adenauers persönlichen Führungsstil („einsame Entschlüsse").

100 Der Anstieg der Wählerstimmen der Nationaldemokratischen Partei Deutschlands (NPD) bot damals Anlaß zur Besorgnis. Bei den nach dem Parteitag stattgefundenen Landtagswahlen in Baden-Württemberg (28.4.1968) erreichte beispielsweise die NPD einen Wähleranteil von 9,8 %. Vorschläge, diese neonationalsozialistische Partei verbieten zu lassen, stießen bei der CDU/CSU auf erhebliche Zurückhaltung.

101 „NS-Zeitung" = Anspielung auf die (1951 gegründete) neonazistische „Deutsche National-Zeitung und Soldaten Zeitung" (München). Der „Bayernkurier" ist das offizielle Parteiorgan der CSU.

102 1967 war es in der Bundesrepublik zu einer öffentlichen Diskussion über ein geplantes Abkommen über die Nichtverbreitung von Kernwaffen gekommen, auf dessen Inhalt sich die USA und UdSSR weitgehend geeinigt hatten. Die Gegner des Abkommens brachten drei Thesen vor: 1. Ein solcher Vertrag lege nur den Nichtkernwaffenstaaten Verpflichtungen auf und verfestige gleichzeitig das Kernwaffenmonopol der Atommächte, ohne diese zur nuklearen Abrüstung zu veranlassen; 2. die Sicherheit der Nichtnuklearstaaten könne durch den Kernwaffenverzicht gefährdet sein, wenn von den Kernwaffenmächten nicht entsprechende Garantien geleistet würden; 3. die beabsichtigte Kontrolle behindere die friedliche Nutzung der Kernenergie und könne zur Industriespionage führen. Besonders seitens der CDU/CSU wurden Bedenken laut. So erklärte Franz-Josef Strauß am 8. Februar in Vilshofen zu dem Vertrag: „Ein Abkommen, das zunächst die Höchstrüstung der Höchstgerüsteten garantiert und die Ohnmacht der Nichtshabenden institutionell verewigt." Und bei einem Empfang für den britischen Premierminister Harold Wilson am 15. Februar (vgl. „Der Spiegel" vom 20. Februar 1967, S. 25): „Das ist ein neues Versailles, und zwar eines von kosmischen Ausmaßen." Am 1. Juli wurde der Vertrag über die Nichtweiterverbreitung von Kernwaffen von den USA, der Sowjetunion, Großbritannien und einer Reihe anderer Staaten unterzeichnet. Auf der Genfer Konferenz der Nichtkernwaffenstaaten (mit 92 Teilnehmerländern) im folgenden Sommer hielt Willy Brandt am 3. September 1968 eine Rede, die ein weltweites Echo fand. Vgl. Willy Brandt: Zum Atomsperrvertrag. Reden und Erklärungen sowie Dokumente zur Genfer Konferenz, zum NV-Vertrag und zum europäischen Sicherungssystem. Berlin 1969.

103 Die KPD war am 17. August 1956 für verfassungswidrig erklärt und verboten worden. Ersatzorganisationen durften nicht geschaffen werden. Während der Zeit der Großen Koalition wurde die Gründung einer „Deutschen Kommunistischen Partei" (27.10.1968) ermöglicht. Die DKP erklärte damals, sie wolle ihre Ziele im Rahmen des Grundgesetzes verwirklichen. Die SED (W. Ulbricht) forderte die

Wiederzulassung der alten KPD.

104 = Bruno Heck.

105 Erst im Dezember 1967, nach ständigem „Drängen" auch der sozialdemokratischen Bundestagsfraktion, konnte eine unabhängige Sachverständigenkommission zur Prüfung der Mitbestimmungsfrage berufen werden. Nachdem der DGB den entsprechenden Passus in der Regierungserklärung (s.w.o.) begrüßt hatte, war es für die Partei etwas überraschend, daß L. Rosenberg auf einer DGB-Mitbestimmungskundgebung (12.3.1968 in Köln) sich folgendermaßen äußerte: [Die Mitbestimmung ist] „deshalb eminent politisch, weil hier eine wesentliche Entscheidung über Inhalt und Zielrichtung unserer freien und demokratischen Gesellschaft bestimmt wird. Deshalb wird diese Frage auch nicht durch Sachverständigengutachten beeinflußt oder entschieden werden. Wenn diese Sachverständigen zum Ergebnis kämen: die paritätische Mitbestimmung ist richtig und entspricht der gesellschaftspolitischen Zielsetzung unseres sozialen Rechtsstaates, es würde die Entscheidung jener nicht beeinflussen, denen die ganze Richtung nicht paßt. Deshalb war die Einsetzung dieser Kommission in Wirklichkeit überflüssig. Was sie an Tatsachen zusammentragen kann, weiß jeder, der sich mit dieser Frage beschäftigt."

106 Der SPD-Kommission für Fragen der Mitbestimmung und des Betriebsverfassungsgesetzes (unter dem Vorsitz von Helmut Schmidt) gehörten u.a. an: Walter Arendt, Klaus-Dieter Arndt, Walter Behrendt, Hermann Brandt, Otto Brenner, Hermann Buschfort, Karl Buschmann, Wilhelm Gefeller, Hans-Jürgen Junghans, Heinz Kluncker, Hans Matthöfer, Alfred Nau, Georg Neemann, Karl Ravens, Ludwig Rosenberg, Ernst Schellenberg, Rudolf Sperner, vgl. SPD-Jahrbuch 1968/69, Bonn o.J. [1970], S. 312.

107 Nämlich, daß die im Potsdamer Abkommen zwischen Polen und Deutschland beschriebene Grenze (Oder-Neiße-Linie) zwischen Polen und Deutschland nicht endgültig sei. Die Festlegung einer polnischen Westgrenze sei einer späteren friedensvertraglichen Regelung überlassen. Noch im September 1965 hatte die Bundesregierung (unter Ludwig Erhard) abgelehnt, die Oder-Neiße-Linie anzuerkennen. Als Bundeskanzler Kiesinger am 13.12.1966 seine Regierungserklärung vorlegte, sprach er – nicht zuletzt unter sozialdemokratischem Einfluß – schon behutsamer davon, daß in weiten Schichten des deutschen Volkes der lebhafte Wunsch nach einer Aussöhnung mit Polen bestehe, „dessen Verlangen, endlich in einem Staatsgebiet mit gesicherten Grenzen zu leben, wir im Hinblick auf das gegenwärtige Schicksal unseres eigenen geteilten Volkes besser als in früheren Zeiten begreifen".

108 Hinweis auf den Bundesparteitag der FDP in Freiburg (Januar 1968), auf dem Walter Scheel zum Nachfolger von Erich Mende als Parteivorsitzender gewählt wurde.

109 Fünf Landtagswahlen standen 1970 an: Mitte Juni in Niedersachsen (nach der Landtagsauflösung), Nordrhein-Westfalen und im Saarland; Hessen und Bayern im November 1970. In Niedersachsen konnte sich die SPD knapp vor der CDU behaupten, in Nordrhein-Westfalen, im Saarland und in Hessen verzeichnete die CDU (starke) Gewinne. Die FDP schied aus dem niedersächsischen und saarländischen Landtag aus, kehrte aber in Bayern in das Landesparlament zurück. In Niedersachsen, Hessen und Bayern konnte die NPD ihre Erfolge nicht wiederholen.

110 Bruno Heck hatte in einem Fernsehgespräch auf die Frage, wie es seine Partei mit der Demokratie halte, geantwortet, die Union bejahe die Demokratie als Organi-

sationsform des Staates, aber nicht für die Gesellschaft. Willy Brandt setzte sich mit diesem Demokratieverständnis auch in einem Beitrag für „Die Neue Gesellschaft" auseinander: „In den letzten Jahren ist häufig gefragt worden, ob nicht der eigentliche Unterschied zwischen den Unionsparteien und der SPD verlorengehe; ob die beiden großen Parteien einander nicht so nahe kämen, daß man von einer wirklichen Alternative nicht mehr sprechen könne. Ich habe diese Fragestellung immer für falsch gehalten, aber dies ändert natürlich nichts daran, daß andere es anders gesehen haben. Jetzt hat der Generalsekretär der CDU, Dr. Bruno Heck, einen wesentlichen Beitrag zur Klärung der Begriffe geleistet. [. . .] Ich freue mich zwar nicht über diese Meinung, aber ich bin dankbar für die Einfachheit, mit der hier ein Wesensunterschied in den Auffassungen der beiden großen Parteien zum Ausdruck gebracht worden ist. Die Alternative tritt klar zutage. [. . .] Für die CDU/CSU bedeutet Demokratie eine Organisationsform des Staates. Für die SPD bedeutet die Demokratie ein Prinzip, das alles gesellschaftliche Sein der Menschen beeinflussen und durchdringen muß." Vgl. Willy Brandt: Die Alternative; in: Zwanzig Jahre Bundesrepublik. Zehn Jahre Godesberger Programm der SPD. [Mit Beiträgen von Willy Brandt, Gustav Heinemann, Bruno Kreisky, Herbert Wehner u.a.]. Sonderheft „Die Neue Gesellschaft" vom Mai 1969, S. 3 ff.

111 Ähnlich äußerte sich Franz-Josef Strauß auch schon im „Bayernkurier" vom 22. Juni 1968: „Mehr an Demokratie ist nur dort angebracht, wo die Sache auch eine Demokratisierung zuläßt. Die Verwirklichung der Forderung nach ‚Demokratisierung des gesamten gesellschaftlichen Lebens' muß notwendigerweise scheitern, wo sie den Einbruch in Nichtdemokratisierbares bedeutet: nämlich in gesellschaftliche Verhältnisse, die deswegen nicht durch das Majoritätsverfahren geregelt werden können, weil durch sie objektive Werte und Wahrheiten realisiert werden sollen. Was technisch und wirtschaftlich zweckgerecht, wissenschaftlich richtig, schön oder häßlich, sittlich gut, philosophisch wahr, religiös geoffenbart ist, kann nicht durch Abstimmenlassen festgelegt werden." S.a. Dieter Hoffmann: Das Konzept der deutschen Rechten. Aus Reden und Schriften des F.J. Strauß, Köln 1971.

112 Der Saarbrückener Parteitag (Mai 1970) beauftragte den Parteivorstand, eine Kommission einzusetzen, die auf der Grundlage des Godesberger Grundsatzprogramms ein langfristiges gesellschaftspolitisches Programm erarbeiten sollte, „das konkretisiert und quantifiziert sein muß. Der Entwurf dieses Programms ist so rechtzeitig vorzulegen, daß es nach einer gründlichen Diskussion in den Parteigliederungen vom nächsten ordentlichen Parteitag 1972 verabschiedet werden kann. Im Entwurf des Programms sind Alternativen erkennbar zu machen." Zugleich wurde der Parteivorstand vom Parteitag aufgefordert, „einen ständigen Planungsstab einzurichten, der die gesellschaftspolitischen Zielvorstellungen sachverständig und allgemein verständlich in Aktionsvorschläge umsetzen kann" (Vgl. SPD-Parteitagsprotokoll Saarbrücken 1970, S. 1204/1205). Nach dem SPD-Jahrbuch 1970–1972 setzte sich die Kommission „Langzeitprogramm" wie folgt zusammen: Helmut Schmidt (Vorsitzender), Hans Apel, Jochen Steffen (stellvertretende Vorsitzende), Klaus-Dieter Arndt, Rudi Arndt, Hans Bardens, Holger Börner, Volkmar Gabert, Willi Haferkamp, Friedrich Halstenberg, Gerda Hesse, Gert Muhr, Martin Neuffer, Konrad Porzner, Philip Rosenthal, C. F. von Weizsäcker (Mitglieder). Vgl. Vorstand der SPD (Hrsg.): Jahrbuch der Sozialdemokratischen Partei Deutschlands 1970–1972, Bonn o.J. [1973], S. 393. Der Parteitag beschloß ebenfalls die Einsetzung einer Steuerreformkommission, deren Vorsitzender Erhard Eppler wurde. Zur Zusammensetzung dieser Steuerreform-

kommission vgl. a.a.O., S. 394. Nach der Aufforderung der Parteitagsdelegierten (Saarbrücken 1970) mußte spätestens 1971 ein außerordentlicher Parteitag mit dem Thema „Steuer- und Vermögenspolitik" einberufen werden. Vgl. a. die Beschlüsse des Außerordentlichen Parteitages in Bonn-Bad Godesberg 1971 a.a.O., S. 456 ff. und die Beschlüsse des Außerordentlichen Parteitages in Dortmund 1972 a.a.O., S. 507 ff.

113 Am 30. Juni 1970 begannen die EG-Beitrittsverhandlungen mit Großbritannien, Irland, Dänemark und Norwegen, die schon im Dezember 1970 abgeschlossen wurden. Die norwegische Regierung verzichtete später (1972) auf den Beitritt zur Europäischen Gemeinschaft. Die Erweiterung der EG durch die anderen Staaten trat am 1. Januar 1973 in Kraft.

114 = Helmut Schmidt.

115 Ein entsprechender Antrag, der von 37 Delegierten auf sieben verschiedenen SPD-Bezirken unterstützt und vom Parteitag angenommen wurde, lautete: „Der Parteitag fordert den Parteivorstand auf, umgehend eine Kommission zur Reform der Parteiorganisation einzusetzen. Dieser Kommission sollen Vertreter aller Bezirke angehören. Sie hat dem Außerordentlichen Parteitag 1971 Vorschläge zur Verbesserung der Willensbildung (Antragsrecht, Vorbereitung der Parteitage), der Information und Organisationsarbeit vorzulegen." (Protokoll des SPD-Parteitages Saarbrücken 1970, a.a.O., S. 1206). Eine Reihe von Anträgen, die sich mit der Verbesserung der Parteitagsarbeit befaßten, wurde dieser Kommission „Reform der Parteiorganisation" überwiesen. Gemäß Beschluß des Außerordentlichen Parteitags Bonn-Bad Godesberg 1971 wurde dann eine Kommission „Organisationspolitik und Parteireform" geschaffen. Vorsitzender beider Kommissionen war Herbert Wehner.

116 Überläufer: Eine Reihe von FDP- und SPD-Bundestagsabgeordneten hatten 1972 der sozialliberalen Koalition die Gefolgschaft verweigert. Vgl. dazu Arnulf Baring: Machtwechsel. Die Ära Brandt–Scheel, Stuttgart 1982, S. 403 ff. (Kapitel: Die innenpolitische Selbstbehauptung der Koalition). Trotz der hauchdünn gewordenen Regierungsmehrheit scheiterte das Mißtrauensvotum von R. Barzel (27. April 1972). Kleinmut: Vor Eintritt in den eigentlichen Wahlkampf (1972) waren entsprechende Meinungsbefragungen hinsichtlich der SPD durchaus nicht günstig ausgefallen. Brandt später dazu: „Einige meiner Parteifreunde schienen sich in ihren Gedanken mehr damit zu beschäftigen, wie nach den verlorenen Wahlen die Schuld zu verteilen sei, als mit der wichtigeren Aufgabe, die Wahlen zugewinnen." (Willy Brandt: Begegnungen und Einsichten. Die Jahre 1960–1975, Hamburg 1976, S. 573).

117 Hinweis auf den „Holzhammer"-Wahlkampf der CDU/CSU (SPD-Jahrbuch 1970–1972, a.a.O., S. 273), der durch beträchtliche anonyme Finanzquellen gespeist wurde. Bereits vor der Wahl hatten einige in der Union zu bedenken gegeben, daß der massive Einsatz von finanziellen Mitteln, von Interessengruppen und anonymen Wählerinitiativen der CDU/CSU schaden würde. Über die Motive des vorangegangenen „Frontwechsels" einiger Bundestagsabgeordneter (Vorwurf der „Käuflichkeit") kann auch im Nachhinein nicht eindeutig geurteilt werden. Vgl. dazu A. Baring, a.a.O.

118 Dortmunder Plattform = Wahlprogramm der SPD, das auf dem Außerordentlichen Parteitag in Dortmund (12.–13. Oktober 1972) angenommen wurde. Zum Wortlaut s. SPD-Jahrbuch 1970–1972, a.a.O., S. 507 ff.

119 Am 17. März 1973 hatte Brandt vor dem SPD-Parteirat mit seinem Rücktritt gedroht, falls auf dem Parteitag in Hannover Beschlüsse gefaßt würden, die mit

dem Wahlprogramm der SPD vom Oktober 1972 unvereinbar seien. Wörtlich: „Ich könnte die Verantwortung nicht tragen für etwas, was im Widerspruch stünde zu dem, wofür ich mit anderen die breite Zustimmung der Wähler gefunden habe." Brandt wandte sich damit vor allem gegen einige SPD-Linke und gegen die Jusos, die – im Vertrauen auf die gerade errungene Machtposition im Bundestag – die Partei auf einen „sozialistischeren" Kurs verpflichten wollten und am Entwurf des Langzeitprogramms die mangelnde Reformfreudigkeit kritisierten. Unübersehbar war, daß in der SPD ein Prozeß der inneren Fraktionierung stattgefunden hatte. Vgl. hierzu Joseph Scholmer: Was spricht gegen die Fraktionen in der SPD?; in: „Vorwärts" vom 4. Januar 1973 sowie weitere Artikel (von Susanne Miller, Annemarie Renger und Bruno Friedrich), die im Anschluß an den Scholmer-Beitrag im „Vorwärts" veröffentlicht wurden.

120 Brandt, den eine Stimmbanderkrankung daran hinderte, bei der Konstituierung der SPD-Bundestagsfraktion anwesend zu sein, hatte schon am 10. Dezember 1972 vor dem Parteirat und der Kontrollkommission der SPD erklärt: Fraktionsbildungen habe es in der Geschichte der SPD immer wieder gegeben, aber aus ihnen sei für die deutsche Arbeiterbewegung noch niemals etwas Gutes entstanden. Er bitte den Parteirat, die „Gefahren der Selbstzerstörung" abzuwenden. Wer heute schon davon spreche, wie man den Partner 1976 überflüssig mache, der trage „zu einer Entwicklung und Konstellation bei, die 1976 zu einem bedauerlichen Rückfall führen könnte". Herbert Wehner hatte den Brief von Willy Brandt vor der SPD-Bundestagsfraktion vorgelesen und die Meinung Brandts unterstrichen, man sollte das Konto nicht überziehen. (Vgl. „Informationen der Sozialdemokratischen Fraktion im Deutschen Bundestag" vom 29.11.1972.).

121 Die Warnung wurde auf der o.e. Parteiratssitzung am 10.12.1972 ausgesprochen. Protokoll im Besitz des AdsD.

122 Anspielung auf die sog. Doppel-Strategie. Zur Erklärung dieses Begriffs s. Peter von Oertzen später in seinen „Thesen zur Strategie und Taktik des demokratischen Sozialismus in der Bundesrepublik Deutschland" (Referat auf dem Unterbezirksparteitag der SPD Frankfurt im November 1973): „Die SPD und die mit ihr verbündeten Organisationen und Gruppen der sozialistischen Bewegung müssen die Notwendigkeit der sog. ‚Doppelstrategie' anerkennen; nur wenn Sozialisten innerhalb und außerhalb von Partei und Parlament, von Regierung und Verwaltung arbeiten, wenn sie die Reform nicht nur von oben durch gesetzliche Veränderung, sondern auch von unten – an der Basis – durch Mobilisierung der Bevölkerung verankern, kann die Gesellschaft wirkungsvoll und dauerhaft demokratisiert werden."

123 Vgl. S. 110 f. (Zum Demokratieverständnis von Heck und Strauß). Das Wort vom „größtmöglichen Glück der größtmöglichen Zahl" stammt von dem englischen Philosophen Jeremy Bentham (1748–1832).

124 In Frankfurt hatten sich (Anfang April 1973) mehr als eine Woche lang Straßenschlachten zwischen Demonstranten/Hausbesetzern und Polizei abgespielt. Die Demonstrationen richteten sich u.a. gegen die sozialdemokratisch geführte Stadtverwaltung.

125 Vom 26. August bis 11. September 1972 hatten die XX. Olympischen Sommerspiele in München und Kiel stattgefunden. Dabei überfielen acht Mitglieder der Terrororganisation „Schwarzer September" das Quartier der israelischen Mannschaft, ermordeten zwei Sportler und nahmen neun Geiseln (5. September). Mit den Geiseln sollte die Freilassung von 200 arabischen Häftlingen in Israel erpreßt werden. Der Versuch der bayerischen Polizei, die Geiseln vor ihrem Abflug zu be-

freien, scheiterte. Sie wurden von den Terroristen erschossen. – Die Welle der terroristischen Gewalttaten (1970: 21, 1971: 29 Anschläge), u.a. verübt von der Roten Armee Fraktion (Andreas Baader usw.) hatte in der Presse und in der Öffentlichkeit teilweise eine Hysterie erzeugt, die in der Forderung nach harten Maßnahmen und „rücksichtslosem Durchgreifen" des Staates mündete. Zusammenhänge zwischen Terrorismus und Marxismus sowie der Linken überhaupt wurden konstruiert. Sehr oft wider besseres Wissen. Selbst Jusos und linke Sozialdemokraten wurden verdächtigt, Sympathisanten der Gewalttäter zu sein. Den CDU/CSU-Konservativen gelang es irgendwie, den (weitverbreiteten) Eindruck zu erwecken, daß die oft sehr erregt geführten Theoriediskussionen und andere Aktionen der Linken sowie die Gewalttaten der Terroristen eine gemeinsame Wurzel hatten: den Marxismus. Folgerichtig war es dann nur, daß die CDU/CSU bereits 1971 in einer Anfrage im Bundestag von der sozialliberalen Bundesregierung wissen wollte, welche Schlußfolgerung sie daraus ziehe, daß die seit 1968 bestehende Deutsche Kommunistische Partei (DKP) als Nachfolgeorganisation der 1956 verbotenen KPD arbeite. Die Stoßrichtung war deutlich: die DKP (übrigens während der Zeit der Großen Koalition zugelassen) sollte vom Bundesverfassungsgericht verboten und die DKP-Mitglieder sowie andere „Radikale" aus dem Öffentlichen Dienst entlassen werden. Indirekt wurde damit der Bundesregierung unterstellt, sie habe ihre Pflichten versäumt und gegen die Verfassung verstoßen. Vor diesem Hintergrund fand am 28. Januar 1972 eine Konferenz der Regierungschefs von Bund und Ländern statt, auf der die „Grundsätze über die Mitgliedschaft von Beamten in extremen Organisationen" (der sog. Extremistenbeschluß oder Radikalenerlaß) verabschiedet wurden. In diesen Grundsätzen hieß es u.a.: „Nach den Beamtengesetzen in Bund und Ländern darf in das Beamtenverhältnis nur berufen werden, wer die Gewähr dafür bietet, daß er jederzeit für die freiheitliche demokratische Grundordnung im Sinne des Grundgesetzes eintritt, sind Beamte verpflichtet, sich aktiv innerhalb und außerhalb des Dienstes für die Erhaltung dieser Grundordnung einzusetzen. Es handelt sich hierbei um zwingende Vorschriften. Jeder Einzelfall muß für sich geprüft und entschieden werden. Von folgenden Grundsätzen ist dabei auszugehen: [. . .] Ein Bewerber, der verfassungsfeindliche Aktivitäten entwickelt, wird nicht in den Offentlichen Dienst eingestellt. [. . .] Gehört ein Bewerber einer Organisation an, die verfassungsfeindliche Ziele verfolgt, so begründet diese Mitgliedschaft Zweifel daran, ob er jederzeit für die freiheitliche demokratische Grundordnung eintreten wird. Diese Zweifel rechtfertigen in der Regel eine Ablehnung des Einstellungsantrages. [. . .] Erfüllt ein Beamter durch Handlungen oder wegen seiner Mitgliedschaft in einer Organisation verfassungsfeindlicher Zielsetzung die Anforderungen des [. . .] Beamtenrechtsrahmengesetzes nicht, aufgrund derer er verpflichtet ist, sich durch sein gesamtes Verhalten zu der freiheitlichen demokratischen Grundordnung im Sinne des GG zu bekennen und für deren Erhaltung einzutreten, so hat der Dienstherr aufgrund des jeweils ermittelten Sachverhaltes die gebotenen Konsequenzen zu ziehen und insbesondere zu prüfen, ob die Entfernung des Beamten aus dem Dienst anzustreben ist." Für Arbeiter und Angestellte im Öffentlichen Dienst – so wurde hinzugefügt – gelten dieselben Grundsätze. Der Vorwurf, die SPD verhalte sich passiv gegenüber Verfassungsfeinden und Extremisten, war nach dem 28. Januar – vorübergehend – ad acta. Ebenso einige radikalere Forderung der CDU/CSU (Verbot der DKP, automatische Entlassung von DKP-Mitgliedern). Jedoch: Die praktische Verwirklichung der „Grundsätze" („Gesinnungsschnüffelei", „Berufsverbote") gab der SPD in der Folgezeit Anlaß, immer wieder diesen Minister-

präsidenten-Beschluß zu diskutieren und zu überdenken.
„In diesem Land Anlaß, zuerst nach dem Recht zu fragen, wenn von Ordnung die Rede sein soll“, vgl. in diesem Zusammenhang die Ausführungen von Heinrich Böll zur deutschen Rechtsgeschichte (Verhalten gegenüber Kriegsverbrechern) in „Der Spiegel“ vom 10. Januar 1972.

126 S. „Vorwärts“ vom 29. März 1973. Die Antragskommission hatte einen Antrag zum „Ministerpräsidentenerlaß“ vorgelegt (der auch vom Parteitag angenommen wurde), in dem es u.a. hieß: „Nach dem Grundsatzurteil des Bundesverfassungsgerichts vom 21. März 1961 kann ‚bis zur Entscheidung des Bundesverfassungsgerichts niemand die Verfassungswidrigkeit einer Partei rechtlich geltend machen‘. Die Mitgliedschaft in einer nicht verbotenen politischen Partei steht daher einer Mitarbeit im Öffentlichen Dienst nicht entgegen. [. . .] Jeder einzelne Zweifelsfall ist genau zu überprüfen. Auf Angaben anonymbleibender Zeugen darf die Ablehnung nicht gestützt werden. Der Betroffene ist anzuhören; im Falle der Ablehnung oder Entfernung aus dem Dienst müssen ihm die Gründe schriftlich mitgeteilt werden, damit er sie gerichtlich überprüfen lassen kann. [. . .] Auch im Bereich des Öffentlichen Dienstes muß die verfassungsrechtlich garantierte Vielfalt von Meinungen erhalten bleiben, damit eine Verengung des Freiheitsraumes vermieden werden wird und für weiterführende Ideen und Initiativen, die auf nicht gewaltsame Veränderungen im Rahmen des Grundgesetzes gerichtet sind, Platz bleibt. Verfassungswidrige Bestrebungen müssen vor allem politisch bekämpft werden; administrative Mittel können stets nur ergänzend hinzutreten. Die bisherige Entscheidungspraxis ist zu überprüfen. Entscheidungen, die mit den vorstehenden Grundsätzen nicht übereinstimmen, sind aufzuheben. Der Beschluß der Ministerpräsidenten vom 28. Januar 1972 ist entsprechend zu ändern und zu präsizieren.“ (Vgl. SPD-Parteitagsprotokoll Hannover 1973 S. 1128/1129).

127 Vgl. Julius Kardinal Döpfner und Landesbischof D. Hermann Dietzfelbinger (Hrsg.): Soziale Ordnung des Baubodenrechts. Ein gemeinsames Memorandum der Kammer für soziale Ordnung der Evangelischen Kirche in Deutschland und des Arbeitskreises „Kirche und Raumordnung“ beim Kommissariat der katholischen deutschen Bischöfe, Trier 1973[3]. Der „Vorwärts“ vom 1. März 1973: „Ein Wort der Kirchen zu politischen oder gesellschaftlichen Problemen hat Gewicht. Einmal, weil es selten gesprochen wird. Zum anderen, weil man weiß, wie schwer sich die kirchlichen Gremien noch tun, heiße Eisen anzufassen, wie langwierig und kontrovers ihr Entscheidungsprozeß verläuft. Das neue evangelisch-katholische Memorandum zum Bodenrecht macht da keine Ausnahme. Seine Verfasser haben über mehrere Jahre hinweg die bestehenden Verhältnisse in der Bundesrepublik analysiert, Mißstände beobachtet, auf Abhilfe gesonnen. Was sie dieser Tage der Öffentlichkeit vorlegten, mündet als Fazit ihrer Tätigkeit in die Vorstellungen heutiger Reformer ein, die sich nicht länger mit sozialen Ungerechtigkeiten, Spekulationen und Ausnutzung von monopolartigen Bodeneigentum abfinden wollen. [. . .] Die Sozialdemokraten begrüßen die Anmerkungen der beiden großen Kirchen zur Neugestaltung des Bodenrechts. Sie sehen sich in ihren eigenen Überlegungen bestätigt.“

128 Oppositionelles Phrasengeklingel: Nach der Ratifizierung des Grundvertrages durch den Bundestag erhob das CSU-regierte Land Bayern eine Normenkontrollklage gegen diesen Vertrag. Das Bundesverfassungsgericht verwarf diese Klage und erklärte den Vertrag für verfassungskonform (31. Juli 1973). Es gab jedoch gleichzeitig eine Reihe von verbindlichen Auslegungen, die der Interpretation des Vertragswerkes enge Grenzen auferlegten: das Deutsche Reich existiere fort. Mit

der Errichtung der Bundesrepublik sei nicht ein neuer westdeutscher Staat gegründet, sondern ein Teil Deutschlands neu organisiert. Die DDR ist für die Bundesrepublik nicht Ausland; die Grenze zwischen der Bundesrepublik und der DDR ist eine Grenze wie zwischen den Ländern der Bundesrepublik. Die Wiedervereinigung ist ein verfassungsrechtliches Gebot. Der Weg dazu muß jedoch den zu politischem Handeln berufenen Organen der Bundesrepublik überlassen bleiben. Die Bundesrepublik verliert durch den Vertrag nicht den Rechtstitel, überall im internationalen Verkehr, auch gegenüber der DDR, nach wie vor die staatliche Einheit des deutschen Volkes im Wege seiner freien Selbstbestimmung fordern zu können. Jeder Bürger der DDR, der in den Schutzbereich der Bundesrepublik gerät, hat dieselben Grundrechte wie ein Bürger der Bundesrepublik. Diese Auslegung wurde von der parlamentarischen Opposition als „Teilsieg" gefeiert; die Unionsparteien übersahen dabei aber, daß das Bundesverfassungsgericht zum erstenmal die Zwei-Staaten-Auffassung bestätigt hatte. Andererseits: Auch in der SPD kam Kritik auf, daß das Karlsruher Urteil der Deutschlandpolitik ein enges juristisches und damit auch politisches Korsett angelegt habe. Vgl. Günther Schmid: Politik des Ausverkaufs? Die Deutschlandpolitik der Regierung Brandt/Scheel, München 1975. – Berlin-Abkommen: Die Botschafter der drei Westmächte in der Bundesrepublik Deutschland und der sowjetische Botschafter in der DDR hatten am 3. September 1971 in Berlin (West) das Vier-Mächte-Rahmenabkommen (Berlin-Abkommen) unterzeichnet. Das Vertragswerk (das erst am 3. Juni 1972 in Kraft treten sollte) regelte: Gewährleistung des unbehinderten Verkehrs zwischen dem Bundesgebiet und West-Berlin, Aufrechterhaltung und Entwicklung der Bindungen zwischen Berlin (West) und der Bundesrepublik Deutschland, Verbesserung der Besuchsmöglichkeiten für West-Berliner in Ost-Berlin und der DDR, Respektierung der Außenvertretung von Berlin (West) durch die Bundesregierung und konsularische Betreuung seiner Bewohner in der Sowjetunion und in anderen osteuropäischen Ländern, Teilnahme an den internationalen Aktivitäten des Bundes. Die Westmächte erklärten in dem Abkommen, „daß die Bindungen zwischen den Westsektoren Berlins und der Bundesrepublik Deutschland aufrechterhalten und entwickelt werden, wobei sie berücksichtigen, daß diese Sektoren wie bisher kein Bestandteil der Bundesrepublik Deutschland sind und auch weiterhin nicht von ihr regiert werden." Konkrete Regelungen, etwa des Verkehrs, sollten (und wurden) nach dem Abkommen von den zuständigen deutschen Behörden vereinbart werden.

129 Die Jungsozialisten in der SPD hatten vom 9.–11. März 1973 ihren Bundeskongreß in Bonn-Bad Godesberg veranstaltet. Kongreßmotto: „Sozialismus, weil's vernünftig ist". Wolfgang Roth erklärte ebd., der Sieg bei den Wahlen (November 1972) sei vor allem auch ein Sieg der Jungsozialisten, da hierbei kleinbürgerliche Wahlängste nachdrücklich widerlegt worden seien. Der Entwurf des Langzeitprogramms (Schmidt-Kommission) wurde auf diesem Kongreß u.a. wegen fehlender Analyse des gesellschaftlichen Zustandes heftig kritisiert. In einer auf Antrag des Juso-Bundesvorstandes angenommenen Entschließung zu „Perspektiven einer Europäischen Friedens- und Sicherheitspolitik" hieß es u.a., die Integration in die NATO bzw. in den Warschauer Pakt mitteleuropäischer Staaten könne die Sicherheit in Mitteleuropa nicht garantieren. Die Bundesrepublik müsse in eine europäische Entspannungszone einbezogen werden, in der Kernwaffen und andere Massenvernichtungsmittel weder gelagert noch verwendet werden dürften und aus der alle fremden Truppen, insbesondere die der USA und der UdSSR, abzuziehen seien. Die Bundeswehr habe auf atomare Trägerwaffen zu verzichten; die Konse-

quenz aus den Ostverträgen sei die Senkung der Rüstungsausgaben, die Verwendung freiwerdender Mittel im Bereich von Bildung, Gesundheit und Sozialem. Das Parteipräsidium der SPD traf am 13. März 1973 in Bonn einige „Feststellungen zum Bundeskongreß der Jungsozialisten" und erklärte: „Anträge und Beschlüsse auf diesem Kongreß, die sich im Widerspruch zu dem in Dortmund am 12. und 13. Oktober 1972 in eindrucksvoller Weise beschlossenen Wahlprogramm der SPD oder zur Regierungserklärung von Bundeskanzler Willy Brandt vom 18. Januar 1973 bewegen oder befinden, stoßen in der Gesamtpartei auf entschiedene Ablehnung. Die Parteiführung denkt an keinerlei Abstriche oder Veränderungen an einer innen- und außenpolitischen Konzeption, die den größten Erfolg in der über hundertjährigen Geschichte deutscher Sozialdemokratie begründet hat." (Vgl. SPD-Jahrbuch 1973–1975, S. 437). Zur Theoriediskussion (auch „Stamokap") und zu außenpolitischen Vorstellungen bei den Jusos vgl. Dieter Stephan: Jungsozialisten: Stabilisierung nach langer Krise? Theorie und Politik 1969–1979. Eine Bilanz, Bonn 1979. Der Juso-Bundeskongreß von 1973, auf den W. Brandt hier Bezug nimmt, sowie die innerparteilichen Auseinandersetzungen zwischen Jusos und anderen werden ebd. (S. 46 ff.) dargestellt. Zur vorangegangenen Juso-Geschichte vgl. Karlheinz Schonauer: Die ungeliebten Kinder der Mutter SPD. Die Geschichte der Jusos von der braven Parteijugend zur innerparteilichen Opposition, Bonn 1982.

130 Am 27. Januar 1973 war ein Waffenstillstandsabkommen zwischen den USA, Nordvietnam, Südvietnam und der provisorischen Revolutionsregierung der Republik Südvietnam in Paris unterzeichnet worden. Noch im Dezember 1972 hatten die USA ihre Bombenangriffe nördlich des 20. Breitengrades wieder aufgenommen. Der Indochina-Krieg wurde allerdings mit dem Waffenstillstandsabkommen nicht beendet. Der politische und militärische Zusammenbruch Südvietnams erfolgte erst 1975.

131 Gemeint ist der Vorwurf gegen W. Brandt, er habe in den Gesprächen mit der US-Regierung nicht direkt und energisch genug gegen die Fortsetzung des Vietnamkrieges protestiert.

132 Die Frage der Vergesellschaftung von Produktionsmitteln hatte in den Auseinandersetzungen um den Entwurf der „Langzeit-Kommission" eine nicht unwesentliche Rolle gespielt. Als „System" bezeichneten die o.e. Kritiker das kapitalistische Wirtschafts- und Gesellschaftssystem. „Grundwiderspruch" = Klassengegensatz zwischen Kapitaleignern und Lohnabhängigen. Die Begriffe „systemüberwindende Reformen" und „systemausbessernder Reformismus" tauchten in den Theoriediskussionen der deutschen Sozialdemokraten etwa ab 1968/1969 auf. Entlehnt waren diese Begriffe bei dem Franzosen André Gorz (Zur Strategie der Arbeiterbewegung im Neokapitalismus, Frankfurt a.M. 1967; und ders.: Der schwierige Sozialismus, Frankfurt a.M. 1967) sowie bei dem Italiener Lelio Basso (Zur Theorie des politischen Konflikts, Frankfurt a.M. 1969).

133 Die von Brandt erwähnte Kartellgesetznovelle wurde am 14. Juni 1973 vom Bundestag verabschiedet. Sie trat am Tag nach der Verkündung (3. August 1973) in Kraft. Das Gesetz sollte die Funktionsfähigkeit des Wettbewerbs in allen Bereichen der gewerblichen Wirtschaft sichern. Es sah folgende Maßnahmen vor: Einführung einer vorbeugenden Fusionskontrolle für Großunternehmen, um Konzentrationstendenzen entgegenzuwirken; Kooperationserleichterungen für kleine und mittlere Unternehmen; eine Verschärfung der Mißbrauchsaufsicht über die Preise marktbeherrschender Unternehmen; Aufhebung der Preisbindung der zweiten Hand für Markenwaren (ab 1. Januar 1974) und eine Verschärfung der Miß-

brauchsaufsicht über unverbindliche Preisempfehlungen; Verbot von aufeinander abgestimmten Verhaltensweisen. Vgl. Hans Ulrich Behn/Erhardt Eisenacher: Politische Zeittafel 1949–1979. Drei Jahrzehnte Bundesrepublik Deutschland. Hrsg. vom Presse- und Informationsamt der Bundesregierung, Bonn 1981, S. 210.

134 Der Parteitag tat das. Ergebnisse der Vorstandswahlen von Hannover 1973: Willy Brandt (Vorsitzender) 404 von 428 abgegebenen Stimmen, Helmut Schmidt (Stellvertretender Vorsitzender) 286 von 431 Stimmen, Heinz Kühn (Stellvertretender Vorsitzender) 280 von 427 abgegebenen Stimmen, Alfred Nau (Schatzmeister) 286 von 419 abgegebenen Stimmen.

135 Parteiengesetz = Gesetz über die politischen Parteien, das am 24. Juli 1967 verkündet worden war. Dieses vom Bundestag in der Zeit der Großen Koalition mit wenigen Gegenstimmen verabschiedete Gesetz regelt die verfassungsrechtliche Stellung und die Aufgaben der Parteien und legt die Rechte der Mitglieder, Grundsätze für die Willensbildung in den Parteigremien sowie Grundsätze und Umfang der Erstattung der Wahlkampfkosten durch den Staat fest. Die Länder Hamburg und Hessen hatten im Bundesrat Bedenken gegen die steuerliche Abzugsfähigkeit von Spenden an politische Parteien erhoben. Nach einem Urteil des Bundesverfassungsgerichts (3. Dezember 1967) mußte der Bundestag das Parteiengesetz (am 13. Juni 1969) ändern: Parteien, die mindestens 0,5 % (in der alten Fassung 2,5 %) der abgegebenen gültigen Stimmen erhalten haben, haben Anrecht auf Erstattung von Wahlkampfkosten.

136 Die „Bonner Rundschau“ vom 2. April 1973 berichtete über den Landesparteitag der FDP von NRW (Siegen) und schrieb: „Die FDP ist die Pille der SPD, meint Horst-Ludwig Riemer [. . .] Denn die Sozialdemokraten wollen ständig neue Reformkinder, aber die FDP werde schon dafür sorgen, daß nur Kinder gezeugt werden, die man anständig erziehen und ernähren kann“.

137 Aus der Regierungserklärung vom 18. Januar 1973: „In unserer Geschichte stand [. . .] der Staat dem Volk allzulang wie eine fremde Macht gegenüber. Seit der Zeit der Gewaltherrschaft hat sich ein gewandelter Bürgertypus gebildet, der seine Freiheit auch im Geflecht der sozialen und wirtschaftlichen Abhängigkeiten behaupten will. In diesem Prozeß, der in die Tiefen unserer sozialen Existenz reicht, sammelt sich, neben anderem, die produktive Unruhe aus den Reihen der Jungen und die Einsicht der Älteren. Ihr politischer Wille strömt ein in das, was sich uns als die neue Mitte darstellt: Die soziale und die liberale Mitte.“

138 Der Europäische Gewerkschaftsbund (EGB) war am 8. und 9. Februar 1973 auf einem Kongreß in Brüssel gegründet worden. An der Gründung waren 17 Gewerkschaftsverbände aus 15 Ländern (darunter 8 EG-Ländern) beteiligt. Der Kongreß befaßte sich u.a. mit der Frage, wie gegenüber den ständig an Einfluß gewinnenden multinationalen Konzernen eine gemeinsame gewerkschaftliche Strategie geschaffen werden könne.

139 Der Kongreß der Sozialdemokraten der Europäischen Gemeinschaften tagte vom 26.–27. April 1973 in Bonn und verabschiedete ein umfangreiches Dokument „Für ein soziales Europa“: Bisher hätte sich die Europäische Gemeinschaft auf die Liberalisierung des Handels konzentriert, ohne daß damit eine parallellaufende Entwicklung bei der Schaffung einer politischen Kontrolle über die Wirtschaftspolitik verbunden war. Der europäische Markt führe zu einer Unternehmenskonzentration und zu Machtzusammenballungen, die sich der Kontrolle der einzelnen Mitgliedsstaaten entziehen. Das Europa der Zukunft müsse seine gesellschaftliche Struktur auf dem Wege des sozialen Fortschritts verändern. Die EG könne nicht, mit einer kapitalistischen Konzeption weiterentwickelt werden.

140 Am 22. und 23. Januar hatte Brandt – aus Anlaß des 10. Jahrestages des deutsch-französischen Vertrages – dem französischen Staatspräsidenten Georges Pompidou einen Besuch abgestattet.
In vielen Fragen der bilateralen Zusammenarbeit und der europäischen Entwicklung konnte Einigung erzielt werden. Am 18. März 1973 hatten in Frankreich die Wahlen zur Nationalversammlung stattgefunden, bei denen die Gaullisten ihre absolute Mehrheit verloren. Die Kommunisten und Sozialisten waren in den Wahlkampf mit einem gemeinsamen Regierungsprogramm (27. Juni 1972) gegangen, um so die Voraussetzung für eine Volksfrontregierung im Falle eines Wahlsiegs zu schaffen. Diese sog. Union der Linken, zu der auch noch linke Radikalsozialisten gehörten, gewann zwar an Stimmen, konnte aber ihr Wahlziel nicht erreichen.

141 Aus dem Abschnitt „Grundwerte des Sozialismus" des Godesberger Grundsatzprogramms der SPD von 1959. Der gesamte Satz lautet: „Der Sozialismus ist eine dauernde Aufgabe – Freiheit und Gerechtigkeit zu erkämpfen, sie zu bewahren und sich in ihnen zu bewähren." Vgl. Dieter Dowe und Kurt Klotzbach (Hrsg. u. Einl.): Programmatische Dokumente der deutschen Sozialdemokratie, Berlin/Bonn 1973, S. 352.

142 Dem Parteitag in Mannheim lag ein Antrag 265 zur „Inneren Sicherheit in der Bundesrepublik Deutschland" vor, in dem es zum Terrorismus u.a. hieß: „Terrorismus und politisch motivierte Gewaltkriminalität müssen umfassend bekämpft werden. Neue Gesetzesvorschriften, härtere Strafandrohung und polizeiliche Maßnahmen *allein* [im Originaltext hervorgehoben] können unbelehrbare Außenseiter nicht daran hindern, zur Durchsetzung ihrer Ziele zu Gewalt und Terror zu greifen. Die Sozialdemokraten verurteilen jedoch jeden Versuch, durch Demagogie und Panikmache die natürliche Furcht jedes Menschen vor dem Verbrechen auszunutzen, um den Boden für reaktionäre Politik aufzubereiten. Innere Sicherheit setzt sozialen Frieden, also die Bereitschaft zur geregelten Konfliktaustragung, voraus. Ihn herzustellen und zu erhalten, ist die Aufgabe jeder staatlichen Tätigkeit. [. . .] Wenn die Bürger unseren Staat überzeugt mittragen, hat der Terrorismus keinen Nährboden." Zit n. Vorstand der SPD (Hrsg.): Parteitag der Sozialdemokratischen Partei Deutschlands vom 11. bis 15. November 1975. Rosengarten Mannheim. Protokoll der Verhandlungen. Anlagen, Mannheim o.J. [1976], S. 1339. Weltweit und in der Bundesrepublik war die Zahl der terroristischen Gewalttaten gestiegen. Im November 1974 wurde der Berliner Kammergerichtspräsident Günter von Drenkmann von deutschen Terroristen ermordet. Im Februar 1975 wurde der Berliner CDU-Vorsitzende Peter Lorenz von Mitgliedern der „Bewegung 2. Juni" entführt. Nachdem die Forderungen der Entführer erfüllt wurden (Ausflug von 5 freigepreßten Terroristen in die Volksrepublik Jemen), wurde Lorenz am 5. März freigelassen. Am 24. April 1975 besetzten deutsche Terroristen die Botschaft der BRD in Stockholm und erschossen 2 Botschaftsbeamte. Die Forderung der Terroristen, 26 in Gefängnissen einsitzende Baader-Meinhof-Häftlinge freizulassen, wurde vom Großen Krisenstab der Bundesregierung (unter Helmut Schmidt) abgelehnt. Nach dieser Ablehnung detonierten im Botschaftsgebäude Sprengladungen, denen 2 Terroristen zum Opfer fielen. Die übrigen wurden verhaftet. Im September drangen 4 palästinensische Terroristen in die ägyptische Botschaft in Madrid ein und nahmen den Botschafter und 2 seiner Mitarbeiter als Geiseln. Im Dezember 1975, also nach dem Parteitag, erfolgte die Geiselnahme von u.a. 10 OPEC-Ministern in Wien. Im selben Monat kamen bei einem offensichtlich politisch motivierten Bombenanschlag auf einem Flughafen New Yorks 11 Menschen ums Leben.

143 Anfang März 1975 war eine Rede von Franz-Josef Strauß bekannt geworden, die dieser auf einer Tagung der Landesgruppe der CSU am 18. November 1974 in Sonthofen gehalten hatte. Strauß hatte damals die CDU und CSU aufgefordert, in allen politischen Bereichen auf Konfliktkurs mit der Bundesregierung zu gehen und die sozialliberale Koalition so weit „zu treiben", daß sie den Staatsbankrott erklären müsse. Vgl. detailliert Anm. 175.

144 So u.a. im „Deutschland-Magazin", Nr. 5 (1975), S. 6 ff., wo unter der Überschrift „Die SPD/FDP-Koalition hat einen Tiefpunkt ihres Versagens erreicht" ein Gespräch mit dem „Kanzlerkandidaten der CDU/CSU" veröffentlicht wurde. Auszug (S. 7): „Zu den unseligsten Ergebnissen der SPD-Politik gehört die bösartige Polarisierung des innenpolitischen Klimas. Hatten die Nazis seinerzeit den Begriff des ‚Volksfeinds' eingeführt, holten nicht wenige Sozialisten die Bezeichnung ‚Klassenfeind' wieder aus der marxistischen Mottenkiste. Ganze Berufsgruppen wurden zum ideologischen Abschuß freigegeben. Wer wider den Stachel lökte, wurde propagandistisch niedergemacht. Statt aus den Fehlern der Weimarer Politik zu lernen, wurde erneut das Freund-Feind-Denken zum Prinzip erhoben. Diese vergiftete Konfliktsituation, von der Familien zerrissen, Schulen und Universitäten zu ideologischen Kriegsschauplätzen degradiert, politische Widersacher zu persönlichen Feinden gemacht werden, zu entgiften, ja zu überwinden, halte ich für eine der wichtigsten, von einer CDU/CSU-Bundesregierung zu lösenden Aufgabe." Das „Deutschland-Magazin" erscheint seit 1969. Herausgeber ist Kurt Ziesel, der die Deutschland-Stiftung vertritt. In seinem Editorial zu Beginn des 10. Jahrgangs dieser Zeitschrift (Nr. 1, 1978, S. 3) schrieb Ziesel u.a.: „DEUTSCHLAND–MAGAZIN begann beinahe zeitgleich mit der Ablösung der Unions-Parteien durch die SPD/FDP-Koalition. Wir haben diese Koalition vor allem wegen ihrer Deutschland- und Ostpolitik, aber auch wegen ihrer Sozialisierungs-Tendenzen von Anfang an bekämpft und wurden dadurch in der Sicht vieler Bürger zu einer Art ‚Speerspitze der Opposition'. [. . .] Wenn Friedrich Pflüger, Bundesvorsitzender des RCDS, oder der Bundestagsabgeordnete Matthias Wissmann, Bundesvorsitzender der Jungen Union, sich mit dem Führer der Christdemokraten Chiles, Eduardo Frei, gegen Franz-Josef Strauß verbünden und damit die Geschäfte der Linken besorgen, handeln sie damit nicht nur gegen die Interessen der Unionsparteien, sondern sie stellen auch die Wahrheit auf den Kopf." Die SPD wird ebd. als Partei bezeichnet, „die allenfalls die Jugendträume von Willy Brandt verwirklichen will, nämlich eine Volksfront mit all jenen Sozialisten, die überall in der Welt an der Zerstörung demokratischer Freiheiten arbeiten."

145 Auf der KSZE-Schlußkonferenz in Helsinki (30. Juli bis 1. August 1975) hatten sich Bundeskanzler Schmidt (SPD) und der polnische Parteichef Gierek auf ein Abkommen zwischen den beiden Ländern geeinigt, das vorsah: 1. Einen Finanzkredit für die polnische Wirtschaft von einer Mrd. DM. 2. Die pauschale Abgeltung von Rentenansprüchen für in Polen lebende Menschen, die in Deutschland rentenberechtigt wären. (Höhe der Abgeltung: 1,3 Mrd. DM). 3. Die Verpflichtung Polens, im Laufe von 4 Jahren Ausreisegenehmigungen für 120.000–125.000 deutschstämmige Bürger zu erteilen. Die Unterzeichnung dieser deutsch-polnischen Vereinbarungen erfolgte anläßlich des Besuches von Bundesaußenminister Genscher (FDP) in Polen vom 9.–10. Oktober 1975.

146 Der Hannoveraner SPD-Parteitag 1973 hatte eine Kommission eingesetzt (Vorsitzender: Peter von Oertzen, stellvertretende Vorsitzende: Horst Ehmke und Herbert Ehrenberg), die den 1970 in Auftrag gegebenen und 1972 vorgelegten „Entwurf eines ökonomisch-politischen Orientierungsrahmens 1973 bis 1985"

(Langzeitprogramm) aufgrund der in der Parteidiskussion vorgebrachten Kritik um zusätzliche Vorschläge ergänzen und verändern sollte. Dieser Orientierungsrahmen, der nicht die Aufgabe hatte, das Godesberger Programm zu ersetzen, lag dem Parteitag in Mannheim 1975 vor. Zum Wortlaut vgl. Parteitagsprotokoll von Mannheim 1975, a.a.O., S. 1009 ff. Zum Orientierungsrahmen '85 vgl. weiterhin Peter von Oertzen/Horst Ehmke/Herbert Ehrenberg/Heiner Lindner (Hrsg. u. Bearb.): Orientierungsrahmen '85. Text und Diskussion, Bonn/Bad Godesberg 1976. Das Buch nennt zahlreiche Veröffentlichungen zum Orientierungsrahmen. Der Parteitag in Mannheim nahm den Orientierungsrahmen bei nur 2 Gegenstimmen und 2 Enthaltungen an.

147 = Helmut Schmidt.

148 Die sog. 10-Punkte-Erklärung Willy Brandts an die Mitglieder und Freunde der SPD, datiert vom 2. April 1974. Zum Wortlaut vgl. SPD-Jahrbuch 1973–1975, a.a.O., S. 470 ff. Auszug (ebd.): „Die theoretische Fundierung der Politik ist wichtig, aber die Partei ist kein Debattierklub, sondern sie ist verantwortlich für das Geschick eines großen Industriestaates. Innerparteiliche Diskussionen dürfen die politische Handlungsfähigkeit nicht lähmen. Selbstfabrizierte Verunsicherungen darf man nicht dulden oder begünstigen; sie müssen entschlossen abgewehrt werden. Eine ‚Doppelstrategie' gegen die eigene Partei und deren Politik darf es nicht geben. Sozialdemokratische Geschlossenheit bedeutet: Intern diskutieren und nach außen – unter Wahrung der Gewissensfreiheit und ohne imperatives Mandat – einheitlich auftreten! Die Mehrheitsmeinung der Partei hat Grundlage ihrer Öffentlichkeitsarbeit zu sein. [. . .] Wer meinen sollte, seine Pflichten gegenüber der Partei erschöpfen sich in hämischer Kritik an der Partei und ihren Vertrauensleuten, sollte diese Kritik besser von außerhalb der Partei üben. Es ist erforderlich, sich von einzelnen zu trennen, die die Godesberger Grundlagen und die Grundwerte des demokratischen Sozialismus verlassen, indem sie Aktionseinheiten mit Kommunisten praktizieren. Das gilt gleichermaßen für solche, die auf andere Weise die gebotene Solidarität verletzen. Wer eine andere Partei unterstützt, gehört nicht in die SPD." Zur CDU/CSU damals (ebd.): „Auf keine wesentliche Frage dieser Zeit hat die Opposition im Bundestag eine Antwort gegeben, die von der Union insgesamt getragen wird. CDU und CSU sind zerstritten. Maßgebende Kreise der Union bewegen sich auf einer arbeitnehmerfeindlichen Linie. Gleichzeitig besteht die Gefahr, daß die Opposition in ein nationalistisches Fahrwasser abdriftet und dadurch die gemeinsame Vertretung wirklich nationaler Belange erschwert. Um so wichtiger muß es für uns sein, an einem ausgewogenen Reformkurs festzuhalten und einem Rückfall in mißverstandenen Konservatismus nicht nachzugeben. Der Erfolg der Union ginge auf Kosten des sozialen Fortschritts und der mitbürgerlichen Mündigkeit."

149 Hinter den Worten Brandts „meine Entscheidung getroffen hatte", verzeichnet das Parteitagsprotokoll „anhaltender Beifall". Nach den Worten „was er daraus [. . .] gemacht hat" vermerkt das Protokoll „erneuter anhaltender Beifall". Allgemein: Die Reden Brandts sind unverändert aus den angegebenen Parteitagsprotokollen übernommen worden. Nicht übernommen wurden die Beifallsäußerungen der Parteitage, von denen diese Reden oft unterbrochen wurden.

150 Am 4. Mai 1975 hatten in Nordrhein-Westfalen Landtagswahlen stattgefunden. Die SPD/FDP-Koalition konnte ihren Mandatsanteil behaupten. Am 4. Juni 1975 wählte der NRW-Landtag den bisherigen Ministerpräsidenten Heinz Kühn erneut zum Ministerpräsidenten. Kühn kandidierte in Mannheim nicht mehr für das Amt des stellvertretenden Parteivorsitzenden.

151 Die Landtagswahlen im Saarland (4. Mai 1975) hatten die Rückkehr der FDP in den Landtag und eine Mandatsgleichheit für CDU bzw. Opposition ergeben. Die Landtagswahlen in Schleswig-Holstein (13. April 1975) ermöglichten ebenfalls der FDP die Rückkehr in den Landtag und stabilisierten die Position der SPD. Trotz einiger Verluste wurde allerdings auch die absolute Mehrheit der CDU bestätigt. Zu den NRW-Wahlen s. Anm. 150. Bei den Wahlen zum Berliner Abgeordnetenhaus (2. März 1975) wurde die CDU zwar stärkste Partei, Regierender Bürgermeister blieb aber Klaus Schütz (an der Spitze eines SPD/FDP-Senats). Die Bürgerschaftswahlen in Bremen (28. September 1975) bestätigten die absolute Mehrheit der SPD.

152 Forderung der Jungsozialisten nach einer Einkommenshöchstgrenze von 5.000 DM. Horst Ehmke: „Genossen, wir dürfen uns auch durch die falsche Schablone mit den 5.000 DM – das ist Quatsch – nicht von der Diskussion abbringen lassen, welche Leistungsstruktur denn nun eigentlich wirklich der Einkommensstruktur in dieser Bundesrepublik zugrundeliegt.“ Heidemarie Wieczorek-Zeul sprach von einer vielleicht „überpointierten Formulierung“. „Ich halte den Begriff ‚Spielwiese‘ allerdings für eine ein bißchen unfreundliche Formulierung gegenüber dem, was sozialdemokratische und sozialistische Parteien bereits in ihren Programmen zur Einkommenshöchstgrenze verankert haben.“ Antje Huber: „Abbau von Einkommensunterschieden ist machbar und in verschiedenen Einkommensoasen dringend nötig. Aber das geschieht in breitem Rahmen auch heute schon. Das ist eine sehr ernste Sache und kein ideologisches Tummelfeld. Man muß den rechten Maßstab finden, damit sich die Leistung immer noch lohnt; denn wenn das nicht mehr der Fall ist, werden die Einkommen aller langsam sinken. Totale Nivellierung [. . .] ist weder gerecht noch fortschrittlich. Gestern sagte mir ein Jungsozialist, liebe Genossen, man müsse die 5.000 DM nicht so ernst nehmen; es hätten auch 10.000 DM sein können, und man habe nur einen Anstoß für die Diskussion geben wollen. Ich kann nur hoffen, daß die Wähler das in meinem schwierigen Wahlkreis auch so auslegen.“ (Parteitagsprotokoll von Mannheim 1975, a.a.O., S. 99, S. 133, S. 228.).

153 Das Regime der Obristen wurde 1974 beendet. Im selben Jahr wurde ein neues griechisches Parlament gewählt. Aus Griechenland nahmen folgende Gäste an dem Parteitag in Mannheim teil: Georg Mavros, Georg Mangakis, Demitris Tsatsos, Charalambos Protopapas u.a. In Chile (s.w.u.) hatte am 11. September 1973 die Armee geputscht. Der sozialistische Präsident Salvador Allende war ermordet worden. Die Militärjunta unter General Augusto Pinochet löste eine Welle von politischen Verfolgungen, Deportierungen und Erschießungen aus. Gäste des Mannheimer Parteitages aus Chile waren u.a. Anselmo Sule, Carlos Parra, Sergio Rojas.

154 Die Bewegung der Streitkräfte, eine Gruppierung von Militärs, hatte am 25. April 1974 durch einen Aufstand gegen das Caetano-Regime die Macht übernommen. 1972 war die Sozialistische Partei Portugals (Mario Soares) in Bad Münstereifel konstituiert worden. Die innenpolitische Lage in Portugal war in den ersten Jahren sehr labil.

155 Spanischer Bürgerkrieg: 1936–1939. Der Tod Francos (20. November 1975) gab in der Tat den Weg frei für politische Reformen. Die Proklamierung Juan Carlos I. von Bourbon (geb. 1938) zum König von Spanien (22. November 1975) war der Anfang eines Demokratisierungsprozesses, der sich allerdings in der ersten Zeit sehr schleppend vollzog.

156 Die ersten Direktwahlen zum Europäischen Parlament fanden am 7. und 10. Juni 1979 statt (in Dänemark, Großbritannien, Irland, Holland, Belgien, Frankreich,

Italien, Luxemburg und Bundesrepublik Deutschland).

157 Am 1. August 1975 hatten die Staats- und Regierungschefs von 35 Staaten in Helsinki die Schlußakte der Konferenz über Sicherheit und Zusammenarbeit in Europa (KSZE) unterzeichnet. Die wichtigsten Grundsätze dieser Schlußakte: Enthaltung von Androhung und Anwendung von Gewalt; Unverletzlichkeit der Grenzen; territoriale Integrität der Staaten; friedliche Regelung von Streitfällen; Nichteinmischung in innere Angelegenheiten; Achtung der Menschenrechte und Grundfreiheiten; Zusammenarbeit zwischen den Staaten; Erfüllung völkerrechtlicher Verpflichtungen nach Treue und Glauben; vertrauensbildende Maßnahmen; vorherige Ankündigung von größeren militärischen Manövern; Verbesserung der menschlichen Kontakte und Informationen (freier Austausch von Publikationen, Verbesserung der Reisemöglichkeiten, der Familienzusammenführung und der Eheschließung über die Grenzen hinweg). Die Schlußakte ist kein völkerrechtlich verbindliches Abkommen, sondern enthält nur Absichtserklärungen. Die Konferenz in Helsinki stellte einen Höhepunkt im allgemeinen Entspannungsprozeß dar.

158 Kritiker warfen der Sozialistischen Internationale vor, sie beschränke sich zu sehr auf Europa. Auch die Kontakte innerhalb der SI ließen zu wünschen übrig. Der Kongreß der Sozialistischen Internationale im November 1976 in Genf wählte Willy Brandt einstimmig zum SI-Präsidenten.

159 Die VII. Sondersession der UN-Vollversammlung über Entwicklung und internationale wirtschaftliche Zusammenarbeit hatte vom 1.–16. September 1975 in New York stattgefunden. Grundlage der Diskussionen war ein Positionspapier von 77 Entwicklungsländern. In der Schlußresolution der UN-Vollversammlung (16. September 1975) wurden Maßnahmen für die Entwicklung von Entwicklungsländern vorgeschlagen. Die „Charta der wirtschaftlichen Rechte und Pflichten der Staaten", die auf eine Anregung Mexikos zurückging, war am 12. Dezember 1974 von der UN-Vollversammlung angenommen worden.

160 Die Wahlen zum 8. Bundestag fanden am 3. Oktober 1976 statt. Es entfielen auf die SPD 42,6 %, die CDU 38,0 %, die CSU 10,6 % und auf die FDP 7,9 % der Stimmen. Die Koalition von SPD und FDP unter Bundeskanzler Schmidt wurde fortgesetzt.

161 Vgl. „Deutschland-Magazin", Nr. 5 (1975), S. 8.

162 = Alfred Grosser. So wie Grosser meldeten auch andere im Ausland ihre Bedenken gegen die praktische Durchführung des Ministerpräsidentenbeschlusses (s.o.) an.

163 Am 27. März 1930 war das Reichskabinett Hermann Müller (SPD) zurückgetreten. In einer (von heute aus gesehen) recht nebensächlichen Frage hatte die SPD-Reichstagsfraktion ihrem Reichskanzler die Unterstützung verweigert. Der Rücktritt bedeutete das Ende der rein parlamentarischen Regierung bis 1945. Vgl. Helga Timm: Die deutsche Sozialpolitik und der Bruch der großen Koalition im März 1930, Düsseldorf 1952.

164 Zu den Ergebnissen der Bundestagswahl vom 3. Oktober 1976 siehe Anm. 160. Nach zum Teil erheblichen Verlusten der SPD in den Landtagswahlen der vorangegangenen vier Jahre, war es bei der Bundestagswahl gelungen, diese Entwicklung abzustoppen und die Regierungsmehrheit im Bund zu sichern. Allerdings hatte die SPD erstmals seit 1957 bei den Bundestagswahlen Stimmen nicht gewonnen, sondern verloren. Verluste mußten in allen Wahlkreisen hingenommen werden. Zum Wahlkampf der CDU/CSU vgl. Vorstand der SPD, Abt. Öffentlichkeitsarbeit (Hrsg.): Bundestags-Wahlkampf '76. Ein Bericht der Sozialdemokratischen Partei Deutschlands, Bonn 1977, S. 30/31: „Der Stil, mit dem die Oppositionsparteien

den Wahlkampf bestritten, übertraf die anfangs gehegten Befürchtungen bei weitem. Seine Vorbilder lagen in den Erfahrungen einer Massenpropaganda aus Deutschlands düsterster Zeit. Ziel dieses Stils war es, den politischen Gegner zu verunglimpfen und zu diskreditieren, ihn als Gefahr für Sicherheit und Freiheit darzustellen und sich selbst daran zu profilieren: Mit der Formel ,Freiheit statt/oder Sozialismus' sollten Sozialdemokraten und ihre Anhänger zu Feinden der Freiheit gestempelt werden. In einer groß angelegten Anzeigen-Kampagne erklärten scheinbar besorgte Bürger, warum sie CDU wählen würden und überhäuften die SPD und die Bundesregierung mit absurden Vorwürfen (, . . . weil ich will, daß meine Kinder später frei leben können'). In ihrer Wahlwerbung im Fernsehen assoziierte die CDU durch entsprechende Bild- und Tonmontagen, Sozialdemokraten seien Handlanger und Erfüllungsgehilfen der kommunistischen Machthaber im Ostblock. Gleichzeitig bemühte sich die Opposition, sich ein fortschrittliches Mäntelchen umzuhängen. Auf Sachaussagen und Inhalte wurde bewußt verzichtet, in strenger Bindung an die Sonthofener Strategierede von Strauß [s. Anm. 143 und 175]. Erfolgreiche Wortschöpfungen aus der Arbeitsgruppe Semantik des Persil-Werbemanagers Prof. Biedenkopf (z.B. ,Neue soziale Frage', ,sicher, sozial und frei', statt oder statt) bildeten die inhaltslosen Klammerbegriffe dazu. Kohl sollte als der vertrauenerweckende und Zuversicht ausstrahlende politische Saubermann herausgestellt werden, der sich nicht in die Tiefen des Schmutzwahlkampfes begab. [. . .] Entsprechend war die in Aufwand und Umfang alles übertreffende Plakatierungsaktion der CDU/CSU angelegt, wie auch die Wahlveranstaltungen, auf denen Kohl sprach, und ihre pressemäßige Begleitung im Springer-Konzern. Mit einer Sonderaktion versuchte Biedenkopf, in die traditionelle SPD-Wählerschaft im Ruhrgebiet, dem bevölkerungsreichsten Teil der Bundesrepublik, einzubrechen. Mit dem Vorwurf der ,Verfilzung' von SPD und Gewerkschaften in NRW, mit dem er von der eigenen Abhängigkeit von der Wirtschaft und ihrer Interessenverbände ablenken wollte, stieß er jedoch nicht nur ins Leere, sondern erwirkte gegen sich auch einen einsamen Rekord an gerichtlichen Gegenmaßnahmen." Auf dem Wahlkongreß der CSU in München (8. Mai 1976) war das Wahlkampfmotto „1976 Deutschland vor der Entscheidung – Freiheit oder Sozialismus" beschlossen worden. Die Wahlparole der CDU (beschlossen auf ihrem Parteitag 24.–26. Mai 1976) lautete: „Freiheit statt/oder Sozialismus". Vgl. a. (die allerdings CDU/CSU-freundliche Veröffentlichung von) Werner Kaltefleiter: Vorspiel zum Wechsel. Eine Analyse der Bundestagswahl 1976, Berlin 1977.

165 1976 war eine sog. Fritz-Erler-Gesellschaft aufgetreten, deren Aktivitäten sich gegen die SPD richteten. Das SPD-Parteipräsidium erklärte am 30. März 1976: „Das Präsidium bedauert, daß die Namen verstorbener Parteiführer für Sondergruppen in Anspruch genommen werden. Kurt Schumacher und Fritz Erler, Julius Leber und Ernst Reuter repräsentieren ein politisches Erbe, das sich in der Obhut der Gesamtpartei befindet. Das Präsidium muß – wie in früheren Fällen – darauf bestehen, daß den Interessen der Sozialdemokratischen Partei nicht durch organisierte Sondergruppen Schaden zugefügt wird." Am 5. April 1976 erklärte der Parteivorstand dazu ergänzend: „Alle Parteimitglieder haben darauf zu achten, daß nicht freischwebende Gruppen oder Vereine, die sich auf die SPD berufen, das Erscheinungsbild der Partei bestimmen. Ort der Willensbildung sind die Gliederungen der Partei, Grundlage der Willensbildung sind die Parteitagsbeschlüsse der SPD. Der Parteivorstand verurteilt, daß die Namen verstorbener Parteiführer für Sondergruppen in Anspruch genommen werden." Am 11. September 1976 hatte „Die Welt" einen Brief des stellvertretenden Vorsitzenden der Fritz-

Erler-Gesellschaft, Hans-Günther Weber, an F.J. Strauß veröffentlicht, in dem dieser ankündigte, rd. 1.000 Mitglieder seiner Gesellschaft wollten bei der Bundestagswahl (1976) erstmals nicht die SPD wählen. Einige Tage später entzog Käthe Erler daraufhin der Gesellschaft den Namen ihres verstorbenen Mannes. Neben der Fritz-Erler-Gesellschaft bestanden noch: Julius-Leber-Gesellschaft, Kurt-Schumacher-Kreis sowie der Godesberger Freundeskreis (nach dem Godesberger Programm) u.a. Hauptziel der meisten Vereinigungen war der Kampf gegen die angeblichen linksextremen und neomarxistischen Bestrebungen in der SPD. SDU = Soziale Demokratische Union. Schon das Gründungskomitee der Sozialen Demokratischen Union war in einer Erklärung des Parteivorstandes (15. Januar 1977) als eine Vereinigung bezeichnet worden, die die Absicht habe, eine Partei zu gründen, um die SPD zu schwächen. Zur Gründung der SDU (als Partei) erklärte der Bundesgeschäftsführer der SPD, Egon Bahr, am 17. Juni 1977: „Die Gründung [. . .] bestätigt die Notwendigkeit, daß sich die SPD in ihren Positionen auch nach rechts abgegrenzt hat. Jede Verwendung des Wortes sozialdemokratisch ist bei der SDU Tarnung und Täuschung.“ Zur Gründung einer neuen Linkspartei s.w.u.

166 Gemeint war u.a. Joachim (Jochen) Steffen, der im Dezember 1976 sein Amt als Vorsitzender der Grundwerte-Kommission niedergelegt und sich im Juli 1977 aus dem SPD-Parteivorstand zurückgezogen hatte. J. Steffen plädierte für die Gründung einer vierten, linken Partei (Vgl. „Der Spiegel“ vom 2. Mai 1977, S. 21 ff.). Steffen trat allerdings erst im November 1979 aus der Partei aus. (Anlaß: Die Mehrheitsmeinung der SPD zur Frage der Kernenergie.).

167 Böll und Heinemann waren als Sympathisanten des Terrorismus verunglimpft und bedroht worden. Zum fahrlässigen Umgang der Unionsparteien mit dem Begriff „Sympathisantentum“ vgl. a. Freimut Duve/Heinrich Böll/Klaus Staeck (Hrsg.): Briefe zur Verteidigung der Republik, Reinbek b. Hamburg 1977. Am 11. Oktober 1976 hat die Hauptabteilung Politik der CDU-Bundesgeschäftsstelle „Eine Auswahl von Zitaten“ vorgelegt, die den Titel „Terrorismus in der Bundesrepublik Deutschland“ trug. Durch ihre Zitatensammlung versuchte die CDU, die Ursachen für die Entwicklung des Terrorismus Intellektuellen mit Linkstendenz und Politikern (insbesondere der SPD) anzulasten. Unter der Überschrift „Verharmlosung und Beschwichtigung“ wurden ebd. u.a. folgende Namen genannt: Heinrich Böll, Marie Schley, Gerhart Baum, Willy Brandt, Hans-Jochen Vogel, Alexander Mitscherlich, Holger Börner, Horst Herold, Jochen Steffen, Helmut Schmidt, Erhard Eppler, Gerhard Jahn, Heinrich Albertz, Diether Posser usw. Unter der Überschrift „Entschuldigung und Sympathie“ [nämlich für den Terrorismus] legte die CDU Zitate von u.a. folgenden Personen vor: Günter Grass, Joachim Besser, Werner Höfer, Helmut Gollwitzer, Volker Schlöndorff. Der „SPD-Pressedienst“ vom 11. Oktober 1977 schrieb dazu: „Die CDU hat vergessen, Bundespräsident Walter Scheel in ihren Zitatenschatz aufzunehmen. Unser Staat schuldet dem Bundespräsidenten Dank, wenn er am Wochenende u.a. erklärte: ‚Ich glaube, nichts könnte unsere politische Atmosphäre so vergiften, wie eine Diskussion, in der die Namen geachteter Männer und Frauen mit Mordtaten in Beziehung gesetzt werden; unversöhnliche Feindschaft wäre die notwendige Folge.‘ Aber wir zitieren aus der CDU-Dokumentation selbst auch gern unseren Parteivorsitzenden Willy Brandt: ‚Wer das verbrecherische Handeln einer Gruppe verirrter Anarchisten zum Anlaß nimmt, um daraus parteipolitisches Kapital zu schlagen, verkennt seine Pflicht.‘ “

168 Im Stammheimer Terroristenprozeß (Baden-Württemberg) waren am 28. April

1977 die Urteile ergangen. Andreas Baader, Gudrun Ensslin und Jan-Carl Raspe wurden wegen Mordes und wegen Bildung einer kriminellen Vereinigung zu lebenslänglichen Haftstrafen verurteilt. Die ursprünglich mitangeklagten Holger Meins und Ulrike Meinhof waren während des Prozesses an den Folgen eines Hungerstreiks bzw. durch Selbstmord gestorben.

169 Am 5. September 1977 war der Präsident der Bundesvereinigung der Deutschen Arbeitgeberverbände und des Bundesverbandes der Deutschen Industrie, Hanns Martin Schleyer, in Köln entführt worden. Die Entführer erschossen vier Begleiter Schleyers und forderten die Freilassung von 11 „Baader-Meinhof-Terroristen". Als die Bundesregierung dieser Forderung nicht nachkam, wurde am 13. Oktober das Flugzeug „Landshut" der Lufthansa mit 82 Passagieren und 5 Besatzungsmitgliedern an Bord entführt. Mit dieser Flugzeugentführung sollte die Forderung nach Freilassung der 11 Häftlinge unterstrichen werden. Wischnewski, als Beauftragter der Bundesregierung, verhandelte mit den Flugzeugentführern vor Ort (die „Landshut" war in Mogadischu, Somalia, gelandet). Durch umsichtiges Taktieren gelang es ihm, die Ultimaten der Terroristen (Erschießung der Geiseln oder Freilassung der 11 Häftlinge) wiederholt zu verlängern. Schließlich konnte mit seiner Hilfe und mit Zustimmung der somalischen Behörden eine Einheit des Bundesgrenzschutzes (GSG 9) eingeflogen werden, der es am 18. Oktober 1977 gelang, die entführte Maschine zu stürmen und die Geiseln zu befreien. Wischnewskis Verhandlungsführung wurde damals einhellig in der Presse gelobt. Die direkten Folgen von Mogadischu: Wenige Stunden nach der Befreiung der Geiseln verübten die drei Stammheim-Häftlinge Baader, Raspe, Ensslin Selbstmord. In den Morgenstunden des 18. Oktober wurde Hanns-Martin Schleyer ermordet.

170 Bundestagswahlkreis 212 = Weilheim (Bayern). In Weilheim kandidierte F.J. Strauß.

171 Aus einer Erklärung des Parteivorstandes vom 13. Oktober 1977: „Der Parteivorsitzende Willy Brandt hat sich zu den Vorbereitungen für ein sogenanntes Russell-Tribunal über die und in der Bundesrepublik Deutschland geäußert. Dazu sagte er u.a.: ‚Ich lasse es mir nicht gefallen, daß die Bundesrepublik Deutschland in eine Propaganda-Kampagne hineingezogen und daß dabei der Name des verehrungswürdigen Bertrand Russell zu Lasten der Bundesrepublik Deutschland mißbraucht wird. Ich werde den Initiatoren in London sagen: Sie sind uns aus diesem Anlaß in der Bundesrepublik Deutschland und in Berlin nicht willkommen.' Willy Brandt kündigte an, er wolle erforderlichenfalls zusammen mit namhaften Persönlichkeiten des In- und Auslandes dafür sorgen, daß die durchsichtigen propagandistischen und verleumderischen Absichten des geplanten ‚Tribunals' aufgezeigt und vereitelt würden. Er bezeichnete es als eine Zumutung für Sozialdemokraten, die führend am Auf- und Ausbau des demokratischen Rechtsstaates mitgewirkt haben, wenn die Bundesrepublik Deutschland mit Vietnam und Chile auf eine Stufe gestellt wird. [. . .] Der Vorstand der SPD fordert alle Sozialdemokraten auf, sich nicht an den Aktivitäten des sogenannten Russell-Tribunals zu beteiligen und es nicht zu unterstützen, keine Unterschriften zu leisten oder geleistete Unterschriften zurückzuziehen und das auch bekanntzugeben. Die Mitglieder der SPD sind insbesondere aufgefordert, nicht als Zeugen vor dem Russell-Tribunal zu erscheinen." Vgl. Vorstand der SPD (Hrsg.): Jahrbuch der Sozialdemokratischen Partei Deutschlands 1977–1979, Bonn 1979, S. 516. Das geplante „Tribunal" über die BRD (andere, hatten sich früher mit Vietnam und Chile befaßt) besaß bereits ein vorgefaßtes Urteil: in der Bundesrepublik kann von Demokratie nicht mehr die Rede sein, die BRD befindet sich in einem vorfaschistischen Stadium.

172 Zum Wortlaut des (angenommenen) Leitantrags des Parteivorstandes zur Energiepolitik s. SPD-Parteitagsprotokoll Hamburg 1977, S. 967 ff. Auszug (ebd.): „Angesichts der unbestreitbaren technischen, wirtschaftlichen und zeitlichen Probleme beim Einsatz energiesparender Technologien und bei der Entwicklung alternativer umweltfreundlicher Energieträger sowie der mit hoher Wahrscheinlichkeit schon mittelfristig zu erwartenden Verknappung der Ölversorgung, ist ein grundsätzlicher Verzicht auf die Verwendung von Kernenergie gegenwärtig nicht vertretbar. Angesichts der vielfältig offenen Probleme bei der Kernenergie ist ein verstärkter Bau von Kernkraftwerken [. . .] gegenwärig ebenfalls nicht vertretbar. Daher muß die Option für die Kernenergie offengehalten und die Option, künftig auf Kernenergie verzichten zu können, geöffnet werden."

173 Am 28./29. April 1977 hatte in Köln eine Fachkonferenz der SPD „Energie – Beschäftigung – Lebensqualität" stattgefunden. Teilnehmer waren neben Parteimitgliedern auch Vertreter aus Wissenschaft und Wirtschaft, aus Gewerkschaften, aus Kirchen, Bürgerinitiativen und Umweltschutzverbänden. Die Konferenz sollte im Hinblick auf die Energieprobleme Grundlagen für den weiteren Willensbildungsprozeß innerhalb der SPD schaffen. Am 1. und 2. September 1977 war in Wiesbaden ein Forum „Entwicklungspolitik der SPD" durchgeführt worden. Am 28. September 1977 übernahm W.B. den Vorsitz der Unabhängigen Kommission für Internationale Entwicklungsfragen (Nord-Süd-Kommission). Die Kommission setzte sich aus 17 Mitgliedern (10 aus Entwicklungsländern, 7 aus Industrieländern) zusammen. Das Parteipräsidium begrüßte am 17. Januar 1978 „die Bemühungen des SPD-Vorsitzenden Willy Brandt, den Nord-Süd-Dialog voranzutreiben". Vgl. a. Das Überleben sichern. Gemeinsame Interessen der Industrie- und Entwicklungsländer. Bericht der Nord-Süd-Kommission. Mit einer Einleitung des Vorsitzenden Willy Brandt, Köln 1980 sowie Das Überleben sichern. Der Brandt-Report. Bericht der Nord-Süd-Kommission, Frankfurt a.M. 1981.

174 Landtagswahlen 1978: Bayern (15. Oktober); Hamburg (4. Juni); Hessen (8. Oktober); Niedersachsen (4. Juni). Landtagswahlen 1979: Berlin (18. März); Bremen (7. Oktober); Rheinland-Pfalz (18. März); Schleswig-Holstein (29. April). Vgl. in diesem Zusammenhang die jeweiligen SPD-Jahrbücher (mit den Berichten über „Die Sozialdemokratie in den Ländern").

175 Zur Sonthofener Rede von Strauß s. Anm. 143. Je mehr Strauß nach den für Kohl verlorengegangenen Bundestagswahlen an Einfluß in den Unionsparteien gewann (bei den Wahlen von 1980 trat er als Kanzlerkandidat an), desto häufiger wurde seine Rede von Sonthofen in der Öffentlichkeit zitiert. Seine damaligen Empfehlungen an die Parteifreunde (Auszüge ebd.): „Aber die vielen nüchternen harten Fragen der Landespolitik, also der Strukturpolitik, der Regionalpolitik usw., wo man viel Sachkunde braucht, viel Detailkunde braucht, unendliches Maß an Fleiß aufwenden muß und trotzdem keine rauschenden Feste damit feiern kann, all das macht nicht die Wahlergebnisse für morgen aus, sondern die Emotionalisierung der Bevölkerung, und zwar die Furcht, die Angst und das düstere Zukunftsbild sowohl innenpolitischer wie außenpolitischer Art. [. . .] Wir müssen die Auseinandersetzung hier im Grundsätzlichen führen. Da können wir nicht genug an allgemeiner Konfrontation schaffen. [. . .] Da muß man die anderen immer identifizieren damit, daß sie den Sozialismus und die Unfreiheit repräsentieren, daß sie das Kollektiv und die Funktionärsherrschaft repräsentieren und daß ihre Politik auf die Hegemonie der Sowjetunion über Westeuropa hinausläuft. Daß es bei den anderen eine ganze Menge von Leuten gibt, die das nicht wollen, soll uns nicht daran hindern, unter einem Übermaß an Objektivität zu leiden und das hier

zu sagen [. . .]. Wer also in Zukunft sagt, diese SPD und FDP sind nicht mehr fähig, unseren Staat und unsere Gesellschaft vor Verbrechern zu schützen, trifft den Kern. [. . .] Wir müssen sagen, die SPD und FDP überlassen diesen Staat Kriminellen und politischen Gangstern. Und zwischen kriminellen und politischen Gangstern ist nicht der geringste Unterschied, sie sind alle miteinander Verbrecher. Und wenn wir hinkommen und räumen so auf, daß bis zum Rest dieses Jahrhunderts von diesen Banditen keiner es mehr wagt, in Deutschland das Maul aufzumachen. Selbst wenn wir es nicht ganz halten können. Aber den Eindruck müssen wir verkörpern. [. . .] Wir müssen jetzt demgegenüber als die Partei der Solidarität, Seriosität und der Wirklichkeitsnähe dastehen. Das kommt viel mehr an, als wenn wir jetzt nur sagen: Vermögensbildung und da diese Reform und dort jene Reform usw. Da sitzen wir im falschen Dampfer, der Dampfer ist weg. Wir haben uns ja weitgehend also wieder aus dem Dampfer herausbegeben, aber wie ich gestern festgestellt habe, noch nicht ganz. Zur Taktik jetzt: Nur anklagen und warnen, aber keine konkreten Rezepte etwa nennen! [. . .] Bei der FDP kann man sich auf eines verlassen, nämlich eine berechenbare Komponente, ihre Charakterlosigkeit. [. . .] Denn, wenn es ihr an den Kragen geht, kann man sich darauf verlassen, daß sie noch mit zum Schwur erhobener Hand der SPD Treue gelobt und mit uns den Koalitionsvertrag zu unterschreiben bereit wäre. [. . .] Die Europäer sind total degeneriert. Sie sind ausgetreten aus der Geschichte, erwarten, daß die Amerikaner wenigstens für sie noch Wache halten, verschließen die Augen vor der sowjetischen Gefahr, begreifen nicht, daß das Kooperationsangebot der Sowjetunion einen Hegemonieanspruch bedeutet. Deutsche Kraftwerke an der Wolga oder in Ostpreußen, die den Strom von Arabern zu uns hineinbringen. Ich kann nur sagen, man weiß schon bald nicht mehr, welches Land auf der Welt man zur Emigration empfehlen soll." (Zit. n. „Archiv der Gegenwart" von 1979, S. 22767/22768). – In Kreuth hatten die CSU-Bundestagsabgeordneten – unter dem Einfluß von Strauß – am 18. November 1976 beschlossen, die Fraktionsgemeinschaft mit der CDU nicht fortzusetzen. Nach Presseberichten soll Strauß schon in der Wahlnacht (3./4. Oktober) gesagt haben: Dieses Ereignis hat doch jetzt eindeutig gezeigt, daß es so nicht geht. Jetzt werden wir unseren Weg gehen müssen. F.J. Strauß argumentierte, daß CDU/CSU gemeinsam nie die Mehrheit gewinnen könnten, weil ihnen zwei Gegner (SPD und FDP) gegenüberständen. Man müsse sich auch auf zwei Gruppierungen stützen können, um gemeinsam die Mehrheit zu gewinnen. Sein Fernziel: Eine im ganzen Bundesgebiet kandidierende CSU könnte im Gegensatz zu der „liberalen" CDU besonders das konservative Wählerpotential aktivieren. Nach heftigen Reaktionen der CDU machten die CSU-Abgeordneten ihre Entscheidung von Kreuth wieder rückgängig. Die CDU/CSU-Fraktionsgemeinschaft wurde fortgesetzt.

176 Anspielung auf das sog. Rentendebakel. Bei den Koalitionsverhandlungen zwischen SPD und FDP hatte die Rentenfrage eine nicht unwesentliche Rolle gespielt. Auf der Grundlage eines Gutachtens des Sozialbeirats vom 15. Oktober 1976 war in Erwägung gezogen worden, die für Juli 1977 vorgesehene (und hauptsächlich von der SPD im Wahlkampf versprochene) Rentenanpassung um 6 Monate zu verschieben. Diese Überlegungen wurden am gleichen Tag bekannt, als der Bundestag u.a. eine Diätenerhöhung für die Abgeordneten beschloß. In der Partei wie auch der Öffentlichkeit wurde heftige Kritik laut. Dazu das SPD-Jahrbuch 1975–1977, S. 278: „Im Mittelpunkt der Parteivorstandssitzung am 10. Dezember 1976 stand ein Bericht über das Ergebnis der Koalitionsverhandlungen und damit im Zusammenhang die Regelung der Rentenfrage. Die

Vorstandsmitglieder sprachen sich für die Beibehaltung der im Wahlkampf gegebenen Zusage zum Termin der nächsten Rentenerhöhung aus." Die Koalitionsabsprache mit den Freidemokraten wurde in diesem Punkt revidiert. H. Schmidt in seiner Regierungserklärung vom 17. Dezember 1976: Da eine demokratische Regierung im Gegensatz zu einer totalitären von sich nicht behaupte, sie sei unfehlbar, habe man sich entschlossen, von einer Rentenverschiebung Abstand zu nehmen, und den Fehler öffentlich zuzugeben; man werde also die Renten zum 1. Juli 1977 um 9,9 % anheben, die nächste Anpassung zum 1. Januar 1979 vornehmen, und alsdann jeweils zum Jahresanfang. Willy Brandt im Vorwort zum SPD-Jahrbuch 1975–1977, a.a.O., S. V/VI: „Eine [. . .] selbstkritische Anmerkung: Der Start der Koalition nach dem 3. Oktober war nicht glänzend. Vermeidbare Pannen haben manchen Mitbürger unnötig irritiert und verunsichert. Die Lehre daraus für uns heißt: Wir sind es unseren Wählern – und nicht nur ihnen – schuldig, daß wir am Morgen nach der Wahl genau so entschlossen und zielstrebig zu Werke gehen wir vorher. Die nicht zu leugnenden Schwächen beim Antritt der Koalition im Herbst und Winter vergangenen Jahres haben allerdings häufig den Blick dafür verstellt, daß inzwischen [das Vorwort datiert vom November 1977] viel von dem aufgearbeitet worden ist, was zu bewältigen war. Dazu zählen so wichtige Vorhaben wie die Konsolidierung der sozialen Sicherung und der Renten, das Gesetz zur Eindämmung der Kostenexplosion im Gesundheitswesen, das Steueränderungsgesetz. Diese Gesetze – und noch manche andere – mußten gegen den erbitterten Widerstand großer Teile der Opposition durchgesetzt werden."

177 SPD-Jahrbuch 1975–1977, a.a.O., S. 325: „In den beiden zurückliegenden Jahren ist es der Arbeitsgemeinschaft Selbständige (AGS) gelungen, ihren Stellenwert als eine der vier ‚Kernarbeitsgemeinschaften' in der SPD sowohl innerhalb wie auch außerhalb der Partei weiter zu festigen und auszubauen. Heute finden rund 100.000 Parteimitglieder ihren Platz in dieser Arbeitsgemeinschaft. Ausgehend von der Tatsache, daß eine Volkspartei auch daran zu messen ist, inwieweit ihre Mitglieder die Vielzahl sozialer Gruppen in unserer pluralistischen Gesellschaft repräsentieren, ist der 10prozentige Anteil von Selbständigen in der SPD gemessen an ihrem Anteilwert an der Gesamtbevölkerung ein ausgezeichnetes Ergebnis."

178 Darunter Horst-Eberhard Richter, Dieter Hildebrandt, Günter Grass, Erika Engelbrecht. Auch eine Sportlerinitiative war gegründet worden, in der sich beispielsweise Annegret Richter, Rolf Milser, Folkert Meeuw u.a. für den Bundestagswahlkampf der SPD einsetzten.

179 Gremien zwischen den Parteitagen = Parteivorstand, Parteipräsidium, Parteirat.

180 Erich-Ollenhauer-Haus = Sitz der SPD-Parteizentrale, in der H. Börner bis Herbst 1976 als Bundesgeschäftsführer tätig war.

181 Die Kommunalwahlen in Schleswig-Holstein (5. März 1978) brachten der CDU Verluste und der SPD Zugewinne. Die Wählergruppen der Grünen Liste konnten damals ihren Stimmenanteil von 0,3 % (1974) auf 0,7 % (1978) steigern.

182 Zum Hamburger Bundeskongreß der Jungsozialisten hatte der Parteivorstand am 21. März 1977 erklärt: „Die Jungsozialisten haben zu einer Reihe von Fragen Aussagen getroffen, die mit Beschlüssen der SPD nicht übereinstimmen. Das gilt gerade auch für Fragen der Zusammenarbeit mit Kommunisten und schließt eine Unterstützung des ‚Komitees für Frieden, Abrüstung und Zusammenarbeit' ein. Bei allem Verständnis, daß Jungsozialisten sich kritisch mit politschen Problemen beschäftigen, bleiben auch für sie die Beschlüsse der Partei verbindlich. Daran wird die SPD die künftige Arbeit von Jungsozialisten messen." (Zit. n. SPD-Jahrbuch

1975–1977, a.a.O., S. 580.). In Hamburg war Klaus-Uwe Benneter (nach Nominierung durch die „Stamokap-Gruppierung") zum Bundesvorsitzenden der Jungsozialisten gewählt worden. Benneter („Die Mitgliedschaft in der SPD stellt für die Jungsozialisten kein Dogma dar") wurde durch SPD-Bundesgeschäftsführer Bahr seines Amtes enthoben. Ein Parteiausschlußverfahren wurde gegen B. geführt. Die Nachfolge B.'s als Juso-Bundesvorsitzender trat 1978 Gerhard Schröder (heute MdB) an.

183 Zur KSZE in Helsinki s. Anm. 157. Die in Helsinki vereinbarte Nachfolgekonferenz tagte vom 4. Oktober 1977–9.März 1978 in Belgrad. Aus der Abschlußerklärung: „Die Vertreter der Teilnehmerstaaten nahmen einen vertieften Meinungsaustausch vor sowohl über die Durchführung der Bestimmungen der Schlußakte [von Helsinki] und die Ausführung der von der Konferenz definierten Aufgaben als auch [. . .] über die Vertiefung ihrer gegenseitigen Beziehungen, die Verbesserung der Sicherheit und die Entwicklung der Zusammenarbeit in Europa und die Entwicklung des Entspannungsprozesses in der Zukunft. Die Vertreter der Teilnehmerstaaten unterstrichen die politische Bedeutung der KSZE und bekräftigten die Entschlossenheit ihrer Regierung, alle die Bestimmungen der Schlußakte unilateral, bilateral und multilateral umfassend durchzuführen. Es wurde anerkannt, daß der Meinungsaustausch in sich selbst einen wertvollen Beitrag zur Erreichung der von der KSZE gesetzten Ziele darstellt, obwohl über den bisher erreichten Grad der Durchführung der Schlußakte unterschiedliche Auffassungen zum Ausdruck kamen."

184 Die 14. Verhandlungsrunde in Wien dauerte vom 31. Januar bis 19. April 1978. Die Grundpositionen der beiden Seiten blieben praktisch unverändert. Diskutiert wurde in dieser und der folgenden Verhandlungsrunde (Mai ff. 1978) über die tatsächlichen Truppenstärken (Datendiskussion).

185 1976 war das Mitbestimmungsgesetz vom Bundestag verabschiedet worden. Der SPD-Parteivorstand hatte damals (22. März 1976) dazu u.a. festgestellt: „Das Prinzip der gleichberechtigten Mitwirkung und Mitverantwortung der Arbeitnehmer bei Planungs- und Entscheidungsprozessen in Großunternehmen ist damit gesetzlich verankert. Dies ist ein weiteres stabilisierendes Element unserer Wirtschafts- und Gesellschaftsordnung. Es ist zugleich ein wichtiger Beitrag zur Humanisierung des Arbeitslebens. In diesem Gesetz liegt die Chance für die Gestaltung einer neuen Ära der Kooperation und Mitverantwortung. [. . .] Die sozialliberale Koalition hatte mit einem redlichen Kompromiß die Mitbestimmung der Arbeitnehmer entscheidend vorangebracht. Damit ist ein weiterer Meilenstein in der Reihe der gesetzlichen Grundlagen gesetzt worden, damit Arbeitnehmer an der Kontrolle wirtschaftlicher Vorgänge sinnvoll und wirksam beteiligt werden. [. . .] Die Gewerkschaften, für deren realistische und insgesamt verständnisvolle und verantwortungsbewußte Haltung nicht nur wir Sozialdemokraten zu danken haben, sind nunmehr auf- und herausgefordert, alle Kräfte für die Ausschöpfung der neugeschaffenen gesetzlichen Möglichkeiten aufzubieten. Wir wissen, daß das mit diesem Gesetz zur Erweiterung der Mitbestimmung für Arbeitnehmer Erreichte nicht alle Erwartungen erfüllt. Die Sozialdemokratische Partei Deutschlands bleibt dem Ziel der vollen Parität verpflichtet und wird in ihrem politisch-parlamentarischen Einsatz dafür nicht nachlassen." Obwohl die paritätische Mitbestimmung nicht verwirklicht werden konnte (Rücksicht auf die FDP), legten die Arbeitgeber vor dem Bundesverfassungsgericht in Karlsruhe Klage gegen das Mitbestimmungsgesetz von 1976 ein. Die Klage wurde jedoch 1979 im wesentlichen von dem Karlsruher Gericht zurückgewiesen.

186 Die Bundestagswahlen am 5. Oktober 1980 stärkten die Regierungskoalition. Ergebnisse: SPD 42,9 % (der Zweitstimmen), 218 Mandate; CDU 34,2 % und 174 Mandate; CSU 10,3 % und 52 Mandate; FDP 10,6 % und 53 Mandate. Die Grünen erhielten 1,5 % der Zweitstimmen. (Zahlen gen. n. „Archiv der Gegenwart" von 1980, S. 24038). Die CDU/CSU erzielte mit 44,5 % der Zweitstimmen ihr schwächstes Ergebnis seit 1949.

187 Zum Godesberger Grundsatzprogramm von 1959 liegt eine Reihe von Veröffentlichungen und Stellungnahmen der beiden Kirchen vor. Im Februar 1975 hatte W.B. den beiden Kirchen den Orientierungsrahmen '85 zugeleitet und sie zu Gesprächen über das neue „Langzeitprogramm" der SPD eingeladen. Vgl. „Informationsdienst Kirchenfragen – Evangelischer Bereich", Nr. 1 vom 15. Dezember 1975 (Das Thema Kirche im Orientierungsrahmen '85, das Thema Kirche auf dem Mannheimer Parteitag, die Rede von Bischof Helmut Frenz auf dem Mannheimer Parteitag) und Nr. 2 vom 15. Dezember 1975 (Texte zur Diskussion des Orientierungsrahmens '85 zwischen SPD und Kirche) und: Josef Oelinger: Freiheit im Zwielicht. Zum „ökonomisch-politischen Orientierungsrahmen für die Jahre 1975–1985" der SPD; in „Kirche und Gesellschaft" Nr. 28 (1976), S. 3 ff. Allgemeine Reaktionen: Die Bemühungen der SPD um ihre Programmarbeit wurden von der Katholischen Kirche wie von der Evangelischen Kirche anerkannt, auch wenn die Bewertungen und Stellungnahmen im einzelnen sehr unterschiedlich ausfielen. Vgl. a. „Informationsdienst Kirchenfragen – Katholischer Bereich" vom 17. November 1977, in dem auf eine Erklärung der deutschen Bischöfe „Grundwerte verlangen Grundhaltungen" vom 22. September 1977 hingewiesen wird („Wichtiger Beitrag zur Grundwertediskussion").

188 Aus einer ddp-Meldung vom 26. Februar 1976: „Der Orientierungsrahmen der Sozialdemokratischen Partei wird demnächst voraussichtlich in sechs Fremdsprachen zu lesen sein. Nach Angaben eines Parteisprechers [. . .] wird der Orientierungsrahmen gegenwärtig in die Sprachen Englisch, Französisch und Spanisch übersetzt. In Vorbereitung seien italienische und portugiesische Fassungen. Vorgesehen sei auch eine japanische Übersetzung, da die gesellschafts- und wirtschaftspolitischen Zielvorstellungen der SPD bis zum Jahr 1985 auch bei den japanischen Parteifreunden großes Interesse gefunden hätten."

189 In der Arbeitsgemeinschaft verfolgter Sozialdemokraten (AvS), die 1979 wiedergegründet wurde und die vom Nationalsozialismus verfolgten Sozialdemokraten umfassen soll.

190 „Der Spiegel" vom 29. Oktober 1979 (S. 24): „Auf Initiative des Kanzlerkandidaten der CDU/CSU Franz Josef Strauß und seines CSU-Generalsekretärs Edmund Stoiber wurden die sozialdemokratischen Sozialisten der Bundesrepublik als Verwandte des Hitlerschen ‚Nationalsozialismus' diffamiert. [. . .] Nicht die deutsche Zukunft, die deutsche Vergangenheit soll aufgearbeitet werden. Und da der Kanzlerkandidat wie sein CSU-Generalsekretär nicht nur Geschichtler, sondern Ideengeschichtler sind, kann eine neue Wahlkampfparole ausprobiert werden, diesmal nicht ‚Freiheit oder Sozialismus', sondern ‚Sozialismus gleich Nationalsozialismus'." „Der Spiegel" fährt ironisch fort: „Hier schlägt man zwei Fliegen mit einer Klappe. Man verärgert die alten Nationalsozialisten, überwiegend treue Wähler der CDU/CSU, und zwingt auch noch den mißmutigsten alten Sozi an die Urne. [. . .] Wissen die Leute in München nicht, daß der schwammige Begriff ‚Sozialismus' im Gefühl der Mehrheit der Wähler positiv besetzt ist? Sie können es nicht wissen, weil sie von ihren eigenen Vorurteilen besessen sind. Hitler und Schmidt müssen in einen Topf, dazu eine trübe Brühe, dann ein Feuerchen drun-

ter.“ Alfred Sauter, Vorsitzender der Jungen Union in Bayern, formulierte im „Bayernkurier“ noch diffamierender: Jusos, Judos und sonstige Kommunistenspezies seien „kriminelle Gestalten“. Denn: „Sie imitieren auch mit erkennbarer Lernfähigkeit und schneller Auffassungsgabe Methoden der SS und SA sowie der übrigen Nationalsozialisten vor und nach der Machtergreifung im Jahre 1933. [. . .] Nationalsozialisten waren eben auch und vor allem Sozialisten.“ Vgl. in diesem Zusammenhang auch die Rede von Strauß vor dem CSU-Parteitag (29. September 1979 in München). Auszug: „Wir werden auch nicht schweigen in dieser Auseinandersetzung, denn schließlich war der Nationalsozialismus auch eine Variante des Sozialismus, und seine große Schwungmasse hat er nicht nur von dem Strandgut des 1. Weltkrieges, von den Freikorps, vom verarmten Mittelstand oder vom Bürgertum bezogen, seine Schwungmasse hat er von den Millionen Sozialisten bezogen, die der SPD damals als Wähler davongelaufen sind. An solche Denktraditionen müssen wir gelegentlich diejenigen erinnern, die glauben, anderen ihren Konservativismus, wie sie sagen, vorwerfen zu müssen.“ Rolf Zundel schrieb in der „Zeit“ (vom 15.10.1979): „Was zunächst wie eine Entgleisung aussah, wird zur fatalen Methode: Die CSU stellt die SPD in Tradition des Nationalsozialismus. Stoiber beklagte, daß die Unionsparteien es bisher versäumt hätten, ausreireichend deutlich zu machen, daß ‚Nationalsozialisten in erster Linie Sozialisten waren‘. [. . .] Das Freund-Feind-Schema, [. . .], wird Teil einer kriegswissenschaftlichen CSU-Strategie zur Eroberung der Macht. Das Konzept von Sonthofen wird in die Praxis umgesetzt.“ [Vgl. Anm. 175 des vorliegenden Bandes]. Auf der gemeinsamen Sitzung von Parteirat, Parteivorstand und Kontrollkommission der SPD am 5. Oktober 1979 wurde eine „Resolution gegen Diffamierungen der Sozialdemokratie“ angenommen. Auszug: „Der Parteirat der SPD wendet sich mit Entschiedenheit gegen die ungeheuerlichen Diffamierung der Sozialdemokratie durch Wortführer der CSU. Demokratische Sozialisten haben in langer Geschichte und in aller Welt für die Freiheit gekämpft. Sie sind für die Freiheit der Menschen in Gefängnissen und in Konzentrationslagern gestorben. Nationalsozialisten waren die Mörder. Wer angesichts unserer Geschichte Nationalsozialisten den Sozialdemokraten gleichstellt, stellt die Ermordeten in die Reihen der Mörder. Und wer dies tut, deckt die Mörder und zerstört den demokratischen Grundkonsens in der Bundesrepublik Deutschland.“ Die von der CSU wider besseres Wissen erfundene Nationalsozialismus-gleich-Sozialismus-Parole erzielte damals allerdings nicht die beabsichtigte Wirkung. Sie kam schon im Vorfeld der Wahlen nicht an.

191 = Hans-Jochen Vogel.

192 Im Europäischen Parlament, dem W.B. seit 1979 als Abgeordneter angehörte.

193 Die Flüchtlinge kamen vor allem aus Kambodscha, Vietnam und Laos. Hunderttausende flüchteten auch von Kambodscha nach Vietnam. Die Gesamtzahl der Flüchtlinge in Asien beziffert sich nach einer UNO-Statistik (Ende 1978) auf 1.106.000.

194 Zur Sonthofener Rede siehe Anm.143 und 175. –
„Kaltlächelnde Computergemüter“ = Ernst Albrecht und Gerhard Stoltenberg (beide CDU).

195 Bei den österreichischen Nationalratswahlen am 6. Mai 1979 war die absolute Mehrheit der SPÖ bestätigt worden.

196 In Hessen beispielsweise waren die traditionsreichen Städte Gießen und Wetzlar zu einer kommunalen Einheit zusammengelegt worden. Die hessische Regierung unter H. Börner hatte diese Entscheidung der Regierung Osswald wieder rückgängig gemacht.

197 Ein familienpolitischer Kongreß hat 1980 nicht stattgefunden. Vgl. a. Vorstand der SPD, Abt. Presse und Information (Hrsg.): Materialien Familienpolitik. Grundsatzfragen der Familienpolitik. Beschluß des Parteivorstands vom 5. November 1979. Diskussionsvorschläge zu Fragen der Familienpolitik. Vorgelegt von der Arbeitsgruppe „Sozialpolitisches Programm", Bonn 1979.

198 Am 26. April 1974 war die Reform vom Bundestag (247 gegen 233 Stimmen) angenommen worden. Die darin geregelte „Fristenlösung" ließ Schwangerschaftsabbrüche nach vorheriger Beratung innerhalb der ersten 3 Monate straffrei. Ein Einspruch des Bundesrates gegen dieses Gesetz wurde vom Bundestag am 5. Juni 1974 mit absoluter Mehrheit (260 Stimmen) zurückgewiesen. Das Bundesverfassungsgericht folgte dann einem Antrag der Landesregierung von Baden-Württemberg und setzte die „Fristenregelung" aus. Am 25. Februar 1975 verwarf das Karlsruher Gericht die Reform des § 218 als verfassungswidrig (nach vorausgegangener Klage von CDU-Bundestagsabgeordneten und unionsgeführten Bundesländern). Die SPD hielt in Übereinstimmung mit einigen Verfassungsrichtern an ihrer Überzeugung fest, daß nach wie vor gute Gründe für die Verfassungsgemäßheit der Fristenregelung sprachen. Sie legte dennoch (zusammen mit der FDP-Fraktion) einen neuen Gesetzentwurf im Bundestag vor, der am 12. Februar 1976 gegen die Stimmen der CDU/CSU-Opposition verabschiedet wurde. Er sah u.a. die sog. Indikationslösung vor, nach der Frauen in schweren Konfliktsituationen (Fahren für die Gesundheit des Kindes, Vergewaltigung, schwerwiegende Notlage u.ä.) einen Schwangerschaftsabbruch vornehmen lassen könnten. Zahlreiche Frauen protestierten in der Folgezeit immer wieder gegen das Karlsruher Urteil (1975) und gegen die Neufassung des § 218 (1976), die sie nicht als wirkliche Reform ansahen („Mein Bauch gehört mir"; „Ich habe abgetrieben!").

199 Die Neuregelungen nach § 218 wurden, wie die Praxis zeigte, sehr unterschiedlich interpretiert (Haltung der Ärzte in welchen Bundesländern).

200 Vgl. Anm. 157 und 183 des vorliegenden Bandes. Die KSZE-Folgekonferenz (nach Belgrad) begann am 11. November 1980 in Madrid. Vgl. a. die folgenden Artikel von Wilhelm Bruns: Ohne Vertrauen keine Abrüstung – Zum Konzept Vertrauensbildender Maßnahmen; in: „Die Neue Gesellschaft", Nr. 10 (1979), S. 882 ff. Und: Der KSZE-Prozeß muß weitergehen!; in: „Die Neue Gesellschaft", Nr. 5 (1980), S. 370 ff.

201 Die allgemeine direkte Wahl des Europäischen Parlaments hatte zwar der Versammlung eine „neue politische Autorität" verliehen und gleichzeitig die „demokratische Legitimität des gesamten europäischen institutionellen Rahmens" (Léo Tindemans) verstärkt, aber über ein – wie bei anderen demokratischen Parlamenten übliches – Haushaltsrecht verfügt(e) es nicht.

202 Zu den Bundestagswahlen von 1980 s. Anm. 186.

203 = Johannes Paul II.

204 Bei den Kommunalwahlen in Schleswig-Holstein (7. März 1982) hatte die SPD nur 34,6% der Stimmen gewonnen und damit gegenüber 1978 5,9% verloren. Die CDU erzielte 50,1% der Stimmen, die FDP 6,8% (gegenüber 1978 -0,5%). Die Landtagswahlen in Niedersachsen (21. März 1982) brachten der SPD schwere Verluste ein. Sie bekam 36,5% der Stimmen und verlor damit gegenüber den vorangegangenen Landtagswahlen 5,7%. Die CDU steigerte ihren Gewinn um 2,0% und errang 50,7% der Stimmen. FDP und Grüne zogen neu in den Landtag ein. Am 12. April 1982 veröffentlichte „Der Spiegel" (S. 43 ff.) die Ergebnisse einer Umfrage des Bielefelder Emnid-Instituts, nach denen 44% der Befragten der Meinung waren, die SPD/FDP-Koalition würde vor 1984 auseinandergehen.

Auf die Standardfrage („wenn am nächsten Sonntag Bundestagswahl wäre, welche Partei würden Sie dann wählen?") entschieden sich 50% für die CDU/CSU, 33% für die SPD, 10% für die FDP und 6% für die Grünen.

205 Am 22. April 1982, dem 4. Verhandlungstag des Parteitages. Vgl. SPD-Parteitagsprotokoll München 1982, Bd. I, S. 692/693. Brandt (ebd.): „Herbert Wehner hat mir vor mehreren Wochen mitgeteilt [. . .], daß er nach ziemlich genau 30 Jahren Zugehörigkeit zum Vorstand, nämlich seit seiner Wahl auf dem Parteitag 1952 in Dortmund – von diesen 30 Jahren 15 Jahre als einer der beiden Stellvertreter der Partei , nicht mehr kandidieren möchte, aber zusätzlich zu seinen Aufgaben in der Fraktion zu weiterer Mitarbeit im und beim Parteivorstand bereit ist. Der noch amtierende Parteivorstand hat auf meinen Vorschlag hin beschlossen [. . .]: Dem neuen Parteivorstand wird empfohlen, Herbert Wehner ebenso wie unseren langjährigen Schatzmeister Alfred Nau ständig in beratender Eigenschaft an seinen Arbeiten zu beteiligen. Der guten Ordnung halber wird selbstverständlich hinzugefügt: Die Teilnahme des Fraktionsvorsitzenden an den Arbeiten des Parteipräsidiums wird für unerläßlich gehalten.

206 Vgl. SPD-Jahrbuch 1970–1972, a.a.O., S. 550 ff. (Kundgebungen und Beschlüsse des Präsidiums, Parteivorstandes, Parteirats und der Kontrollkommission) und S. 583 ff. (Grundsätze und Richtlinien). Am 14. Dezember 1981 war der SPD-Bundestagsabgeordnete Karl-Heinz Hansen aus der Partei ausgeschlossen worden. Begründung: Verstöße gegen die Solidarität der Partei. Am 25. Januar 1982 erhielt SPD-Bundesgeschäftsführer Peter Glotz vom SPD-Parteivorstand die Vollmacht, sofort ein Parteiausschlußverfahren gegen den SPD-Bundestagsabgeordneten Manfred Coppik einzuleiten, falls dieser entweder zur Gründung einer neuen Linkspartei aufrufe oder erkläre, er wolle sich für eine solche linke Sammlungsbewegung außerhalb der SPD engagieren. In einem Brief an W. Brandt (27. Januar 1982) erklärte Coppik seinen Austritt aus der SPD. Er kündigte an, daß er sich mit anderen früheren Parteimitgliedern um die Gründung einer neuen Parteiorganisation links von der SPD bemühen werde.

207 Auf erhebliche Kritik waren u.a. in dieser Zeit die neuen Zumutbarkeitsregeln für Arbeitslose gestoßen, die der Verwaltungsrat der Bundesanstalt für Arbeit (gegen die Stimmen der Gewerkschaftsvertreter) am 16. März 1982 beschlossen hatte und die am 16. April in Kraft getreten waren. Die Bundesregierung hatte am 17. März die Regeln für die zumutbare Beschäftigung Arbeitsloser gebilligt, aber am gleichen Tag Arbeitsminister Herbert Ehrenberg die Ermächtigung gegeben, eine Rechtsverordnung über die Einführung der Meldepflicht für offene Arbeits- und Ausbildungsplätze zu erlassen. Dieser sozialdemokratische Vorschlag mußte auf Drängen der FDP fallengelassen werden.

208 Vgl. Anm. 206.

209 Vgl. Vorstand der SPD (Hrsg.): Protokoll der Verhandlungen des Parteitages der Sozialdemokratischen Partei Deutschlands vom 10. bis 14. Juli 1956 in München, o.O. o.J. (Diskussion über die „zweite industrielle Revolution", über das Programm zur Wissenschafts- und Forschungsförderung und über Bildung). Dem Münchener Parteitag folgte der Düsseldorfer SPD-Kongreß „Die Mobilisierung des Geistes" (7./8. Dezember 1956).

210 Anfang 1982 war der Vorwurf erhoben worden, Vorstandsmitglieder der „Neuen Heimat" (NH) hätten sich privat bereichert. (Die NH gehört dem Deutschen Gewerkschaftsbund und seinen Einzelgewerkschaften.). Die NH-Aufsichtsräte, in der führende Gewerkschaftsvertreter saßen, wären ihrer Kontrollpflicht nicht nachgekommen. (Vgl. die entsprechenden Berichte in „Der Spiegel" und im „Stern" vom

Frühjahr 1982.). Der tatsächliche Skandal gab einer Reihe von Politikern und Presseorganen den Anlaß, gegen die Gewerkschaftsbewegung insgesamt Front zu machen.

211 In Polen war im Zusammenhang mit der Bewegung der „Solidarität" im Dezember 1981 der Kriegszustand ausgerufen worden. Im Januar 1982 wurden die katastrophalen polnischen Wirtschaftsergebnisse für das Jahr 1981 bekannt. Auf Preiserhöhungen reagierte die „Solidarität" mit Demonstrationen.

212 Am 20. April 1982 berieten die Arbeitsgruppe I („Wirtschafts- und Beschäftigungspolitik") und die Arbeitsgruppe II („Friedens- und Sicherheitspolitik"). Am 21. April 1982 erfolgte – anders als zuvor geplant – der Bericht aus der Arbeitsgruppe I und dann der aus der Arbeitsgruppe II.

213 Am 26. März hatte der Bundestag in 2. und 3. Lesung mit den Stimmen der Koalition gegen die der CDU/CSU-Opposition das von der Regierung vorgelegte Beschäftigungsprogramm gebilligt. Gleichzeitig lehnte der Bundesrat mit den Stimmen der unionsregierten Länder die „Gemeinschaftsinitiative für Arbeitsplätze, Wachstum und Stabilität" in 1. Lesung ab. Ernst Albrecht (niedersächsischer Ministerpräsident) deutete an, daß die Union dem Paket zustimmen könnte, wenn die Bundesregierung auf die geplante Erhöhung der Mehrwertsteuer verzichte, die für die CDU/CSU unannehmbar sei. Helmut Kohl (CDU) erklärte in diesem Zusammenhang, er sei sich mit dem FDP-Vorsitzenden Hans-Dietrich Genscher einig, daß es einer grundsätzlichen Kursänderung bedürfe. Vorrang müsse dabei die Konsolidierung des Haushalts haben, auch seien Auswüchse und Mißbräuche innerhalb des Systems sozialer Sicherung zu beseitigen. Am 28. Mai 1982 billigte der Bundesrat (gegen die Stimmen von Baden-Württemberg, Bayern und Rheinland-Pfalz) das Beschäftigungsprogramm der sozialliberalen Bundesregierung.

214 Vgl. Vorstand der SPD (Hrsg.): Materialien. Humanisierung des Arbeitslebens. Arbeit sichern – Arbeitsbedingungen verbessern. Aktionen für die 80er Jahre. Vorlage der Kommission „Humanisierung des Arbeitslebens", Bonn 1981. Und: Vorstand der SPD (Hrsg.): Materialien Umweltpolitik. Ökologiepolitische Orientierungen der SPD. Vorgelegt von der Kommission für Umweltfragen und Ökologie beim SPD-Parteivorstand, Bonn 1981.

215 BAFÖG = Bundesausbildungsförderungsgesetz.

216 Mit dem Dritten Vermögensbildungsgesetz (4. Juni 1970) wurden die begünstigten vermögenswirksamen Leistungen von 312 auf 624 DM jährlich erhöht. An Stelle der Befreiung von Steuern und Sozialversicherungsabgaben wurde vom 1. Januar 1971 eine Zulage von grundsätzlich 30% des Sparbetrages gewährt. Das Gesetz hatte den Abschluß von Tarifverträgen über vermögenswirksame Leistungen erleichtert.

217 Wegen ihrer Haltung zum preußisch-französischen Krieg (Verweigerung von Kriegskrediten, Ablehnung der geplanten Annexion von Elsaß-Lothringen, für einen ehrenvollen Frieden mit der französischen Republik usw.), gingen die Sozialdemokraten A. Bebel und W. Liebknecht ins Gefängnis. Anklagepunkt: Versuch und Vorbereitung zum Hochverrat. Zur Haltung der deutschen Sozialdemokratie zum Krieg 1870/71 vgl. a. Der Hochverratsprozeß wider Liebknecht, Bebel, Hepner vor dem Schwurgericht zu Leipzig vom 11. bis 26. März 1872. Mit einer Einleitung von W. Liebknecht, Berlin 1894.

218 Anläßlich seines USA-Besuchs (13.–18. März 1982) hatte F.J. Strauß erklärt, die deutsche Politik habe das Potential der USA immer wieder falsch eingeschätzt und Amerika nicht ernst genommen. „Heute ist es ähnlich. Ich glaube nicht, daß wir uns im westlichen Bündnis alles erlauben, es sogar verlassen können. Wenn wir kei-

ne Bündnispartner mehr sind, werden die Amerikaner bei ihren militärischen Überlegungen keine Rücksicht mehr auf die Deutschen nehmen. Wir müssen damit rechnen, daß unser Land bei einem militärischen Konflikt als ,Territorium nach den nationalen Interessen der USA behandelt wird." Europa müsse bereit einen großen Teil der militärischen Kostenlast und der Opfer für seine äußere Sicherheit selbst zu übernehmen. Die Westeuropäer müßten erkennen, daß Arbeitsteilung mit den Amerikanern nicht bedeuten könne, daß Amerika für die Abschreckung und die Verteidigung, während Europa für die Handelsbeziehungen und den sich daraus ergebenden wirtschaftlichen Gewinn zuständig sei. Die CSU stehe der Politik Reagans nahe, „weil wir glauben, daß sie deutschen Interessen entspricht". Strittige Punkte in den deutsch-amerikanischen Beziehungen waren (und sind) u.a. die Rüstungsfrage, das Embargo gegen Ostblockländer (Erdgasröhrengeschäft), die Hochzinspolitik, der Osthandel usw. In den Reihen der SPD und auch der FDP, so Strauß weiter, nehme die antiamerikanische Kampagne an Intensität zu. H. Schmidt warf Strauß vor, sich leichtfertig um des innenpolitischen Vorteils wegen über die Wahrung gemeinsamer nationaler Interessen hinwegzusetzen. Strauß bediene sich der von ihm seit jeher geübten Methode, ein Schauergemälde über den Zustand der deutsch-amerikanischen Beziehungen an die Wand zu malen, um sich als einziger denkbarer Retter des Verhältnisses zwischen Bonn und Washington aufzudrängen.

219 Im Dezember 1979 waren sowjetische Truppen in Afghanistan einmarschiert. Im Februar 1982 hatten die USA der mittelamerikanischen Republik El Salvador 55 Millionen Dollar als Militärhilfe zur Verfügung gestellt. Sie sollten beim Kampf gegen die Guerilla eingesetzt werden. Die Demokraten im Kongreß meldeten ihre Bedenken an.

220 Im September 1980 hatten die Militärs in der Türkei die Macht übernommen.

221 Die amerikanisch-sowjetischen Verhandlungen in Genf über eine Reduzierung der nuklearen Mittelstreckenwaffen in Europa endeten 1983 ergebnislos.

222 Ende 1979 hatte die NATO in Brüssel beschlossen, neue amerikanische nukleare Mittelstreckenraketen in Westeuropa zu stationieren, falls die Russen ihre in der letzten Zeit aufgestellten Raketen nicht abziehen würden. Gleichzeitig beschloß man (Doppelbeschluß) in Brüssel, den Russen ein Verhandlungsangebot zu machen, das darauf zielte, auf dem Verhandlungswege zu einem Gleichgewicht auf einem niedrigeren Rüstungsniveau zu gelangen. Es sollte erst dann auf Seiten der NATO stationiert werden, wenn die Verhandlungen über die Mittelstreckenwaffen zu keinem positiven Ergebnis führten.

223 Vom 11.–13. Dezember 1981 in der DDR.

224 = José Lopez Portillo y Bacheco.

225 Die Bürgerschaftswahlen in Hamburg fanden am 6. Juni 1982 statt, die Landtagswahlen in Hessen am 26. September 1982.

226 So in seiner Rede vor dem CSU-Parteitag am 29. September 1979 in München.

227 = Johannes Rau.

228 Vgl. Anm. 201.

229 Die Ergebnisse der Bundestagswahlen vom 6. März 1983: SPD 38,2 % der Stimmen, CDU 38,2 %, CSU 10,6 %, FDP 7,0 % und Grüne 5,6 %.

230 = „Frankfurter Allgemeine Zeitung".

231 Das „Buchenwalder Manifest" wurde am 13. April 1945 von politischen Gefangenen des Konzentrationslagers Buchenwald veröffentlicht. Es sprach sich für eine „Europäische Staatsgemeinschaft" aus.

232 = Wilhelm Liebknecht und August Bebel. Vgl. Anm. 217.

233 Bestrebungen (19. Jahrhundert – Anfang dieses Jahrhunderts) der Ungarn, Polen, Tschechen und Serben, ihre Unabhängigkeit gegenüber Österreich, Deutschland bzw. Rußland zu erlangen. Ein souveränes Königreich Griechenland datiert seit 1830. Aber erst infolge eines Aufstands (1843) konnte eine Nationalversammlung einberufen und eine Verfassung geschaffen werden. Außenpolitisch mußte sich das Land gegen fremde Interventionen zur Wehr setzen. Ein einheitlicher italienischer Staat entstand erst 1861 (u.a. durch Garibaldi).

234 Auf dem Parteitag der rheinischen CDU im September 1983 hatte H. Geißler der SPD vorgeworfen, sie übernehme in der Sicherheitspolitik nahtlos Argumente der Sowjetunion und werde, „ob sie's will oder nicht, in der geistigen Auseinandersetzung in der Bundesrepublik zu einer Fünften Kolonne der anderen Seite". Der Begriff entstand während des Spanischen Bürgerkriegs. Ein faschistischer General soll gesagt haben, vier (Heeres-) Kolonnen marschieren auf Madrid (in republikanischer Hand), die fünfte ist bereits in der Stadt. Diese Bezeichnung wurde später Gruppierungen und Organisationen angehängt, die angeblich das Geschäft der jeweils „anderen Seite" betreiben. Das gegen Sozialdemokraten gerichtete Wort ist nicht neu, nur kam es früher von der „anderen Seite". In einer 1961 in Ostberlin erschienenen Veröffentlichung über das Godesberger Programm (Ein „Programm" ohne Weltanschauung?) hieß es: „Tatsächlich haben rechte Führer der SPD seit 1945 wie auch in den Jahrzehnten vorher eine Politik betrieben, deren Hauptinhalt im Kampf gegen den Kommunismus besteht. Das ist der Auftrag, den die Brandt und Wehner, jene Fünfte Kolonne der Militaristen und der Revanchisten in der Arbeiterbewegung, von ihren Herren erhalten haben."

235 1983 hatten amerikanische Truppen den Inselstaat Grenada besetzt und die herrschende linke Regierung gestürzt. In der unruhigen mittelamerikanischen Region mußte man mit Interventionen der USA rechnen.

236 Der SPD-Wahlparteitag, auf dem das Programm für die Bundestagswahlen im März verabschiedet wurde, fand am 21. Januar 1983 in Dortmund statt.

237 Nach einer biblischen Prophezeiung (Offenbarung 16) wird der Endkampf zwischen Gott und dem Teufel, zwischen dem Guten und dem Bösen am Berg Harmagedon ausgetragen. Der US-Präsident Ronald Reagan soll der Meinung sein, daß diese Harmagedon-Prophezeiung die Zeit beschreibt, „die wir jetzt erleben".

238 Die Rede Brandts vom 19. November 1983 (auf dem außerordentlichen Parteitag in Köln) ist im folgenden im vollen Wortlaut wiedergegeben.

„Liebe Genossinnen und liebe Genossen! Dieser Tage ist gelegentlich die Frage gestellt worden, ob ich recht beraten gewesen sei, während einer Fraktionssitzung im September zu sagen, daß mich nicht erst seit gestern, sondern schon seit vorgestern schwere Bedenken begleitet hätten, was den Gegenstand angeht, der uns heute befaßt Und der Gegner hat sogar den Vorwurf der Irreführung erhoben.

Nun denke ich: Erstens wär's ja nicht so schlimm, wenn man auch auf seine alten Tage noch fähig bliebe, weiterzudenken.

Aber zweitens habe ich ja kein Geheimnis enthüllt, sondern wer mal, auch von der Presse, in das Protokoll des Parteitags von Berlin 1979 hineinschaute, weiß ja – und Helmut Schmidt hat es damals im Schlußwort honoriert –, daß ich mir's nicht leichtgemacht habe – wie andere auch nicht –.

Im übrigen wär's keine Schande, daß sich der Vorsitzende entschlossen hatte, seinen Nachfolger im Amt als Bundeskanzler in dem von ihm zu verantwortenden Handeln nicht zu behindern, sondern nach Möglichkeit das Handeln möglich zu machen.

Freilich ist es auch die Aufgabe eines Vorsitzendes, zu einem Verhalten beizutra-

gen, das Einigkeit dort bewirkt, wo Einigkeit substantiell möglich ist.
Ich berufe mich nicht in jedem Zusammenhang auf Friedrich Ebert. Ich weiß zu würdigen, was er im Deutschen Reich nach allem Elend dargestellt und bewirkt hat. Ich gebe dies weiter, wer immer von mir den Stab – wenn's denn einer ist – übernimmt. Ebert sagte in einer schwierigen Situation der Partei: ‚Wer an der Spitze der Partei steht, hat die Partei zusammenzuhalten. Das ist das Bebelsche Vermächtnis an uns.'
Nun frage ich, liebe Genossinnen und liebe Genossen: Woran ist es denn gescheitert? Wir sagen so leichthin: weil nicht ernsthaft verhandelt worden ist. Das heißt auf gut Deutsch: wegen der Immobilität beider Weltmächte, der uns befreundeten – ich sage auch heute noch: uns befreundeten – amerikanischen Großmacht, aber auch und nicht zuletzt der östlichen Weltmacht, über die mich niemand zu belehren braucht, was ihre Machtentfaltung und den Inhalt ihrer Machtentfaltung betrifft. Aber Genf – und ich sage jetzt: machen wir uns nichts vor, machen wir uns keine Illusionen mehr – Genf ist gescheitert mit dem, was ab Mittwoch in der Bundesrepublik Deutschland beginnt. Genf ist im besonderen gescheitert wegen der Sturheit derer, die es aus ihrer Sicht der Dinge für wichtiger gehalten haben, Pershing II nach Deutschland zu bringen, als SS-20 im anderen Teil der Welt herunterzuverhandeln.
Und ich sage, das ist aus meiner Sicht der Dinge gegen die Interessen Europas, gegen die Interessen der Deutschen im besonderen in beiden Teilen Deutschlands.
Nach einigem, was hier heute vormittag gesagt wurde, glaube ich nicht, daß wir es auf diesem Parteitag nötig hätten, unsere Haltung zum Kommunismus neu zu bestimmen. Ich glaube nicht, daß es hier einen Zweifel auszuräumen gilt, was unsere Rolle als Teil Europas und des Westens angeht, auch nicht was unsere Haltung zur Bundeswehr angeht. Da stimme ich Hans Koschnick und anderen, die sich geäußert haben, ganz ausdrücklich und mit starker Unterstreichung zu. Wir sind deutsche Sozialdemokraten, und das heißt, deutsche Europäer. Ich sage das auch dort, wo man nicht jedermanns Beifall findet.
Wenn hier heute früh an den 22. Oktober erinnert worden ist, dann habe ich nicht das Gefühl gehabt, zu Fremden zu gehen, sondern dorthin zu gehen, wo vor mir schon viele Tausende und aber Tausende deutscher Sozialdemokraten waren.
Außerdem wünschte ich mir, daß unsere Partei, ohne zu überschätzen, was anderswo geschieht, selbst wieder so viel gutes und geordnetes Engagement aufbrächte wie viele, die für den Frieden auf die Straße gegangen sind.
Ich widerspreche der These, daß wir isoliert seien, aber ich unterstreiche: Deutschland und Frankreich, Frankreich und Deutschland, das bleibt das Herzstück des so mühsam wachsenden Europa. Darüber haben wir am Montag in Paris mit den französischen Sozialisten gesprochen. Aber so geht es auch nicht, habe ich dort gesagt, so geht es im Jahre 1983 auch nicht, daß man einerseits die eigenen französischen Interessen interpretiert und die deutschen noch mit, sondern die: ihre und wir: unsere, und dann muß man das, so mühsam das ist, auf einen gemeinsamen europäischen Nenner bringen. Das liegt noch vor uns, aber das ist möglich. Das erkennen wir als Aufgabe, das wollen wir.
Wir sind nicht in Gefahr – das ist die andere große Frage –, das Volker der Vereinigten Staaten im Stich zu lassen.
Mit dem, was unsere Resolution vorschlägt, sind wir in Übereinstimmung mit dem, was die Mehrheit des Repräsentantenhauses in den Vereinigten Staaten beschlossen hat über das Einfrieren nuklearer Waffen.
Und es gibt vieles sonst.

Der amerikanische Botschafter in der Bundesrepublik hat sich in einer Rede in Washington, die in hiesigen Nachrichten beachtet wurde, äußerst kritisch über die SPD geäußert. Er sagte, er mache sich Sorgen über wachsende Bestrebungen der SPD, aus der NATO auszutreten. Er könne nicht ausschließen, daß eine solche Diskussion schon im nächsten Jahr in der SPD einsetzen werde.
Die Sozialdemokraten hätten heute schon weitgehend das Programm der GRÜNEN übernommen.
Auf der anderen Seite meint der Botschafter Burns, die SPD könne in Bonn schon früher wieder an der Macht sein, als es viele erwarteten.
Dies, so heißt die Meldung weiter, werde der Fall sein, wenn der deutschen Wirtschaft keine Erholung gelinge.
Ich stelle also fest, und das freut mich: Der Mann setzt voraus, daß wir nicht so schlecht dastehen, sondern daß wir bei unseren Menschen zunehmende Zustimmung finden. Aber sonst tut es mir leid, der Botschafter kennt sich in der Bundesrepublik noch nicht gut genug aus, und das ist schade.
Liebe Freunde, wenn ich noch einen Satz oder zwei sagen darf: Ich fürchte, wir stehen vor einem tieferen Einschnitt, als es mein Freund Hans-Jürgen Wischnewski hat anklingen lassen und als es andere vermuten. Ich bin, wenn ihr so wollt, skeptischer, sogar in diesem Fall pessimistischer als viele in bezug auf das, was uns bevorsteht, uns und anderen, aber da ich „Ben Wisch“ gesagt habe, Hans-Jürgen Wischnewski erwähnt habe, muß ich folgendes hinzufügen: Hans-Jürgen, wir sind mittlerweile einen langen Weg miteinander gegangen. Du hast für uns alle Großes auf den Weg gebracht. Ich weiß noch, wie du eine Bundestagswahl aus einer fast hoffnungslosen Situation hast gewinnen helfen. Nichts, was uns heute in dieser Frage ein bißchen trennen mag, ändert etwas an meinem uneingeschränkten Vertrauen zu dir. Laß uns bitte weiter zusammenarbeiten!
Im übrigen, auch wenn ich recht haben sollte mit einer eher pessimistischen Einschätzung: nicht aufgeben, gegenhalten, weitermachen. Ich habe ein paar Elemente in meiner gestrigen Rede gehabt, Hans-Jochen Vogel hat wichtige in seiner Rede gehabt, Helmut Schmidt zumal dort, wo er über die ökonomischen Dimensionen der Zusammenarbeit zwischen den Teilen Europas gesprochen hat. Wenn ihr genau hinschaut, in der Entschließung, die zu unterstützen ich den Parteitag bitte, sind diese Elemente enthalten und müssen dann noch weiterentwickelt werden. Die Entschließung handelt ja eben nicht nur von einem Nein, sondern sie handelt zugleich von sehr viel Ja im weiteren Kampf um die Existenz unseres Volkes und um den Frieden in Europa und in der Welt.
Und dann, liebe Genossinnen und Genossen, wirklich die letzte Bemerkung über Mehrheiten und Minderheiten. Da bin ich nicht so voreilig wie die amtierende Präsidentin zu einem früheren Zeitpunkt, die schon wußte, welches wohl die Mehrheiten sein würden.
Ich muß das noch abwarten. Aber ich spreche hier aus eigener Erfahrung; denn ich habe im Laufe der Entwicklung der Partei schon zu den einen und zu den anderen gehört.
Ich denke, wir brauchen – das sage ich in dieser Debatte und nach dem bisherigen, wie ich finde, guten Verlauf der Debatte – den Widerspruch, weil er uns zwingt, immer wieder aufs neue nachzudenken. Eine Partei, die immer nur Mehrheit kennt, wäre tot.
Wenn das aber so ist, dann ist Duldsamkeit geboten, bitte, auch in der Partei und in den Grundorganisationen und den Wahlkreisen, ob das Hans Apel betrifft oder wen auch sonst. Jeder, der, nachdem er sein Gewissen geprüft hat, in dieser Frage

anders entscheidet, hat meine volle Solidarität und muß sie auch von dieser Partei erhalten.
Trotzdem erinnere ich an die bewährte Regel: nach lebendiger Diskussion so geschlossen wie irgend möglich zu handeln.
Häufig sind es freilich Minderheiten gewesen – ich denke natürlich in erster Linie an diejenigen, zu denen ich einmal gehörte habe – die er Partei Impulse vermittelten oder sogar neue Wege wiesen.
Liebe Freunde, laßt uns weiter um die Inhalte ringen und, wo es sein muß, streiten. Aber laßt uns keine Zerfaserung mitmachen, die nur dem Gegner helfen würde, während wir doch in Wirklichkeit dabei sind, uns aus dem Rückschlag wieder herauszuarbeiten und zu dem hinzuarbeiten, was uns aufgetragen sein wird, nämlich die führende Partei dieser Bundesrepublik Deutschland zu sein."

239 Die Palme-Kommission = die von dem schwedischen Sozialdemokraten Olof Palme geleitete „Unabhängige Kommission für Abrüstung und Sicherheit". In ihrem Abschlußbericht (April 1982) hatte die Kommission u.a. die Errichtung einer von atomaren Gefechtsfeldwaffen freien Zone in Europa vorgeschlagen, die zunächst in Mitteleuropa beginnen und sich schließlich von der Nord- bis zur Südflanke der beiden Bündnisse erstrecken sollte. Weiterhin wurde ein umfassender Abrüstungsvertrag für chemische Waffen vorgeschlagen, der ein Verbot der Produktion und der Lagerung aller dieser Waffen sowie die Vernichtung vorhandener Lager und Produktionseinrichtungen umfassen sollte. Vgl. Der Palme-Bericht. Bericht der Unabhängigen Kommission für Abrüstung und Sicherheit ("Common Security"), Berlin 1982.

240 Die zweite KSZE-Nachfolgekonferenz hatte im September 1983 in Madrid u.a. beschlossen, eine „Konferenz über vertrauens- und sicherheitsbildende Maßnahmen und Abrüstung in Europa" zum 17. Januar 1984 nach Stockholm einzuberufen. Themen: Manöverankündigungen und -beobachtungen, Transparenz der militärischen Potentiale, der Militärhaushalte und Militärdoktrinen, Einsicht in das Rüstungsgeschehen u.ä.

241 Anspielung auf eine Veröffentlichung von Peter Glotz: Die Beweglichkeit des Tankers. Die Sozialdemokratie zwischen Staat und neuen sozialen Bewegungen, München 1982.

Personenregister

Mit Ausnahme von W. Brandt selbst erfaßt das folgende Register alle Personen, die in den Redetexten und in den Anmerkungen erwähnt werden. Personen, die nur in den Anmerkungen vorkommen, sind nur durch Namensnennung wiedergegeben. Bei Personen, die Brandt in seinen Reden nennt, werden (bewußt kurz gehaltene) biographische Hinweise hinzugefügt.